# 郭罗基访谈录（上）

## —— 一生充当反对派

溪流出版社

Fellows Press of America, Inc.

A Lifelong Opposition: Interview with Guo Luoji (Volume 1)

郭罗基访谈录（上）——一生充当反对派

First published in 2025 by Fellows Press of America, Inc.

P. O. Box 93, Keller, Texas 76244

Copyright © 2025 By Guo Luoji

All rights reserved. No part of this book may be reproduced in any form, or by any means, without permission in writing from the copyright holder.

ISBN: 1-933447-68-0;  978-1-933447-68-1

Published Date: January, 2025

**Interviewee: Guo Luoji**

**Interviewers: Cao Yaxue, Guo Tinglei, Wang Ai**

**Cover Photo by Guo Yetong**

**Web:** http://www.fellowspress.com
**E-mail:** fellowspress@yahoo.com
**Tel:** (817) 545-9866

溪流出版社出版品受国际版权公约保护，版权所有，未经授权，禁止翻印，转载，复印，改编，违者必究。

Fellows Press of America, Inc.（溪流出版社）出版的一切作品均不代表本社立场。

封面照片： 孙女郭曳桐摄

访谈者：曹雅学 ChinaChange.org 网站主持人
　　　　郭听雷
　　　　王艾

时间：2019 年 8 月 6-8 日

地点：美国内布拉斯卡州奥马哈市

ChinaChange.org 网站主持人曹雅学。在内布拉斯加州奥马哈城采访郭罗基老师。第二天，精彩的一天。

# 序 言

许多朋友劝我写一部自传。写，还是不写？内心纠结。写有写的理由，不写也有不写的理由；迟迟没有动笔，就是倾向于不写。

树碑立传是大事。立自传就是书写自己的历史。历史是研究的对象，自己的历史是别人研究的对象。每个朝代的历史都是由后一朝代来编写的，本朝不修本朝的史书。中国人具有敬畏历史的传统。"孔子作《春秋》而乱臣贼子惧。"历史是威严的。本人的历史也不能由本人来书写，只能任人评说。康有为把他的自传直截了当地叫做《我史》，以主观的想象当作客观的事实，历来为人所垢评。丘吉尔的《第二次世界大战回忆录》，写的是历史，但得的是诺贝尔文学奖，不承认它是历史，因为是自传。况且现在的自传写滥了，阿狗阿猫动不动就出一部自传，我不想凑热闹。

ChinaChange.org 网站的主持人曹雅学女士约我进行一次访谈，还说这是海外流亡人士系列访谈的第一位。我不忍败人家的兴。雅学是北大校友，理应支持。有些事情，自己不说，只能烂在肚子里了。有人愿意听，谈就谈吧。

访谈进行了三天，2019 年 8 月 6-8 日。

2018 年 6 月，我遭遇一场车祸。住院治疗一个多月，回家休养了一年多。访谈时脑子还不是非常清楚，往事遗漏了很多。

把录音变成文字稿，花了三年都不止。杜甫诗云："文章千古事，得失寸心知。"要小心核对事实，引证原文，查阅笔记和日记。我特地收录了一些原始文件，为后来的研究者提供方便。

2022 年，写成初稿，时年九十。

友人赠我一方闲章：

年方九十

此语激励我努力向前。我也是九零后呀！

对初稿进行校改，又颇费时日。访谈的文字稿完成，我惊奇地发现，这不就是常人所说的自传吗？但愿读者当作故事来看，不要说是《郭罗基自传》。

刘宾雁临终前对在场的林培瑞等友人说："将来，我们想起今天这样的日子，会非常有意思。"可惜，他没有"将来"了；他的"将来"转移到我这里。我的《访谈录》就是想一想以往"非常有意思"的日子。那些日子，有欢乐，也有痛苦，还有灾难；但甜酸苦辣都凝结为珍贵的回忆，也给别人留下可叹的故事，不枉来此世上走一遭。

# 目 录

访谈开始　　/1

第一章　生于忧患，长于乱世　　/2

第二章　人生的第一次重大转折　　/12

第三章　独当一面干革命　　/21

第四章　人生的第二次重大转折　　/39

第五章　1956年的"多事之秋"　　/46

第六章　1957年的"不平常的春天"　　/51

第七章　"五一九"运动　　/57

第八章　中国的海德公园在北大　　/66

第九章　"这是为什么？"　　/72

第十章　整风转为反右　　/78

第十一章　抓水面以下的"鲨鱼"　　/81

第十二章　人性和党性的矛盾　　/90

第十三章　反右派"追加预算"　　/93

第十四章　荒唐的"大跃进"　　/96

第十五章　人生的第三次重大转折　　/101

第十六章　编写哲学教科书　　/105

第十七章　文化大革命的预演——社教　　/116

第十八章　国际饭店会议　　/125

第十九章　在怀柔搞"四清"　　/137

第二十章　毛主席点燃了无产阶级文化大革命的熊熊烈火　　/141

第二十一章　工作组的进出　　/150

第二十二章　北京大学文化革命委员会的成立　/159

第二十三章　人称"太子太傅"　/165

第二十四章　"地下常委"　/172

第二十五章　《新北大要整风，聂元梓第一个要整风！》　/182

第二十六章　"可怜的人们，站起来吧！"　/196

第二十七章　五个反聂组织的联合　/202

第二十八章　武斗和军宣队进校　/215

第二十九章　隔离审查　/222

第三十章　北大成为"毛主席抓的点"　/228

第三十一章　鲤鱼洲　/233

第三十二章　清查"五一六"　/243

第三十三章　在天堂河畔　/250

第三十四章　内定右派　/257

第三十五章　批判相对论的闹剧　/260

第三十六章　"批林批孔"中出世的怪胎——"梁效"　/268

第三十七章　"批邓"不表态　/275

第三十八章　欢呼解放又一度　/281

第三十九章　一场反对两个"凡是"的民主运动　/292

第四十章　"郭罗基大闹人代会"　/321

第四十一章　哲学系临时政府首脑　/335

第四十二章　来一个思想大解放　/349

第四十三章　真理标准的大讨论　/353

第四十四章　西单民主墙　/375

第四十五章　理论务虚会　/397

第四十六章　批判造神运动　/415

第四十七章　邓小平的转向和理论务虚会的腰斩　　/422

第四十八章　马克思主义是可以怀疑、可以批评的　　/432

第四十九章　从"伤痕文学"到"问罪哲学"　　/438

第五十章　真理标准讨论的补课　　/449

第五十一章　冒犯了教育部长　　/461

第五十二章　政治问题为什么不能讨论？　　/477

第五十三章　讨论社会主义　　/493

第五十四章　在人代会上为魏京生辩护　　/507

第五十五章　揭露毛著选编中的弄虚作假　　/518

## 访谈开始

问：郭罗基老师，我们进行一次访谈，好吗？我们计划做一个海外流亡人士访谈系列，您是第一位。我从华盛顿来。这次访谈先安排三天，谈不完再延长。转成文字稿还可以做补充。

谢谢，承蒙将我列入访谈系列的第一位，是按年龄排列的吗？论年龄，我大概是海外流亡人士中的第一位了。很高兴与你们合作。

问：为了给观众一个大致的印象，能不能用几句话概括您的一生？

**一句话就可以概括：一生充当反对派。**

问：好的，那么就展开您的反对派一生。以时间为序，谈谈您的经历。先从您的出生说起，您出生于什么环境？

# 第一章　生于忧患，长于乱世

我出生在江南鱼米之乡无锡。

无锡，这个地名有点怪，是不是？据说，原来锡山是有锡的，大家都来开采，打破了头。现在锡山顶上还有一个大坑，不知是不是采矿的遗迹。古代，制作青铜器的原材料是铜和锡的合金，锡是贵金属。后来传出来，锡山没有锡了，于是相安无事。流行一个说法："有锡争，天下兵；无锡宁，天下清。"所以这个地方就叫"无锡"。

"无锡锡山山无锡"，这是一副对联的上联，千百年来没有人能对出工整的下联。

曹禺的经典剧作《雷雨》中有一句台词："无锡是个好地方！"随着《雷雨》的演出，"无锡是个好地方"的呼号到处飞扬。

## 我的为人底色

无锡这个好地方，是传统文化和资本主义文明的交汇之点。

无锡的传统文化很兴盛。历史上出过五个状元。文庙前有一个牌楼，挂着两块匾。一块匾是"一榜九进士"。明朝年间，有一次科举殿试发榜，九个进士是无锡人。另一块匾是"六科三解元"。科举殿试进士的第一名叫"状元"，乡试举人的第一名叫"解元"。六次乡试的三个第一名是无锡人。特别是明朝出了东林党，在当时和后世影响很大。东林党的根据地叫做东林书院。我少年时代的求学之地辅仁中学就在东林书院旁边。东林书院院子里的一座石牌坊，上面有"后学津梁"四个字。我常常仰望"后学津梁"凝视出神。

那里的依庸堂上有一副东林党创始人顾宪成的名联：

风声、雨声、读书声，声声入耳；
家事、国事、天下事，事事关心。

东林书院庭院中"后学津梁"的石牌坊　郭耀基摄

以顾宪成为首的东林党人是社会上的清流，用现在的话来说，他们是一群体制外的优秀知识分子。我从小仰慕东林党人，东林遗风陶冶了我，激励了我。

无锡号称"小上海"。历来是中国的米市、丝都，工商业发达。近代成为民族工业的发祥地，特别是纺织工业、食品工业的创业基地。我小时候有一项乐趣，星期天和几个小朋友，坐在锡山顶上,数无锡城里的大烟筒。一个大烟筒代表一家工厂,如果有一次数出比上一次多了几个,高兴得不得了,欢呼工业的发展。

随着资本主义的发展,工人运动兴起。从火车站下来,进城的必经之路上,有一座桥,就叫"工运桥"。

无锡出两种人,一种是文人,一种是资本家,中国最大的民族资本家荣德生(荣毅仁的爸爸)就出在无锡。我在这样的环境中成长,奠定了我为人的底色。传统文化给我的影响是讲究气节。中国传统文化有许多不好的地方,但也有个好的地方,历史上总有一些人反抗统治者,讲究气节。我受了以东林党人为代表的传统文化好的影响,所以我在历次运动中表现了不屈的性格。资本主义文明给我的影响是追求自由。我在北大,自以为是马克思主义者,但给人留

1954年2月,郭罗基与老同学钱逢麟立于锡山顶上,少年时坐着数大烟筒的地方。

下的印象却是自由主义者。在自由主义过分发展的西方,马克思主义对自由主义是一种抑制;在缺少自由的中国,马克思主义确有自由主义的倾向。同一事物在不同条件下可以发挥不同的作用。赵紫阳的《改革历程》第184页,有一个注:"郭罗基(1932-):江苏无锡人。倡导自由主义思想的学者。……",我不但被定义为自由主义者,而且还是倡导自由主义的学者。党的领导把我叫做"资产阶级自由化的冒尖人物"、"资产阶级自由化的代表人物"。我不但是自由化,而且是自由化中的"冒尖人物"、"代表人物"。总之,讲究气节,追求自由,这就是我一生为人的底色。

问:你出生在哪一年?出生的时代背景?

## 生当国难临头

我出生在九一八事变的次年。

问:九一八事变发生在1931年,那么你是1932年出生?

正是。我的生日,阴历是壬申年四月十四日。小时候都按阴历过生日。在北大历史系的时候,查万年历,才知阳历是1932年5月19日。以后就按阳历过生日。我是申年申时生,属猴。

问：据说，属猴的人比较灵动。

不见得。我小学的同班同学大多属猴，有灵动的，也有笨拙的。

我生当国难临头，一生的记忆以战争、流血、逃难为始。

五岁的时候，秋天，中午时分，忽听得几声轰隆巨响。街上的人们喊："东洋人掼炸弹了！"在飞机的呼啸声中，慌乱的人们东奔西跑。不一会儿，又看到有人抬着受伤的人，有的满脸血污，有的缺胳膊断腿，匆匆而过。这个场面可怕极了，吓得我大哭，钻到桌子底下。母亲一把将我拉了出来，紧紧地搂在怀里，说"勿怕，勿怕。"奔向防空洞。父亲抱着二弟也来了。防空洞里的人，有的也吓得瑟瑟抖。几个老太太在念："观世音菩萨，大慈大悲，救苦救难！"还叫我："阿囡，快念！"我跟着念，不知道是什么意思。可是，这不知道是什么意思的词儿，后来怎么也忘不了。

这就是我的人生记忆第一幕。这一天，是1937年，阴历的九月初三，日本皇军轰炸无锡。这一天以前，懵懵懂懂，一无所知；这一天以后，茫茫世事，历历在目。

轰炸停了，街上更乱了。大人们又喊："逃难，逃难，快点逃难！"后来父亲领着全家逃难，颠沛流离。一部人生长篇的开头，竟是刻骨铭心的刺激。

问：1937年你才五岁，逃难的经历有记忆吗？

非但有记忆，而且记得很清楚。

父亲雇了一条船，逃难去太湖边上的南方泉，南方泉是一个大镇。船上除了我们一家人，还有几个父亲的熟人，大概是因为他们在附近办事，来不及回自己的家了，先跟我们下了乡再说。到了南方泉，就各奔东西了。熟人中有兄弟俩，哥哥叫湘波，弟弟叫湘东。我怎么会记住他们的名字呢？船行在乡间的小河里，遇到一座桥，很简陋，在两岸的桥墩上驾一块大木板。父亲喊："湘波、湘东上岸！"他们两人力气很大，把桥板抬起来，让船通过。

在南方泉，父亲租了一间房，门前是一条河，房东姓徐。父亲把我们安顿好以后，第二天就回到城里，去看守我们的家。后来他告诉我们，在离家的一天之内，就遭到抢劫，家里搞得一塌糊涂。夏天，父亲光膀子，看到背上有一个疤，问怎么回事？他说，逃难的时候，被国民党的败兵捅了一刺刀。当时他没说。

从无锡城里逃难来南方泉的人很多。

有一天晚上，镇上举行提灯游行。街道不宽，游行队伍和围观的人群十分拥挤。游行队伍一遍又一遍地高唱：

起来！不愿做奴隶的人们！
把我们的血肉，筑成我们新的长城！
中华民族到了最危险的时候，每个人被逼着发出最后的吼声。
起来！起来！起来！我们万众一心，冒着敌人的炮火，前进！

冒着敌人的炮火，前进！前进！前进！进！

我跟着唱，学会了。歌词的意思似懂非懂，有一个地方还唱错了，我唱的是"每个人不必发出最后的吼声"。大人纠正我，错了，是"每个人被逼着发出最后的吼声"。这句话很拗口，我学了好几遍才学会。

我问大人："这个歌叫什么名字？"他说："这是《义勇军进行曲》。"《义勇军进行曲》是我平生学会的第一支歌，"起来，起来，起来，"的呼喊响彻了我的一生。

又一个晚上，无锡城的方向火光冲天。奶奶说："火烧无锡城，怎么得了，怎么得了！"她对我说："你爸爸不知在哪里？"她为她的儿子、我的父亲着急，一急，急出病来，以至卧床不起。母亲想叫父亲回来，无从联系。过了几天，他回来了。请了一位"郎中"，那时称中医叫"郎中"，给奶奶看了几次。奶奶自言自语，说："六十六，棺材盖上滚角落。"那年，她的虚岁是六十六。不幸，从棺材盖上滚了下去。

奶奶去世之后，我们常常搬家。为什么搬家？大人没跟小孩商量。我们住过的地方，我记得的，一个叫许舍里，一个叫何家桥。在何家桥住的日子比较长。何家桥是离南方泉镇上三里路的一个大村。母亲带着我和弟弟，何以为生？母亲采集了一些野果，磨成面，可以做粉丝、粉条、粉皮，这就是我们的主食；采集了一些野菜、木耳、蘑菇、地衣，这就是我们的副食。炒菜是没有油的，盐也很少。母亲还上山砍柴。砍多了，就挑到集市上去卖，换几个钱买盐。周围的人都说母亲很能干，她小时候是在农村长大的，什么活都会干。

我长大后，看到粉丝就摇头，因为逃难的时候粉丝当饭吃，吃了几个月，吃伤了。

在颠沛流离之中，听到各种各样悲惨的故事。有一个妇女在野地里生孩子，没有人照顾，也没有工具，只好用牙齿咬断脐带，这个孩子就叫"咬脐郎"。

那年，弟弟才两岁。母亲出去干活的时候，把弟弟背在背上。我一个人在家她不放心，就送我去上私塾。

私塾的教师是一位老先生，姓陈。他先叫我向两个牌位磕头，喊："磕头，再磕头，三磕头。"我问大孩子："牌位上写的什么？"他说，什么什么孔子，什么什么孟子。我搞不懂，也记不住。后来才知道，一个牌位是"大成至圣先师孔子之位"，另一个牌位是"亚圣孟子之位"。

陈老先生的烟斗有一丈长，抽烟的时候需学生帮忙点火，自己够不着。原来长烟斗是教具，哪个学生打盹，老先生就伸出长杆烟斗在他的桌子上敲敲："笃，笃，笃。"有时还敲脑袋。

一个班的学生年龄不等。我们最小的一拨，学《三字经》。老先生只念不做解释，对学生的要求是背诵。意义不明的东西是很难记住的。年纪大的学生已学过《三字经》，向我们传授经验，讲出自己的理解。《三字经》的开头是"人之初，性本善，性相近，习相远。"按无锡话的谐音，他们教我们："绳子粗，一根绳子很粗。"下面是"心奔船，心想琴，拾香橼。""香橼"是一种类似柑橘的果实，但不能吃，只能玩赏，散发持久的香气。在无锡话中，"拾的一个发音同"习"。对大孩子的解释，我们很疑惑，说的什么呀？七勿搭八！有一个地方，好像通顺了。"养不教，父之过，教不严，师之惰。"教我们念成："羊不叫，无嘴故，叫百年，狮子大。"在无锡话中，"大"的口语是"惰"。念到这个地方，声音特大。心里想，这羊也太奇怪了！学完了《三字经》，又学《百家姓》。《百家姓》是没有意义的，更难记、难背。大孩子又教我们了，跟着唱："赵钱孙李，隔壁偷米；周吴郑王，偷米换糖；……"

私塾的学习生活是很枯燥的。有一个大孩子会唱歌，成了大家喜爱的人物。他常常唱：

走，走，走，
努力向前走，
你要什么前面都有。……

我们都跟着他唱，不知歌名。这是我平生学会的第二支歌。

我对腐朽的老式教育还有亲身体验。

有一天，天空中隆隆作响，飞机来了。乡下的孩子没见过飞机，一哄而散，都跑出去看飞机了。我见过飞机，而且痛恨飞机掼炸弹，所以坐在那里不动。老先生表扬我："只有你是好学生。"

在何家桥的时候，我得了疟疾。发高烧，产生幻觉，大喊："房子倒了，房子倒了！"没有钱治病，拖了很久，伤了身体，所以我小时候是瘦骨伶仃的。后来是中医治好的。这个治疟疾的方子如果进一步研究，也许可以先于屠呦呦得诺贝尔奖。

有一天，传说"东洋人要来了"。有人说，小九村日本兵不会去的，于是何家桥的人成群结队地往小九村跑。母亲临走前抓了一把锅底的黑灰，往脸上抹。我问："妈妈，你做啥呀？真吓人。"她说："老小（无锡人称小孩子为老小）不懂，别瞎问。"

到了小九村，没有落脚的地方，一大堆人呆坐在场院的草垛上。过了一会儿，只见一小队日本兵打着太阳旗，从远处走来。不是说日本兵不会来小九村的吗？居然来了。这一大堆人骚动不安，但也没有人离开。有两个上海女人，穿着旗袍，打扮得很时髦。日本兵喊："花姑娘，花姑娘！"追上去把她们往屋子里拖，那两个女人发出恐惧的尖叫。我有点明白了，妈妈为什么要用黑灰抹脸。

有两个青壮年农民，被日本兵拷打，打得头破血流。我不敢看，扑向妈妈的怀抱，说："东洋人真坏！"妈妈捂住我的嘴："不要瞎说。"

日本兵的暴行在我幼小的心灵上播下了仇恨的种子。

## 我的第一任反对派

我小时候生活在沦陷区，痛感亡国奴的屈辱。我和我的小朋友们也会用一些幼稚的方式反抗日本侵略者。先有反抗侵略的民族意识，尔后又有追求公正的社会意识。

面对日本军国主义，是我人生的第一任反对派。

问：你年幼的时候就是日本军国主义的反对派，有行动吗？

有行动。日本人强迫中国人种蓖麻、交蓖麻子。听说蓖麻子可以榨油，用来开飞机。我和小朋友就去毁蓖麻园，不等蓖麻子成熟把它打掉。一个日本兵放出了一只大狗。我们拔脚就逃，大狗紧追，咬住了我的屁股，小朋友去踢大狗，这才松开了。幸好，只是咬破了裤子，没伤着皮肉。回家，妈妈问怎么回事？我不敢说实话，说是学校里的凳子冒出了钉子，刮破了裤子。

我们商量着，要弄死那大狗。听大人说，狗吃了木壁子就会暴热而死。星期天，我们到惠山去找木壁子。木壁子是一种藤科植物结的籽。在一个华孝子祠堂的藤架上找到了。有一个小朋友的家里是卖包子的，把木壁子剁碎了，和在包子馅里，做了两个包子。我们又去毁蓖麻园，引大狗出来。大狗出来了，我们边走边扔包子。正是"肉包子打狗——有去无回"，那大狗不追了，去吃那两个包子。我们躲在远处观察。好久没有动静。大约半小时之后，看到那大狗又叫又跳，还看到日本兵在水龙头下冲狗头。我们知道有效果了，于是班师回朝（这四个字是从小人书上学来的）。

有一个小朋友受了日本人的欺负，我们进行了报复。日本的小学门口有一个神龛，进出的人都要朝那里鞠躬。有一个小朋友，我还记得他的名字，叫王海云，是个小淘气，朝那里撅了一下屁股。里面走出一个日本人，嘴里叽里咕噜，给王海云搧了两个嘴巴。王海云大哭。我们劝他不要哭，大家为你报复。我小时候体格不是很健壮，但主意多，小朋友都听我的。我设计了一个"报复"的方案。

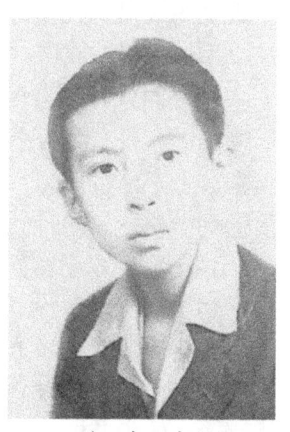

1942年，郭罗基十岁。

日本小学生上学的时候，排成一列纵队。有一天早上，我们把一列纵队的最后一个劫持到弄堂（小巷）里。上去三个人，一个人捂住嘴巴，两个人一左一右架着他往外拖。那队伍丢了一个人，他们也不知道。拖到弄堂里，就对那日本孩子拳打脚踢。王海云说："你搧我两个嘴巴，我要还你四个。"他就噼里啪啦地动起手来。"报复"完了，放了那日本孩子，他追上了队伍。后来我们看到，那一列纵队的最后一个是大人。

其实，我们的"报复"选错了对象，那日本孩子是无辜的。我们也分不清日本军国主义和日本人民，只是恨东洋人。不管怎样，培养了强烈的民族意识。

## 恨中国人的愚昧

抗日时期，有一件事深深地刺激了我。大约是1943年，无锡四乡兴起"大刀会"。当时有一首抗日歌曲唱道："大刀向鬼子们的头上砍去。"最初，"大刀会"是"向鬼子们的头上砍去"的，后来变质了，进城勒索商家，骚扰百姓，以至被日本人收买。"大刀会"号称

"金钟罩、铁布衫","刀枪不入"。他们竟答应与日本人合作,进行试验。这一年的夏天,三位"师兄",站在田野里的土堆上,百米之外,日本兵架起了机枪。三位"师兄"手持折扇,说是子弹射来,只要用扇子一搧,就落地了。机枪一响,三位"师兄"应声而倒。我走近一看,血肉模糊。什么"刀枪不入",愚昧呀!

我进了中学,在历史课上知道了世纪之初的义和团。"大刀会"和义和团差不多。中国历史不断上演愚昧连续剧!所以后来我热衷于启蒙。

## 上进的好学生

我从小就努力学习,成绩很好。

小学三年级的时候,全校举行书法比赛,一二年级是初级组,三四年级是中级组,五六年级是高级组。我获得中级组第二名,第一名是四年级的女生,我记住了她的名字,叫章玲娣,下一次书法比赛,我一定要超过她。但没有举行下一次。

我小时候特别自信,而且有灵气。有一次,老师在黑板上出一道算术难题,问谁会做?环顾四周,只有我一个人高高地举起右手。其实我也没有想好怎么做,但我相信,一定能做出来。上了黑板再想,果然做出来了。从小培养了我的良好心态,遇事不慌。后来在历次政治运动中挨批斗的时候,常常急中生智,化险为夷。

由于我算术学得好,老师叫我帮他批改作业。四年级的级任老师杨若萍,经常出去活动,后来知道,他是新四军太湖支队派到城里来的地下党员。他没有时间改作业,让我坐在教师办公室里帮他改。班上的同学,有的不服气,向他告状:"郭罗基把我的作业改错了。"杨老师一看,说:"没有错!"他还维护我:"他不会错的,有问题找郭罗基。"所以我具有优越感,从小养成了骄傲的缺点。

老师和同学都承认我学得最好,但得不了第一名,老是第二、第三名。我检查自己,都是粗心出的错。考试时总是抢着第一个交卷,显得很轻松。我下决心要改掉粗心的毛病。后来考试时总是最后一个交卷,做完题以后,一遍又一遍地检查。我变得很细心了。

果然有效,五年级的时候考了第一名。我说六年级不上了。跳级进了初中。

我小学没有毕业。高中三年级的时候,被抽调出来当党政干部,又没有毕业。大学三年级的时候,提前两年当教员,还是没有毕业。所以,我一辈子没有完整的学历,却还要指导别人读学位。

由于我没有小学毕业证书,只能报考一所容易进的马虎的学校,名道南中学。我在道南中学闹过一次小小的学潮。从初一开始要学日语了。我在课堂上常常捣乱,大家也不好好学,考试就麻烦了。我发起罢考,大家都响应。

这个学校的风气很坏。考试时,除了我以外,没有不作弊的。我不作弊还考了第三名。国文老师龚达章看在眼里,他问我:"你父亲是做什么的?你的家教好啊!"待了一年,我就转到无锡最好的私立学校辅仁中学。我离开道南中学的时候,龚达章老师给我一纸题词:

"有字的书,没字的书,努力攻读,自有登峰造极之一日。""有字的书"自然要努力攻读;"没字的书"怎么攻读?后来读高尔基的《我的大学》才领悟到社会大学就是"没字的书"。龚老师的教导,牢记心中,尔后我就很注意从观察和思考社会中学习。

问:我们把前面的补充一下,回过头去讲讲你的家庭。

好的。

## 我的家庭

先说说我们的家世。小时候听老人说,我们这一支姓郭的,是唐朝名将郭子仪的儿子郭暧的后代。郭子仪有八个儿子、七个女儿,郭暧在儿子中排行第六。郭子仪是平定安史之乱、再造大唐的功臣,代宗皇帝将他的女儿升平公主下嫁郭暧,两家结为姻亲。所以郭暧是驸马爷。郭子仪七十大寿时,傲慢的公主不去向公公祝寿。郭暧发酒疯,把公主打了一顿。还说:"你有什么了不起,不就仗着你爸爸是皇帝吗?我爸爸可以做皇帝也不做。"公主向皇帝告状。皇帝说:"是啊,要是郭子仪做了皇帝,大唐就不是我们姓李的天下了。"郭子仪把郭暧绑赴陛下,听候发落。代宗皇帝倒也开明,说:"不痴不聋,不做家翁。儿女之间的私房话,何必当真。"郭子仪责打郭暧,惩罚他冒犯了皇帝。京剧《打金枝》演的就是这个故事。郭暧唱道:"休仗你是帝王女,郭少爷我今日要教训你。"郭暧去世后,他的后人说,老爷子连皇帝的女儿都敢打,他在外面冒犯了什么人,跟什么人结下了仇,我们也不知道。长安待不得,赶快离开。他们就朝东南方向迁徙。

我的身上大概就有这位老祖宗的遗传因子,我也曾经得罪"皇帝"的女儿。

我们的老家在镇江东乡,现在是丹徒县大路镇郭家村。郭家村是两个方方正正的建筑群,中间有一条走廊隔开,分为东半村和西半村。两个建筑群的中间是一个大厅,名南陔堂。起这个堂名的人,一定很有学问。"南陔"是诗经的篇名,诗的内容已失传了,只剩一个题解:"孝子相戒以养也。"我们这个家族崇尚孝道。南陔堂是婚丧喜庆的公用之地。南陔堂周围是各个小家庭的住房,两个建筑群各有近百户。户与户之间是相通的。我们家在东半村的东北角,走内线可以畅通西南角、东南角和西北角。当年建筑的设计是很高明的。郭家村在丹徒之前是在扬中,扬中是长江中的一个大岛。按现在的说法,是"整体搬迁",从扬中迁到丹徒,郭家的祠堂还在扬中。在扬中之前是在苏北的盱眙,据说盱眙的一条街都是郭家的。在盱眙之前是在安徽。唐朝之后的一千多年间,这个家族从长安出发,没有离散,不断地"整体搬迁",走向东南。家族内部的凝聚力是什么?值得研究。

全村是一个有血缘联系的大家族。同一辈的人统一排行,我的排行是第十九。小时候,走在路上,有的比我年纪大的人,恭恭敬敬地叫我"十九叔",怪不好意思的。不同辈的人按祠堂的族谱排序,我的祖父是德字辈,父亲是敦字辈,我是长字辈。我还有一个祠堂名,叫"长松"。后来礼崩乐坏,我的几个弟弟就没有人给排行了,也没有祠堂名了。

祖父郭德明行医的招牌：郭德明先生伤科接骨。

我的祖父，名郭德明，有武功，是走江湖卖狗皮膏药的，美其名曰"伤科"。他在各地跑码头，最后定居无锡。

我的父亲，名郭敦文，他不喜欢长辈给他取的这个名字，自己改为郭鸿卿。他痛恨他的父亲的职业，居无定所。他认为开一家店就安居乐业了，所以去当商店学徒，开了一家小店。

他还是从他的父亲那里学了两手。邻里的大人小孩有谁脱臼，都来找他，三弄两弄就复原了。有一次，我看到一个人托着下巴来，不能说话。父亲问："下巴掉下来了？"那人点点头。只见父亲在那人的腮帮子两边揉了几下，猛一使劲，下巴上去了。那人笑起来了，千道万谢。父亲为人服务，不收钱的。

逃难的时候，我的左臂骨折。乡间的地是不平的，我坐在长凳上，一活动，长凳翻了，我左手撑地，只听得"啪"的一声，左手在胸前荡来荡去。父亲说："不好了，骨头断了。"他把骨折处对接好，叫我不要动。然后到中药铺抓了几味药，用烧酒、鸡蛋青加小葱调和，敷在骨折处。当时不痛，到晚上，痛得不得了，哭着喊："妈妈，痛啊！妈妈，痛啊！"妈妈说："闭上眼睛，睡着了就不痛了。"一个晚上没睡着。第二天，不痛了。一个星期就好了，没有任何后遗症。按现在西医的疗法，要打石膏，至少一个月。中国的"伤科"还真有值得继承和发扬的地方。

我也痛恨我的父亲的职业，我从小就发誓，决不当商人。我们这祖孙三代人，如果来一个合影，一定很滑稽：祖父，赳赳武夫；父亲，升斗细民；而我，一介书生。

父亲上过三年私塾，文化水平不高。他的唯一有学问的朋友叫章云鹏，是一名中医。我的名字就是章先生给取的。本来是郭砢基，石头的石字旁一个可以的可字，读若罗。砢是个生僻字，我查《康熙字典》才知道意思是"高大貌"。弟弟们的名字是父亲取的，就显得没有学问了。小朋友们常把"砢"读成"可"。如果根据发音写我的名字，一定写成"郭罗基"。我干脆就改成"郭罗基"，免得老是纠正"砢"字的发音错误。这一改，引出了后面的故事。在国民党时代，进步人士常常被冠以俄式雅号，如：罗隆斯基、闻一多夫，李公朴耶维其、史良诺娃等等。我自然也得了一个"郭罗斯基"的雅号。解放前，反共人士喊我"郭罗斯基"时，周围的进步学生怒目而视。解放后，他们也嬉皮笑脸地喊我"郭罗斯基"了。这个雅号又从无锡带到北京。渐渐地，发生了简化，多数人喊我"郭罗"，也有人喊我"斯基"。这就是我在北大哲学系的爱称"郭罗"的来历。

父亲是个小商人。他做的是小买卖，比如卖香烟，除了可以一包一包的卖以外，还可以一支一支的卖，买卖小到这么一个程度。

陈国伟介绍我入党的时候，对我进行了一番考察。

他问我："你是不是出身于书香门第？"我年轻时风度翩翩，真像出身于大户人家，其实不是。

他又问:"你家里是地主?"我说:"不是。"

"那么你父亲是资本家?"

"也不是。"

他跟我到家一看,明白了。我的家是破破烂烂的。周围环境也不太好,邻居是大饼油条店、老虎灶。他说:"真不能想象,你是出身在这样的环境。"这一次大概给他留下了深刻印象,解放后他常常提醒我"回家看看"。

母亲胡宝珍(1910-2000),父亲郭鸿卿(1896-1958)

父亲在工商局登记的资金是100元,1958年去世的时候,欠人民银行的贷款倒有96元。他一生的财产,只有账面上的4元。当时我在北大学习,根本不知道有这笔贷款,连母亲也不知道,是陈国伟代为偿还的。他是怎么知道的?他好像比我更关心这个家。

由于在旧社会有一番受苦的经历,我父亲是个胆小怕事的人,他常说的一句话是"檐尘灰掉下来都怕打破头"。他不是给我正面的影响,而是反面的刺激。我对他这种谨小慎微的处世哲学很不满意。他老是教导我们什么事情都要忍一忍,忍一忍。我说为什么要忍?不合理的事情就应当反对。所以我在这个家庭里养成一种反抗的性格,使我走向父亲的反面。我是家庭反对派。

我的母亲是个家庭妇女,很善良,对我的性格的培养、对我思维的锻炼都有很大的影响。我母亲是个文盲,但是她的思维很有逻辑性,说话非常有条理。我最初的逻辑思维竟是一个目不识丁的母亲给我的训练。

父母生了五个儿子,我是老大。

我觉得我在这个世界上最对不起的人,就是我的父亲。为什么?因为我从小就进行反抗,对他很不尊敬。

父亲想的也有道理,因为当时家庭经济很困难,我是兄弟五个中的老大,他希望我中学毕业以后找个工作,可以减轻家庭的负担。

父亲是1958年病故的,当时生活条件很不好。我在北大上学,没有能力供养家庭。

1979年4月,郭罗基和母亲在无锡惠山黄公涧下的湖畔。

所以父亲死得早。我后来才感觉到,真是对不起父亲。他劳碌一生,没有过上一天安稳的日子。我已经无从报答他的养育之恩了,"此是有子不如无"。

# 第二章 人生的第一次重大转折

问：人们常常说，你们这一代人是"旧中国的最后一代青年，也是新中国的第一代青年"。谈谈你的青少年时代所受的教育。

是的，我们见证了"旧中国"和"新中国"的交替。

## 在黑暗中求索

我出生在一个穷困的家庭，对于社会下层人民的苦难，有切身的体验。所以年轻的时候就立志要改造不合理的社会，因而政治上比较早熟。小时候经常在想怎么样改变中国，很早就来寻找救国救民的真理。小学四年级的时候，级任老师杨若萍，给我们讲高尔基，讲鲁迅，对社会的批判。他经常在黑板上写五个大字："人生是战斗"。在我幼小的心灵上播下了"战斗"的种子，影响了我的一生。后来知道，杨老师是一位地下党员。

我就在想，怎样战斗？当然是没有结果的，年纪太小所知道的东西也很少。我记得，1946年，初中二年级的时候，因为苦思苦想又没有结果，非常苦闷，病了一场。

日本投降后，沦陷区的人民抱有一腔爱国热忱，对国民党寄予希望。听说，毛泽东在重庆都喊"蒋委员长万岁"。1945年9月的一天，传说国军要来了。一早我就奔火车站，迎接国军。等等不来，等等不来，我饿着肚子坚持，直到傍晚时分，来了。一打听，是章晓光部队。章晓光部队是附近几个县的土匪部队，横行乡里。国民党收编以后，换上崭新的制服，就成了国军。真令人泄气！后来，来了一批接收大员，变成"劫收大员"，忙于"五子登科"，热衷于票子、金子、车子、房子，再加一个婊子。社会迅速溃烂，接着是物价飞涨，遍地灾难。商店里的标价，一天要换三次。当时有一首流行歌曲《五块钱的钞票没人要》，唱道："这年头，怎么得了，五块钱的钞票没人要，五块钱的钞票满街抛。……穷人吃不饱，富人哈哈笑。这样的日子怎么过呀，快把世界来改造。"穷人没法活了，发生抢米风潮。

## 瞎子阿炳的《二泉映月》是那个时代的悲怆奏鸣曲

问：《二泉映月》不是描写风月的吗？怎么会是悲怆奏鸣曲？《二泉映月》成了世界名曲，但对作曲者瞎子阿炳所知不多，你顺便讲讲瞎子阿炳吧。

瞎子阿炳是无锡的名人，无锡人可能不知道当时的县长是谁，没有人不知道瞎子阿炳是谁。但也就是叫他瞎子阿炳，不知道尊姓大名。我在五十年代才知道他叫华彦钧。他本是雷尊殿的道士。中年以后双目失明，穷困潦倒，靠街头卖艺为生。他的卖艺先是"说新闻"，这新闻是他自己编的，"说新闻来话新闻，新闻出在无锡城。"然后下面就说什么什么新闻。

他很有民族气节，抗战开始的时候，他歌颂了十九路军在上海对日军的抵抗。瞎子阿炳说过新闻，就自拉自唱。唱各种民间小调，填上新词，胡琴伴奏。最常唱的是《无锡景》。《无锡景》差不多无锡城里人人都会唱，而且人人都可填新词，但无论是自己唱还是别人唱，无锡人好像百听不厌。瞎子阿炳填的词有许多无锡土话，善于把无锡话的音乐节奏强调出来，所以听起来特别亲切有趣。

他还有个怪脾气，虽然很穷，钱多了他也不要。他卖艺的时候总是问老伴，老伴叫董彩娣，问她今天收了多少钱了？董彩娣说一个数字。他就说："好了，明天的开销够了，不要收钱了。"然后用他的胡琴模仿人声讲无锡话："谢谢老板，谢谢太太，谢谢小开，谢谢小姐，再会，再会！"

谋生活动结束，艺术生活开始。瞎子阿炳换一把胡琴，由董彩娣搀扶着在长街之上边走边拉，走了一程又一程。知音们跟在后面听。这时拉的不再是小调，其实，这种免费音乐会比卖唱精彩得多。他拉的二胡曲都表达了人民的苦难，那些曲子是很哀怨的。这种音乐，会使人的心情沉下来。我小时候经常跟着瞎子阿炳后面听他拉二胡，所以当时我们就叫做"流动街头音乐会"。特别是在夜里，忧郁的琴声在城市的夜空中荡漾，在人们的心腔里回响。在那个悲惨世界，人们的心弦与琴弦共振，生发悲情。他的音乐非常打动人心，对当时痛苦的生活有一种很深沉的思考。

后来被命名为《二泉映月》的旋律是经常听到的。此曲本无名，问瞎子阿炳本人，他有时说是"依心曲"，有时说是"自来腔"。总之是抒发内心的感情，不是描写外在的景物。此曲是无锡人熟悉的旋律。1950年中央音乐学院音乐研究所杨荫浏先生到无锡，为瞎子阿炳录音时，将此曲定名为《二泉映月》。

《二泉映月》这一定名却是误导众生。许多人根据这一标题去改造乐曲的主题，把它变成轻松优美的旋律。许多音乐家指出，标题与内容不符，其中既没有泉水叮咚，也没有月色皎洁。日本音乐家说这是"断肠之曲"。音乐大师小泽征尔听了二胡演奏的此曲，泪流满面，说："这种音乐是要跪下来听的。"他没有拘泥于《二泉映月》的标题，所领受到的不是陶醉于美景的愉悦，而是震撼心灵的痛楚。根据瞎子阿炳在长街上边走边拉的典型形象，我建议，此曲应更名为《长街行》。

再回过头来说1946年。这一年北京发生美国兵强奸北大女学生的沈崇事件，全国掀起了反美浪潮。我看到市场上充塞着美国货，在一篇作文里写道："中国吃了美国的慢性原子弹了！"老师在这句话旁边画了一连串的圆圈，表示是警句。我的自嘲诗中有两句："愤世忧国愁复恼，年华二八人云老。"时代逼得我们这代人早熟，我十五六岁的时候就觉得自己是成人了，要为这个国家来思考。

抗战胜利后不到一年，我就从国民党的拥护者变成了反对派。

## 参加地下组织

我所在的辅仁中学是无锡最好的一所中学,我要感谢我的母校为我在少年时代奠定了良好的文化基础。

我的数理化比文史类功课学得好,我特别喜爱几何这门课,它训练了我的逻辑思维。每次测验以至小考、大考,我都是 100 分。最后的成绩单上却是 99 分,我问杨老师,为什么硬扣我一分?他说,要是给你 100 分不就到顶了?没有一个人、没有一门功课可以说到顶了!我本来应是并列第一名,由于总分扣了这一分降为第二名。我牢记杨老师的教导,我没有到顶,要不断努力。

问:作为国民党的反对派,你怎样参加了共产党的地下组织?

1947 年,郭罗基十五岁。

1947 年,我在辅仁中学参加了学生运动。1947 年是国共斗争激烈的一年,当时全国爆发了反饥饿、反内战、争民主、争自由的学生运动,我参加进去了。特别是 1947 年冬天,我参加了劝募寒衣运动,接触到穷苦的劳动人民,深受教育。我在学生运动中表现积极。

1948 年,经同班同学秦伯益介绍,我参加了地下党的外围组织,名叫星火社。我忘不了,是 1948 年的 7 月 16 号,在荒凉的无锡公墓的坟堆里,星火社开会,大约三十多人。第一项议程,讨论接受一个新成员,那就是我。有一位高三的同学对我说:"你到那边去站一会儿,我们要讨论你的资格问题。"他手一指,三十来米远,我走了过去。后来知道,他的名字叫钦可久。不一回儿,叫我回来,说:"通过了。"接着,讨论今后的活动,虽然公墓里悄无一人,大家还是压低了嗓门。高三的同学已经毕业,暑假后即将各奔东西,高二和高一的同学表示接续星火社的传统,努力奋斗。给我的印象,好像苏联小说中描写的"青年近卫军"。当时我读完了高一,是星火社几个年龄最小的成员之一。

这一天以前,我愤世嫉俗,进行个人的反抗。这一天以后,我参加了一个组织,走上革命的道路,投入推翻国民党反动统治的斗争。这一天是我的人生转折点。我年方十六,本是少年的欢乐时光,却过早地涉入残酷的政治。

第二天,另一位高三的同学找我,自我介绍,名陈国伟。他说:"昨天有人叫你到那边去站一会儿,我注意到你的表情,很坦然,可以看出你心地光明,给我留下深刻的印象。"他好像很注意

陈国伟(1928-1990)

观察人、研究人。他从一个细节看到我的内心，看到我的未来，从此我成了他的培养对象。他还说："这种做法是不对的，以后讨论接受新成员，应当让本人在场。"但以后再也没有讨论接受新成员，我是最后一个。

星火社的同志们告诉我许多闻所未闻的事情：共产党领导的革命战争，光明的解放区，以及领袖毛泽东。他们给我看了许多革命书刊。解放区的文艺作品，《李有才板话》、《小二黑结婚》、《王贵与李香香》为我打开了另一个世界的窗户。斯诺的《西行漫记》一看就不能释手，有的部分看了两三遍。从共产党和红军身上看到了中国的希望。特别是毛泽东的《新民主主义论》、《论持久战》、《论联合政府》等理论著作，逻辑性强，富有说服力。我的思想豁然开朗，振奋了精神，从此走上革命的道路。

许多城市有地下青年团，无锡没有，星火社实际上是地下青年团。我虽然加入星火社是最后一个，但很快就入党了。星火社的成员大部分还不是党员。我们参加地下党，不是我找共产党，而是共产党找我。

问：你说共产党来找你，当时的地下党的人都是谁？什么样的身份？

因为当时我也不知道谁是共产党，看到我在学生运动中表现积极，思想激进，有人就来发展我加入地下党。我是高一，地下党员是高二、高三的同学。我的入党介绍人就是高三的学兄陈国伟。陈国伟是我走上革命道路的引路人。

星火社没有领导机构，不知道一些决定是怎样做出来的，只看到有事大家一起干。我渐渐发现，陈国伟是灵魂人物。

以前，我痛感中国的黑暗、社会的不公，苦苦思索，不得其解。终日愁眉不展，自称是"悲观主义者"。在星火社的活动中，特别是陈国伟同我的个别谈话，使我看到中国的前途，光明的未来，个人只有投入革命的洪流才能有所作为。我一改以往，奋发向上，成了"乐观主义者"。陈国伟的谈话，从国际到国内，从社会到人生，总是娓娓道来，流入心扉，既亲切又深刻。他虽只长我四岁，由于他的思想成熟、作风稳健，我们之间好像是两代人。后来我和别人谈话，进行思想工作，就是以他为榜样，学习他的风格。

我被任命为星火社的小组长。小组有一项重要的活动，是记小组日记。日记由小组成员每人轮流记一天，记载当前大事、小组活动，彼此交流思想，也有相互批评。在污浊的旧社会，我们这个群体好像是沙漠中的绿洲。群体内外，完全是两种不同的人与人关系。在社会上所受的屈辱，产生的愤慨，经小组讨论，就在互相关怀的温暖中化解了。小组日记是保持经常联系的一种方式，记录了我们那个难忘年代的经历，十分珍贵。解放以后，我多方打听，到处寻找，不知所终。

## 我为革命吐血

我虽然没有为革命流血，但是我为革命吐血了，我是 1948 年 7 月参加地下工作的，这一年的冬天就吐血了，因为生活实在是紧张。

当年地下党领导人告诉我们说，我们做地下工作没什么神秘的，我们不是搞情报，也不搞武装，我们的工作是跟国民党争夺人心，具体来说就是联系群众，团结群众，发动群众。那个时候共产党做群众工作不是靠说教，而是通过群众喜闻乐见的形式展开各种各样的活动。组织歌咏团、舞蹈队、读书会、篮球队，发起春游、夏令营，营火晚会，这些事情看起来没有什么政治色彩，其实都是地下党领导的。

我在参加地下活动以前是书呆子一个，对于唱歌、跳舞、打球一概不感兴趣。作为星火社的成员，我有了使命感，强迫自己改变兴趣，积极参加各种活动。星火社以歌咏团的名义举行过一次演出，钦可久指挥。我的歌喉不怎么样，但我会吹笛子。有一个节目是云南民歌，我用笛子吹了一个引子，女高音过静华接着唱起来："春来三月草青青……"。同班同学看到我上台演出很是惊讶。

我和秦伯益还组织了一个"黑马"篮球队，在活动中团结群众。我的精神面貌焕然一新，简直就像换了一个人样。

当时我已升入高中二年级。放学以后就参加各种活动，很晚才回家，吃了晚饭做功课。我还有一项任务，看守一个地下活动的据点。星火社成员蒋渭农的家，是我们集会的场所。我们开会时，常常假装打桥牌；有人进来就打牌，没人进来就讨论。蒋渭农、陈国伟等到上海学习去了，我住进蒋家，看守这个据点。

蒋渭农家有一批进步报刊和革命书籍，供星火社的成员借阅，由我管理。

那里还有一部短波收音机。每天夜里，我要用短波收音机收听新华广播电台的记录新闻。因为国民党封锁了长江，江南的地下党和江北的解放区已经失去联系，就靠新华广播电台的记录新闻，来领会党中央的指示。另外，国民党经常发布假新闻。据说，中央社写好一周的新闻稿，不管事态如何，每天发一篇。中央社发新闻说，刘伯承已经被"击毙"，而且死了好几次，每次都有照片。不知他们为什么特别痛恨刘伯承。事实是刘伯承还在指挥淮海战役。淮海战役（国民党叫徐蚌会战）已经结束了，《中央日报》的头版头条新闻还说"国军固守徐州"。我们就根据新华广播电台的消息，来揭露国民党的假新闻。我的任务是用短波把记录新闻记录下来，传播给地下工作的同志们。在国民党时代使用短波是违法的，所以白天要把短波收音机藏起来。夜里拿出来，紧闭窗户，声音开得很小，还有电磁干扰，注意力要非常的集中，才能够把记录新闻记录下来。我每天工作到深夜，一天只睡三、四个小时。蒋渭农的母亲知道我熬夜，早上起不来，每天做好早饭以后叫我起床。

由于体力和精力的过度消耗，这一年的冬天就吐血了。当时我的革命意志很坚决，虽然吐血了，我不让人家知道，人家知道了，可能就要剥夺我的工作权利了。瞒得了别人，瞒不了母亲。有一天，她对我说："你咳嗽的声音不对头啊。"我说："没有什么不对头。"我总是捂住嘴巴，将血吐在手帕里，塞进口袋，再悄悄地洗掉。有一次，我换洗衣服时忘记把这个带血的手帕掏出来，被母亲发现了。

母亲说:"你这是痨病呀。"痨病就是肺结核,那时认为得了痨病是必死无疑的。我杀头都不怕,还怕痨病吗?她说:"你不要上学了,回家来休养吧。"

我说:"我不上学也不能休养,我有重要的事情。"

母亲说:"我也不问你有什么重要的事情,你做重要的事情还得有个好身体呀。"我说行,我还能扛得住。

她听说,用红枣、红豆、血糯米加冰糖熬成粥,喝了能补血,每天晚上给我熬一碗。

1948年、49年、50年,三年冬天我都吐血,而且48年也没有条件上医院、看医生。到了解放以后的49年、50年冬天,那个时候条件改善了,才上了苏南军区保健医院。去这家医院必须经过我家门口。我去的时候母亲不知道。以后她就提高警惕了,凡是有抬担架的经过,必定走上前去,掀开被子看看,嘴里直嘀咕:"是不是我的儿子?"有一次,担架上的人还答理:"大娘,我就是你的儿子!我是劳动人民的儿子!"我在《红旗飘飘》里看到回忆陈毅的文章。在江西打游击时,一位老妈妈到游击队里找儿子,她不知道儿子已经牺牲了。陈毅跪在她面前说:"老人家,我就是你的儿子呀!"这都是老一代共产党人对人民的感情。现在共产党里还有这样的"儿子"吗?

我记得当时我的一帮同事女同志来看我,他们实际年龄都比我大,但是我当时的地位比他们高,所以平时都叫他们小张小李什么的。有一位女同志看我时流了眼泪。我说怎么回事,你流什么眼泪?她想说,旁边的人扯衣服叫她不要说,她还是说出来了。

她说:"医生讲了,你活不过二十五岁,你以后不要拼命干工作了。"

我说:"什么事让你流眼泪了!我活到二十五岁,还有七八年,七八年是多少天来着?嗯,三千多个日日夜夜,还能做多少工作!"当时我是满不在乎的。我也没想到我现在还能活那么长。

## 因反抗而受处分

刚才说到1950年了,现在再回到1948年。我参加地下工作以后,领导上一直嘱咐要隐蔽、要隐蔽,但当时我是一个激进的愤青。我在学校里最不能容忍的也是最反对的,有两门课,一门是公民,一门是军训。公民是国民党的洗脑课程,灌输三民主义什么的。我在课堂上经常向老师提问跟老师辩论,搞得有时候上课都上不下去了。

问:您为什么反对三民主义?三民主义里面让你有什么觉得需要反对?三民主义从它的思想理念上主要反对它什么?

公民课虽然主要是讲三民主义,其实也不是讲三民主义本身,就像共产党说的联系实际,国民党叫"观照现实"。讲的大量是为不合理的现实辩护。我对三民主义的主张也没有研究,提不出什么理论上反对的观点,觉得一个是他们"观照现实"都是歪曲的;再一个是对那种灌输的方式很不满。他们讲问题不是论证式的,而是填鸭式的,一定要你相信,令人非常反感。我在课堂上常常提问题，唱反调。由于厌恶三民主义，我想是否还有别的什么主义？一找就找到马克思主义。我学习马克思主义是自觉的追求，当时还冒着坐牢的危险。后来共产党的政治课也走上了这条道路，灌输教条，所以不能不是失败的，也会迫使学生去寻找别的什么主义。

军训呢？这个教官姓李，是国民党的连长，我非常反感。我常常做怪动作，引人发笑，破坏气氛，叫他上课上不下去。

我的这些反抗行动引起了学校的注意，特别是一篇文章闯了祸。从新华广播电台得到的解放战争胜利的消息，鼓舞人心，我的精神越来越振作。由于过分亢奋，我做出了鲁莽的举动。当地有一家《人报》，《人报》上有一个专栏"学府风光"。我给"学府风光"投了一稿，以辅仁中学为例，抨击国民党的训育制度和军训制度。这在一潭死水中掀起了一点小小的波澜。学校早就注意上我了，校长代理人李康复、训育主任王祖瑢轮番找我谈话，问"学府风光"上的文章是不是你写的？我既不承认，也不否认，说："你们可以到《人报》馆去查嘛。"心想，我用的是化名，查也查不到我头上。学校又找秦伯益谈话。秦比较软弱，当场流下了眼泪。秦伯益是星火社的伙伴，我们两人被人认为是搭档。为了不致连累秦伯益，我就承认了文章是我写的，与秦伯益无关。

李和王多次对我单独训话。有时，我也顶他几句。有一位教师在课堂上把"舐犊情深"的"舐（shi）"字念成 tian，我当场指出念错了，应读"舐（shi）犊情深"。他强辩道："这个字两读，既可以读 shi，也可以读 tian。"这就错上加错。读错一个字是小错，而拒不认错，文过饰非却是大错。所以我说："他没有资格为人师表。"李、王训我"不尊敬师长"。我说："他根本不像师长，怎么能叫人尊敬？"

他们对我说："你一向是品学兼优的好学生，这学期变了，经常捣乱，是不是有坏人指使你？你交了一些什么朋友？"我说："除了同班同学以外，没有交什么朋友。"又问："你课外活动都干些什么？"我说："除了做功课，就是帮着干点家务。"

我说来说去就是这么几句话。他们把我的父亲请去谈话。父亲是一个不问政治的小商人，他对我的思想和活动一点都不了解。李和王没有得到他们需要的东西，就要父亲对我"严加管教"。

学校门前有一座桥，名字很响亮，叫"将军桥"，实际是很不起眼的小桥。我在文章中有一句话："辅仁中学的学生像将军桥上的石板任人践踏。"学校说这句话损坏了辅仁中学的名誉，给我处分。开始记大过两次。这个已经使人很惊讶了，因为我原来是好学生，年年成绩报告单上评语都是"品学兼优"。记了大过两次后，由于我不屈服、不认错，又受留校察看处分。到学期末就把我开除了。秦伯益和我一起被开除，结果还是连累了他。

问：对一个中学生来说，受那么多、那么大的处分，对你是否造成很大的心理压力？

没有。一位女同学恽志吾，也是星火社成员。她告诉我，她的父亲是恽逸群，当时在解放区任新华社济南分社社长。星期天她来看我，说："本来我想来安慰你，看来你不需要安慰。"

1948年寒假，陈国伟和蒋渭农从上海回到无锡。国伟同我长谈了几次。他一方面表扬我立场坚定，另一方面又批评我过于冲动，太"暴露"。"暴露"是地下活动的术语。他希望我成为"成熟的革命者"。我第一次听到"成熟的革命者"的说法，牢记在心，努力践行。

国伟说，为了培养我成为"成熟的革命者"，介绍我参加一个革命组织。我问："什么组织？"他在纸上写了几个字："中国共产党"。我大为惊讶，原来他就是地下党员！国伟是无言的榜样，从他身上可以看到共产党员是什么样的人。我迫切希望作为他的战友，成为他所在的组织的一员。当时，对我来说，共产主义不过是抽象概念，具体的追求是自由、民主。但意志坚定，流血牺牲在所不惜。

入党后，有六个月的候补期。候补期满，我还不到十八岁。经苏南区党委特批，我才转为正式党员。

## 救治中国人精神上的麻木

我从一个好学生忽然变成叛逆，老师和同学们都很不理解。

我本来的志愿是学医。我家附近有一家兄弟医院。我小时候常常看到，穷人们用门板把病人抬过来，因为没有钱，被拒之门外，又把奄奄一息的病人抬回去。我发誓，将来要当医生，为穷人看病。1946年，初中二年级的时候，我和同班好友秦伯益相约，将来一起学医。后来，我的主意变了。

我读鲁迅的《呐喊》自序，知道他原来是学医的。一次，在电影中看到，一个体格健全的中国人，被日本人绑住砍头，一群同样体格健全的中国人在围观，神情麻木。鲁迅感慨，中国人无论如何体格健全以至茁壮，只能是示众的材料和看客。他认为救治中国人精神上的麻木比消除肉体上的病痛更重要，于是弃医从文，拿起文学武器。我说："对啊，不学医了，我也要救治中国人精神上的麻木。"秦伯益还是坚持学医，而且学有所成，曾任军事医学科学院院长。

1947年，参加学生运动，1948年，参加地下工作，我都是为了救治中国人精神上的麻木。从好学生到叛逆，是我的自觉选择，也是我人生道路上第一次重大转折。有人猜到我"赤化"了。有一位陈寿文同学对我说："你功课好，本来考上国立大学是不成问题的，我为你惋惜。不过，我也对你佩服，为了……可以牺牲自己的前程。"

我反问："你说我是为了什么？"他说："不要说下去了。"

我自己认为，这才活出了人生的意义，全身心地投入。

问：你再补充一下。当时在学校发展你的人，给你下指示的人，这些人是谁呢？

当时引导我走上革命的道路，来找我的是高年级的同学。那个时候，对共产党是没什么认识的，天天都是国民党的反面宣传，共产共妻，杀人放火。这些高年级的同学来找我，介绍我入党，这才知道他们这些人是共产党员。所以对共产党的认识就是从具体的人身上开始的。

这些人都是学习好，人品好，在学生里有威信，搞学生运动带头，不怕牺牲。原来这些人是共产党，共产党一定是很不错的了。事先没人给我们介绍过共产党是什么样的党。那时候共产党在遥远的陕北，也没有任何信息，国民党是封锁消息的。我们是从具体的人身上来了解共产党的，那些人就是我的榜样，我要跟着他们走，那是没有错的。入党以后，经常给我们发油印的小册子，才了解什么是共产党，什么是共产主义。虽说立志为共产主义而奋斗，实际上憧憬的是自由和民主。

地下党是单线联系。介绍我入党的陈国伟，就是我的上线。解放前夕，陈国伟撤退了，把我的关系交给"老张"。我和"老张"第一次接关系，暗号相当复杂。陈国伟交待，你一定要记住，有的同志脱党就因为接关系的暗号没记住或记错了。我用心记住，一直记到现在。我的打扮：身穿长衫，右手撩起长衫，左手夹一本厚书，上面写 Algebra。地点：皇后电影院门口。

有人来问我："你买票了吗？"

答："没有。"

"你要票吗？"

"我要下一场的。"这一句是关键。

"老张"说："我有，请跟我走。"这就接上关系了。

我跟着他左拐右拐，走进一个僻静的小巷。四顾无人，他同我热烈握手："郭罗基同志，很高兴和你见面。"那种亲热的同志感情好像一股暖流传遍了全身。

## 第三章　独当一面干革命

1948年年底，我被辅仁中学开除了，转到私立无锡中学，简称私锡中。那个学校规模很大，有一千多人，是无锡人数最多的中学。学生大部分住校，再加地处郊外，便于开展学生运动，但是没有地下党的力量，所以地下党派我去开辟阵地。

我去私锡中之前，陈国伟问我："你夜里是不是说梦话？"我很奇怪，怎么问这样的问题？他说，我们的同志因夜里说梦话，泄露了秘密，遭到逮捕。他拿出一本油印的《秘密工作条例》，说："文件的每一条、每句话都有血的教训。这里就有这样的规定：夜里说梦话的同志不能住集体宿舍。"我明白了，说，夜里和白天一样，我守口如瓶。其中还有这样一条规定：所有文件阅后销毁，不留痕迹。我在私锡中住校，白天不能把文件拿出来，我常常在半夜起来，躲在厕所里，在昏暗的灯光下阅读文件。因为要执行阅后销毁，所以我把重要的内容都背了下来。然后撕得粉碎，扔在厕所里。国伟除了让我学习《秘密工作条例》，还传授秘密工作经验，如何对付监视，如何摆脱盯梢，等等。

1949年2月，我进入私锡中。

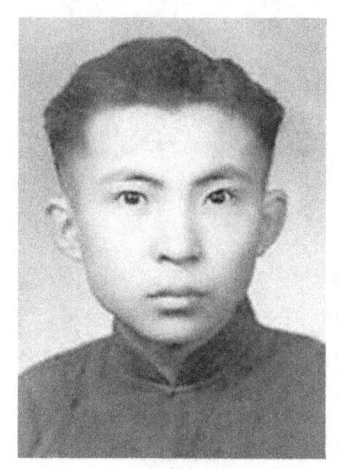

地下党的《秘密工作条例》规定，不能留下照片。我到私锡中报名，必须交照片。这是那个时期我留下的唯一的照片，也是与地下党领导接关系时身穿长袍的照片。

私锡中地处无锡城郊外的羊腰湾。门前是一条大河。隔河相望，有一片葱绿的菜田，豆棚瓜架，茅屋炊烟。远处是南禅寺的塔影和古老的城墙。惠山在蓝色的天幕上留下了浅灰色的轮廓。这是多么优美的田园诗般的景色！但是河岸上经常出现一列一列衣衫褴褛的纤夫，不管是赤日炎炎还是寒冬腊月，他们总是光着脚，顶风弯腰，艰难行进。我常想，这就是多难的中华民族的象征。中国人民为这历史航船的缓慢前进付出了多大的耐力和忍受了多大的痛苦！

私锡中的左邻是王元吉冶坊，生产大大小小的铁锅。在那里可以看到满脸乌黑的冶坊工人，操作笨重的工具，采用原始的方法，从早干到晚。那情景大概同汉朝的冶铁差不了多少。世界已进入原子时代，而我们的祖国还在沿用几千年前的技术。

私锡中的右面和后面都是农田，老农挥汗耕作的形象，常映入眼底。

在这样的环境中学习，可爱的家乡，苦难的人民，激发了我改造不合理的旧社会的决心。作为一个地下工作者，不能公开表达自己的情怀，我常常默默呼唤自己的心灵，一定要努力工作，团结更多的人，推翻国民党的反动统治，建设美好的新中国。

问：你的吐血好了吗？

没有。我还是带着一个吐血的身子去接受地下党的任务的,但是谁也不知道我吐血了。

**情况复杂,斗争激烈**

陈国伟多次同我谈话,要我做革命的火种,让私锡中燃烧起来,火光冲天。具体任务是:调查研究,掌握敌情;教育群众,组织队伍;发展党员,积蓄力量;等待时机,准备斗争;维护学校,迎接解放。他还嘱咐我:"现在你是独当一面干革命,开辟阵地需要魄力,但更需要谨慎。"虽然私锡中的地下党员只有我一个,并不感到孤单,因为背后有强大的组织。不过,究竟怎样把一盘散沙的学生组织起来,确实是个难题。谁知在革命形势的推动下,两个月后私锡中就燃烧起来了,组织起来了。这是当初怎么也没有想到的。我在私锡中只待了五六个月,总觉得这是一段很长的历史,因为那是丰富多彩的岁月。

从辅仁中学同去的还有秦伯益和夏树钊,我们被编入高二廉组。秦会指挥唱歌,夏热心体育,他们成为我发动群众的得力帮手。我们三人一到私锡中就很引人注意,进步力量和反动势力两方面的人都注视着我们。

私锡中的教室楼,楼下第一间是我们高二廉组的教室。

在私锡中,进步力量和反动势力的对立和斗争是很激烈的。在我们去之前不久,高三的顾纪瑞、杨尔烈、李砚周、姚湛一等六个同学就秘密出走,奔赴苏北解放区,参加革命去了。走了六个,又来三个。进步学生主动与我接近,发现了一批积极分子,他们是陆大福(后改名为陆拂为)、周佩琛、谢德康、浦家振等,后来都成了学生运动中的骨干。陆大福尤其活跃。他对我说,他是地下党员,关系在无锡县东亭镇。我立即向陈国伟汇报。他说,郊区的地下党不能插手城区的工作,陆轻易暴露自己的身份也是不对的。陆还问我:"你是不是地下党?"国伟说:"你怎么回答?"我说:"是和不是,都不是自己说了算的。"国伟说:回答得很好,既不能说"是",也不能说"不是"。这个回答包含了对陆的批评:你是地下党员不是自己说了算的。

同学中进步书刊很流行。国民党常常发布"禁书"目录。同学们知道,"禁书"一定是好书,赶快抢购。

私锡中有一个优良传统,叫做"荣誉考试",教师发了考卷就离开教室,没有人作弊。学生们具有强烈的自尊,以"荣誉考试"自豪。由于学生中存在着一股正气,容易接受理性的启蒙。

同学中不同的政治观点常常引起争论,有时在宿舍里居然公开辩论"国民党好还是共产党好?"

进步分子称国民党特务分子为"狗"。有一个三青团分子，恶语伤人，声嘶力竭，同学们给他取了一个外号，叫"雌狗"。

教师中也有许多进步人士。教历史的华山老师，在课堂上大讲唯物史观。同学们对唯物史观的内容似懂非懂，但知道这是"共产党的理论"。当时提到共产党必称"共匪"，华山老师就不称"共匪"，直呼"中共"。这是要有一点勇气的。教国文的李延秋老先生，官方教材不用，自选教材，教毛泽东的《沁园春·雪》、七律《长征》以及鲁迅著作等等。这在解放前的无锡，恐怕是绝无而仅有的。反动分子总是骂进步人士是"受共匪指使"，其实没有人指使他们，完全是出于正直的知识分子敢作敢为的品格。他们的大胆，就连我这个"共匪"也感到有点吃惊。教英语的许伯坚、教物理的俞馨畹，都是进步人士。教公民课的童有储和两个参加过青年军的教师温广才、冯士清是一股反动势力，为首的是童有储。他们通过高三的项元生、初三的吕祖寿拉拢了一帮学生。童有储提供活动经费，让项元生搞了一个"锡钟学术研究会"，在学生中形成一股势力。"锡钟学术研究会"的负责人项元生以及背后的童有储是别有用心的，但参加该组织的一般成员是慕学术研究之名而来。（当过中国人民大学校长的李文海，那时是"锡钟学术研究会"的活跃分子。文化大革命中，他们那里的专案组让我给他写证明材料。我指出，李文海作为"锡钟学术研究会"的一般成员，并不构成"政治历史问题"。但他的问题是对项元生、童有储缺乏应有的认识。）

还有一股势力很特别，这就是"勉社"的成员。"勉社"是跨地区、跨行业的组织，在无锡搞得声势浩大。他们打着"红旗"，活动很"左"。他们的刊物《今天》，转载了不少解放区的文艺作品。奇怪的是，它却能得到无锡城防指挥部的保护，还要他们"领导"无锡的学生运动。"勉社"的成员大部分是纯洁青年，但在他们的头头指挥下常与我地下党领导的活动争夺阵地。"勉社"的核心人物之一袁乾一就在私锡中，周围也有一帮人。

我星期天要同地下党领导人接关系，很少回家。有一天，父亲到学校来找我，说家里收到一个学校的通知，给你警告处分。我很奇怪，我刚进私锡中不久，犯了什么事？父亲说，你是怎么搞的嘛？在辅仁中学记大过两次、留校察看、开除学籍，到了私锡中又吃警告。你再这样下去没有地方上学了。父亲对我近年的变化感到困惑莫解。他说："从小学到中学，你的成绩报告单上老是'品学兼优'，现在怎么老是受处分？亲戚朋友说起来面子不好看呀！"当时我不可能向他解释清楚，只是说："你放心，我没有做什么对不起你、对不起亲戚朋友的事。我没做坏事，不是我的错，是学校的错。"父亲，当然他是了解他的儿子的。他大概认为问题是出在我的脾气爱顶牛，所以劝我："忍耐点，识相点！"他一辈子都是忍气吞声地做人的。父亲的话提醒了我，我不能再像在辅仁中学时那样冲动，后来就注意隐蔽，讲究策略了。

我在校门口久久站立，目送在羊腰湾上远去的父亲的背影。我想到朱自清的一篇散文《背影》，也是怀念他父亲的。

在旧社会、旧教育制度下，我是罪人，领教了从警告、记过、留校察看到开除学籍的所有处分。是非颠倒，人间不平，只能使我更坚决地向旧社会、向旧教育制度宣战！后来觉得，年轻时的这种遭遇，对于锻炼我的心理素质，不怕打击，不计名誉，坚定地走自己认准了的路，终身受益。

父亲走后，我很难过，让家里人为我担心。我去问训育主任许伯坚，为什么给我一个警告处分？我到私锡中，大家都知道我的来历，在辅仁中学是闹学运的。训育主任是暗中保护我的。他说是童有储老师，要校长章质夫做的决定。童有储是私锡中几个反动教师中的核心人物，他注意上我了。给我警告处分的理由是什么？说我不敬师长。事实是，有一次吃饭的时候，童有储是监膳，在食堂里来回巡视。我知道这个人思想很反动，我是想跟他套近乎。他经过我们的饭桌时，我说："童老师跟我们一起用饭吧。"我就说了这么一句话，结果他说我不敬师长，给了我一个警告处分，实际是给我一个下马威。许伯坚老师说："你去和童老师谈谈，认个错吧。""我有什么错？"这个时候我吸取了在辅仁中学的教训，不再向反动人士怒目而视，到处拳打脚踢，结果自己也站不住脚。是的，我要去和童有储谈谈，当然不是认错。

童有储为了拉拢学生，装得很关心人。他的住处经常是门庭若市，我也侧身其间，深入虎穴。有一次，只有我一个人在场，他要下楼去打开水。我想，这是一个好机会，我在他房间里翻检了一阵。在他的照相簿上发现一张照片，上面写着"中央政治学校毕业留念"，人员众多，一律身穿军装。还没等我看清楚其中是否有童有储，他打开水回来了。过了几天，我就想办法用话去套他。我问："童老师，我们毕业后考什么大学好呀？"他说的我都无心听，重要的是转到下一个问题："我的表兄是中央政治学校毕业的，那是什么大学呀？"我是从考大学扯到中央政治学校，他却注意上我的表兄了："你的表兄是哪一期毕业的？说不定还是我的同学呢！"我根本就没有这样的"表兄"，是胡诌出来的。要说"哪一期"，就不好胡诌下去了，假如碰巧说上童有储的那一期，不就露馅了吗？我含糊其辞地说："他是抗战胜利以后毕业的。"他又说："我就是抗战胜利后的民国三十五年毕业的。他叫什么名字？"我又胡诌了一个名字，说："他可能比你晚。"他说："不认识。"他也警觉起来，不再往下说了。这样，我了解到一点底细。童有储不是一般的思想反动，而是有政治背景的，原来他是国民党中央政治学校培训的政工人员。我向陈国伟汇报后，他告诉我，中央政治学校的校长是蒋介石，实际负责人为陈立夫、陈果夫，属于CC派。中央政治学校和中央陆军军官学校，校长都是蒋介石，并称为国民党的"文武二兄弟"。

**发动群众，活跃起来**

我去私锡中的时候是1949年2月，到1949年的4月，居然折腾出一个"私立无锡中学学生自治会"。

我这个发动群众的办法，也是像在辅仁中学一样，首先通过各种群众喜闻乐见的活动，把人吸引过来，交朋友，谈思想。然后介绍他们看进步的书籍。一开始要他们看理论著作也是不行的，当时最流行的一本书叫《大众哲学》，是艾思奇写的，通过一些通俗的哲学道理来分析当前的现实。还有就是看进步的报刊。香港文汇报是个进步的报纸。香港文汇报传到内地以后，在进步学生中广泛传阅，报纸都翻烂了，还在传阅。看了进步书刊以后，然后再慢慢的谈心，就要谈政治了。

1949年4月3日、4日，地下党发动了一次春游。之后，私锡中活跃起来了，学校大变样。

来自无锡各中学的男女学生三百多人，聚集在太湖边上的江南大学，表面上是"春游"，实际上是对进步力量的一次检阅。

私锡中有二十多人参加春游，大部分是我们高二廉组的，回校后成了搞活学校的骨干。

这次春游，辅仁和女中去的人很多，也最活跃，因为那里地下党的力量较强。私锡中的同学还是第一次参加这样的活动，显得有些腼腆；但特别动情，学习认真，善于吸收。在江南大学的两天，除了唱歌、跳舞，还有朗诵会、演讲会、讨论会，那激动人心的场面久久不能忘怀。

二十多个人回到私锡中后在教室里、宿舍里滔滔不绝地讲自己的体会。我鼓动他们走出教室、走出宿舍，到操场上去！他们到操场上跳起舞来，唱起歌来，影响就大了。周围吸引了许多人，渐渐地，围观者成了参与者，人越聚越多，圈子越来越大。

参加春游的部分辅仁和私锡中的同学，右起蒋渭农（辅仁）、郭罗基、王之骅（辅仁）、秦伯益、袁星北（辅仁）、郭威基（站立者，辅仁，郭罗基弟弟）夏树钊、周培琛、丁渭道、王槐卿。其中，郭罗基、袁星北、周培琛三人都是故隐其脸。《秘密工作条例》规定，不得在公众场合照相。袁星北和周培琛是准备发展入党的，我紧急通知他们，作如此处理。

高二廉组的同学常常被别的班级请去教唱歌。那些日子，放学以后，各个班级歌声嘹亮，此起彼落。私锡中吹进了一阵春风，革命的歌声在年轻人的心头荡漾。

当时社会上流行的是靡靡之音。唱什么歌，也是一种斗争。我们唱的歌，除了健康的民歌《在那遥远的地方》、《康定情歌》、《半个月亮爬上来》等等，还有讽刺性的，如：《你这个坏东西》、《五块钱的钞票没人要》、《古怪歌》、《茶馆小调》；也有启蒙性的，如：《你是灯塔》、《跌倒算什么》、《四月的风》、《团结就是力量》、《山那边呀好地方》等等，这些歌词简直就是战斗的政论。例如《你是灯塔》：

你是灯塔，照耀着黎明前的海洋，
你是舵手，掌握着航行的方向。

年轻的中国共产党，
你就是核心，你就是方向。
我们永远跟着你走，中国一定解放，
我们永远跟着你走，人类一定解放。

唱的时候，"年轻的中国共产党"改成"年轻的中国学生们"，但故意将声调提高，以示别有含义。

《跌倒算什么》是鼓舞斗志的，唱道：

跌倒算什么，我们骨头硬，爬起来再前进。

生，要站着生、站着生，
死，也站着死、站着死。

天快亮，更黑暗，路难行，
跌倒是常事情，常事情。

跌倒算什么，我们骨头硬，爬起来再前进！

还有一首《四月的风》，旋律优美，像是预言诗，同学们特别喜爱：

唱吧，唱吧，四月的风呀尽情歌唱，
唱吧，唱吧，四月的风呀快乐歌唱。
歌唱那伟大理想的日子将来到，
歌唱那永恒灿烂的春天已在望。
自由的号角吹呀，民主的大旗飘呀，
歌唱吧，四月的风，
歌唱那战斗，歌唱那风暴，带来了大希望。

《团结就是力量》本是解放区的流行歌曲，又成为学生运动的战歌：

团结就是力量，团结就是力量。
这力量是铁，这力量是钢；
比铁还硬，比钢还强。
向着法西斯蒂开火，让一切不民主的制度死亡！
向着太阳，向着自由，向着新中国，
发出万丈光芒！

这些歌曲的最强音是自由、民主、解放，唱得人们热血沸腾。当年高唱"向着法西斯蒂开火"，反对国民党，打倒蒋介石。国民党、蒋介石被赶走了，但在"新中国"，不民主的制度并没有死亡。五十年代，确曾一时气象新。曾几何时，一切"旧中国"的坏事死灰复燃，甚至变本加厉，就因为不民主的制度并没有死亡。

跳集体舞，放学后把大部分同学都吸引过来，走出了教室，边唱边跳。

这边是：

年轻的朋友赶快来，忘掉你的烦恼和不快；
千万个青年一颗心，唱出一个春天来！

那边是：

我们是姐妹兄弟，大家团结在一起；
不分我来不分你，一条大路把手携。

跳了几天，又生出新花样。我们班上有一位同学名郁志雄（外号"小钢炮"，因踢足球射门有劲），是从苏北来的，会跳秧歌舞，大家怂恿他非教不可。他说，只能在晚上悄悄地教。结果还是招来很多人。第二天、第三天人更多，操场上四百米的跑道绕了一圈，排成长龙。跳秧歌舞具有极大的象征意义，在国民党统治区，跳秧歌舞被认为是"通匪"，敢于跳秧歌舞就是一种政治上的挑战。解放后，从无锡城防指挥部的档案中看到，有人因为跳秧歌舞上了黑名单。私锡中几百个人跳秧歌舞，要上黑名单也无从下手了。私锡中同学们的这种勇敢行为，鼓舞着人们冲破黎明前的黑暗。曾听到无锡城里的老百姓说："快了，快了，私锡中跳起秧歌舞来了。"意思是共产党快来了。

当时私锡中没有女生，演出时男扮女装。男孩子不大愿意扮女装，我带头，扮演《农作舞》中的农妇。

后来，没有女生的私锡中和没有男生的竞志女中联合起来，成立犁友歌咏团，秦伯益任团长。普及和提高相结合。犁友歌咏团在校内外有几次精彩的演出，给人们留下了极好的印象。

唱歌跳舞起了巨大的思想启蒙作用。那时的青年学生，为国家的命运担忧，为个人的前途焦虑，大多不满现实，思想苦闷，情绪消沉。唱进步歌曲，跳集体舞，也是批判现实，憧憬未来。在歌声中转变思想，在舞步中活跃身心。确实，精神上得到了解放。

我是从辅仁中学学来的学生运动经验，但私锡中比辅仁中学搞得有声有色。在私锡中，进步势力完全压倒了反动势力，为地下党领导的活动奠定了群众基础。

## 抓紧时机，实行自治

在江南大学春游时，传播了国民党封锁的南京"四一"事件的消息。

1949年元旦，蒋介石发表和谈声明，实际上并无诚意，为了求得喘息的机会。1月14日，中共中央主席毛泽东提出和平谈判的八项条件。4月1日，南京十一所大专院校的六千余人举行示威游行，到总统府请愿，要求真和平，反对假和平。游行队伍遭到国民党军警的镇压，血洒珠江路，死二人，伤一百多人。是为"四一惨案"。

私锡中的同学们对于国民党政府制造的流血事件极为愤慨。4月4日，从江南大学回到私锡中的当天晚上，我们高二廉组，进行了讨论。大家一致同意，从膳食中省下一笔钱，援助南京"四一"事件中受难的同学，并向全校发出呼吁，得到普遍响应，组成"私锡中'四一'事件后援会"。同学们又进一步提出，联络无锡全城的各中学，扩大组织。4月5日、6日，私锡中派代表到无锡各中学游说。4月7日，无锡全城中学生代表到私锡中开会（女中来的代表是秦德芬，后来在团市委我们成为同事），准备大干一场，决定于4月中旬组织游行，声援南京学生，抗议血腥镇压。

同班同学祝颂和对我说："你要小心，你是上了城防指挥部的黑名单的。"我问他："你怎么知道？"他神秘兮兮地说："不能讲。"

4月10日，星期天，我才能离开学校，与地下党单线领导接头。事先来不及请示，事后汇报，我以为行动及时，会得到肯定。不料，我的上线陈国伟说："赶快停止活动。南京地下党犯了错误，已经吃批评了，我们不要再去加重错误。""要求真和平，反对假和平"，口号是正确的，但行动是错误的。然后他就耐心地解释，为什么行动是错误的。地下工作的方针是"隐蔽精干，长期埋伏，积蓄力量，以待时机"。大军即将南下，要保存实力，不要再暴露自己，做无谓的牺牲，一切都要为迎接解放做准备。

他教育我要服从组织，举了一个例子。杨维廉（辅仁高我一个年级的地下党员）参加了勉社，而且进了核心班子。党组织要他退出，他不听，现在已经跟他割断联系。

我当即表示："坚决服从组织，立即停止活动。"

最后，陈国伟对我说，他要奉命撤退，把我的关系交给"老张"。为何撤退？撤退到哪里？按地下党的规矩，是不能多问的。握手告别的时候，我说："相会在胜利的时刻！"后来才知道，他和江南大学的支部书记邓鸿勋（八十年代曾任江苏省委副书记）等撤退到了太湖游击区。

当天我回到学校，心想好不容易把群众发动起来了，立即停止活动太生硬，会挫伤同学们的积极性。我和几个伙伴商量，将"私锡中'四一'事件后援会"转变为"私立无锡中学学生自治会"，还要考虑到两者的衔接。他们都表示赞同。上晚自习的时候，我先在班上说明意图。我们这个班是私锡中的进步堡垒。

通过各种活动，我已经打下群众基础，建立了威信，说什么都是一呼百应。我们班又派出十多人，到各班游说："私锡中'四一'事件后援会"只是临时性组织，我们需要成立长期性的"私立无锡中学学生自治会"，领导各项活动，首先就是搞好声援"四一"事件的活动。各班赞同，选出了代表。4月11日下午，在饭厅召开学生代表大会，宣告"私立无锡中学学生自治会"成立。我起草了一个章程，模仿西方的内阁制，由理事会掌实权。陆大福（高二）被选为学生代表大会主席，金锡坤（高三）为副主席；我被选为学生自治会理事会主席，李燮平（高三）为副主席；秦伯益是文娱部长。我找训育主任许伯坚，得到支持，还拨了图书馆的一间屋子作为学生自治会的办公室。

这在解放以前的无锡是独一无二的,当时的学校大部分是没有学生组织的,连地下党力量强大的辅仁中学都没有。少数有学生组织的,也是官办的(如女中)。只有私立无锡中学学生自治会是真正由学生自己组织起来的。这时,我到私锡中才两个月,事后连我自己都觉得不可思议。

问:这也没有事先请示,事后汇报,地下党领导的态度怎么样?

这一回,我得到了地下党领导的表扬,说我做得对、干得好。

1951年,童有储被逮捕,进步教师华山在大会上揭发:"私锡中'四一'事件后援会"成立后,童有储开了一个名单,找校长章质夫,要开除一批学生。郭罗基是榜上头一名。童的父亲是私锡中的校董,提供财源。故校长不敢得罪童家,只好施缓兵之计,去了上海。等他回来,"私锡中'四一'事件后援会"已改为"私立无锡中学学生自治会"了,开除学生的事也就不了了之。可见,地下党领导的指示是正确的,避免了进步力量的损失,否则,我又要被开除了。

## 主持应变,保护学校

私锡中学生自治会成立不久,就面临着考验。

1949年4月21日,和平谈判宣告失败。毛泽东、朱德下命令向全国进军,当天就强渡长江。离无锡不远,那个地方叫江阴。江阴是长江边上的一个要塞,有炮台。4月22号,无锡就听到炮声隆隆,走读生到校,都说无锡城里很乱。上午勉强上了课,但人心浮动。下午,无法上课了,教师和学生纷纷离校。我们学校的校长、主任、教师都走光了。大部分学生是住校的,能够回家的也都回家了,还有五百多人留在学校。当时交通已经断绝。有两个同学想步行回家,出了校门被国民党败兵拉伕去扛东西。走到江溪桥,溜了回来。这样一来,谁也不敢出校门了。

学校门前是一条大河,河岸上是公路。河里运送的是伤兵,断胳膊缺腿的,血迹斑斑,横七竖八地躺在船上。公路上行人绝迹,走的是国民党的败兵,当官的骑着马,当兵的拖着枪,稀稀拉拉,溃不成军。

满眼望去,一片兵荒马乱的恐怖景象。

祝颂和是走读生,家就在学校附近,他特地跑到学校来找我,说,你赶快离校,到我家去避一避。国民党撤退的时候可能会大逮捕。我没有跟他走,他急得跳脚。"你的名字在黑名单上,是千真万确的。"他这才告诉我,是他的一个亲戚在城防指挥部看到的。

我说:"你的亲戚怎么会知道我的名字?"

他说:"我在家里老是提到郭罗基、郭罗基,他说这个名字很好听,记住了,恰好看到黑名单上有这个名字。"

他给了我家里的地址，说："要是情况紧急，随时可以来。"

虽然我对上了黑名单的事将信将疑，但不得不有所防范，采取措施。

在这以前地下党有交代，叫做组织应变活动，工厂、学校都要组织应变活动。我在用短波收听新华广播电台的记录新闻时，也记下了这些。我对祝颂和说，我是学生自治会理事会主席，我要主持应变活动，保护同学，保护学校，不能离开。当时虽然知道自己有危险，好像也满不在乎。后来才知道，城区的地下党员都撤退到太湖游击区去了，因为我在郊外，交通断绝，无法通知我。我确实有危险，我也考虑到了，怎么样保证自己的安全？要有所准备。

为了防止败兵进来骚扰和宪兵进来抓人，我想，首先要把守大门。门房的工友名文奎，是瘸子。我对他说："文奎，看好大门！"他说："我腿脚不便，有事跑不了。我也要走了，有人会来接我。"他建议："我这里有一条铁链子。我走后，你可以用铁链子把大门锁上。"我根据他的建议，用铁链子拴住铁门，上了锁。

留校五百多人，都是孩子，大人只有一个，他是照顾初中部小同学的工友，名叫梅根。他五十多岁了，我们劝他回家。他说："这么多孩子留在这里，你们的爷和娘怎么能放心？我要陪陪你们。"校长、主任和教师的责任心全都不如这位工友。我也是一个不到十七岁的大孩子，但成了孩子王，大家都听我的。在一片恐慌之中，只要有一个人意志坚定，就能稳定人心。

我组织学生，手持童子军军棍，在大门、米仓、图书馆、实验室等处站岗放哨。我还组织学生巡逻。

学校的右面和后面没有墙，是篱笆。我事先就看好，要是来抓我的话，从什么地方可以钻篱笆逃走。那么，在那些地方我就布置人站岗，说是防止外面的人钻进来，实际上是必要的时候可以协助我逃出去。巡逻中还发生一个小小的插曲。学校的东北角，篱笆坏了，巡逻队员在田埂上走来走去。忽然一个同学跌了一跤，哇的一声，叫了起来。我用手电一照，原来是一只刺猬扎了手。另一个同学上来用脚踩住了刺猬，说道："这东西，用火烤了吃，很香！"那个扎了手的同学也忘了痛了，很有兴趣地问道："真的吗？"年轻人总是要寻找欢乐的，三四个人商量着怎么烤刺猬。那时还没有环保意识。我说："烤刺猬归烤刺猬，巡逻还是要当心！"我又到别处去了。

国民党抓人大多是在夜里，重要的是对付夜里抓人。宿舍楼只有一个大门，窗户上钉有铁条，封住了大门，真是瓮中捉鳖。我要大家从宿舍搬到几个大教室来居住，很多人在一起，可以互相保护。我又选择了一个门边的位置，必要的时候怎么逃走，设计好路线。

因为国民党的撤退很慌张，恐怕要抓人也来不及了，所以我逃过了国民党的追捕。

后来发现，夜里米仓外面被掘了一个壁洞，幸而未掘穿，粮食没有被盗。大概小偷听到巡逻的脚步声，或看到手电的晃动，逃走了。我们在危急之中保护了学校，没有受任何损失。

## 迎接解放，走向光明

接着说4月23日。白天，大家没有心思干事情，也看不进书，都趴在窗口望着败兵撤退，观察动静。

晚上，教室里打上通铺，成了一个大舞台。很多人在一起，也有亲密团结的气氛。有人白天还想家流眼泪，晚上，在大舞台上翻筋斗、豁虎跳，好不热闹，全然忘了忧愁。我们入睡时，外面的公路上还不断地走着败兵。到天蒙蒙亮的时候，忽然被歌声和号声吵醒。有的同学骂起来了："断命的败兵，唱什么歌，吹什么号，神气点啥？"开始听不清唱的是什么，当我听到："向前，向前，向前，我们的队伍向太阳，……"一骨碌爬起来。这是我来私锡中以前在短波收音机中听到的新华广播电台的歌声，说："不是败兵，解放军来了。同学们，快起来！"

睡在各个教室的同学们都被我叫起来，脸不洗，饭不吃，集中到校门口，鼓掌、唱歌、喊口号，欢迎解放军。不久前学会的进步歌曲，都派上用场了。《你是灯塔》中的"年轻的中国学生们"，又改回"年轻的中国共产党"。昨天和今天，我们看到两支完全不同的队伍，从校门口经过。昨天的国民党败兵，长官和官太太骑着马，当兵的歪戴着帽子，倒挂着枪，稀稀拉拉，溃不成军。解放军虽然衣服破旧，但队伍整齐，士气高昂。同学们看不出谁是长官，这一点印象尤其深刻，不时交头接耳地议论。特别感动的是解放区支前的民工，把农村的独轮车推进了城市，运送粮食和弹药。

我忽然想到，应当去找地下党的领导，接受新任务。陈国伟撤退后，我的领导是"老张"。每次接头的地点都不固定，最后一次是他到学校来找我，对我说，形势紧张，把所有的文件、资料、名单等等统统销毁。我不知道他的行踪，到哪里去找？那就找入城的解放军吧。

九点多钟，我和同班同学陆大福进了城。商店都不开门，但马路上熙来攘往，喜气洋洋，还有人高喊："天亮了！"

我们两人都觉得肚子有点饿，先到我家里吃点东西。正捧起一碗稀饭，看见"老张"在马路上仰着头查看门牌号码。我立即上前打招呼，他说正是找我。他自我介绍，不姓张，真名是陈秉基（后来知道，他是上海地下党派来无锡的，任无锡城中区委书记）。解放军虽然占领了无锡，但接管城市的干部队伍还没到，地下党要站出来。第一个决定是发动一次大游行。他要我赶快回学校，把队伍拉出来，到市中心的图书馆集合。

我和陆大福，稀饭没喝一口，又回到学校。拉出留校的五百多人的队伍，奔向图书馆。私锡中虽然路途遥远，却是最先到达，因为我们的队伍是现成的。这一天是星期日，市区的学校，要挨家挨户把同学们叫出来。一点钟，集合了两千多人。开会，有一个人讲话，后来知道，他叫过骏，我们在团市委成了同事。游行队伍打着横幅："迎接解放，走向光明"，从图书馆出发，经崇安寺、中山路，出控江门，到江阴巷，那是解放军来的方向。等了一回儿，没有迎来解放军，又折回，从江阴巷绕到工运桥，经光复路进光复门。回到图书馆，游行队伍解散。

游行队伍一路高喊口号。私锡中的队伍还不断地唱进步歌曲，有时扭一程秧歌，使人刮目相看。

私锡中的队伍回校时，到东门亭子桥，已过六点，宵禁开始，有解放军士兵站岗，不准通行。我在救火会（消防队）打电话给军管会，军管会派来一位海秘书，让哨兵放行。这位海秘书就是海哮，后来我们成了朋友。

回到学校，开饭时间已过，饭厅关门了。同学们把铺盖从教室搬回宿舍，高谈阔论，兴奋不已。大家在畅想十年、二十年后，我们的家乡会是什么样子，中国会是什么样子。

这一天，我没有吃一顿饭，不觉得饿了，欢天喜地入梦乡。

后来得知，解放军的一个团在4月23日晚上十一时已从光复门入城，兵不刃血地占领了无锡。国民党的党政军机关早已弃城而逃，他们要大逮捕也没有时间了。入城的部队，番号是第三野战军10兵团29军87师260团。唱着歌从我们学校门口经过的是解放军的另一支向南的追兵。

**会师大会，见面惊叹**

1949年4月底，开了一次南下干部与地下党的会师大会，地点在皇后大戏院。

南下干部中，我只认识一个人，军管会秘书海哮。就是4月24日私锡中的游行队伍回校时在东门亭子桥因戒严受阻，他来让哨兵放行的那个人。有一个南下干部来找私锡中的地下党，他自我介绍，名杨尔烈。我说："喔，你就是1948年离开私锡中奔赴苏北解放区参加革命的那六个人之一。"后来我们是团市委的同事，成为好朋友。

地下党是单线联系，只知道自己的上线和下线，其他一概不知。辅仁中学的音乐老师张养生，本来有点吊儿郎当，现在却是一脸严肃，十分正经。教过我大代数的女老师庞曾漱，本来是烫头发、高跟鞋，略施脂粉，俨然是一位贵妇人。现在朴素得像一个农妇。他们都伪装得很好，不像我这个"愤青"，被党组织批评"太暴露"！现在他们都脱去了伪装，返归本真。地下党的单线联系，学生和教师中的党员是没有联系的，同是教师的张养生和庞曾漱，也不是一条线上的人。庞曾漱老师告诉我，她猜我是地下党员。训育主任把我叫到办公室训话，我顶得很厉害。同在一个办公室的庞老师看在眼里，她说：我要向组织报告，这个同志很坚强。其实当时我还没有入党。私锡中初中的历史教师何晓沧也是地下党，我真没想到。他每次上完课就走，不与人来往。他原是复旦大学的学生，因搞学运被开除。组织派遣来无锡，与学运脱离关系，负责职业青年的工作。后来，他改名何刚，曾经是我的领导。无锡的篮球名星许通福，看起来完全是一个不问政治的人，谁知他也是地下党员。在这里见到的人，不免惊叹，指着对方说："啊，你也是……！"

会师大会由军管会主任管文蔚做报告。那时的风气，不管做什么报告，都要从"形势与任务"讲起。讲完形势与任务，他讲的内容主要是表扬地下党。他说："我们在解放区，手里有武器，背后有群众。你们赤手空拳，在敌人的鼻子底下做斗争，全凭机智和勇敢。"他还讲到不久前在上海牺牲的工人领袖王孝和，表示敬意。

后来，传说有一个对待地下党的十六字方针："降级安排，控制使用，就地消化，逐步淘汰。"没有看到正式文件，我表示怀疑。如果确有其事，那就太令人寒心了。

## 倒阁风波，进行普选

解放以后，私锡中的各种活动都是由学生自治会领导的，私立学校的校方是指挥不了学生的。学校中的反动势力当然很不甘心。6月初，童有储操纵的一些反动学生起来捣乱。那时，全市经常举行各种联欢会，这是解放以后的新鲜事，同学们争相参加。项元生他们借口分发联欢会的入场券不公平，指责学生自治会不民主，发动了一场倒阁风波，推翻学生自治会，并提出要进行一人一票的全校普选。学生自治会理事会开会讨论，如果我们拒绝普选，那是不明智的，只能接受挑战。我们之所以敢于接受挑战，因为学生自治会具有群众基础，对选举抱有信心。

童有储幕后煽动，幕前拉票。他竟然亲自出马，利用教师的身份，在上课时为项元生竞选。李文海也是项元生的助选团干将。我们建立的群众基础，经受了考验，全校的多数仍在我们一边。高三的项元生助选团改变策略，不再辩论学生自治会工作上的得失，而是着重拉拢初中部不明事理的小同学，让他们起哄。

初三的吕祖寿纠集了一帮人，在二楼的走廊上，对着楼下的我高喊："郭罗斯基，你敢上来？"我说："你们都给我下来！"他们也不敢下来。初中的小同学，受蒙蔽较多，投了项元生一票。选举的结果：李燮平（不公开的青年团员）取代陆大福当选为学生代表大会主席，项元生当选为理事会主席，我以几票之差当选为副主席，理事会的部长们大多留任。

选举中还有一个插曲。项元生的助选班子，用白粉在操场上写了七个大字"请投项元生一票"，每个字有一平方米。国民党的飞机在上空盘旋，看得很清楚，大概以为是人民政府选举，用机枪扫射。子弹在屋顶上开花，私锡中幸而无人伤亡。但殃及池鱼，门前河里的一条轮船，有人中弹受伤。以后，听到飞机的轰鸣就四散躲避，上不成课。

项元生当选后，没有参加过一次理事会，没有干一件事，他心有旁骛，又忙于搞别的阴谋活动去了。反正煽动重新选举的目的就是为了拆台。学生自治会的实权仍然操在我手中。

## 北上风潮，破坏稳定

当时私锡中的学生中，主要是高二、高三有一股风，希望到北方、特别是北京去参加革命大学，以致不安心学习，严重地影响正常的教学秩序。这是无锡其他的中学没有出现的问题。从参与者的动机来说，各不相同。高三的一些学生是为了逃避毕业考试和升学考试，直接混上一个大学生的资格。其中有些人是一向和进步的学生运动作对的，被目为"反动学生"，离开了私锡中便于摇身一变。当然年轻时的失足不应成为终身的包袱。有些学生是出于对旧教育制度的厌倦，追求新的学习生活，而且可以享受免费。少数人确实有志于革命。

他们三五人一伙，七八个一群，秘密策划，准备出走。这一行动，为童有储所利用，搞乱学校。他极力鼓动，资助银元，指使项元生带头组织学生北上，李文海也在他的北上队伍中。有人说："北上参军是童有储派出混进去的"。不能一概而论。但硬说政治上反动的童有储支持学生"参加革命"，也是说不通的。私锡中在解放前夕应变的时候保护了学校、保护了学生，解放以后却陷入了混乱，有的班级竟至无法上课。

陆大福也投入了北上风潮。我多次劝说无效。他在回忆文章中说："无锡解放后，私锡中成立了一个当时不公开的新青团（共青团）支部。支部书记郭罗基，我任组织委员。"（《羊腰湾弦歌》第4页，私立无锡中学49/50届高中同学会编印，2005年1月。）所说不实。发展团员、成立新青团支部，都是陆大福北上以后的事。暑假中，所有的团员参加了在省锡师举办的团训班。陆大福不是团员，也没有参加团训班，更不可能是"组织委员"。与我当团支部书记的同时，第一任组织委员是王国增。

问：这不是无中生有瞎编的吗？

所以私人回忆录、自传等等不能当作历史来看的。

私锡中的同学在演街头活报剧，观众人头济济。三个演员，右为扮演银元贩子的秦伯益。中为扮演执法人员的张政（青工队队员），左为扮演市民的张育林。

纷纷"北上"的有四、五十人之多、这些人大多半途而废，又不好意思复学，回了老家。暑假中，陆大福进了"苏南新专"（全名为苏南区新闻专科学校，地点在无锡）。

6月份，社会上银元贩子的活动很猖獗，扰乱金融，哄抬物价。那时陈国伟在青年团市工委工作，他负责东区的学校，是我们的领导。他提出，取缔银元贩子不是政府下一道命令就完事的，我们要上街宣传，号召人民抵制银元贩子。学生自治会组织力量，学习文件，上街宣传，从南长街进南门，一直到市中心。我们的宣传有街头演讲，有活报剧，还发材料，受到市民的欢迎。这一活动，在无锡的学生运动中独树一帜，对于私锡中的稳定也起了良好的作用。我们用事实说服同学们，在新解放区同样可以干革命，不必到北方去参加革命。

无锡市公安局一科（侦察科）有一位张碧，经常跑私锡中。童有储、项元生的劣迹都记录在案。1951年"镇反"时，童有储被逮捕，张碧的材料拿出来算总账，判了十五年徒刑。当时我早已离开私锡中，童有储的逮捕、判刑，有关方面没有找我调查、取证，我也没有看到判决书。如果征求我的意见，我会说判得太重。童有储因心脏病发作，死于劳改场所。

### 建立组织，巩固阵地

原来我依靠我们高二廉组推动全校的运动，现在高二廉组在陆大福的带动下，也有许多人加入了北上的行列，班上乱乱哄哄，我指挥不灵了。

我就想到，要赶快建立党团组织。

我在私锡中发展了一名地下党员，是同班同学周佩琛，由陈秉基代表上级党委于1949年4月21日批准入党。因临近解放，还有几位培养对象没有来得及发展。解放后上级党组织决定，有一些地下党员不公开身份，作为秘密党员。周佩琛是其中之一（据我所知，还有女中的胡青钰）。他不属于我们支部，由市公安局一科单线联系。他也不参加公开的政治活动，有时还要伪装成中间分子或落后分子讲话。当时年轻人意气风发，争相出头露面，周佩琛能耐得住寂寞，说明他的组织性、纪律性很强。

陈国伟曾指示我，要发展秦伯益入党，他说："是秦伯益介绍你参加星火社的，现在你要介绍他参加共产党"。我同秦谈了一次，他不愿意，说："我们两人说好的，要学医。现在你变了，我没有变。学医，就不能搞政治。"因为我暴露了地下党员的身份，他还说："你放心，我不会背叛你的，我还会继续配合你的工作。"他仍然是我的得力助手。暑假以后，他离开了私锡中，考上安徽的东南医学院。后来又转上海医学院，毕业后留苏。五十年代，他还是入党了。文革后，任军事医学科学院院长，少将军衔。

陆大福曾说他是地下党员，我让他把组织关系转来。他说，他的介绍人是曹二宝，但东亭党组织不承认他的党籍。解放后，他的思想有变化。他家里是地主。解放军向地主借粮，他大为不满，说是"搞得大家没饭吃了"。他还和我辩论，是自由重要还是吃饭重要？我说自由重要，他说吃饭重要，互不相让。他的行动也不像党员。他不顾新解放区稳定秩序的需要，多次说服无效，与一伙人擅自离校，北上去了。

我向陈国伟提出，发展党员，建立党团组织。他请示以后答复：新解放区一般不发展党员，可以慎重地发展团员。解放前，我接到指示，要大力发展党员，解放后，却停止发展。这种方针的转变无疑是正确的，为了在共产党掌权的条件下防止投机分子混入。但在长期的一党专权的条件下，共产党内还是麇集了一大批追求权势和私利的人。

1949年4月，在北京举行了中国新民主主义青年团第一届代表大会（1956年改名为中国共产主义青年团），随后在各地建团。我被任命为中国新民主主义青年团私锡中支部书记。起初，团的活动是不公开的。暑假以前发展了十几个团员，重点在高一，有王国增、陶一川、丁渭道、李宗元、孙中原等。暑假中全部参加了在省锡师举办的团训班。

1949年9月以后，学校和工厂相继举行基层团组织公开仪式。私锡中是先进典型，在全市第一个举行团支部公开仪式，其他学校都派代表来观摩。

暑假开学后，调来两位党员：佘名清（女）和仲安仁；学生中，从解放区转来的初三学生的张仲行是党员。四名党员组成一个党支部。私锡中党支部的第一任书记是佘名清，我是党支部副书记兼团支部书记。

不久，佘名清调离无锡，我接任党支部书记。

1949年，在无锡的学生运动中，私锡中是走在前列的。解放后成立的无锡市学生联合会，主席是苏南社会教育学院的孙希民（他本是清华大学的学生，是地下党派他来无锡搞学生运动的。），副主席是江南大学的江之光，另一个副主席就是代表私锡中的郭罗基。

我作为学生代表，7月份参加了无锡市各界人民代表会议，10月份又参加了苏南区各界人民代表会议。我就是在苏南区各界人民代表会议结束后，调离学校，任青年团无锡市学生工作委员会委员（书记是何刚），从此结束了学生生涯，成为党团干部。

1950年，我的公开职务是中共无锡市委学校总支保卫干事，实际上参与公安局一科（侦察科）的秘密工作。我看到了国民党城防指挥部档案中的黑名单，果然我名列其中，还有秦廷栋。名单上大部分是教育学院和江南大学的大学生，也有工人，中学生只有我们两个。列入黑名单的理由是滑稽可笑的，有的是"跳秧歌舞"，有的是"唱匪区歌曲"，有的是"参加营火晚会"，有的是"夹带马克思的书籍招摇过市"。秦廷栋和我好像罪名最重，曰"共匪嫌疑"。我们两人怎么会上了黑名单？当时不清楚。1954年才知道，是有人告密的。

## 回首往事，沉痛反思

九十年代，老同学聚首，诉说人生，几乎每个人的经历都是一部悲剧，联欢会开成了诉苦会。不少人被打成右派分子、反党分子、反革命分子，有几个人蹲过监狱，还有一个人被押赴刑场陪斩。想起1949年4月24日晚上迎接解放时对未来的憧憬，好不心酸！他们在我的影响下，心向共产党，参加了革命，却落得如此下场。我觉得对不起年轻时的伙伴们，我向他们致以深深的歉意。

我的青春岁月，在革命的浪潮中浮沉，怀抱理想，奋不顾身。因追求自由、民主，反对国民党，参加共产党。谁知后来共产党给予我的不自由、不民主之苦，更甚于前。《钢铁是怎样炼成的》作者奥斯特洛夫斯基临终前说："我们所建成的，与我们当年为之奋斗的完全两样。"中国和苏联完全一样。我们为之奋斗的理想毁灭了，我们所建成的这个国家，又反过来压迫我们。1989年"六四"共产党向人民开枪，我像反对国民党血腥镇压学生运动一样，反对共产党的暴力行为，因而被清除出党。我在最后一次支部大会上宣告："我没有变，是党变了！"我被腐败的共产党清除出党，也可以说，在我身上清除了腐败的共产党。昔日共产党领导我们争自由、争民主；对腐败的共产党来说，争自由、争民主又成了一种罪名。我被称作"资产阶级自由化的冒尖人物"，放逐海外。一生两上黑名单。十六岁的时候，上了国民党的黑名单；想不到，六十岁的时候，又上了共产党的黑名单。被国民党列入的是抓捕的黑名单；被共产党列入的则是流放的黑名单。国民党的黑名单没有实现，抓人没抓到；共产党的黑名单实现了，流放海外三十多年，至今有国难归。这是我和我们一批人的悲剧。我们为建立中华人民共和国而奋斗，共和国成立以后又反过来迫害自己。

"故国不堪回首月明中"。此时此地,在去国流放中回首故国往事;被共产党清除出党又去回想早年怎样参加共产党;革命已经走入歧途之后再来回忆青春岁月的革命:我的心中是何等悲凉、何等苦涩、又何等无奈!

问:你是否后悔?早知今日,何必当初。

有反思,没有后悔。

我常常反思这段经历。刘宾雁生前,王若水生前,我们三个四十年代的知识分子共产党员,曾经一再反思,几番探讨,扪心自问:当年我们是不是走错了路?还有别的选择吗?想来想去,好像也没有。假如历史重演,像录像带倒过去再来一遍,我们是不是还可以有别的选择?不可能。国民党专制腐败,导致社会黑暗,民不聊生;共产党发动革命,反对国民党,是正义的。投身革命,加入共产党,是站在历史的正确方面。即使已经知道共产党同样会腐败的谜底,如果回到当年的历史场景,也不可能做别样的选择。投入国民党的怀抱?那是站在历史的错误方面。不问政治,超然中立?就成为历史的旁观者。而且,当时走"第三条道路"的人们,最后也不得不分化:少数跟着国民党去了台湾,多数转向共产党一边。

当时我们这个选择还是正确的。问题是不能仅仅做一次选择,还要做第二次选择。第一次选择是拥护共产党,参加共产党。第二次选择是批评共产党,反对共产党。这两次选择应该说都是正确的。朱学勤在纪念李慎之先生的文章中记述:夜色逼近,渐至黑透,谁也不想去开灯,直至看不清对方的脸色。黑暗里,突然听见老人(李慎之)在啜泣,先是无声,终至失控:"我李慎之如果能再活一次,年轻时还会入这个党,到老年还是要像他们所说的那样'反党','反'他们的'党'!"李慎之是"六四"以后觉醒的,他说"决不在刺刀下做官"。七十年代末,我在北京的时候,在一些自由化分子的活动场合,有时与他相遇,他讲话是很谨慎的,严家祺讽刺他:"慎之啊,你真是慎之又慎!"1979年邓小平访美时,他是随访的"特别顾问",还曾风光一时。终于和我们走到一起了。

鲁迅当年对冯雪峰说:"你们革命胜利以后,第一个要杀的就是我。"冯雪峰是代表共产党去做鲁迅的工作的。冯雪峰说不会,不会。冯先生倒不是说假话,他想不到,连他自己革命胜利后也变成了"右派分子"。鲁迅的思想很深刻。他虽然看到革命胜利以后,"你们第一个要杀的就是我",但当时他还是拥护共产党、和共产党站在一起。就因为在当时的历史环境当中,这是站在正确的一边。我们当然没有鲁迅那样深刻的思想,我们以为革命胜利以后,一切都会变得光明美好了。如果放到当时的环境当中,这还是一种正确的选择。那么后来环境变了,应该做另一种选择。

在一定的环境下选择了拥护共产党,参加共产党。后来环境变了,那就选择批评共产党,反对共产党。我们三个人进一步探讨,问题出在什么地方?问题就出在我们投入的革命,是什么样的革命?这一场革命,是暴力夺取政权。因为是暴力夺取政权,夺取政权以后,必然是用暴力来维护政权、运用政权。毛泽东说"枪杆子里面出政权"。枪杆子里面可以出政权,但是出不了人权。所以从枪杆子里面出来的政权，不讲民主，以至于连像我们这样原先为建立共和国而奋斗的人，也受到了迫害。

1848年发表的《共产党宣言》是鼓吹暴力革命的，恩格斯晚年做了更正，他说："但是，历史表明我们也曾经错了。历史走得更远：它不仅打破了我们当时的错误看法，并且还完全改变了无产阶级借以进行斗争的条件。1848年的斗争方法，今天在一切方面都已经过时了"。（《卡尔·马克思〈1848年至1850年法兰西的阶级斗争〉一书导言》）在苏联和中国，只宣传《共产党宣言》鼓吹的暴力革命，不宣传恩格斯的更正。

在一定的历史环境中，个人的行为是可以选择的，可以选择正确，也可以选择错误；但这既定的历史环境，个人是不可选择的。我们是在错误的历史环境中做了正确的选择。我和刘宾雁、王若水得出一个惊人的结论：不是个人走错了路，而是革命走错了路。

在中国，暴力革命、夺取政权，不是始于共产党。共产党成立后，并没有进行暴力革命，而是1927年遭到国民党屠杀后才被迫拿起武器。共产党也是走在被历史限定的道路上。共产党与国民党虽然斗得你死我活，但走的是同样的历史道路。暴力革命、夺取政权的道路是从孙中山开始的，以党领军，以党治国，国民党和共产党都是继承了孙中山的遗产。

因此，根本问题是必须反思近代中国一百多年的历史道路，从暴力革命的道路转轨，走上民主和法制的轨道。1989年，赵紫阳提出"在民主和法制的轨道"上处理政治风波。结果，他被赶下了台，软禁终身。至今，历史的转轨尚未完成，暴力革命的惯性依然存在。按照共产党的理论，现在人民又到了革命的时候了。共产党领导的革命，武装斗争，纵横驰骋，地下工作，神出鬼没，恐怕很难超越了。即使再一次革命成功，不过是历史陷入又一轮的循环，不是问题的解决，而是问题的延长。

我的第一次选择并没有错，更重要的是第二次选择。为了反对国民党的腐败，选择共产党；当共产党也变得腐败的时候，我同样也反对共产党，选择宪政民主。在反对国民党的一党专权之后，又反对共产党的一党专权，我保持了为人的一致性和理念的完整性。

# 第四章　人生的第二次重大转折

我入党的时候，以为地下工作还得干十年八年，至少三年五年吧？不料，一年都不到，就从地下转到地上了。

## 一个年轻干部

问：你从地下转到地上以后干了什么？

1949 年，我结束了地下的身份。因为我在地下活动中受到表扬，所以解放后委以重任，任无锡市学联副主席，成了当地的学生领袖。

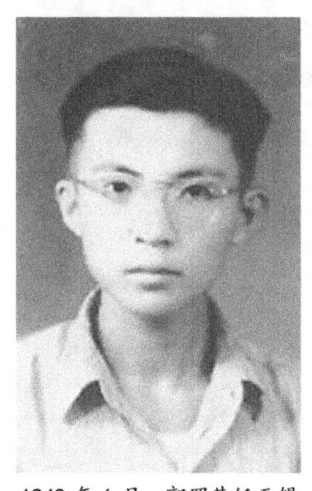

1949 年 6 月，郭罗基任无锡市学联副主席。

那时候土八路进城，什么都不懂，很需要知识分子干部。过后不久，就把我调离学校，做党政干部。应该说我年轻的时候是少年得志，一帆风顺的。我十七岁的时候是科级干部，二十来岁的时候，是局级干部。我现在到哪儿都是最老的，但是五十年代，我到哪儿都是最年轻的。科级干部开会，我最年轻；后来局级干部开会，我还是最年轻。所以我是被很多人羡慕的。

1949 年刚当党政干部的时候，觉得共产党的领导真是英明伟大。我们一班愤青自以为代表工人阶级，领着工人与资本家斗，要求增加工资、增加福利。党中央批评无锡市执行政策过左，越说越严重，市委书记谢克东受处分，降为副书记，派来苏南区党委宣传部长钟民兼市委书记。当时思想还不是很通。1950 年，看到效果了。资本家因无利可图，工厂关门，工人失业。经济陷入困难。我们自以为代表工人，结果损害了工人的利益。这才佩服党中央的批评。那时主要的倾向是反左，头脑发热是从 1953 年开始的。

1950 年，我任无锡市公营企业团总支书记。那时全市的公营企业总共只有五家：电业局、电话局、邮局、永泰丝厂、农具厂。永泰丝厂是没收的官僚资本，农具厂是国民党的军械修造厂改产的。五家企业是五个行业，开起会来很难找到共同语言。公营企业虽然没有工厂关门、工人失业的问题，因为经济不景气，工作很困难。像永泰丝厂，有一千多工人，开个团员大会都开不起来。

## 我的初恋

我的初恋，1949 年开始，1950 年就结束了。

无锡是1949年4月24日解放的。解放以后的一段时间，地下党员都集中活动，活动的地点是原无锡监狱。监狱里的犯人不知是释放了还是转移了。

我在这里认识了朱姝，她就是我初恋的女友。

为了互相熟悉，把全部地下党员的名单和单位都贴在墙上。有一个名字朱姝，很特别，无意中记住了。

后来办党训班，她和我分在同一个组。她是市女中的学生头头，和我在私锡中的地位差不多，所以有很多共同语言。回家的时候，有一段同路，越谈越投机。

我们两人都被任命为学校的团支部书记，那时叫中国新民主主义青年团。

1949年暑假，7、8月办了一个团训班，分三个大队：第一大队工人工作队，第二大队学生工作队，第三大队农民工作队。

第一大队的街头宣传队，前排左二是王忍之，当时是辅仁中学高一学生，八十年代曾任中共中央宣传部长。

我和朱姝都是第二大队学生工作队的队委兼组长，常在一起开会。当时有句口头禅："国民党的税多，共产党的会多。"每天总要开两三次会，会上我和朱姝加深了相互之间的了解。有时，晚上不开会，我们在操场上散步，走了一圈又一圈，编织仲夏夜之梦。

团训班的生活紧张而热烈。我们都爱唱一支歌：

同志，亲爱的兄弟，同志，亲爱的姐妹，
今天我们在一起学习，明天参加实际斗争中去！
这是伟大的世纪，人民的世纪，
我们在毛泽东的领导下，
举起无产阶级革命的旗帜，
这才是中华民族的好儿女！
同志，亲爱的兄弟，同志，亲爱的姐妹，
今天我们在一起学习，明天参加实际斗争中去！

团训班结束，回到各自的学校。我和朱姝都是一个学校的头头，干部会上常相见。开完会，回家的路上倾心谈。

1949年10月1日晚上，参加过庆祝活动回家的路上，我们又作倾心之谈，憧憬新中国的前程，展望年轻人的未来。两人越谈越兴奋，相互表白了爱慕之心。她说："我们来挑战，展开革命竞赛，看谁进步快，看谁贡献大。"我点点头。

我们的恋爱没有花前月下，没有卿卿我我，只有默默地"挑战"和"竞赛"。

我一想起她，浑身充满力量，加紧工作。谈恋爱，谈恋爱，恋爱是要谈的，不谈就无法维持恋爱。起初，工作上还有接触，后来工作上没有接触了，逐渐疏远。虽然心中想念，疏远，疏远，以至恋爱没了。

我们没有吵架，没有翻脸，谁也说不清恋爱何时没了。反正1950年以后就无疾而终了。

1955年，我报考大学，没有跟她商量。考上北大，离开了无锡，也离开了朱姝。

1957年，她到北京参加青年团第三次全国代表大会。她和无锡的一群团

团训班第二大队部分成员合影，二排右二朱姝，最高一排左一郭威基（郭罗基弟弟），左十郭罗基。

代表约我5月19日（星期日）在北海公园聚会，她想和我好好谈一谈。我回信说："我正陷在人民内部矛盾之中，不得脱身。"她以为我不愿和她见面。其实真是不得脱身。这一天的上午，我作为党支部书记还在主持鸣放会，下午北大的校园里就出现了大字报。后来被打成右派分子的人们，称北大的大字报运动为"五一九运动"。

1959年，她又出席团中央的会议，特地到北大来找我。这时她已经有了男友，但对我说："最难忘，是初恋。"我说："是的，我也很难再一次发生爱情。"我们共同回忆了十年前初恋时的情景。她问我："你为什么不理我？"我说："是你不理我呀。"真是说不清，究竟是谁不理谁。她热烈地拥抱我。想当初恋爱的时候，不要说拥抱，连握手都没有握过。恋爱结束以后多少年，感情却更加炽烈。我们这种柏拉图式的爱情，没有纷争，没有怨恨，却终结在长久的思念之中。她说："我深爱的人，即将离开；我不爱的人，还要在一起。"我说："我们重新结合吧。"她摇摇头："不可能了。他是团市委书记，我是副书记。我们这样处理爱情，会给青年团员造成坏影响。"她流下了眼泪，说："为了革命，生命都可以牺牲，何况爱情？就这样吧。"她毅然决然地离开了我，头也不回。

1962年，我回无锡过暑假。见了朱姝，她问我："你还是孤身一人吗？"我说："是的。"她说："我已经结婚了。但现在我还是处女，总算对得起你的。"那些日子，每天晚上她都和我散步，或是在惠山公园，或是在无锡的大街小巷，携手相偎，彳亍而行。无锡人民广播电台的终了曲是瞎子阿炳的《二泉映月》。我们总是在曲终以后才回家。她对丈夫老秦说："我要陪陪郭罗基，你早点睡吧。"他怎么能"早点睡"呢，一直开着灯等她。老秦找我谈心，他说："她真正爱的人是你，……怎么办？我们调整一下关系吧。"我说："第一是朱姝不同意，她在1959年就拒绝调整关系了。第二我也不同意。"

1965年，我又回无锡过暑假。见了朱姝，她说："组织部长找我谈话，说郭罗基揭发你了，你结婚多年还是处女，这是不道德的。"她低下了头，接着说："别人怎么骂我都不在乎，一听'郭罗基揭发你了'，我精神就崩溃了。"我说："我怎么会揭发你，这是不可能的事！"我问："组织部长怎么知道你'还是处女'？而且怎么知道郭罗基知道你'还是处女'？"她说："我原来真以为你揭发我了。你没有揭发我，那就是老秦向组织上报告的。"这一招还真灵，攻破了朱姝的心理防线。她生下了一个儿子。

文革中，1968年我为逃避武斗去了无锡。朱姝是一个研究所的党委书记，作为"走资派"被关在一间小屋子里。我见了她，身边还有一个学龄前儿童。我问："你还好吗？"她说："好不好都无所谓。"老秦是江苏省的建设厅长，当然也是"走资派"。文革开始后他们就没有见面。我告诉她，1966年我结婚了，1967年我也有了一个儿子。她说："这就是我所希望的。"政治，形势，都不能谈，常常冷场。待了一会儿，我说："我要走了，你多保重！"她说："谢谢你来看我。"

我们都已结婚生子，我们之间的初恋故事就算结束。

问：你的初恋的故事延续了将近二十年，真有意思！现在的年轻人，对于你们那种为革命竞赛的爱情，为革命牺牲的爱情，恐怕很难理解了。

## 送别瞎子阿炳

扯远了，回来，回来，再回到1950年。

五十年代，工作的调动很频繁，1950年我调动了三次。冬天，我从中共无锡市委学校总支调任无锡市学校团委组织委员。我的日常工作之一是审批入团申请。有人告诉我，已经成为著名学者的杨天石，到了晚年还记得："我的入团就是郭罗基批准的。"曾任中共中央宣传部长的王忍之，当时是我们团委领导下的辅仁中学团支部副书记，看不出他竟是未来的中宣部长的料。

我们的机关位于图书馆路。12月的一个早晨，忽听得妇人的哭声，好不凄凉。我走出机关，寻声探问哭者谁？那时工作极忙，无暇旁顾。我在这里进进出出无数次，竟然没有注意到隔壁弄堂（小巷）里就是雷尊殿。走进雷尊殿，有人告诉我："瞎子阿炳死了。"我心头一怔。哭者正是董彩娣。我看到瞎子阿炳身穿道袍，躺在那里，还是戴着墨镜。这是一位在我的少年时代留下了难忘印象的人物，我向他深深地鞠了一躬，永别了。我悔恨没有及早知道与瞎子阿炳为邻，他也许需要帮助。我打了一个电话给民政局社会救济科。对方答应："你放心，我们派人去料理。"我再也没有过问。二十几天后，又听说，董彩娣也死了！一对穷夫妻，平生多恩爱，也许她要追上去扶他过奈何桥吧？

## "三反"运动给我的教训

1951年开展"三反"、"五反"运动。

问:什么是"三反"?什么是"五反"?现在的人们都不大清楚了,解释一下。

先是在党政机关工作人员中开展"反贪污、反浪费、反官僚主义"运动,后来发现贪污分子往往与不法资本家相勾结,又在私营工商业者中开展"反行贿、反偷税漏税、反盗骗国家财产、反偷工减料、反盗窃国家经济情报"运动。这两个运动起了震撼作用,改变了社会风气,但运动的后遗症也很严重。解决这些问题应靠法制,而不是运动。

在"三反"运动中,凡是管钱、管物的人都被怀疑为贪污分子,勒令交待,叫做"点名坦白",开会施加压力。施加一点压力,交待一点问题,当时叫做"挤牙膏"。

我是团市委机关"三反"运动领导小组成员之一。团市委是清水衙门,只有三个人经手钱财,会计宋敏秀,出纳尤慧娟,事务长戴春和。不管有没有问题,把他们都拿到大会上去轰。

事务长戴春和,参加革命很早,但文化水平不高,他记的账很乱。当时做饭用的是柴禾,我们认为他买柴禾的账有问题,可以突破。我想找柴行的会计来协助查账。柴行的老板说,会计过小英贪污,被派出所送到妇女教养院去了。我又到惠山无锡市妇女劳动教养院。那里实际是个袜厂,一群妇女在劳动。一眼望去,虽然大家穿的都是灰色号衣,有一个年轻妇女十分显眼。她身材高挑,从上到下都很整洁。管教干部喊:"过小英!"正是那个年轻妇女走到跟前。管教干部对她交待了几句,让她跟我走。

一路上我无话可说。她却开口了:"郭同志,我认识你。"很奇怪,我没有向她做介绍,她怎么知道我姓郭?听她往下说:"你们家住在弄堂口,我们家住在弄堂里。我的哥哥过永康是你的小学同学。"我想起来,是有一个小学同学叫过永康。她还说:"我哥哥常常说你人聪明,学习好。我的印象很深。""我怎么没有见过你?""我小时候是在乡下外婆家长大的,到城里来的机会不多。我出入弄堂,经过你们家门口,常常见到你,你大概没有注意到我。"她接着说:"我们这个教养院都是妓女和吸毒的人,把我跟她们搞在一起,很痛苦。""你是怎么进去的?""柴行的老板说我贪污,报告派出所,派出所就把我送来了。""我也听柴行的老板说,会计贪污。""我是冤枉的。柴行的钱少了,不是我拿的,是老板的儿子拿的,但我没有掌握证据。我有的证据是,我没有拿钱。证据就是我做的账。老板就是根据我做的账,发现钱少了,说我贪污。我如果要贪污,首先会做假账,不会做一本账和现金对不上,让人抓住把柄。所以,账是我做的,钱不是我拿的。"最后,她恳求我:"郭家里大阿哥,救救我,让我离开这个鬼地方!"她不称"郭同志",改口为"郭家里大阿哥",这是邻里间的亲密称呼。听她这么说,我觉得有道理,可能是冤枉的。看上去,她是一个规规矩矩的女孩子,不像做坏事的人。而且,老板和会计的关系是民事纠纷,不能叫"贪污",派出所不能去抓人。但我表示沉默。当时的郭罗基不像后来那样敢作敢为。

她的哥哥是我的小学同学，怕人家说我徇私。

让她查戴春和的柴账，她打起算盘来，噼里啪啦，非常熟练。完了，她说："没有问题，就是很乱，大概只有我能看得明白。"

我让她在机关的食堂吃了一顿晚饭。请老张送她回去，对老张说："我在那里是写了一张条子的，你把人送回去，把条子取回来。"我不敢送她回去，因为我无法回答她的问题。多少年，一声"郭家里大阿哥救救我"老是在耳边回响，我没有伸出正义的援手搭救她，心中愧疚。

问：你要是救她，有什么办法？

我可以给民政局打个电话，无锡市妇女劳动教养院是归民政局管的，请他们重审过小英的案件。民政局比派出所水平总是要高一点，不难纠正冤案、错案。

"三反"运动的对象，为了过关，就编造情节。到了1952年下半年，"三反"运动后期，问题就暴露出来了。面对许多无法证实的"贪污分子"，如何落实政策？我本来是团市委秘书科长，提拔我当无锡市人民政府机关团委书记，去处理"三反"以后的烂摊子。我深有感触，整人是不好收场的。所以我后来极力反对整人。由于我的工作很有成效，又提升为无锡市一级机关的总团委书记。

1952年，青年郭罗基，二十岁，时任无锡市人民政府机关团委书记。

1954年，我上大学之前，任无锡市人民政府交际处党支部书记。那时比较谦虚，各个局的党组织都叫党支部，后来就叫党委了。交际处也叫"外办"（人民政府外事办公室）了。

## 不当"职业革命家"了

五十年代初期，总起来说，社会是欣欣向荣的，人们是心情舒畅的。但是我内心有苦闷。我的苦闷是两点：第一就是感觉到不自由，说不具体什么不自由，反正总感觉到不自由。第二是感觉到，真理好像跟着权力走，权力大的人真理就多。我是爱思考、努力追求真理的人，觉得权力大的人讲的话不一定都对，但是不能表示异议，只能服从。当时我还没有从根本上思考共产党掌权的弊病，只是觉得恐怕我这个人不适合于政坛生存。解放以前，我们一帮年轻人都这么说，我们将来要当"职业革命家"，以革命为终身职业。

解放后，想法慢慢地变了，觉得我不能一辈子就这么混下去，我要生活得有意义，就必须改变一条道路。当时就想我还是要当个学者，走上学术研究之路，远离政坛，退居文坛。开始虽然这么想，但觉得是没有希望的，现状改变不了。

1953年，调动党政军机关的一些年轻干部到大学学习，我高兴得不得了，我说机会来了。当时叫做"调干"，53年是第一批，54年我就要求上大学，不批准。55年我再次要求，到组织部去闹，结果很意外，得到批准了。当时的组织部长对我很欣赏。有人批评他："你怎么把郭罗基给放走了？"他说："郭罗基是党的干部，不是无锡市的干部，他有他的前途。"我碰上了一个开明的组织部长，批准我去上大学了。

周围的同志们对我很不理解。我在干部中算是文化水平比较高的。有人说："你肚子里的墨水完全够用了，还上什么大学？"也有人说："当了大学生就是普通一兵，局级待遇没了，多可惜！"我内心的秘密是转换人生的轨道，对谁都不能说。这是我人生的第二次重大转折。

问：你上大学是保送的吗？

不是。我上大学不是像1953年那样保送的，而是自己考上的。当时的考场在苏州，我借了一套高中的教科书，在苏州的招待所住了十天，进行备考。考上了第一志愿北京大学历史系。

当时我就想，我要好好研究历史，破解历史之谜。人类的前途如何？中国到底走什么样的道路？带着这么一个想法，走进了北京大学历史系。

北京大学，多少年轻人向往的地方！蔡元培当校长时提出："思想自由，兼容并包。"形成了传统。我欣喜自己将跨入思想自由的殿堂。我从电影《祖国的花朵》中看到一个场面，一群年轻人在北海划船，唱起欢乐的歌：

让我们荡起双桨，
小船儿推开波浪。
海面倒映着美丽的白塔，
四周环绕着绿树红墙。
小船儿轻轻，飘荡在水中，
迎面吹来了凉爽的风。……

1955年8月进入北京大学历史系。

我深深地被触动了。由于人生过早地涉入政治，我的年轻时代就没有欢乐时光。在大学里，我要追回失去的青春。但谁知我又被任命为学生党支部书记。我不愿意做党政工作才报考大学，结果到了大学还是要当党支部书记。心中的不情愿，何处诉说？当时我还是一个正统的共产党员，只能服从了。

从1949年10月离开中学，到1955年8月上大学，将近六年的干部生涯，我担任过如下一些职务：

青年团无锡市学生工作委员会委员；无锡市团校组织科长；无锡市公营企业团总支书记；中共无锡市委学校总支保卫干事；无锡市学校团委组织委员；团市委秘书科长；无锡市人民政府机关团委书记；无锡市一级机关团委书记；无锡市人民政府交际处党支部书记、审干小组组长。

## 第五章 1956年的"多事之秋"

入学后半年，赶上了1956年。这是一个特殊的年份，国内和国际发生了许多大事。当时人都说1956年是"多事之秋"。知识分子的命运，从此颠簸起伏。

### "百花齐放，百家争鸣"的最初提出

1956年1月15日，我们参加了在天安门广场举行的二十万人的庆祝大会。北京市市长彭真在天安门城楼上宣布：北京市已经完成了全行业公私合营，我们伟大祖国的首都进入社会主义了！斯大林发明了"一国首先进入社会主义"，中国人又进一步发明"一市首先进入社会主义"。当时广场上欢声雷动。我们大家都很兴奋，以为已置身于理想社会，却不知正是灾难临头。

1956年1月，中共中央召开有一千多人参加的盛大的知识分子问题会议，六十多人在大会上发言。周恩来做主题报告，他宣布旧时代的知识分子中的绝大部分"已经是工人阶级的一部份"。这说明共产党不再把旧时代的知识分子看作异己者，而是自己人了。又说在新的知识分子中，"已经有相当数量的劳动阶级出身的知识分子"。总的说来，他认为："我国的知识界的面貌在过去六年来已经发生了根本性的变化。"并批评党内在知识分子问题上的宗派主义倾向。周恩来还发出"向科学进军"的号召，争取在十二年内使我国最急需的科学部门接近世界先进水平。（《周恩来统一战线文选》，第277-278页。）这种提法，比起后来的"超英赶美"来，较为实事求是。只是"最急需的科学部门"，不是一切科学部门；对于"世界先进科学水平"，只是"接近"，不是"赶超"。"接近"也是灵活的概念，只要缩短了距离就是接近。会后，一扫自反胡风、肃反以来知识分子心头的阴霾。但文化大革命中，知识分子又成了"臭老九"。

4月，以苏联为鉴，毛泽东提出《论十大关系》，意欲探索走中国自己的道路。

在中共中央政治局扩大会议上讨论"十大关系"时，4月28日，毛泽东提出："艺术问题上百花齐放，学术问题上百家争鸣，我看应该成为我们的方针。"（《毛泽东文集》第7卷，第54页。）但共产党内高级干部的多数人对这个方针怀有抵触情绪，有人说："从此天下多事矣。"胡耀邦说："毛提出双百方针多数高级干部不赞成，毛提出反右派大家都赞成。"这句话，出自阮铭《历史转折点上的胡耀邦》第8页（八方文化企业公司，1991年）。苏联人也认为中国人在搞"资产阶级自由化"。赫鲁晓夫在他的回忆录中说："毛非常明白我们不赞同他的这个新政策，我们反对让所有那些不同的花都开放。"（赫鲁晓夫《最后的遗言》第417页，东方出版社，1988年。）毛泽东后来透露："当时苏联给了我们一个'备忘录'，怕我们向右转。"（《在成都会议上的讲话》，《毛泽东文集》第7卷第371页。）

5月26日，中共中央宣传部长陆定一以《百花齐放，百家争鸣》为题，在怀仁堂向高级干部和各界知识分子两千多人做报告，进一步阐述这个方针，消除疑虑。他说：

百花齐放、百家争鸣是提倡在文学艺术和科学研究中有独立思考的自由，有辩论的自由，有创作和批评的自由，有发表自己意见的自由、坚持自己意见和保留自己意见的自由。

在人民内部不但有宣传唯物主义的自由，也有宣传唯心主义的自由。

这些正是知识分子所心向往之的种种自由。他还说到另一方面：

贯彻百花齐放、百家争鸣的方针，全党必须去掉宗派主义，去掉过多的清规戒律，去掉骄傲自大，坚持谦虚谨慎，尊重别人。（陆定一《百花齐放，百家争鸣》，《人民日报》1956年6月13日。）

陆定一的此番名言傥论，在"文化大革命"中竟也被中国人自己批判为"资产阶级自由化"。中宣部被毛泽东说成"阎王殿"，陆定一就成了"大阎王"。

## 国内环境出现了宽松

问：百花齐放、百家争鸣的提出，是不是引蛇出洞？

百花齐放、百家争鸣的提出，是为了走有别于苏联的道路，不是引蛇出洞。它一度推动了中国的自由化，在现实生活中起了积极作用。发生变调是后来的事情。

其实，百花齐放、百家争鸣的提出是没有必要的，只要严格实行宪法规定的言论自由、学术自由、艺术自由就行了。之所以提出百花齐放、百家争鸣，还被认为多么英明，就是因为把方针、政策看得比法律更重要。这是人治的产物，在法治社会是完全不必要的。

问：百花齐放、百家争鸣的方针在实际生活中起了什么作用？

在当时推动了中国的自由化。

北大哲学系主任郑昕，在《人民日报》上发表了一篇文章，题目是《开放唯心主义》。他是留学德国研究康德哲学的，但他开的《康德哲学批判》课程，从来没有讲清楚。有一次，还在课堂上流下了眼泪，说："康德的形而上学害了我。"这篇文章讲了，对唯心主义不要忙于批判，却讲得很清楚。批判讲不清，不批判却讲清了。人们认为这是他一生中写得最精彩的一篇文章。哲学系首开纪录，讲唯心主义，由金岳霖教授开设《罗素哲学》，由贺麟教授开设《黑格尔哲学》等课程，不加批判。其他各系也都开设了一些介绍西方学术思想的课程。

自由化迎来了"知识分子的早春天气"。这是社会学家费孝通写的一篇文章的题目。文章是《人民日报》1957年3月24日发表的，作者特地声明，指的是1956年，1月"惊蛰"，4月"和风"，就是早春天气了。他解释："周总理关于知识分子的报告，像春雷般起了惊蛰作用，接着百家争鸣的和风一吹，知识分子的积极因素应时而调动了起来。"他甚至说，这是知识分子的"再度解放",从原先的"笑渐不闻声渐消,多情却被无情恼",转变到"春到人间,老树也竟然发出了新枝"。没有想到,后来费孝通被打成右派分子。

校园里思想也活跃起来了。办公楼礼堂在举行中国新民主主义青年团的团员代表大会。主持会议的是团委书记胡启立。历来,通过报告的时候,主持人问:"大家有没有意见?"总是没有意见,照例鼓掌通过。这次,却有一个人跳上台去,抢过麦克风,大声讲话。全场向他行注目礼。他提了一通意见,主要之点是:我们这个会开得太死气沉沉了。我们首先应该讨论:"究竟要把我们培养成什么样的人?"在培养"螺丝钉"的年代,他的言论是惊世骇俗的。会议冷场。大家都在打听,这个人是谁?他就是物理系四年级的方励之。

大学生活也变得多姿多彩。北大有几十个社团。我会吹笛子,报名参加了国乐社。我的工作实在太忙,练习常常缺席,所以演出轮不到我。校内文艺社团的演出,精彩无限。每个周末,大饭厅都举办舞会。当时有一种评选先进班制度。先进班的指标之一是全班100%学会跳交谊舞。我们班就因为这一项指标不合格,没有评上先进班。大家找原因,一找就找到我身上,说我作为党支部书记没有带头跳舞。体育课,学溜冰,我一堂课就学会了。有人一冬天都学不会,还摔成脑震荡。有两样,我怎么也学不会,一是跳舞,二是游泳,因为心理上有阴影。我家附近有一家舞厅,小时候看到出入舞厅的都是些不正经的人,所以我学跳舞的时候,总不能放开手脚。小时候,有人抬着在河里游泳淹死的孩子,在门前经过。父亲对我说:"你要是下河,就是他。"所以我一下水就想到淹死人。

1956年的中秋,未名湖畔的草地、树林,湖中的石船、岛亭,围坐着一圈一圈赏月的人群,轻歌曼舞,欢声笑语,心潮与湖水共荡漾。还有一队一队的行吟诗人,拉着手风琴,沿着未名湖边走边唱。

中秋之夜曲终人散,已是翌日凌晨。后来我在北大生活的几十年,阶级斗争的弦绷得很紧,再也没有见到这种欢乐的景象。多少年后老同学相聚,都说,最难忘,1956年中秋节。

1956年,也是我的大学生活中最美好的时光。本来,作为党支部书记,差不多每天晚上都要开会,没有星期日,只有星期七。"向科学进军"以后,必须保证六分之五的时间用于教学和科研,政治活动少了,我也可以像别人一样,晚饭后背着书包到图书馆占个座位,然后在未名湖散步一圈,再到图书馆静心看书。学到知识,好像头脑完成了充电,总是踏着轻松的步子回宿舍。

那时,学习空气浓厚,科学研究盛行。北京大学各系都在制定规划、组织讨论。历史系举办了"历史问题讲座",邀请全国史学界的著名人物主讲。第一讲的主讲人是范文澜。给我印象最深刻的是,他说研究学问不能为名缰利索所羁绊。他还有一个说法,常为人所引用。他说:"只有坐得冷板凳,才能吃得冷猪肉。""吃冷猪肉"是指进孔庙受祭祀的贤人。学生们也热情高涨,全校自发成立了一百多个学生科学研究小组。沈元组织了中国古代史科学研究小组,自任组长。后来成为大右派的谭天荣是物理系学生科研小组组长。

# 郭罗基访谈录（上）——一生充当反对派

1956年4月8日，郭罗基随北大全校春游八达岭。

北大同班同学，前排右起：舒之梅、郭罗基、热哈玛（维吾尔族）、穆舜英，后排右起：朱希淦、李壮伟、邹厚本。

1956年4月8日，北大全校春游八达岭。

但是，1956年的秋天，风云突变。

## 国际上发生了大动荡

1956年2月，苏联共产党召开第二十次代表大会。2月24日，赫鲁晓夫在大会闭幕后，召集全体代表连夜开会，做了《个人崇拜及其后果》的长篇"秘密报告"，揭露斯大林问题。斯大林在肃反中大开杀戒，受害者达七十万人之多。号称"胜利者代表大会"的苏共十七大的代表和它所产生的中央委员被杀了半数以上，军队中五个元帅被杀了三个，十五个兵种元帅被杀了十三个，军长、师长也被杀了半数以上。连开国元勋伏罗希洛夫都担心：早上出门不知晚上能不能回家？对斯大林问题议论纷纷，引起强烈反响，这是国际上的头等大事。东欧的苏联卫星国蠢蠢欲动，反抗控制。资本主义国家的许多共产党员，信仰破产，大批退党。

赫鲁晓夫的秘密报告在中国是不公开的。一些西方报纸把它发表了。我们那个时候无可选择地都必须学俄文。沈元在中学学过英文，他借助字典从阅览室里的英国《工人日报》上把赫鲁晓夫的秘密报告简要地翻译了一些，然后在同学中间传阅。他提出问题，斯大林的错误为什么长期不能得到揭露？我们是学历史的，很关心怎么样书写可靠的历史，即信史。他指出，苏联的历史和联共党史都不是信史。那么，在社会主义时代，怎么样才能够书写信史？沈元提出：中国封建王朝的史官还能秉笔直书，社会主义时代为什么不能写信史？我们将来做一个什么样的历史学家？谁来继承太史公的传统？这是我们立志成为历史学家的年轻人，在心中长久振荡的天问。沈元还进一步地思考，斯大林问题仅仅是个人崇拜吗？根本问题是制度，苏联的制度有问题。这也是国际舆论对斯大林问题的普遍看法。铁托在普拉的演说就这样讲：这里不仅仅是个人崇拜的问题，而是使得个人崇拜得以产生的制度问题。

有一个时期，宿舍里每天晚上议论的都是斯大林问题。斯大林是可诅咒的。我又想到另一方面，要是生活在那个恐怖的年代，如何避免成为屈死的冤魂？虽然一时没有想出成套的应对方案，仅此一念，使我尔后在中国的恐怖年代常怀警惕之心。

苏共二十大之后，特别是 6 月的波兰波兹南事件、10 月的匈牙利事件之后，国际共产主义运动发生大动荡。

《人民日报》发表了两篇评论斯大林问题的文章，是经中国共产党政治局扩大会议讨论后写成的。一篇是 4 月 5 日发表的《论无产阶级专政的历史经验》，另一篇是 12 月 29 日发表的《再论无产阶级专政的历史经验》。前一篇文章对斯大林还有所批评，但把个人崇拜仅仅归结为"千百万人的一种习惯势力"，作为"党和国家领导人物"的斯大林不过是"接受了这种落后思想的影响"。没有进一步指出，千百万人的习惯势力之所以形成个人崇拜，实质上是权力崇拜，而产生权力崇拜的基础是集权的制度。后一篇文章却转而为斯大林辩护，认为斯大林问题不是制度问题，而是不能正确地运用社会主义制度；斯大林之所以犯错误，"决定的因素是人们的思想状况"。由于没有正确地分析对斯大林的个人崇拜，并从中吸取教训，也就不能防止和克服对毛泽东的个人崇拜。

## 停课学习文件

问：国际上的动荡对中国有什么影响？

国际共产主义运动的动荡，冲决了教条主义的堤坝，知识分子思想活跃，在另一些人看来却是"思想混乱"。1957 年学期开学之初，北大决定停课三天，学习上述《人民日报》的两篇文章，澄清思想。我正在无锡老家过寒假，被提前召回，准备组织学习。2 月 11 日，时任中共中央政治局候补委员的康生到北大做学习动员报告，然后一连讨论了三天。

当时我还是一个忠诚的共产党员，不管自己的思想通不通，总是站在党的立场上去说服群众。我暗自忖度，斯大林问题是一种历史现象，把它归结为"决定的因素是人们的思想状况"，不是历史唯心主义观点吗？还没有说服自己，怎能说服别人？学习的效果可想而知。

# 第六章  1957年的"不平常的春天"

1957，是在几代人心中留下深刻烙印的数字。这一年，中国历史的湍流中出现一个巨大的漩涡，多少人被卷入进去，沉没其中。

## 1957年的象征——漩涡

1956年12月31日晚，北大大饭厅在举行迎接新年的联欢会。主席台上方挂着"迎接光辉的一九五七年"十个金色的大字。男女大学生们随着优美的乐曲翩翩起舞。当午夜钟声响起，乐舞嘎然而止，高呼口号：除了老一套的口号，特别动情地喊出"祖国万岁！""青春万岁！"接着，校长马寅初、教务长周培源等校领导走上主席台，马老的浓重的浙江乡音一开口："兄弟我……"，大家都笑了。他又重说："兄弟我向大家祝贺新年，恭喜发才！"大家当然听成"恭喜发财"，心想马老怎么会讲出这种粗鄙的语言。他不慌不忙地解释："我说的不是财富的'财'，而是人才的'才'。恭喜大家发展成为国家的栋梁之才。"大家听懂了，笑声和掌声混成一片。他讲话不像首长报告，十分亲切，每讲几句就有人鼓掌。

当马老走下主席台时，不知是谁在他脖子上挂了一个花环。一个大学生双手搭在他的后肩上，另一个人又双手搭在这个大学生的后肩上，周培源等也参加进来，一个接一个，接成一条长龙。马老当时已有七十好几，满面红光，步履轻松，充当龙头，在音乐的伴奏下，领着大家在全场绕圈。一直绕到大饭厅中心，后面所有的人都接上了长龙，形成一个巨大的旋涡。谁知这竟是迎来的1957年的象征！但是，欢乐的漩涡变成了悲惨的漩涡。

## 人民内部矛盾大量涌现

1956年的"多事之秋"，导致1957年的"不平常的春天"。

问：什么叫做"不平常的春天"？

1956年国际共产主义运动风波起伏之际，中国共产党尚能稳坐钓鱼船。到了1957年春天，终于"风乍起，吹皱了一池春水"。工人罢工，农民退社，学生闹事，接连不断。1957年3月25日，中共中央发出《关于处理罢工、罢课问题的指示》，认为"从根本上说，是在推翻了共同敌人，消灭了剥削制度以后，人民群众和他们的领导者之间的矛盾，就在新的历史条件下显露出来。""消灭了剥削制度以后"，人民群众和他们的领导者应当更加一致了，为什么"从根本上说"反而显露出矛盾呢？"根本"的根本是人为地消灭剥削制度，企图用鞭子将人民赶入"天堂"，事实上只能享受一种不是社会主义的"社会主义"。

1957年2月，毛泽东提出"正确处理人民内部矛盾"。矛盾，他看到了，但他的方针只是针对结果，不是消除原因。已经产生了大量的人民内部矛盾，再来号召正确处理；即使正确处理了，不消除原因，人民内部矛盾还会不断地大量产生。

问：原因是什么？

原因是人民群众对于突如其来的"社会主义"不适应。彭真有一个得意的比喻："有些人身子进入了社会主义，脑袋还留在外面。"脑袋没有想进社会主义，身子怎么会进去的？还不是生拉硬扯拖进去的！党的领导不是反思这种"社会主义"，还要坚持"社会主义革命"。

1957年进行了一场"政治战线、思想战线上的社会主义革命"，而"政治战线、思想战线上的社会主义革命"是继"经济战线上的社会主义革命"之后的深入发展。1957年9月23日，邓小平在中共八届三中全会（扩大）上的报告中说："这一次批判资产阶级右派的意义，不要估计小了。这是一个在政治战线和思想战线上的社会主义革命。单有1956年在经济战线上的社会主义革命，是不够的，并且是不巩固的。"（《关于整风运动的报告》不知为什么，《邓小平文选》没有收入这个报告。经济战线上的社会主义革命始于1953年。）

## 祸起总路线

问：我们这一代人，对于历史上的这个革命、那个革命已经搞不清了，请讲讲，什么是经济战线上的社会主义革命？

经济战线上的社会主义革命，就是所有制的变革。

1953年，斯大林逝世，毛泽东雄心勃发。他抛弃了自己的新民主主义理论，刘少奇坚持他的新民主主义，反而被指责为"右倾"。未经顶层会议讨论做出决定，毛泽东在一次会议上即兴提出"向社会主义过渡的总路线"，要求在三个五年计划或更长的时间内，完成国家工业化和对农业、手工业、资本主义工商业的社会主义改造，简称"一化三改"，过渡到社会主义。他还说："走得太快，'左'了；不走，太右了。要反'左'反右，逐步过渡，最后全部过渡完。"（《毛泽东选集》第5卷，第82页，1977年4月。）结果，不到三年，1956年1月中国就宣布进入社会主义了。按毛泽东自己的标准，也是"走得太快"，难道不是"'左'了"？这种社会主义不是在经济发展的基础上，政治、文化成熟的条件下建立起来的，而是靠行政权力再加群众运动轰起来的。私营工商业全行业公私合营时，资本家"白天敲锣打鼓，晚上抱头痛哭"。为形势所迫，不得不紧跟，内心是不情愿的。当时的中国还是一个前工业化社会，经济、政治、文化诸方面均无向社会主义过渡的条件。

中国的社会主义制度的建立，非但是不合格的，而且也是不合法的。1953年，毛泽东提出向社会主义过渡的总路线，违反了当时的宪法性文件《共同纲领》。《共同纲领》从头到尾没有"社会主义"这四个字。1954年通过的《中华人民共和国宪法》，倒是有了"社会主义"这四个字，但序言中说的是"过渡时期的总任务"：逐步实现社会主义工业化、逐步完成社会主义改造；同时也明确宣布：中华人民共和国的现行制度是"人民民主制度，也就是新民主主义制度"。1956年宣布：社会主义的社会制度在我国已经基本建立，又违反了1954年宪法。

问：毛泽东搞的也是空想社会主义吗？

毛泽东搞的是空想性的主观社会主义，但与马克思以前的空想社会主义还有所不同。圣西门、傅立叶、欧文他们推行空想社会主义的手段是说服和示范，说服不了，示范失败，只好散伙。毛泽东运用政权的力量来强制推行空想性的主观社会主义，不服就压，因而造成灾难，结果不是上了天堂而是下了地狱。超越社会发展阶段的路线、方针、政策，引起激烈的社会矛盾。毛泽东发动一场又一场的运动，来对付矛盾，维护空想性的主观社会主义。空想性的主观社会主义是一种控制经济、控制政治、控制思想的制度。人民在严密的控制下失去了自由，必有反弹。1957年的"不平常的春天"是最初的反弹，从反右派、大跃进、反右倾机会主义直到文化大革命，几十年来中国人民所遭受的厄运，根源就在于1953年的"向社会主义过渡"，即经济战线上的社会主义革命。始于1953年的左倾路线，1957年跨上了一个台阶，以后在悬崖上一步一步攀登，至文化大革命而达于极左的顶峰。

二十多年以后，邓小平仍然缺乏反思的能力，他在讨论历史问题的决议时说："三大改造完成以后，确实有一股势力、一股思潮是反社会主义的，是资产阶级性质的。反击这股思潮是必要的。"（《邓小平文选》第2卷，第258页。）进入社会主义刚刚一年，就出现反社会主义的思潮和势力，那么，这种社会主义是民心所向吗？还要问，这种思潮和势力反的究竟是什么样的社会主义呢？人们并不是反对马克思主义的本来意义上的社会主义。从主观和客观的关系来说，反对的是主观社会主义；从生产力水平来说，反对的是农业社会主义；从上层建筑来说，反对的是封建社会主义。邓小平说，反击是"必要的"。他的意思是，不管别人怎么说，对我或我党来说就是"必要的"。对五十五万右派分子、五百万知识分子以及广大人民来说是不是"必要的"呢？他就不提了。邓小平一方面谈论改革，一方面坚持"反右是必要的"，因而他所设计的改革只能是一个怪胎。十年改革，以民主和法制的承诺为始，却以坦克加步枪的淫威告终。

## "大鸣大放"

1957年的"不平常的春天"，具体表现就是从整风到反右。

报刊上和各种会议上都在大谈人民内部矛盾。1957年4月27日，中共中央通过《关于整风运动的指示》，5月1日在《人民日报》上公开发表，决定进行一次以正确处理人民内部矛盾为主题，以反对官僚主义、宗派主义、主观主义（当时叫做"三害"）为内容的整风运动，藉以缓解社会矛盾。此次整风与1942年在延安进行的整风有所不同，那一次是解决共产党内部的矛盾，这一次是解决共产党与外部的矛盾，矛盾发生在执政的共产党与民主党派和人民群众的关系之中。故强调"开门整风"，号召民主党派和人民群众积极参与，"帮助党整风"。起初，毛是想借助党外的力量来解决党内的问题，他的思路就像文革中号召群众炮轰当权派。

从5月4日开始，作为民主党派中央机关报的《光明日报》首先响应号召，在总编辑储安平的策划下，于上海、南京、武汉、西安、兰州、沈阳、长春、广州、青岛全国九大城市先后召开民主党派和知识分子座谈会。

从5月8日开始，中共中央统战部邀请民主党派负责人和无党派民主人士连日举行座谈会。座谈了13次，有70多人发言。

从5月15日开始，中共中央统战部和国务院第八办公室联合邀请工商界人士连日举行座谈会。座谈了25次，有108人发言。

5月16日，中国新闻工作者协会、北京大学新闻专业和中国人民大学新闻系联合召开首都和其他地区的新闻工作者座谈会，一连开了三天。

5月27日，国务院秘书长习仲勋邀请国务院的党外人士举行座谈会，一连开了6次。

各级地方党委也纷纷邀请党外人士举行座谈会。

在这些座谈会上，与会者反映了社会上的舆论，向共产党和政府提出了许多批评建议，有些意见是十分尖锐的。报纸上大量报导帮助党整风的言论。人们兴高采烈，把这种畅所欲言的举动叫做"大鸣大放"。

5月初和5月中，统战部召开的民主党派和无党派民主人士座谈会以及工商界人士座谈会正在进行中，统战部长李维汉及时向毛泽东汇报。李维汉在他的回忆录中写道：

> 在中央统战部召开的两个座谈会上，党外人士对党都提出了大量的批评、意见和建议，其中大部分是正确的、很好的意见，有的意见可以说是切中时弊。

请注意，大部分意见是正确的，切中时弊。而转向"反右派"的必要性正是产生于并非大部分的意见中。李维汉又写道：

> 毛泽东同志……及至听到座谈会的汇报和罗隆基说现在是马列主义的小知识分子领导小资产阶级的大知识分子、外行领导内行之后，就在5月15日写出了《事情正在起变化》的文章，发给党内高级干部阅读。……这篇文章，表明毛泽东同志已经下定反击右派的决心。（李维汉《回忆与研究》（下），第831-834页。）

毛泽东之所以从整党内的官僚主义、宗派主义、主观主义转为反击右派，特别是因为"大鸣大放"中矛头向上，针对党中央，尤其不能容忍的是针对他本人。《光明日报》总编辑储安平6月1日在统战部座谈会上的发言最为明显。他的发言题为《向毛主席和周总理提些意见》，说："最近大家对小和尚提了不少意见，但对老和尚没有人提意见。"他就专对"老和尚"

提意见。他的主要意见是：

这几年来党群关系不好，而且成为目前我国政治生活中急需调整的一个问题。这个问题的关键究竟何在？据我看来，关键在于"党天下"这个思想问题上。……政党取得政权的主要目的是实现他的理想，推行他的政策。为了保证政策的贯彻，巩固已得的政权，党需要使自己经常保持强大，需要掌握国家机关中的某些枢纽，这一切都是很自然的。但是在全国范围内，不论大小单位，甚至一个科一个组，都要安排一个党员做头儿，事无巨细，都要看党员的脸色行事，都要党员点了头才算数，这样的做法，是不是太过分了一点？……但其过不在那些党员，而在党为什么要把不相称的党员安置在各种岗位上。党这样做是不是"莫非王土"那样的思想，从而形成了现在这样一家天下的清一色的局面。我认为，这个"党天下"的思想问题是一切宗派主义现象的最终根源，是党和非党之间矛盾的基本所在。（《光明日报》1957年6月2日。）

储安平是一位自由派知识分子。解放前，他就批评国民党是"党主"，不是"民主"；并认为，虽然共产党反对国民党的"党主"，"共产党所主张的也是'党主'而绝非'民主'"。储安平的"党天下"概念，击中了"老和尚"的痛处。

## 错在哪里？

毛泽东原先设想的整风恰恰是只整"小和尚"，不整"老和尚"。批评"党天下"，触犯了"老和尚"的逆鳞。从后来"文化大革命"的历史可以看出，只要维护"老和尚"光芒万丈，对"小和尚"砸烂"狗头"都没有关系。全国各级党组织都被冲垮了，非但不是反党，还是"紧跟伟大领袖毛主席的战略步骤"。

如果1957年按照毛泽东的设想来整风，也许就是文化大革命提前了十年。毛泽东发动文化大革命正是吸取了1957年的教训，一方面订下天条，反对"老和尚"就是"现行反革命"，另一方面放手让大家去反对"小和尚"，尽情发泄，闹它个够。

问：毛泽东说反右派是"阳谋"，有人说反右派是"阴谋"，你怎么看？

"阳谋"和"阴谋"，这两种说法都不对。

5月16日，中共中央发出《关于对待当前党外人士批评的指示》，说："最近一些天以来，社会上有少数带有反共情绪的人跃跃欲试，发表一些带有煽动性的言论"，"要放手让他们发表，暂时不予批驳，以便更充分地暴露其反动面目。"（《中国共产党执政四十年》第128页，中共党史资料出版社，1989年。）所谓"阳谋"，是从这时开始的；不是按照"阳谋"将整风转为反右，而是决定了反右才产生"阳谋"。

毛泽东一说"阳谋"，人们信以为真。其实，这是为实现180度的大转弯而散布的掩饰之词，好像自有神机妙算，早已料定。起初，整风是有诚意的。5月4日，毛泽东起草的《关于继续组织党外人士对党政所犯错误缺点开展批评的指示》还强调：各种公开的批评"对于党和人民、政府改正错误，提高威信，极为有益，应当继续展开，深入批判，不要停顿和间断"。(《中华人民共和国国史通鉴》第 2 卷,第 34-35 页。)至此,阴阳两面,均无"引蛇出洞"之谋。从整风到反右的转折是发生在 5 月中。5 月 17、18 日以后,报纸上的报道越来越趋向极端,带有明显的煽动性。这就是毛泽东在"引蛇出洞"了。

有人将"阳谋"翻译成"阴谋",以为揭示了事情的本质。"阴谋"和"阴谋"都是"谋",意在勾引犯罪。1957 年的问题不是错在"勾引犯罪",而是错在"定罪"。以什么为罪?右派分子都被定为犯了"反党反社会主义"罪。如果"反党反社会主义"无罪,无论是"阳谋"和"阴谋"或既无"阳谋"又无"阴谋",均为无罪。"反党反社会主义"果真有罪吗?"反党"反的是"党天下",反的是"一党专权"。民主社会中的任何政党都是可以反对的。在美国,民主党可以反对共和党,共和党可以反对民主党;老百姓既可以反对民主党又可以反对共和党。何罪之有?"反社会主义"反的是不合格、不合法的主观社会主义,正是为了追求真正的社会主义。即使是真正的社会主义,就不能反对吗?真正的社会主义必须保障公民的表达自由,表达自由对于现存的制度可以表示拥护也可以表示反对。如果有一种制度不能反对、不许反对,那就是专制制度。因此,总结历史的教训,避免悲剧重演,根本之点,不是纠缠"阳谋"还是"阴谋",而是在于推翻"反党反社会主义"有罪论。

# 第七章　"五一九"运动

北京大学历来开风气之先。学生们没有受到邀请，自动起来"大鸣大放"了，各系学生要求党组织召开座谈会，帮助党整风，历史系尤其活跃。

## 大学生自动起来"大鸣大放"

我们党支部习惯于按上面的指示行事，上面没有让"大鸣大放"，我们不敢轻举妄动。但同学们在大气候的热身中迫不及待地行动起来了。我们宿舍的走廊里出现了一条大标语："春风不度三十斋"。这是套用王之涣《凉州词》中的"春风不度玉门关"。三十斋是历史系的学生宿舍。用意很明显，像盼望春风那样呼唤共产党的整风。接着又出现一份墙报，名曰《准风月谈》，这是鲁迅自编杂文集的书名。不过，鲁迅是借谈"风月"谈"风云"，这个墙报根本不谈"风月"，完全是谈"风云"。除了一般地批评"三害"之外，主要是针对党支部和党员，特别是批评作为支部书记的我"压制鸣放"。其实，我并没有压制，只是不主动而已，因为没有得到上级的指示不能自行其是。但同学们强烈要求"鸣放"，在他们看来，不主动组织就是压制。这些大标语和墙报，都是我们历史系二年级（一）班沈元领头的三十斋423号房间的同学们搞出来的。《准风月谈》的发起人，署名为：沈元、王人聪、林生早、朱一涛、李忍。

5月16日，北大党委下达一个整风计划。说是整风分三批进行：第一批是校一级机构的党组织；暑假中才开始第二批，系一级的党组织；作为第三批学生党员的整风，还没有确定时间。这个慢腾腾的计划完全脱离了形势。大学生的行动一下子打乱了党委的计划。经上级同意，我们班立即开始"大鸣大放"，也是连日召开座谈会。座谈会上的发言甚为激烈，批评沙健孙、杨泰麟等几个党员的操行"简直不像话"。特别是针对宗派主义，认为党员具有特殊的优越感，高人一等，以改造者自居，把群众看成都是被改造者。党员从不暴露思想，专等别人暴露思想，以便给予批评教育。当时流行这样的说法，党员和群众之间有墙、有沟，甚至是高墙、深沟，群众普遍希望"拆墙填沟"。

座谈会上的意见对我触动很大。回想在地下斗争年代入党时，党员和群众之间是没有墙、没有沟的，如果有墙、有沟，我们就不能生存。料想在解放区和解放军中也不会有墙、有沟，如果有墙、有沟，我们就不能胜利。就在解放之初，共产党和老百姓确有鱼水之情。为什么共产党掌权没有多久一切都变了？这是后来几十年我一直在思考的问题。

5月份，在胡耀邦的主持下，中国新民主主义青年团正在北京召开第三次全国代表大会，这次大会后名称改回中国共产主义青年团。我是新青团的老团干，1949年4月中国新民主主义青年团成立以后，党就派我做团的工作，担任过团支部书记、团委委员、团委书记等职务。我从前工作过的地方——无锡市来参加团代大会的，有的是我的老同事，有的还是我的老部下，其中有一位我初恋的女友。他们邀请我于5月19日（星期日）到北海公园聚会。这一天又正好是我的生日，为我庆生。我渴望相见，欲去不能，写了一封信回绝，说："我正陷入人民内部矛盾之中，不得脱身。"这一天的上午，我们班还在继续开整风座谈会。中午，看到大饭厅东墙北侧，贴出一张写在绿色油光纸上的大字报，出于我们年级（二）班，听说是上午十点贴出来的。

问：这是第一张大字报吗？什么内容？

是第一张大字报。五十年代的大字报运动起源于北大。开始是"大鸣大放"向党提意见的工具，后来又成为反击右派、批判反党反社会主义的武器。但第一张大字报两者都不是，题目是《质问北大团委》，内容很简单：

我们怀着激动的心情，注视着团三大的召开。我们有如下问题需要校团委答复：
一、我校的代表是谁？
二、他是怎么产生的？
三、我们有意见向何处反映？

署名是"历史系二年级（二）班一群团员和青年"。这张大字报毫无"反党反社会主义"的气味，后来反右反红了眼，回顾历程，认为这张大字报起了点火的作用，为反党反社会主义思潮开路。因而发起人张学仁被打成右派分子。王学珍、王孝庭等人主编的《北京大学纪事》1957年5月19日记载："中午，在大饭厅东墙上出现了历史系学生许南亭以'历史系一群同学'的名义贴出的一张大字报，质问校团委关于我校出席团的'三大'代表产生的情况。"（上册，第515页，北京大学出版社，1998年。）完全不对，许南亭是历史系三年级学生，与该大字报无关。这个《北京大学纪事》错漏甚多，读者须注意。

## 北大开创了"民主墙"

哲学系学生龙英华贴出第二张大字报，题为《一个大胆的建议》，建议把大饭厅东墙定名为"民主墙"，作为帮助党整风的阵地。以民主为号召，真正起了点火作用的是这张大字报。二十多年后的"西单民主墙"，就是从北大的"民主墙"移植过去的。

5月19日晚上，大饭厅周围贴出不少大字报，"大鸣大放"上了墙。大学生们从教室、图书馆、阅览室跑出来，打着手电、拿着蜡烛，昂首看大字报，人头攒动，情绪亢奋。有的地方，围着一群人，有人在前面大声朗读，其他人侧耳恭听。最引人注意的是大饭厅东墙南侧写在红色油光纸上的长诗，题为《是时候了！》，作者是中文系三年级学生沈泽宜、张元勋。

长诗共两首，第一首为沈泽宜所写，第二首为张元勋所写。

第一首是这样开头的：

> 是时候了，
> 　　年轻人，
> 　　　　放开嗓子唱！
> 　　　　　把我们的痛苦和爱情
> 　　　　　　一齐泻到纸上。
> 不要背地里不平，
> 　　背地里愤慨，
> 　　　　背地里忧伤。
> 让心中的甜酸苦辣都抖出来，
> 　　见一见天光。

其中，被人们传诵的警句是："我的诗是一支火炬/烧毁一切人世的藩篱。/它的光芒无法遮拦，/因为它的火种来自——'五四'。"大字报运动一开始就自觉地充当"五四"的继承人，虽然"五四"时代还没有大字报。

第二首是这样开头的：

> 是时候了，
> 向着今天，
> 　　　我发言！
> 昨天，我还不敢
> 　　弹响沉重的琴弦。
> 我只可用柔和的调子
> 　　歌唱和风和花瓣。
> 今天，我要鸣起心里的歌
> 　　作为一支巨鞭，
> 　　　　鞭笞阳光中的一切黑暗。

他们两人又继续合作，贴出《人之歌》、《墓志铭》两篇长诗，都是马雅可夫斯基式的政治诗。张元勋后来成了大右派。张元勋的同年级女同学彭令昭，就是林昭，为他辩护而自己也成了右派。沈泽宜做了《我向人民请罪》的发言。作为检讨标兵，曾一度得到团委的表扬。最终仍未获宽恕，还是被戴上了右派分子的帽子。

从此以后，北大大饭厅东墙成了大字报的前哨阵地。连续几十年，凡是有影响的大字报——全校影响、全市影响以至全国影响的大字报，都在这里面世。九年以后，也是不安分的5月，这里冒出了哲学系聂元梓等七人的"全国第一张马列主义大字报"。当时有一句重复了千万次的套话："伟大领袖毛主席批发北京大学聂元梓等七人的大字报，点燃了无产阶级文化大革命的熊熊烈火。"我在熊熊烈火中写了一张反对聂元梓的大字报《新北大要整风，聂元梓第一个要整风！》，也是贴在这个地方。我被赶出北大三十多年了，据说大饭厅已经被拆除，民主墙的历史遗迹难寻了。从报道上看到，现在北大的风暴中心是"三角地"，大概民主墙转移阵地了。

问：党委对大字报是什么态度？

5月19日晚上，党委紧急召开全校团员大会，党委副书记兼教务长崔雄昆发表讲话，回答第一张大字报提出的团员代表的产生问题。这时，大家对这个问题已经不感兴趣，而是急于知道："党委对民主墙是什么态度？"崔雄昆代表党委欢迎同学们帮助党整风，但劝说大家回到班级的整风座谈会。至于大字报，他谨慎地表态："大字报不是最好的方式，我们不提倡也不反对。"会场上出现一阵骚动，表示不满。他讲错了一句话："全校八千团员"应如何如何。当时全校总共才八千子弟，团员仅六千多。又是一阵哄笑。

第二天早上出现一幅漫画，龇牙裂嘴的崔雄昆闭着眼睛做"八"的手势，题目是"团员八千！"一向受人恭维的党委负责人成了讽刺的对象，气候变了。大字报非但没有减少，反而越来越多，从大饭厅附近扩大开来。《文汇报》驻京记者刘光华（民主人士刘王立明的儿子）的报导《北京大学的民主墙》中引用了两句唐诗来形容："忽如一夜春风来，千树万树梨花开"。大字报用的纸五颜六色，作品的形式多种多样，有政论、杂文、诗歌、寓言、标语、漫画等等不一而足。大字报的作者，除了极个别的，都是真名实姓，这一点，可见其光明磊落。后来，批判右派分子的大字报却是以化名或班级集体的名义，这一点，可见其并不理直气壮。据刘光华的统计，19日下午至20日下午五时二十分，即在一天的时间内，贴出的大字报162份（大多数，一份有几张纸）。

## 反教条主义的专业户——谭天荣

又有一份大字报围观者众，道路为之堵塞。它贴在大饭厅东墙马路对面的灰墙上，题为《一株毒草》，署名"一个'强壮而又怀有恶意的小伙子'谭天荣"，他是物理系四年级学生。大字报中有一幅谭天荣的自画像：

你凝一下眸，你微微一笑，
你目瞪口呆，你紧锁双眉，
你咬牙切齿，你点一点头。

谭天荣将自我对象化，有点像得了诺贝尔文学奖的高行健的笔法，不过比高行健的作品早了三十年。

问：他为什么自称"一个'强壮而又怀有恶意的小伙子'"？

他有解释："与国际共产主义运动从教条主义向马克思主义复归这一历史的'新的前进步骤'相适应，我们对于教条主义进行'凌辱'，'对旧的衰颓的但是为习惯所崇奉的'三害分子的统治秩序进行了'叛乱'，因此我们是强壮而又心怀恶意的。"谭天荣打引号中的词句都是恩格斯的说法。

谭天荣把自己的大字报称作"毒草",意在反讽。他发表了四株"毒草"。他的《一株毒草》中说:"1895年以后,马克思主义按照铁的必然性转化为自身的反面(第一次否定),与此相适应的是国际共产主义运动中形成相互渗透的修正主义与教条主义六十二年的绝对统治。而《再论》把它都归结为'人们的思想状况',这不是赤裸裸的唯心主义又是什么?"南开大学历史系教授雷海宗也认为,恩格斯逝世后,马克思主义的社会科学长期处于停滞状态,"基本上停留在1895年"。(《天津的教授们关于"百家争鸣"的座谈》,《人民日报》1957年4月22日。后来雷海宗也被打成右派分子。)

苏联人从来没有发表过类似谭天荣、雷海宗这样的见解,这在当时的社会主义阵营以至国际共产主义运动中都是惊世骇俗的。

谭天荣的大字报比《是时候了!》具有更多的理性的思考。他批评《再论》,即经中共中央政治局讨论过的《再论无产阶级专政的历史经验》,就是把矛头直指党中央。

在另一篇大字报中,谭天荣说:"我曾经痛苦地思考过,看过马克思、恩格斯和其他思想家的一切我能找到的经典著作,现在到底整理出一个眉目来了。"什么"眉目"?那就是:区分马克思主义与苏联、中国的教条主义,来一次否定的否定。教条主义否定了马克思主义,现在再用马克思主义来否定教条主义。

谭天荣早在半个世纪以前已经看出区分来了,而现在中国的官方人士,还把斯大林和毛泽东的教条主义当作"马克思主义"来拥护,另一些人又把它当作"马克思主义"来反对。实际上,"拥护"的和"反对"的都不是马克思主义。

在《教条主义产生的历史必然性》的大字报中,谭天荣指出:"苏联不得不在一个封闭的孤岛上建设社会主义,形而上学之否定辩证法是必然的。与第二国际的和平环境相反,苏联是处在尖锐的阶级斗争中,所以形而上学的思维方法,不能采取修正主义而只能采取教条主义的形式。即使列宁还活着,我们称为个人崇拜的基本历史状况决不会因此而改变。……所以在我看来,把错误归于斯大林个人是不公正的。"

谭天荣在一篇大字报中高呼万岁:"中国共产党万岁!毛主席万岁!社会主义民主万岁!马克思主义万岁!自由、民主、理性、人权万岁!"向党提意见的人,都自认为是拥护共产党和毛主席、拥护社会主义的,或许是套话,或许是为了争取合法性。谭天荣最后一个"人权万岁",在当时是少见的,看来发自他的内心。他将自由、民主通向人权,表明谭天荣的思想的深刻性。在谭天荣之前三十多年的1919年,"五四"时代的人们,将民主作为救国、爱国的手段,只是热衷于民主的工具性,不理解民主的终极价值是追求人权,因而他们把自己的事业叫做"爱国民主运动"。在谭天荣之后三十多年的1989年,天安门广场上争民主的人们,依然停留在"爱国民主运动"而没有通向人权。1919年和1989年的"爱国民主论",将民主屈从于爱国,这是中国人在观念上的误导,也是民主不得实现的思想根源。谭天荣以及其他"右派分子"主张"人权民主论",在当时他们真是"前不见古人,后不见来者"的孤独者,不为时所容也,不足为奇。

## 满园春色——呼吁改革社会主义

5月20日晚上，党委召开全校师生员工大会，党委第一书记江隆基发表讲话。他纠正了前一天晚上党委副书记崔雄昆的说法，认为大字报是提意见的有效方式，党委完全加以支持。他还表示，党委的工作有许多缺点、错误，欢迎同学们批评、揭露。他开始讲话时，大饭厅里只有几百人，大部分人站在外面。中途，觉得他的讲话有点味道，逐渐进去了一些人。当他讲完时，大饭厅已挤满，报以热烈鼓掌。

于是，大字报铺天盖地，北大满园春色。

问：大学生的"大鸣大放"和民主党派的"大鸣大放"有何异同？

北大的大字报运动与民主党派的座谈会不同，没有利益的纠缠，没有权位的纷争，议论富有思想性、理论性。北大人谈得最多的就是自由、民主、法制、人权。有一份也是贴在大饭厅东墙的大字报，题为《我看民主》，作者认为：民主是先进的社会理想，社会主义的民主是最高类型的民主，但社会主义国家多数存在着民主化问题上的保守倾向，紧接着他谨慎地加了一个括号（目前已着手纠正）。他的结论是：

法制不健全、不严格，公民的民主权利没有可靠的保障，是产生官僚主义、宗派主义、主观主义的温床。社会主义公有制，按其本性，要求它的上层建筑具有高度的民主性。但是我们现有的政治理论、国家制度、领导方法尚未能体现这种要求。这种基础与上层建筑的矛盾，随着社会主义改造的进展而日益显露，并表现为领导和被领导的矛盾。为了消除"三害"，发挥全民的积极性，单有党的整风是不够的，必须在这基础上大刀阔斧地进行上层建筑的改革和建设。（以上及以下的大字报言论均摘自《校内外右派言论汇集》，北京大学经济系政治经济学教研室编，1957年8月印。）

大字报的作者是哲学系一年级学生叶于泩，他不满足于反对"三害"，而是探讨产生"三害"的根源。后来他被打成"极右派"，开除学籍，劳动教养。大字报的内容非但没有什么"反社会主义"，而且颂扬"社会主义民主是最高类型的民主"，具有"巨大的潜能"等等，不过对社会现实提出一些谨慎的、温和的批评。为了消除"三害"，他指出社会主义国家的通病，主张上层建筑的民主化，大刀阔斧地进行改革。在今天看来，不失为提倡改革的先锋。

有人从斯大林问题看出制度上的弊病："任何时代，权力的高度集中，都是极大的危险"，而"当人民群众被麻痹、被愚弄，就更加百倍的危险"，因为一旦权力的集中者"犯有严重错误或变质，就没有任何力量足以克服它"。（王书瑶大字报《从斯大林的错误中应得的教训》）

问：在中共提出改革之前二十年，有人就谈论改革了。这是个别人的看法还是一种强烈的呼声？

提倡改革的先锋，决不止叶于泩一个人。中文系三年级的王国乡，也在大字报中说：

我们当前的任务正是要为改革社会主义的政治制度而斗争，首先就是争取真正的自由和民主。民主，不能是空头支票，必须有法律的保障。而如今，我国尚未颁布刑法、民法等必要的法律。人民的民主只是领导者的恩赐，这怎么会没有"三个主义"？我们要求健全社会主义法制，扩大民主，保障人权和人格独立——这就是我们的斗争的目的。

社会主义制度刚建立了一年多，有人就看出毛病来了。在北京大学的大字报运动中，发出改革呼声的，不是一两个人。这些人是思想解放运动的先驱，却成了历史祭坛上的牺牲品。毛泽东把1957年的形势说成"黑云压城城欲摧"。这是错将改革的"朝霞"当成压城的"黑云"。主张改革的人们，被打成"右派"，而反对改革的人们却是"左派"。1957年以后，"左"和"右"在中国完全搞颠倒了。本来，主张变革现状，态度进取的，是"左派"；主张维护现状，态度保守的，是"右派"。从此开始，维护现存制度的叫"左派"，推动变革现状的叫"右派"，一直颠倒到如今。思想僵化，反对改革的如邓力群之流，叫做"老左"；思想自由化，力图革新的人们却被称之为"老右"。

走出"文化大革命"的疯狂年代，不得不重提改革，已经丧失了二十多年的宝贵时光。历史规定要做的事情总会有人来做。倡导改革的"总设计师"，竟是当年反右派运动的前线总指挥、中共中央总书记邓小平。镇压右派的人，又继承了右派的遗志。历史强迫他做本来不情愿做的改革事业，当然，做起来一定很别扭。邓小平一方面谈论改革，一方面坚持"反右是必要的"，因而他所设计的改革只能是一个怪胎。1980年12月以后，邓小平又重提反自由化。反自由化是变相的反右派。

大字报还广泛地涉及党委领导制度、选举制度、人事档案制度、保密制度、招生制度、留学制度以及要求政治课选修、开放禁书等等议题，还有要求为胡风翻案，要求为肃反运动中斗错了的人平反。

五十年代的大字报是新鲜事。北京人都跑到北京大学来看大字报，校园里非常热闹，有人说："北京大学简直像东安市场！"1957年的"大鸣大放"，1966年的"文化大革命"，1976年的揭批"四人帮"，"到北京大学看大字报"成为北京人生活中的一个重要节目，各种车辆从北大南校门一直排到白石桥，绵延几公里，每天多达几万人。

来北大看大字报的，有我的朋友。他们总是赞扬北大继承了"五四"的传统，但还要小心地问："北大党委对形势怎么看？"我说："贴大字报是党委支持的。"我在无锡工作的同事虞耀麟，当时在人民大学新闻系学习。他听我这么一说，回到人民大学新闻系所在地的海运仓贴出第一张大字报，结果被打成右派分子。毛泽东曾赞扬大字报是"群众创造"的"一种革命形式"。但奇怪的是各单位贴第一张大字报的人都成了右派分子。而且连第一个报道北京大学大字报运动的《文汇报》记者刘光华也被打成了右派分子。

## 广场派

大字报多得来不及看,有的贴出不到一天就被新的大字报盖上了。张元勋等人发起创办一个刊物,名《广场》,发刊词中指出:

> 这个运动已远远超出了党内整风运动的范围而且有了伟大的社会思想意识大变革的巨大意义!人与人之间的关系要重新调整,一些过去习以为常的正面和反面的东西要重新进行肯定和否定,对于现在的一些论点和观点要重新进行估计、评价和探索。
> 
> 北京大学是"五四"的故乡,北大的儿女是"五四"的后裔,我们的血管里流着"五四"的血液,在社会主义的"五四"时代,我们要学会"五四"先辈们的大胆提问、大胆创造的精神,去争取真正的社会主义民主!我们的刊物《广场》便为此而诞生。《广场》的含义在于:北大民主广场是"五四"举火的地方,"五四"先辈们曾在广场上集会点火与誓师高歌!
> 
> ……
> 
> 来吧,朋友们!到广场上来!这里有自由而新鲜的空气,它可以振动你的声带,唱出你愿意唱的闪亮个性的歌!

由于北京印刷一厂的工人拒绝排印,《广场》只出了一期油印的《民主墙大字报选辑》。后来被打成右派分子的人们,大多聚集在《广场》周围,叫做"广场派"。谭天荣的"黑格尔——恩格斯学会"以及"广场派"的活跃分子张景中、杨路、陈奉孝、王国乡、龙英华等又成立了一个"百花学社","百花学社"的组织原则是"既无领导又无被领导"。反对"广场派"的人们也出版了《自由论坛》、《春雷》、《百花坛》、《浪淘沙》、《啄木鸟》等油印刊物。

《广场》公开筹集资金,赞助者很踊跃。校长马寅初也开了一张500元的支票。江隆基提醒他:"要考虑后果。"他收回了支票,向《广场》的编委表示歉意。

"广场派"将5月19日开始的大字报运动称作"五一九运动",自称"五一九战士",认为"五一九运动"的性质是"新时代的民主运动"。哲学系龙英华的大字报中说:"五一九运动是现阶段的马克思主义启蒙运动。五四启蒙运动是解决阶级斗争的任务,五一九启蒙运动是阶级斗争基本结束之后的新型思想运动。""阶级斗争基本结束"是2月份毛泽东在最高国务会议上的讲话中的提法,尚未公开。龙英华是共产党员,故得知党内精神。

共产党是发动学生运动的老手,针对国民党,要自由、要民主。"五一九运动"是1949年以后出现的向共产党要自由、要民主的学生运动。

大字报运动一开始就出现不同观点的对立。围绕《是时候了!》,有人说是"香花",有人说是"毒草";有人赞扬,有人指责:"是什么时候了?是推翻社会主义制度的时候了吗?"5月25日,毛泽东在青年团代表大会上讲话,最后一句是:"一切离开社会主义的言论行动是完全错误的。"立即有人用大字高高地写在面对广场的十六斋北墙上。那就是把它当作张天师的符咒,用来镇住北大的妖魔。据参加团代会的人说,毛当时总共讲了五句话,没有这一句,这一句是发表时加上去的。"广场派"把批评他们的人称作"教条主义者"、

"卫道者"。而反对"广场派"的人们干脆成立"卫道者联络处",开辟"卫道者论坛"。

　　大字报、大标语常常针锋相对。二十八斋北门的门楣上出现了一条大标语:"中国有没有个人崇拜?" 不一会儿,后面长出一条尾巴:"有!"。有人在"有"字前面加了一个字,变成"没有!"。第三个人又在"没有"后面加了一个字,把惊叹号弄弯,成了反问:"没有吗?"倏忽之间,这里的标语翻来覆去变换了几次:

"中国有没有个人崇拜?"
"中国有没有个人崇拜?有!"
"中国有没有个人崇拜?没有!"
"中国有没有个人崇拜?没有吗?"

　　大字报也有走火的。理发室的墙上贴出一幅漫画,理过发的头上黑一块白一块,标题是"狗啃式"。意在讽刺理发粗糙。不料理发室的师傅认为,把他们的工作喻为"狗啃",这是侮辱人,以罢工表示抗议。学生会代表同学们进行道歉,才算了结。有人将"狗啃式"改为"啃狗式",理发室的师傅笑了。但"狗啃式"漫画的作者却被打成"右派分子",理由不难找,"诬蔑社会主义是狗啃学生的头"。

# 第八章　中国的海德公园在北大

全校都在用大字报、大标语"大鸣大放",班上的鸣放座谈会就不用开了,即使开也不会有人来参加,大家都忙于看大字报、抄大字报、写大字报去了。

## 谭天荣创造了"四大"之一的大辩论

5月21日下午,我们班上的党员正在开会,研究在新形势下整风怎么继续进行。沈元冲进来说:"你们还在开会?全校都乱起来了!谭天荣在发表演说,快去听。"我们跟着他走到大饭厅和小饭厅之间的广场,果然看到靠近十六斋的地方谭天荣站在凳子上发表演说,我们历史系的研究生梁从诫(梁思成的儿子、梁启超的孙子)仰着头在同他辩论。围着一大群人。我们刚到时,只听得谭天荣说:"不要扣帽子嘛!"不知别人对他扣了什么帽子。梁从诫说:"帽子人人都有,只是牌号、尺寸不同。"谭天荣演讲的主题又是反教条主义。听众们有的为谭天荣叫好,有的附和梁从诫的诘难。

谭天荣颇有儒雅风度,总是对人微笑,用他那略带湖南乡音的普通话娓娓道来,不论别人如何咆哮,他始终不失斯文。他的大字报的文风却是咄咄逼人,文不如其人。

"五一九"后,他一连贴出许多大字报,居然要求党委给他一间屋子,展览他的作品。其中四份大字报,自称为"四株毒草"。他的《第四株毒草》是"作为一个'右派分子'"对五一九运动的总结。他说:"'五一九'这是一个光辉的日子,在国际反教条主义运动中,中国青年第一次显示了力量。"他自命为马克思主义者,高举反教条主义的旗帜。他喜爱辩证法,有时玩弄否定之否定,就成了诡辩论。他欣赏黑格尔、恩格斯的著作,把《自然辩证法》读得烂熟,发起成立"黑格尔—恩格斯学会"。他扬言:"杨振宁、李政道算什么!我的物理学理论被采纳的话,制造原子弹、氢弹就像做玩具一样。"杨振宁、李政道刚得了诺贝尔物理学奖。他的狂妄往往引起人们的反感。但他的自豪也博得人们的喝彩。例如,他说:"中国青年有的是成千上万的'才子佳人',他们坚韧果敢、才气横溢、光芒四射,他们将使国际资产阶级吃饭时丢落刀子。"

谭天荣的演讲又创造了除大鸣大放、大字报之外的另一种形式——大辩论。这就全了,大鸣大放、大字报、大辩论后来被称之为"四大",一度写上了宪法。

有人把大饭厅的桌子搬出来,两个人站在桌子上辩论。广场上围成了一个一个圆圈。年轻人精力旺盛,在桌子上扭来扭去,有时人和桌子一齐垮了下来。食堂的大师傅说,两三天就毁了十来张桌子。于是,校方在小饭厅前面搭了一个结实台子。这就成了擂台,不同观点的人们都在这里跳上跳下,大显身手。

"大鸣大放"中,民主党派中有人建议,在中国也开辟一个"海德公园"(Hyde Park),海德公园是英国伦敦的自由辩论的场所。中国的"海德公园"在北京大学诞生了。

## 林希翎演讲

5月23日晚上，法律系同学主持胡风问题辩论会。那个擂台上事先摆上桌子，准备了扩音器。扩音器一响，人们从四面八方走来，广场上、马路上都站满了人，黑压压的一大片，足有好几千。

北大来了一位不速之客——中国人民大学法律系四年级女生程海果。她仰慕当时在批判《红楼梦》研究中大出风头的两位年轻人李希凡、蓝翎，改名林希翎，林是她外婆家的姓。看来是有内线把她引来的，辩论会开始不久，她就上台。

林希翎的开场白是：

我今天很激动，到北大吸到了新鲜空气，而人大是教条主义的老窝，官僚习气太重。还是北大有民主传统，继承了"五四"的传统。

她首先为胡风辩护。胡风问题在当时是极为敏感的话题，她的演讲一开始就很有挑战性。她说：

胡风是不是反革命？这个问题还不能肯定。我过去也写过文章批判胡风，现在想起来真是幼稚，很可耻。现在看来加给他反革命罪名的根据是很荒谬的。

胡风是对中央递意见书，怎么能说这个意见书就是反革命的纲领呢？为什么向党中央提意见就是反革命呢？这是斯大林主义的方法。

她认为胡风的意见书基本上是正确的。说他反对毛主席的《在延安文艺座谈会上的讲话》，"……毛主席的话又不是金科玉律，为什么不能反对呢？"

《人民日报》公布的三批关于胡风反革命集团的材料，都是他们之间的私人通信。针对这一点，林希翎反驳道：

说他们通信秘密。哪个人通信不是秘密的呢？说他们私人间的友谊是小集团。这就使得人相互不敢说真话。按照法律只有企图推翻政权才能叫反革命分子，而胡风显然不是这样的。

关于胡风问题的结论，她说：

两年还不公布胡风案件的下文，我看共产党是有些为难，没法下台，错了也不肯认错。估计毛主席可能有两种心情：一，明知错了，不承认。二，毛主席自己明白了，但高级干部中很多人还不通，现在若对胡风平反是有困难的。

接着，她又从胡风跳到赫鲁晓夫头上：

赫鲁晓夫否认美国国务院发表的关于斯大林问题的秘密报告，说是美国间谍机关制造的，这很笨，真是撒下了弥天大谎。如果是间谍搞的，那这间谍就是赫鲁晓夫自己！

她同意南斯拉夫人的看法：

我就认为个人崇拜是社会主义制度的产物。马克思主义告诉我们，所有社会现象都有社会历史根源，斯大林问题绝不是斯大林个人的问题，斯大林问题只会发生在苏联这样的国家，因为苏联过去是封建的帝国主义国家。中国也是一样，没有资产阶级的民主传统。

她讲了一段当时的人们认为很重要的话：

我觉得公有制比私有制好，但我们现在的社会主义不是真正的社会主义。如果是的话，也是非典型的社会主义；真正的社会主义应该是很民主的，但我们这里是不民主的。我们管这个社会叫做在封建基础上产生的社会主义，是非典型的社会主义。我们要为一个真正的社会主义而斗争！

这段话，点出了所谓"反社会主义"的实质，反对的是"在封建基础上产生的社会主义"，正是为"真正的社会主义而斗争"。

然后她谈到整风：

现在共产党的官僚主义、主观主义、宗派主义很严重，我们不要以为共产党用整风的办法，采用改良主义的办法，向人民让点步就够了。

下面起哄，要她下台。她说："我知道有很多人愿意听我的话，但也有些人害怕我的讲话。我要讲下去。"

她一再强调不能采用改良主义的办法，号召大家联合起来："匈牙利人民的血没有白流！我们今天争到这一点小小的民主，是和他们分不开的！"

下面又起哄，递条子，有人大声地喊："不要煽动！"。她说："我不害怕，大家不欢迎我，我就滚蛋。我既然到这里来，就是冒着危险，坐牢也没有关系。"不幸而言中，后来果然坐了牢。

她演讲的最后一句话是：

我们要建设真正的社会主义，让每个人过真正的人一样的生活！

（《校内外右派言论汇集》（内部参考）第151-153页，北京大学政治经济学教研室编印，1957年8月。《民主中华——中国民主运动人士文集》（1949-1989）第4-6页，香港远东事务评论社，1989年增订版。《中共怎样对待知识分子》原始数据汇编之一（中）第149-151页，台北黎明文化事业公司出版，1983年。）

她的讲话缺乏逻辑性，东一榔头西一棒子，但富有煽动性，也确实提出了一些根本性的问题，启发人们去思考。林希翎和谭天荣一样，也是以马克思主义为武器来批判现实的。在她历经坎坷之后，八十年代到台湾探亲、访问，还坚决拒绝"反共义士"的头衔。

林希翎讲话时，大家专心聆听，寂静一片。当她的讲话告一段落，台下就起哄，有人冲着她大喊大叫，有人跳上台去抢话筒。人群中赞成的和反对的在台下当场展开辩论，闹得不可开交，谁也听不清谁说了什么。

当她重新开讲，才恢复平静。讲了一段，又像开了锅。如此反复数次。

有人在人群中发现了江隆基。江隆基是北京大学党委书记、副校长。校长马寅初是无党派民主人士，但他不大管事，实际上的第一把手是江隆基。林希翎演讲的那天晚上，赞成的和反对的，顿时分成了两派，两派人的表情都很激动，希望江隆基表态，说："江校长，您上去讲一讲！"江隆基比谁都平静。他说："今天晚上我是来听你们大家讲的，我就不讲了。"像他这样在学生"闹事"的时刻不带秘书、没有警卫，只身来到群众中间听取意见，不是一般的领导人所能做到的。"文革"中的当权派，千呼万唤就是不出来。

林希翎一夜之间成了名人。北京的高等学校都在传播她的这一篇讲话。

但从此林希翎背上了十字架。后来她自己说："我的青春，我的爱情，我的生命，都可以在十字架上被钉死，但我确信我的灵魂是钉不死的。"

问：林希翎的演讲产生什么影响？

## 自动停课，向外推广

"五一九"以后，开始还强调"整风学习两不误"，虽然勉强上课，同学们心不在焉，有的就在课堂上起草大字报。林希翎演讲后，校方并没有宣布停课，但大家都不去上课了。这个学期末，考试也无法进行了。

5月27日，林希翎又来北大。反对林希翎的人已准备好论点，占据了大部份时间，她讲得不多。几个教师和学生登台反驳林希翎，她说这些发言都是神经衰弱的条件反射。到处是反革命，说我是反革命，我提出抗议。

散场后在回宿舍的路上，我遇到沈元。我问他有什么看法？我知道他是反对谭天荣、林希翎的，但没有详细谈过。我有点疑惑，谭天荣、林希翎的许多观点同他在苏共二十大以后发表的看法差不多，为什么反对？他说，上次听了林希翎的演讲，当时也很气愤。仔细一想，好像又没有什么大错。她要"真正的社会主义"，错了吗？没错。谭天荣要用马克思主义来否定教条主义，更是没错。但听他们的讲话总是不舒服，使人难以接受。谭天荣、林希翎他们是错在煽动情绪，搞得燕园之大放不下一张平静的书桌了。沈元的看法有一定的代表性。"五一九战士"的"大鸣大放"所遭到的反对，有两种：一种，反对他们的政治观点，这就是所谓的"卫道者"；另一种，反对他们的做法，认为不应当大轰大嗡，做情绪化的宣泄。我们班本来矛盾很尖锐，全校"大鸣大放"后，反而团结一致了。423号房间的人们受沈元的影响，都站在反对谭天荣、林希翎的一边。大家认为，这样搞法，书都念不成了，二十四史、《资治通鉴》要花多少时间才能念完？希望赶快收场，恢复平静。

我和沈元一样，不喜欢"大民主"，所以1957年我没有在校园里贴过一张大字报，既没有贴"大鸣大放"的大字报，也没有贴"反击右派"的大字报，更没有上擂台去辩论。到了美国，我的认识又进了一步。美国的民主党和共和党以及他们的追随者，在一系列问题上观点不同以至根本对立，但他们能够和谐相处，通过讨论和辩论来解决分歧、调和矛盾。这是实行民主的重要条件。在中国就不是这样。中国人缺乏人与人之间的互相尊重，观点不同往往导致严重冲突。"大鸣大放"中的对抗性和紧张气氛确实存在。"五一九"战士中有人说："要像狼一样吃掉卫道者"。你要吃掉我，我就要吃掉你。早已搞得誓不两立，所以一声反击，才会到处抓"右派"。文化大革命中更为明显，因观点不同就动手动脚，以至动刀动枪。一个不能用讨论和妥协的办法来消化政治异见以及调和利益冲突的社会，是无法实行民主的。民主制度的建立，还必须创造相应的社会条件。

北京大学的"大鸣大放"与民主党派不同，有两个明显的特点：一是思想性、理论性十分突出；二是企图将"大鸣大放"扩展为一场民主运动。常常有人发出呼吁：走出校门，推向全国。北大人首先向近邻清华大学推广。5月26日，北京市高等学校在清华举行体育运动会。北大去人介绍"大鸣大放"。不料受到围攻，被粗暴地赶出清华校门。回来后有人写了一张大字报《虎口余生记》。虽然如此，北大学生的宣传还是产生了效果，5月26日以后，北京的高校陆续出现了大字报。蒋南翔当校长的清华和北大的气氛完全不同，以致后来流传一种说法："北大是出右派的地方，清华是出干部的地方。"但后来抓右派，蒋南翔出手又特别狠，把副校长钱伟长、党委副书记袁永熙等校一级领导人都打成右派。北大还没有这样重量级的右派。北大也向人民大学推广。"大鸣大放"中，北大的人们批评人民大学是"教条主义的马蜂窝"。

人民大学副校长邹鲁风做报告，规定本校学生不得和外校联系。林希翎起来反驳，说：我校同学们没有得流感，为什么要隔离？1957年3、4月间，北大大面积地蔓延流行性感冒，医院里住满了人，还开辟几间教室作为临时病房，因此不得不停课一周，停止一切公共活动，封锁校门，与外界隔离。故林希翎有此一说。谭天荣等五人又跑到天津去推广。还有人将"民主接力棒"传到了上海。

## 党委的沉默

问：5月20日江隆基讲话对大字报表示欢迎以后，形势有了很大的变化，党委对后来的大字报运动是什么态度？

自5月20日晚上江隆基讲话后，党委一直沉默。人们习惯性的思维总是要党委表态，每天都有一批又一批的学生跑到党委办公室，就某些大字报提出的看法问党委是什么态度？党委就是不表态。有一天晚上，在未名湖边的员工食堂开了一次秘密会议，参加者为支部书记以上的干部。北大的食堂，开始时桌子、凳子是齐全的，到后来只有桌子没有凳子了。江隆基就站在桌子上讲话，大家都肃立在那里听，不准记笔记。

他讲的最要紧的几句话，我一直牢牢地记在脑子里："根据上面的指示，党委就是不表态，要看看共产党的天下到底乱到什么程度。共产党员们，共青团员们，到大海里去游泳，自己辨别方向。"这就是毛泽东部署下来的"阳谋"了。后来从《毛泽东选集》上看到，他是这样说的:"右派进攻的时候,我们的政策是这样,就是只听不说。有那么几个星期,硬着头皮,把耳朵扯长一点,就听,话是一句不说。而且不通知团员,不通知党员,也不通知支部书记,让他们混战一场,各人自己打主意。"(《打退资产阶级右派的进攻》,《毛泽东选集》第5卷,第444页。)江隆基虽说"党委就是不表态",其实已经可以听出葫芦里卖的是什么药了。

### "忧虑和呼吁"

由于北大党委不表态,《人民日报》也不表态,人们有各种猜测。哲学系一年级的叶于泩将一种猜测当作事实,6月2日写成大字报贴了出来,题为《我的忧虑和呼吁》。大字报中说,现在毛主席处境很困难,百家争鸣、百花齐放的方针受到党内百分之九十的人反对。党中央已开始分裂,有人要逼毛主席下台。他呼吁大家坚决维护毛主席,反对党内的保守势力。大有红卫兵"誓死保卫毛主席"的架势。

一些民主党派的上层人士,也在"忧虑和呼吁"。6月6日,民盟的六位教授曾昭抡(北京大学化学系教授、高教部副部长)、钱伟长(清华大学教授、副校长)、费孝通(中央民族学院教授、副院长)、吴景超(中国人民大学教授)、陶大镛(北京师范大学教授、政治经济学教研室主任)、黄药眠(北京师范大学中文系教授)在政协文化俱乐部开会,还有其他人参加。6月6日的六教授会议,人称"六六六会议"。

他们认为,学生上街,一触即发。有人甚至说:这是匈牙利事件的前夕。共产党已经进退失措,要靠民主党派来收拾残局了。虽然他们对自己的力量未免估计过高,但确是出于一片忧时爱党之心,急于向党建言。

人们堕入毛泽东的"诱敌深入,聚而歼之"的圈套而不自知。

谁料得,事隔一天,6月8日《人民日报》头版头条发表一篇社论《这是为什么?》,升起了反击"右派分子"的信号弹,风云突变。六教授和他们的会议召集人章伯钧,都被打成了右派分子。

# 第九章 "这是为什么？"

《人民日报》社论《这是为什么？》以一封匿名恐吓信破题，提问"为什么？"，题解："这是某些人利用党的整风运动进行尖锐的阶级斗争的信号"。实际上是毛发出"阶级斗争的信号"，也就是抓"右派分子"的信号。5月中，毛泽东写作《事情正在起变化》，已经把"右派分子"的帽子拿在手里，6月8日以后，就把帽子派发出去。

问：有人说匿名恐吓信类似于希特勒的国会纵火案，你有确实的信息吗？

## 恐吓信确有其事

国务院秘书长助理卢郁文（中国国民党革命委员会的成员），5月25日在民革中央小组扩大会上，针对"大鸣大放"中他认为的不正常现象提出批评：党外人士自己不整风，光帮助领导党整风，提意见只看到别人的缺点，看不到自己的缺点，很容易片面。他还说，在拆墙填沟问题上，共产党员应负主要责任，但必须从两方面去拆、去填。他主张，在帮助共产党整风中，共产党人对某些批评意见可以辩驳。会上，民革中央常委谭惕吾（女）对卢郁文的发言大为不满。她说，卢郁文的意见不是帮助共产党整风。很多党与非党的关系问题，常常不是因为共产党，而是由无耻的民主人士弄出来的。他们的发言见报后，卢郁文收到一封匿名恐吓信。6月6日，他在国务院党外人士座谈会上宣读了这封信。信中说："在报上看到你在民革中央扩大会议上的发言，我们十分气愤。我们反对你的意见，我们完全同意谭惕吾先生的意见。我们觉得：你就是谭先生所指的那些无耻之徒的'典型'。你现在已经爬到国务院秘书长助理的宝座了。你在过去制造共产党与党外人士的墙和沟上是出了不少力量的，现在还敢为虎作伥，真是无耻之尤。我们警告你，及早回头吧！不然人民不会饶恕你的！"（《人民日报》1957年6月7日）

当时就有人对恐吓信的真实性表示怀疑，同为中国国民党革命委员会成员的谭惕吾认为是卢郁文自己制造出来的，当场与他抬杠。三十年后，还有人说："笔者至今倾向于这是一场类似国会纵火案式的小把戏。"（戴晴《储安平》，《东方纪事》1989年第1期。）

谭天荣毕竟比一般人高明，他不是无根据地怀疑匿名信的真伪，而是提出反问："为什么'为虎作伥'的虎，一定是指共产党呢？我看说他们是'三害'分子更合情合理。把真正反对'三害'的言论称为'反党'、'反人民'、'反社会主义'的言论了！"他又问："林希翎也接到各种匿名信，她该登在什么报纸上呢？该通过哪个电台广播呢？"（大字报《这是为了反对'三害'》）

确有其事，并非"类似国会纵火案式的小把戏"。1959年，写信人被公安部查了出来，又是我们历史系55级的学生，名杨秉功。

1958 年，55 级全年级分赴边疆地区，进行少数民族史的调查和编写。杨秉功在广西听说某些地方饿死了人。1959 年回校后，他在未名湖畔的建筑物上贴了一张小字报。公安部发现，小字报的笔迹与 1957 年的匿名信完全一致。缩小了范围，一下子就查出了作者。杨秉功出身于贫下中农，不是"阶级敌人"，但还是被判了七年徒刑。杨秉功被捕时是四年级学生，刑满出狱后，北大仁慈地给他补发了一张毕业证书。后来结婚成家，生活稳定。在博物馆工作，还当上了县政协委员。这些，都是杨秉功来南京看我时亲口告诉我的。

**发出阶级斗争的信号**

问：社论《这是为什么？》起了转折的作用，整风是怎样转的？

写匿名信进行谩骂、恐吓是不正当的。但这篇社论小题大做，断言："这封恐吓信是当前政治生活中的一个重大事件，因为这封信的确是对于广大人民的一个警告，是某些人利用党的整风运动进行尖锐的阶级斗争的信号。"社论把当时的形势归结为"少数的右派分子正在向共产党和工人阶级的领导权挑战"。

要是说"反对党的领导"，首先是共产党自己反对自己：五十年代实行党主专权政府的共产党，反对四十年代主张民主联合政府的共产党。1957 年的"反党"思潮，正是站在四十年代主张民主联合政府的共产党的立场上，反对五十年代实行党主专权政府的共产党。这才是帮助党整风，回到正确的立场上来。邓小平提出一个问题："1957 年的问题是个什么问题呢？"他的回答是："这个时候出来一股思潮，它的核心是反对社会主义，反对党的领导。"（《邓小平文选》第 2 卷，第 207 页。）所谓"反对社会主义"，是反对主观社会主义；所谓"反对党的领导"，是反对一党专权。

毛泽东的"阳谋"蓄谋已久，故意"让他们猖狂一个时期，让他们走到顶点"。6 月 6 日，毛泽东为中共中央起草的《关于加紧进行整风的指示》，预定反击的时间是 6 月 15 日左右。此刻抓住战机，提前出击。

吴冷西在他的回忆录中讲到，6 月 7 日，即社论发表前一天，胡乔木领他去见毛主席。他刚坐下，毛就兴高采烈地说，今天报上登了卢郁文的发言，说他收到匿名信，对他攻击和恫吓。这就给我们提供了一个发动反击右派的好机会。好在两点：第一，卢郁文是非中共人士；第二，那信是匿名的。临走时，毛在写好的社论上改了几个字，嘱胡乔木次日见报。

《这是为什么？》的社论发表后，整风转为反右。在这之前，6 月 5 日，团中央书记胡耀邦在自己的家里接见北大的二十二位学生，进行了三个小时的座谈。胡耀邦说："北大的同学们对党的整风提了许多好的意见。是否也有少数不正确的言论？你们自己可以分析。"有人说："有的同学怕现在提错了意见将来挨整。"胡耀邦说："党是爱护青年的，青年人讲错话是难免的。讲错了话怎么办？教育嘛！"（《北京大学纪事》上册，第 517 页，北京大学出版社，1998 年。）可见，胡耀邦也不了解伟大领袖的战略步骤。三天以后，毛泽东发出的指令不是"教育"，而是抓"右派"。

当天，毛泽东又亲自起草了中共中央文件《组织力量反击右派分子的猖狂进攻》。6月8日以后，一连几天，《人民日报》以《对反社会主义谬论无法沉默，觉悟的工人群众起而应战》、《农民们痛击反党谰言，农民和党血肉相连》等等通栏大标题，大量报导工人、农民的座谈会上的发言和抗议，不讲道理，以势压人。其实，同样的问题应当由人民向共产党提出：整风转为反右，"这是为什么？"号召人们"帮助党整风"，结果"帮助党整风"的人们被打成反党反社会主义的反动派，"这是为什么？"共产党的整风变成民盟和其他民主党派的整风，"这是为什么？"

## 不是说"阶级斗争基本结束"了吗？

问：社论《这是为什么？》中说"某些人利用党的整风运动进行尖锐的阶级斗争"。但毛是不是说过"阶级斗争基本结束"？

毛泽东的阶级斗争理论，翻云覆雨，阴晴无常。

1957年2月27日，毛泽东在最高国务会议第十一次扩大会议上向一千八百多人做了关于正确处理人民内部矛盾问题的讲话。北京大学曾在党内的支部书记以上的干部中传达这个讲话，又是不准记笔记。但重要之点我记得很清楚，江隆基的传达中说："阶级斗争基本结束，今后新的课题是正确处理人民内部矛盾。"另外一个地方又说："今后新的任务是向自然开战。"还有百家争鸣、百花齐放等说法，也留下了深刻的印象。毛泽东的言谈很风趣，会场上不断发出笑声。江隆基交待大家："你们没有再传达的任务，但可以作为个人意见宣传毛主席的思想。"

那天晚上，我心情激动，难以成眠。我暗自赞叹毛主席的伟大，认为区分敌我矛盾和人民内部矛盾，并强调正确处理人民内部矛盾，就可以避免斯大林的错误。我们学历史的人，都向往春秋战国时代诸子蜂起、百家争鸣的盛况。那时我真以为，百家争鸣、百花齐放的方针的提出，中国将出现东方的"文艺复兴"。我从《傅雷家书》中看到，傅雷听了毛的讲话的传达后，给远在国外的儿子傅聪写信说："他的马克思主义是到了化境的"，"真正把古今中外的哲理融会贯通了"。我当时没有留下文字的记载，不然很可能也会写出类似的溢美之词。

## 我曾鼓吹"阶级斗争基本结束"

"阶级斗争基本结束"，我就作为个人意见经常宣传。在"鸣放"初期的一次支部委员会议上分析形势时，我做了一个系统的发言，认为对待班上的矛盾、解决沈元他们423号房间的问题，不能再用阶级斗争的老眼光看问题，必须学会正确处理人民内部矛盾。我要求党员在座谈会上虚心听取群众意见,不要顶牛。后来,我的态度被说成"对于向党猖狂进攻不作反击"。6月8日,《这是为什么?》发表后,我意识到,我的思想是否认阶级斗争观点的。6月19日,《人民日报》正式发表毛泽东在最高国务会议上的讲话,题为《关于正确处理人民内部矛盾的问题》。我看了大惊失色。关于"阶级斗争基本结束"加了许多限制词:"革命时期的大规模的急风暴雨式的群众阶级斗争基本结束",后面又说:"阶级斗争并没有结束。无产阶级和资产阶级之间的阶级斗争,各派政治力量之间的阶级斗争,无产阶级和资产阶级之间在意识形态方面的阶级斗争,还是长时期的,曲折的,有时甚至是很激烈的。"(《毛泽东选集》第5卷第389页。《毛泽东文集》,中共中央文献研究室编,人民出版社,1999年第7卷第243页,注释[1]中承认:"在讲话稿的整理过程中加进了……同原讲话精神不协调的论述。")"革命时期"结束了,"革命时期的……阶级斗争"当然就结束了,还不是"基本结束",而是完全结束。不但革命时期的阶级斗争结束了,革命时期的一切都结束了。这是一句废话。为了掩饰在一千八百多人的大会上已经说过的"阶级斗争基本结束",加上许多限制词之后,一反其意,变成了这样:过去的阶级斗争基本结束,现在的阶级斗争并没有结束,而且"还是长期的,曲折的,有时甚至是很激烈的"。口头传达的毛的讲话,强调反"左",批评教条主义;《人民日报》发表的文本却强调反右,说"主要危险是修正主义"。为了适应当时的需要,按照反右的口径,又增添了"六条政治标准"。文件的内容自相矛盾,文风也迥然不同。口头传达时,常常引发轻松的笑声,而看了这个书面文件,没有一个地方可以笑得出来。

6月26日,全国人大第一届第四次会议开幕。当天,《人民日报》发表社论,指出:"在这次人代会开幕前夕,毛主席在最高国务会议的讲演发表了,这使全国人民反右派的斗争获得了强大有力的武器。"演讲的主题本是正确处理人民内部矛盾,现在却变成进行阶级斗争解决敌我矛盾的"强大有力的武器",完全变调了。果然,人民代表大会开成了批判斗争大会。

我反对"用阶级斗争的老眼光看问题",本来是作为个人意见"宣传毛主席的思想";毛泽东的讲话公开发表后,就变成违背毛主席的思想了。我很担心,如果我在支委会上的系统发言被揭发出来,说不定会成为"右派"。"鸣放"会上不反击,只能说明不作为,顶多是"右倾";如果追究反对阶级斗争的指导思想,问题就严重了。支部委员是两位女将,穆舜英和高英龄,她们始终没有揭发,我逃过了一劫。

周培源先生告诉我一件事,可作类比。1957年4月30日,中共中央公布《关于整风运动的指示》的前一天,毛泽东召开第十二次国务会议。会议的地点选在即将欢庆"五一"的具有节日气氛的天安门城楼上。会议的参加者除了政府领导人,民主党派负责人和无党派人士也应邀出席。毛泽东的发言中谈到:"学校的党委制恐怕不合适,要改一下。""大学可以教授治校。"还说:"这个问题,由邓小平同志负责找党外人士和民盟、九三学社等开会座谈,对非党人士有职有权和学校党委制的问题征求意见。"四川大学校长彭迪先回去以后马上就传达了。反右派运动中,"取消党委制"、"教授治校"被认定是反对党的领导的"右派言论"。彭迪先因此而成了"右派分子"。人们认为,毛主席是没有错的,只能是彭迪先歪曲毛主席的指示。周培源在九三学社中央机关传达了"教授治校",在北京大学没有传达。九三学社中央机关听到传达的人没有起来揭发,他幸免于难。

## "阶级斗争基本结束"违反马克思主义

1957年的时候,我对马克思主义还没有多少研究。听说"阶级斗争基本结束",正中下怀,心想可以不再整人了。1957年以前,我没有挨过整,相反,在三反、五反、肃反等运动中,我都是奉命整人的。作为整人者,我觉悟到不能再整人,因为整人只能制造矛盾、败坏党风。当我觉悟到不能整人以后,自己就挨整了。1957年是我的人生分水岭。从此,在历次运动中不断地挨整,年年出事,成了老"运动员"。

其实,在五十年代的中国断言"阶级斗争基本结束",这是违反马克思主义的。马克思主义认为,阶级的存在是与人类社会生产水平的一定阶段相联系的,在生产有所发展、还没有充分发展的历史阶段上,阶级的存在,一部份人占有别人的劳动,是不可避免的。只有生产的高度发展,才能为阶级的消灭创造条件。

1956年,中国宣布阶级消灭了,而当时还是一个前工业化社会。在生产水平低下的条件下,消灭阶级是根本不可能的;即使人为地消灭了,按照历史的必然性还会重新产生,一切都将死灰复燃。谁能否认当今中国社会阶级剥削的严重和阶级压迫的残酷?

所谓消灭阶级,也是一笔胡涂账。公私合营企业是国家资本主义,全行业公私合营不过是全行业国家资本主义。1956年1月15日,北京市市长彭真在天安门城楼上宣布:北京市在全国第一个完成全行业公私合营,我们的首都已经进入社会主义社会!1月底,全国的大城市和五十多个中等城市也完成了全行业公私合营,于是全中国敲锣打鼓地进入了社会主义。全行业公私合营=社会主义=消灭阶级,其实这些都是不等式。起初,还有这样的说法,虽然阶级消灭了,"人还在,心不死",所以阶级斗争还存在。人们把这种自相矛盾的理论比喻为"有墙无砖"论,说没有阶级的阶级斗争,就像说没有砖的墙一样,不通。1957年初,毛泽东说"阶级斗争基本结束",这才消除了自相矛盾。但这是在提法上消除了矛盾而加重了提法与事实的矛盾。因为当时中国的事实没有提供消灭阶级、结束阶级斗争的可能。

## 毛泽东从事的是破坏性的阶级斗争

毛泽东的理论,先是人为地消灭阶级、结束阶级斗争,后来又人为地制造阶级斗争。"反右派"就是人为地制造出来的阶级斗争。一年多以前,周恩来宣布知识分子中的绝大部分"已经是工人阶级的一部分",毛泽东又重新戴上帽子:"他们还是属于资产阶级的知识分子",因为他们的"世界观基本上是资产阶级的"。以世界观、思想意识,而不是以经济地位来划分阶级，又是违反马克思主义的。到了"阶级斗争一抓就灵"的年代，完全凭思想、凭言论乱戴"阶级"帽子，阶级斗争都是"抓活思想""抓"出来的，不是客观存在的。抓阶级斗争造成了混乱，还认为阶级斗争抓得不够狠，一抓再抓，一狠再狠，阶级敌人越抓越多，越抓越不灵。"阶级斗争年年讲，月月讲，天天讲"，讲个没完，阶级又成为消灭不了的东西了。"以阶级斗争为纲"造成"文化大革命"的一场浩劫。

当时有一条毛主席的"最高指示"："八亿人口，不斗行吗？"这句话，逻辑上根本不通。"八亿人口"与"斗"有什么必然联系？是不是说七亿或九亿人口就可以不斗？非也。毛泽东内心的隐秘是：不"斗"何以驾驭这"八亿人口"？所以，人为地制造阶级斗争是毛泽东的弄权牧民之术。

毛泽东在同斯诺的谈话中说，他年轻的时候读了《共产党宣言》，只取四个字："阶级斗争"。《共产党宣言》中讲的阶级斗争有两种：一种是"整个社会受到革命改造"，另一种是"斗争的各阶级同归于尽"。（《马克思恩格斯选集》第 1 卷第 251 页。）毛泽东所取的阶级斗争是哪一种？无休止地斗，无边际地斗，虽然打击了"阶级敌人"，同时也毁坏了共产党自身的统治基础。这就是一种破坏性的阶级斗争。

# 第十章 整风转为反右

6月8日,反右派战斗打响了。

## 有组织地批判右派分子

在北京市,吴晗第一个站出来,说:"我对章伯钧、罗隆基、储安平的意见,完全不同意。因为他们的意见是离开党的领导,反对社会主义方向的。我们要站在人民的立场上,对于不正确的意见,应该展开批评。"当时作为北京市副市长,吴晗是民盟的左派,实际上他早已参加共产党。反右派,他在章伯钧、罗隆基头上开刀;后来文化大革命,别人在他头上开刀,下场比章伯钧、罗隆基更惨。

在北京大学,翦伯赞第一个站出来。6月15日,他在大饭厅发表演说,谴责在整风运动中出现了"反共反社会主义的逆流"。他一向以党外马克思主义者自居。调子太高了,也不行。后来学生给他贴大字报:你的立场如此坚定,为什么不要求入党?可见你的马克思主义是假的。翦老很难堪。经统战部长李维汉同意,只得公开身分,原来他是1937年秘密加入共产党的老党员。

6月8日以后有组织反击右派的大字报

北京大学的民主党派基层组织都争先恐后地表态,响应共产党的号召,积极投入反右派斗争。

全校和各个系纷纷召开大会,批判右派分子。对谭天荣的批判,一连开了三次全校大会。北大团委当场宣布开除他的团籍。"五一九运动"的自由辩论就此结束。他和林希翎都是"极右派",按理应送去"劳动教养"。毛泽东对他们的处理有特批:"开除学籍,留校监督劳动,当反面教员。"比起林希翎,谭天荣还算是幸运的。林开始时也是"留校监督劳动",1958年被拘留,又被判刑十五年。据说是因为态度特别恶劣,抗拒改造。八十年代,北大为谭天荣"改正"了右派分子帽子。人民大学对林希翎却不予改正,法院对她的"反革命"案也不予平反。

各系的右派分子本来都在系里接受批判,批得不过瘾,就上升为全校批判。7月中旬差不多每天都召开全校批判大会。晚上回宿舍,路过一些教室,还能听到声讨右派分子的此起彼落的口号声。右派分子中的多数，或是沉默，或是投降，只有谭天荣声称："'右派分子'——人类的傲骨，我将逆流前进，不退一寸。"（谭天荣《几句人情话》，载《原上草——记忆中的反右派运动》，经济日报出版社1998年9月。）

一直不报导北大消息的《人民日报》开腔了。6月21日，说北京大学的"百花学社"是反动组织，《广场》是反动刊物。反右派运动开始后，反对派并没有一下子被压服。6月27日晚上，地质地理系学生郑瑞超以"中国民主党北大支部"的名义贴出大字报。人们还没有看清大字报的内容，他当场就被逮捕了，后来判了六年徒刑。这是1949年以后民间公开组党的先例。

## 排队左、中、右

共产党运用组织的力量来反右派，将群众按左、中、右进行排队。我们班上的党员，有几位很激进的左派，有的还曾跳上台去和林希翎辩论。群众中左派较少，中派居多，中派还要分中左、中右。沈元和423号房间的几个同学都是中右。右派只有一个，此人名黄友钊。他是因病休学一年之后插班进来的，平时沉默寡言，与班上同学不甚融洽。"五一九"以后，班上的活动他不参加，在全校到处演讲，写大字报夜以继日。他的模样，骨瘦如柴，蓬头垢面，同学们都很怜悯他。但他用浓重的湖南口音大喊大叫："我就是要反党反社会主义！"没有办法，谁都帮不了他。可能他心灵受过伤害，但没有人了解他。我自责平时没有关心过他，此时已无从谈起了。不需要揭发批判就戴上了帽子，他被开除学籍，遣送回乡。八十年代，为右派分子改正的时候，到湖南去找他。乡亲们说，有一天，他出去放牛，连人带牛没有回来，不知去向，离奇地失踪了。

6月8日以后，"民主墙"、"海德公园"都消失了。从5月19日算起，总共才二十天。有人在二十天里争取到的言论自由换来二十年被剥夺了一切自由。

## 1957年是我的启蒙年

1957年的时候，我的思想是比较僵化的。我没有写过鸣放的大字报，也没有写过反击右派的大字报。大鸣大放中提出的问题，大部份我都没有想过，既然别人提出来了，我就认真去想，我不是"卫道者"。因为我对共产党从夺权到掌权的转变和党内生活的弊病，比一般学生知道得多。我上了大学，所拿的调干助学金，虽然比一般调干多，还不到原工资的三分之一。许多同事、朋友都说我傻，他们不能理解我的举动。我是为了保持自由的心灵，不受压制，免遭扭曲。在官场只论权力大小，不问真理多少，我越来越感到不自在，久有去意。1955年终于被批准，脱离官场，转到学府。但我的头上有一道紧箍咒，历来被人称作"好党员、好干部"，思想上、行动上不敢越雷池一步。冲开物质的枷锁，不为五斗米而折腰，虽然不容易，我还是做到了。冲开精神的枷锁，抛却已有的好名声，我就缩手缩脚了。我是感觉到这个共产党，党内不自由，但是为什么共产党内不自由？怎么解决不自由的问题？我没有进一步去想。而 1957 年的大字报提出这些问题来了，所以我就觉得我要进一步思考。"大鸣大放"中才看到，在我思考停步的地方，别人已经前进得很远了。1957 年是我的启蒙年，从此走向自由化，直到八十年代初被共产党领导人敕封为"资产阶级自由化的冒尖人物"。

# 第十一章 抓水面以下的"鲨鱼"

问：北京大学的右派分子知多少？

1957年7月9日，毛泽东在上海干部会上说：北京大学的右派"始终只有五十几个人，不到百分之一"。（《打退资产阶级右派的进攻》，《毛泽东选集》第5卷，第441页。）可惜，这是"始"，并非"终"，后来翻了好几番，超过百分之十。1957年暑假以前被打成右派的五十几个人，差不多都是全校闻名的活跃分子，用当时流行的语言来说，是"自己跳出来的"。

因反右派而延长了学期，1957年直到8月中旬才放暑假，9月初又开学了。新学期虽然按时上课，中心任务是搞运动。领导上说，暑假以前定的右派分子都是浮在水面上的"鱼"，不需要"钓"。现在要深挖水面以下的鱼，特别是那些隐藏得很深的"鲨鱼"。揪右派分子，表面上是群众点名的，实际上先内定一个名单，交群众去点名。党组织在内部按左、中、右排队，排出"右派"来，报上级批准；然后授意积极分子在会上公开点名，进入揭发批判阶段；最后是戴帽处理。中国法院的司法程序叫做"先批后审"，反右派的程序是"先定后揭"。

## "郭罗基包庇右派分子沈元"

我向上级汇报，我们班在全校"大鸣大放"后就团结一致了，现在挖不出右派来了。上级指出："你们那里的沈元不是吗？《准风月谈》就是向党进攻，座谈会上的发言更是猖狂向党进攻。"

我说："我们党员确实有错误和缺点……"

"你当时不组织反击，是思想右倾，现在认识又上不去，是双料的右倾。"

还有一条，说沈元"带头闹事"。我们班上有一位元帅的女儿。以沈元为首的423号房间的人们，认为她学习成绩很差，怎么能考上北大？一定是从后门进来的。他们除了在班上嚷嚷，还到人事处去查入学考试的分数。人事处回答说，入学考试的分数是不公开的。没有结果。

我怜惜沈元的才华，想保护他过关。但我所能想到的，只是当了右派就会被开除团籍，影响前途等等，谁能料得，竟在而立之年步入死亡之谷。

问：你想保护沈元过关，有什么理由？

我不敢硬顶，想出了一条理由。那时有一项政策，6月8日《人民日报》社论发表以前转变立场的，可以不划为右派。我说，沈元就是属于6月8日以前有转变的，他对谭天荣、林希翎的演讲都是不赞成的。我强调6月8日这一条界限，上级却把界限从"大鸣大放"向前推移到1956年。他说：沈元在苏共二十大以后，翻译、传播赫鲁晓夫秘密报告，发表反动言论，恶毒攻击社会主义制度，他早就是右派。当时因翻译、传抄赫鲁晓夫秘密报告的，差不多都被打成右派分子。不可思议的是，中国人民大学党委直到1979年7月4日，做出《对林希翎右派问题的复查结论》时，"不予改正"的根据之一，竟然还是"公布、抄寄赫鲁晓夫的'秘密报告'"。（《林希翎自选集》第85页，香港顺景书局，1985年。）这家党委仍在1957年原地踏步。

共产党常常违反自己的政策，无可奈其何。即使政策是正确的，因为没有权力制衡，没有监督措施，是否执行，无从保证。

我又心生一计。我说，423号房间的同学们都是站在沈元一边的，把他划为右派牵连太广了。我回去征求一下积极分子的意见，再在党内讨论讨论。这是缓兵之计，心想借口"讨论讨论"拖下去再说，说不定就避过风头了。

在我看来，沈元的右派问题还没有定案，忽然出现一张大字报《郭罗基思想右倾，包庇右派分子沈元》，作者是一位党员、团支部书记沙健孙。接着，积极分子就在会上公开点沈元的名。我明白了，因为我"右倾"，上级直接"授意"了。当时流行一种逻辑，包庇右派分子，本人也是右派分子。我很危险，说我包庇右派分子，弄不好我也成了右派分子。

且不说"右派分子"的性质如何，是不是"右派分子"由谁来判定？判定是不是正确，有没有审核的程序？没有。本人是不是接受，有没有申诉的程序？也没有。共产党的任何决策都是黑箱作业、幕后操纵，但又有"群众路线"的外观，说起来右派分子都是群众点名的。这种决策程序，制造冤、假、错案是不可避免的；发生了冤、假、错案又是难以纠正的，因为群众都被裹胁进去了。只有等到矛盾重重，威胁到稳定，再由党组织来一次运动，进行平反昭雪。而纠正冤、假、错案又成了共产党的功德，至于共产党如何制造冤、假、错案，那就不提了。这是比斯大林的肃反高明的地方。

我们年级（三）班有一位孙机，大鸣大放时给我贴了一张大字报。反击时，有人说他攻击支部书记，反党。我对他们班的党支部委员穆舜英说，孙机的大字报有失实之处，但失实不等于攻击，即使攻击一个支部书记也不等于反党。对孙机批评一下就行了，不要戴帽子。穆舜英也是同意的。后来穆舜英抵挡不住了，如果她不同意给孙机戴右派帽子，也会像我一样，被指责为"右倾"。孙机毕业后，分配不出去，长期留在北大"待分配"。在鲤鱼洲劳动时，我和他是同一个连队，时常见面，心中内疚。"我不杀伯仁，伯仁因我而死。"七十年代，右派改正后，孙机调到中国历史博物馆，成为著名的文物学家。我心稍觉宽慰。

点了沈元的名就进入揭发批判阶段。每次开会都由我来主持，但每次会议都是违背我的意志的。我精神上被动、思想上痛苦。这样，促使我去思考从来没有想过的问题。我们这个共产党的支部，并没有经过同学们的授权，为什么能够领导班级？我们这个共产党的支部不是司法机关，为什么能够把公民裁定为"敌人"？我的政治经验告诉我，这种思考是很危险的，诸亲好友谁都不能讲。

在对沈元进行揭发批判时，423号房间原来受他影响的人，都纷纷起来揭发，同他划清界限。这是历次运动的常规。具有亲密关系的人起来划清界限，使运动的打击对象彻底孤立，虽生活于人群之中，却陷入精神上的孤岛；心理防线完全瓦解，只能缴械投降。如果不划清界限或划不清界限，下一个打击对象可能就轮到他（她）了。

## 我将一包信件打了埋伏

有一天，东语系的一位女同学宋诒瑞来找我，我知道她是沈元的中学同学。她说，她也要与沈元划清界限，把过去的通信都交给党组织。我的书《历史的漩涡——1957》（明报出版社，2007年）中有一篇附录，是宋诒瑞写的《他"出事了！"》，说到这件事。

她递给我一大包东西。我知道这一大包东西的份量。按当时流行的做法，人们最感兴趣的就是没有公开发表过的作品，如日记、信件、笔记、草稿等等，可以从中找出"黑话"来。我在走廊里接过这一大包东西，并没有回自己的房间，而是走向厕所。我在厕所里脱下一件上衣，裹住那一大包东西，回到房间就把它锁在箱子里。一个房间住五个人，众目睽睽，假如我一打开，大家就知道是什么东西了。

我的第一个念头是，如果将这些信件让同学们分析批判，沈元的问题会越搞越严重，所以不能公开。但锁到了箱子里，我又责备自己，隐瞒不报，是欺骗组织。想了又想，还是不能拿出来，否则，非但沈元的问题会越搞越严重，信中牵连到的人也将陷入罗网，说不定连宋诒瑞本人也难以幸免。我的思想斗争很激烈：不交出来，对党不忠诚；交出来，良心通不过。最后，还是人性压倒了党性。我庆幸，在当忠诚的共产党员时，尚未泯灭良心。我后来之所以走上持不同政见者道路，也是凭这点良心。

问：你不担心被人揭发出来吗？

怎么不担心？我将这一大包东西打了埋伏，这是冒风险的事。如果被人揭发出来，必是右派分子无疑。我担心沈元的交待会牵扯出宋诒瑞，班上的同学去找她了解情况，那就坏事了。我悄悄地对沈元说，宋诒瑞把你们过去的通信交出来了。他很紧张："她怎么能这样干？"我说："你不要怪她，这种时候谁都会这样干。"他的金鱼眼睛盯着我问："会不会把我们打成反革命小集团？"怎么不会！胡风反革命集团的证据不就是私人通信吗？当时《人民日报》和《光明日报》都在争相公布罗隆基和朋友们的私人通信，而且一律叫做"密信"。沈元说的"我们"，可见是一批人。我没有直接回答他的问题，只是说，这些信件现在由我保管，你不要提到宋诒瑞，也不要提到阿德（也是他的中学的同学，考上清华，常有来往）等人。

他是聪明人，我想他心中有数了。

这些信件，我一直压在箱底，没有看过。2012年，我让家人找出来，带到美国。我再寄给香港的宋诒瑞，物归原主。

### 沈元的"变本加厉"

最后，对揭发批判进行总结，给沈元正式戴上"右派分子"的帽子。总结发言又是落在我支部书记的头上，想推也推不了。我起草了一个发言稿，讲一通套话，说是"沈元由于不注意世界观的改造，以至堕落为右派分子"云云。上级在审查我的发言稿时说，不对！你认为他是从好变坏的吗？他是从坏变得更坏。所以不能说他是逐渐堕落的过程，而是变本加厉的过程。当时我已是惊弓之鸟，就怕上级说我"右"，只好听他分析。沈元的父亲在抗日时期任国民政府交通部次长，那时才三十多岁，想来是个能干人，修筑滇缅公路时因公牺牲。我的领导说："他出身在反动官僚家庭，本质上就不好。你们班上出身于贫下中农的同学，有他那样的思想吗？"

我还有点不服气，我说："沈元从来没有见过自己的父亲。"

他说："沈元是不是吃剥削饭长大的？"我无话可说。

他问我："你同意不同意修改发言稿？不同意就换人讲。"一搞运动，领导作风都变得雷厉风行了。那时我不像后来那样胆大包天，连连点头，表示同意。

我修改的发言稿，特别把"变本加厉"那四个字加了进去。开大会讲话时，我显得没精打采。同学们问我：你今天怎么有气无力？我说，身体不好！其实是心情不好。

戴上了"右派分子"帽子，接着就开除沈元的团籍。会上，问他还有什么话要说？他居然说，只有一个要求，希望和党支部书记谈一次话。这是当时人们"心向党"的表示。但他不知道，我也是自身难保。团支部委员詹婧韶转告的时候，我说："好吧，你和我一起同他谈一次话。"我怕加重"包庇右派分子沈元"的罪名，约詹婧韶参加为的是必要时可以让她作证。我能谈什么？无非是"好好改造思想"之类的废话。我只能用我的眼神、我的脸色给他稍许安慰。

问：沈元划成右派以后，命运如何？讲一讲后边的故事。

### 沈元的悲惨故事

沈元被戴上了右派分子帽子。因为他是反对社会主义制度的，1956年就说斯大林是制度问题，所以他在右派分子中又是极右，发配到北京郊区一个地方叫斋堂，去劳动改造。当上了右派，好像印度婆罗门教的首陀罗，就是不可接触的贱民，谁都不理他了。临行时，我送他到大饭厅上车。他扛着铺盖，我帮他背着书包、提着脸盆。从三十斋到大饭厅的路上，两人无话可说。我不知道他怎么想，我是有话不能说。打官腔，非所愿。要是说些同情他的话，犹恐对他的"改造"没有好处。直到他上车，我才说了一句："好好干吧，争取回校。"他的眼镜片后面，泪水汪汪。

沈元（1938-1970），这是中学毕业时所摄。

沈元一去多年无音讯。

直到1961年春夏之交，沈元忽然来找我。一进门，喜形于色，第一句话就是："我摘了帽子了！"我倒了一杯水，让他坐下，慢慢地叙说别后。

他是不幸中的万幸。有的右派分子发配到解放军农场，有的发配到边远地区，受到粗暴的对待。斋堂是八路军的根据地，老乡很淳朴。在斋堂劳动的大部分是北大的教师，教师比较讲政策。老乡和教师对右派分子也没什么歧视和迫害，但是劳动很艰苦。

斋堂是山区，很穷；干活总是和石头打交道，很累。1959年，困难时期来临，吃不饱肚子，很多人得了浮肿病。沈元也浮肿了，但是沈元这个人跟别人想法不一样，别人也就忍受了，大家都浮肿嘛。他想我不能就这样了此一生。他是很有志气的一个人，抱负远大。进大学的时候，他声称，我们就是未来的郭沫若、范文澜、翦伯赞。这是当时中国最著名的三位历史学家。他念念不忘当郭沫若、范文澜、翦伯赞。他怕死在那里了，就从斋堂逃跑。其实问题没那么严重，如果他混下去，可能就不是后来的命运了。他从斋堂逃跑后，到了北京城里的史家胡同19号，住在姑姑家。后来他去街道办事处帮助工作，那些老头、老太太对他印象甚好，建议派出所把他的右派帽子摘了。一摘帽子，他就想回北大。他问我是否可能？

我说："可能。庞卓恒、黄良元就在我的班上。"庞卓恒原是比我们高一年级的党支部书记，黄良元是全系团总支书记，他们就因为在"大鸣大放"期间伙同群众一起去向党提意见而当了右派。他们和沈元一起在斋堂劳动教养，三年期满，回校继续学习。那时我已当了三年教员，正在给历史系四年级讲授历史唯物主义课程，他们两人就在我的班上听课。

沈元一听，十分兴奋，说："那我回校后你就是我的老师了。"

"只怕我当不了你的老师。"

他以为我是谦虚，说："你能当庞卓恒、黄良元的老师，还当不了我的老师？"

他还记得我送行时说的"争取回校"，问我："你能不能为我争取一下？"

我说："我帮不上忙，你自己到历史系去找周（一良）先生。"周一良先生时任历史系主任。

他去了，过了一个多小时又来。他说："周先生讲他不能决定，要我找教务处。"教务处的人对他说："你们下去劳动本来是保留学籍的，三年期满就可以回校。你没有期满就逃跑了，已被开除学籍，不能回校。"他表示愿意深刻检讨，还是不能通融。

他没有欢乐的情绪了，问我："怎么办？"

我说："你走自学之路吧。北京图书馆的藏书比北大图书馆还丰富，为什么不利用？"

临行时，我送他下楼。他走到楼梯半中腰的拐弯处，抬起头来，向我微笑、招手。

谁知这竟是最后一幕，永远定格在我的脑海中。他穿一件浅灰色上衣，里面是细格子衬衫。

他听了我的话，果然钻进北京图书馆，充份利用那里的藏书，苦心孤诣，埋头研究。据北京图书馆的管理员说，他常常早出晚归，中午以冷馒头、咸菜充饥。

他写了好几篇文章，但没地方发表，就放在家里了。他的姑姑和姑父认识刘导生，刘是中国社会科学院前身哲学社会科学部的副主任。他们把沈元写的九篇文章交给刘导生。刘找到近代史研究所副所长黎澍。黎澍当时正要找一个助手，物色了很久，没有合适的。刘导生和黎澍都是开明人士。刘导生对他说，你不是要找个助手吗？右派要不要？黎澍说，他是什么样的人？刘导生给了黎澍九篇沈元的文章。黎澍一看很高兴，说："这就是我要找的助手"。"虽然是右派，已经摘了帽子了，有什么了不起。"黎澍就让他进了近代史研究所。

进历史研究所以后，黎澍把他九篇文章中的一篇，题目是《〈急就篇〉研究》，发表在《历史研究》1962年第3期。史学界为之哗然。之所以哗然，一是这篇论文开辟了研究的新思路，二是沈元的身分特别引人注意。

《急就篇》是汉代的蒙学课本，即小学教科书。沈元对《急就篇》文本的考订超越了大学问家王国维等人，一一指出他们的不足。他确实得益于北京图书馆的藏书，恐怕王国维等人未必见过那么多的版本。从《急就篇》中研究汉代社会的性质，则渺无前人。每个时代对儿童的教育，都是公认的常识。沈元认为，《急就篇》是"汉代社会生活的一面镜子"。汉代社会的性质是史学界争论不休的话题。因为汉代存在着大量的奴婢，有人就认为是奴隶社会。他的研究方法跟别人不一样，别人都是从现代人的眼光去看汉代社会的性质，他是从《急就篇》中表达的汉代人的眼光来看待汉代社会的性质。这篇文章发表以后很轰动，因为它是另一种思路。他的研究结果，说汉代人认为奴婢是生活资料，不是生产资料。这种奴隶，叫做家内奴隶，不是生产奴隶。汉代的生产者是租赋的担当者，不是奴隶。汉代是实行地主土地所有制的封建社会。家内奴隶一直到清朝都有，不构成生产关系，不能决定社会的性质。这篇文章连郭沫若、范文澜都很赞赏，郭沫若说："这篇文章写得好。"范文澜说："至少比我的文章写得好。"沈元实现了自己的抱负，初试锋芒，即令中国史学界的权威人物刮目相看。但在研究所内反对之声不绝于耳。反对意见不是有关学术研究，而是针对政治身份。研究机关和高等学校都在谈论右派明星，一时之间传为重用右派的"沈元事件"。

沈元虽然摘了"右派"帽子，仍是戴罪之身，叫做"摘帽右派"；而"摘帽右派"却成了永远摘不了的帽子。近代史研究所副所长黎澍遭到一片指责："你培养什么人？重用什么人？"

黎澍是很爱护人才的。他又指导沈元写了另一篇文章《洪秀全和太平天国》。这篇文章有五万字。《人民日报》摘了一万字以《论洪秀全》为题转载。见报后，又很轰动，说明沈元确实是个人才。他既能写古代史的文章，又能写近代史的文章。但反对的声音越来越强烈，很多人都纷纷告状。有一天，毛泽东的秘书田家英给黎澍打电话，说："你赶快来一趟。有人送了油印材料给毛主席告沈元。幸好这个材料落在我手里，要是毛看到了，不知会做什么批示。"田家英也是开明人士，他不认为是什么大问题。但他对黎澍说，你们以后千万要注意了。黎澍还是支持沈元发表文章，不用真名了，用了张玉楼、高自强、曾武秀等化名。

按黎澍的说法，沈元遭到了群体的妒忌，叫做"群妒"。文化大革命一来，黎澍的罪名就是网罗牛鬼蛇神，批斗黎澍，沈元陪斗。沈元本人也被打成反动学术权威，经常挨批斗，当时确实日子不好过。他又异想天开，1968年夏天，居然化装成一个黑人，走进了苏联大使馆。他想到苏联避难，但苏联人不接受他。第一次他进去了，第二次又去，被门口站岗的解放军一把拉住，手上的油彩抹掉了，发现是个假黑人，当场就逮捕了。批斗沈元的"叛国投敌"，这一回是黎澍陪斗。

问：有一种传说，沈元闯的是马里驻中国大使馆。事实究竟如何？

如果真是那样倒好了，不至于犯"叛国投敌罪"，因为马里与中国是友好国家。而沈元也不会愚蠢到向一个中国的友好国家寻求政治避难。黎澍，他是当事人，他告诉我，千真万确，沈元闯的是苏联驻中国大使馆。

那个时候要投奔苏联，就是叛国。结果判他叛国投敌，处以死刑！

1970年的4月份，有一天，北京工人体育场在召开公审大会，宣判反革命分子。一声吆喝，押上几十个人，在主席台前站了一排。宣判某人死刑，某人立刻瘫倒在地，后面两个解放军战士把他提了起来。二十来个都瘫倒了，只有一个被判了死刑的人依然站立。宣判大会结束，所有被判了死刑的人，也只有这个人是自己走出会场的，其他人都是被架着拖出去的。到了刑场上，这个人又大喊一声："我还有重大问题要交待！"行刑人退出了枪膛里的子弹，把他押了回去。其他人都倒了血泊里了。实际上这个人并没有交待出什么重大问题，第二天又被押赴刑场。这个人就是沈元。他死到临头的时候脑子还很清楚，方寸不乱，想要逃脱被枪毙的命运。

我了解他。他是想，再争取多停留一天、一小时、哪怕一分钟，等待有人喊："刀下留人！"然而没有等来。俄国大文豪陀思妥也夫斯基，年轻时是革命者，他也和二十来个人被押赴刑场执行枪决。忽然沙皇尼古拉一世派人来宣达上谕，为他们罪减一等。捡了一条命的陀思妥也夫斯基，终于留下了不朽的作品。沈元不甘心就此了结一生。我知道，他的脑海里有多少历史学的研究课题，在向他召唤，鼓舞着他的求生意志。别人都绝望了，他还在运用超人的智慧寻求死里逃生的机会。但沈元没有陀思妥也夫斯基那样幸运。

八十年代给沈元平反了。他母亲拿到一张平反的纸，哭着说："我不要纸，我要人！我要活生生的人！"当时周围的人听了无不撕心裂肺，非常难过。

这就是沈元的悲惨故事。这个故事说明，在那个年代，一旦陷入泥潭，越是挣扎着向上，就越是向下沉沦，直到遭受灭顶之灾。

黎澍说，纪念沈元，最好的方式是出版他的遗稿。沈元的一包文稿，被近代史研究所人事处长刘明远拿走，不肯归还，应当追回。黎澍说，还有沈元读过的一部《汉书》，上下左右都用蝇头小字写满了批注，很有价值，可以用以补校前人的注。因无人识宝，故幸存下来。这就是出版《汉书》批注的最初动议。

沈元的兄长沈荃、姐姐沈蓓，怀有对偏怜小弟的深情，奔走数年，出资数十万人民币，由杭州西泠印社出版社影印出版了《〈汉书补注〉批注》，以慰沈元的在天之灵，也是为了抢救文化遗产，不致湮没。我写了一篇《一个奇才和一部奇书》，以纪念沈元和推荐他的遗著，发表在《动向》2008年1、2月号合刊上。

问：对沈元本人来说，是否有什么教训？

苏轼在《贾谊论》中说："非才之难，所以自用者实难。"沈元有才，可惜不善于自用其才。平时，骄傲自大，目中无人。宋诒瑞在《他"出事了！"》一文中记载了她和沈元的一次谈话。"反右开始后，他也已经感到有些不妙，上半年总算没事，想不到还是逃不过。他还说，党支部书记郭罗基很同情他，可能是不同意把他划为右派的，但是他一个人说了没用。'我平时得罪的人太多'。"（《历史的漩涡——1957》第259页，明报出版社，2007年。）沈元觉悟到"平时得罪的人太多"已经晚了。其实，我也是他得罪的人，大标语"春风不度三十斋"、墙报《准风月谈》批评党支部压制鸣放，矛头就是对着我的。

沈元在苏共二十大以后已经认识到苏联和中国的制度不合理，但没有深思在不合理的制度下如何自处。黎澍指出，沈元是死于无知，他本人的无知和大家的无知。文革中想出走苏联，得到保护，确是无知。但这一无知不至于丧生，置他于死地的是大家的无知，尤其是当权者的无知。当时指责苏联是修正主义；修正主义不过是意识形态方面的论敌。中国和苏联并没有宣战，不成其为敌国，投奔苏联何以成为"叛国投敌"？即使投奔苏联是"叛国投敌"，未成事实，至多是"叛国投敌"未遂，没有死罪。中华人民共和国成立了二十多年，还未制定刑法。再加文革中"砸烂公、检、法"，司法程序荡然无存，罪与罚竟由不懂法律的"工宣队"说了算。多少人含冤而死，事后平反，岂能重生？

## 儒林痛史

口耳相传，北大学子还有许多悲惨故事。

中文系的林昭，先是被判处徒刑，因为"抗拒改造"而遭枪杀。公安局还要家属交五分钱的子弹费。

物理系的刘奇弟，为胡风申冤而成了右派分子，当了右派分子不服又成了反革命分子，最后死于狱中。

西语系的顾文选，从肃反对象到右派分子，又到反革命分子。刑满以后，仍在劳改农场"留场就业"，等于终身监禁。他因不堪忍受而逃离农场，去了苏联。被苏联遣返，与沈元同一批执行枪决。

化学系的张锡琨，企图越狱，未成，被处死。

哲学系的黄中奇，被绑赴刑场前，对妻子说："我死后，你不要老守着，早点成个家，好好教育孩子，跟着党、跟着毛主席走社会主义道路。"可怜的"罪人"，自己被判为反党、反社会主义而断送一生，还要教育后代跟着党走社会主义道路。

历史系的陈鸿生，戴上右派分子帽子以后，又成了反革命分子，死于狱中。

我们年级二班的雷光汉，有一番离奇的经历。1957 年因"反苏"被打成右派分子。劳改三年，回校学习。毕业后，被分配到中苏边境的霍尔果斯县当中学教师。文革中又因"亲苏"被打成反革命分子。"一打三反"运动开始杀人，他为了活命，深夜泅过霍尔果斯河，逃亡苏联。苏联的克格勃强迫他反华，他不从，又因此而坐牢、流放西伯利亚。1998 年，身在哈萨克斯坦的雷光汉，从自由亚洲电台听到我的声音，给我写了一信，由自由亚洲电台转交。信中极言生活之艰难。我回了一信，附 100 美元的支票。他的女儿来信表示感谢，说："我们做小生意一年都赚不到 100 美元呀！"

……

我真希望有一位大手笔，为中国知识分子写一部《儒林痛史》！

## 第十二章  人性和党性的矛盾

　　1957年10月底,反右派告一段落,进入"整改",叫做第三阶段。按当时的解释,第一阶段是座谈鸣放,帮助党整风。毛泽东说,他提出的是"鸣放",加上"大"字,变成"大鸣大放"是右派分子的发明。不料在鸣放阶段发生了右派分子向党进攻,插进一个第二阶段反右派。反右派之后,还是要回到整风,边整边改,这就是第三阶段。1958年4月,又提出一个第四阶段,党员个人学习文件,批评反省,提高思想。

　　那时正在进行反浪费、反保守的双反运动和"红专辩论",接着又是大跃进运动,运动套运动,运动连运动,结果整风运动第四阶段也就不了了之。

### "整改"中我是重点

　　1957年10月9日,毛泽东在扩大的中共八届三中全会上的讲话中指出,整风运动应从反右派阶段转入以整改为主要内容的第三阶段。他说:"要大胆地放,彻底地放,坚决地放;要大胆地改,彻底地改,坚决地改。"《人民日报》以《大胆地改,坚决地改,彻底地改》为题发表社论,掀起了第二次鸣放高潮。据新华社报导,交通部在11月1日进行整改动员报告以后,当天下午就贴出大字报1258张,至12日统计已贴出大字报11,681张,平均每人贴了4张以上。将右派分子打下去了,再按右派分子提的意见进行"整改"。"整改"中,党组织和干部又成了批评的对象,但特点是整下不整上,没有人再敢向"老和尚"提意见了。

　　我因为思想"右倾",在"整改"时是重点对象。说我右倾,其实我的思想右不到哪里去,而是还有点人性。我做了几次沉痛的检讨。就个人来说,我意识到我有两个自我:一个是党性的自我,一个是人性的自我;一个是作为党支部书记的自我,一个是本真的自我。作为党支部书记的自我,在那里主持会议,发表讲话,抓阶级斗争,而本真的自我又暗地里反对阶级斗争;作为党支部书记的自我在反右派,而本真的自我又暗地里同情右派。按当时流行的说法,叫做党性和人性的矛盾。林昭提出的"组织性和良心的矛盾",也是这个意思。

### 党性和人性的大讨论

　　整风之前,曾发生过党性和人性的大讨论。事情是由一部苏联电影引起的。为了帮助大家学习俄语,大饭厅经常放映原版的苏联电影。有一次,放了苏联解冻以后的新片《第四十一》。故事说的是十月革命后的国内战争时期,红军女战士玛柳特卡枪法奇准,一枪打死一个。她在兴奋地报数,……第三十八,第三十九,第四十,刚瞄准第四十一,对方举起了白旗。玛柳特卡放下枪一看,还是一个白军中尉。红军押着俘虏转移阵地,玛柳特卡就看管这个被她称为"臭鱼"的白军军官。途中,遇海上风暴,打散了队伍,玛柳特卡和白军军官被冲到一个荒岛上。开始，她还紧握手中枪，监视阶级敌人。两个人的社会，必须密切合作才能求得生存。在合作中居然发生了感情。有一天，海上出现了桅杆，两个人都希望是己方的船来营救自己。靠近一看，是白军的船。那白军军官奔向海滩，向着自己人的船狂呼乱叫。玛柳特卡举枪射击，这"第四十一"还是死在她的手里。影片的最后是玛柳特卡伏尸痛哭，呼唤"我的亲爱的蓝眼睛"。

没有人组织，全校自发地讨论，还很热烈。有人坚持正统的观点，那就是毛泽东说的：在阶级社会里只有带着阶级性的人性，而没有什么超阶级的人性。红军女战士不可能爱阶级敌人，这种故事完全是编造出来的。有人认为，故事是合乎逻辑的。玛柳特卡举枪射击表现了党性；她又为"蓝眼睛"而痛哭，表现了人性。在这个特殊的场合暴露了党性和人性的矛盾。所谓党性，即阶级性的集中表现。这种观点又分为两派。一派人同情玛柳特卡的爱情悲剧。认为党性妨碍了人性。另一派人认为革命高于爱情，党性应该约束人性。前一派人，后来往往被打成右派。我是属于后一派的。持毛泽东的正统观点的，当然是左派。

## 以党性约束人性

我深感党性的自我和人性的自我常常在内心打架。1957 年"整改"的时候，我企图以党性来约束人性。

有人批评我"包庇右派分子沈元"。我承认同情右派，抽象地检讨我的资产阶级"人性论"。至于是否"包庇右派分子沈元"，我既不否认也不承认。我确实不赞成将沈元划为右派，如果否认，对不起自己的良心；但在当时的政治气氛下，如果承认下来又是愚蠢的，只会使问题越搞越严重，因为包庇右派的人也是右派。共产党常常凭口供定罪，我不能奉献定罪的口供。既不承认又不否认，这是我后来在政治运动中常用的策略。不少人提出责难："右派分子沈元说你是有人性的共产党员，说明什么问题？"我说应当让沈元来回答，我不知道他要说明什么问题。不管怎样，我的态度是诚恳的。我本来就认为党和党员犯了严重的错误，所以我的发言中有代表党检讨的成份。在行动上我特别注意与群众打成一片。"整改"的重点是改善党群关系。由我带头，我们支部的党群关系大有改善。上级表扬我，把我树立为支部书记中"整改"改得好的标兵。这才洗刷了"右倾"的污点。但是，到了七十年代，被"军宣队"打成"内定右派"，八十年代被邓小平钦点为"自由化代表人物"，我在中国的命运还是脱不了"右"的干系。

我的人性被人注意到了。雷光汉在他的回忆录中说："郭罗基是我们年级的党支部书记，调干生，但他与别的极左的党员不同，很有人性，他保护过沈元。……郭罗基也保护过我。1958 年，有一次全班同学出校劳动，回校时李铁城同学拉了一个板车，有些同学坐了上去。我一时忘了身份，也跳上去了。李说：'我还拉了一个右派呢！'我一听，吓坏了，马上下车。我害怕开我的斗争会，跑去向郭罗基做检讨。郭安慰我说：'没关系，你走吧！'他的宿舍与我对门，我听见他劝小李说：'小事情，不要闹大。'"《苏联逃亡记》第 381-382

页）这真是一件小事情，我一点都不记得了，担惊受怕的人却铭记在心。

## 我要辞职

检讨归检讨，内心仍然很痛苦。所以我就要求辞去支部书记的职务。那个年代，共产党员只能无条件地服从组织，没有什么辞职这一说的；而且我的辞职的理由是说不出口的，不能跟任何人讲。我只是说身体不好，吃不消了，负担不了这个工作。领导不同意我辞职。

## 第十三章　反右派"追加预算"

1957 年暑假以前,北大只有五十几个人戴上右派分子帽子。北京市委书记彭真认为江隆基右倾,派陆平(铁道部副部长)来纠偏。陆平一上任,就批江隆基的右倾,批了几个月,调离北大,"文革"中在兰州大学离奇死亡。江隆基是 1927 年在北大读书时加入共产党的,先后留学日本和德国,长期从事教育工作。他是共产党内为数不多的比较懂得教育、爱护知识分子的老干部。老北大人很怀念他。

到 1957 年年底,抓了右派分子 526 人,翻了十倍。彭真又下指示:北大是大字报的发源地,右派少不了,应该"追加预算"。历次运动,毛主席都强调团结百分之九十五,打击面不超过百分之五。现在这个指标不够了,北大要按百分之十的比例来抓右派。

### "反右派补课"

"整改"阶段结束,已经到了 1958 年 1 月,又来一个"反右派补课"。北大一"补课",许多单位跟着"补"。1958 年 6 月,才宣布反右派结束。

上级对我们班的战果很不满意。黄友钊是自己浮上水面不用钓的"鱼",沈元是上级抓出来的,班上自己抓的右派一个都没有。我们班三十多人,按比例,至少还要抓一个。我问:"领导上有没有名单?"

答曰:"没有。你们自己回去抓。"

我召集党、团支部干部和班长(梁英明)开会,传达上级"追加预算"的指示。大家面面相觑,沉默不语。相持很久,没有结果。有人提议:"这样吧,我们再开一次会,扩大到积极分子。"扩大到积极分子的干部会,占了全班人数的二分之一以上。开始也是冷场,后来有一位同学说:"我们房间的孙敦新像是右派分子。"大家要他说说理由。他说,孙是地主出身。地主出身不是充分理由。他说,还有言论。他们房间的同学总共揭发了孙敦新的三条"右派言论"(我现在已全然不记得这三条的内容)。

有人表示怀疑:"像不像右派?"

遭到反问:"你说他不像,还有谁?"

又是冷场。最后,因为没有人比他更像"右派",大家说:"报上去批吧。"报上去,没有不批的,只嫌其少。

### 人性发作,反叛党性

积极分子公开点了孙敦新的名以后,进入揭发批判阶段。说来说去,只有他的同房间的几个人揭发的那三条。第一次开会就把话说完了,而且一点火力都没有。后来又勉强开了一次，炒冷饭。第三次会根本开不起来了。大家心中有数，他根本不够右派的规格。在上级"追加预算"的压力下，怎么办？孙敦新是个不合群的人，拿他当牺牲品。"反右派补课"大多是类似孙敦新这样的冤案。

讨论对他的处理比批判还热烈，大家心照不宣，知道他是冤枉的，都为他说好话，一致同意给他最轻的处理：戴上帽子，继续留校学习。毕业后他被分配到家乡徐州。八十年代为"右派"改正时，也找不到他的人。

我刚在"整改"中做过检讨，表示要以党性约束人性，把孙敦新打成右派后，我又人性发作，反叛党性。虽然孙敦新和我并无深交，但如此不公正地对待别人，是不符合我的为人准则的。作为党支部书记的工作职责和作为人的为人准则发生了尖锐的冲突，我内心非常痛苦。执行彭真的指示，把无辜的人打成"右派"，这算什么党性？这种所谓"党性"不过是盲目服从的奴性。我认定，无产阶级的阶级性以及作为阶级性的集中表现的真正的党性不是这样的，真正的党性不会与人性发生冲突。我意识到，用党性来约束人性，检讨错了。思虑再三，我要做一个正直的人，不再做"党的驯服工具"。对右派的处理结束后，我坚决要求辞职。经多次软磨硬泡，上级才说可以指定另一位党员刘武生暂时代理支部书记的工作，还是不叫辞职。不管怎样，我可以不必违背自己的意志去执行上级的指示了。

## 右派分子超过百分之十

问：右派分子的数字，最后究竟是多少？

当时公布的数字是：到 1957 年年底，北京大学戴"右派分子"帽子的有 526 人，"反右补课"又增加了 173 人，总共 699 人。但 1980 年为"右派分子"改正时，处理了 716 人。（《北京大学纪事》上册，第 523 页，下册，第 851 页，北京大学出版社，1998 年。）中国的数字都是"参考消息"。实际尚不止此数，像我们班的黄友钊、孙敦新都找不到人，又无家属申诉的，属于不需要处理的一类，不在此数。还有不戴帽子的"内定右派"、"实质右派"、"漏网右派"等等，实际上享受了右派待遇，而改正时没有名义可改正，也不在此数。更为可笑的是，有的"右派分子"在改正时查阅档案，根本没有定案材料，白白当了二十多年的"右派"。右派分子总数应在 800 到 900 人之间。按 1957 年的在校人数，肯定超额完成了彭真下达的百分之十的任务。

全国范围抓了右派分子五十五万多，差不多也是知识分子的百分之十。

对人做数字化处理，这是历次运动传统的工作方法。每次运动打击百分之五，何况一次运动往往不止百分之五，反右就是百分之十。每个人都是鲜活的生命，一旦被列入百分之五或百分之十，就是生命的枯萎或毁灭。

五十年代的大学生，多少富有才气、立志改革的青年被压在五行山下，沉入无边苦海，有的断送青春，有的碌碌一生，有的竟折磨致死。许多第一流的人才被摧残了，否则，现在他们就是共和国的栋梁。像朱镕基那样当过"右派分子"又当上总理的,如凤毛麟角,更多的朱镕基以至超朱镕基早已消失了。

## 第十四章　荒唐的"大跃进"

反右派以后，"掀起了社会主义建设高潮"。

1958年，人民群众确实意气风发，干劲十足。一套错误的路线、方针、政策，导致"大跃进"失败，破坏了物质生产，但最大的祸害是浪费了人民的热情，糟蹋了群众的积极性。

**教学改革和群众搞科研**

文化大革命中的教育革命那一套"左"的东西，从1958年就开始了，那时叫"教学改革"。文化大革命在教育战线爆发，不是没有原因的。

1958年的教学改革，首倡"开门办学"。一个年级甚至一个系下放到工厂、农村。哲学系全体师生在大兴县黄村待了一个多学期。周扬（时任中宣部第一副部长）到黄村去看望，说了一句名言："你们再不回校学习，就成费尔巴哈了。"费尔巴哈是十九世纪德国的唯物主义哲学家，曾名噪一时，马克思、恩格斯年轻的时候都是他的追随者。后来退居乡村，拥抱自然，又成为时代的落伍者。哲学系的人都知道费尔巴哈是怎么回事。经周扬提醒，为了免当费尔巴哈，哲学系全体师生立即返校。

在校学习，教学秩序完全打乱了。历史系培养学生要求掌握"三基"、"四性"："三基"是基本理论、基本知识、基本技能；"四性"是科学性、逻辑性、系统性、现实性。这本来是一套很好的经验，1958年遭到批判，予以抛弃。以后就走向林彪的"带着问题学"、"急用先学"、"立竿见影"。我们有幸一、二年级时还受到"三基"、"四性"的训练。我特别得益于哲学系江天骥教授的"形式逻辑"课。这一课程，不光听讲，还要做练习，培养了我的逻辑思维。系里规定，二年级以后每年要写学年论文，而且中国史和世界史各写一篇，五年级写毕业论文。每篇论文都有教师指导。现在回想起来，写学年论文的受益，终身难忘。1958年取消了学年论文，有时连毕业论文都免了。

1958年提倡群众搞科研，全校一股风，每个班级都制定科研规划，冲击了正常教学。科研规划大多是忽发宏愿，自不量力。几个外语系，一个班就要编一部词典。中文系还发生低年级编写高年级的教科书的笑话。我们史三（一）班制定的科研规划倒是有创意的。有文学史、哲学史，但没有史学史，我们为什么不编写一部中国史学史？中国的史书浩如烟海，对于三年级的学生来说，究竟掌握了多少？这个任务是注定不能完成的。系里抽调我和沙健孙去参加《北京史》的编写，班里完不成任务赖系里：你们调走了我们的骨干。

《北京史》的编写是历史系的重点科研任务，由五个人组成科研小组：汪篯（中国古代史教研室副教授，擅长隋唐史）、田余庆（中国古代史教研室讲师，擅长秦汉史）、田珏（研究生）、郭罗基、沙健孙（均为本科生），汪篯是组长。这个临时凑成的班子，没有人对"北京史"有过研究，也是注定不能完成任务的。1958年8月，北大党委抽调我和沙健孙去当政治教员，这个科研小组完不成任务又赖党委调人。直到八十年代，历史系另起炉灶，重新组织班子，编写和出版了一部《北京史》。

在群众搞科研的时期，许多教学大楼整夜灯火齐明。耗费了大量的精力和财力，没有留下什么有价值的成果。

与汪籛、田余庆二位老师共事留下了愉快的回忆。

他们二位都是我所敬重的。一年级下学期的时候，田老师给我们讲授秦汉魏晋南北朝史。汪老师虽没有给我们授课，他是我的学年论文的指导教师。二年级的时候，我的学年论文的题目是《李密年谱》。李密是出身于贵族的知识分子，成为隋末农民起义的领袖。河南瓦岗寨（今滑县，赵紫阳的家乡）是一支农民起义军的根据地，自从李密加入以后，发展壮大。我想研究知识分子在农民起义中的作用。瓦岗军起事于何年？有三种说法，611 年，612 年，613 年。我问汪老师：究竟是哪一年？他并不直接回答，让我自己找答案，但告诉我一个方法：徐世勣参加瓦岗起事的时候是十八岁，《唐书》上能找到他的生卒年月，据此可以推算出瓦岗军起事的准确年份。我应用他提供的方法，推算出瓦岗军起事的准确年份应是 612 年。他对学术研究的引导，给我留下了深刻的印象。后来我指导研究生的时候，也并不直接回答问题，而是提供方法，让他们自己寻找答案。

闲谈时，汪籛讲到一件重要的事情，值得说一说。1953 年，中国科学院拟成立三个历史研究所，上古史研究所所长郭沫若兼，近代史研究所所长范文澜，拟请陈寅恪担任中古史研究所所长。郭沫若委托曾为陈寅恪弟子和助手的汪籛远赴广州，邀请陈先生北上。陈寅恪提出两个条件：一，我本人不学马列，我担任所长的全所同人也不学马列，废除政治学习；二，请毛公（泽东）或刘公（少奇）出个证明书，给我做挡箭牌。汪籛向郭沫若汇报。郭回复：陈先生本人可以不学马列，但不能禁止研究所同人学马列。想来郭沫若请示过更高的领导，允许陈寅恪本人不学马列，已经很宽容了，他却坚持非要全所不学马列，否则不干。

他提出的第二个条件更是幼稚可笑的，郭沫若都没有理他。他还指着汪籛的鼻子说，你以前是我的学生，现在你信马列就不是我的学生了。当场我们几个人议论了一番。陈寅恪主张"思想之自由，人格之独立"，口号很响亮。但你当了所长，所内就不许学马列，人家想学也不行，哪有什么"思想之自由"？强制不学马列和强制学马列一样，都是思想不自由。至于陈寅恪本人，不学马列又反对马列，根据是什么？还不是跟着反共分子人云亦云吗？哪有什么"独立之人格"。所以，我对陈寅恪缺乏恭敬。文化大革命中，他在大喇叭里听到点陈寅恪的名，竟吓得尿湿了裤子。说到"独立之人格"，他与梁漱溟、吴宓他们相比，差得远了。他号称是"大学问家"，但没有留下什么重要的学术成果，他的一部八十万字的巨著是为秦淮歌妓柳如是立传。他在欧美国家游学，没有认真做过一篇毕业论文、得过一个学位。他不是做学问，而是玩学问。他写的文章，半文不白，还没有过五四新文化运动的白话文这一关。

汪籛以马克思主义指导史学研究，被尊为历史系"又红又专"的标兵，文革前已从副教授提升为教授。

但他的结局很悲惨。他是文化大革命中北大第一个自杀者。学生给他贴大字报，揭发他1959年是右倾机会主义分子，还到他家里开批判会，把封条贴到房门上。第二天，学生来查看，封条已飘落在地。说他"仇视文革"，向工作组告发。工作组找他谈话，命他将封条恢复原样。在学生的押解下，他回到家里，贴好封条。汪籛是知识分子中的清流，洁身自好，不容玷污，受此侮辱，以命相抗。当晚，在家中喝下了敌敌畏。毒性发作时，惨叫，撞墙。邻居闻讯救助时，发现门已锁上。强行把门打开，他已气绝身亡。这一天是1966年6月11日，汪籛年仅五十。在文化大革命的特定条件下，汪籛的优点变成了缺点，以至糟蹋了自己的生命。而任人贬损又不惮自我贬损、毫无尊严的人，像冯友兰那样，缺点成了优点，反倒是"适者生存"，度过了文革的劫难。

## 农村放"卫星"

1958年，我是历史系三年级的学生，提前两年调出来当政治教员。反右运动后，各个大学的马列主义教研室差不多都垮台了，大部分人成了右派分子。很奇怪，越是研究马列的人对共产党的意见就越大。（"马列主义"是当时的流行用语。我后来的研究表明，马克思主义是马克思主义，列宁主义是列宁主义，不是一回事。将马克思主义和列宁主义焊接在一起，是斯大林的手艺，实际是斯大林主义。）北大的马列主义教研室也垮掉了，没人教政治课了。党委就从文科几个系的学生里头调一些学得好的，年纪大的，出来当政治教员，一共三十多人。

政治教员要兼做学生的政治思想工作。我被分配到东语系，任党总支宣传委员，住在学生宿舍，与学生"三同"（同吃、同住、同劳动）。

1958年9月，我带领学生到怀柔县年丰公社，参加大跃进和公社化运动。

人民公社、大跃进再加总路线，叫做"三面红旗"。什么是总路线？"鼓足干劲，力争上游，多快好省地建设社会主义。"这不过是一个宣传鼓动的口号，不成其为指导行动的路线。但它具有否定的意义：干劲不足，甘居中游，就是违背总路线。因此，农民拿出疯狂的劲头干活。

上面号召深翻地。白天是"苦战"，晚饭后要"夜战"。歇了两三个小时，干部又敲锣，从村东到村西，喊大家起来"早战"。还喊："大学生不要起来！"算是照顾。许多人熬红了眼睛，连老牛都累得拉稀。深翻地，越深越好，掘地三尺。老农说："把下面的生土翻上来了，明年准减产。"

白薯该收了，但没有劳动力。把一群猪赶到地里，让它们拱去。

各地都制订产量的高指标，叫做"放卫星"。我问那里的老乡："咱们这个地到底能打多少粮食？"老乡说："你是论务虚还是论务实？"我又问："论务虚怎么讲？论务实怎么讲？"他说，要是论务实的话，咱们的地去年每亩打了400斤小麦。今年能打450斤，就了不得啦。我说，那么论务虚呢？他说昨天晚上务虚务到 1200 斤了，今晚还要务。他说河北的徐水县"放卫星"，指标定在亩产万斤了，不知地里的庄稼是怎么长的。兴许他们的秤和我们不一样？

问：务虚的产量是怎么务出来的？

老乡把怎么务虚讲给我听了。按照"农业八字宪法"，农业的发展需要八个字：水、肥、土、种、密、保、工、管。水嘛，就是灌溉了。肥是施肥。还有土壤改良，种子选择，密植。保，是植物保护，消除病虫害；工，是劳动力；管，是田间管理。按照这八个字，一个字一个字地务虚。比如说去年咱们这个地浇了一遍水，亩产 400 斤，咱们今年浇两遍水，不就是 800 斤了吗？后来又说咱们今年浇三遍水，不就是 1200 斤了吗？去年咱们用了十斤化肥，亩产 400 斤，咱们用 20 斤化肥不就是 800 斤了吗？咱们再用 30 斤化肥，那不是 1200 斤了吗？务虚就是这么务出来的。"放卫星"怎么放出来的？就靠这一套荒唐的推论推出来的。

## "小教员"——大跃进的产物

我从怀柔回北大后，叫我讲哲学。我自己还没学过哲学。历史系按教学计划三年级才学哲学，我们三年级的时候碰上大跃进，教学计划都作废了。我说不行。党委书记陆平以不允许讨价还价的口吻说："边干边学！"我后来成为哲学教授、研究生导师，却是无师自通。当时，正规毕业的大学生，当了几年助教还轮不到上讲台，我们年纪轻轻就上讲台，都叫我们"小教员"。"小教员"也是大跃进的产物。我先是在政治理论课教研室当教员。政治理论教研室是一支庞大的队伍，有四十多人，党委书记陆平兼教研室主任，调来新华社北京分社社长李普当副主任。1958 年入学的东语系唐家璇（当过外交部长）他们那一届，是我的第一代学生。一年以后，政治理论教研室解散，所有的"小教员"被分配到哲学、经济、政治三个系，因为这三个系有许多老教员，可以切磋、讨教，有利于"小教员"的提高。以后就由这三个系分别负责全校的政治课。我转到了哲学系。谁知教马列主义是个危险的行当，我也步前人之后尘，八十年代成为"自由化分子"，而"自由化分子"不过是"右派分子"的别名。

## "跑步进入共产主义"

中国的变革总是从落后的地方开始，引领潮流。夺权政权是农村包围城市。夺权政权以后，农村的合作化推动城市的工商业改造。大跃进也是，农村在"跑步进入共产主义"，城市不得不紧跟。中共八届六中全会关于人民公社的决议中说："共产主义在我国的实现，已经不是什么遥远将来的事情了。"

发昏章第十一，北大提出："苦战三年，建成共产主义新北大！"全国人民的头脑都在发昏，我也发昏了。我在《北京大学校刊》上发表《抬头望前面朝霞，莫回顾身后黑影》（1958年10月30日），鼓吹过好共产主义这一关。这是我平生发表的第一篇文章，提出了错误的看法，遗恨千古！

荒唐的"大跃进"中最荒唐的口号莫如"跑步进入共产主义"。

所谓"跑步进入共产主义"的共产主义，没有超出小农的眼界。1958年，我到河北徐水参观，那是共产主义的样板。什么是共产主义？农民认为"楼上楼下，电灯电话"就是共产主义了。吃饭不要钱，放开肚皮吃，也是共产主义。但吃的是窝窝头。所以人们称作"窝窝头共产主义"。天真的农民真的相信，共产主义很快就会来到。铁锅、铁铲都拿出去炼铁。后来公共食堂散伙，各家做饭都发生困难。

从徐水回来的路上，铁路两边火光冲天。山上的树都砍光，填进大炼钢铁的小高炉。练出来的是铁疙瘩，废物。

"大跃进"的发高烧维持不了多久，接着出现"困难时期"。城乡居民出现大面积的浮肿病，农村饿死人的事件时有所闻。

中国人民大学和北京大学联合组成"人民公社调查组"，168人奔赴河南、河北，进行调查。他们如实地报告农村盛行的"五风"——共产风、浮夸风、命令风、特殊风、瞎指挥风及其严重后果。

1959年庐山会议之前，他们回到北京，将调查所得，写成书面报告一百八十万字，送交北京市委。北京市委将书面材料带到庐山。会议开始时讨论毛泽东提出的十九个问题，总结经验，纠正错误。彭德怀给毛泽东写了一封信，陈述对大跃进的意见。毛泽东忽然变脸，指责彭德怀提出了"右倾机会主义的纲领"。会议从纠左急转为反右。北京市委的负责人急忙打电话回北京，说反左的材料不能用了，赶快送来反右的材料。不但如此，还将调查组归纳的《问题汇编》刊登《内部情况简报》，所安的标题是《人大、北大部分师生恶毒攻击三面红旗》。

庐山会议后，开展反右倾机会主义运动。人大、北大的河南、河北调查组，首当其冲，挨批判。

调查组的总负责人是邹鲁风。邹鲁风原为中国人民大学党委副书记兼副校长。调任北京大学党委副书记兼副校长，尚未上任，率两校调查组下乡。当时农村中假话成风，层层瞒报。邹鲁风在组内外进行了艰苦的思想工作，从而获得真实的信息。庐山会议后却被戴上"右倾机会主义"的帽子。1959年10月25日晚上，陆平找邹鲁风谈话。第二天，邹即自杀。自杀了还被开除党籍。人们责问陆平："你是怎么谈的嘛？为什么你一谈他就自杀？"

十一届三中全会为彭德怀翻案，之后河南、河北调查组和邹鲁风的冤案1979年才得以平反。

# 第十五章　人生的第三次重大转折

我平时就爱讲怪话，大跃进中怪话更多。大跃进造成比例失调，供求关系混乱。要是买不到什么东西，就说现在需求增长了，供不应求。比如说买不到糖，说是现在吃糖的人多了，所以糖就紧张了。那时候也买不到刮胡子的刀片。我说难道现在长胡子的人也多了？刀片供不应求了？特别是我参加了人民公社化和大跃进运动，回来后就跟大家讲，说什么"放卫星"亩产几千、几万斤都是假的。

## 反右倾机会主义运动中受批判

好了，1959 年不是批判彭德怀的右倾机会主义吗？我就成右倾机会主义了，说我反对总路线，否定大跃进，否定人民公社。在反右倾机会主义运动当中，我受到了批判。

另外，当时我们哲学系正在编写马克思主义哲学教科书。编教科书要理论联系实际，就把当时发生的事情都联上去了。我提了不同意见。我说教科书要有稳定性，教科书不是时事手册，应当讲基本理论。还有，到处讲伟大领袖毛主席发展了马列主义等等。我认为也不能到处都说发展，可以讲讲基本方面是怎么发展的。这也成了我的罪状，被指责为"抵制毛泽东思想"、"反对理论联系实际"。

1959 年受批判时照了此相，面有愠色。因这张照片得了一个外号"五四青年"。看，是不是像五四时代的人？

1959 年的反右倾机会主义运动当中，对我批判了一场。批判的时候，虽然我思想不通，但还是在压力下做了检讨。

## 不再在压力下做检讨

到了 1962 年，1959 年对我的批判给甄别平反了。

问：1962 年怎么会甄别平反呢？

大跃进失败，陷入经济困难，各项工作都推不动。1962 年 1 月份召开了一次七千人大会，即扩大的中央工作会议，县委书记以上的干部都参加了。七千人大会上提出，全国范围的错误严重，谁应对此负责？毛泽东不得不做了一个象征性的检讨。所谓检讨就是说，我是中央的主席，中央的工作有错误，直接的我有责任，间接的也有责任。如此而已！文化大革命中，江青说：七千人大会上我们咽下的一口气，现在终于吐出来了。她说的是"我们"，当然包括毛泽东。原来毛泽东的象征性检讨是不得已而"咽下的一口气"。七千人大会上，各级干部都有气。当时有个口号叫做"白天出气，晚上看戏"。白天开会讨论就是出气。那几年整的人太多了，也太狠了，为了收拾人心，七千人大会以后就搞一个甄别平反运动。1962年4月27日，中共中央发出《关于加速进行党员、干部甄别工作的通知》："凡是在'拔白旗'、反右倾、整风整社、民主革命补课运动中批判和处分完全错了和基本错了的党员、干部，应当采取简便的办法、认真地、迅速地加以甄别平反。"一时间，"甄别"、"平反"成了中国政治生活中的高频词。据说，被甄别平反的有三百几十万人。

我也被甄别平反了。系副主任冯瑞芳宣布的党委的决定中说，1959年在反右倾运动中对我的批判搞错了，特别是我对于编写教科书的一些观点非但不是错误，而且是很正确的。因为1959年编的书到1960年一看就过时了。讲的太琐碎，都是当前发生的事情，教科书一点没稳定性，怎么能拿出来教？所以不得不承认我对编写教科书的看法是正确的。这个时候跟我一起得到甄别平反的同志们，他们都趾高气扬，得意写在脸上：你看怎么样？老子是正确的，批判我是错误的。

我跟他们不一样。我思想上很痛苦，为什么？我就想，当时我是正确的，为什么要检讨？我现在应该做检讨，就是不应该检讨而检讨了。我经过一番激烈的思想斗争，下定决心，我以后绝不在压力下做检讨。从那以后我就不做检讨了！从北京大学到南京大学，历来我有一个不好的名声，说"郭罗基是从来不做检讨的人"。其实不是从来，1959年以前我多次做检讨，因为检讨错了，不应该检讨而检讨了，所以我才下了决心，绝不在压力下做检讨。

不应该检讨而做检讨，压力来自哪里？当然来自上面。组织，领导，以至党中央，不是什么都正确的，当错误的潮流袭来时，应当坚决抵制，不应当无条件地服从。要顶住压力不做检讨，必须反对来自上面的错误。所以，我给自己规定了两条：第一条，坚决抵制来自上面的错误；第二条，绝不在压力下做检讨。

问：你要实行这两条是很困难的，会付出代价。你思想上是否有准备？

是的，我十分谨慎小心。第一，我高举马克思主义的旗帜，用马克思主义来批评共产党；第二，利用党章和各种文件的规定，进行合法斗争。

1962年，郭罗基三十岁，在香山观赏红叶

这是我的人生第三次重大转折，也是最重要的一次转折，从此以后，我从正统的共产党员变为党内的异议分子，又进而成为党外的反对派。这次转折发生在我的内心，表面上看来一切如常。人们也是不能理解，怎么从一个听话的党员变成了叛逆？

这一年，我三十岁，应了"三十而立"，从此我活出了自己。

## "反对'三面红旗'的代表人物"

接下来，考验来了。

我们这些人是教政治课的，要附带做政治思想工作。在三年困难时期，群众里面思想很混乱，对总路线、大跃进、人民公社都有看法。但首先要统一政治教员的思想，然后才能去做学生的思想工作。所以党委把我们政治教员集中起来，从8月22日到28日进行讨论，出了四个题目：

1，对1958年以来工作中的成绩和缺点怎么看？产生缺点的原因什么？

2，对党中央和毛主席的领导有什么看法？有什么意见？

3，对"三面红旗"有什么看法？

4，这几年的主要经验教训是什么？

讨论宣布了几条，叫做"三不"，不抓辫子，不戴帽子，不打棍子，再加"一不"，不做记录。说过就算，决不追究，说错了不用检讨。在党的会议上什么都可以谈，对党的路线有看法也可以谈，只要在行动上服从，不搞派别活动。讲得很诚恳。

通过讨论，要求大家的思想统一到如下一套说辞：大跃进的成绩是主要的，缺点和错误是次要的，是九个指头与一个指头的关系；不要算经济账，要算政治账；发生缺点、错误的原因是"七分天灾，三分人祸"，再加经验不足；等等。

我的发言重新申述了刚刚得到平反的1959年的看法，并大放厥词：如果说大跃进的成绩是主要的，那么取得成绩的大跃进的一套做法就应当坚持，现在为什么抛弃了这一套做法？如果说大跃进的成绩是主要的，那么抛弃了取得成绩的大跃进的一套做法，今后怎么能说成绩是主要的？我虽然并没有直截了当否定"成绩是主要的"，但揭示了逻辑矛盾，结论不言自明。关于犯错误的原因，我说天灾年年有，不能用天灾掩盖人祸。经验不足只是犯错误的条件，不是原因。在经验不足的条件下，可能犯错误，不是必定犯错误；可以犯错误、也可以不犯错误；可以犯大错误、也可以犯小错误。分析错误发生的原因，回避了一个"左"字。据说"社会主义时期的主要危险是右倾"，难道就没有左倾的问题？我们的口号是不断反右，实际上脚步是向左、向左、向左。1958年以来，"左"的东西就很盛行。当时很多人对我的发言也是很吃惊的，因为没人敢提反"左"了。会上，只有一个人孙伯鍨附和我的意见。

我相信了"三不"再加"一不"，不做记录，我以为就这么过去了。哪知道过些日子党委老是批判，有人否定"三面红旗"。一开始不知道批判的是我。后来慢慢地讲出来，说"郭罗基、孙伯鍨是北大反对'三面红旗'的代表人物"。在当时没有比这更大的帽子了。我刚摘了"右倾机会主义"的帽子,又戴上了"反对'三面红旗'"的帽子。我说这就怪了,问有什么根据?他们说了,根据你在政治课教员讨论会上的发言。我说当时不是不做记录吗?你们能不能公布一下,我当时是怎么说的?有一个人叫施德福,跳出来说,对,是我向党委宣傳部汇报的,虽然会议没有记录,我在电话里汇报了,钟哲明(宣传部副部长)做了记录。他居然还是理直气壮的。人家说他是打小报告专业户。后来孙伯鍨做了检讨,算是过了关。

"反对'三面红旗'的代表人物"只剩我一个,唯我独尊,那我也不做检讨。所以在很长时期,我的头上有顶帽子,叫做"反对'三面红旗'的代表人物"。我遵守自立的规矩,顶住压力坚决不做检讨,直到文化大革命开始,北大党委改组,才风吹帽落。

# 第十六章　编写哲学教科书

上世纪五十年代末、六十年代初编写中国自己的马克思主义哲学教科书，以及1960年在高级党校举行的六本哲学教科书讨论会，是应该在中国现代哲学史上记一笔的。

## 突破僵化的斯大林哲学体系

1959年10月，中共中央理论小组（组长是康生）下达一个任务，说我们中国要有自己的马克思主义哲学教科书，并要求北京的高级党校（即今中央党校）、北京大学、人民大学和上海（以复旦大学为主）、湖北（以武汉大学为主）、吉林（以吉林大学为主）各编一本。编书的指导思想是理论联系实际，突出毛泽东思想对马列主义的发展。

上世纪五十年代，中国人迷信苏联，以为只有社会主义阵营的老大哥才有资格出版正宗的马克思主义哲学教科书。当时在中国流行的是从俄文翻译过来的亚历山大罗夫的《辩证唯物主义》和康士坦丁诺夫的《历史唯物主义》。这两本书，所据者均是斯大林哲学体系，而斯大林哲学体系是背离马克思主义的。

1938年，苏联出版的《联共（布）党史简明教程》第四章第二节《论辩证唯物主义和历史唯物主义》，是斯大林亲自撰写的，被奉为马克思主义哲学的经典。斯大林的著作一出，哲学教科书形成固定的框架：辩证唯物主义和历史唯物主义分成两大板块；辩证法是四个基本特征；唯物主义是三个基本特征；历史唯物主义又是四个要点。

辩证唯物主义和历史唯物主义成了两个板块，马克思主义哲学就不是一块整钢。马克思主义哲学的名称是"辩证唯物主义"（Dialectic Materialism），"唯物辩证法"（Materialist Dialectics）为同义语，历史唯物主义是内在于辩证唯物主义的组成部分，不是如斯大林所说的"辩证唯物主义和历史唯物主义"并列的两大板块。"辩证唯物主义"这一名称是马克思、恩格斯的同时代人工人哲学家狄慈根提出，而为恩格斯所同意的。

中央理论小组要求同时编写六本书，自然含有竞赛的意思。北京大学哲学系极为重视，党总支书记王庆淑负责组织工作，编写组聚集了三十多人，冯定任主编。

在编写组的第一次讨论会上，冯定做主要发言，那时叫做"抛纲"。首先，他不赞成按照斯大林哲学体系将马克思主义哲学分成辩证唯物主义和历史唯物主义两大板块。他也不同意斯大林所说的辩证唯物主义只适用于自然界。他认为，辩证唯物的世界观，是既能说明自然现象，又能说明社会现象的。我们要把对社会现象的说明，贯穿于全部的哲学中，特别是在辩证法的规律和范畴中，所以不能将哲学分为辩证唯物主义和历史唯物主义两大块。

他很重视思维和存在的关系问题，因为这是全部哲学的基本问题，当然也是马克思主义哲学的基本问题。他主张应当强调哲学的基本问题的意义，哲学史是围绕哲学的基本问题发展的，作为哲学史发展成果的马克思主义哲学也应由此出发，展开体系。从对哲学的基本问题的回答，阐述唯物论和辩证法的统一、世界观和方法论的统一。然后以唯物论和辩证法的统一来说明自然观、历史观、认识论。作为自然、社会、思维的一般规律就是辩证法的基本规律和范畴。最后，描述哲学发展的历史线索，确立马克思主义哲学在哲学史上的地位。

冯定的发言，引起热烈的讨论。北大哲学系的教师中，绝大部分没有受过苏联专家的熏陶，而且，对照马克思、恩格斯的哲学著作早已对斯大林哲学体系发生了怀疑，但不敢说。1957年多少人因批评苏联专家的教条主义而被打成右派分子，记忆犹新，更不用说批评教条主义的祖师爷斯大林了。既然冯定说了，大家也就无所顾忌了，一致同意打破辩证唯物主义和历史唯物主义的板块结构，定名为《马克思主义哲学教科书》，列出如下九章：

第一章　绪论
第二章　哲学的基本问题
第三章　唯物论和辩证法
第四章　辩证唯物自然观
第五章　辩证唯物历史观
第六章　辩证唯物认识论
第七章　唯物辩证法的基本规律
第八章　唯物辩证法的范畴
第九章　哲学思想的历史发展

冯定的设想以及根据他的设想北京大学哲学系拟定的马克思主义教科书大纲，是突破僵化的斯大林哲学体系的先声。

冯定在北大的教学工作和政治思想工作，均乏善可陈，唯有提倡打破僵化的斯大林哲学体系是一时的创见。

冯定负责撰写第一章《绪论》，其余八章各成立一个编写小组，三到八人不等。我被分在"唯物辩证法的范畴"这一小组，负责编写"偶然与必然"、"必然与自由"两节。每个小组拟出章以下的节和节以下的段两层标题，提交大组讨论。讨论中，各小组总是极力为自己的提纲辩护，尽量扩充地盘。尤其是第五章辩证唯物历史观，他们把当时的历史唯物主义教科书的全部内容都纳入入了这一章。

1958年以后的集体编书都是人海战术。北京大学中文系居然发生低年级的学生编写高年级的教科书的怪事。当时我和其他一些年轻教师都是哲学新手，其实是没有资格编写哲学教科书的，编出来的书质量如何，可想而知。但集体编书的好处是效率很高。北京大学哲学系这部七十多万字的《马克思主义哲学教科书》，两个多月就编成了。如果有一位强有力的主编，明确意图，统一提纲，修改书稿，集体编书的缺陷可以在相当程度上得到弥补。然而，冯定这位主编是"甩手掌柜"，他只负责写第一章，其他都不管，讨论各章节的提纲他没有参加，教科书的初稿他也不看。因此，这部书稿的问题多多。

从全书九章的标题来看，具有连贯的理论线索，但全书的文字没有体现出来。每章都是各自为政，力求全面，内容重复。特别是辩证唯物历史观这一章，占了全书的三分之一，大家称之为中间凸出的"大肚子",全书成了畸形结构。各章的体例不一,各人的文风参差,总之,充其量只是论文集,不像一部完整的书稿。

尤其触目的,到处都是"毛泽东同志发展了马克思列宁主义哲学",而且还用了"天才的"、"全面的"、"深刻的"、"光辉的"、"创造性的"等等大字眼。毛泽东的肤浅和谬误也成了"发展"。例如,说"毛泽东同志发展了否定之否定原理",就在于用"肯定否定规律"代替了"否定之否定规律"。否定之否定揭示了发展的周期是三个阶段,着重强调第三阶段的特征。而"肯定否定"只是表明两个阶段,恰恰阉割了否定之否定,不是发展了否定之否定。毛泽东和斯大林一样,不解否定之否定的深义而妄加修正。

教科书中所谓理论联系实际,囊括了当时发生的大事小事和各种标语口号,如:多快好省,力争上游,人民公社,大跃进,公共食堂,大炼钢铁,土洋并举,大中小并举,两条腿走路,农业八字宪法,树立对立面,批判右倾机会主义,东风压倒西风,帝国主义和一切反对派都是纸老虎,等等,等等。我对这种做法曾提出异议。我说:教科书不是时事手册,不能把当前发生的事情都写进去。现在看来很新鲜,以后年年得修改。而且举例不能代替论证,理论联系实际仅限于举例也是一种庸俗化。

教科书初稿完成后,全体教员投入反右倾机会主义运动,这是庐山会议的反彭德怀运动的继续。我在编书过程中发表的不同意见,被指责为"抵制毛泽东思想"、"反对理论联系实际",再加上否定大跃进的言论,于是我被作为"右倾机会主义"受到批判,思想上极为痛苦。

## 高级党校的哲学教科书讨论会

问:强调编写中国自己的马克思主义哲学教科书,是不是与中苏论战、反修防修有关系?

开始不清楚,后来就明白了。是的,有关系。

1960年2月,根据中共中央理论小组的指示,六本哲学教科书的编写组的代表聚集到高级党校进行讨论。北京大学哲学系去的人最多,十人;高级党校除了艾思奇外,只有三人,最少;其他四本书的代表是六到八人不等;还有中央政治研究室的关锋,哲学研究所的吴传启、林聿时、周景芳、邢贲思、林景耀、陈筠泉,《人民日报》的王若水等,共五十多人。我和王若水一见如故,在后来的四十多年中,经历相似,成为莫逆之交。

陈伯达和康生到会讲话。

陈伯达讲话有浓重的福建口音,文化大革命中他的演讲要由王力来翻译。这次讲话,没有翻译,大部分听不懂。但主要之点,由于他反复强调,一再解释,不仅听懂了,而且印象深刻。他讲的主要之点是:反对现代修正主义,一箭双雕;既要反对南斯拉夫的铁托修正主义,又要反对苏联的赫鲁晓夫修正主义。反对赫鲁晓夫修正主义暂不点名。人们这才明白党中央的"战略部署"。

1958年5月5日,《人民日报》为纪念马克思诞辰一百四十周年,在头版头条发表了一篇社论:《现代修正主义必须批判》。当时人们以为只是针对《南斯拉夫共产主义者联盟纲领》(草案),实际上是反对赫鲁晓夫修正主义的伏笔。陈伯达讲话后,"一箭双雕"成了具有特殊含义的流行术语。从北京的理论界开始遍及全国,在课堂讲授和发表文章中总是明批南斯拉夫,暗指赫鲁晓夫,引证南斯拉夫的文字,针对赫鲁晓夫的观点。这是1963年公开的中苏论战前的舆论准备。

康生的讲话除了附和陈伯达外,记得他最后说:"陆定一,陆定一!"他的意思是说六本教科书定于一,编出一本中国的具有代表性的马克思主义哲学著作来。

高级党校并没有编出书来,而是以1956年出版的艾思奇的《辩证唯物主义纲要》充数。

人民大学和上海、湖北、吉林四部书稿都是以《辩证唯物主义和历史唯物主义》为书名,分上下两册。北大的书名和体系是独树一帜的,但书稿并没有装订成册发到大家手里。北大的代表自己都认为书稿太粗糙,拿不出手。白天参加讨论,晚上关起门来修改书稿,由北大印刷厂按章印成单篇分发。

中央理论小组委托艾思奇(时任高级党校副校长)主持讨论。

讨论没有一定的章法,只是就几部书稿中的不同说法提出问题。而且根本不注重哲学体系的研究,似乎来自斯大林的辩证唯物主义和历史唯物主义的板块结构是毋庸置疑的。我们北大的几个年轻人颇为不满,但自觉人微言轻,不敢多嘴。

北大的书稿常常受到批评,特别是第一章《绪论》,被认为"是费尔巴哈的旧唯物主义,不是马克思的辩证唯物主义"。另一本受到批评较多的是湖北的书稿,其中有关认识论的章节被认为是"机械反映论,不是能动反映论"。它的作者又是另一位著名哲学家武汉大学校长李达。1958年后,出现了挑战权威的风气,到了文化大革命就成为"打倒反动学术权威"。因为凡是学术权威没有不反动的,实际上是打倒一切权威。

讨论会上,关锋、吴传启、林聿时非常活跃。他们三人是合作的伙伴,常常以"撒仁兴"("三人行必有吾师焉")为笔名发表文章,多方裁决学案,一时称霸文坛。关锋之成为"中央文革"的成员,决非偶然。关锋在会上发难,吴传启在一旁助威,林聿时在会下串联,对北大书稿的第一章形成围攻之势。

李达没有参加讨论会。冯定是列入讨论会名单的,但他不来。冯定以通俗哲学家自许。大学教科书不能用通俗著作的笔法来写。他的这一作品,俗则俗矣,通则不大通。《绪论》一章确实粗糙,概念不规范,论证不严密,文字不通顺,总之不像哲学教科书。但无论如何,与费尔巴哈却不沾边。费尔巴哈唯物主义是形而上学的,冯定强调唯物主义和辩证法的结合;费尔巴哈退居乡村,拥抱自然,冯定强调研究社会,深入实际;费尔巴哈颂扬人类之爱,冯定强调阶级斗争。现在看来,冯定的思想也是免不了倾向于"左"的,但在中国社会高歌向左进行曲的年代中,因为"左"得不够,所以就被认为是"右"。一连几次会议批评"费尔巴哈",实际上只是冯定的叙述中将一般哲学和马克思主义哲学在概念上混淆不清。北大哲学系总支书记王庆淑授意高宝钧在会上发言,说明《绪论》这一章是冯定同志写的,我们没有看过。她的意图是不致使会上的批评对北大的年轻教师有压力。其实，不说谁都知道，因为冯定的文风与众不同。在后来北大的党内斗争中，王庆淑被指责为"推卸责任，打击老干部冯定"，这又引出另一个曲折的故事。

当时国内还没有流行"修正主义"的帽子，给冯定戴上"修正主义"的帽子是四年以后的事。

其他几本教科书的体系，都是以斯大林的板块结构为基础，参照毛泽东在延安讲课的《辩证唯物论提纲》，将《矛盾论》嵌入辩证法，将《实践论》嵌入认识论，将"两类矛盾"嵌入历史唯物论，将否定之否定规律改作肯定否定规律，原来的斯大林哲学体系修正为斯大林——毛泽东哲学体系。由于北大的书稿受到批评，在体系方面的创新似乎就不值得一提了。突破僵化的斯大林哲学体系的初次尝试，以失败告终。新的探索一时被扼杀，到了八十年代才又复活。由冯定所倡议的、北大哲学系教师努力实践的马克思主义哲学教科书的体系改革，超前了二十多年，自然是注定不能成功的。

提出的任务是编写中国自己的马克思主义哲学教科书，结果仍不脱斯大林哲学体系的窠臼。

高级党校的哲学教科书讨论会进行了三个多月。虽然时间拖得很长，大家倒也并不希望它快快结束。因为"困难时期"已经来临，北大的食堂没有肉吃了，而高级党校的伙食油水还很足。这才知道，中央机关和老百姓吃的是不一样的。

## 顽固的斯大林——毛泽东哲学体系

高级党校的讨论会结束之后，并没有"陆定一"。外地来的都回去了。北京大学和人民大学参加高级党校讨论会的成员又移师北京市委党校，扩大队伍，继续讨论。中共北京市委意欲组织北京市的力量编写一部马克思主义哲学教科书。1960年秋天，留下部分教师编写（我没有参加）。1961年8月，编成一部《辩证唯物主义》（上下两册），大体上还是斯大林——毛泽东哲学体系。但比起1959年编的五本书，具有更明显的"左"的色彩，强调"哲学从来就是为政治服务的"，激烈反对帝国主义、反对现代修正主义和批判国内的右倾机会主义。开宗明义第一章就是"马克思主义哲学是无产阶级革命和社会主义建设的武器"，充斥政治语言，没有哲学味道。这部书仅是内部发行的"讨论稿"，并没有正式出版，而且《历史唯物主义》也没有继续编写，因为编写组的大部分成员又投入全国通用哲学教科书的编写去了。1963年，出版了艾思奇主编的《辩证唯物主义和历史唯物主义》，还是斯大林——毛泽东哲学体系。这就是上世纪五十年代末六十年代初中国编写马克思主义哲学教科书的最后成果。

1958年，苏联出了新版的马克思主义哲学教科书，完全抛弃了斯大林哲学体系。中国接过斯大林的传统，将苏联的变革称作修正主义。中苏论战中，毛泽东和赫鲁晓夫的对立，实质上是苏联自身的斯大林和赫鲁晓夫的对立的再现。苏联发展的不同阶段的时间差，转换为六十年代中苏两国的空间差。中国反对赫鲁晓夫修正主义的怒吼，不过是苏联已逝的斯大林时代的回声。

文化大革命之后，中国经历了七十年代末八十年代初的思想解放运动，才抛弃了斯大林——毛泽东哲学体系。

## 编写中学教材

1963年，教育部计划编写一套中学的政治课教材，从初中到高中共六本。初中三本：初一《思想品德教育》，初二《中国革命史常识》，初三《社会发展史常识》；高中三本：高一《科学社会主义常识》，高二《政治经济学常识》，高三《辩证唯物主义常识》。教育部聘请冯定为《辩证唯物主义常识》的主编。冯定要求北大哲学系为他配备两名助手，哲学系指派我和孙伯鍨参与。另外，还有人民教育出版社的编辑李冠英和一位中专教师齐鲁，五人组成编写组。六本教材编写组的成员（半数是从外地调来的）都集中在石驸马大街的教育部招待所。冯定还是住在自己的家里。他又像上次哲学系编写教科书那样，写了第一课《绪论》之后什么都不管了。主编会议，他不来参加，叫我代替；编写大纲，他不置可否，放任自流。有时我想找他发发牢骚，他就请我到政协礼堂去吃饭。在饭桌上，牢骚和美食一起咽到肚子里，发不出来了。教育部是看中冯定的"通俗哲学家"的名声，请他当主编。后来发现，他的文风是不适宜写作中学教材的。教育部任命我为组长（其他的编写组主编与组长是同一人），要求将《绪论》一课重写。

编写中学教材不需要构造严密的体系，也不涉及艰深的理论，主要是稀释理论，适合于中学生的理解能力。写作的任务并不重，工夫都花在来回修改。每一课文都由齐鲁到北京市女三中去试讲。在城乡的一些中学召开政治课教师和学生的座谈会，征求对书稿的意见。

在北京郊区顺义县征求意见时，有趣事一桩。中午，我们不愿意麻烦所在的中学，决定到饭馆去吃饭。问当地人，哪里有饭馆？回答："去饮食业。""饮食业中哪家饭馆好？""饮食业就是饮食业。"原来全县只有一家饭馆，一家饭馆就代表一个行业，招牌店名都免了，就叫"饮食业"。我们走进"饮食业"，菜单只有三样：炒猪肝、炒腰花、炒肉片。我们一行六七个人，每样要了双份。另外，每人奉送一碗蛋花汤。我们一看桌子，脏兮兮的，服务员的手指甲是黑的。饭馆只此一家，无可选择。有人说："这顿饭只能闭着眼睛吃了。"上了菜，一尝，个个叫好。有人说："在城里的饭馆从来没有吃过这样美味的炒猪肝、炒腰花。"米饭是当地产的新米，很香。风扫残叶，六个菜很快吃光，又要了每样一份。最后结账，价格还很便宜，只相当于城里饭馆的三分之二。这一顿饭，非但没有闭着眼睛吃，而且吃得眉开眼笑。

## 全国政治理论课工作会议

1964年7月六本中学政治课教材编写完成。

中宣部召开全国政治理论课工作会议。当时的风向是反对修正主义，这次会议却是顶风反对教条主义。因大学和中学的政治课中的教条主义倾向受到批评，这六本书的书稿束之高阁，没有出版。

六本中学政治课教材编写组的成员都参加了这次会议。我对会议敢于顶风批教条主义感到很吃惊，更为吃惊的是中宣部第一副部长周扬和部长陆定一在会上的讲话。他们讲话的主要部分不记得了，只有几句话牢记不忘。

周扬在讲到批评与自我批评时，说："活着不让人家批评，你死了还能阻止批评？"谁能"不让人家批评"？当然是大大小小的"霸王"，最大的"霸王"就是毛泽东。我当时的思想已经很"反动"，一下子听出了周扬的弦外之音，但不敢与人议论，点破玄机。毛泽东活着的时候，对"伟大的领袖毛主席"、"伟大的毛泽东思想"、"伟大的毛主席革命路线"不要说批评，连议论一下都不行，那都是"恶毒攻击"的"三反分子"；"恶毒攻击"就是"反革命"；"反革命"就得坐牢以至杀头。果然，毛泽东一死，谁能阻止批评？"反革命"也平反了。

陆定一的讲话更为露骨。他不知怎么说到京剧《打金枝》，讲了一个故事。唐代名将郭子仪的儿子郭暧，娶代宗皇帝的女儿升平公主，当了驸马。郭子仪七十大寿，傲慢的公主不去祝寿，郭暧打了她。她就向皇帝老子告状。皇帝说：不向公公祝寿，是你不对。公主说：他还骂你皇上呢！问：在什么情况下骂的？公主说：在床上骂的。皇帝说：不算，不算，床上骂的不算数。陆定一评论道："你看，皇帝还有个政策，床上骂皇帝是不算数的！"下面的话，只能让听众去意会了。

小时候听老人说，姓郭的我们这一支是郭子仪第六个儿子、驸马爷郭暧的后代。有关老祖宗的故事，我来了兴趣，到中文系求借各种版本的京剧《打金枝》。仔细阅读，就是没有找到床上骂皇帝不算数的"政策"。我想，这是陆定一的借题发挥。

陆定一和周扬在"文化大革命"之初，作为"阎王殿"的"大阎王"、"二阎王"被打倒，就不足为怪了。

会议的最后，全体代表蒙毛主席和中央首长的接见，同时接见的还有全国样板戏汇演的参加者。那时，北京的重要会议和活动，最后一个节目都是毛主席和中央首长接见。人民大会堂备有特制的梯级站台。我们的会议有几百人，站台上站满了，前面还席地坐了一排。我正是席地而坐的前排，得以近距离观察。一群人远远地走来，毛是很特出的，身材魁梧，气宇非凡。我曾到韶山参观，当地人都是像胡耀邦那样的小个子，毛是鹤立鸡群。走近时听毛说："这是演员吗？怎么那么多戴眼镜的？"在一旁的陈毅说："这是教员，不是演员，演员在那边。"他用手一指，指向另一拨参加样板戏汇演的人。没有讲话，毛和中央首长坐定后照了一张相。接见完了，还不许动，等中央首长退场以后才能散伙。接见后，照例要谈体会，许多人心情激动，还流下了眼泪。我无语。

8月，北大党委以贯彻政治理论课工作会议精神为由，要哲学系进行整风。这与另一个主题有关，后面再讲。

### "物质是能动的"

这一时期在闲谈和讨论中冯定发表的一些见解,给我留下深刻的印象。冯定的优点是不抓权柄,没有架子;同时,缺点是不抓工作,没有肩膀。他是一个悠闲自在的人。也许正因为这样,他有充裕的时间和超脱的心情来做自由的思考。有时,同他闲谈会比听他的报告、看他的文章更有教益。

冯定说:"物质是能动的,意识的能动性来自物质。"中国人讲哲学只说意识是能动的,讲到1958年就成了"人有多大胆,地有多大产"。冯定的说法正是纠正了马克思主义哲学的原则在中国的走样。

大跃进留下了多少疑问、多少困惑、多少遗憾!彭德怀为了反对得不偿失的大跃进,在庐山会议的正面战场上的较量失败了,理论家们还在哲学战线上迂回前进。其中最顽强的战士是杨献珍(高级党校校长)。他认为,"人有多大胆,地有多大产"是将思维和存在等同,他通过批判哲学上的思维和存在的同一性命题来反思大跃进。但作为哲学命题的思维和存在的同一性,并不是如他所解释的那样简单,他歪用哲学命题是为了贯彻政治意图。人们从哲学上批评他否认思维和存在的同一性的错误,结果,政治上的反思也变得站不住脚了。杨献珍犯了与毛泽东同样的错误,以实用主义的手法强扭哲学为政治服务。冯定提出的哲学命题则足以有力地纠正大跃进的主观唯心主义思维方法。

马克思主义哲学教科书都承认物质是自己运动的。如果物质没有能动性,何以能自己运动?物质的自己运动产生了意识,有了意识仍然离不开物质。物质的能动性在社会历史领域的体现,就是人的物质活动即实践的能动性。论说物质(不是物体)的能动性,并不否认意识的能动性,而是强调发挥意识的能动性必须具有物质根据。大跃进的逻辑是人的"胆"决定地的"产"。这就是不要任何物质根据的"胆"大妄为。大跃进的失败,是对主观唯心主义的严厉惩罚。

教育部招待所在石驸马大街,离我们不远的民族文化宫也住着一帮人,那是写作"九评"的材料组,关锋为头。其中有两位我们北大哲学系的同事——张恩慈和高宝钧,关锋的助手阎长贵又是我们编写组李冠英的老同学,所以我们两家常在晚饭后串门。我们以赞许的口气谈到冯定的一些言论,阎长贵又传到关锋的耳朵里。不料关锋大不以为然,说:"物质怎么是能动的?让冯定同志写出文章来发表。"我一听,觉得苗头不对,大有引蛇出洞之意,没有转告冯定。我又想起1960年高级党校教科书讨论会上关锋带头围攻冯定的情景,为冯定担心。我找了两条语录,保护冯定。我对阎长贵说,冯定的讲法是有经典的根据的。马克思在《神圣家属》中说:"唯物主义在它的第一个创始人培根那里,还在朴素的形式下包含着全面发展的萌芽。物质带着诗意的感性光辉对人的全身心发出微笑。"(《马克思恩格斯全集》,第2卷,第163页。)马克思的生花妙笔形容物质能向人的全身心发出微笑,还不是能动的?马克思又说,在霍布斯那里物质失去了"感性光辉",唯物主义就变得敌视人了。如果你说,《神圣家属》是早期著作,不算。好吧,马克思的《关于费尔巴哈的提纲》,恩格斯说它是"包含着天才世界观的萌芽的第一个文件"。这个"天才世界观的萌芽的第一个文件"的第一条，就指出费尔巴哈的唯物主义不了解能动的方面，"结果竟是这样，和唯物主义相反，唯心主义却发展了能动的方面，但只是抽象地发展了"。（《马克思恩格斯选集》，第1卷，第16页。）什么叫"抽象地发展了"？那就是离开了物质、离开了人的物质活动即实践，片面强调意识的能动性。大跃进就是"抽象地发展了"能动性。在那个没有言论自由、学术自由的年代，引证语录是一种自我保护的手段。我要阎长贵去告诉关锋。

批评杨献珍否认思维和存在的同一性，还是作为学术讨论，后来批判杨献珍的"合二而一"就变成政治讨伐了。在中苏论战中，毛泽东的主张是将共产主义运动"一分为二"，大部分的共产党也要"一分为二"，分出"革命共产党"或"共产党（马列）"。杨献珍的"合二而一"论被说成是为修正主义服务的阶级调和论。批判杨献珍的同时，哲学家们也面临着站队。《红旗》杂志找到冯定，约他写文章批判"合二而一"，而且出示一份名单，一边是没有资格写文章的，另一边是有资格写文章的，冯定属于后者。但冯定不识抬举，婉言推辞，拒不批判。事后他对人说："有什么好批判的？'一分为二'和'合二而一'不是一回事吗？老是讲分，一分为二，二分为四，四分为八，这样分下去还了得？"

冯定在苏联学习时曾受王明路线的打击，故后来对毛泽东佩服得五体投地。但这时对于所谓"高举毛泽东思想"，他是有看法的。六十年代的中国乒乓球队打平天下无敌手，每次打赢了都归之于"毛泽东思想的伟大胜利"。冯定说，打输了怎么办？是不是"毛泽东思想的失败"？他说这是陆定一讲的，恐怕他本人也是赞同的。

这一时期冯定的言论，很可能经民族饭店的关锋等人通向康生，康生上达天听，触犯了逆鳞。

## 批判冯定

问：红色教授冯定成了修正主义分子，这是怎么回事？

冯定（1902-1983）始而被尊为"红色教授"，后又成了"修正主义者"，这是那个时代的戏剧人生。

冯定在五十年代初期，曾红极一时。

"三反"、"五反"运动在打退"资产阶级的猖狂进攻"时，共产党内有一股急于消灭资产阶级的情绪。这种情绪由理论家表达了出来。中共中央宣传部主办的《学习》杂志，1952年第1、2、3期连续发表了艾思奇、于光远、杨耳（许立群）、吴江等人的文章，认为资产阶级不再具有两面性，只有一面性了，那就是反动性，必须立即消灭。毛泽东发现了问题，指出《学习》杂志"犯了性质非常严重的错误"。那时倒没有整文章的作者，而是追究领导的责任。中共中央宣传部部长陆定一

冯定（1902-1983）

做了检讨，并被降为副部长，由习仲勋任部长。

1952年3月24日，冯定在上海的《解放日报》上发表了一篇两万多字的长文，题目也很长，叫做《学习毛泽东思想来掌握资产阶级的性格并和资产阶级的思想进行斗争——读〈毛泽东选集〉的一个体会》。他认为，资产阶级仍然具有两面性，不同的历史时期具有不同的两面性，不赞成立即消灭资产阶级的主张。这篇文章被毛泽东看中，肯定观点"基本正确"，修改了"有些缺点"，命《学习》杂志和《人民日报》先后转载，题目改为《关于掌握中国资产阶级的性格并和中国资产阶级的错误思想进行斗争的问题》。文章经毛一改，增色不少。在一批著名理论家犯错误的时候，冯定被认为站在正确方面。

冯定时任中共华东局宣传部副部长。华东局撤销后，1952年6月到北京任马列学院一分院副院长。马列学院一分院是为外国共产党培养干部的机构。后来发现，脱离了本国的实际学习马列主义，就像当年苏联为中国共产党所培养的干部那样，大多成了教条主义者。1956年，撤销马列学院一分院；二分院是培养国内干部的，改为中共中央高级党校。1957年1月，冯定调到北大。毛泽东说："就当一个教授，不要当领导。"他主张，冯友兰可以讲他的唯心主义，让冯定讲唯物主义，两家唱对台戏。

按共产党的惯例，不当领导好像不能体现人的价值，冯定还是当了北大党委副书记。冯定在北大是级别最高的人，行政六级，党委书记兼校长陆平才八级，拿的钱比一级教授还多。因为他的资格很老，他是1925年底参加共产党的。1927年，蒋介石屠杀共产党人的"四一二"事件之后去了苏联，在中山大学学习。1930年回到上海。在地下工作期间曾脱党。抗战兴起，又找到党组织，去了苏北解放区，投入新四军。脱党的这一段历史不清楚，文化大革命中成了大麻烦。

北大党委分工让冯定负责政治思想工作，具体落实下来，只是每年向全校学生做一、两次大报告。他的宁波官话不好懂。那时对学生管得严，听不懂也得坐在那里从头听到尾，会场上嗡嗡声不断，但不能走人。如果是现在，恐怕人都跑光了。

冯定作为哲学系的教授，开过"马克思主义哲学"课程。一开始有很多人慕名前来旁听，两次以后人就越来越少。他讲课也像做报告那样，学生不得要领。但学生考试就犯难了，只好由助教来帮助教授"归纳"要点。

冯定在北大的政治思想工作和教学工作，没有留下多少值得人们追忆的东西。

冯定在哲学系和北大党委的党内斗争中牵涉甚深，情节曲折。

1960年，高级党校的哲学教科书讨论会上，批评北大书稿的《绪论》一章时，王庆淑授意高宝钧表示："这一章是冯定同志写的。我们没有看过。"她自称，意在为北大的年轻教师解除因批评而产生的压力。1961-1962年，哲学系在批评王庆淑和党总支的过程中产生了一个反对派。反对派批评的主题之一就是王庆淑"推卸责任，打击老干部冯定"。对冯定的课程曾进行常规的教学检查，也被说成是"打击老干部冯定"。

1964年8月24日，毛泽东和周培源、于光远谈论日本物理学家阪田昌一的关于量子力学理论的哲学意义。他忽然对周培源说："你们那里的冯定，我看就是修正主义者，他写的书里讲的是赫鲁晓夫那一套。"周培源大吃一惊。9月23日,《红旗》杂志发表张启勋的读者来信,揭露《共产主义人生观》一书中的"修正主义"观点,引发对冯定的公开批判。所谓"修正主义"观点,如"和平共处"、"反对个人崇拜"等等,1956年"赫鲁晓夫那一套"倡言时,中共中央是赞同的。后来转了180度,变为反对,留在别人著作中的时代的烙印就成了"修正主义"。

周培源立即向党委书记陆平通报了毛泽东的谈话。彭真也向宋硕透露了即将公开批判冯定的消息。宋硕转告陆平和彭佩芸。陆平欣喜可以将哲学系反党委的一派置于"为修正主义者冯定辩护"的境地,一方面封锁消息,一方面由党委宣传部秘密组织人马写批判文章。后来曾被称作对哲学系的"政治陷害"。哪知哲学系也从另外的渠道得知即将公开批判冯定的信息,立即决定批判冯定的代表作《平凡的真理》,指定了六个人:孙蓬一、张世英、陈启伟、夏剑豸、柯木火和我,组成批判组,以孙蓬一为头。由于我和冯定的关系比较密切,特别关照:"这是对你的考验。"限时限刻,必须交出批判文章。此前,六个人对《平凡的真理》或是没有看过或是没有看完。看过书再讨论已来不及了,先确定批判什么,再分头看书写作。批唯心论、实用主义真理论(张世英),批矛盾调和论(陈启伟),批唯心史观(郭罗基),孙蓬一写前言后语,戴帽定性。全文由孙蓬一统稿,署名"陆锋",题目是《评冯定同志的〈平凡的真理〉》。抢在党委的前面,交《红旗》发表。《红旗》的主编陈伯达将题目改为《主观唯心主义的大杂烩》,发表在《红旗》1964年11月出版的第21、22合刊。

1964年12月,批判冯定时,郭罗基三十二岁。

文化大革命中的"大批判"实际上从1964年就开始了。先是批判杨献珍、孙冶方、冯定,后又批判翦伯赞的"让步政策",批判吴晗的《海瑞罢官》,批判"三家村"的反党言论。我对这种批判很抵触,其他的批判我都刻意回避,不发一文。孙冶方是我的老乡,翦伯赞是我的老师,我还可以保持沉默,唯有批判冯定逃不了。《新建设》(相当于后来的《中国社会科学》)杂志约我写一篇"评冯定同志关于社会历史的理论"的文章。我的文章仅限于学术讨论,没有政治帽子。发表时,被编者做了修改,特别加上一句:"暴露了他以资产阶级思想篡改共产主义世界观的反动启图"。我非常恼火。这是中国报刊的恶劣作风,修改稿件从来不征求作者的同意。如此强加于人,我即使声明更正,人家也不会理睬。我历来认为,思想问题、世界观问题只能区分正确与错误,不能判定革命与反动。我到冯定家,出示文章,指着那句话说:"这不是我的意思,我对'反动企图'四个字尤其反感。"他说:"别人都这样写,你不写就不行嘛。"我心里真不好受,一再表示歉意。他反而开导我:"多写这一句并不能增加我的罪名,你不写或反对写,倒成了你的罪名。"平时,我对冯定也有不少意见,但批判的时候,咬紧牙关,对他的言行没有揭发一个字。参与揭发的竟是他所指导的研究生。

# 第十七章　文化大革命的预演——社教

问：下面要说到文化大革命了吧？

且慢，北大的文化大革命，之前还有一场预演，叫做社会主义教育运动，简称社教。社会主义教育运动是怎么来的？1962年，毛泽东在中共八届二中全会上推行以阶级斗争为纲，说是全国有三分之一的政权不在我们手里。从1963年开始，在农村搞了社会主义教育运动，也叫"四清"——清政治、清组织、清思想、清经济。1964年，就想怎么向城市推广。在大学里选北大做试点，来搞城市的社会主义教育运动。

北大的"社教"，与共产党上层的斗争有关。彭真在北京当市委书记，独霸一方，确实是如毛泽东所说"针插不进、水泼不进"的。以陆定一为部长的中共中央宣传部是管文教的，但对北京市的文教单位却奈何不得。中宣部曾在中国京剧院和中国人民大学检查工作，查出了问题，均被北京市委挡住。1964年7月，陆定一派出以副部长张磐石为首的调查组进驻北大。调查组认为，北大的问题很严重。1964年11月，中宣部从全国各省市调集宣传部长、教育厅长、大学党委书记等二百七十多人，组成庞大的工作队，开进北大搞"社教"，还想以此试点取得经验，向全国推广。结果，中宣部的工作队遭到以彭真为首的北京市委的强烈抵制，北大的"社教"都难以收场，其他的大学再也不搞"社教"了。后来，把彭真和陆定一凑在一起，搞成"彭、罗、陆、杨反党集团"，和1957年把章伯钧和罗隆基两个对头搞成"章罗同盟"一样，都是毛泽东的"拉郎配"。

## 北大的社教是从哲学系爆发的

哲学系的党内斗争由来已久。1961年春天，党总支任期届满，进行改选。总支书记王庆淑宣布，这几年总支的工作大家都清楚，不用做工作总结了，直接进行选举。不料，有相当多的人不依，认为这是忽视党内民主的表现，要求总结工作。对总支、特别是王庆淑本人进行批评，意见很尖锐。在批评总支和王庆淑的过程中，形成了反对的和辩护的两派，反对派和辩护派双方斗争激烈。起初，每周开三、四次会，后来每周至少开一次会，谁有意见谁来。这一场改选，一直延续了两年。1963年春，北大党委召开哲学系全体党员大会，进行总结，才算了结。在党员大会上，两派的发言还是各说各话。

我在这一场斗争中采取中间立场。那时是三年困难时期，政治活动较少。我利用这个时机一本一本地读《马克思恩格斯全集》，那些提意见的座谈会也懒得去参加。我对这一场党内斗争的态度：第一，我认为反对派比较情绪化，而辩护派更是没有原则；第二，反对派的政治倾向是反右，认为王庆淑的严重问题是右倾，包庇右派。而我认为，由于王庆淑的错误，造成党内关系紧张，原因是执行了一条左倾路线。所以我不去凑热闹。这个时期，在更大的范围内，我成为共产党的左倾路线的反对派。

在党员大会上，我的态度比较超脱，对两派都有所批评。我引用了毛泽东的说法，党内斗争的目的是"弄清思想，团结同志"。我在强调"弄清思想"时，批评了辩护派，认为他们对王庆淑的错误的辩护，不利于"弄清思想"；我在强调"团结同志"时，批评了反对派，认为他们缺乏团结的愿望，不利于"团结同志"。党委副书记张学书最后讲话时，说"郭罗基同志的发言水平最高"。我是难得受表扬的。

北大党委是维护哲学系总支和王庆淑的。党员大会之后，党委将王庆淑调离哲学系，改任党委宣传部副部长。党委调经济系副主任聂元梓任哲学系党总支书记。聂元梓是到过延安、十二级的老干部。哲学系的反对派多数是老资格，入党时间与王庆淑差不多，有的甚至更早，所以不把王庆淑放在眼里；而王庆淑又骄傲自大，所以冲突是不可避免的。党委认为，调一个更老的老资格可以镇住反对派。谁知后来聂元梓竟与反对派站在一起。

王庆淑离开哲学系后，她的余党还在，任总支副书记、系副主任（系主任郑昕是党外人士），是掌实权的，而且王庆淑还在幕后遥控。他们更加排除异己，哲学系党内的分裂更为严重。他们把中间派也看成非我族类，处在打击之列，结果，把中间派赶到了反对派一边。本来王庆淑的辩护派是多数，把中间派赶到了反对派一边之后，形成势均力敌的两派对立。

有一个人必须提一提。总支副书记任宁芬，本来和王庆淑是一搭一档，意见完全一致。反对派批评王庆淑时，她忽然摇身一变，也把矛头指向王庆淑。反对派当然欢迎她的"起义"，大加赞扬。党委认为她在哲学系搅浑水，起了不好的作用，把她调离，下乡去搞"四清"（即社会主义教育运动）。这个人的好戏还在后面。

1964年8月，北大党委以贯彻全国政治理论课工作会议精神为由，要哲学系党员进行整风，但偏离了改进政治理论课以及反教条主义的主题，整五个方面的问题，说："老虎屁股摸不得偏要摸，马蜂窝桶不得偏要桶。"有人说这是党委向哲学系"五路进军"，五个方面的问题都指定代表人物：第一方面的问题是"严重个人主义"，代表人物是张恩慈；第二方面的问题是"严重自由主义"，代表人物是曹琦；第三方面的问题是"非组织活动"，代表人物是朱泽浩；第四方面的问题"翻案风"，代表人物我不记得了。第五方面的问题是"反对'三面红旗'"，代表人物是郭罗基、孙伯鍨。第五方面的问题最为严重。这五个方面，用了不正当的手段制造出来的问题，整的都是反对派。其中，说朱泽浩是"非组织活动"的代表人物最为可笑。朱是辩证唯物主义教研室的支部书记，他在房间里与一些党员谈话，怎么就成了"非组织活动"？反对派奋起反抗。王庆淑的辩护派以党委为靠山，仗势压人。这时没有中间派了，两派激烈斗争。我本来是中间派，现在也成反对派了，而且是辩论的主将。

新来的总支书记聂元梓主持会议，但她不露声色，只做程序性的发言。

反对派和拥护派都认为，党委派来的人还不是站在党委一边的吗？我们明知没有权力的支持，但要为真理而斗争。整风进行了一个月零五天，每天下午开会，开了三十四个下午，星期天都不休息。开会的地点是在十四斋，那是北大边疆地区一幢无人居住的空屋，没有电话，没有干扰。聂元梓听了三十多天的会议，听出名堂来了，她居然表态站在反对派一边。聂元梓的这一表态，公然与党委不一致，是需要勇气的。

问：一个重要角色出场了。后面大概会多次谈到聂元梓，你先介绍一下她的身世吧。

好的。聂元梓，1921年出生于河南滑县。滑县是隋朝末农民起义的据点瓦岗寨的所在地。这个地方好像有造反的传统，赵紫阳也是滑县人。聂元梓的哥哥聂真、姐姐聂元素等都是很小就参加革命了。聂元梓在家排行老七。1937年，聂元梓十六岁，在太原国民师范学校接受军训一个多月。军训由抗日团体山西牺牲救国同盟会（简称"牺盟会"）主持，聂元梓就算参加抗日了。1938年，聂元梓在山西晋城的军政干校学习，在那里加入了中国共产党。以后到延安学习和工作。1946年在哈尔滨，先后担任区委宣传部长、市委宣传部理论处长。六十年代初，与丈夫吴某离婚，要求离开哈尔滨。以后的故事就发生在北大了。

问：那么，她是怎样来到北大的？

聂元梓的大哥聂真是人民大学的副校长，与陆平有旧情。他们两人在原华北局是同事，聂任组织部副部长，陆任青工部副部长。聂真向陆平介绍"我妹妹"聂元梓，说："她离婚以后在哈尔滨心情不好，想来北京工作，到你们北大，怎么样？"陆平信任聂真，以为他介绍的人一定不错的。他派党委组织部长与哈尔滨市委联系。哈尔滨市委同意调出，但说此人不能重用，至多做系一级的领导。1962年春天，聂元梓到了北大，起初任经济系副主任，1964年任哲学系总支书记。她的好戏是在后头。

八十年代，陆平接受采访时说："对聂元梓没有很好考察，把她调进北大，是我工作上的一个失误。"悔之晚矣！

## 张磐石调查组进校

1964年7月2日，张磐石进校时，先是率领一个调查组，共十来个人。8月，调查组派了两个人——阮铭和唐联杰到哲学系听会。党委也派了以党委副书记谢道渊为组长的工作组到哲学系蹲点。张磐石调查组的人开始时一言不发，也是听了三十多天，一开口就倾向于反对派。党委工作组毫无疑问是支持辩护派的。

调查组找一些总支书记和党政干部二十多人谈话，了解情况，觉得没有味道。找到聂元梓，觉得谈话有点味道了，一连谈了三次。

聂元梓谈了什么使张磐石觉得"有点味道"呢？她说，你们来晚了，现在北大已到了不可救药的地步，只有彻底改组才能解决问题。她认为，陆平没有以阶级斗争为纲，思想右倾，以至1961、1962年资产阶级知识分子向党猖狂进攻。她特别提出，北大干部"政治上严重不纯"，需要做组织上的变革。康生曾对张磐石说："你把聂元梓当作头号'积极分子'，要当心，她在延安表现不好。"到了文化大革命中，反工作组时，康生又说："聂元梓是王八蛋也要支持。"

张磐石指示，要陆平到哲学系听取意见。哲学系在哲学楼的心理专业实验室开了一次全系教职员党员大会，陆平来参加，名为听取意见，实际是一场批斗，火力很猛。陆平大概从来没有经历过这样的阵势，头上冒汗，两手发抖，昔日的威风何寻？冯定在会上发言，主持会议的聂元梓说"很好"。好在哪里？没有说。不料被做成一篇大文章，这是后话。本来第二天还要接着开会，陆平给聂元梓写了一个条子请假，说"心脏疼"。我在两派辩论时是主将，但批斗陆平时没有发言，这样的场合我不能适应。

辩护派的精神支柱是权势。陆平挨批斗后，失去了权势的支柱，就六神无主了，纷纷检讨，承认自己站错了队，痛哭流涕。反对派对他们很宽容，不念旧恶。哲学系消除了两派对立，变得团结一致了。辩护派对王庆淑和陆平的揭发，比反对派还狠。

8月29日，张磐石的调查组就是以哲学系为典型，向中央写了"第一号报告"，说"哲学系的一场大论战是北大阶级斗争的缩影，是阶级斗争的彩排。"，"最突出的一个印象是北大党委的阶级斗争观念薄弱。在北京大学，资产阶级知识分子的进攻是很猖狂的，特别集中地表现在教学和科学研究领域之中。校内帝国主义、蒋介石、修正主义的特务间谍活动，贪污盗窃分子、流氓分子的活动也相当严重。北大党委对这些问题却没有认真抓。"还说"根据初步掌握的材料，北大党员领导干部政治上不纯的问题，的确很严重。党委和行政领导的重要部门：宣传部门，组织部门，人事部门，教学部门；以及一部分系的党总支，实际上都是掌握在一批政治上严重不纯的青年知识分子干部手里。"（《北京大学纪事》第614页）什么叫做"政治上严重不纯"？这是一个模糊概念，可以任意解释。结论：必须开展社会主义教育运动。经中央书记处批准后，调查组转为工作队。彭真指派大学工作部办公室主任彭佩芸兼任北大党委副书记，这是北京市委在北大社教中按下的钉子。大学工作部部长吴子牧交待彭佩芸："帮助陆平"，"注意和调查组联系，了解他们究竟要调查、解决什么问题，将情况及时告诉我们。"

## 社教工作队以"左"反"左"

1964年11月5日，工作队宣布北大的社教运动开始，由五人小组领导。五人小组的成员是：张磐石（中宣部副部长）、刘仰峤（高教部副部长）、徐子荣（公安部副部长，后由侯西斌代替）、庞达（中宣部教育处副处长）、宋硕（北京市委大学科学工作部副部长）；张磐石担任工作队队长，刘仰峤任副队长。

11月14日，工作队制定了《在北京大学进行社教运动试点的初步计划（修正稿）》，提出的主要任务是：搞清学校意识形态领域内的阶级斗争状况，击退资产阶级和修正主义在政治、思想、学术等战线上的猖狂进攻；搞清学校各级组织的领导权究竟掌握在无产阶级手里还是资产阶级手里，等五项。

11月15日，张磐石召开社教工作队全体成员大会，他说欢迎各地来的同志共同作战，打一场大会战。他介绍了几个系的情况之后提问："北大有几个系的总支的领导权在共产党手里？人事处、组织部的问题就更乱了。"他说工作队已普遍进入各单位。口号是："大揭阶级斗争的盖子！"开展面对面的斗争。当时毛泽东说，全国有三分之一的基层政权不在共产党手里。这就是张磐石提出问题的背景。

11月29日，张磐石工作队写了"第二号报告"，结论是："北大党委实际上走的是资产阶级的道路。"党委书记、副书记六人批判了五人（冯定是另案），常委十四人批判了八人。

北大的社教运动是以"左"反"左"。陆平党委本来就很"左"了，因为"左"引起矛盾，群众对党委产生了不满。结果这个工作队还说党委犯了右倾错误，不抓阶级斗争等等。有一次陆平接待外宾，外宾走了，陆平还坐在那里发呆。彭真说："你看，张磐石搞得陆平都神志不清了。残酷斗争，无情打击！"

农村的社教运用了土改的语言。土改的第一步是扎根串联，访贫问苦，发现积极分子，组织积极分子队伍。北大的社教又运用了农村社教的语言，什么"访贫问苦，扎根串联"，"组织积极分子队伍"等等。我们哲学系挨党委整的人最多，被认为是"苦大仇深"，所以工作队一头扎进了哲学系。工作组把矛头指向校系两级领导干部。凡是受校系两级党组织打击迫害的，那就是积极分子。我当然是积极分子了，因为党委老说我是"反对'三面红旗'的代表人物"。但我对社教是有看法的，我对"左"的一套历来是很不喜欢的。我本性难改，对工作队的"左"照样要批评，又被认为是"积极分子队伍"中的"动摇分子"，差一点又被踢出"积极分子队伍"。

陆平和他从铁道部带来的几个人，张学书（党委副书记）、伊敏（党委组织部长）、魏自强（党委办公室主任）都是没有学问、不懂教育的人，但他们是党委常委，形成一个小圈子，是实际上的领导核心。

党委第一副书记戈华、党委副书记兼教务长崔雄昆是受排挤的，他们成了工作队所依靠的积极分子。

有学问、懂教育的党委常委兼副校长周培源对陆平有所批评，也是积极分子。1965年3月，巴基斯坦总统阿尤布·汗访华。离京赴外地参观时，周恩来总理陪同。周恩来很细心，看到总统的随行人员中有一位顾问萨拉姆，是物理学家（1979年得诺贝尔奖）。莫非要谈有关科学问题？所以他也请个物理学家做顾问，于是邀周培源同行。在飞机上，周恩来随便问问："你们北大现在怎么样啊？"周培源却是一个认真的人，说："三言两语说不清，我写个材料给你。"周恩来说："好。"用手一指："你的材料写好后交给他。"他是统战部干部李贵。

周培源写的材料揭发了陆平的许多严重问题，概括起来就是"三乱"。还说："陆平是我解放后所遇到的三个作风最恶劣的共产党干部之一。"我曾问过周老：" '三个作风最恶劣的共产党干部'，另外两个是谁？"他说，另一个是教育部的一位司长，也姓陆。第三个，我不记得了。

周培源揭发陆平的"三乱",没有上纲上线,但概括非常准确,成了陆平的标签。大家都知道周培源批评陆平"三乱",哪三乱?又都说不全。周老亲口对我说过,"三乱"是"乱说,乱批,乱干"。

周恩来看了周培源写的材料,大吃一惊。1959年,马寅初遭批判之后,辞去北大校长职务。周恩来在人民大会堂的一次舞会上征求北大学生的意见:"你们看谁当校长好?"学生们异口同声地喊:"陆平,陆平!"那时,陆平指挥人马批江隆基、批马寅初,反右派、反右倾,真是威风凛凛。周恩来一直以为陆平在北大威信很高呢,没有想到问题十分严重。他说:"要不是周培源说的,我还不相信呢。"周恩来将材料转给张磐石工作队,工作队如获至宝。

社教后期,北京市委书记万里找周培源谈话,要他改变对陆平的看法。周培源坚持不改。后来周培源讲到:"社教中我给陆平提过意见,我给总理写了信。第二次国际饭店会议陆平要我做检查。我的信在工作队中传达了,我与陆平吵起来了,结果不了了之。"(1979年1月8日上午,周培源在高校科研会议第二小组会上的发言,存北大档案室,党办案卷16号,卷内材料顺序号2。)

党委副书记谢道渊也揭发了大量的问题,成为积极分子。有人称之为"起义将领"。

因为北大历次运动伤人很多,工作队一来,纷纷伸冤。副校长黄一然说:"真共产党来了!"对工作队寄予希望。批评党委的人都成了社教运动的积极分子,大约占了党员人数的一半。陆平党委历次运动整人所造成的对立面,是张磐石执行左倾路綫的群众基础。

1965年1月6日,工作队召开北大党委扩大会,工作队队员和部分积极分子参加。工作队副队长刘仰峤做报告,说:"我们学校的运动在党内阶级斗争的盖子已初步揭开,形成了一个积极分子队伍,现在工作队员已有二百七十多人。准备有步骤地把运动推向党外,发动大家揭发领导的问题。""这次运动的重点是整党内领导骨干中走资本主义道路的人,全校首先是校党委。"

1965年1月11日,张磐石在工作队和积极分子的大会做报告,说:"十来天开展了面对面的斗争,气氛十分激烈、十分尖锐,生动活泼,热火朝天。北大二十个总支就是二十个战场,我们已经把他们团团围困起来了。现在是决战时刻,我们要乘胜前进。"这口气像指挥打仗一样。有人统计,他的讲话中有四十多个"斗争",他的公式就是斗争——斗争——斗争。讨论的时候我就说了,干部的错误还是人民内部矛盾,不能像对付敌人那样来对待干部的错误。毛主席历来讲,党内斗争要从团结的愿望出发。我批评张磐石的讲话缺乏团结的愿望。后来他们就说我这个积极分子动摇了。陆平党委是听不得不同意见的,张磐石的工作队也是听不得不同意见的。听说,工作队中有些大学校长、党委书记私下议论,像北大这样搞法,作为经验推广,我们回去以后不也成为斗争对象了吗?

任宁芬本来在乡下搞"四清"。工作队把她调了回来。一回来就在会上大喊:"太阳出来了,白毛女要翻身了!"她以受害的"白毛女"自居,处处显示出激进的姿态。有一天,她约我到颐和园看玉兰花,发表了一通谈话。她批评我的"动摇",说"你不要书生气十足",又说"你姓郭,但不要做东郭先生。现在你同情党委那一帮人,有一天他们会像狼一样吃掉你。"

哲学系的人把她的这一篇谈话叫做《玉兰辞》。

## 社教运动停摆

张磐石工作队率领积极分子把校系两级领导都批斗了一通。

1965年1月14日，中共中央发出《农村社会主义教育运动中目前提出的一些问题》（内容有二十三条，故简称《二十三条》）。1963年，在农村进行社会主义教育运动，中共中央先后发过两个指导性文件，是刘少奇主持制定的《前十条》、《后十条》。1965年1月，根据毛泽东的意见，制定了《二十三条》。这个文件，否定了刘少奇的"四清和四不清"的矛盾，规定运动的重点是"整党内走资本主义道路的当权派"。1970年斯诺问毛泽东，你什么时候认为必须把刘少奇在政治上搞掉？毛泽东回答："就是发布《二十三条》的时候。"所以，发布《二十三条》以后，党内斗争的形势愈来愈紧张。这个文件还否定了刘少奇倡导的"扎根串联"的神秘化做法，规定领导机构逐步做到工作队、原党委和积极分子的三结合。

1月23日、24日，经彭真的鼓励，陆平、彭佩芸在北京市委贯彻《二十三条》的扩大会议上发言，对北大的社教运动提出意见。彭真说："陆平是老干部，但经不起考验，不该向工作队承认错误，使市委陷于被动。陆平不翻案市委永远被动！"陆平在他的后台彭真的支持下，一改几个月来的萎靡状态，言辞激烈。他批评社教工作队把党委和大多数总支撇在一边，没有实行"三结合"。对北大总的估计特别是对北大干部队伍的估计，不符合实际情况。工作队对干部不是重在表现，而是过于重视成分、历史，这就意味着"唯成分论"。《二十三条》规定，对干部要"严肃、积极、热情"，工作队也没有做到。对北大许多领导干部不经说服教育，就扣上大帽子进行批判斗争。党委常委十四人中批斗了八人。希望北大工作队切实贯彻执行《二十三条》，把运动搞好。

2月9日，社教工作队召开工作队党委扩大会，听取陆平对运动的意见。陆平重申了在市委扩大会议上的发言。2月17日、18日，社教工作队继续召开党委扩大会议，工作队主要负责人和各系工作组组长对陆平进行反驳，两下里处在顶牛状态，运动陷于停顿。

## 向社教运动反攻倒算

北大被搞得天翻地覆，加重了上面的矛盾。

张磐石在北大整党委冒犯了彭真，因为北大党委是北京市委领导的，否定了北大党委等于否定了北京市委的领导。中宣部斗不过"地头蛇"。北京市的两所中学，四中和六中也搞了社教，结局和北大差不多。有人写道："中宣部派去六中的工作队，其思路基本上是贯彻执行'后十条'，并受中央两位主席关于有三分之一基层政权已经'烂掉了'的讲话影响，进校后重点整学校的领导干部。而北京市委、彭真则对此潮流抵制、顶牛，反过来在四中矛头向下，整反动学生，要扑灭学潮。"（王复兴（当时四中学生）《抢救记忆》第18页。）上面激烈斗争的结果，张磐石受到了批评。1965年3月3日，中央书记处讨论，总书记邓小平讲了话，认为北大是比较好的单位，陆平是好人犯了一些错误。张磐石一开始就把北大当作烂掉的单位来搞，离题越来越远。另外，斗争的方式有严重的毛病。中央书记处会议对《二十三条》做出补充规定，在学校和工厂不是"逐步做到"，而是一进门就要实行三结合。批评张磐石，他的重大错误就是没有实行三结合。

于是风向变了。北大的社教才搞了两个月，又反过来清理社教的错误，倒将近一年。先是要工作队做检讨，工作队检讨以后又要积极分子做检讨。北大的社教是失败的，以后再也没有进行城市社教。

1965年3、4月间，开了两次重要的会议。

3月9日至19日，北京市委由万里主持在国际饭店开会，参加者为北大校系干部和少数积极分子八十多人，让批斗对象出气。头三天，批斗对象不敢轻举妄动，彭真说："把底（中央书记处会议）全部端出去！"于是，批斗对象纷纷翻案。最后，宋硕、彭佩芸数了一数，五十九个批斗对象中五十二个翻了案，窃窃自喜。这就是所谓第一次国际饭店会议。

4月，中宣部召开了民族饭店会议，批评张磐石的错误，撤了他的职，改由中宣部的另一副部长许立群任工作队队长，陆平、彭佩芸也参与社教工作队的领导。张磐石不发言、不表态、不承认错误。我这里保存着一份文革中张磐石写的材料，题目是《北大四清问题》，时间是1967年4月。他以揭发别人的姿态出现，一开始就写道："1965年北京大学四清工作队反攻倒算问题，是彭真、陆定一在刘少奇、邓小平支持下所犯的重大反革命罪行之一，是阎王殿的重大罪行。"张磐石的文章写得很蹩脚，第一句话就有语病。应是："1965年，对北京大学四清工作队的反攻倒算，是彭真、陆定一……。"他对自己的所作所为，虽然承认"有些缺点错误"，"但是总方向是对的。揭发面涉及的54个对象占党员干部154名的35%，对象都是总支副书记以上的，问题的性质都是属于两个阶级两条道路的，没有枝节性问题。"张磐石没有提供准确的统计。按他自己在干部会上所说，20个总支被"团团围困"，恐怕揭发的对象不止54人。即使如此，占了党员干部的35%，打击面也是够大的。中宣部的副部长张子意在批评张磐石时说：总支书记挨批斗的，打击面占90%。工作队的左倾，北京市委、北大党委的反攻倒算，各有各的账。张磐石对自己的错误是不认账的。

6月29日，彭真在人民大会堂向工作队全体队员和部分北大干部做报告，要求社教工作队"去掉拒绝批评的挡箭牌"。他讲了一句惊人的话："有人说，不应该批判社教运动的积极分子，打击都打击得，为什么批不得？"然后工作队就放假了，回原单位，实际是解散了。有些工作队队员临走前对积极分子说："我们走了，下面可能整你们了，要有思想准备。"

果然，宋硕、陆平、彭佩芸说"要趁热打铁"，7月1日，就宣布在党内进行整风，实际是鼓励被批评的干部向积极分子反批评，要求积极分子做检讨。进行了一段时间，效果不佳。7月29日，将党员干部和积极分子250人集中到国际饭店，进行整风。这就是所谓第二次国际饭店会议。国际饭店是北京市委的高级招待所，北大的整风会议长期占用，北京市委是花了大本钱的。整风领导小组由许立群（代表中宣部）、邓拓（代表北京市委）任正副组长。整风就是整社教运动的积极分子。各个系的积极分子，一个系一个系，在压力下都做了检讨，只有哲学系、经济系、技术物理系的问题没有解决。9月4日以前，经济系、技术物理系的问题也解决了。经济系只有一个人不检讨，那是王茂湘，哲学系没有一个人检讨。哲学系被人称之为"硬骨头"。

"社教"是北大历史上的一个死结，在很长的时期中常常引发争论。"社教"是整人者挨整。惯于整人的干部，向来道貌岸然、一本正经，轮到自己挨整却顿失常态，丑化自己、乱咬别人。且不说政治上的是非，这一次暴露了他们人格的低下。事后回味过来，他们对"社教"恨之入骨。但七搞八搞，这些干部还是在北大掌权。周培源和我，虽然在"社教"中并非重要角色，而且不赞成张磐石工作队的过火斗争，因"头号积极分子"聂元梓等人已倒，而我俩打而不倒，总是被党委的干部当作"社教"的代表人物而受到攻击。

## 第十八章　国际饭店会议

　　陆平党委的反攻倒算比工作队的过火斗争更凶。为了强迫哲学系的"积极分子"做检讨，开了一个长达七个月之久的"国际饭店会议"。

　　其他系的党员都回去了，哲学系的党员留下，再加上此前没有参加整风的党员，共四十三人，从9月9日开始继续整风。主持会议的是以彭佩芸为组长的领导小组，成员还有中宣部的何静修，北大党委的刘文兰，市委大学部干部李康林。彭佩芸，表面上看来与陆平的气势汹汹不同，是和颜悦色的，但在阴里下功夫，人称"笑面虎"。

　　那时，我在朝阳区搞"四清"。王四营公社四清工作团团长兼党委书记是朝阳区区长，他任命我为王四营公社团委书记。其实我已经不年轻了，大概看到我的履历上当过团委书记，故有此任命。我被召回，到国际饭店参加整风。

### 把积极分子当敌人

　　许立群在哲学系整风开始时讲过一次话。他看到周培源在场，很有礼貌："周老师，您怎么也来了？"当年，周培源是清华的教授，许立群是清华的学生。他在讲话中提出："究竟为什么哲学系的争论长期不能解决？"我们静候他的分解。结果，他说："对这个问题，我就不谈了。"以后他就不照面了。邓拓一次都没照面，但在幕后操纵，实际是他在指挥。有一次，邓拓说："赵正义的发言，一听就听出来，他不是'中间派'，而是他们那边的人。"他划分了两个阵营：社教积极分子是"他们那边的人"，而批判社教积极分子的人是"我们这边的人"。邓拓即使人在国际饭店，也不到会场，他只找宋硕、陆平、彭佩芸。11月19日，他指示："要把王庆淑的旗帜举起来。他们（指社教积极分子）说社教运动有错，但北大、王庆淑的问题更严重。所以要全力以赴支持王庆淑。""叫王庆淑上第一炮，敌人从这里开刀，我们就从这里顶，理直气壮。"邓拓的这些言论，当时我们不知道，是后来揭发出来的。以上及以下邓拓的言论，引自李清崑《谈聂元梓等七人大字报出台的社会历史背景》（《记忆》第225期，2018年5月31日）。李清崑的文章说明，所据是"当年参加国际饭店会议的市委干部庞XX、李XX、李X、陈XX、李XX（女）所写的揭发材料和《北京大学哲学系党员干部整风学习会议简报》"。张磐石把校系的当权派当敌人，邓拓又把批评当权派的社教积极分子当敌人。所以，所谓整风根本不是纠错，而是以错对错，甚至是以大错对小错。

　　问：邓拓在《燕山夜话》中影射大跃进，具有反"左"的倾向，文革一开始就被揪出来，导致自杀。可以说，他是死于反"左"。这是他的一面，大家不知道的是，他还有另一面。在对待北大的社教问题上，他又强烈地坚持"左"的倾向。同一个人怎么会有如此矛盾的倾向？

　　这是不好解释的。不好解释也要解释，我来尝试做一点解释。

中国的政治体制是一架机器，齿轮和螺丝钉必须跟随这架机器的节奏运转。体制内的人物张磐石、邓拓就是这架机器的齿轮和螺丝钉。这架机器实行的是毛泽东的左倾的阶级斗争理论，张磐石、邓拓同样都要在斗争中划分敌我，不过是不同的敌我。邓拓在写作《燕山夜话》时，不是作为这架机器的齿轮或螺丝钉，而是个人，可以不随机器运转，故对大跃进能够具有清醒的认识。

## 两派严重对立

在国际饭店会议上，两派严重对立。会场的形式也是对立的。辩护派坐在主席台的左侧，反对派坐在主席台的右侧：很形象的左派对右派。两边各有二十多人，旗鼓相当。北京市委和北大党委参加会议的七八人，还有做会议记录的和处理会务的工作人员，坐在中间一列。两派在会上过招，会下不搭理。在饭厅开饭，两派的人从不坐在一桌。有时两派各有三五个人，坐了两桌。服务员招呼："同志们，聚一聚，坐满十个人就可以开饭了。"大家都安坐不动。后来服务员知道了隐情，也就不打招呼了。

哲学系斗了陆平之后，总支和党委的辩护派，在社教中都检讨自己、揭发别人，装出一副可怜相。他们对王庆淑和陆平，揭发得尤其狠。在向社教运动反攻倒算时，他们又神气起来了，宣称："我们在压力之下做的检讨和揭发都是不算数的。"他们承认，在社教运动中是"保全自己，牺牲别人"。我们从人格上鄙视他们。

会议期间还有一些不正当的做法。孙蓬一说梦话："莫名其妙，反对，反对。"被解释成反对会议的领导，上了内部简报。与陈葆华同住一室的领导小组成员刘文兰，居然偷看陈的日记，发现陈的思想有些矛盾，立即向上报告。陈的丈夫米桂山在东城区教育局工作，宋硕、彭佩芸找到东城区区长，要他向米桂山施加压力，促使陈葆华转变立场。遭到陈的拒绝。吃过晚饭，我们到大街上走走，回头一看，后面还有人盯梢。

开始他们是全面进攻。讨论的题目是清理哲学系历史上的是非，又搬出"五路进军"的那些问题，要积极分子人人检讨。邓拓指示："张恩慈是哲学系的害群之马，社会主义北大不要他。思想斗争也要刺刀见红，座谈会后放一天，再刺，再放，再打，把张恩慈撂倒。"他还帮助高宝钧准备批张恩慈的发言。也有人点名郭罗基、孙伯鍨，要我们"清理对'三面红旗'的认识"。孙伯鍨做了检讨。我坚决顶住。我不认为有错，但我也不做辩护；如果辩护，正好证实了他们的指控。所以我以沉默进行反抗。彭佩芸在她的发言中说："郭罗基同志在暂时困难时期对三面红旗有过错误思想，自己应该检查，同时欢迎人家批评。即使是在宣布'三不'的情况下，在党的会议上说的，作为一个共产党员，仍然应当清理思想，以便得到教训、增加免疫力。这样才对党有利，对自己改造思想也有利。党委从来没有因为郭罗基有过错误思想就想重重打击他，只是希望他和有类似错误的同志进行认真的自我批评。哲学系一些同志一再说这就是抓他的辫子，这是不合原则的。"抓了辫子，还批评说抓辫子的人"是不合原则的"。彭佩芸的这一番话为我作证：第一，我对"三面红旗"是有看法的；第二，"应当清理思想"而我不清理。

他们看到全面进攻阻力太大,所以改变策略为重点进攻,专门整聂元梓。

## 全面进攻改为重点进攻

邓拓曾指示,要把聂元梓的表现统统收集起来,整理成单行材料,题目就叫《一个浸透了剥削阶级意识的老干部聂元梓》。他们还派人到东北、天津、西安等地调查。邓拓与宋硕、陆平、彭佩芸等专门研究批聂问题,他强调:"要死抓住聂元梓不放,不要分散,别人一出头辩护就揍,采取这个方针。"

他们把重点转向聂元梓,是从冯定问题上突破的。在幕后研究上冯定问题时,陆平说:"对,这是个重要问题,就要来个他妈的尖刀突破。"

问:冯定问题为什么成为突破口?

在哲学系批斗陆平的会议上,冯定发言后聂元梓说"很好",就此大做文章,掀起了一个批判聂元梓"联合修正主义分子冯定,斗争马列主义者陆平"的高潮。他们特地把党委宣传部副部长钟哲明叫来,做了一个长篇发言。邓拓和宋硕还亲自布置汤一介做一个重点发言。汤准备了一夜,次日发言,批判聂元梓"联合修正主义分子冯定斗争马列主义者陆平",有"四个第一":一,把北大搅浑水的社教是从哲学系开始的,"聂元梓帮助张磐石放了第一枪";二,社教一开始就对陆平展开残酷斗争、无情打击,"这又是从哲学系开始的","而聂元梓认为斗争陆平是光荣任务,亲自主持了陆平的斗争会";三,党委对哲学系的"政治陷害",这样一个严重的政治帽子也是聂元梓第一个提出来的;四,对冯定的挑拨离间、浑水摸鱼、掩盖自己的修正主义错误的发言,"也是聂元梓第一个带头叫好的"。汤一介发言后,宋硕大为赞赏,说:"汤一介这个人脑袋很灵,一个晚上就准备出来了,讲得很好。"

问:党委对哲学系的"政治陷害"是怎么回事?

所谓党委对哲学系的"政治陷害",事情是这样的:党委得知即将批判冯定的修正主义后,向哲学系封锁消息,意在使哲学系陷于为修正主义者冯定辩护的境地。社教中哲学系有人批评党委对哲学系搞"政治陷害",原来拥护党委的人说得最起劲。反攻倒算时,为"政治陷害"翻案。说"政治陷害",似乎言重了,但党委确有不可告人的意图。

聂元梓是哲学系的总支书记,又是社教运动的重要人物。整聂元梓的时候,要其他积极分子表态。我们就是不表态,而且有的地方还为聂元梓辩护。领导小组找一些积极分子个别谈话,说聂元梓这个人品质恶劣,还有男女关系问题。康(生)老说:"聂元梓在延安表现不好,尽谈恋爱。"他们不便在会上端出来的材料,就在私下散布。要积极分子配合揭发批判。我们回答:聂元梓这个人是有毛病的,我们也知道。她个人有什么严重问题,该处分就处分,该开除就开除,我们不会为她辩护。但是因为参加了一场社教,站在群众一边,矛头指向党委，就整她，我们是不赞成的。

他们攻聂元梓的同时，我们攻王庆淑，你打你的，我打我的。我做了一件不得体的事。社教中，美学教研室的杨辛向大家提供了王庆淑的一篇未发表的论文，题为《略论典型和典型性》。杨辛还写了一个按语，指斥其中的修正主义观点。反攻倒算时，一切都翻案了，但那篇论文收不回去了。反对派意欲批判《略论典型和典型性》的修正主义文艺思想，因为理论性比较强，大家怂恿我来做。王庆淑的这篇文章写于1956年，无疑受苏联的文艺思想的影响。但当时还没有"修正主义"的概念，苏联的文艺思想在中国还是受追捧的。我的发言离开了写作的历史背景，过分吹毛求疵。事后多少年，我想向王庆淑说一声对不起。从一个长过程看，她与任宁芬以及她的辩护派都不同，对自己没有"乱检讨"，对别人没有"乱揭发"，几次反复，没有颠来倒去。不管她有多少错误，她的为人是令人尊敬的。可惜，七十年代她离开了北大，没有机会再见面。

1965年10月5日，星期日，国际饭店会议上的一群"右派"八个人，苦中作乐，骑自行车游北京西山八大处。此图右起：郭罗基、宋一秀、李清昆、王秀芳（李清昆夫人，北京语言学院教师）。

李存立（右）和郭罗基在山头上

## 积极分子奋起反击

整聂元梓的时候，我们不发言。领导小组动员我们发言，我们依然沉默。11月中旬，由我带头，积极分子奋起反击，对整风的领导、会议的开法强烈地提出意见。11月17日下午，我做了一次长篇发言。这篇发言是北大社教中国际饭店会议的重要文献，文化大革命中曾广为印发。全文如下：

参加这次会议，受到很大教育。对张磐石的错误有了进一步的认识。一场过火斗争所产生的严重后果，给了我深刻的印象。这次整风是有成绩的，所得的教益是终身难忘的。由于受到了教育，我很想积极参加讨论，吸取足够的经验教训。这是一方面。另一方面，会议的进展使人心情不舒畅，会议的气氛不利于各种不同意见的讨论。这是一个矛盾。最近，一部分人畅所欲言，另一部分人不敢讲话。昨天彭佩芸同志说，每个人都有民主权利，可以讲；每个人也有责任，应该讲。她还对我说，讲错了不要紧，鼓励我发言。那么，我就来讲一讲。

从会议的进展看，揭发聂元梓的高潮大概已经过去，现在要进入分析讨论。既然提出了那么多的问题，引起一定的混乱，当然要分析讨论。但是，一部分人不断重复同一种意见，一部分人不敢讲话，这就没有办法讨论。为什么不敢讲话？因为会议有些障碍。应该创造一个良好的环境，让大家都讲话。我们对聂元梓也有意见，要提；但在现有条件下提，等于助长不良气氛。是她的错误谁也不能帮她抹掉；不是她的错误，谁也不能强加于她。

我把想不通的地方，加上一些感想和意见，谈以下十个问题：

第一，是否执行了《二十三条》中关于"三结合"的规定？

《二十三条》的第五条规定，在整个运动中必须逐步做到"三结合"，即工作队、原党委和积极分子的三方面结合。3月3日中央书记处补充规定，在工厂、学校不是"逐步做到"，而是一进门就要实行"三结合"。民族饭店会议纠正了张磐石的一大错误，在北大校一级实行了"三结合"。但这次整风的哲学系领导小组没有和总支的干部、积极分子结合，整风过程中看不到总支的作用。这样，总支如何把会议的成果带回去？我在9月9日第一次小组会上就提了这个意见。至今，领导小组没有表态。我希望对这个问题加以研究，不要置之不理。

关于工作队问题。本来，哲学系的社教运动是以冯毅同志（山西省教育厅长）为组长的工作组领导的。7月份宣布运动暂停，让工作组的同志先回去，等开学后再来。现在他们不在，成立了新的领导小组，又要讨论运动中的问题，这样势必有许多责任落在积极分子头上。许立群同志5月14日的报告中说，过去是工作队领着大家干的，现在工作队要负起责任。过去哲学系的运动是工作组领着我们干的，他们不在，没有人为我们承担责任。他们在，也还有个态度问题，可能承担责任，也可能推卸责任；但那不要紧，总是可以弄清楚的。比如，有人说，斗争陆平这件事，聂元梓事先没有请示，事后没有报告。如果是这样，聂元梓的错误就很严重。现在弄清楚了，决定斗陆平的不是聂元梓，这个责任是不能推给她的。如果说现在是社教运动的继续，过去领导我们的工作组就应该回来；如果说现在是重新开始，就应该根据3月3日中央书记处的指示，一进门就要"三结合"。工作组没有回来，事实上是重新开始。现在的做法是否执行了《二十三条》中关于"三结合"的规定？是否执行了3月3日中央书记处的补充规定？

第二，究竟要解决什么问题？

9月8日，彭佩芸同志在哲学系党员大会上的讲话中指出，这一阶段的任务是：通过总结工作，解决大是大非问题，达到办好哲学系的目的。这是很明确的。但是，讨论了两个多月，反而把明确的问题弄得不明确了。根据会议的实际情况，有必要提出：究竟要解决什么问题？这个问题可以从三个方面来看：

1，从会议的进程来看，要解决什么问题是不明确的。彭佩芸同志说，分三个阶段总结工作，按历史线索讨论，然后再讨论社教运动中的问题。从9月15日到25日的小组会，10月8日到15日的大会是按历史线索提出问题讨论的。到了10月16日，大会突然提出讨论议程问题。会上，有的领导同志说，先讨论一、两个大家一致同意的问题，如冯定问题，其他不一致的问题可以挂起来。最近又说，先讨论运动中的问题，然后再讨论哲学系历史上的问题。对于社教运动中所揭发出来的哲学系历史上的问题是挂起来还是继续讨论，还要看看再说。即使继续讨论，实际上会议的开法改变了。而且是先造成既成事实，然后宣布改变会议的开法。这种改变并没有和大家商量。这是在不知不觉中把讨论的头和脚弄颠倒了。是怎样颠倒过来的呢？会议先提出讨论冯定问题；并限定在社教运动中的冯定问题；

由此引出聂元梓犯了严重错误；最后号召大家从讨论聂元梓的错误中吸取社教运动的经验教训。会议到底要解决什么问题？如果要吸取社教运动中的经验教训，也应该全面地讨论。不能仅仅以某人犯错误为前提来吸取经验教训。现在是不是有些同志只对运动中问题感到兴趣？民族饭店会议清算张磐石的错误已经过去半年多了。清算张磐石的错误是为了把运动进一步深入地、健康地开展下去。许立群同志的开幕词中说："当前应该进一步深入开展社教运动，把已暴露出来的严重的四不清问题，主要是政治、思想上的不清，认真系统地加以解决，其关键是整党。"但是，到现在为止，哲学系在社教运动中暴露出来的严重的四不清问题一个也没有解决，相反，到处寻找和张磐石"划不清界限"的分子，到今天为止，在会上被点了名的有：聂元梓、张恩慈、陈筱华。聂元梓还不只是"划不清界限"，而且是"一拍即合"、"相互影响"、"谁领导谁的问题"。有人拿和张磐石划不清界限这顶大帽子到处吓人，而别人的问题好像就可以不提了。我们可以温习一下陆定一同志在民族饭店会议上的讲话，他说："个人主义、独立王国、不民主、耍手段，不只是张磐石一个人有，……不要以为批评了张磐石，你就自以为百分之百的正确。"现在到底要解决什么问题？要不要总结工作，分清是非？要吸取运动中的经验教训的话，是否就是整一批和张磐石"划不清界限"的人？

2，从讨论所涉及的范围来看，要解决什么问题，也是不明确的。在大会上讨论了张磐石的指导思想，似乎要给民族饭店会议的结论添加新的内容。如有人说，张磐石的指导思想是联合坏人斗好人，联合修正主义斗马列主义，联合冯定斗陆平。张磐石的指导思想可以讨论，对过去做的结论不满意，也可重做，但这牵扯到北大社教运动的全局问题，在哲学系的会议上做结论是不合适的，也是比较困难的。我们还讨论了工作队队部的问题、政治部筹建组的问题、政治课的问题、经济系的问题，等等。讨论的问题如此广泛，似乎不好理解。但是又不难理解，看来是以聂元梓为线索串起来的。凡是与聂元梓有关的问题，不管发生在什么时候、什么地方，也不管是什么性质的问题，都拿来讨论了。这是总结哲学系的工作，还是讨论聂元梓一个人的问题？

3，讨论聂元梓的问题又为了解决什么问题？有人说，是为了吸取运动中的经验教训。可又多方论证聂元梓的问题有特殊性，那么为什么不讨论大量的普遍性的问题而单单讨论一个特殊性问题呢？给聂元梓扣上"政治立场"、"违反组织原则"等帽子，对一般的积极分子能吸取什么经验教训呢？对运动中"保全自己、牺牲别人"的人又能吸取什么经验教训呢？聂元梓的问题也不是不可以讨论，她有许多缺点和错误，有些还是比较严重的，应该批评。但是，现在的讨论，有两点值得注意：(1) 从四面八方提出问题，有的不是在哲学系工作期间发生的，有的与工作无关。这种批评是围绕总结工作，弄清是非呢？还是搞臭一个人？我们这里只能讨论与哲学系工作有关的问题，如聂元梓在其他方面确实犯了什么错误，查有实据，可交监委处理。(2) 对聂元梓的批评包含了哲学系全部问题的结论。现在有人的分析似乎朝这方面努力：由于聂元梓有严重的个人主义，对党委不满，于是把对王庆淑有意见的人集合在自己的周围，矛头指向党委。张磐石来了"一拍即合"，对陆平放了"第一枪"。是否想通过讨论她的问题，定性质，做结论，然后过去在运动中与她站在一起的同志纷纷检讨，这样哲学系的问题就算解决了？会上虽没有人明白地讲出来，但这是弦外之音，我想挑明了比较好。如果是这样，可以把结论早点拿出来。

在讨论中，过去运动中的积极分子感到有压力，在运动中犯了严重错误的人，现在又成了斗争积极的人。而且说不能认为积极分子批评不得；批评了，又说不能认为这就是整积极分子。事实上，民族饭店会议以后积极分子一直在清理、检讨，接受批评，哪有批评不得的事？现在可以总的考察一下，会上哪些人畅所欲言，哪些人不敢讲话？哪些人受到鼓舞？哪些人遭到压抑？这种状况也可以联系到究竟要解决什么问题来考虑。

第三，是总结经验教训，还是追究个人责任？

过去有些同志反对整一个人，认为批评王庆淑一个人是绝对错误的；而现在又极力主张整一个人，认为批评聂元梓一个人是绝对正确的！可见"反对整一个人"的理论破产了。我不反对整一个人，要看该整不该整。整一个人可以是追究个人责任，也可以不是。现在，对聂元梓的批评，是追究个人责任。如讨论冯定问题，这个问题应从两方面吸取经验教训：一方面在社教运动中对冯定的批判、斗争不够；另一方面围绕冯定问题，北大党内上上下下的四不清问题，没有很好揭发。在北大，为什么马克思主义和修正主义能够长期"和平共处"？难道只是有一点官僚主义，或者还有一点自由主义？张磐石在冯定问题上的错误，就是这两方面都没有抓。现在这两方面的经验教训也都没有很好总结。讨论冯定问题，只是落实到一点，即聂元梓犯了所谓政治立场错误。而且，既然认为对冯定批判、斗争不够是一个错误，就应研究如何进一步对冯定进行批判、斗争。这方面也根本没讨论，只是证明聂元梓犯了严重错误就心安理得了。这就是追究个人责任。再就聂元梓的错误来说，聂元梓提出党委对哲学系搞两个"政治陷害"，有人着重她第一个提出的，因而是政治立场错误。这就是追究个人责任。如果是总结经验教训，应该指出，不论谁说党委搞"政治陷害"都是错误的，应该着重分析这种错误的内容和产生这种错误的环境。党委在冯定问题上有缺点错误，但不能提到"政治陷害"的高度。当时，有一种共同的思想情绪统治着大家的头脑。说党委搞"政治陷害"是大家同意的，说这种话的人不少，不能认为聂元梓说了就是政治立场问题。谢龙、冯瑞芳等人讲党委的"政治陷害"、"政治谋害"，"政治迫害"，讲得比我们还起劲，现在又振振有词地批评别人，这样能吸取到什么经验教训呢？第三本参考资料中有很多经验教训，不要以为一部分人的话都是错误的，要一段一段、一句一句地分析，另一部分人的话只要说一句那是"乱检讨"、"乱揭发"就完了。如果不很好吸取经验教训，着重"第一个"，突出一个人，在客观上就为那些"保全自己、牺牲别人"的人创造了方便条件。对共产党员来说，无论对自己有多大压力，也无论对自己有多大的好处，都不应"保全自己、牺牲别人"。还没有到掉脑袋的时候，就来"保全自己、牺牲别人"了，如果侵略者打进来将扮演什么角色？我们决不做"保全自己、牺牲别人"的人！

第四、怎样总结经验教训？是从原则上总结，还是搞繁琐哲学？

许立群同志5月14日的讲话中说："承担责任恐怕只能概括一点。当然，态度要明确，不要吞吞吐吐。对过去这一段斗争中的缺点，检查得太具体了，恐怕反而会把事情引到不实事求是的境地中去了。因为，过去有些斗争，本来就是在是非还没有调查清楚的情况下进行的，如果现在又仓促地检讨一通，恐怕不容易合乎实际。这个看法如果对，就请大家向被错斗或斗过头的同志讲清楚。"他讲得很清楚。我们现在的讨论、检查是讲得太细了。特别是钟哲明的发言做了开端，把琐琐碎碎的事都拿到会上来核对。有些事情一时核对不清楚，马上说是聂元梓不老实，这样，就会把事情引到不实事求是的境地中去。陆平和聂元梓核对一个事实，搞得很尖锐。公开批判冯定的事，陆平说事先打电话通知她要她告诉同志们，而聂说陆平让她不要告诉同志们。性急的人就会得出结论，一定是聂元梓不老实。第二天，陆平做了更正，这很好。除了这一件事情以外，别的核对不清的事情都是聂元梓不老实吗？在有的问题上，是聂的记忆模糊。如批判冯定的计划，我都记得很清楚，那是指面对面斗争的计划，不是全盘计划。第六十六期简报也说的是这个计划。聂元梓把两个计划搞混了。有人就说她是捏造、撒谎。到现在为止，我还没有看到关于捏造、撒谎的指责有一个能站得住脚。会上撒谎的人倒是有的，如谢龙就在会上撒谎，当面被揭穿，为什么对这种现象不批评？

讨论问题应该有个边，设定界限。过去批评我们让冯定在会上讲常委会的问题是违反组织原则的。但这次彭佩芸同志却把冯定在常委会上的发言又拿来说了一遍。还有人把工作队内部的问题也拿来讨论，干部精简的问题也拿出来讨论了。会上还宣布不应该有"内幕"，什么都可以揭发。这到底是从原则上总结经验，还是要揭发一切"内幕"？

过去北大党内斗争没有好的传统，问题很多。上面整下面，下面整上面，凡是过火斗争，都要很好地从原则上总结。反右倾机会主义的过火斗争没有吸取教训，应该补充总结。不能认为过去上面整下面的过火斗争可以撇开不谈，这一次群众批评领导的过火行为，又抓住不放，而且搞得如此繁琐。繁琐哲学是手段，不是目的；搞繁琐哲学究竟为了什么？

第五，社教运动中积极分子犯的错误是什么性质？

现在许多人号召我们"回到党的立场上来"，要我们"醒悟"，"悬崖勒马"。我们是为革命而犯错误，犯了错误也不能不革命；犯错误并不可怕，决不能丢弃革命的、批判的旗帜。如果说这就叫"执迷不悟"，我愿意"执迷不悟"，当然不是说错误不可以批评。犯了错误就来个一百八十度的大转弯，甚至反过来指责那些继续革命的人，难道这就叫做"醒悟"吗？

现在笼而统之把积极分子犯的错误都和张磐石联系起来，这也是不妥当的。我认为有几个界限要加以区别：哪些是革命的群众运动中不可避免的缺点？哪些是主观上犯错误？如果把难以避免的缺点，都叫做犯错误，这是对革命群众运动的苛求。哪些是《二十三条》前一般性的错误？哪些是北大社教运动中特殊性的错误？北大的社教运动中，哪些是张磐石的错误？哪些是积极分子的错误？

我们哲学系积极分子最大的错误是斗争了陆平。有人说，聂元梓是政治立场错误，因为哲学系第一个斗争了陆平。要不要斗争陆平，不是我们的错误，这是工作队交给我们的任务。当时张磐石认为，哲学系是革命的熔炉，谁不老实就拿去斗一斗。还说张学书要是不老实，也拿去斗一斗。斗陆平斗得如此过火，这是我们的错误。这件事，我们一再做了检讨，相信毛主席的指示，陆平是好人犯了一些错误，并愿意在他领导下好好工作。现在对聂元梓提出，哲学系斗争了陆平就是政治立场错误，斗陆平不是聂元梓一个人斗的，是不是意味着哲学系的所有积极分子都是政治立场错误？难道参加了一场革命运动就是犯了政治立场错误吗？

第六，有没有团结的愿望？

这次会议，高喊要团结，实际上处于严重的分裂局面；会议开了几个月，分裂局面没有改变，甚至有所加深。现在可以对哲学系党内斗争做一历史的考察，谁有团结的愿望？谁没有团结的愿望？谁应对造成分裂的局面负责？一开始，分裂局面是王庆淑的错误造成的。只是在社教运动中，才出现了一个空前团结的局面。当时，对于这个空前团结的局面，除了王庆淑以外，是人人歌颂的。后来有人说，这个团结是假的。即使团结是假的，我们积极分子具有充分的团结的愿望，这不是假的，只是我们没有想到有些同志会说假话、做假人。在运动中，我们做了许多工作，希望把哲学系的同志团结起来，办好哲学系。当然，对王庆淑，团结的愿望不够，这是不对的。在民族饭店会议揭发了张磐石的错误后，我们还认为应该珍惜运动中的成果，愿意在团结的基础上继续解决哲学系的问题，并愿意把王庆淑也团结进来。但是有些人不同意，说他们在运动中"颠倒了敌我关系"，才和我们搞了假团结；就是说，在运动中他们把王庆淑看成"敌"，把积极分子看成"我"，现在又要把这关系颠倒过来，他们一再声言要回到"原则的立场"上来，即是说要恢复到运动前的分裂局面。这样，运动中所出现的团结，就被彻底地破坏了。此后，分裂局面一直存在，而且在加深。

对聂元梓有没有团结的愿望？她说会上把她当敌人看待，这个说法有点过分，不大妥当。但确有对她采取非同志式的、态度粗暴的情况。

第七，是说服，还是压服？

党内思想问题,只能通过讲事实、摆道理来解决。我们的会越开越大,除了哲学系的同志外,先后有中宣部、北京市委、北大党委的二十五个人参加我们的会,最后还有经济系全体同志参加我们的会。这只能是扩大声势,加强压力。会上的许多发言是重复已经讲过的东西。有的人对着扩音器大声叫喊,还说这是对犯错误的人"大喝一声",完全必要的。会上有人起哄、哄笑、拍桌子、捶胸顿足,打断发言,除了还没有用皮鞋敲桌子以外,别的精彩节目都上演了。会下有人骂人,向领导小组反映了,也没有做严肃处理,只说不要告诉被骂的本人。这样一种开会方式能不能进行说服?

在正常情况下,结论高了,或者低了,是可能的,可以讨论,不能算压服。但毫无根据地乱扣帽子是要不得的。扣了帽子,不准反驳;若要反驳,扣上更大的帽子,这就是压服。会上居然有这样的提法:哲学系的问题所以长期谈不到一块,重要原因之一,是有些同志对中央、市委不信任。难道不同意你们的意见就是不信任市委、不信任中央?有的同志给领导小组提了点意见,就说这是怀疑领导的正确。这些,究竟是说服,还是压服?要压服,其结果只能是压而不服。

第八,允许不允许发表不同意见?发表了,听得进听不进?

在我们的会上,不同意见肯定是有的。请看看近来的简报,不同意见反映出来的有多少?除了核对事实的发言外,比较明确地讲了不同意见的只有三个人,就是孔繁、陈葆华、张恩慈。他们发言后的遭遇又怎样呢?孔繁发言后,就批评他说的大部分是小是小非,无是无非,甚至无事生非;而且还要改变会议的开法。其实,他的发言无非是对前一段会议提出的问题全面答辩。围绕同样的议题发言,为什么一方的意见是大是大非,而另一方的意见就是小是小非呢?陈葆华发言后,就说她为聂元梓辩护,和张磐石划不清界限。更严重的是,张恩慈发言后,对他批判揭发了一整天,说他和张磐石划不清界限,有共同的思想基础。这种态度,怎么能听取不同意见呢?

对问题的看法,我们并不强迫别人接受。我们希望在弄清事实的基础上,共同讨论。但是就连核对事实的说明是否听得进呢?钟哲明讲的就说都是"基本事实",别人讲的只是"一种解释"。如追稿件(批判冯定的稿件)的问题,钟哲明认为是哲学系破坏了党委统一的组稿计划。我们一再说明,因为《中国青年》早就有约,所以先把稿件送给它,另外,我们准备再给《红旗》写一篇。钟哲明硬说这是"一种解释",还是"不能成立";其实这是事实,不是"解释"。我们说明情况、摆事实都听不进去,如何能进一步讨论呢?

第九,是提倡唯物辩证法,还是提倡形而上学和繁琐哲学?

会上,繁琐哲学是有的,前面讲过了。形而上学,也是有的。会上明确的讨论题目只有一个:冯定问题。就以这个题目的讨论,来看一看讨论的方法论。讨论这个题目,一再提醒,有个限定:只讨论社教运动中的冯定问题。这里有两个问题,一个是马克思主义与修正主义的分歧问题,一个是对社教运动中的错误的估计问题;这两个问题的交叉点,就是所谓社教运动中的冯定问题。要正确解决这个问题,就应从历史发展中考察冯定问题,从社教运动中的各种事件的全面联系中考察冯定问题。但是在会上,一再强调要讨论1964年11月社教运动开始后的冯定问题;主张对冯定问题做历史的分析,就被认为是偏离了讨论的中心。其实,冯定问题之所以成为问题,不是在社教运动中发生的。如果要研究冯定的修正主义思想被揭露以后,哲学系的同志是否同他的错误做了斗争的问题,应该从1964年9月张启勋的文章发表说起。张文发表后的一个多月中,哲学系集中力量同冯定的错误做了斗争,社教运动中的冯定问题,是这一斗争的历史发展。现在,有人把一个完整的历史过程一刀两段,只抓住后一个片段就大做文章,说是在社教运动中没有同冯定做斗争。社教运动中,在冯定问题上是有错误的,这是和把陆平当作走资本主义道路的当权派相联系的,不考虑这种联系是难以理解的。在讨论中,首先是用静止的、孤立的观点把提出的问题做了一些限定,然后又交给大家一个非此即彼的公式:不是斗争，就是联合。哲学系没有像斗陆平那样斗冯定，所以结论就是：联合冯定，斗争陆平。有人问：不是斗争，就是联合，难道还有第三种回答吗？第三种回答当然是有的，不是那种非此即彼的绝对的回答，而是这样：哲学系同冯定的修正主义思想做了严肃的斗争，但在斗争中有错误和缺点。正是这样的回答，也许比较合乎客观实际。做出联合冯定、斗争陆平的结论，是采用了形而上学的方法论，即用静止的、孤立的、绝对的观点看问题的结果。

第十，领导小组是否可以对会议的进展做一个小结？是否还可以做一些必要的自我批评？

我讲这十个问题，目的就是希望出现一个良好的环境，有利于讨论问题，改变目前一部分人畅所欲言，一部分人不敢讲话的局面。我讲的一定有错误，请大家批评，我自己认识到了，就做更正。

我讲了一个下午，第二天上午，李存立接着发言："这次整风究竟要解决什么问题？应向大家宣布一下，使大家心里有底。会上讨论的问题，一个还没讨论清楚，一下子又转入另一个问题。如从讨论冯定问题转向批判聂元梓。在这一过程中有些同志提出不同意见，又转向对这些同志的批判。例如对张恩慈。现在郭罗基同志又发表了一些不同意见，是否又要转向对郭罗基的批判？"他还说："我们社教积极分子在运动中所犯的错误与你们所犯的错误在性质上根本不同。我们是在响应党中央的号召积极投入社教运动所犯的错误；你们呢，则是犯了保全自己、牺牲别人的错误，对陆平、王庆淑乱揭发乱批斗。你们还有脸批判我们吗？"

又有李真、孙伯鍨、岳田、孙蓬一、李清崑、宋一秀、刘路、陈葆华、赵正义、张恩慈等人发言，一连讲了几天，对会议的领导提出意见，打乱了原先的部署。

他们批评张磐石的一大错误是没有实行"三结合"。我责问，现在是否实行了"三结合"？他们想了几天，领导小组成员李康林发言，进行辩解。她说现在是整风，不是社教，不适用《二十三条》。马上有人指出，陆平、彭佩云都讲过，整风就是社教的继续。他们无言以对。

## "杀了孙蓬一，还有郭罗基"

国际饭店会议上反对派带头的人物是孙蓬一。社教期间，他参加工作队队部的活动，是个重要人物。而且，他是贫农出身，烈士后代，十四岁参加八路军，根正苗红，讲话肆无忌惮。社教的时候我不是重要人物，只是三等积极分子，而且被人认为是一个动摇的积极分子。但是在国际饭店会议上，我成了一个重要人物，因为我抵制那套"左"的做法，激烈地反抗。当时反对派深知，与北大党委和北京市委对抗，是不会有好果子吃的，但为真理而斗争，不得不坚持。我们常常高唱《国际歌》，唱到"要为真理而斗争"时，特别激昂慷慨。反对派中有人朗诵夏明翰的绝命诗以自励："砍头不要紧，只要主义真；杀了夏明翰，自有后来人。"孔繁，是反对派中的重要人物，平时不拘言笑，常常一语中的。他接着说："杀了孙蓬一，还有郭罗基！"以后作为一个口号传开了。我们，意志坚定，心情悲壮。大家都有接受厄运的思想准备。

又要说到任宁芬了。国际饭店会议之前，她看到反攻倒算的来势汹汹，向党委承认错误，表示要跟张磐石工作队划清界限。会议一开始，她不和我们一起坐在右侧，而是坐在中间一列。我们有点纳闷。一发言，她的腔调变了，才知她"起义"了。她还对我阵前喊话："郭罗（哲学系的人对我的爱称），你本来对张磐石工作队是有看法的，你应当起来揭发。"我回答："我对张磐石工作队是有看法的，当时你还批评我'动摇'；我对现在的反攻倒算更有看法，对你的反复不敢奉陪。张磐石工作队是'左'的，现在的反攻倒算更'左'。"

问：是啊，张磐石搞"左"的一套，你是反对的。现在清算张磐石的左倾错误，你为什么又反对呢？

张磐石工作队领导的北大社教犯了"左"的错误，以"左"反"左"是不对的。但"左"和"左"还不一样。社教以前，陆平党委的"左"，是运用权力自上而下地整群众；张磐石工作队的"左"是发动群众自下而上地整领导。而且自上而下地整群众多少年之后，自下而上地整领导才两个月。自上而下地整群众，多少人被戴帽、处分，还逼死了人；社教中虽批斗了领导，但没有一个人被戴帽、处分，更没有逼死一个人。批评张磐石工作队的"左"是应该的，我和哲学系的积极分子不是反对清算张磐石的左倾，而是反对校系两级领导，否认自己的错误，向群众反攻倒算，又回到自上而下地整群众，而且比工作组的过火斗争更凶。我们要维护的是群众对领导进行批评监督的权利。

## 抓"反党小集团"

11月21日上午，邓拓在市委大楼的办公室内召集宋硕、陆平、彭珮芸、刘文兰还有五六个批聂的干将开会，发表了长篇讲话："张磐石之所以能掀起轩然大波，就是因为哲学系有这么个总支书记，有这么一帮人。""聂元梓、孙蓬一等人就是坚持资产阶级党性，抱成一团。……现在看来是与党完全对立的小集团。"这些人听了邓拓的讲话很受鼓舞，又掀起一阵批判积极分子的高潮，意欲把我们打成"反党小集团"。

没有效果。邓拓对彭珮芸不满："过去我认为彭珮芸很有办法，这次知道了，她就是个搞办公室的角色，管家可以，挂帅不行。"因此换了宋硕来"挂帅"。宋硕也不行，慨叹："哲学系这块冰怎么就化不了？"

## 草草收场

1965年11月10日，上海《文汇报》发表姚文元的文章《评新编历史剧〈海瑞罢官〉》。报刊上展开了讨论。北京市委感到形势不妙。将国际饭店腾出来召开市委扩大会议，哲学系的整风会议搬到东单市委北极阁招待所，居住条件差多了。

宋硕在他们的内部会议上说，现在形势紧迫，会议不能再拖下去，拖下去就要犯错误。他还说，对聂元梓不要揪住不放，因为掌握不到很多材料。于是，他们准备紧急收场。（见北京市委干部"庞文弟交待材料之一"，1967年3月。）

12月20日下午，彭佩芸代表领导小组发言，谈聂元梓在哲学系整风和社教运动中所犯的错误，有四条结论性的意见，算是定案。

12月24日上午，聂元梓发言，对自己在哲学系整风和社教运动中所犯的错误进行第四次检讨，并对彭佩芸代表领导小组发表的结论性意见谈了不同意见。

12月30日下午，陆平在大会上做长篇发言，打印稿有21页。他说："在哲学系里，阶级斗争、两条道路的斗争是尖锐的、复杂的，在思想意识领域内，敌情是严重的，我们必须始终保持清醒的头脑，紧紧抓住阶级斗争、两条道路斗争这个纲，进行兴无灭资的斗争。"一派左倾言论。他强调："要办好哲学系，必须坚持毛泽东思想挂帅，走毛主席指出的半工半读的道路，这是哲学系的根本问题。"所谓"半工半读道路"，就是彻底毁了北大。

1966年1月5日，党委组织部长伊敏在大会上做长篇发言，谈哲学系历史上的是非和党内斗争的经验教训。

1月12日，彭佩芸代表领导小组在大会上做长篇发言，谈哲学系的团结问题。

这几个长篇发言都要大家讨论。我们意识到，他们要快快收场。我们有意见也不提了，让他们的官样文章顺利走过场。把我们打成"反党小集团"的图谋，终究没有得逞。

1966年1月15日，长达七个月的国际饭店会议宣告结束。

聂元梓为寻求政治上的保护，与检察院副院长吴溉之结婚。

文化大革命的熊熊烈火点燃以后，1966年6月5日，《人民日报》社论《做无产阶级革命派，还是做资产阶级保皇派？》中说："陆平……他们对一批积极分子进行的这种残酷斗争，竟长达七个月之久。这是1965年发生的一个极端严重的反革命事件。"文革开始后，就滥用"革命"和"反革命"的概念了。

## 第十九章　在怀柔搞"四清"

在国际饭店会议期间，我们反对派不做检讨是准备付出代价的，会后也许就是长期的劳动改造。张恩慈对我说："郭罗，你身体不好不用担心，干活的时候我们多干点，你在一边歇着。"最后的决定，不是劳动改造，而是下放农村。先是参加"四清"，"四清"结束后就地另行分配。陆平不像一个大学校长，倒像天桥的把式，在会上气势汹汹地说："你们不是说我打击报复吗？我就要打击报复。这回是肉包子打狗——有去无回。"所以当时我们都做好了思想准备，可能今后就是当农民了，将在农村消磨一生。哪知道后来情况又起了变化。

### 到了怀柔县驸马庄公社北房大队

反对派被化整为零，一个公社一个人，叫你无法相互联系。我被分配在怀柔县驸马庄公社。1966年1月15日，国际饭店会议结束，20日就下乡。先到怀柔县"四清"工作团报到。

问：把你下放到怀柔，那是好地方呀！

那时，怀柔是个荒凉的地方。县委、县政府所在地的十字街头，入夜空无一人。在招待所住下，没有暖气，被子又脏，和衣而卧，冻了一夜。城乡差别，深有感触。

第二天，驸马庄公社开拖拉机来接我。驸马庄公社"四清"工作团团长兼党委书记名郭超，是一位五十岁左右的女同志，原北京轻工业学院党委书记。她三言两语就把我打发走了，叫北房大队的"四清"工作队队长徐桂荣来领我。我想，她的冷淡是有原因的，上面一定给她打过招呼，郭罗基是什么什么样的人。

### 解决工作队内部矛盾

北房大队的"四清"工作队有二十多人，主要由两部分人组成，一部分是北京轻工业学院的干部和教师，一部分是清华大学的学生。我去的时候，工作队内部正在闹矛盾，矛盾的发生是清华大学的学生看不起轻工业学院的干部和教师，认为他们水平低，执行政策有问题。他们开过几次会，没解决问题，很苦闷，大家不开心，工作受影响。我去了，两边的人都希望我讲讲公道话，解决矛盾。我不忙开会，先找人谈心。发现关键人物是清华大学姓陈的学生，他对工作队的领导意见很大，而清华的学生都听他的。我着重做他的工作，指出：你的意见本身有合理的地方，但提出合理的意见不是改进了工作，而是有损于团结，为什么？那是因为提意见的方式有问题，处理人与人关系方面有缺点。他的思想通了，才开会。会上，不是争个我是你非，而是各自都做自我批评，开成了团结的会、融洽的会。会后，工作队的气象焕然一新。他们赞扬我："老郭水平高。"以后工作队的大报告都叫我去做。我在国际饭店会议上挨整半年之后，现在受到群众的尊重，心情特别好。

小陈腰椎有毛病。有一天，打了一个喷嚏，腰不能动了，也走不了路了，只好躺着。工作队的同志们十分关心，特别是他意见很大的两位同志，热情照顾，他感动得流下了眼泪。从此，工作队内部团结友爱，没有矛盾了。

## 清政治，清思想

1963年开展农村社会主义教育运动的"前十条"，规定的"四清"是清工分、清账目、清财务、清仓库。1964年的"后十条"，将"四清"扩大为清政治、清思想、清组织、清经济。尔后，称"前十条"的"四清"为"小四清"，"后十条"的"四清"为"大四清"。

北房大队的"四清"工作队是1965年8月进村的，搞了半年，清经济已经结束。我来了之后，正好进入清政治。清政治首先抓敌我矛盾。我做了对敌斗争阶段的动员报告，主要是号召坦白交待，检举揭发，着重清查外来人口和外逃人口。

"四清"工作团团长郭超改变了对我的冷淡态度，她说我的动员报告讲得很好，将讲稿略加修饰转发给其他"四清"工作队做参考。

清政治之后是清思想。北房大队以团支部书记李文德为典型，批评他的资产阶级思想，大家受教育。

他的主要问题是斤斤计较报酬；不是革命第一、工作第一，而是工分第一；得利多就多干，得利少就少干以至不干。当时的口号是"兴无灭资"、"为革命种田"。清思想还是由我做动员报告，然后李文德做检查，一连几天分小组讨论，以李文德为镜子，克服个人主义，树立"为革命种田"的思想。那时的思想工作是很虚的，大多是唱高调。

我在北房大队只待了三个多月，4月下旬，郭超找我谈话，调我到驸马庄大队当"四清"工作队指导员。她说：北房大队是一类队，开展工作比较顺利；驸马庄大队是三类队，工作"崴泥"了，让你去挑重担。她还说：你来的时候，市委有交待，说是不能当领导。我们要任命你当指导员，他们不同意。我顶了他们一下："你们把他放在我们这里，怎么使用是我们的事。你们不同意我们的安排，可以把他调回去。"他们没辙。

## 吃"派饭"

我在北房结识了轻工业学院外语教研室的俄语教师刘渝宜。我们是在一起吃"派饭"的伙伴。

问：什么叫"派饭"？

同吃、同住、同劳动，是工作队的守则。工作队的成员都在老乡那里挨家挨户轮流吃一天，叫做"派饭"。北房村比较富裕，每天能吃到米饭或馒头，加一个熬白菜。那米饭和熬白菜特别可口，条件好的人家在熬白菜里加几滴香油，更是美味。每顿饭吃完，老乡都泡一壶茶，每人喝一杯。老乡不刷牙，这个习惯起了清洁牙齿的作用。老乡都乐意工作队去吃"派饭"。每人吃一天付三毛钱，这是难得的现金收入。

吃"派饭"，联络了感情，了解了民情。

我和刘渝宜接触多了，她悄悄地告诉我："你来以前，市委来人对我们说：'北大有一个讲师要到你们这里来，这是有问题的人，你们要加强监督。'有什么问题？他没说。你来了之后，大家对你的印象很好，都说不像是'有问题的人'。"我们相互之间产生了好感，但工作队有纪律，"四清"期间不准谈恋爱，故不能表白。我离开北房的前一天晚上，吃过"派饭"，她说送送我，在村里散步，大家都不说话，此是无声胜有声。

到了驸马庄大队，感受到三类队的气氛确实不同，工作队也是愁眉不展的。吃"派饭"从来没有像北房那样，全家在一起吃，也没有米饭、馒头、熬白菜可享受了。老乡的主粮是白薯干，白薯干都晾在房顶上，中午时分，搬个梯子上房顶，吃饱了就下来。对工作队，将白薯干在锅里蒸一下，算是优待。所以，我们吃"派饭"总是单开。蒸热的白薯干不难吃，像牛皮糖，但吃过之后会反胃酸。有的老乡家提供咸菜，说是吃白薯干边吃咸菜就不会反胃酸了。我在驸马庄还平生第一次吃了榆树皮。听说过，灾荒的年景或青黄不接之际，可以吃榆树皮，非但没有吃过也没见过怎么吃。榆树皮，粗糙的外层是不能吃的，能吃的是白净的内层，而且要把它磨成面。为了优待工作队，在榆树皮磨成的面里加一点棒子面，调成稠糊糊。煮一锅开水，把稠糊糊放在一个木制的平底漏勺里，压成一条一条的，有筷子粗，掉在开水里，煮熟，加一点野菜。这叫压饸饹。我们城里人的肠胃对这种东西不能适应，吃了大便很困难。

## 当工作队指导员

郭超和我谈话，谈任命的同时也谈任务。驸马庄大队的清经济、清政治、清思想、清组织都清过了，但村里的生产和工作毫无起色。现在很麻烦，既不能从头再来一遍，又不能就此了结。怎么办？她提出进行一次群众性的总结，补一补课。群众性的总结抓四个"大"：大摆成绩，大摆缺点，大找原因，大想办法。

我进村以后，听到传说"工作队要走了"。有的老乡说："就这样走了？"意思是就这样不能走。

1966年的五一节，我做了开展"四大"的动员报告。首先安定人心。我说："工作队的老队员非但没有走，我作为新队员不又来了嘛！"运动搞得不能使群众满意，工作队是不会走的。大伙可以讨论讨论，怎样使群众满意？工作队怎样才能走？因此，我们要进行一番总结，开展"四大"：大摆成绩，大摆缺点，大找原因，大想办法。

运动搞得怎么样？可以用六把尺子来衡量。

一，贫下中农是真正发动起来了，还是没有发动起来？

二，干部中的"四不清"问题，是解决了还是没解决？

三，干部参加劳动了，还是不参加劳动？

四，一个好的领导班子是建立起来了，还是没建立起来？

五，发现有破坏活动的地、富、反、坏分子，是将矛盾上交，还是发动群众、认真监督、就地改造？

六，生产有没有搞上去？是增产了还是没增产甚至减产？

三类队的工作是很难搞的。开会的地点是一个破庙。农民是没有时间观念的，说是晚上开会，有的七点就到了，有的九点才来。干了一天活，开会正好闭目养神，有时竟鼾声大作。也有人抽烟，抽的那种劣质烟很呛人，满屋子乌烟瘴气。讨论起来，不是沉默就是跑题。

工作队研究，要发挥党员的模范带头作用，又由我讲了一次党课。

"四大"没有搞完，我就离开了驸马庄。估计结果不会太理想。

## 广播聂元梓等七人的大字报

1966 年 6 月 2 日，早上，村头的大喇叭里广播的"新闻联播"，第一条竟是《人民日报》头版头条的《北京大学七同志一张大字报揭穿了一个大阴谋》。我十分惊诧，北京大学哲学系聂元梓等七人的大字报，题为《宋硕、陆平、彭珮云在文化大革命中究竟干些什么？》，批判性的语言，很有气势。还有一篇人民日报评论员的文章《欢呼北大的一张大字报》。评论员文章是爆炸性的，说：北京大学是"'三家村'黑帮的一个重要据点，是反党反社会主义的顽固堡垒。""你们的党不是真共产党，而是假共产党，是修正主义的党。"我很震惊，也很不解，北大怎么会是"三家村"黑帮的一个"重要据点"？无论怎样，很兴奋。虽然不知底细，我断定上面出了大事。后来知道，聂元梓等人的大字报 6 月 1 日晚上八时就广播了。我意识到，我们翻身了，命运即将改变。

6 月 3 日，《人民日报》公布了党中央的决定：改组北京市委，组成以李雪峰为首的北京新市委；改组北大党委，派出以张承先为首的工作组，代行北大党委的职权。当天，北京市委通知，所有"四清"工作队中的北大师生立即返校。像我们这些"需要在农村中长期改造"的人，也在返校之列，想必是发生了不寻常的事情。

我是工作队指导员，需要交接工作，6 月 6 日才返校。

## 第二十章　毛主席点燃了无产阶级文化大革命的熊熊烈火

从农村返回北大，我是哲学系的最后一个。战友们已经在惦记了，相互探询："郭罗怎么还不回来？出了什么事了吗？"

1966年6月6日，我回到北大时，已是晚上。国际饭店会议后一别半年，现在又胜利地会师了。战友们特别激动。中国人是不习惯拥抱的，这时却情不自禁地热烈拥抱。

他们首先问我："你为什么这么晚才回来？"

我说："我当了工作队的指导员，需要交接工作。"

"不是说不准当领导的吗？你怎么会当上指导员？"

"那是因为我遇到了一位开明的四清工作团党委书记。"

### 七人大字报是怎样产生的？

这半年里，发生了许多大事，我们在乡下一无所知。

哲学系人心离散，许多人都想逃脱这是非之地，一走了之，有门路的人迅速行动。朱泽浩去了中央机关，曹琦去了宗教研究所，李存立去了铁道学院。杨克明去了电工研究所，但他的家还住在北大。张恩慈去了新成立的马列主义研究院，又参加曹轶欧的调查组来到北大。

有说不完的话，一直谈到深夜。

我的行李还没运到。李清昆的爱人王秀芳不在，我和李同睡一床。

谈得最多的还是有关七人大字报。

这七个人并非都是哲学系反对派的代表人物，他们是怎样聚在一起的？

聂元梓已经去怀柔报到参加四清，回北大取行李，得了感冒，于是赖着不走，想寻找机会调离北大。

赵正义（总支副书记）是哲学系大部分人下乡后留守的干部。

宋一秀得了肝炎，不能下乡。

夏剑豸已经下乡了，因妻子生小孩暂时回城。

杨克明调到电工研究所了，人还住在北大，常与哲学系的人在一起。

国际饭店会议后，哲学系的反对派心有不甘，怎样才能把这个案子翻过来，改变命运？当时没有别的办法，只有向上面告状，然后由上面来改变。中国的政治体制缺乏纠错机制，必须由权力大的来压权力小的。北大的案子已经涉及书记处书记彭真和总书记邓小平，上告，要越过他们到达两位主席，毛主席和刘主席那里，才有希望。

批判"三家村"，批判北京市委的机关刊物《前线》和《北京日报》，聂元梓他们知道北京市委出问题了，于是蠢蠢欲动。5月19日晚，北大党委召开会议，传达《五一六通知》，聂元梓、赵正义参加了。确证彭真出问题，他们就按捺不住了。聂元梓、赵正义找了几个人商量，他们的思路还是上告，给毛主席、刘主席写信。杨克明说，写什么信，写大字报吧。杨克明是受了张恩慈的启发。张恩慈曾告诉我，他在路上遇到杨克明，走到大饭厅的时候，杨问他：写了材料怎么往上送？他说："写什么材料，北京市委大楼里都贴出大字报来了。"我接着问他："是不是曹轶欧对你有什么授意？"他说："没有。"杨克明一说写大字报，聂元梓第一个赞成，她说，她给毛主席、刘主席写过信，还是田家英转的，给北京市委也写过信，都是石沉大海。接着大家都赞成。赵正义和宋一秀应《解放军报》之约写了一篇批判文章，赵正义就把它改写成大字报。大家讨论以后不满意，由宋一秀写了二稿。5月24日晚上，大家讨论还是不满意，杨克明自告奋勇："由我来修改。不用再讨论了，明天一早，我去上班之前，把稿子留下，你们来抄就行了。"他自以为很有把握。5月25日，杨克明上班之前把稿子交给了高云鹏。杨克明说是"修改"，实际是重新写了一篇。宋一秀写文章比较书生气，这张大字报那种盛气凌人的风格完全是属于杨克明的，怪不得后来他成了"梁效"的成员。在24楼204号宋一秀的房间里，高云鹏、赵正义、夏剑豸、宋一秀对杨克明写的稿子边讨论边抄写。讨论中，他们删掉了社教后期陆平、彭佩云反攻倒算的段落，集中揭发文化大革命问题。大字报的内容不是说理的，仅仅针对宋硕他们提出的关于"加强领导，坚守岗位"、"积极引导"等要求，就认为是"压制群众革命，不准群众革命，反对群众革命"、"破坏文化革命"，"是十足的反对党中央，反对毛泽东思想的修正主义路线"，高喊要"打破修正主义的种种控制和一切阴谋诡计，坚决、彻底、干净、全部地消灭一切牛鬼蛇神、一切赫鲁晓夫式的反革命修正主义分子"。这份大字报，开大批判的恶劣文风。聂元梓也来了，她加了最后的三个口号："保卫党中央！保卫毛泽东思想！保卫无产阶级专政！"，颇为耸人听闻。

签名时，聂元梓拿起笔来签了头一名。后来张恩慈还责备杨克明：你怎么让聂元梓签了头一名？杨克明不在场，他的名字也是由高云鹏代签的。大字报遭受围攻时，杨克明还埋怨高云鹏："为什么把我的名字签上了？你知道不知道我已经离开北大了？"后来成了"全国第一张马列主义大字报"，他又和宋一秀争"谁是大字报的起草人"了。

高云鹏和夏剑豸各抄写了一份。高云鹏抄的一份拿出去贴的时候，在走廊里遇到李醒尘。他是入党不久的新党员，没有参与哲学系的党内斗争。他看了大字报以后表示同意，签上了最后一名。夏剑豸抄的那一份被文物单位要去保存了。

## 大字报是康生授意的吗？

问：传说，这张大字报是在康生指使他的老婆曹轶欧的授意下产生的，事实究竟如何？

传说不实，但流传很广。说得最起劲的是两个人，一个陆平，一个彭佩云。其他人是以讹传讹。

1979年11月30日上午，陆平接受《北京日报》记者林浩基的采访，发表了《北大第一张大字报是怎样出笼的？》（见《历史在这里沉思》2，华夏出版社，1986年）。文章说："原来曹轶欧临行之前，康生面授机宜，明确要调查组在'北大点火，往上搞'。""由谁来带头'点火'、'揭盖子'呢？"先是找了法律系主任陈守一。"策动陈守一'点火'失败之后，他和他的老婆又多次与聂元梓密谈。""5月下旬，'调查组'亲自出马，召集北大一些人开会，直接授意写大字报。"大字报贴出后，"北大反对激烈，……康生恶狠狠地狂叫：'是王八蛋也要支持。'露出一副赌棍的凶相。""他要走大字报后，背着在京主持中央工作的刘少奇、周恩来、邓小平同志等政治局常委，继续他精心策划的这张大字报的阴谋活动，报告了毛主席。"

聂元梓等六人讨论决定写大字报后，聂元梓说，她和杨克明通过张恩慈找了曹轶欧。他们习惯性的思维认为，重大问题党员要请示党组织。向谁请示？向北大党委请示固然不行，彭真的北京市委已经垮台，新市委不知找谁，所以就找了上面派到北大来的调查组负责人曹轶欧。他们所谈的全部内容只有一点，问："想给陆平贴大字报，行不行？"曹轶欧回答："根据'五一六通知'精神，写一张大字报，怎么不行呢？"（聂元梓《我在文革旋涡中》第21页，中国文革历史出版社，2017年。）但张恩慈和杨克明否认有此行动，指斥聂元梓编造事实。大字报的签署者，除聂元梓以外，其他六个人都没有见过曹轶欧，也不知道聂元梓见过曹轶欧。聂元梓这个人，脑子有问题，即使不是有意编造，她常常把想象当事实，同一事实，说两遍往往不一样。

即使按聂元梓所说，这是贴大字报以前她和曹轶欧唯一的一次接触，不是如陆平所说的"多次密谈"；接触的只有曹轶欧一人，不是如陆平所说的"他（康生）和他的老婆"。曹轶欧的谈话没有任何授意。是聂元梓主动找曹轶欧，不是曹轶欧主动找聂元梓。是聂元梓等人贴大字报的立意在先，曹轶欧的支持在后。陆平所说"'调查组'亲自出马，直接授意写大字报。"更是子虚乌有之事，他也没有提供证据。大字报贴出后，曹轶欧不知道是什么内容，才让张恩慈到哲学系要底稿。陆平说："他（康生）要走大字报后，背着在京主持中央工作的刘少奇、周恩来、邓小平同志等政治局常委，继续他精心策划的这张大字报的阴谋活动，报告了毛主席。"说颠倒了。1967年2月3日，毛泽东同阿尔巴尼亚代表团的卡博·巴卢库谈话时说，聂元梓等人的大字报"到6月1日中午我才看到，我就打电话给康生、陈伯达，我说要广播。"（王年一《大动乱的年代》第25页，人民出版社，2009年。）毛泽东看到的大字报，是刊登在《红旗》杂志和《光明日报》总编室联合编印的《文化革命简报》第13期上的，随即在《简报》上写了一段批示："康生、伯达同志：此文可以由新华社全文广播，在全国各报刊发表，十分必要。北京大学这个反动堡垒，从此可以打破。请酌办。"（《毛泽东年谱》第5卷，第589页。）所以，不是康生的"阴谋活动"，将大字报底稿报告了毛主席，而是毛主席要康生"酌办"，全文广播。陆平说康生"狂叫：'是王八蛋也要支持。'"这是1966年7月的事。7月19日，聂元梓在大饭厅外面向群众发表反工作组的谈话，哲学系的老左派是不赞成的。中央文革的关锋说："哲学系的老左派不懂辩证法。"康生才说："聂元梓是王八蛋也要支持。"康生的这句话是指反工作组，与七人大字报无关。陆平把康生的这句话提前了一个多月，移花接木。陆平的许多说法不免捕风捉影，甚至连风也没有，影也没有。中央文革的成员王力说："有人说……大字报是曹轶欧组织的，这一点影子都没有。"（《王力反思录》下，第603

页，香港北星出版社，2001年。）

彭佩芸写了一篇《也谈"全国第一张马列主义大字报"出笼经过》，发表在《百年潮》2006年第2期。说第一张大字报是康生、曹轶欧"指使炮制出来的"。因为人们认为陆平的说法缺乏证据，故彭佩芸罗列了三条证据。文革时在校的历史系学生王复兴撰文驳斥，三条证据一条也不能成立（见王复兴《探索"第一张马列主义大字报"产生的原因》，《回顾暴风雨年代》，美国南方出版社，2018年）。

康生本人也有自我吹嘘的说法。1966年7月26日，在北大东操场召开的反工作组的万人大会上，康生说：聂元梓等人的大字报是"二十世纪六十年代北京公社的宣言"。据说这是毛泽东的说法。康生又说："6月1日，我向毛主席汇报了北大聂元梓等七同志的大字报，毛主席指示中央台全文广播，人民日报全文刊登。杨克明解放了，我也解放了！"闪烁其词，好像他起了什么不可言喻的作用。江青又对聂元梓说：七人大字报是她亲自送给毛主席的。当时毛主席不在北京，在杭州，她亲自送大字报非常危险。这时还有人跟踪，是刘少奇的人呀。（聂元梓《我在文革旋涡中》第51页，中国文革历史出版社，2017年。）毛在《文化革命简报》第13期上的批示铁证如山，康生和江青的说法都不足为凭。

陆平、彭佩芸散布七人大字报的产生是康生、曹轶欧的授意，转移了视线。其实，这张大字报产生的真正的根源是在他们自己身上，是国际饭店会议整人逼出来的。为什么大字报产生在哲学系？还不是因为在北大社教和社教失败以后哲学系斗争最激烈，在斗争中炼就了一批高压之下不屈服的人，成为火种。七人大字报是北大内部矛盾长期积累和激化的产物。"五一六通知"的传达起了催生的作用，将酝酿告状的行动转化为公开贴大字报；否则，聂元梓等人不会有那么大的胆量。

毛的批示中说："北京大学这个反动堡垒，从此可以打破。"在看到大字报以前，他已经有了"北京大学这个反动堡垒"的结论，大字报的作用是"从此可以打破"。"北京大学这个反动堡垒"的结论是怎样形成的？《毛泽东年谱（1949-1976）》1976年记载：

5月11日 阅中央马列主义研究院干部张恩慈写的《我对北京大学"四清"运动的意见》。这份《意见》对北京大学"四清"工作队、北京大学党委和北京市委在领导北大"四清"运动方面，以及北大在贯彻教育方针等问题上，提出了不少尖锐的看法。毛泽东审阅时把标题改为《张恩慈同志对北京大学"四清"运动意见》，批示："少奇同志阅后，印发有关同志。"13日，刘少奇批示："此件请即印发政治局扩大会议各同志。"（《毛泽东年谱（1949-1976）》第5卷，第586页。）

毛对张恩慈的《意见》极为重视。《意见》的内容就是对陆平、彭佩芸以及他们背后的彭真等人的"尖锐的看法"。从北大点火，往上烧，是符合毛的战略部署的。1966年5月23日，哲学社会科学学部的吴传启贴出了大字报，5月26日，教育部卢正义贴出了大字报，北京市委大楼里的大字报出现得更早，毛泽东为什么单挑北京大学的大字报向全国广播，不是没有原因的。

事后十二年，还有人无根据地大胆胡说。《北京大学纪事》（下册）载，1978年12月5

日，校党委扩大会议上，党委书记周林做了总结。"他说，第一张大字报，是康生、曹轶欧策划的，是个圈套、大骗局，欺骗了毛主席、党中央。"（第826页）他还有新的说法"是个圈套、大骗局"。事实根据呢？没有。

## 七人大字报贴出以后

七人大字报是1966年5月25日下午两点多贴出去的，贴在大饭厅东墙，是1957年右派闹事的老地方，所以有人说："谭天荣又来了！"谭天荣是1957年北大天字第一号的大右派。

大字报的出现产生了轰动效应。正在走向教室的大学生，不去上课了，聚在大饭厅周围。最初的直觉，多数人认为这是反党大字报。高云鹏被人揪住，受到围攻，还有推搡拉扯。少数得知"五一六通知"精神的人表示支持。哲学系的学生对党内斗争有所风闻，也表示支持。反对的和支持的激烈辩论。有人在大字报前宣誓保卫校党委，也有人高喊："打倒陆平！"晚上，陆平召开党委会议，商量对策。党委第一副书记戈华、副书记崔雄昆是支持大字报的，拒绝参加会议。此后，校园里的大字报就呈现出一面倒的反对、批判、声讨之势。

中共华北局书记、新任北京市委书记李雪峰来到北大，已是十二点，在办公楼礼堂召开党员干部会议，他说："我们来了，惊动了你们，你们也惊动了我们。你们贴出大字报是好事。北大是有革命传统的，在全国、全世界都有影响。搞好社会主义文化大革命，要按中央指示进行。北大的党要把运动领导好，斗争要有组织、有纪律、有秩序、有领导。党内有民主集中制，党有党纪，国有国法，不是乌合之众，不能乱七八糟。"他的说话很谨慎，虽有暗示，没有明说。

国务院外事办公室副主任张彦也来了，他说是总理派他来的，传达总理的指示：贴大字报可以，但要内外有别，应开辟一个室内的场地，用来贴大字报。

反对者似乎得到了鼓舞，要求大字报作者撕下大字报，认为支持者应做检讨。

党委决定，开辟31楼附近的学三食堂作为贴大字报的场所。27、28日统计，批"三家村"的一百多张，批聂元梓的四百张。很快，食堂里贴满了，还是贴到外面。

6月1日晚八时，中央人民广播电台广播了聂元梓等七人的《宋硕、陆平、彭珮云在文化大革命中究竟干些什么？》

这张大字报，开了文化大革命的恶劣的先例，被大字报点名，戴上帽子，就成为"群众专政"的对象。后来连聂元梓本人，在她的回忆录中也不得不承认"这是一场民族大灾难的开端"。

大字报广播后，全校震惊！当晚，电台接到59人次质询电话，问："是谁让广播的？"（以上均见《北京大学纪事》下册，第643页，北京大学出版社，1998年。）

6月2日早上，重播了大字报，还有一篇人民日报评论员文章《欢呼北大的一张大字报》。通栏的标题是《北京大学七同志一张大字报揭穿了一个大阴谋》。这篇评论员文章，要解释一个大问题,像聂元梓他们那样,反对基层党组织,非但不是反党,而且是坚决的革命行动。这就把 1957 年流行的逻辑翻转过来了。57 年的时候,有些人就因为批评本单位的党组织,或者批评某个党员领导人,被打成"反党反社会主义的右派分子"。文革中,这叫"造反有理"。全国的党组织都瘫痪了,还是"紧跟伟大领袖毛主席的战略部署"。

聂元梓的回忆录中说,她是 6 月 1 日晚上走在王府井大街上听到广播七人大字报的,"紧接着广播《人民日报》评论员文章《欢呼北大的一张大字报》"。(《聂元梓回忆录第 130 页,时代国际出版有限公司,2005 年;《在文革的旋涡中》第 33 页,中国文革历史出版社,2017 年。)《人民日报》评论员文章是陈伯达、王力、关锋在大字报广播以后连夜炮制出来的,6 月 1 日晚上,文章一个字都没有,聂元梓怎么会听到?她回到北大后,还听到:"学校的大喇叭在反复地播送我们的大字报和《人民日报》评论员文章。"当晚《人民日报》评论员的文章一次都没有播送,哪有"反复地播送"这回事?

问:你的意思是说聂元梓的回忆录不真实?

是的,这只是一个细节,还有重大的史实遗漏,或者叫隐瞒,以至歪曲真相。

大字报广播后,北大的校园沸腾了!

原先反对大字报的人认为,大字报的作者和支持大字报的人,像 1957 年的右派一样,跳出来反对党委,他们以左派自居。大字报广播后,颠倒过来了,人们把反对大字报的人称作右派,支持大字报的人就是左派。大字报的作者和哲学系一批社教运动中的积极分子在国际饭店会议上拒绝检讨的人,被人称作"老左派"。"老左派"在北大的文化大革命中发挥了特殊的作用。文革中的当权派和反对派,两方面的代表人物和骨干分子都是教师和干部,不是学生,这是北大的显著特点。

北大党委是被北京新市委打倒的,是被张承先工作组夺权的。我回到北大时,不需要任何人再"造反"了。我轻而易举地当上了"老左派"。哲学系的"老左派"有二十多人。

"造反派"这个称呼不是产生于北大。

## 校园里的乱象

我返校的第二天,即 6 月 7 日,在校园里走走,看看大字报。

到处看到斗"黑帮"。"黑帮"们头戴纸糊的高帽,有的还开了花脸,批斗时驾"喷气式"。也有牵着"黑帮"游街的。我还看到王学珍(副教务长)被当众剃了阴阳头。

大字报铺天盖地,但大多内容空洞。许多大字报公布了抄家的战果,说是抄出了"变天账",抄出了"杀人武器"。我还看到一张大字报,题目是"杀猪出谷",这是运用《湖南农民运动考察报告》中的语言,勒令某教授交出 500 元,送到 XX 楼 XXX 号房间。这不是公然勒索吗?

校外来人很多。每天有几万人涌入北大,冲击了正常秩序。各种载人的车辆,从北大南校门一直排到白石桥，绵延数公里。"到北大看大字报"，成为北京人生活中的重要节目。他们除了看大字报，还要到处寻找"黑帮"，因为在本单位没有见识过"黑帮"。找到了"走资派"或"反动学术权威"就揪出来批斗。所谓批斗，无非是辱骂、起哄，尤其是一些青少年，常常进行人身侮辱，揪耳朵，打耳光。

吃过晚饭，我到学生宿舍转转。刚走进38楼，看到走廊里塞满了人，押着两个人，一个冯瑞芳，一个徐明，都是我们系的女教师，往外涌。有人喊："打倒黑帮！"有人在他们的脸上、身上泼墨，还有人把厕所的纸篓套在她们头上。不知这些人要干什么。涌到38楼门口，招来外系的一大群人围观。三年级的学生党支部书记（我忘了他的名字）对我说："郭老师，你上去讲几句话，结束这个混乱的局面。"38楼门口有一堵矮墙，他先站上矮墙上，说："现在请哲学系的老左派郭罗基老师讲话！""老左派"成了一个头衔。他扶我登上了矮墙。一看，下面黑压压的人群一大片。说什么好呢？怎样才能结束这混乱的局面？在这种场合批评指责是不行的。我说："群众批斗黑帮，好得很！我代表哲学系坚决支持！（其实，我有什么资格代表哲学系）我们哲学系的黑帮有一大批，我们已经制定了批斗黑帮的计划（哪有什么计划），将一一批斗，无一漏网。我们批斗黑帮的时候，欢迎大家来参加。现在请大家把这两个黑帮交给我。"最后我大声地说："把这两个黑帮带下去！"我就把他们领到哲学系所在地南阁。走到半路，冯瑞芳还想回去，说："我的自行车还在那里。"我说你别回去了，弄不好又被揪住。你把车钥匙给我，我找个学生骑来。正好迎面来了一个哲学系的学生，我就让他把冯瑞芳的车骑来。我让她们在南阁平静一下，然后回家。我问："你们怎么会被他们揪住？"他们说："我们是去联系群众的，……"冯瑞芳一直哭个不停。我说，你有什么不痛快都吐出来吧。她说了："他们摸我的小便……"我脱口而出："畜牲！"

这一天，我改变了想法。从怀柔回北大，满怀喜悦，一路上都在想，怎样投入文化大革命？这一天的所见所闻，使我思想上怀疑，行动上犹豫。这是什么样的革命？陆平及其党委犯了错误，我赞成对他们进行批评，但把他们当敌人来对待，太过分了。他们犯的是左倾错误，而现在对付他们的办法更加左倾。

文革前对学生要求比较严格的老师往往遭揪斗。本来我也在揪斗之列，因为是"老左派"，被挡回去了。

从怀柔回北大后，起初是兴奋大于忧虑，后来是忧虑大于兴奋，最后只有忧虑没有兴奋了。我没有写过一张揭发的大字报，也没有在批判会上发过一次言，更没有到任何地方去进行过一次串联。我一直在观察文化大革命、思考文化大革命。由于这个原因，再加哲学系的"老左派"争权夺利，杨克明和宋一秀还争抢所谓"第一张马列主义大字报"的写作权，闹得乌烟瘴气。我不愿卷入这种浊流，故有意退避三舍。

## 北京大学的典型意义

聂元梓等七人大字报，适应了左倾的潮流，被毛泽东看中，加以利用，进一步推波助澜。

毛誉之为"全国第一张马列主义大字报",还说"写得何等好啊!"大字报有什么"马列主义"理论?连"马列主义"词句都没有!从此,这张大字报被装饰上神圣的光环,谁反对这张大字报、反对大字报的作者,都被视为"反动";北大流行一个公式:"反聂即反动。"

文化大革命中有一句重复了千万次的套话:"伟大领袖毛主席批发北京大学聂元梓等七人大字报,点燃了无产阶级文化大革命的熊熊烈火。"

研究全国的文革要从北大开始,历史从哪里开始,研究也要从哪里开始。文革的发生,北大具有典型意义。

套话一句,包含了5W主义的要素,相当齐全:
What:无产阶级文化大革命的熊熊烈火
Where:是在北京大学点燃的
Who:是谁点燃的?伟大领袖毛主席
How:怎样点燃的?批发聂元梓等七人大字报
When:这句套话的流行是1966年,时间是不言自明的
在北京大学点燃的"熊熊烈火",烧向北京市,烧向全中国,以至烧到巴黎。

问:这就是文化大革命的开端?

文化大革命的开端,有三个标志:

一,以1965年11月10日姚文元的《评新编历史剧〈海瑞罢官〉》的发表作为标志,是文化大革命作为大批判运动的开端。

二,以1966年5月16日《五一六通知》的发出作为标志,是文化大革命作为打倒混进党里、政府里、文化各界里的资产阶级代表人物的开端,即后来的揪走资派和反动学术权威的运动的开端。

三,以1966年6月1日聂元梓等七人大字报在电台的广播以及随后《人民日报》的公开发表作为标志,是文化大革命作为群众运动的开端。但只有到了这时,才形成三位一体的熊熊烈火,开启了十年的疯狂。毛泽东说:"北大一张大字报,把文化革命的火点燃起来了,这是任何人压制不住的一场革命风暴。"(《毛泽东年谱(1949-1976)》,第5卷,第593页。)

这句套话蕴含了深刻的内容,它是两种必然性的交叉:

第一,毛泽东必然要点火。1966年5月发出的《五一六通知》,号召"批判混进党里、政府里、军队里和文化领域各界里的资产阶级代表人物";还说"赫鲁晓夫那样的人物,他们现在正睡在我们的身边"。毛的意图是从揪各级走资派到反对中国的赫鲁晓夫。他正寻找机会,把党内斗争推向党外,转变为群众运动。即使没有北大的大字报,他也会找到别的机会点燃文革的熊熊烈火。

第二,北京大学必然会出现矛头向上的大字报。北大的熊熊烈火是内部矛盾长期积累的爆发。十七年不断地搞运动,整人积蓄了反抗的能量,文革是一次总爆发,是自上而下的压

制引起自下而上的反弹。

北大的历史就是不断地"翻烙饼"。

问:你说的"翻烙饼"这个词很有意思,详细说说北大的历史怎么会是"翻烙饼"?

从1957年开始到社教以前,是领导整群众、上面整下面,陆平党委整人不少,积怨甚多。社教是工作队发动群众整领导、下面整上面,争相出气,翻了一次烙饼。社教后期的反攻倒算,又是领导整群众、上面整下面,整得更狠,烙饼又翻过来了。文革是烙饼再翻一次,群众整领导、下面整上面,整得狠上加狠。在左倾的潮流下,要整人,不论是上面整下面还是下面整上面,都必须抓对方的"右",显示政治正确。这样,自己就在"左"的台阶上进入更高的一级。文革是"左"到了顶点,成为极左。物极必反,非如此左倾路线不会破产。

文化大革命在北大的爆发是具有典型意义的。但后来文化大革命的进程在北大不具有典型意义。

文化大革命是自下而上的造反运动,也是几十年中受压制的群众的不满情绪的发泄。毛泽东这位大策略家,把祸水引向刘少奇和走资派,他作为"伟大领袖"依然是光芒万丈。

问:文化大革命的爆发还有什么条件?

群众的造反情绪是基础条件,还有两个重要条件:

六十年代的中苏争论,在争论中提出"反修防修"的口号,煽动了极左思潮。文化大革命就是"反修防修"的实践。

对毛泽东的个人崇拜。毛泽东对于作为崇拜者的芸芸众生,具有强大的社会动员力;对于党和国家的决策,形成一人专断。作为文化大革命的纲领性文件《五一六通知》就是毛泽东强加给全党的。他不参加中央政治局扩大会议,却找人起草《五一六通知》,并亲自修改补充,交政治局扩大会议通过。会上,只有朱德、陈云、李富春三人投了弃权票,无人反对,因为反对不了啦!后来的批发七人大字报,"炮打司令部",号召向"走资派"夺权等等,每一个文化大革命的关键步骤,都是毛泽东的一人专断。可是,无论怎样专断,都能得到拥护,所以才能造成"和尚打伞,无发(法)无天"的局面。

## 第二十一章　工作组的进出

6月3日，新华社发电讯，6月4日见报："中共中央决定：由中共中央华北局第一书记李雪峰同志兼任北京市委第一书记，调中共吉林省委第一书记吴德同志任北京市委第二书记，对北京市委进行改组。"

同时，还有："中共新改组的北京市委决定：（一）派以张承先为首的工作组到北京大学对社会主义文化大革命进行领导；（二）撤销中共北大党委书记陆平、副书记彭佩芸的一切职务，并对北京大学党委进行改组；（三）在北京大学党委改组期间，由工作组代行党委的职权。"

### 工作组进校

事实上，以张承先为组长的工作组三十二人，6月1日晚广播了七人大字报以后就进校了。而派工作组的决定，大字报广播以前就做出了。据《毛泽东年谱（1949-1976）》1976年中记载："5月29日，刘少奇、周恩来、邓小平等开会研究，决定由陈伯达率临时工作组进驻人民日报社，由张承先率工作组进驻北京大学。"（《毛泽东年谱（1949-1976）》，第5卷第588页，中央文献出版社。）又据《周恩来年谱（1898-1976）》，刘少奇、周恩来、邓小平商定向人民日报和北大派工作组的事之后，"周恩来当场用电话请示在杭州的毛泽东，获得同意。"（《周恩来年谱（1898-1976）》第1123页，中央文献出版社。）

据张承先自称，6月1日下午，他突然接到通知，要他到北京饭店向新任的北京市委第二书记吴德报到，领受任务。吴德说：毛主席决定向全国广播北京大学聂元梓等七人大字报。广播后，北大党委可能陷入瘫痪状态。中央任命你为北大工作组组长，代行党委书记职务。要赶在广播前进驻北大。华北局、中共北京新市委的负责人讨论了工作组进驻北大的工作方针，决定采取"放手发动群众，坚决依靠左派，争取中间派，控制右派的措施"。当晚，吴德、苏谦益、池必卿、黄志刚等负责人率领张承先工作组来北大。随即召集北大党委委员开会，华北局负责人宣布：北京大学党委抗拒文化大革命，压制群众，打击左派，包庇右派。北京大学是一个顽固的资产阶级反动堡垒。华北局决定派以张承先为首的工作组进校，放手发动群众，坚决支持革命，把北京大学的社会主义文化大革命进行到底。同时，向党委宣布了约法三章：不许搞秘密活动；不许搞两面派；不许阳奉阴违。6月2日零时三十分，工作组在办公楼礼堂召开一千多人的全校干部大会，宣布华北局派工作组的决定以及对党委的约法三章。

6月10日，工作组共集合了208名成员。

从6月初开始，毛泽东的《湖南农民运动考察报告》中的语言被大量引用，最常见的是："革命不是请客吃饭，不是做文章，不是绘画绣花，不能那样雅致，那样从容不迫，文质彬彬，那样温良恭俭让。革命是暴动，是一个阶级推翻一个阶级的暴烈的行动。"所以各系在揪斗"黑帮"时都采取"暴烈的行动"。

6月2日以后的三个星期中，北大被批斗的干部和教师多达230人。

哲学系的"二冯"——冯定、冯友兰是北大全校大号的"反动学术权威"。

文革初期，哲学系尚能控制局面，没有发生乱批乱斗，只是建立了一个"老教师学习小组"，由青年教师王湘波负责。

冯定是辩证唯物主义教研室的教授。该教研室都是中青年教师，只有他一个老教师，但他一向被认为是"老干部"，而不是"老教师"，故不在"老教师学习小组"中。他每天被校外闲人揪出来批斗数场，导致厌世。曾服用大量安眠药自杀，发现及时，经抢救，没死。

冯友兰参加了"老教师学习小组"。他们聚在一起（有时在哲学系办公室，有时在冯友兰家的客厅）学习，避免了校外闲人的批斗，客观上起了一点保护作用。

1957年1月，冯定来北大时，毛主席有指示："冯友兰讲唯心主义，让冯定讲唯物主义，两家唱对台戏。"对台戏没唱起来，文革中作为"反动学术权威"，"二冯"同唱一台戏，但有不同的唱法。冯友兰唱唯心主义，默念心中的"理"，对外部世界闭目塞听，若无其事，倒也自有一番淡定。冯定唱唯物主义，注视外部世界的现实，又看不到希望，就想了此一生。唯物主义和唯心主义是哲学发展的基本线索，但并非唯物主义全部都是真理，唯心主义全部都是谬误；也不是唯物主义一定有用，唯心主义一定无用。列宁在《哲学笔记》中写道：有"聪明的唯心主义"，也有"愚蠢的唯物主义"。说对了，冯友兰能够渡过文革的劫难，靠的是"聪明的唯心主义"；而冯定不想活了，就是"愚蠢的唯物主义"。当然，更多的是"愚蠢的唯心主义"和"聪明的唯物主义"。

哲学系的"黑帮"特多。国际饭店会议上站在我们对立面的二十多人，都成了"黑帮"。除了6月7日冯瑞芳、徐明被学生自发地揪斗外，一般的批判会上没有采取"暴烈的行动"。任宁芬被称作"社教运动的叛徒"，也在"黑帮"之列。谁都不理她了。我做人不怎么极端，她来找我谈谈。她承认自己在政治上的投机。社教后期，看到反攻倒算的来势凶猛，她就向党委检讨，表示要与张磐石划清界限。以至有今天的下场。她痛悔"偷鸡（投机）不着蚀了一把米"。她表示，能有一个人谈谈心里就轻松一些。谈话时从头到尾她都痛哭流涕。

工作组时期有一件事，二十年后还与我纠缠。

有一天，聂元梓手里拿着一摞纸，对我说："这是黑帮分子揭发周扬的两个材料，内容差不多，麻烦你把两个综合成一个。"我在哲学系好像是公共秘书，有什么舞文弄墨的事都来找我。要我干活，就奉承我："你笔头快。"其实，不见得。主要是我好说话，来者不拒。

聂元梓交给我的两个材料，一个是系副主任冯瑞芳所写，一个是系秘书汤一介所写。他们都是1961年周扬主持的文科教材会议的参加者，揭发的内容不过是周扬在会上的公开讲话。汤一介的材料比较系统，题目是《揭发周扬毒化大学文科的罪行》。我以汤一介的材料为主，以冯瑞芳的材料做补充，综合成一个材料，交还给聂元梓。

过了几天，《光明日报》发表一篇文章，题目是《清算周扬毒化大学文科的罪行》，署名"北京大学哲学系郭罗基"。我很奇怪，我没有投稿呀。一看，文章前面的三分之二就是经我的手综合而成的冯瑞芳、汤一介的揭发材料，后面的三分之一是"清算"，不知何人所写。我问聂元梓："怎么回事啊？怎么能假借我的名义发表文章？"她说："我也不知道哇，那是工作组搞的。"我很恼火，但我知道，同工作组是说不通的，《光明日报》也不会更正。特别是"清算"中说周扬"简直到了丧心病狂的地步"，我内心非常抵触。"文化大革命"前，我对周扬有好感；文化大革命一来就把他打倒，我极为同情。

粉碎"四人帮"以后，我特地向周扬说明，并表示歉意。我说："以我的名义伤害了你，十多年来我一直过意不去。"他说："那时我因肺癌在天津动了手术，外界的事情一概不知，对我来说等于不存在，也无所谓伤害。"他还反过来安慰我："你不必放在心上。你的名字被人盗用，你也是受害者。"

1987年8月，我被发配到南京大学已有五年了，北京大学党委送来一个《关于郭罗基同志所犯错误的审查结论》。8月18日，把我从医院里叫出来，开了一次会，参加者：有一位叫宋成栋的，据介绍是教委干部司副司长；还有一个什么局局长；北大党委常委、组织部长余光；南大党委书记陆渝蓉、副书记韩星臣、纪委书记欧磊、组织部副部长贾怀仁、哲学系总支书记郭广银。事先通知我说是对《审查结论》"征求意见"，结果变成"三堂会审"。《审查结论》中有一条："1966年7月17日，郭罗基在《光明日报》上发表个人署名文章《清算周扬毒化大学文科的罪行》，诬蔑周扬同志'是文艺界的反党反社会主义反毛泽东思想的头号代表'，'他的罪恶的黑手还伸到哲学社会科学各个领域，进行放毒'。此文属文革初期在报刊上少数公开点名攻击中央部门负责人的文章之一，造成了恶劣的影响。"我申明，这篇文章是假冒我的名义发表的。文章揭发批判周扬1961年在文科教材会议上的讲话，我没有参加这次会议，凭什么揭发？《审查结论》中还有其他的不实之词，我都一一指出。过了一年，北大党委将正式的《审查结论》送到南大，我所指出的不实之词一字未改。

## "六一八"事件

工作组进校后，革命的调子唱得很高，又想控制局面，但行动很迟缓。群众空有一番热情，无处发泄。

6月15日，工作组召开全校大会，张承先做动员报告，报告的题目很长，叫做《高举毛泽东思想伟大红旗，放手发动群众，壮大革命力量，明确斗争目标，贯彻党的政策，依靠北大广大革命干部、革命知识分子和革命同学进行无产阶级文化大革命》。群众的革命热情被煽动起来了，就是不知道怎么行动。

工作组负责人的作风也有问题，官气很重。张承先占用临湖轩作为私人住宅，那本是召开重要会议和接待外宾的场所。在校园里走动还要坐小汽车。工作组的成员，大多是不懂教育的人，他们自己也不知道文化大革命怎么搞法，谈何指导和带领别人？

6月16日，《人民日报》发表了《南京大学革命师生揪出反党反社会主义分子匡亚明》的消息和社论《放手发动群众彻底打倒反革命黑帮》。群众认为，陆平的问题比匡亚明严重得多，但至今没有开过批判大会，而且连陆平的人都找不到。陆平被撤职后，与很多"黑帮"一起在校内劳动。校外来看大字报的人，每天对陆平进行几十次批斗，还动手动脚，打掉了眼镜。工作组采取保护性措施，把他隔离起来。找不到陆平就找各系能找到的"黑帮"。6月18日上午，工作组全体人员正在开会，校园里自发地批斗牛鬼蛇神，出现乱批乱斗的局面。在38楼门口设了"斗鬼台"，校园里到处游斗，对批斗对象戴高帽、挂牌子、涂黑脸，以至拳打脚踢，还有侮辱女干部、女教师的流氓行为。工作组负责人赶到现场制止，才告结束。这一天共有六十九人被批斗。工作组抓住四个打人凶狠和侮辱女性的人。上午，聂元梓和哲学系的许多人在南阁办公室活动，我们没有见到乱批乱斗的场景。

晚十时，工作组召开全校广播大会，张承先讲话，他以习惯性的阶级斗争思维断定，今天的乱批乱斗，是一小撮阶级敌人策划的政治事件。他在揭露了四个坏人之后说，这些坏人利用青年的革命热情，浑水摸鱼，制造混乱。他们的行为是破坏运动的反革命行为。他强调要提高警惕，维护秩序，防止坏人捣乱，在工作组的领导下搞好文化大革命。

张承先把"六一八"事件归罪于聂元梓。聂元梓在她的回忆录中说："工作组不知道怎么会怀疑到我头上，以为我是六一八事件的后台，是幕后指挥者。我告诉工作组，这一天发生的事情，我是不知道的。那一天我是在系办公室，没有到外面来。好在工作组追查这一事件的时候，的确没有发现我与此事有什么联系，这才作罢。"（《我在文革旋涡中》第35页，中国文革历史出版社，2017年。）事实上，张承先没有"作罢"，三十多年后他还坚持，说："在聂元梓发动的这场斗争中，斗争方式简单粗暴，打人、骂人、揪头发、撕衣服、戴高帽子游街，使北大的混乱状态不断升级。"（张承先《"文革"初期的北大工作组》，《百年潮》1998年第5期。）但他没有提供聂元梓发动"这场斗争"的证据。这是共产党一贯的工作方法，遇有群众闹事，揪出一个有影响的人，作为"黑手"、"后台"，就算了事。

6月19日，工作组向中共中央和北京市委送上《北京大学文化革命简报》第9号（1966年6月18日）。《简报》叙述了"六一八"事件的经过和四个坏人的情况以及工作组采取的措施。

6月20日，中共中央将北大的简报转发全国，批语中说："现将《北京大学文化革命简报》第9号发给你们。中央认为北大工作组处理乱斗现象的办法是正确的、及时的。各单位如果发生这种现象，都可以参照北大的办法处理。"文件是刘少奇批发的，陈伯达、康生都画了圈。

6月21日工作组向中共中央和中共北京市委呈送《关于北京大学二十天文化革命情况的报告》。讲到"六一八"事件，调子又升高了，说是："现在初步查明，这完全是校内外敌人结合对我们实行的突然袭击，制造混乱，企图打乱我们的作战部署。"

一连几天讨论张承先的广播讲话，声讨反革命，参与乱批乱斗的人做检讨。北大的校园归于"平静"。一时间，风云突变，从批斗"黑帮"转到整学生。

## 反工作组

对工作组的不满情绪在潜滋暗长。

7月12日,地球物理系陈必陶等五名学生贴出《把运动推向更高阶段》的长篇大字报。这是第一张批评工作组的大字报,指出:"运动的发展是有些问题的,尤其当前我们觉得问题比较突出。"在列举了问题之后表示:"我们坚决服从党的领导,服从工作组的领导。""我们希望,工作组不要怕'乱子',搞运动嘛,就得'乱'点,不'乱'才不是'正常'。"这张大字报还不是要赶工作组,但引起了工作组执行什么路线的大辩论,打破了北大沉闷的气氛。

毛泽东在外地。6月初,刘少奇、邓小平请他回北京,领导运动,他不回,但两眼注视着北京。派工作组是他同意的,又说工作组镇压群众,还说"镇压学生运动是没有好下场的"。如果不派工作组,他可以指责放弃党的领导,陷入无政府状态。6月下旬,他从上海打电话到北京,说北大的"六一八"事件不是"反革命事件",是"革命事件"。(见《王力反思录》(下)第608页,香港北星出版社,2001年。)张承先的广播讲话,只是说那四个坏人所干的是反革命行为,没有定性为"反革命事件"。毛泽东一说,将"把群众运动定性为'反革命事件'"的结论强加于张承先。当然,乱批乱斗应当加以制止,但谴责为"反革命行为"或"反革命事件",反过来又说是"革命事件",都是不对的。

7月15日,吴德到北大听取工作组的汇报后指出:现在正确处理陈必陶等人的大字报是把运动搞活起来的关键。7月17日凌晨一点半,吴德打电话给张承先,传达李雪峰指示,对"六一八事件"要做重新估计。而7月18日李雪峰在市委书记处会议上的讲话,更是对北大工作组,特别是如何估计"六一八事件"的问题上,进行了非常尖锐的批评。晚上十点二十分,张承先代表工作组在全校广播大会上讲话,承认在"六一八"事件的估计上发生了错误,并采取了一些束缚群众手脚的措施,使得前十七天的轰轰烈烈的运动,陷入一个多月的冷冷清清的局面。他还宣布,工作组要就地整训。

7月18日,毛看准了时机,回到北京。他一回来就授意江青、陈伯达、康生煽动群众反工作组。

北大各系的党总支,大多靠边站了,由系工作组领导。哲学系与其他系不同,运动由党总支领导,系工作组协助。总支书记是聂元梓,我是总支委员。哲学系党总支对校工作组有意见,敢于批评,认为他们犯了右倾错误。在一次总支委员会的会议上,把简报组的人找来,会议批评工作组,要他们写成简报上送。7月19日,讨论工作,讨论不下去,继续向工作组提意见。

7月19日,晚上十一点多,我已经服用安眠药上床了,高云鹏敲门进来,说:"郭罗,快起来,聂元梓闯祸了。"我问:"闯了什么祸?"他说:"她在大饭厅那里向群众发表反工作组的谈话,说'工作组犯了方向、路线的错误''工作组是保皇派'。我们去找她说叨说叨。"高云鹏和我走到大饭厅,群众已经把聂元梓拥到哲学楼的一间教室;我们到那里,辩论差不多结束,学生都走了,留下七、八个哲学系的老左派。大家把聂元梓围攻了一通。

聂元梓讲话的内容，主要是白天总支委员会会议上对工作组的批评，她的结论是"工作组没有能力领导运动"，"哲学系的运动就不是工作组领导的"。但老左派围攻的是：

"这么重大的表态，你为什么不和我们大家商量一下？"

"你不要老是想着出风头！"

"你把工作组赶走以后出现无政府状态怎么办？"

这最后一个问题是哲学系老左派主要的焦虑所在，所以我们的态度是"批评工作组，支持工作组"。

工作组进校后，聂元梓没有成为校领导小组的成员，一直耿耿于怀。她对工作组的不满，就是从这种私心出发的。

1966年7月19日，聂元梓在大饭厅外发表反工作组的演说。

陈必陶的大字报后，辩论的中心是工作组犯了什么错误？聂元梓的讲话后，就变成留工作组还是赶工作组？

不知是谁，把我们围攻聂元梓的情况汇报到中央文革。关锋派联络员来批评："哲学系的老左派不懂辩证法。"康生说："聂元梓是王八蛋也要支持！"

后来得知，聂元梓是得到了信息的，她要抢反工作组的旗帜。表面上，我们这些人无话可说，内心深处对聂元梓的政治投机行为颇为怨恨。

《聂元梓回忆录》和她的《我在文革旋涡中》都没有提到这件事。

7月22日以后，江青、陈伯达、康生来北大活动，名曰看大字报、调查研究，实际是背着工作组找人谈话、开座谈会，释放反工作组、赶工作组的信息。

7月23日晚，江青、陈伯达、康生来北大。在大饭厅的群众场合，江青发表即席讲话："我们是来做小学生的，跟同志们一块儿来进行这一场文化大革命。""我们都站在你们这个革命派这面。革命是个大熔炉，最能锻炼人了。谁不革命就走开，革命的跟我们站在一块儿。"这算是江青的名言，后来常被人引用。江青自称"小学生"，陈伯达自称"小小老百姓"，却又挥舞权杖，任意挞伐，虚伪透顶。

## 撤工作组

7月25日晚上，在东操场开万人大会，辩论工作组问题，江青主持会议，陈伯达、康生、王力、关锋、戚本禹等中央文革成员以及北京市委的李雪峰出席。学生的发言，辩论激烈，支持工作组和反对工作组的都有，两方面的意见都有人叫好。多数人不同意说工作组在处理

"六一八"事件时犯了方向路线错误。因雨，会议提前结束。26日晚上，继续开会，由康生主持。学生讲得不多，几个大人物轮番讲话。

陈伯达说："对待工作组的态度问题，是一个阶级斗争问题。""这个工作组是一个障碍同志们进行文化大革命的工作组，我们走在文化大革命的大道上，要撤掉这个障碍物。"这个结论，不是从辩论中得来的，而是辩论之前就确立了。"我们提出的第一个建议，撤销以张承先为首的工作组；第二个，建议北大成立文化革命领导小组，文化革命委员会，在全校成立文化革命委员会或文化革命代表会议。"他强调："群众自己解放自己，群众自己教育自己。"他还说："有人说'六一八'是反革命事件，我说这是错误的，应该说，'六一八'是群众的革命事件。"他是照着毛泽东的话说的。他忘了，刘少奇批转北大工作组的简报时，他和康生都是画了圈的。不仅如此，据张承先说："关于'六一八'事件的性质，在9号简报以及中央的批示中，说的都是'乱斗现象'。但陈伯达认为'六一八'事件不简单，是反革命事件，一定有一个'地下反革命司令部'，要挖出来。他还具体提示要按照他创造的天津'小站四清经验'来搞。"（张承先《"文革"初期的北大工作组》，《百年潮》1998年第5期。）同一事件，时而说是"反革命事件"，时而说是"革命事件"，而且都是对别人发指示。这个人，不光是政治见解有问题，政治伦理也有问题。

接着康生做长篇讲话，他提出三个问题，请大家讨论：第一，"六一八"事件怎么看？第二，张承先工作组的错误是什么性质的？第三，北大今后的文化大革命怎么搞？这三个问题，实际上他早就有结论了。

陈伯达说，工作组是文化大革命的障碍物。李雪峰代表北京市委宣布撤销工作组。江青指定聂元梓筹备成立北京大学文化革命委员会。

江青接着陈伯达的话强调阶级斗争，还说："阶级斗争跑到我们家里来了！"大家都很吃惊，也很纳闷，阶级斗争怎么跑到毛主席的家里去了？全场屏息静气，听她讲下去。我站在操场的边缘，万人的会场静到可以听得见草丛里夏虫的鸣声。

会上发言的一位中文系女生李扬扬，是支持工作组的，她报了一个她的发言代表的名单31人，其中有张少华。江青一听就火了。她就详细说说有人怎样把阶级斗争搞到"我们家里"来了："我们有个儿子，他从小跟着岸英流浪街头。岸英牺牲对他打击很大，精神受了刺激，长年住在疗养院。有位女护士出于同情心和人道主义，对他照顾得很好，并表示愿意终身不嫁，照顾他一辈子。突然有一天，张文秋带着女儿少华来到疗养院，赶跑那个护士，强行宣布少华与岸青结婚。此后张少华到处扬言她是主席的儿媳妇。张文秋的大女儿刘思齐是岸英的爱人，岸英牺牲后，主席说，我们是新社会，不搞三从四德、从一而终那一套，劝思齐重新建立家庭。张文秋不甘心与主席断了这门亲家关系，便带她二女儿来疗养院抢亲。张文秋是政治骗子。"她喘了一口气，高声喊道："同学们，这样的儿媳妇我们能承认吗？我们坚决不承认！"

江青越说越激动，脸色发青，声音发抖。我远远地望见，有人扶她坐下，递上一杯水，好像还吃了一颗药。

这些婆婆妈妈的事怎么构成"阶级斗争"？她把阶级斗争的定义搞糊涂了。

这是江青第一次在公众场合讲话。人们颇为不解：毛主席的夫人怎么会是这样一个人？大家窃窃私语，觉得她神经不正常。北大很多人被打成"恶毒攻击江青同志"的"现行反革命"，根据就是这一天晚上的议论。事后经济系女教师杨勋给毛主席写信，说江青的讲话影响不好，建议不能再让她出头露面了。杨竟遭逮捕，关了好几年。

张少华和她的妹妹张少林都是中文系的学生，大会还没有结束，姐妹俩连夜逃离北大，也不敢回家，怕人来抓，在外流浪多时。张少华，后以邵华、韶华名，称作家，又是少将，还是正军职。生子名毛新宇。

7月29日，北京市在人民大会堂召开北京大专院校及中学文化大革命积极分子大会，北大的师生在几个饭厅和大教室同时听转播。会上，宣布全市所有单位撤销工作组。邓小平、周恩来、刘少奇相继讲话。刘少奇的名言"老革命遇到了新问题"就是这次讲的。他还讲到，清华大学有一个学生喊口号"拥护共产党，反对毛主席"，被抓起来了。刘少奇说："你抓他干什么？他虽然反对毛主席，他还拥护共产党嘛！"我当时心里就想："刘少奇这个人呆呀，我都已经感觉到他的处境不妙了，他却还授人以柄。这不证明你赞成'反对毛主席'嘛。"他们三人讲完话，忽然毛泽东现身，向群众招手，接受欢呼。原来他一直在后台听着呢。

## "反革命"罪的新规定——"迫害李讷"

江青在大会上讲阶级斗争时还说了一件事。她说历史系教师郝斌迫害他们家的宝贝女儿李讷。老师怎么会迫害学生？她举出的事例是他们在北京郊区搞"四清"时，郝斌派人对李讷跟踪盯梢。

所谓"派人对李讷跟踪盯梢"是怎么回事呢？1963年到1964年，历史系师生在顺义县天竺公社（今首都机场所在地区）搞"四清"。郝斌是一个工作组的组长，李讷是组员。李讷与郝斌在如何对待"四类分子"（地主分子、富农分子、反革命分子、坏分子）问题上发生了争议。李讷大概听从江青的指使，主张对"四类分子"狠批狠斗。郝斌强调稳重。因为李讷身份特殊，再加上身体不好，郝斌关注她的安全和健康，明里暗里派人保护。结果，扯上争议，保护成了"迫害"。

郝斌当时不在场。第二天一早，他被学生揪回北大，押上38楼前的"斗鬼台"，蓬头垢面，驾"喷气式"，作为"反革命"，进行批斗。

郝斌遭此飞来横祸，吃尽苦头。后来虽然"反革命"的帽子没有戴稳，但他一直被排除在革命群众之外。

命运捉弄人。粉碎四人帮以后，党的方针是"从逍遥派中提拔干部"。北大的逍遥派真不多，挑出一个郝斌，不断提拔，后来当上了北京大学党委副书记兼副校长。恐怕他本人从未有过当党委副书记兼副校长的抱负，历史系的同事也不会对他有此期望。郝斌因祸得福。

江青点了郝斌的名之后，确立了一条"反革命"的罪名——"迫害李讷"，北大独有，别处所无。历史系的教师，特别是教过李讷的，诚惶诚恐，都在回想与李讷的接触，有无不妥之处？

## 给李讷的考卷打四分也是"迫害"

第二天，聂元梓在哲学系办公室对众人说："迫害李讷，昨天江青同志本来要点两个人的名，除了郝斌，另一个是谁？你们猜。"大家无从猜起，叫她"你说吧"。她转过头来对我说："是你！"聂元梓向来说话带水分，我也并不特别在意。听她往下说："李讷的哲学考试，你给了她一个不好的成绩，江青同志很生气。江青同志还说：'有人说郭罗基很有才气，我说他是修正主义苗子。'她认为你的问题比郝斌更严重。"当时流行的帽子，对掌权的是"走资派"，对知识分子中的老家伙是"反动学术权威"，对知识分子中的年轻人就是"修正主义苗子"，都是属于打倒的对象。聂元梓继续说："我恳求江青同志，不能点郭罗基的名。他是老左派，斗争坚决。你一点他的名，陆平黑帮就高兴了。"

她似乎等着我感激一番。我说："我给李讷的考试成绩打了四分，是'良好'，不是'不好'。老师给学生打分怎么叫做'迫害'？……"孙蓬一在旁边扯扯我的衣服，我不知道是什么意思。孙蓬一后来是聂元梓的副手，在北大号称"聂孙"、"聂孙"。文革初期，他调到中央文革当了一阵子联络员。事后，他对我说："从你的表情，我就知道你心里的想法。这一次聂元梓的话没有水分，当时我也在场，江青同志确实是这样说的。不过，老师给学生打分，即使打错了也不能叫'迫害'。是没有道理！反正没有点你的名，你就不要吭声了。搞不好，把你的言论反映上去，又会惹出麻烦。"

我看到郝斌被人牵来牵去游斗，为他不平，也为自己庆幸，总算逃过一劫。谁知最终还是没有能够逃得了。

## 第二十二章　北京大学文化革命委员会的成立

1966年8月1日，中共八届十一中全会召开。根据毛的指示，北大的聂元梓、杨克明列席了会议，张恩慈是会议的工作人员。会议期间，毛接见了聂、杨、张三人，康生、曹轶欧参加了接见。毛指示：北大应该成立领导学校文化革命的组织，要聂元梓负责筹备工作，以后用巴黎公社的选举方法产生北大文化革命委员会。

毛泽东还有两个动作。

8月1日，会上印发了一个文件《毛主席给清华附中红卫兵的一封信》。

1966年6月24日至7月27日，清华大学附属中学红卫兵先后贴出三篇论《无产阶级的革命造反精神万岁！》的大字报。断言："革命就是造反，毛泽东思想的灵魂就是造反。""不造反就是百分之一百的修正主义"，宣称："我们就是要抡大棒、显神通、施法力，把旧世界打个天翻地覆，打个人仰马翻，打个落花流水，打得乱乱的，越乱越好！对今天这个修正主义的清华附中，就要这样大反特反，反到底！搞一场无产阶级的大闹天宫，杀出一个无产阶级的新世界！"宣誓："无限忠于毛主席，一定最坚决，一定最勇敢，最忠实地执行无产阶级文化大革命的最高指示——毛主席的关于造反的最高指示"。一派文化大革命的狂言。其中7月4日大字报，翻出毛泽东于1939年12月21日《在延安各界庆祝斯大林六十寿辰大会上的讲话》中的一段话："马克思主义的道理千条万绪，归根到底，就是一句话：造反有理。"这一段话，歪曲了马克思主义，还谱成歌曲，到处传唱。

前两篇大字报，由江青呈交毛泽东。毛泽东于7月31日亲笔回复："清华附中红卫兵的大字报说明，对反动派造反有理，我们向你们表示热烈的支持。"

8月5日，毛写了《炮打司令部——我的一张大字报》，第一句话就说："全国第一张马列主义的大字报和人民日报评论员的评论写得何等好啊！"8月7日，印发给会议全体成员。聂元梓等七人大字报被捧上了天。毛先是利用七人大字报点燃文化大革命的熊熊烈火，现在又利用它作为炮打刘少奇资产阶级司令部的炮弹。

8月8日，毛泽东主持八届十一中全会，通过《关于无产阶级文化大革命的决定》（即《十六条》）。这是继"五一六通知"后，从全局指导"文化大革命"的又一个纲领性文件。

这次会议最后选出中共中央政治局常委十一人，常委的排名，刘少奇从第二位降到第八位，第二位是林彪。

八届十一中全会之后，文化大革命的狂潮席卷全国。

### 校文革的筹备时期

根据毛泽东的指示，1966年7月28日，"北京大学文化革命委员会筹备委员会"成立，由二十一人组成，常委会七人，聂元梓为主任。

北京大学文化革命委员会简称校文革。校文革筹委会成立后，连续三次召开全校大会，批斗工作组组长张承先、副组长张德华。8月4日的全校大会上，康生代表中央文革讲话。他首先传达了毛主席说的话："北大聂元梓等七人大字报是二十世纪六十年代的巴黎公社——北京公社宣言书。"。他批判工作组组长张承先、副组长张德华犯了"反党反社会主义的、资产阶级的右倾机会主义路线错误"，"六一八是革命事件，工作组把革命群众说成反革命"。北大附中的女学生彭小蒙，冲上台去，用皮带抽打张承先，后被保卫组谢甲林阻拦。江青非但不予制止，还同她拥抱。

8月5日晚上，聂元梓发表广播讲话，代表筹委会谈《对当前工作的几点建议》。她说："工作组是犯了路线错误，但属于人民内部矛盾；工作组所犯错误的责任由组长张承先和副组长张德华来承担，大多数的组员要和他们区别开来。"

聂元梓跟工作组唱对台戏的时候，哲学系的老左派都是反对的。撤销工作组以后，有人给老左派贴大字报。聂元梓特地讲了一段话："社教中的一些老左派，在工作组时期，跟着工作组犯了一些错误，有些人在工作组问题上表现的保守。个别别有用心的人，企图借着清理工作组错误的机会，想把真正的革命左派一棍子打死，那是绝对不能允许的，我们必须与这种错误行为进行坚决的斗争。"

8月13日，工作组撤离北大，集中到市委党校进行整训。工作组两次向市委要求，令曹轶欧回来参加整训，没有结果。吴德传达毛主席的指示："张承先可以和工作组一块儿出来（出北大）。张承先有心脏病，有错误不要整死。市委有错误，但不要过多责备市委，也不要过多责备工作组。"有了这一番话，张承先没有被整死。毛指使江青等人反工作组，战略意图是坐实刘少奇的路线错误，"炮打司令部"公开以后，他对工作组和地方党委就一律宽大为怀了。

8月15日，北大在工人体育场召开十万人大会，批斗陆平、彭佩芸等"黑帮"。聂元梓宣布"五不准"：不准挂牌子，不准"坐飞机"，不准罚站，不准戴高帽，不准不让被批评的人反驳。结果，引起中央文革的不满，没让《人民日报》报道这个大会。后来被人说成北大的文革"文斗变成温斗"。这"五不准"，是聂元梓和哲学系的老左派商量以后定下来的，显然不合潮流，要改变潮流是很困难的。

校文革筹委会成立后，拟恢复《北京大学校刊》，作为校文革的机关刊物。有人建议更名为《新北大》，并请毛主席题报头。聂元梓很有把握地说："没问题，这事由我来办。"不久，中共中央办公厅送来急件，大信封上写着："送北京大学 聂元梓同志"，落款："毛泽东"。

在场的有七八个人，大家以急切的心情催促聂元梓："快打开，快打开！"打开一看，众人无语，出现冷场。大家望着毛写的"新北大"三个字发呆。他把"北"字的右半边写成"兆"字的右半边。谁也不敢议论，聂元梓先开口："这可怎么办？"有人提议："问问中文系、历史系的古文字学家，'北'字有没有这种写法。"聂元梓宣布：这件事要绝对保密，限于在场的人知道，谁也不准向外透露。

问过中文系、历史系的古文字学家，都说没见过这种写法。正在为难之际，李讷来了。聂元梓请她把题词带回去，问问主席是否有笔误？

过了大约一周，中共中央办公厅又送来急件，内中是毛题写的"新北大"三字。

还有一纸便条：

聂元梓同志：
如不好，可再写。
毛泽东

于是校园里敲锣打鼓，热烈庆祝。

这一天是 1966 年 8 月 17 日。文革中，每逢 8 月 17 日都要热烈庆祝毛主席题词"新北大"多少周年。伟大领袖为"新北大"题词曾写了一个大白字，却隐瞒了几十年。

## 毛主席接见红卫兵

文革中，毛泽东八次接见红卫兵，共一千二百万人，鼓动红卫兵运动一浪高一浪地发展。1966 年 8 月 18 日，在天安门广场召开百万人大会，也是第一次接见来自全国各地的红卫兵。毛身穿绿军装，北师大女附中的学生宋彬彬给他带上了红卫兵袖章。毛问了她的名字，说："要武嘛！"林彪讲话，他用了许多的"最"字："毛主席是当代无产阶级最杰出的领袖，是当代最伟大的天才。毛主席最相信群众，最关心群众，最支持群众的革命运动"。"毛泽东思想是当代最高水平的马克思列宁主义，是无产阶级最强大的思想武器。""人民群众掌握了毛泽东思想就变得最聪明，最勇敢，就能发挥无穷无尽的力量！"他煽动"破四旧"，和发扬"敢革命、敢造反"的精神。毛特地接见北大的师生代表，聂元梓、李清昆等二十多人上了天安门城楼。

"八一八"以后，红卫兵大破"四旧"，打人，抄家，乱揪乱斗成风。传说林彪有几句话：好人打坏人，活该；坏人打好人，锻炼；好人打好人，误会；坏人打坏人，……。反正是打人有理。声称"红八月"，实际是红色恐怖。不到一个月的时间里，身穿旧军装、臂带红袖章的红卫兵，挥舞铜头皮带，以镇压"黑五类"为名，到处打人。仅北京一地，被打死的有 1700 人，被抄家的达 33600 多户，还有所谓的"五类分子"85000 多人被赶出北京。（《历史的审判》第 202 页，《解放日报》编辑部编印，1981 年 1 月）现在，有人说"要为林彪翻案"。翻什么案？林彪是毛泽东发动文革的头号帮凶，制造动乱的历史罪人，这是翻不了的铁案！

北大校园里的文物很多。清华附中的红卫兵给北大下了一个"最后通牒"，要求在 8 月某日以前彻底"破四旧"，否则，他们就来"动手"。聂元梓做广播讲话，说"破四旧"不能毁坏文物。有一天下午，又有一批中学生声称要砸西校门前面的石狮子。孙蓬一在广播中号召大家到西校门去保卫石狮子，一下子聚集了几千人。中学生看到这阵势没敢动手。北大毕竟是有理性的，在"破四旧"运动中，图书、档案、文物没有受什么损失。

毛主席第二次接见红卫兵是 8 月 31 日。北大有一批登观礼台的名额，哲学系让我参加。天安门大会是六点开始。两点就用大轿车把我们送到西单，然后步行到天安门，在西观礼台就位。我们看到一批一批的红卫兵进入会场。据说，总共有五十万人。五点三十毛主席出现在天安门城楼上，广场上狂呼乱叫，蹦蹦跳跳，不停地喊"毛主席万岁！"许多人真是热泪盈眶。六点林彪讲话，什么也听不见，广场上的口号声停不下来。上一次接见，许多红卫兵说没有见到毛主席，有的说没有看清。这一次，毛主席准备乘敞篷汽车绕场一周。我们在观礼台上看得很清楚，汽车从天安门出来，过金水桥，第一辆是毛主席，第二辆是林副主席，后面每辆两三个人，共八辆。从金水桥向右，第一辆车行一百米，就走不动了。人群涌过来，前面没有路了，而最后一辆车还在金水桥上。出动了大批警卫战士，开出一条路来，让汽车掉头回天安门。

乱哄哄地散会了。我们被告知，观礼台上的人应最后退场。人潮退去后，广场上留下一地的鞋子、眼镜、帽子、语录本。

我们回到北大已将近十二点。

事后几天，我一直在思考，这种狂热的场面说明了什么？

## 巴黎公社式的选举

1966年8月30日，北京大学文化革命代表大会召开，参加者五百多人。中央文革小组副组长王任重出席指导。

大串联已经开始，学生都待不住了。筹委会号召不要出去串联，留下来参加巴黎公社式选举，甚至派人到车站把人拉回来。王任重说，可以分期分批出去，这一批回来了，下一批再走。事实上无法控制，一下子走了4227人。

9月9日，进行巴黎公社式的选举。全校设四个投票站，两个流动票箱，师生员工投票选举北京大学文化革命委员会委员。全校有选举权的人数是 13835 人。因外出串连等原因，实际参加投票选举的9609人。其中有效票数是9566张，废票43张。选举有效。选举结果：聂元梓、孔繁、戴新民、聂孟民、白晨曦、杨克明、孙蓬一、赵正义、李志刚、徐运朴、邓朴方等42人当选为北京大学文化革命委员会的正式委员，10人当选为候补委员。9月11日，选举产生校文革常委会委员和正、副主任。聂元梓任校文革主任，孔繁任第一副主任。（见《北京大学文化革命委员会公告》，《新北大》1966年9月13日。）

除了中央文革，全国只有两个文化革命委员会，另一个是以阮铭为主任的中宣部文革。

当时，林彪的儿子林立果在校，文化大革命一来，他就回家了，不露面。邓小平的儿子邓朴方非常活跃，当选为校文革委员。聂元梓曾属意他当校文革领导人，进行酝酿时，群众不同意，作罢。

哲学系的老左派在议论文化大革命的组织架构时，设想：文化革命代表大会是最高权力机构，文化革命委员会是执行机构。文化大革命的通病是不重视制度建设。文化革命代表大会开了一次以后就没有开第二次，文化革命委员会僭越了文化革命代表大会的职权，成为权力机构。校文革大权独揽，称作"红色政权"。

校文革下面设办公室和十一个组，办公室主任是李清昆，人称"大管家"，十一个组的组长也都是哲学系的老左派。

聂元梓掌大权后，哲学系的沈少周对我说：你要飞黄腾达了，根据你在国际饭店会议的表现，她还不重用你？我心里想，她重用我，我也不为她所用。从怀柔回北大后，我一直处在逍遥状态，因为我对流行的一套做法很反感，对这场革命抱观望态度。聂元梓确是想重用我的。先是要我当校文革宣传组组长，相当于原党委宣传部长。我不干。她以为我对职位不满意，又要我当简报组组长。文革中，最重要的两个组，一是简报组，一是专案组。我更不干了。以我当时在哲学系的地位来说，在校文革当个组长是并不奇怪的；相反，不当组长倒是奇怪的。

## 校文革成立后的两条路线斗争

文化大革命是一场比赛激进的运动。动不动就是两条路线的斗争。陆平党委垮台了，工作组赶跑了，校文革成立了。按理说，校文革应当正儿八经领导文化大革命了，可是谁也不知道文化大革命怎么搞。群众中激情汹涌，寻找路线斗争的对象，就找到校文革头上了。

10月6日，物理系二年级学生路远、周闯贴出《搬开聂元梓，北大才能乱》的大字报，针对校文革提出两条路线的辩论，并劝聂元梓自动退位。

按当时流行的看法，"乱"就是好！这篇大字报是从极左的立场出发反对聂元梓的。

同日，经济系教师杨勋贴出《北大文化大革命又处在关键时刻——兼评聂元梓同志8月5日的广播讲话》的大字报，她指责校文革执行了一条右倾保守的改良主义的错误路线。

10月30日，经济系教师李志远贴出《两条路线，两种世界观》的大字报，从理论上论证"以聂元梓为首的筹委会和校文革执行资产阶级反动路线的必然性"。

这两篇大字报带有理论的色彩，为极左思潮做论证。

全校投入大辩论，贴出数千张大字报，基本上分成两种针锋相对的意见：一方认为聂元梓及校文革执行的是无产阶级革命路线，另一方认为是资产阶级反动路线。

在辩论中产生了反对派组织。10月9日，北大"井冈山红卫兵"成立，发起人是地球物理系的魏秀芬、历史系的马洪路等人，有几十个人。10月15日，"新北大红色革命造反联军"（简称"红联军"）成立，发起人是哲学系五年级的俞启义、张志渥等人，有二百多人。他们的纲领都是"反聂"，故合称"井红"。俞启义和魏秀芬因反聂而志同道合，后来结为夫妻。

1966年11月1日，在东操场和五四广场分别召开两个纪念"六一"五周月（七人大字报广播之日）大会。东操场的大会是支持校文革的，聂元梓在会上讲话，她说："我郑重宣布，北京大学文化革命委员会是在与资产阶级反动路线斗争中诞生的，它是以毛主席为代表的无产阶级革命路线战胜资产阶级反动路线的产物。北京大学校文革执行的是以毛主席为代表的无产阶级革命路线。"她虽然没有指名反对派，但引用了一段毛语录："凡是反动的东西，你不打，他就不倒。这也和扫地一样，扫帚不到，灰尘照例不会自己跑掉。"

五四广场的大会是由"井红"主持的，主题是"批判以聂元梓为代表的校文革的资产阶级反动路线"。中途，他们要拉聂元梓去听取批判，遭拒绝。

　　会后，"井红"认为，聂元梓引用的这段毛语录指的是他们，把他们打成"反动的东西"。当时，批判资产阶级反动路线的内容之一就是把群众打成反革命。因此，"井红"以这次聂元梓的讲话作为推行资产阶级反动路线的铁证。

　　11月5日，《新北大》校刊发表了聂元梓的讲话，但没有那段毛语录。"井红"又向广播台借聂元梓讲话的录音磁带，也没有那段毛语录。"井红"又是发表声明，又是召开串联会，谴责校刊篡改聂元梓的讲话是"可耻的行径，卑劣的勾当"，声言要砸校刊。11月12日，他们动手，砸了《新北大》编辑部。

　　那天，正好李讷在北大，她看了被砸的《新北大》编辑部现场，对聂元梓说：你们太软弱，这是反革命行为。中央文革派人来调查，并指示要抓人。校文革把井冈山红卫兵的头头魏秀芬扭送到公安部。

　　校文革成立以后的一个时期，北大很乱。王任重起了不好的作用。他一方面支持聂元梓领导校文革，另一方面又授意孔繁、杨克明筹备建立党组，封他们为党组书记、副书记。不知道他是什么用意。孔杨进行了一些分裂活动。

　　孔繁找过我，要我当党组委员。他对我说："我知道，你对聂元梓是有看法的。"我回答："我有看法，但现在反聂不是时候。"我希望他不要和杨克明搞在一起，杨的名声不好。

　　王任重出事了，被踢出中央文革。孔杨的靠山倒了，一事无成，外出串联去了。

## 第二十三章  人称"太子太傅"

文革初期，我遇事多退缩。聂元梓要我干这干那，我总是摇头，不干。

问：你说了不干的理由了吗？

就是，我没有说得出口的理由。

那时，我和刘渝宜正在热恋之中。我故意很招摇，让人知道"又找女朋友去了"，逃避一些活动。我已是大龄青年，人们好像也能谅解。但我还是想找一些正当的理由。机会来了。

1966年9月初，柬埔寨西哈努克的王子到北大学习。北大已经停课了，怎么能安排王子的学习？管事的国务院对外文化联络委员会负责人说，中柬有文化协定，王子的学习不能中断。要求北大组织一个教学小组，专门负责王子的学习。校文革行政工作委员会要哲学系出一个人。我说："我去！"赵正义说："太好了，我找人，都不愿意。"在革命狂热的年代，搞教学好像是不革命的。哲学系只有一个人看透了我的心思，他是邓艾民，说："一着好棋，可进可退。"邓艾民是西南联大哲学系的学生，地下党员。他头脑清醒，问题看得很透，但哲学系的斗争他巧妙地避免卷入。

从此，我有了合理、合法的借口，我要是不愿意参加什么活动，不愿意担任什么职务，我就说我有教学活动，进行推托。

聂元梓看我对教学有兴趣，对我封官许愿："将来崔雄昆的角色就是你了。"崔雄昆的角色是党委副书记兼教务长。

### 西哈努克派儿子出国"和亲"

西哈努克（Norodom Sihanouk）亲王，1941年被柬埔寨王位委员会推选为国王。为了进行政治活动的方便，1955年他将王位让给父亲苏拉玛里特（Norodom Suramarit），然后组织人民社会同盟，在全国大选中获胜，出任首相。在国外，他积极参与联合国活动，出席万隆会议，倡导和平共处。

柬埔寨1953年从法国的殖民统治下取得独立后，奉行中立政策。西哈努克游走于几个大国之间，在国际上相当活跃。他派出几个儿子到不同的国家学习，也是为外交政策服务。中国古代的皇帝是送公主出国和亲，西哈努克却派儿子出国"和亲"。一个儿子到法国，一个儿子到苏联（后来到捷克），三个儿子到中国。

西哈努克给周恩来总理的信中说："我对新中国的深切的钦佩和阁下一贯对我的友谊，促使我今天派我的三个孩子到伟大的贵国去学习。直到他们成年。"他还简要介绍了三位王子，并就培养方向提出了要求：

"尤瓦讷特（Norodom Yuraneath），老大，我觉得他天赋较差，学习不很专心，成绩平平。然而他受到其外祖母非常的宠爱。我希望他能首先在一家炼钢厂，然后在北京附近的冶炼厂中培养成为一名工人。"

"纳拉迪波（Norodom Naladipou），老二，是一个好学而且勤奋的学生，遗憾的是他身体较弱，不久前还生过盲肠炎。如果他旧病复发，我认为他可以在贵国的首都就医动手术。我觉得他有前途被培养成为一名中文和俄文翻译。"

"凯玛努拉克（Norodom Khemanourak），最小的，是三个小孩子中最不聪明的一个，他记忆很差，随学随忘。因此我要求他在第一阶段先上小学，然后进入一所技术学校学习一门手艺。"

西哈努克特别强调："我恳切地要求你们不要给予他们任何特殊的待遇。相反地，我认为有必要让他们适应一个社会主义国家公民的普通生活。"

被西哈努克夸为"好学而且勤奋"的纳拉迪波王子，成了我的学生。西哈努克认为"他有前途"，但只说把他"培养成为一名中文和俄文翻译"。外交部得知，实际上西哈努克对他寄予厚望，将来能成为人民社会同盟主席的接班人。所以，中国人在纳拉迪波身上狠下功夫。

### 文革中唯一坚持上课的大学生

1960年7月，三个柬埔寨王子来到中国的首都北京。

1961年，邓颖超接待西哈努克的两个王子和前首相黄意的三个子女以及有关人员。正中为邓颖超，左四为纳拉迪波，右四为凯玛努拉克，右一为庄则栋。

纳拉迪波先是入芳草地小学，在灯市口中学上初中，在北京大学附中上高中。1966年中学毕业，免试进入北京大学，他选择的是汉语言文学专业（中文系）。

10月22日,在临湖轩为纳拉迪波一个人举行开学典礼。柬埔寨驻中国大使张岗陪同王子前来。前副校长、现校文革行政工作委员会副主任周培源主持仪式。

问:北大已经停课闹革命,他在哪里上课呢?

是的,北大的燕园已经放不下一张平静的书桌了。只是开学典礼的那一天,王子在张岗大使的陪同下,由教务长崔雄昆和我接待,在校园里转了一圈,以后再也没有来过北大。这个特殊学生的课堂设在友谊宾馆的套房里。友谊宾馆的大门口有解放军站岗,免受红卫兵的冲击,可以保证安定的学习环境。全国只有这一个大学生在坚持上课,还不是在大学的校园里。

北大从几个系先后抽调了九名教师,组成一个"王子教学小组"。九个老师教一个学生。大部分教师是中文系的。我从哲学系被调去当组长,人们戏称"太子太傅"。我的任务是"从政治上把关"。把什么关?我们的顶头上司不是教育部,而是国务院对外文化联络委员会。当时对外文委主持工作的副主任史怀璧对我们说:"你们不要把他涂得太红,太红了回国以后会脱离群众。"文化大革命的潮流是"最、最、最","红、红、红","不要太红",就必须把关了。而我被人们认为一贯思想右倾,所以适合于把这个"不要太红"的关。后来的事实证明,他还是太红,结果害了他。不是我们把他涂红的,而是在中国这个大染缸里染红的。

纳拉迪波住在东城的柬埔寨驻中国大使馆,每天有专车接送,到西郊来上课。因为当时的社会秩序很乱,公安部特地派一名带枪的随身警卫员。有时还会因道路堵塞,迟到数十分钟。

纳拉迪波已经在中国生活了六七年,汉语说得很好,常与我们亲切交谈。他告诉我们,他是1946年出生,在西哈努克的十四个子女中,排行第六。他的母亲,西索瓦·莫尼盖珊(Sisowath Monikessan)是西哈努克的第三任妻子,又是第二任妻子的妹妹,论辈分她们都是西哈努克的姨妈。在他们王室中,近亲结婚是常见的,甚至同父异母的兄妹也可以成亲。纳拉迪波出生时,母亲因难产去世了。小时候没有人娇惯他,使他懂得奋斗。他的大姐帕花黛薇(Bopha Devi)公主是王家歌舞团团长。他常与女孩子们在一起,所以学得了女高音歌唱。

## 王子对文革有自己的看法

纳拉迪波对文化大革命十分关心,常常到王府井大街去看大字报。回来后就向我提各种各样的问题:"什么叫'子教三娘'?""走资派的标准是什么?""为什么北京市是'独立王国'?人民共和国里怎么还会有王国?""为什么要火烧石油部?"等等,真是十万个为什么。我对他说:大字报揭发的事实没有经过核实,不要看了就信;大字报表达的观点,有正确的,也有不正确的,要注意辨别。他往往有自己的看法。在群众场合,大家喊"打倒刘少奇",他就不举手。刘少奇、王光美到他们国家访问过,他对刘、王有好感。他对"打倒陈毅"特别反感。他同陈毅、张茜有所接触,对他们极为尊敬。他说:"对陈毅可以批评,不应该打倒。"一个外国的年轻人比中国的红卫兵同龄人冷静得多。

### 与毛主席见面,与掏粪工人同桌吃饭

1967年的五一节晚上,纳拉迪波也被邀请登上天安门城楼。第二天,他告诉我们:他坐的一桌离毛主席不远。毛主席走过来,可能看到一个年轻人觉得奇怪,问他:"你是谁呀?"外交部礼宾司的人赶忙介绍:"他是西哈努克亲王的儿子,纳拉迪波王子。在北京大学学习。"

毛主席说:"向你父亲西哈努克亲王和夫人莫尼克公主问好。"

纳拉迪波回忆说:"我除了说'谢谢',一时慌里慌张想不出别的话来了。"

毛主席拍拍他的肩膀说:"好好学习。"

留给他的印象:"毛主席是一位慈祥的老爷爷。"

为了让他熟悉中国社会,与各方面的人士见面,我们每个星期都组织活动,去工厂、农村、部队参观访问。他的兴致很高,参观访问中常常发表感想、写下留言。他用中国的语言说:"我要和工人、农民打成一片。"他不仅这样说,也确实是这样做的。有一次访问劳动模范时传祥,临走时,时传祥随便说了一句:"在这里吃饭吧。"他却接着说:"好吧,我们就到他们的食堂去吃饭吧。"食堂事先没有准备,只有炸酱面。他和掏粪工人同桌吃炸酱面,吃得很香,吃了五两,说:"我知道你们工人平时吃什么了。"

参观红星公社时,他对老贫农庞发讲家史很感兴趣,说:"我特别感谢你们讲过去的生活和现在的生活,进行对比。像我这样的青年,根本不懂得过去的生活。"他也学着中国人的腔

纳拉迪波酷似乃父。这是西哈努克年轻时的照片。纳拉迪波在北大学习时差不多就是这个样子。

调说:"不懂得阶级苦,就不懂得革命。"访问庞发的家时,他一进门就握着庞发老伴的手,亲热地说:"大娘,您好!"临别时又说:"大娘,我们走了,您注意身体!"

他还要求参加劳动,外交部不同意。

参观访问中,他有时也会联想自己国内的事情。他说:"我们那里要修水库,农民和县长就闹对立。以前我以为是农民干劲不足,现在看来主要是县长的官僚主义、命令主义造成的。"

在红星公社参观了乳品厂、电器材料厂,他说:"我们要向你们学习,也要在农村办工厂。"

有人知道他会唱女高音,叫喊:"王子,来一个!"他就大大方方地唱起来。他最爱唱的歌是《社员都是向阳花》。他每次都说:"我请求你们,不要叫我王子,就叫我的名字。干脆叫我小六子吧,我是老六。"

## 西哈努克不能接受"人民王子"

在中国学习期间,纳拉迪波每年要回柬埔寨过暑假。柬埔寨是一个封建王国,老百姓见了王室成员都要下跪。纳拉迪波在国家电台发表讲话,希望人民对他不要下跪。在一次体育运动会上,一个女孩突然昏倒。纳拉迪波从主席台上下来,把她送到急救站。此事引起轰动。他被称作在人民中国培养的"人民王子"。

1967年夏天,纳拉迪波又回柬埔寨过暑假。8月1日,中国驻柬埔寨大使馆举行庆祝八一建军节的招待会。纳拉迪波即席发言,除了叙述他在中国亲身体验到的柬中友谊,还对文化大革命赞扬了一通。西哈努克听了十分紧张,就怕他把中国的红卫兵运动带到柬埔寨,于是送他到法国去洗脑。西哈努克为了向中国示好,把儿子送来培养,但他又不能接受培养的结果。西哈努克不便说了,由哥沙曼王后(纳拉迪波的祖母)出面,给中国政府写了一信,说是纳拉迪波身体不好,不能到中国去继续学习了。当然,也很礼貌地向北京大学和郭罗基教授等老师(当时我们都是助教,1958年以后没有评过职称,报给柬埔寨政府的名单上却都是教授)表示感谢。

1968年,巴黎也发生了红卫兵运动。西哈努克又急召纳拉迪波回国。纳拉迪波回到柬埔寨,担任人民社会同盟机关报《柬埔寨日报》中文版主编。

## 金边发生政变,王子被判徒刑

1970年3月19日,西哈努克在国外访问期间,从苏联到中国。在飞机场上,送行的苏联部长会议主席柯西金告诉他:"昨天你们的国民议会通过决议,废黜了你的国家元首身份。"实际上发生了一场政变。苏联显然不想留他。到了中国,西哈努克在飞机场上受到以周恩来为首的中国政府领导人的热烈欢迎。周恩来办事周到,还特地通知与柬埔寨建立外交关系的41个国家的使节参加欢迎仪式。周恩来对西哈努克说:"你仍然是柬埔寨国家元首。"西哈努克感激涕零,他就在中国扎下根来。政变是在美国的支持下,由首相朗诺(Lon Nol)和副首相施里玛达(Sisowath Sirik Matak)领导的。西哈努克的立场由中立转向反美。他与国内柬埔寨共产党领导的武装力量——"红色高棉"(正式名称是"柬埔寨民族解放人民武装力量")联手,成立了柬埔寨民族统一阵线和民族团结政府。毛泽东指示,为西哈努克提供一座新的王府。他就在中国"乐不思蜀"了。

朗诺—施里玛达政变集团将纳拉迪波和他的哥哥拉那烈(Norodom Ranariddh,就是西哈努克派到法国去学习的那位)抓了起来,扬言要处死他们,为西哈努克抵罪。后来正式进行审判,以"向敌人提供情报"的罪名判纳拉迪波五年徒刑。所谓"敌人",就是"红色高棉"。

## 毛泽东支持布尔波特

"红色高棉"在丛林打游击时,重视团结群众,努力发展生产。西哈努克从中国秘密进入根据地访问时,看到一派欣欣向荣的景象。他还问柬共领导人胡荣、符宁:"你们当年在我的政府里担任部长,为什么没有干得这样好?"

在胜利前夕,柬共意欲取消王室。病中的周恩来,对柬埔寨共产党领导人乔·森潘(Khieu Samphan)、英·萨利(Ieng Sary)苦口婆心地劝说,希望他们维护统一战线的团结。无效,他请出尊神毛泽东来做工作。乔·森潘、英·萨利与毛泽东谈话时,口口声声说布尔·波特(Pol Pot)同志的指示如何如何。毛泽东明白了,原来森潘总司令当不了家,上头还有政委。他问周恩来:"布尔波特系何方神圣?叫他来见我。"周说:"布尔波特同志不愿抛头露面。"毛说:"那就秘密访华。"

布尔波特秘密访华,由病重的周恩来陪同,在中南海游泳池晋见毛泽东。布尔波特曾多次在中国南方的游击队训练基地学习,不但会说汉语,而且把毛泽东著作读得烂熟。他一口气说了十几篇精读过的毛泽东著作。毛泽东高兴了。他说,我相信了,我的几本小册子对于你们确曾小有帮助。布尔波特描绘了"柬埔寨社会主义建设蓝图":

> 柬埔寨地域不大,人口不多,宗教也不复杂,我们不准备搞新民主主义的过渡时期,而是直接进入社会主义。取消王室体制,消灭剥削阶级,经济国有化,教育军事化,取消薪金制,消灭三大差别,争取在两个五年计划之内把柬埔寨建设成为人人平等、生活幸福的社会主义国家。

毛泽东更高兴了。他说,他的社会主义试验,在中国只有一小部分实行了,大部分失败了。他希望看到柬埔寨的成功。毛泽东本来是要说服布尔波特,反被布尔波特说服了。他说:"什么西哈努克,东哈努克,封建王室,去它的吧!人,我们仍替你们养着,免得放回去碍手碍脚。你们大胆地干吧。"周恩来在一旁目瞪口呆。

毛泽东视布尔波特为知音。1975年4月17日"红色高棉"攻占了金边。6月21日,毛即会见布尔波特,对他说:

> 我们现在正是列宁所说的没有资本家的资产阶级国家,这个国家是为了保护资产阶级法权。
>
> 一个社会主义,一个资本主义,我们现在还是两种可能。中国将来可能也会变修正主义,但是最后还会回到马克思、列宁的道路。

这一次是邓小平陪同,他一言不发(见史云、李丹慧《难以继续的"继续革命"》第504页,香港中文大学出版社,2016年)。

取得全国政权后,柬共立即推行激进的社会主义政策,导致祸国殃民的结果。

布尔波特有了毛泽东的撑腰,就大胆地干起来了。为了消灭城乡差别,一天之内将城市居民统统赶到农村。行动迟缓者,稍有不从者,往往遭到杀戮。"红色高棉"根据张春桥阐发的"全面专政"的理论,制定了宪法。笼罩着恐怖的柬埔寨,就是比中国更彻底的"全面专政"的样板。"红色高棉"掌权的三年零八个月中,一百七十多万人死于非命,约占全国人口的五分之一。"东方佛国"成了血腥的杀戮场。在中国尚未充分展现的毛泽东的空想性的主观社会主义,在柬埔寨走向了极致;也可以说,柬埔寨人民分担了中国人民的灾难。

## 王子在乱世中陨灭

起初听到传言,纳拉迪波失踪了。后来确知,1977年纳拉迪波被"红色高棉"残杀。此前,纳拉迪波还曾被朗诺集团指控为向"红色高棉"提供情报而受刑。"红色高棉"是一群滥杀无辜、六亲不认的恶魔。西哈努克的十四个子女中,有五人在红色恐怖中遇害。

以上,没有注明出处的信息,都是对外文委的官员向我提供的。

2007年,"红色高棉"的屠夫们受到联合国在柬埔寨土地上设立的国际法庭的审判,灭绝人性、践踏文明的罪行得到应有的惩罚,为柬埔寨人民也为纳拉迪波声张了正义。

纳拉迪波,如果你还在,今年应该是七十三岁了。可惜,你早在三十一岁时就离开了人间。在我心中,你永远是一个面带笑容、富有朝气的年轻人。我深深地怀念你!

由于纳拉迪波,我和柬埔寨发生了亲密的关系。我在美国,柬埔寨凡有大事,美国之音和自由亚洲电台常常对我进行采访,广为传播我的声音。

## 第二十四章 "地下常委"

北大文革中盛传，校文革常委背后还有一个"地下常委"，这才是真正的决策机构。

"地下常委"的来历，要从老左派的分裂说起。

### 老左派的分裂

校文革成立后，聂元梓灵魂中追名逐利的脏东西，暴露得很充分，哲学系不少人对她很有意见，以张恩慈、孔繁、杨克明最为激烈。孔繁曾任中央文革联络员，调回北大后任校文革副主任。但他一直不愿出头露面，与聂元梓不合作。我向聂元梓提议，在国际饭店会议上一起斗争的同志们开个会，谈谈心，开展批评和自我批评。她和我商定了一个十七人的名单，委托我召集。9月3日，开了一次这样的会。但孔繁根本不参加。聂元梓、杨克明虽参加了，一言不发，彼此都没有诚意，会议不欢而散。

老左派的分裂除了内部矛盾外，中央文革小组副组长王任重也起了不好的作用。

王任重指示，北大要成立"临时党委"，聂元梓任书记，孔繁为副书记。孔繁、杨克明给王任重写了一封信，反对聂元梓任临时党委书记。

9月7日，孔繁找我谈。他说，昨晚中央文革小组的成员王任重接见了他和杨克明。他和杨克明谈了对聂元梓的看法，认为她不能当党委书记。王任重说，所谈的情况很重要，必要时还要向主席反映。孔告诉我，王已同意聂元梓不当党委书记。我问："谁当党委书记？"他说："杨克明可以当嘛！"我表示不赞成。孔繁要我当党委委员，我表示不接受。我还说，对聂元梓有什么意见，可以当面提，不要在背后进行活动，把她搞下台。现在不是反聂的时候。

杨克明找了孙蓬一、宋一秀等人，说是传达王任重的意见。聂元梓不当党委书记，只当校文革主任。党委书记由孔繁来当。还说："任重同志要我协助孔繁做些工作。"意思是他当副书记。孔杨分别找哲学系的同志谈话，都说是王任重的意见，可就不知道究竟是谁当党委书记。哲学系的同志们起了疑团，不知孔杨在搞什么鬼。

聂元梓得知孔杨的活动后，向王任重表示，身体不好，要长期请病假。她准备甩手不干了。孙蓬一和李清昆又找王任重的联络员刘导玉，强烈反对孔杨当党委书记、副书记。这样，王任重在9月10日给聂元梓写了一封信，说关于谁当党委书记，只是要孔繁、杨克明回去"首先同你商量"。又说，要长期请病假不可能，可以到他那里住几天，好好谈一谈。聂元梓将这封信在哲学系的老左派中广为传阅，人们就认为孔杨在成立"临时党委"的问题上搞了一个阴谋。由于对孔杨不满，本来对聂元梓有意见的人，也相对地缓和了。聂元梓利用这个时机，争取一些人站到自己一边。

孔繁、杨克明闹分裂，之后聂元梓很注意团结一些老左派。

1966年10月以后，校内反对聂元梓的声浪甚高，她的工作很困难。校文革委员会只开了一次，靠常委会推动工作。常委会不是一个良好的工作班子，常是吵吵闹闹，议而不决。聂元梓找一些老左派当参谋，商量事情。找的人越来越多，逐渐常态化，经常在中关园3公寓她的住所召开会议。聂元梓在校文革常委会上往往拿出成套的方案，有人就说她背后一定有人。再加有人发现，一些老左派常出入3公寓聂家。于是，盛传北大有个"地下常委"。

## "地下常委"确实有

"地下常委"的成员以哲学系为主，他们是：

哲学系　聂元梓、孙蓬一、李清昆、宋一秀、夏剑豸、陈葆华、郭罗基；

经济系　王茂湘；

原人事处　白晨曦、李玉英；

原党委宣传部　杨文娴；

原外办　傅治文；

法律系　姜同光。

除姜同光外，都是老左派。姜同光是法律系研究生，任校文革副主任。由于他紧跟聂元梓，被吸收入"地下常委"。

那时，除了聂元梓，家里都没有电话，更没有手机，秘密通知开会很困难，所以每次会议到的人不一定齐全。

聂元梓通知我"商量"事情，在她，是对我的拉拢；在我，是不愿出头露面的隐退。有时，以王子的教学工作为借口，连这种"商量"也不愿参加。即使参加了，只是听听，谈谈花絮，什么主意也没有出过。

这种"商量"逐渐常态化、决策化。例如，校文革的调整，谁当副主任，谁当常委，都是在这里决定的。"商量"后的决定，分两条线下达，一是通过校文革常委自上而下贯彻，一是通过红旗兵团等群众组织 自下而上响应。我暗自吃惊，这不是一个非法的领导核心吗？

"地下常委"的活动，有几件重要的事情。

## "上揪下扫"

1966年10月6日，路远、周闯贴出一张大字报《搬开聂元梓，北大才能乱》。当时认为，乱是好事，北大还不够乱，原因是聂元梓这块大石头压着。大字报把批判资产阶级反动路线的矛头指向校文革和聂元梓。后来逐渐形成了反聂的派别，他们的组织是"井冈山红卫兵"和"红色革命造反联军"，简称"井红"。

聂元梓预定10月16日晚上向全校发表广播讲话，主题是"上揪下扫"。她要我为她写一篇讲话稿，我以教学任务推托。她让杨文娴写了。16日早上，她找到我，说杨文娴写的稿子不能用，你给我重写。这一天是星期日，我不能以教学任务推托，只好应命。她说了讲话的内容，我做了记录。整理成文，没有我自己的语言，400 字的稿纸写了两张。下午，"地下常委"讨论了讲稿。聂元梓说："最好让一些战斗队事先贴几张大字报，我讲话的时候就可以说根据群众的呼声，提出'上揪下扫'。"夏剑豸去布置任务。

晚上，聂元梓的广播讲话正式提出"上揪下扫"的口号：在北大批判资产阶级反动路线必须把矛头指向张承先工作组，"上揪"是揪张承先的资产阶级反动路线的根子李雪峰；"下扫"，是扫资产阶级反动路线在北大的影响，哪有就扫到哪。

聂元梓的这个讲话扭转了形势。文革总是要寻找路线斗争。本来群众的矛头指向校文革，聂元梓讲话后，就转向批判张承先和李雪峰。

北京高校有一个"批判李雪峰资产阶级反动路线联络站"。10 月 29 日，在北大五四广场举行批判李雪峰的万人大会。李雪峰在会上做了诚恳的检查，得到群众的谅解，以后好像没有什么文章可做了。

后来发现，"上揪下扫"是文化大革命的基本策略，"上揪"一直揪到刘少奇，"下扫"打击一大片。看来这个口号大有来头。她让我起草讲话稿的时候，我还没有意识到它的重大意义，也没有问什么来头。《人民日报》1967 年 6 月 1 日的社论批判了"上揪下扫"的口号。群众追问聂元梓，她说讲话稿是郭罗基起草的，口号是他提出来的，你们要去问他。这个人的人品有问题。军宣队进校后，在大联合的学习班上，我当面向她质问，她说是前一天在一个座谈会上学生提出来的。她在回忆录中又说是在大字报上看到的。（《我在文革的旋涡中》第 67 页，中国文革历史出版社，2017 年。）而这些大字报正是在她的授意下贴出来的。这个人的人品真是有问题。"上揪下扫"究竟是什么来历？聂元梓始终没有说清楚。

## 神秘差事

1966 年 10 月，聂元梓找不到王任重了，群众中的反聂势力也起来了。这时，聂元梓不知道中央文革是否还支持他，心中无底，很是惶恐。11 月 1 日，她的腰杆忽然硬了起来，在东操场的群众大会上做了一个肆无忌惮的讲话，以至被"井红"抓住，说她"矛头指向群众"。她又害怕了，把她的讲话录音磁带偷偷地做了涂抹、修改。

问：聂元梓为什么会有这样的突然转变？

因为中央文革的王力、关锋给她撑了腰。11 月 1 日晚上，聂元梓召集"地下常委"的成员开会。她说，王力、关锋昨天来了，对她表示支持。讲话的主要内容有三点：

一，"在北大，我们支持你，大胆干下去！"
二，要聂元梓支持学部的吴传启那一派。
三，还要她把张恩慈、孔繁、杨克明的问题以及他们和王任重的关系写个材料。

这次会上，大家把张、孔、杨的材料凑了凑，会后孙蓬一写了初稿。11 月 7 日，"地下常委"又进行了讨论，李清昆根据大家的意见做了修改。

我对聂元梓说："你不要光说张恩慈、孔繁、杨克明的问题，你自己有什么缺点错误也应该说一说。"她就让我代她写一份检讨。我说："这事我不能代劳，你必须亲自动手。"她写了一封给王力、关锋的信，讲了四个方面的缺点错误。她要我对这封信进行文字上的修改，我改了一些不通顺的地方。她把这封信连同那个材料一起发了出去。她在信中，以巧妙的方式上报了"地下常委"的名单，她说："在我周围，支持我的老左派有：孙蓬一、白晨曦、李清昆、郭罗基、宋一秀、夏剑豸、陈葆华、王茂湘、杨文娴、李玉英、傅治文。"

王力、关锋接到这个材料后，又与聂、孙约在政协礼堂进行了几次谈话，先后参加者有李清昆、夏剑豸、姜同光。谈话的内容我不知道。

聂元梓搞垮孔杨、"井红"，王力、关锋帮了很大的忙。

1967年1月，有几个解放军院校的学员去冲解放军报社，要揪胡痴。关锋跑去保驾。那些学员不买他的账，说："关锋算老几？"也要揪他。他立即打电话给聂、孙，要他们派人去解围。孙蓬一带了几百人去了，抓了十几个学员，扣在北大。王茂湘说："北大的事情很多，老孙你不必亲自出马了。"孙说："不行，这是关锋同志亲自交待的光荣任务。"

后来，打倒了王、关、戚，聂、孙以反王、关、戚的英雄自居，其实他们本来是打得火热的。

白晨曦告诉我，聂元梓有一件事很可疑。中央文革通知聂元梓坐北大的小汽车到中宣部，那里有一辆什么样的车在等着她。坐上这车，到一个地方，又有一个什么样的人在等着她。这好像是地下工作的联系方式。聂元梓在那个地方住了几天。她和白晨曦通了一次电话，白问她在哪里？她回答："不能说，不能说。"回校后，问她干什么去了？她说中央文革要她写关于王任重的材料。

原来王任重出事了，被踢出中央文革。出了什么事？不知道。文革中常有，朝为座上宾，暮成阶下囚。孔繁、杨克明失去了靠山，到外地串联去了。

## "第二张马列主义大字报"

1966年10月9日至28日，中央工作会议在北京召开，主题是批判"资产阶级反动路线"。林彪在会上鼓吹"革命的群众运动，天然是合理的。"点名攻击刘少奇和邓小平。陈伯达做《无产阶级文化大革命中的两条路线》的报告。刘少奇、邓小平承认推行了"资产阶级反动路线"，低头做检讨。会后，在全国范围掀起批判"资产阶级反动路线"的高潮。

聂元梓的嗅觉特别灵敏，她得到消息了。在一次"地下常委"的聚会时，她说："刘少奇有问题，大家都知道了；邓小平有问题，大家还不知道。毛主席炮打司令部不会只有刘少奇一个光杆司令。我们要贴大字报，点邓小平的名！"会上，推我起草大字报。我说："我有教学活动，很忙。"又推杨文娴（校文革简报组长），杨拉上孙蓬一，说："我和老孙一块儿起草。"

过了两三天，孙蓬一将他们起草的大字报稿征求我的意见。他说是杨文娴起草后他修改定稿的，题目是《邓小平是党内走资本主义道路的当权派》，确实从中可以看到孙蓬一的风格。

## 邓小平是党内走资本主义道路的当权派

政权问题是革命的首要问题，无产阶级文化大革命也不例外。有了政权，我们就有了一切；失去政权，也就失去一切。要使我们的政权成为无产阶级的铁打江山，千秋万代永不变色，就必须坚决执行最高指示："你们要关心国家大事，要把无产阶级文化大革命进行到底。"

党内走资本主义道路的当权派，是我们当前最危险的敌人，而且地位愈高者危险性愈大。

我们认为，我们党内头号走资本主义道路的当权派是刘少奇，二号人物就是邓小平。

邓小平的罪恶活动由来已久。早在1956年，在他的《关于修改党章的报告》中，就公开推销赫鲁晓夫集团的反动黑货。大肆吹捧苏共二十大，大反所谓个人崇拜。说什么"反对个人崇拜的重要意义，苏联共产党做了有力的阐述，这些阐述不仅对于苏联共产党，而且对于全世界其他各国共产党，都产生了巨大影响。"在谈到关于领袖对党的作用时，非但闭口不谈没有毛主席就没有我们的党，却大反所谓对个人的神化。说什么"苏联共产党第二十次代表大会的一个重要功绩，就是告诉我们把个人神化，会造成多么严重的恶果。"最后则赤裸裸地反对我们对我们伟大领袖毛主席的无限热爱、无限敬仰、无限崇拜、无限忠诚的心情。说什么"个人崇拜是有长远历史的社会现象，也不会不在我们党的生活和社会生活中，有它的某些反映。我们的任务是，继续坚决执行中央反对把个人突出，反对对个人歌功颂德的方针。"

1962年，当我国由于苏修的破坏和天灾的袭击，使经济发生了暂时的困难，邓小平便趁机带头大刮资本主义黑风。他在团中央的一次会上，公开鼓吹在农村恢复单干，说什么"不管白猫黑猫，能逮耗子就是好猫"。

在毛主席亲自发动下，1964年我国文化领域内，开展了批判资产阶级学术"权威"的斗争。由于周扬之流的从中破坏，运动搞得很不彻底。可是，就是这样，也大大激怒了邓小平，他用最恶毒的语言，谩骂革命派对资产阶级老爷们的讨伐，公开反对文化革命。据黑帮分子万里在1965年第一次国际饭店会议上透露：邓小平主持的中央书记处会议上，曾对当时的文化革命做了这样的描绘：现在有人不敢写文章了，新华社每天只收到两篇稿子。演戏只演兵，只演打仗的。电影哪儿有那么完善的？这个不让演，那个也不让演！邓小平自己则诬蔑革命派说："有些人就是想靠批判别人出名，踩着别人的肩膀自己上台，对人家一知半解，抓着个小辫子就批判半天，好自己出名。"邓小平说什么"学术观点，教育观点不一致不要紧，各种观点可以长期共存"。

邓小平反对社会主义革命更有甚者是破坏四清运动。对北大社教运动的扼杀，是一个典型的事例。彭真是扼杀北大社教的罪魁祸首，这已是人所共知的。然而何止一个彭真，彭真只是一帅，帅上还有一帅，这就是彭真的后台——邓小平。

1965年1月底至2月初，在彭真亲自指挥下，前北京市委召开了一次市委扩大会。会上以贯彻二十三条为名，大行反攻倒算之实。陆平、彭佩芸在会上对北大社教运动疯狂反扑。陆平的反革命言论传到北大后，遭到了革命派的愤怒反击。正在陆平处于老鼠过街、人人喊打的绝境时，这时一方面彭真出场，以中央书记处名义，下令停止争论，即所谓"泄两肚子气"；另一方面邓小平则说他"欣赏彭佩芸的发言"，夸奖陆平的反革命言论"态度是好的，意见是正确的"。继之就由邓小平召集了所谓3月3日中央书记处会议，邓小平一面自称他看到了北大社教运动的全部简报，但同时又颠倒黑白地为北大社教运动捏造了三条罪名：一曰把问题的性质搞错了。一开始就以烂掉了的单位对待，搞了夺权斗争；二曰没有实行三结合（即未与陆平"黑帮"同流合污）；三曰斗争方法上有严重毛病（即所谓对陆平黑帮搞了过火斗争）。为了嘉奖陆平、彭佩芸的反革命"功绩"，会上决定让这两个家伙参加工作队的八人领导小组。同时还委托万里这个黑帮分子，召开反革命的第一次国际饭店会议。万里在会上动辄就是总书记如何如何说的，以此来给革命派施加压力。

在3月3日的所谓中央书记处会上，邓小平还明目张胆地篡改毛主席亲自制定的二十三条。二十三条明文规定："逐步做到……实行群众、干部、工作队三结合"，邓小平却擅自决定机关、厂矿、学校的"四清"，工作队要一进门就与干部结合起来（实际上就是与那些走资本主义道路的当权派也要结合起来）。这里不仅把"逐步"改成了"立刻"，而且实际上"三结合"也改成"二结合"了。像陆平之流的黑帮分子，如果工作队一开始就与之结合，试想，群众如何发动得起来？结合起来除了搞反革命，还会搞出别的名堂吗？可见，邓小平破坏社会主义革命，其用心真是何其毒也！

1965年3月9日至19日，第一次国际饭店的反革命会议，尽管召开了，陆平黑帮被打散了的反革命队伍也算重新拼凑起来了，但工作队的领导还操在左派手里。因此，要彻底镇压北大社教运动就必须夺取工作队的领导权。于是邓小平就利用出卖北大社教运动的头号叛徒常溪萍的告密书，下令召开了镇压工作队革命派的民族饭店黑会。撤了队长张磐石同志，换上了黑帮分子许立群，常溪萍也被塞进了工作队的九人领导小组，革命的工作队于是成了反革命的还乡团。1965年我国的一个极其严重的反革命事件，随之就在我校发生了。常溪萍至今还有恃无恐，恃的就是邓小平。

在这一次无产阶级文化大革命中，邓小平与刘少奇一起，制定了一条资产阶级反动路线，真是罪上加罪，罪莫大焉！

邓小平反毛主席反毛泽东思想，反对社会主义革命是铁证如山的，是不折不扣的走资本主义道路的当权派。他所参与制定的资产阶级反动路线虽已破产，但我们还必须痛打落水狗，把他的反动面目予以充分揭露，彻底清算他的罪行，肃清他的影响。

谁反对毛主席，谁就是我们的敌人，我们就要把他打倒，使他永世不得翻身。

誓死捍卫毛主席！

誓死捍卫毛泽东思想！

毛主席万岁！万万岁！

我提了三条意见（而后十多年中，或是批判或是赞扬这三条意见，不断加深印象，所以至今还记得）：

第一，大字报的标题的定性不当。中央工作会议上，对刘少奇和邓小平的批评，他们的自我检讨，都说是犯了"路线错误"。路线错误是人民内部矛盾，"走资本主义道路的当权派"，就是敌我矛盾了。大字报中说："我们认为，我国党内头号走资本主义道路的当权派是刘少奇，二号人物就是邓小平。"没有提供根据。

第二，大字报的内容空洞，与标题不符，不足以说明"邓小平是党内走资本主义道路的当权派"，也不足以说明"路线错误"。

第三，"白猫、黑猫"的问题不应当再提。

1962年7月，邓小平在共青团的中央全会上讲话。当时北大的团委书记是张学书，参加了会议。第二天，团中央来电话：总书记说关于"包产到户"那段话不要传达。电视文献篇《邓小平》中解释，因为邓小平得知毛泽东在北戴河会议上批判了"包产到户"。张学书传达邓小平的讲话时，不仅传达了那段话，还说总书记不让传达，于是格外引人注意。文化大革命中就说邓小平"心里有鬼"。我说："本人声明不要传达的话，张学书传达了就不对，用大字报捅出去更不对了。"

邓小平的这个讲话收入了《邓小平文选》第1卷，题目是《怎样恢复农业生产》。有关的原话是这样说的，"刘伯承同志经常讲一句四川话：'黄猫、黑猫，只要捉住老鼠就是好猫。'"这张大字报贴出后，"不管白猫、黑猫，能逮耗子的就是好猫。"成了邓小平的名言。原来他是引用刘伯承同志经常讲的"一句四川话"，而且原话是"黄猫、黑猫"。

当时，我是出于对全国形势的忧虑。心想已经够乱的了，这张大字报贴出去就更乱了。我是反对"天下大乱"的。我不能直截了当地表示反对。我在"文化大革命"中以及后来的政治生活中，深知当反对派要使用两套语言，自己对自己讲的是一套语言，当我向别人表达的时候，就需要用一套流行的语言包装起来。我煞费苦心地编织了三条意见。第一条是否定题目；第二条是说，即使不否定题目，也没有与之相应的内容。总之，大字报不能成立。这些都不过是在那个不讲道理的年代所能讲的道理。有几个人赞成我的意见，但没有勇气坚持。我希望说服别人，阻止大字报贴出去。我向聂元梓提议，参加者进行一次讨论。结果，未经讨论，第二天，1966年11月8日，大字报就贴出去了。我一看，只字未改，签名者均为所谓的"老左派"，只有我一个人在外。他们是：聂元梓、白晨曦、孙蓬一、李清昆、夏剑豸、宋一秀、陈葆华、李玉英、傅治文、杨文娴、徐云影，共十一人。除了徐云影，其他都是"地下常委"的成员。徐是技术物理系的干部。大字报贴在一处偏僻的地方，因为标题惊人，看的人很多，影响迅速扩大，人称"第二张马列主义大字报"。

从12月开始，全国掀起"批判资产阶级反动路线"的高潮，喊出"打倒刘少奇"、"打倒邓小平"的口号。江青表扬聂元梓"又立新功了"。

大字报贴出后，传说"郭罗基又要闹分裂了"。我的三条不同意见传了出去，不仅公开了我和聂元梓的分歧，也在一定程度上暴露了我对"文化大革命"的态度。我因此而受到很大的压力。我采取以攻为守的策略，找聂元梓谈："我提议讨论，为什么不讨论？你就是好出风头，要抢头功！""一有不同意见就把我排除在外，这是搞分裂。"我把"分裂"的帽子扣在她的头上。

我倒确是想"分裂"，趁此机会与聂元梓等人闹翻，退出"地下常委"。我认为"地下常委"的活动是不正当、不合法的，常心怀不安。我假装很生气，故作姿态，大吵大闹。平时，我讲话慢条斯理的，那一次和聂元梓谈话，故意火冒三丈。我对聂元梓说：我提议讨论，为什么不讨论？这张大字报除了出风头，没有什么实际意义。一有不同意见就排除在外，最后你能团结几个人？现在有人说，哲学系的老左派又分裂了。第一次分裂分出了孔繁、杨克明，第二次分裂分出了郭罗基。我没有分裂，是你们在制造分裂。其实是我想分裂，先把帽子抛向对方。

但闹来闹去还是闹不翻，聂元梓的态度很好，说："不要生气，不要生气。我还不了解情况，先了解一下情况再说。"她了解情况以后对我说："是孙蓬一的错。他说：'郭罗基这个人不好说服，算了，不要他签名了。'我要他向你道歉。"

她一个劲地向我赔不是，还想出一个补救的办法。她说，阮铭（当时是中宣部文革主任）也想签名，王茂湘、姜同光签名时不在场，加上你，四个人补签一下。把大字报重抄一遍，加上四个人的名字，贴到大饭厅去。好不好？那张大字报贴在一个不太显眼的地方。按北大的传统，具有轰动效应的大字报总是贴在大饭厅东墙。那张大字报已经够轰动了，她还想再轰动一下。

她没有看透我的心思。其实，不让我签名正中下怀，她还以为我很在乎那个签名。

果然，孙蓬一向我道歉来了，态度很诚恳，连说："对不起，对不起！"

问：你想闹翻，结果怎么样？闹翻了吗？

聂元梓虚心接受意见，孙蓬一连说对不起，我想闹翻，又闹不翻，只好再等待时机。

在政治斗争中扮演什么角色，有时是身不由己，但也不是不可选择。我身不由己地被列入以聂元梓为首的"老左派"，我又自己选择了与聂元梓决裂。一者，聂元梓此人人品不好，耻与为伍；二者，对文化大革命有看法，不愿当"老左派"。1967年3月3日，我就在大饭厅东墙给聂元梓贴了一张大字报，题为：《新北大要整风，聂元梓第一个要整风！》，从此分道扬镳。经过半年多对文化大革命的思考，我结束观望，决心投入，否则不可能取得对历史事件的发言权。

我成了反聂的代表人物，就受到指责："拒绝在揭发邓小平的大字报上签名"，说明"大方向"有问题。后来，1975年邓小平复出，又有人说我好话："他敢于抵制炮轰邓小平的大字报"。"批邓、反击右倾翻案风"运动中我因拒绝表态而受批判，说我是"邓小平复辟资本主义的社会基础"，又翻出十年前的老账，叫做"历史根源"。粉碎"四人帮"以后，自然成了光荣历史。中国的事情就是这样，反复无常。在邓小平的心里，应该不会有反复吧，因为对他来说始终是"好的"。事实上也不然。

## "诸葛亮到上海"

1966年11月13日晚上，"地下常委"开会。孙蓬一、李清昆、陈葆华、李玉英、聂元梓等七嘴八舌地说，昨天上午李讷来了。十点左右，李讷来到五院二楼校文革组织组办公室，在场的有孙蓬一、李清昆、陈葆华、李玉英等五六个人。一见面，李讷就冲孙蓬一说："孙大炮，怎么听不到你放炮了？"文革初期，孙蓬一在中央文革当联络员，故与李讷熟悉。

李讷问：聂元梓呢，到哪里去了？有人回答：大概到市里开会去了。随后李讷问问北大运动的情况。孙蓬一说，眼下北大有人反聂，反校文革，说聂元梓执行了一条隐蔽的资产阶级反动路线，要她下台。其他人也补充了一些情况。李讷听罢沉默了片刻，接着便发表了一通意见。大意是说：北大是有点乱，但是北大的造反派不要只着眼于北大的运动，目前全国许多地方群众还未发动起来，造反派受压，尤其是上海，对造反派的压力很大，希望北大的造反派去支持他们。李讷说，今天我来找聂元梓就是要同她谈这个问题，这是主席的意思。

谈话到此时，已接近进午饭时间，孙蓬一留李讷吃饭。李说好啊，我可没有带粮票。于是众人便拿着饭盒、饭盆到大饭厅打饭，菜是普通的大锅菜，主食有馒头、大饼之类。李讷在办公室同众人进餐时有说有笑，给大家留下了好印象。

下午聂元梓与李讷单独谈话。李讷说："爸爸、妈妈要我向你问好。爸爸说，现在北京没有什么事情可做了，叫你到上海去揭盖子。"他们谈话时，"井冈山"、"红联军"砸了《新北大》校刊编辑部。李讷要去看看，看到满地狼藉，她很气愤，对聂元梓说：你们太软弱，这是反革命行为。"打、砸、抢"是错误的，但动不动就说"反革命"，这是文革的流行病。中央文革指示要抓人。后来北大校文革将井冈山红卫兵的头头魏秀芬扭送到公安部。

今天，李讷又来，找聂元梓单独谈话。

两次谈话的内容，聂元梓没有细说，只是说她要我去上海，支持上海的造反派。带谁去，由我们自己决定。还说这是主席的意思。

聂元梓说，明天校文革常委会开会讨论去上海串联的问题，我们这里先拿个意见。"地下常委"讨论的结果，让孙蓬一和聂元梓一起去，还有两个女同志陈葆华、傅治文也跟着去，可以照顾和保护聂元梓。聂元梓、孙蓬一不在时，校文革常委会由姜同光主持工作。"地下常委"由李清昆召集。

聂元梓在她的文革回忆录中，隐瞒了"地下常委"。她不得不谈到11月13日晚上的"地下常委"这次会议，她是这样说的："当天晚上，我先对孙蓬一等人谈了李讷和我谈话的精神。……我们第二天上午召开了校文革常委会，讨论怎样执行。"（《我在文革旋涡中》第93页，中国文革历史出版社，2017年。）她只说"我先对孙蓬一等人谈了……"回避"地下常委"。她的回忆录中，只有一句话提到"地下常委"，话是这样说的："当时群众批评'地下常委'决定大事，……"（《我在文革旋涡中》第122页）"地下常委"究竟有没有？是不是"决定大事"？她就不说了。

中央文革送来了四张北京至上海的软卧车票。聂元梓一行于11月19日到达上海。他们煽动群众炮打陈丕显（市委书记）、曹荻秋（市长），策划对曹荻秋、常溪萍（华东师范大学党委书记）的批斗大会，刮起了一阵旋风。街头贴出大字报，题为《诸葛亮到上海》，说他们以诸葛亮自居，把上海人民当阿斗。12月16日，聂元梓和两位女同志先回北京，孙蓬一迟至1967年1月7日才回。

1983年3月10日，判处聂元梓十七年徒刑的《北京市中级人民法院刑事判决书》中指出："1966年11月15日江青等人秘密派聂元梓去上海'造反'。"1966年11月15日以前，李讷早就向聂元梓等人传达毛主席的指示，要他们去上海。聂元梓要求江青、李讷到法庭上来作证，或出示证据，遭拒绝。法庭的判决是不公正的。

问：聂元梓去上海，是毛主席派去的。除了本人自供，还有旁证吗？

有。我正要说到这一点。《王力反思录》（下）中写道："聂元梓的事是我经手办的，我比较清楚。那时我兼中央文革办公室主任。……毛主席对文化大革命的想法，是想把北京的群众组织、学生、工人、机关干部的造反派连在一起，通过聂元梓等人到上海串联，把北京同上海连成一片。江青找我，说主席的设想，组织个班子去上海，最早她想李讷（肖力）要去，聂元梓去，阮铭也要去，搞个比较大的班子。……后来江青又转达毛主席指示，李讷不去，阮铭也不去，班子不要那么大。聂元梓也不要代表北京的红卫兵组织，只代表她自己和北大的群众组织，用北大群众组织的名义到上海。她不能打中央文革的旗号，完全作为北大聂元梓领导的群众组织的身份到上海去做些观察、联络工作，没有说她的任务是把上海市委打倒。我跟聂元梓说时再三叮嘱这几条，说是毛主席、中央文革的决定。"（第758-759页，香港北星出版社，2001年。）

所以聂元梓很不服气，她说，江青也是传达毛主席的指示，我执行了毛主席的指示要被判刑，而发指示的人，依然是伟大的，还要高举他的旗帜。聂元梓之所以成为文化大革命的宠儿，也是由毛泽东造就的。

## 第二十五章 《新北大要整风,聂元梓第一个要整风!》

1966年12月30日,我和刘渝宜在海淀区政府登记结婚。

问:文化大革命中,婚礼怎么进行?一定很有意思。

没有婚礼,破"四旧"把婚礼破掉了。我们收到的礼物,倒很有意思。礼物只有两种:一是小红书《毛主席语录》,一是毛主席像章。大家知道,我们都有《毛主席语录》中文版,于是朋友们就送外文版。有人事先还问问,如果已有俄文版、英文版,就送德文版或西班牙文版。外文版都送完了,又送少数民族的蒙文版、藏文版等等。我们两人收到二十来本各种版本的《毛主席语录》。我说:"够我们学三辈子的!"我们也收到一口袋的毛主席像章。

12月30日晚上,我们邀请一些朋友到家里来吃喜糖。一般人结婚,连喜糖都免了。我是革命左派,不怕人家说。我想热闹一番,客人坐了一屋子,聂元梓也来了。但话题并不轻松,总是离不开文化大革命。

1967年五一节,在颐和园,这是我们婚后的第一张照片。

聂元梓来贺新婚,人们认为给了我很大的面子。客人走后,我对刘渝宜说:聂元梓来,并不是什么好事。我不希望被人认为与聂元梓亲近。这个人是很危险的,我断定她总有一天要翻车,如果我跟她很靠近,我也会撞车。等她倒霉的时候再离开她,已经晚了。我要在她的全盛时代同她分道扬镳。可能会给我和你带来麻烦。你要有思想准备。

这是新婚之夜我们之间的约定。

## 一月夺权

1966年12月,中央发通知,停止全国大串联,大、中学校的师生一律回校,复课闹革命。为了加强组织性、纪律性,决定派解放军到学校,进行军训。1967年1月8日,63军和装甲兵的一千多人,开进北大。

先是毛主席赞扬上海的"一月夺权"。1月9日,《人民日报》发表上海造反派组织联名的《告上海人民书》,宣告夺了上海市委走资派的权。夺权风暴从上海传到了北京。1967年1月中旬,毛主席号召:"无产阶级革命派联合起来,向走资本主义道路的当权派夺权!"全国掀起"全面夺权"的高潮。当秩序刚有所稳定,动乱又起,更加升级。

1967年1月18日，有人通知我到临湖轩开会，不知道是什么会。到会场一看，参加者是校文革常委、"地下常委"、群众组织头头，满满一屋子。讨论向社会上夺权，我去的时候，已经谈得很热烈。只听得有人说，我们北大动手已经晚了，要赶快打出去。当场成立了校文革夺权指挥部，由孙蓬一负责。到哪些地方去夺权？聂元梓开了一个单子：中组部、中宣部、高教部、民委、华北局、北京新市委、市人委等。会上，我没有讲话，夺权的具体活动我也没有参与。

聂元梓的夺权劲头达到狂热的程度。北大大约参与过十三个单位的夺权活动。在中共中央统战部北大与学部吴传启的一派发生冲突。在高教部和教育部，北大和北师大发生了激烈的冲突。在中央部委和北京市的夺权活动中，参与单位大多发生冲突。

说是"向走资本主义道路的当权派夺权"，事实上每个单位都在夺权，难道都是走资派掌权？

夺权怎么夺？夺权以后怎么干？没有人能说得清。抢了一个单位的大印，就算夺了权。谁来掌权？有的学生连党员都不是，却去夺中共中央统战部的权、去夺中共华北局的权。

本来，乱是乱在一个单位内部，通过夺权，各个单位之间连横合纵，形成两大派，乱到社会上。我对形势忧虑到极点。

开始，在高教部夺权中形成的两大派，一派是北大派，一派是北师大派。后来，卷入的单位越来越多。一派中有北京航空学院，是上天的；一派中有北京地质学院，是入地的：于是就叫天派和地派。社会上的两大派又影响本单位的派别，如果一个单位中的某派是天派，另一派必是地派。

聂元梓纠集了一些单位的造反派，成立了一个"北京革命造反公社"，1月27日发表《北京革命造反公社倡议书》，提出："迅速召开北京市工农兵学商革命造反派代表大会，从走资派及一小撮顽固推行反动路线的家伙手里全面地夺回北京市的领导权。""要把北京市的党、政、财、文大权，大权小权，统统夺过来，夺它个一干二净。"聂元梓是有点野心的，她不但掌控了北大，还想掌控社会势力，在北京市夺权。后来聂元梓当了北京市革命委员会副主任，但她并不满足。我与她分手的决心下定了。

1967年1月以后，造反派忙于夺权、打内战，疏于监管，一些"黑帮分子"跳出"牛棚"，趁机逃亡。

有一天，冯友兰向哲学系文革副主任赵正义交出一张纸条，是从他家后面的窗户缝里塞进来的，上面写着：

马思聪已经出走香港，即将去美国。如果你也有此愿望，我们可以帮助你。明天晚上到这里来取你的回话。

冯友兰战战兢兢地说："我生为中国人，死为中国鬼，决不去美国。"还说："我的大儿子冯锺辽在美国，我多次劝他回国，我自己当然不会再去。"

赵正义问："你的大儿子怎么去美国的？"

冯友兰过分敏感："我的大儿子去美国跟我没有关系。"

赵正义说："我没有说跟你有关系，只不过随便问问。"

冯友兰做了解释：抗战时期，冯锺辽在西南联大学习。当时号召"十万青年十万军"。他和西南联大的许多同学一起报名参了军，被分配在缅甸远征军当翻译官。远征军回国后，送他去美国进修。不久，抗战胜利了，他留在美国继续上大学。

冯友兰是老谋深算的。他大概以为那纸条是红卫兵对他的试探，一个劲地表态，献忠心。

北大校文革的保卫组和北京市公安局在冯家四周隐秘处布防，准备抓特务。守了一夜，没见到特务的踪影。干这种事情的人，不会没有一点机警，可能一直注视着冯友兰，知道他到哲学系办公室报告去了。

中央音乐学院的造反派发现马思聪不见了，根据北大提供的信息，才知道他已去了香港。

那个时期，冒死偷渡，时有所闻。陈独秀的女儿陈子美（高曼君所生，与陈延年、陈乔年为同父异母兄妹），被打成"牛鬼蛇神"，因不堪凌辱，冒死投向怒海。她把自己绑在一个汽油桶上，泗水漂流，十小时后到达香港。到了香港还怕广州的红卫兵来追杀，没来得及与胞弟陈鹤年一见，又匆匆去了加拿大。中国人民保卫世界和平委员会的工作人员关愚谦，盗用日本友好人士西园寺一晃的护照和签证，乘国际航班离开了中国。只有极少数幸运儿能够逃出生天，多数人被抓住，以"偷越国境"、"叛国投敌"等罪名，判处死刑。投奔苏联和北朝鲜的，即使出了国境也没有找到生路。北大西语系学生顾文选，当了右派又成反革命，刑满释放后留场就业，等于终身监禁。"文革"中逃跑，越境去了苏联。但被遣送回国，1970年判处死刑。

## 二月一统

北大在两条路线斗争中，拥护聂元梓的一方：红旗兵团、东风兵团、红教工兵团等等，战胜了反对聂元梓的一方：井冈山红卫兵、红联军、虎山行战斗队等等。

虎山行战斗队是新成立的，由数力系学生杨作森、生物系学生卞宗美、刘秉慈、王山米等组成，标榜"明知山有虎，偏向虎山行"。他们指出："聂元梓的后台是江青，所以搬开聂元梓必须炮打中央文革。""只有炮打中央文革，北大运动才有出路。"

反对派说聂元梓和校文革是"反动路线"，反过来，聂元梓和校文革以及拥护他们的组织，给反对派扣上了"反动路线"的帽子。1月10日，《新北大》校刊发表校文革办公室主任李清昆在校文革常委会上的发言：《孔繁、杨克明是资产阶级反动路线在北大的代表》，"井红"、"虎山行"等等不过是推行反动路线的"急先锋"。"井红"从200多人发展到1000多人。2月被打成"反动组织"，214人遭批斗，123人戴上"反革命分子"帽子。在批斗"井红"时，聂元梓公开宣称："通过反对我来反对毛主席，那是不能允许的。"从此以后，批评聂元梓就是"反聂"，"反聂"就是"砍倒毛主席树立的红旗"，就要按照批判"井红"的格式处理。在北大，流行"反聂即反动"的铁血逻辑。

2月，在"路线斗争"胜利的基础上，由"地下常委"内定，对校文革进行了一次改组，反聂的都清洗了出去，提拔了一批保聂的委员充实常委会，孙蓬一为第一副主任。任命李清昆为政治部主任，将来管党务。聂元梓也给我安排了一个职务，校文革教改组长，还说将来让我当教务长，原教务长崔雄昆当个副职。我没有接受。以后，校文革内部发生了意见分歧就以此为先例进行"调整"。校文革成了清一色的保聂的权力机构。

1月16日，陈伯达、江青接见北大校文革主任聂元梓、副主任孙蓬一。陈伯达说："王任重很坏，当着江青同志的面讲了孔繁、杨克明很多好话，讲了聂元梓很多坏话。"江青对聂元梓说："我们要保你，从政治上关心你、帮助你。孔繁到哪里去了？你们要揪他。"江青还说："北大的风格不是过了，而是太'温'了。"由于江青的煽动，为了克服"温"，北大内外较劲；对外与许多单位发生冲突，对内向群众挥舞大棒。

在中央文革的支持下，在63军军训团的扶持下，北大形成大一统。1967年2月14日，《新北大》发出《通告》，宣布改组后的校文革常委会组成名单，将孔繁、杨克明等不同意见者清洗出去。2月15日成立了新北大公社。新北大公社不再是跨系的组织，而是按系成立战斗团。校文革是权力机构，新北大公社是群众组织，互为依傍。在许多系，系文革和公社战斗团根本就是一套班子，实行所谓"一元化领导"。

新北大完成了大一统。

当时，人民大会堂常有中央首长接见群众组织代表。有一天，我经过哲学楼，楼前停着一辆大轿车，车上的人招呼我："我们去人民大会堂，你也来吧。"我就上了车，作为新北大公社代表团的成员，参加了接见。我们到得比较早，看到群众组织代表陆续进来。蒯大富来时前呼后拥，很有气派。立定之后，大衣一脱，马上有人接过去。首长来了，依次是周恩来、江青、陈伯达、康生、谢富治，还有中央文革的王力、关锋、戚本禹。他们一律穿的是军装。感觉江青有点异样，仔细一瞧，她的上衣是有腰身的，裤腿较窄，实际是一身草绿色的时装。周恩来主持接见，一开口，嗓音嘶哑。他常常超负荷运转。听说，他在人民大会堂开会、会客，有时一连七八个小时，不吃不喝。大会堂的服务员心疼他，在他的茶杯里泡上米花加糖。今天不知有没有米花加糖？接见的内容是继续昨天的话题，我听起来毫无头绪。那些造反派们吵得不可开交，周恩来不断地做手势，往下压。江青、陈伯达、康生都讲了话。讲了什么，不记得了。陈伯达的福建口音大家听不懂，王力给他做翻译。有几个人的发言是针对陈伯达的。周恩来说："伯达同志是我们党的理论家，他需要时间冷静地思考，你们不要用琐碎的问题去干扰他。"

接见长达三个多小时，究竟解决了什么问题？轰轰烈烈，空空洞洞，这就是文化大革命的政治。

## 三月整风

我对"文化大革命"观望了八个月，才决心投入。只有投入才能有发言权，我不愿意当历史上的旁观者。第一个行动是贴了聂元梓一张大字报。如果不跳出来，我这个"老左派"完全可以过太平日子。一旦开了头，势必引起连锁反应。尔后，我当了两次"反革命"，关过禁闭，住过"牛棚"，劳动改造了三年，批斗了无数场，粉碎"四人帮"以前，一直是"靠边站"。

一月夺权，我看到了聂元梓的野心；二月一统，我看到了校文革对反对派的镇压。晚上，我从友谊宾馆回北大，经过大饭厅，常常看到"井红"和"虎山行"的成员，站了一大排，挨批斗，像斗走资派一样，驾喷气式，批斗了二百多人。

聂元梓在对外夺权、对内镇压的同时，秉承康生的旨意，组织了一个"揪叛徒兵团"，公开的名称是"除隐患战斗队"，由哲学系的青年教师赵建文负责。"除隐患战斗队"全盛时多达一百二十五人。他们直接与"康办"挂钩，制造了一批冤案、假案。

一方面，聂元梓的权势空前高涨；另一方面，她走在错误的道路上越来越远了。我料定她总有一天要翻车的，等到她翻车的时候再与她分手，那就太晚了。我要在她的全盛时代与她决裂。分道扬镳的心情越来越迫切了。

我一直在寻找机会。孔杨和反聂的势力都被打下去了。我要采取的行动，必须使自己站稳脚跟。

1967年3月1日，《红旗》发表《我们鲁迅兵团向何处去？》鲁迅兵团是上海的群众组织，文章提出造反派内部开门整风的任务。我一看，这是一个好题目。整风，总不能说是"反聂"吧？3月2日晚上，我到哲学系学生宿舍，探测民意。在二年级的几个房间，大家都说整风很有必要，还说："这个大字报只能由你来写，别人写了弄不好又是'反聂'。"朱清文态度特别坚决。北大流行一个公式："反聂即反动"。在我之前，凡是反聂的都被打成"反革命"。如果一起议论"反聂"，那更是"反革命阴谋"。所以我经过周密考虑，不与"老左派"中的任何人商量，出其不意，有话墙上见。我抓住一个合理合法的旗号——"整风"。我回家后就动笔，题目是《新北大要整风，聂元梓第一个要整风！》这个题目的含义是双关的：一方面，因为她是校文革主任，所以第一个要整风；另一方面，因为她的问题严重，所以第一个要整风。3月3日早上，我到友谊宾馆上班之前将大字报底稿交给朱清文，让他抄成大字报贴出去。这一天下午，大字报贴在大饭厅东墙，就是出现"全国第一张马列主义大字报"的老地方。

我不知道大字报是否已经贴出，打了一个电话给哲学系办公室。没等我开口，对方就说："你人在外面，大饭厅怎么会有你的大字报？"我说是哲学系的学生帮我贴的。他还说："你快回来吧，校园里都乱了。"这是我估计到的。我还估计到一定会有人打上门来。这一天是星期五，我住在友谊宾馆，没回家。刘渝宜在北京轻工业学院上班，平时不回家，这一天她却回家了。一拨一拨的找我辩论的人狂乱地敲门，惊动了她。她不知道我写了大字报。她对那些人说，把大字报抄来让我看看。她看了之后说："大字报是善意的，很温和，有什么问题？"两个月前的新婚之夜，我们有约定，所以她并不吃惊。

星期六，我回北大。经过大饭厅，我的大字报已经被盖上了。

我的大字报底稿学生没有交还。近年，北大校友胡宗式在网上购得《新北大要整风，聂元梓第一个要整风！》的打印件，是"北京大学文化革命委员会资料组"印发的，给我提供了一个影印件。

### 新北大要整风，聂元梓第一个要整风！

郭罗基

　　经过严重的斗争，在新北大，右派势力垮了，反动逆流被打退了。当前迫切要做的事，就是整顿左派队伍，带动广大群众，向着文化大革命的新的高峰前进。

　　《红旗》杂志一九六七年第四期社论《必须正确地对待干部》发表的同时，推荐了《我们鲁迅兵团向何处去？》的大字报，介绍了上海"东方红"小将们开门整风的倡议，这两者绝非偶然的巧合，而是有它内在的联系的。党的政策靠无产阶级革命派去贯彻，要正确的贯彻执行党的政策，就必须深入学习毛泽东思想，就必须去掉自己头脑中的不恰当的东西，就必须整风。北京的许多单位已闻风而动。相形之下，新北大对于整风显然很不热心。是没有什么可整吗？当然不是。忙得来不及整吗？未必正确。不抓整风，匆匆忙忙搞三结合，匆匆忙忙批刘邓，匆匆忙忙斗黑帮，等等，都是搞不好的。思想不提高，做什么都只是原地踏足。

　　左派队伍要整风，领导骨干尤其要整风。

　　这时我想到了你——聂元梓同志，作为新北大文化革命委员会的主要负责人，为什么对于整风这件事很不敏感呢？这是否和你一贯的对待思想改造，对待自我批评的态度有关呢？

　　我们是共过患难的战友，在国际饭店会议的反革命事件中，在资产阶级反动路线的疯狂反扑中，我们哲学系的许多同志都挺身而出为你辩护，也就是为北大的社会主义教育运动辩护，为文化大革命中以毛主席为代表的无产阶级革命路线辩护。虽然我们对你的缺点和错误比谁都了解得清楚，在敌人和别有用心的人要把你置于死地的时候，我们不愿谈论你的缺点和错误，只是希望你到了正常的气氛下自觉地做一些清理。但是，你自己，长期以来，头脑是不清醒的。反对你的人抓住你的缺点和错误，加以歪曲夸大，往往使人觉得不可信，最了解你的缺点和错误的人，又常常作为你的政治上的辩护人出现；你自己改造思想的自觉性又比较差，这样，就使得对于你累积起来的一些缺点和错误没有做过认真的批评和自我批评。

　　你一定还记得，我和李清昆等同志几次三番向你建议：把校文革的工作好好总结一下，并趁总结工作的机会，对自己的缺点和错误，认真地做自我批评。你也表示同意，就是迟迟不见行动。有一次，你还要我为你写"检讨"，这就不能不怀疑你检讨的诚意了。即便是别人代劳的"检讨"，直到现在，也还没有做。

　　你也不会忘记，陈葆华等同志向你提过多少中肯的意见，我们从爱护你出发，常常悄悄地向你提意见，这样做，有一定的效果，但对你震动不大。看来，对你来说，很需要在广大群众监督之下，把你自己也当作革命的对象，系统地清理一下思想。

　　你是否知道，哲学系的同志有这样的心情。一方面，我们的革命大方向是一致的，大家愿意和你一起干。另一方面，又常常为你担心。不为别的，就因为你这个人自我批评的精神差，思想改造的自觉性差，名声却很大，出了问题，就非同小可。你的这种毛病，使多少亲近你的人感到不安！

　　形势不利的时候，在某种压力下，你会做言不由衷的"检讨"。形势一变，翻了身，对于一些明显的错误，你又根本不检讨，这两种都不是正确的态度。国际饭店会议的后期，在陆平黑帮软硬兼施的压力下，你做了过头的检讨。陆平黑帮被打倒了，你又似乎觉得自己一切都正确了，把1964年社教中说错了的话也说成是对的。路远、周闻《搬开聂元梓，北大才能乱》的大字报贴出后，你慌慌忙忙地召开会议，做出决议，承认它是"革命的大字报"。后来，形势起了变化，你又趾高气扬起来。11月1日，在东操场大会上你做了一个讲话，"红联军"、"井冈山"大吵大闹，你（还有杨学祺）就叫广播台的工作人员把你的讲话录音中的某些片段从磁带上抹掉。以后借出的那个录音磁带就是经过加工复制的赝品。你们做得极端秘密，就连哲学系的许多同志也一直瞒着。聂元梓同志，如果你认为有几句话讲错了，就应该公开地做自我批评，郑重地更正。不应该采取这种不正当的手段。这是你文过饰非的一个非常突出的例子。如果你当时的讲话本身没有错误，而在"红联军"、"井冈山"的压力下，做出这种小动作，那么这种做法也是个严重的错误。

你所以缺乏谦虚谨慎的态度，恐怕还是私心杂念太多之故。我觉得你考虑个人荣誉太多，考虑自己的缺点错误太少。例如去年9月文革选举后你就病了。你找了几个人在病床前面授机宜，要他们写几个发言稿。一个是国庆宴会上用的，一个是天安门庆祝大会上用的，一个是校内群众大会上用的，还说："各种场合的发言多写几个，放在口袋里……"这就是你上任校文革主任以后所应考虑的主要问题吗？你对校内外的形势、筹委会时期工作上的问题，很少考虑。所以一出院，路远、周闻的大字报一贴，打了一场无准备的遭遇战。

你在同陆平黑帮的斗争中，在文化大革命中是立下了功劳的。你的缺点和错误是在执行无产阶级革命路线的前提下发生的，而且在轰轰烈烈的群众运动中，你的毛病改了不少。但是，你的状况，同你所肩负的工作责任，还是不相称的。你的许多缺点、错误，现在不整，更待何时？在未来的革命征途中，我们将一如既往，同你站在一起，共同战斗，为你所坚持的革命原则做辩护。一个襟怀坦白、忠诚积极的共产党员，也不需要任何人为自己的错误做辩护。

聂元梓同志，勇敢地站到整风中来领导整风吧！新北大要大整风，大提高！

1967年3月3日

同时，还有哲学系朱清文等三人贴出的《为郭罗基同志的革命大字报叫好！》

我的大字报，在北大引起震动。在社会上与聂元梓发生矛盾的人说："聂元梓后院起火！"有人说我是在文革中"带头造反的人"，那么，我是在造聂元梓的反方面带了头。

大字报充满文革流行的套话，还有一些掩饰自己的策略性语言，这是保护色。我尽量掩饰"反聂"，结果还是不能幸免被围攻。星期六回北大，已经有一大群人在家门口等候与我辩论。我说，家里地方太小，把他们领到哲学楼的一间教室。在一个时期中，我每天受围攻。那时，我婚后不久，常有夜半吼声，破门而入，骚扰洞房。我的罪名是"砍倒毛主席树立起来的红旗"，"颠覆红色政权"。

据校文革动态报《校内动态》的归纳，对大字报的态度，有两方面：

一，反对郭罗基的大字报

"郭罗基的大字报是大毒草"，"郭罗基的大字报必须彻底批判"，"郭罗基大字报的要害——招摇整风旗号，行攻击聂元梓之实"，"郭罗基的屁股坐到哪里去了？""郭罗基，你到底要干什么？""让郭式整风见鬼去吧！"

二，支持郭罗基的大字报

"郭罗基同志的大字报好得很！""聂元梓就是第一个要整风"，"我们的校文革向何处去？

——支持郭罗基的大字报"，"不要神经过敏，不许对革命同志挥舞大棒！""不平则鸣——必须正确对待郭罗基的大字报"，"拥护聂元梓，支持郭罗基"。

起初，反对的占多数。

校文革动态报胡宗式等十二人贴出长篇大字报《新北大整风向何处去？》说："校文革必须开门整风，聂元梓同志必须带头，某些常委的包袱必须扔掉，整掉私心杂念，整掉保守思想。""迅速把郭罗基大字报引起的辩论引入正规。""郭罗基同志的大字报是革命的大字报。对这张大字报进行围攻，更是错误！""希望聂元梓同志正视自己的缺点和错误！"

校文革副主任徐运朴（由于生活坎坷，不幸英年早逝。提起他，心中不免涌起悼念之情。）贴出《学习郭罗基，帮助聂元梓——也谈整风大方向》的大字报。大字报指出校文革常委会对郭罗基大字报的几种错误态度。后来，校文革副主任徐运朴、常委侯汉清又联名写了《打倒"私"字，彻底整风——与聂元梓、孙蓬一同志商榷》的大字报。徐运朴、侯汉清（他们是俄语系、图书馆学系的研究生）因为支持郭罗基，也被打入"逆流"。

我的大字报整篇语气很温和，但有两点触到了聂元梓的痛处：一是涂改录音磁带；二是在国际饭店会议上做了过头的检讨，并不是如人们所想象的那样进行"英勇斗争"。

我在大字报中对李清昆、陈葆华喊话，可惜不为所动。事先我不能跟他们商量，弄不好会被说成"阴谋"。

《聂元梓回忆录》的文革部分，居然没有提到"三月整风"，更不会提到我的大字报。但学着我的大字报标题的口气，提出一个口号："整风要先整谢副总理的风！"

聂元梓后来的《我在文革的旋涡中》提到了，还引了3月5日，她对全校师生员工发表广播讲话。抄录如下：

衷心要求同志们帮我把风整好，同志们严格地要求我，尖锐地批评我就是对我的关心，就是支持我，真正做到"知无不言，言无不尽"，我则要做到"言者无罪，闻者足戒""有则改之，无则加勉"。应当相信群众，同志们之间也要相互相信。如果同志们这样做，再加上我个人主观上的努力，就可以不成为昙花一现的人物，只有这样才能维护毛主席树立的这面红旗。

对郭罗基同志的大字报我表示欢迎，本着"有则改之，无则加勉"的精神，很好地考虑他的意见。郭罗基同志在国际饭店会议斗争中表现是好的，斗争中对我有帮助。我愿意听郭罗基同志对我更深刻的批评。

在整风中要做到畅所欲言，大家思想要更活泼，通过整风使我们生气勃勃。我们对敌人要狠，对同志要有良好的批评与自我批评的风气，形成生动活泼的政治局面。如果给对我提意见和提错意见的人扣大帽子，我就对同志们提出意见；如果我对给我提意见的态度不对，也请同志们对我提意见。（聂元梓《我在文革旋涡中》第120页，中国文革历史出版社，2017年。）

聂元梓以"毛主席树立的这面红旗"自居。我反对聂元梓，就是反对文化大革命中的"这面红旗"。所以，我不仅是聂元梓和校文革的反对派，也是文化大革命反对派。

大家关注录音磁带问题，都在等待聂元梓表态。因为"井红"指责广播台出借的录音磁带是经过涂改的，校文革斥之为"造谣"。聂元梓在这次讲话中并没有回答是否涂改了录音磁带。因此，群众不断地追问。广播台台长名石志夫，这个人还曾经是我的学生，他想为聂元梓解围，对她说："我站出来作证，郭罗基是造谣。"聂元梓制止了，总算还保持一点清醒。如果这样做，错误越陷越深，问题越闹越大。聂元梓已经对我有所警觉，许多事情是不告诉我的。"地下常委"中的白晨曦，对我很看重，凡是聂元梓不告诉我的事情，他都会告诉我。而涂改录音磁带的事，老白是亲耳听聂元梓本人说的。如果追究我的"造谣"，就会追到聂元梓那里。大概经过几天痛苦的思考，3月11日，聂元梓的广播讲话终于承认涂改了录音磁带。人们认为，这是政治品质问题。

哲学系的沈少周到我家，进行了一次长谈。他说，我以为聂元梓会重用你，你要飞黄腾达了。哪知你贴她的大字报，意味着分道扬镳了。哲学系的老左派很多人不理解你的这一行动，你是怎么想的？我说，聂元梓是有点野心的，她不满足于掌北大的权，还想掌北京市的权。但她的德行和能力，掌北大的权都搞不好，何况掌北京市的权？这叫"德不配位"，迟早会出问题的。现在北大的校文革镇压群众比陆平党委还厉害。我料定，聂元梓总有一天会翻车，如果我靠得很近，也会撞车。等她倒霉的时候再分手，已经晚了；所以，我要在她的全盛时代跟她分道扬镳。沈少周很赞赏我的人品，成了我的义务宣传员，后来有人说他是"郭罗基的死党"。

对我的大字报，一开始，反对的多，支持的少。有人这样评价："这张大字报的水平在整风运动中是鳌头独占的，它代表了一种思想高度。我再也写不出能超过它的大字报了。在整风中，我想对聂元梓说的话已经说完了！"（扬子浪[原名谢定国，北大数力系62级学生]《一个北大学生的文革日记》，1967年3月5日，*https://weibo.com/p/23041855abdf970102wnad* 2016年11月14日）

校文革常委在整风问题上发生了意见分歧。常委徐运朴、侯汉清是支持我的大字报的。"郭徐侯"被认为是整风派的代表人物。二月，几个老帅和副总理大闹怀仁堂，反对中央文革，被称为"二月逆流"。有大字报说《郭、徐、侯的整风方向迎合了反动逆流的需要》。因此人称"郭徐侯"是北大的"三月逆流"。

不管怎么说，"整风"这个旗号是不可抗拒的。校文革开始整风了。3月9日，分四个会场，校文革常委分别到会，听取群众意见。

3月11日，《新北大》校刊发表社论，题为《必须把整风运动深入下去》。社论宣布："校文革决定开门整风。"校文革没有一个积极的态度，却说："在整风过程中，要提高警惕，严防阶级敌人搅乱我们的阵线。"

## 四月结束

开始找我辩论的都是反对意见。3月4日，我从友谊宾馆回北大，已有一群人等候在家门口了。我说，家里地方太小，找个教室去。我领着这一群人到了哲学楼。一连几天，有人约我在哲学楼辩论。

渐渐地，登门拜访的都是支持者了。主要的一群人是0363。03是化学系的代号，63是1963年入学的，现为三年级。领头的人叫陈醒迈。他是非党非团，具有独立个性的人。原名陈守中，文革初期，他说："觉醒了就要往前迈。"改名陈醒迈。随着文革的进程，思想发生了变化，怀疑产生了，热情消散了。他看了我的大字报，忽然又振作起来。他认为，我的大字报是新方向，背后还有话，没有讲，或不便讲。有一个时期，他每天晚上来我家，越谈越投机。我们彼此发现共同点，我们不仅是聂元梓"这面红旗"的反对派，也是产生"这面红旗"的文革的反对派。但我们痛苦的是，必须操文革的语言，假装是文革的拥护者。

0363写了许多支持我、批评聂元梓、倡言整风的大字报。他们署名0363时，把0字写得很大，故被人称为0派。反对他们的人挖苦说：阿Q剃了辫子，成阿0了。

支持我的大字报的，本来是少数，经过0派的活动，支持者与反对者变得旗鼓相当。两方面的人都各自召开串联会，你来我往。

起初，我想忍耐一下，围攻过去就算了，反正我已经表明和聂元梓分道扬镳了。4月，校文革的整风非但没有整他们自己，反而整到我头上。4月28日，校文革和它的支持者召开大型的串联会，第一副主任孙蓬一和几位常委讲话，批评我的大字报，说我提出了"资产阶级整风方针"，"偏离了大方向"，"搞乱了北大"。这时，我忍耐不住了。孙蓬一宣布：整风月底结束。0派决定也召开一次大型串联会，作为对"四二八"串联会的回应，请我讲话。4月30日，孙蓬一宣布整风结束的那一天，0派八十多个单位在大饭厅举行串联会，由我讲了一篇话：

### 郭罗基在北京大学0363北京公社等85个单位发起的整风总结串联会上的讲话

北大最近的形势很令人担心。

北京和全国对我们新北大寄予无限的希望。他们经常关心：新北大的文化大革命搞得怎么样？新北大的未来又会怎么样？如果人们向我们提出这样的问题，我们该怎样回答呢？

北大出现的一些情况需要我们很好地思索。要为北大的现状而思索，更要为北大的未来而思索。北大的未来应该是怎样的？而按现状发展下去，她的前途又可能是怎样的？

我本来不想在公开场合讲话。3月3日，我写了一张大字报。有人给我扣了许多帽子，我倒不在乎。孙蓬一同志在3月8日讲："不要在郭罗基的大字报上纠缠了！"好啊，我一直从大局出发，采取克制态度。什么叫"纠缠"？我建议哲学系的老左派开会，或个别与聂元梓谈话来解决分歧。直到现在既不开会，也不交谈。这就是不"纠缠"吗？

4·28的串联会有方向性错误。我之所以必须在今天讲话，有两个原因：第一，我已经克制很久了，有话要说。孙蓬一宣布，整风月底结束。今天是最后的机会，不能不说了。本来孙蓬一说，不要纠缠了，让历史去做结论。而过了一个多月又亲自出来纠缠；等不及了，企图自己代替历史做结论了。4·28的串联会上，几个校文革副主任公开攻击我的大字报，指责我提出了"资产阶级整风方针"。既然进行公开攻击，我就要公开答辩。（掌声）第二，4·28串联会标志着孙蓬一在错误的道路上已经走得很远了，我应该把我的想法讲出来，否则是对革命不负责任。（掌声）

过去，我们哲学系的左派团结得很好。我和孙蓬一同志有战斗的友谊，一起合作写过文章，国际饭店会议期间我们同住一房，无话不谈，一谈就谈到深夜。写大字报之前，关系也很好。但从我写了一张大字报之后，人与人的关系就改变了。我对孙蓬一同志的一些言论和做法很难理解。他们对我的想法恐怕也不了解，因为不开会、不交谈。我想利用这次串联会的机会谈谈看法。

首先，我认为这次整风犯了方向性错误。（热烈掌声）孙蓬一讲："现在要排除一切校内外干扰，把握斗争大方向。"要排除什么干扰？新北大广播台评论员文章等等官方言论，似乎把这次整风看作就是对大方向的"干扰"。当前运动的大方向是对准党内走资本主义道路的当权派展开大批判，并按各地的实际情况转入本单位的斗批改。但是，正如《人民日报》社论《打倒无政府主义》中指出："在这关键时刻，无政府主义又冒了出来，转移了斗争大方向。"因此，正是无政府主义转移了斗争大方向。在北大，对于运动的最大干扰，就是以孙蓬一为代表的严重的无政府主义。（掌声）孙蓬一煽动群众，炮打谢富治，同其他兄弟院校搞摩擦。这不是转移斗争的大方向吗？

有人为孙蓬一辩护，说："虽然孙蓬一犯了错误，但还是牢牢地掌握了大方向，如斗了王光英、斗了彭真等黑帮……。"这是从表面上看问题。从实质上来看，所谓"大方向"是把矛头对准什么人的问题。煽动群众把矛头对准谢富治，不是方向性错误吗？现在从行动上已经停止了。这不证明当时一度偏离了大方向吗？而这种后遗症至今没有从思想上彻底清算。我们要把握斗争的大方向，就要清算无政府主义，就要整风！在这个时候，孙蓬一等人非但没有搞好整风，相反，在整风中又扭转了整风的大方向。（热烈掌声）

0363 北京公社等八十几个单位发起的整风串联会，主题是反无政府主义，大方向是完全正确的。（热烈掌声）而4·28串联会以及前一天的预备会，还有串联会前后的大字报，他们把矛头对准向他们提意见的人，大方向是完全错误的。他们提出两个问题：一，"别有用心的人要夺权"；二，"有分裂的苗头"。无政府主义没有反掉，反而提出这样的问题，来指责反无政府主义的人们，能说大方向是正确的吗？孙蓬一承认犯了错误，做了检讨，但很不深刻。毛主席教导我们："我们是干革命的，如果犯了错误，是不利于党的事业，不利于人民事业的，就应当征求人民群众和同志们的意见，并且自己要做检讨。这种检讨，有的时候要有若干次，一次不行，大家不满意，再来第二次，还不满意再来第三次，直到大家没有意见了，才不再做检讨。"（手里拿着一个文件，是毛主席在七千人大会上的讲话）（热烈鼓掌）

孙蓬一对整风的态度，对群众的态度，对批评的态度，是不符合毛主席的这一教导的。做了一次检讨，群众不满意，不但不再做检讨了，反而把矛头指向提意见的群众，说什么"要夺权"，"有分裂的苗头"。这是完全错误的！

所谓"别有用心的人要夺权"，是指校文革副主任徐运朴同志。徐运朴有缺点、错误，有些甚至是严重的。比如，他本人也有无政府主义，虽然做了自我批评，群众认为还不够。我希望徐运朴能做更深刻的自我批评。（掌声）还有，徐运朴不到作战部去上班也是不对的。徐运朴在向别人提意见时，有点感情用事，乱抛材料，点的人太多。这都是不大好的。但是，我们首先要看到，在大是大非问题上，在反不反谢富治的问题上，徐运朴站在正确的一面，孙蓬一站在错误的一面。（掌声）徐运朴的错误是在同孙蓬一的错误做斗争的过程中产生的。你们说："徐运朴的无政府主义不要整吗？"我说要整。但决不能搞折中主义，不能搞"错误人人有份"。徐运朴的错误和孙蓬一的错误，是两种不同性质的错误，非但不能搞折中主义，更不能轻重倒置。有人把徐运朴的错误说得比孙蓬一的错误还要严重，这是不符合实际的。

有人说徐运朴"要夺权"。没有可靠的材料，不能说服人。据说材料是有的，两条：一条，说徐运朴讲过"把聂元梓打趴下去，再提起来"；还有一条，说徐运朴讲过"如果郭罗基的大字报揭发的是事实，那么聂元梓就得靠边站"。徐运朴真的讲过吗？我从大字报上看到，前一条是孙蓬一讲的"有人"，没说是谁；后一条是王海忱讲的。我希望大家去调查。徐运朴有错误，但绝不是"要夺权"。徐运朴在与孙蓬一的斗争中是正确的。为孙蓬一辩护的人提出"应当正确对待左派"，意思是要正确对待孙蓬一。这个问题，不仅适用于孙蓬一，也应当适用于徐运朴。（掌声）说徐运朴"要夺权"，是不是为了把有不同意见的徐运朴赶出校文革常委会做舆论准备？我希望不要发展到这种地步。

又有人说："现在有分裂的苗头。"如果真有人要搞分裂，我也反对。现在要拉出一支队伍，这是错误的。北大在许多重大问题上存在分歧，这种分歧可以在大联合的基础上解决，不必倒退到分裂的局面。要反对分裂，先要批判聂元梓同志在3·14串联会上的讲话。她在讲话中提出一个公式，说左派队伍的发展是分裂—统——再分裂。她还说这是符合毛泽东思想的。我们只听到毛主席说要大联合，没听说大联合后还要再分裂。当然聂元梓这样讲是有用意的。她引用了毛主席的话"统一是相对的，斗争是绝对的"。这里，辩证法的词句根本用得不对。聂元梓的理论是论证分裂的必然性。按照这种理论，北大早就该分裂了，至今之所以没分裂，是由于革命派在行动上对这种错误理论进行了抵制。

现在说"出现了分裂的苗头"，是不是指0363北京公社等发起的几次串联会？孙蓬一同志做了检讨，不深刻，群众不满意，不是像毛主席说的那样，二次、三次再做检讨。现在群众自己起来进行监督，整你的风，这叫什么？这是群众的首创精神！（热烈鼓掌）如果把群众的首创精神指责为分裂，完全是老爷式的态度。（鼓掌）不听我的，不服从我的指挥棒，就叫"分裂"。这种论调是完全错误的！

4·11以来，孙蓬一的严重错误使北大的运动，在大方向上一度发生偏离。群众在整风中给孙蓬一提意见，正是为了紧紧地把握正确的大方向。现在把矛头指向提意见的人，又扭转了整风的大方向，是错上加错！（热烈鼓掌）

至于北大发生的事，我觉得我们应当想得远一点。孙蓬一做了煽动性的讲话，得到狂热的欢呼，甚至立即要出动大队人马到公安部去找谢富治辩论。这样错误的东西畅行无阻，说明了什么？毛主席说：对错误的领导，不应当无条件接受，应当坚决抵制。文化大革命进行了11个月了，北大校文革领导下的人们还处于这样的状态。试问，如果北大的领导将来出现修正主义，下面敢不敢造反？搞文化大革命，就是要解决"领导出了修正主义，群众就要起来造反"。这是毛主席的一个伟大的战略思想，关系到社会主义江山永远不变色的问题。当然，我不是说孙蓬一已经是"修正主义"了，更不要来找我要求平反。（笑声）我是说，应当把问题想得远一点，我们要想到未来。

问题不是偶然的。最近北大内部所发生的问题，与外部关系上所发生的问题，是有联系的。总的来说，这就是如何对待群众和对待群众组织的态度问题。我们与地院"东方红"的分歧以及校内的分歧都是同一个问题。孙蓬一等人的一系列错误说明，校内、校外的政策是一致的。三月整风已经暴露无遗。校外暂且不谈，就谈谈校内吧。

3月3日，我写了一张大字报。对这张大字报，有人反对，有人支持，要聂元梓同志表态。孙蓬一同志迫不及待地出来讲话，说："让历史做结论吧！"他讲话以后，谁说郭罗基的大字报是"革命大字报"，就要"刹住这股歪风"。可是，却出现了另一股歪风。有人把郭罗基的大字报说成"夺权的信号"、"大毒草"、"无政府主义的代表"、"要砍倒毛主席树立的红旗"、"整风第一个要整郭罗基"、"郭、徐、侯是北大三月逆流的代表"。如果说前者是歪风，难道后者是"正风"吗？后一股风刮起来，孙蓬一们沉默了。沉默就是一种态度，因为这股风符合他们的需要，所以就不必表态了。否则，早就"刹住这股歪风"了。到现在，快两个月了。4·28串联会上，几个校文革副主任都出动了，说郭罗基的大字报提出了"资产阶级整风方针"。资产阶级根本不搞整风，哪有什么"方针"？（笑声）完全是乱扣帽子。

想来想去，北大当前发生问题的根源，还是一个"权"字。不要一提"权"字，就说别有用心的人"要夺权"。围绕"权"字，还有另一方面，就是如何正确地运用政权。看起来，至少这样一个问题没有很好解决，就是权威与群众的关系问题。有一种看法，把不同的人、不同性质的东西都纳入一个框框，只要与我意见有分歧，就是"反聂、反新北大的逆流"，对聂元梓提意见就是"反聂"，就是"砍倒毛主席树立的红旗"。真要"反聂"的人当然是有的。但不能对各种不同的人、不同的问题都唱同一个调子，纳入同一个框框。我们新北大年轻的革命政权，在两条路线斗争中经受了考验。但是现在面临着新问题，这就是如何处理权威与群众的关系、群众与群众的关系。这是很重要的问题，我对这个问题还想得不够，希望大家共同研究。我们应当怎样正确地运用政权？这个问题也就是我一开头提出的"为新北大的未来而思索"。年轻的革命政权站住了脚就要考虑怎样正确地运用。北大的现政权是在革命派手里。革命派掌了权不要停止不前。正确地运用政权要求掌权者的思想不断革命化。北大有一批被称为"老左派"的同志，以哲学系最为著名。我们的左派队伍，有优点，也有弱点。几年来，这些左派都是经得住考验的，但左派的自我革命恐怕是不够的。不知道现在人们还承认不承认我是左派？（掌声）如果是的话，我自己也是这样的。我们过去做了英勇斗争，但我们也有缺点和错误。当时的条件决定了我们不能多讲自己的缺点和错误，因为人家就是要抓缺点和错误把我们一棍子打死。在国际饭店会议上，我们就不讲自己的缺点和错误。我在发言中说，聂元梓有缺点、有错误，有的还是严重的，但我现在不提。随着历史的前进，左派革命化的问题突出起来了。如果不解决这个问题，我们就不能正确地运用政权。我写大字报，呼吁整风，主要是从这方面考虑的，也把我自己考虑在内。

左派革命化的问题很重要。大家想想4·28串联会上王茂湘同志的发言，能叫人满意吗？（不满意）他是左派，做过英勇斗争的，但现在落伍了。我们北大有一大批老左派，这是宝贵的财富。要发挥更大的作用，必须不断革命化。只有掌握政权的人不断革命化，才能正确地运用政权。正确地运用政权，根本之点是正确地对待群众和群众组织。

我讲的不一定对，只希望大家脑子里留下两个问题来思考：

一，掌权者如何正确地运用政权？

二，新北大的未来应该是怎样的？

谢谢大家来听我的讲话。

（会场长时间热烈鼓掌）（0363 北京公社记录印发）

这篇讲话，当时影响很大，现在看来不可避免地具有文革的时代烙印，充满无谓的纷争。但我提出一个重大问题，没有人提到过。围绕着"权"字，只讲"夺权"，而夺权以后如何掌权更为重要，否则又要为别人再夺权准备条件。所以我号召大家思考"如何正确地运用政权"。我吸取了此前反聂的教训，动不动就是"路线斗争"，看起来真猛，其实很不稳。如果不能在辩论中取胜，反证自己是反动路线。我提出"如何正确运用政权"，看起来很温和，而且带有探讨性，其实蕴含着残酷的结论：如果不能正确地运用政权怎么办？那就没有资格掌权。新北大公社和校文革指责0派"要夺权"，0派理直气壮地回答："我们不是'要夺权'，而是要'正确地运用政权'。"从此，我和0派的关系越来越密切，人称"0派的高参"。

如何正确地运用政权的问题，非但文革的造反派没有解决，中国共产党的执政史也没有解决，以至林彪做了一个错误的概括："政权就是镇压之权。"

新北大的整风，从我的一篇大字报开始，又由我的一场演讲而结束。

整风，整风，整成一阵风。整风以后，北大的矛盾越来越尖锐。大一统破裂，直到形成对立的两大派。

北大的两大派有其特殊性。文革中的两大派，都是围绕"当权派"形成"保皇"和"造反"的两大派。北大的两大派是文革中建立的"红色政权"与反"红色政权"的矛盾。"红色政权"校文革对旧党委和工作组来说是造反派，而校文革的反对派是造反派的造反派。

## 第二十六章 "可怜的人们,站起来吧!"

由观点分歧导致组织分裂,这是文化大革命的铁律。

### 陈伯达误走妖魔

三月整风的时候,人们还是维护新北大公社的大一统,反对分裂的。整风以后,校文革对不同意见的压制更加厉害。4月20日,北京市革命委员会成立,聂元梓当上了副主任,越发有恃无恐。反对派蠢蠢欲动。

6月5日晚上,陈伯达来到北大,在大饭厅发表讲话。他说:"北大是死水一潭。"批评聂元梓、孙蓬一:"你们现在是资产阶级知识分子想夺无产阶级的权。"他指的是聂孙"炮打谢富治"。北大内部的反聂势力趁机而起。这一番话成了触媒剂,触发了北大的矛盾。陈伯达是个机会主义者,时而这样,时而那样。6月8日,他又说:"对新北大个别同志的意见(指6月5日对聂元梓的批评)是同志式的,是好意,是爱护的。"他还打电话给聂元梓进行安抚。7月10日,他又说:"我批评聂元梓是支持她、爱护她、帮助她。"他对反聂的人们说:"你们利用我的话攻击聂元梓,那是搬起石头砸自己的脚。"就像《水浒传》的开头,洪太尉误走妖魔,石碣一揭,三十六天罡、七十二地煞一齐跑了出来。瓶子里的魔鬼跑了出来,要收回是不可能的了。北大被搞得飞沙走石,硝烟弥漫。

北京公社本来是化学系0363一个年级的组织,与他们观点相同的叫做0派。0派从二百多人,发展到二千多人。

67年5月,以《红旗》杂志记者的名义出现的刘桂莲,找我谈话。她并不直接讲出自己的意图,而是用暗示的方式,让我拉出队伍,像清华的"四一四"那样,另立山头。当时我拒绝了这种做法。我和陈醒迈商量,尝试走不同于清华"四一四"的道路,不一定要拉队伍、打旗号,可以在新北大公社内部进行斗争,扩大影响,争取群众。我们进行的是思想革命,是不是可以在联合的条件下来解决。当时已有一个"0派联络站",我认为这就够了,有事可以召开串联会。但要加强"0派联络站"的联络工作,挑选可靠的人去做这项工作。他说已经有人在做,此人叫吴方城,很行。总之,我们的方针是:要有人马,不打旗号;要争取群众,但不成立组织。我们都主张把注意力放在校内,反对"红旗飘"主要搞对外串联、寻求外援的路线。

0派虽不成立组织,由于提出"解散校文革"的口号,被指责为"要夺权"。其实,这个口号是聂元梓想提而被0派抢过来的。5月,聂元梓找了历史、物理、地球物理等系的一些战斗队负责人开会。她认为,校文革的工作效率不高,考虑建立革命委员会代替校文革。她希望那些战斗队从下面提出这一口号,大造舆论。颇有影响的历史系红梅战斗队已写了《解散校文革,建立革命委员会》的大字报。陈醒迈得到情报,立即找我商量。我说,这一口号由旧班底提出，是换汤不换药；应由反对派提出，才有新意。陈醒迈以同样的题目连夜写了一份大字报，第二天一早经我修改后贴出。红梅战斗队写好的大字报非但没有贴，反而贴了批判0派的大字报。他们的观点是，文化革命委员会是《十六条》规定的常设机构，而革命委员会是临时性的权力机构，解散常设机构，成立临时性机构，这是倒退。我又给陈醒迈出主意，要他反驳。我说，提出建立文化革命委员会的《十六条》是1966年8月制订的，建立三结合的革命委员会是毛主席在1967年1月提出的，这是文化大革命的发展。从文化革命委员会到三结合的革命委员会，不是倒退，而是前进。而且，文化革命委员会只是领导文化大革命的机构，而三结合的革命委员会才是无产阶级专政的权力机构。

文化大革命有它自身的逻辑，我和陈醒迈抵挡不住潮流。由于0派声势大振，要求去掉0363，将北京公社扩大为全校性的组织。6月6日晚上，0派串联会的骨干在三院开了一次会，预定6月8日在五四广场举行成立大会。这一天，我不在北大。他们把我找到三院时，讨论已成定局。我对陈醒迈还有点埋怨，怎么不坚持我们原来的设想？他说，形势的发展很难预料，"再不成立组织，0派的群众都跑掉了。"6月7日，先于北京公社，新北大公社革命造反总部成立。这是整风以后出现的第一个反对派组织。0派成立组织也势不可当了。

## 周培源火线亮相

6月7日，外事办公室通知我，周培源要我去汇报王子的教学工作。周培源原是副校长，给了他一个校文革行政工作委员会副主任的头衔，但他从来没有过问王子的教学工作，以前的联系人是另一个副主任崔雄昆。

我跨进燕南园56号，周老从沙发上站起来。

他手里拿着一份传单，开门见山地说："'汇报工作'是个由头，有什么好汇报的？我请你来商量，我要亮相。"

周培源家客厅，周培源和三女儿如玲

我一时摸不着头脑。周老继续说："你的演说我看了三遍，说得好，我完全同意。"我这才注意到他手里拿的传单是我4月30日演说的打印记录稿，0363北京公社散发的。"我对聂元梓早就有意见了，……"他讲了对聂元梓的看法，最不能容忍的是动不动把反对她的年轻人打成"反革命"，实际上还不是"反对"，而是正当的批评。

周老说了一句当时流行的语言："我要和你们战斗在一起、团结在一起、胜利在一起。你看我能不能参加明天的大会？怎么亮相？"

我说:"你只要适当表示支持北京公社就可以了,不必参加组织。"

他问:"为什么?"

我说:"你年纪大了,经不起折腾,一旦卷进去就很难拔出来。"

他说:"这不是理由。"

我又说:"不参加比参加好。你一亮相,有许多教师、干部会跟上来,这也是反聂的一个方面军。打仗的时候,一支部队要分成两支,形成犄角之势。教师队伍作为独立的力量和群众组织可以形成反聂的钳形攻势。你在北京公社外面用北京公社的观点讲话,作用更大。你参加进去就和北京公社没有区别了。"他同意了。

问:北大的人都知道你和周培源的关系很密切,多讲几句关于周培源。

这是我和周老的第一次接触。后来在北大的政治斗争中我们一直并肩战斗。我和周老的大女儿周如枚年岁相仿。我和周老是两代人,但他从来不把我看作小辈,我们是忘年之交。

1955年,我入学时,在迎新大会上远远地看到主席台上有一位白头翁。据介绍,他是教务长周培源。我以为他年高老迈,后来在校园里看到他骑着自行车奔忙,近距离观察,除了一头白发,他的精神气质、形体动作就像一个年轻人。当时他是五十多岁。听说他是少白头,四十多岁已经白发盈颠。但在北大十多年我和他没有交往。

文革前,周培源是副校长。由于社教中的表现,文革一开始他就是左派。校文革成立后,他是结合的干部。校文革分工,让他负责汉中分校的筹建。汉中分校的代号是653工程(因1965年3月始建)。1966年12月14日,他去653以前,写了一份《致聂元梓同志和校文革全体常委的公开信》,全文长达万字,贴在靠近燕南园的29楼北墙上。对聂元梓和校文革提出一些温和的批评,并建议进行"开门整风"。当时,"井红"正在反聂,他的大字报被"井红"利用了。把"井红"打下去后,周培源的大字报也被认为犯了错误。他对我说:"我提出'开门整风'太早了,也没有注意提出问题的环境,所以没有站住。你提出的三月整风,稳扎稳打,现在成气候了。"后来的二十多年,我和周老同命运、共呼吸。我会在各个阶段相应地叙述。

6月8日上午,北京公社在五四广场召开成立大会。除了反聂的人们,保聂的人们也想来听个究竟,还有从校外来的人,广场上站了一万多人。周培源在走向五四广场的途中,就被一群人簇拥着前进;到了会场又被拥上主席台。偌大一个会场,看主席台上的人不甚分明,只有周老的一头白发引人注意,他一出现下面就活跃起来了。下面不断高喊:"周培源,火线亮相!周培源,火线亮相!"周老简短地讲了几句,对北京公社的成立表示祝贺。下面又递了很多条子,要求主席台上的人当场批准周培源加入北京公社。主席台上的头头们立即开会。我还是主张不参加比参加好;其他人都说,这是群众的强烈要求,不能不考虑。周老本人表示同意。前一天,我们商量的意见他都忘了。也怪我,我应当把我的战略思想——让周培源率领教师队伍与群众组织形成反聂的钳形攻势,向群众讲清楚,否则,群众对周老参加北京公社有压力。

主席台上当场宣布周老加入北京公社，下面好一阵热闹。但我的战略思想没有能够实现。

**郭罗基主题演讲**

这次大会，由我做主题演讲。

我在文化大革命中的作为，就是一张大字报、两次演讲。6月8日的演讲比起4月30日的演讲，有所深入，批评聂元梓扼杀民主、镇压群众。反聂的人们欢呼、鼓掌，保聂的人们就喝倒彩。可惜，我没有写成讲稿，北京公社也没有记录散发，许多内容不记得了。

6月8日演讲的开头接着4月30日演讲的结尾，阐述正确运用政权的问题，我指出：北大问题的根源就在于聂孙不能正确运用政权。聂元梓曾扬言："十七年掌权经验不能用了。"还说这是陈伯达、谢富治讲的。我追问：否定十七年掌权经验的文革经验是什么？

我在批评聂元梓的时候借题发挥。

我认为，文化大革命的思想基础就是对毛泽东的个人崇拜；个人崇拜产生和存在的重要条件是人民群众的不觉悟。但这一切都不能明说。多少人被按上反毛主席的罪名，坐牢，枪毙。我已经想了很久，怎样进行思想启蒙？这次找到一个机会。我先抬出权威："马克思很赞赏法国大革命时期《巴黎革命周报》上的警句：'伟大人物之所以看起来伟大，是因为你自己跪着。'"然后对保聂派的人们说："你们把聂元梓看得很伟大，也是因为你们自己跪着。"我发出一个号召："可怜的人们，站起来吧！"反聂派狂热欢呼鼓掌，把保聂派的喝倒彩压了下去。这句话，是我在北大的文化大革命史上留下的痕迹，被传为"郭罗基的名言"。过了多少年，还有人还对我说："你那次演说，别的都没记住，'可怜的人们，站起来吧！'就这句话忘不了。"这句话之所以忘不了，因为它有弦外之音。有一位校友，几十年后在他的回忆文章中说："郭罗基从文革到被逐出北京，在北大的名气一直很响。我记住他的名字是在北大1967年6月8日的五四广场演说之后。那场演说非常有名。他支持'井冈山兵团'，反对聂元梓的'新北大公社'。他引用马克思赞赏的法国大革命时期的一位革命者的话说，伟大人物之所以看起来伟大，是因为你自己跪着。然后他就对保聂元梓派的人说：**'你们把聂元梓看得很伟大，也是因为你们自己跪着。可怜的人们，站起来吧！'**这句口号，在北大盛传一时。后来因为反'资产阶级自由化'的原因，他被下放出京，到了南京大学，再后来，就到了美国。"（郑克中，鼎新经济学会 2017年11月23日，https://mp.weixin.qq.com/s?__biz=MzU1MTEyNTAwNw%3D%3D&idx=1&mid=2247483776&sn=81bf24048595240c691c0b2166cb4454 郑克中当时是北大俄语系学生，后来成为著名经济学家。）

问：你的口号是针对聂元梓的。思想启蒙的意义何在？

我提供了一种思维方法：是站着看人还是跪着看人？我们这个反对派，不仅反聂元梓，还有一股潜在的反文化大革命、反毛泽东思想的暗流。他们都是聪明人，听懂了我的意思，都心照不宣，重复这句话的时候往往相对一笑。这一点是我一生中聊以自慰的，在文化大革命的疯狂年代，我没有随波逐流，而是有所表示的。那时，为了批判刘少奇，正在放电影《清宫秘史》，因为刘少奇说过《清宫秘史》是爱国主义，批它的卖国主义。影片中，奴才们见了"老佛爷"慈禧太后就下跪，口呼："喳！喳！喳！"从此，我们这个反对派把跪在地上看人、拥护聂元梓的那一派，称作"喳派"，接受"喳！喳！喳！"的聂元梓得了一个外号，叫"老佛爷"。北大还流传一个段子："老佛爷面前一声'喳'，赏你一件黄马褂！"其实，文化大革命中的"喳派"岂止北大拥护聂元梓的人们，真正的"老佛爷"也不是聂元梓。

文化大革命中，谁是"伟大人物"？说聂元梓是"伟大人物"，其实还不够格。起初，拥护"红色政权"的保聂派只是从派性的角度来反对我，说我是"贵族老爷式的态度"，"把革命群众当奴才"。过了几个月，他们才品出味道来，说："郭罗基这家伙哪里是反聂元梓，他是反毛主席！"

我的这次演讲，还调整了反聂的策略。在我之前，反聂都是不成功的。聂元梓有"全国第一张马列主义大字报"作护身符，江青也对她说过："我们要保你。"反聂是反不了的。我把批评的矛头指向孙蓬一。0派的聪明人提出一个口号："聂元梓回头是岸，孙蓬一下台滚蛋！"这是中国古代"清君侧"的策略。"清君侧"的结果，使君成为虚君。

把我打成"五一六反革命分子"的时候，批判我1967年6月8日的演讲"炮打谢富治"。我可能发表了对谢富治不敬的言论，不记得怎么说的了。

有一本《红卫兵日记》（陈焕仁，香港中文大学出版社，2006年），1967年6月17日记载，郭罗基在大饭厅发表演讲，引述原话，郭罗基说："无产阶级文化大革命是完全必要的，是非常及时的，如果没有无产阶级文化大革命，我们就会有千百万人头落地，中国就会变颜色。但是，无产阶级文化大革命，不能由聂元梓、孙蓬一这样的人来主宰，如果北大的文化大革命由聂元梓、孙蓬一来主宰，这是北大的悲哀，也是中国的悲哀，更是文化大革命的悲哀！所以，我向上帝发誓：即使献出只属于我一次的宝贵的生命，我也要与聂元梓和孙蓬一们干到底！"（第356页）根本没有的事，讲话也不像郭罗基的口气，特别是"我向上帝发誓"云云，不可能出自无神论者郭罗基之口。这本书名曰"日记"，实际是事后编造的，许多事件的日期都不对头。例如，我贴出《新北大要整风，聂元梓第一个要整风！》是1967年3月3日，"日记"却记在3月4日。

## 批判我的"贵族老爷式的态度"

会后，反聂的人们冲着新北大公社高喊："可怜的人们，站起来吧！"新北大公社就批判郭罗基的"贵族老爷式的态度"。几个战斗队，在第二教室楼203，一间大教室，召开串联会，批判"贵族老爷式的态度"。他们向我下"战书"，量我不会参加的，我还是参加了。那时是"君子动口不动手"，所以我敢参加。北京公社也去了一帮人做保镖。

发言者翻来覆去说，把革命群众当奴隶，就是"贵族老爷式的态度"。我发言："我欢迎对我的批判，但愿能批倒批臭。不过，在我看来，你们的批判是儿戏。也许，这还是'贵族老爷式的态度'吧。"

我是有备而来，手里拿了一张卡片。我说，车尔尼雪夫斯基称俄罗斯民族是"可怜的民族，奴隶的民族，上上下下都是奴隶"。车尔尼雪夫斯基倒真是出身于贵族，但列宁并不认为这些话是什么"贵族老爷式的态度"，相反，他赞扬道："公开的和不公开的的奴隶是不喜欢这些话的。然而，我们认为这是真正热爱祖国的话，是感叹大俄罗斯人民群众缺乏革命性而倾吐出来的热爱祖国的话。"这段话，见《列宁选集》第2卷第610页。我接着说：不承认"可怜的民族"、"奴隶的民族"，不喜欢这些话的，就因为他们自己是"公开和不公开的奴隶"。请注意，除了"公开的奴隶"，还有"不公开的奴隶"。什么叫"不公开的奴隶"？就是身为奴隶而看起来不像奴隶还到处大喊大叫的人们。跟我去的北京公社的人们高喊："说得好！"

新北大公社的人们无以回应，一时冷场。有一个人忽然站起来，说："列宁说的是革命前的俄罗斯，你说的是革命后的中国。在革命后的中国，你就是'贵族老爷式的态度'。"我说："对了，你做了一个重要的提醒，在革命后的中国，到处都是'公开的和不公开的奴隶'，这就更值得深思了。"

对我的批判，他们没有占到什么便宜，被我反唇相讥他们是"公开的和不公开的奴隶"。

# 第二十七章　五个反聂组织的联合

1967年6月以后,校文革的反对派成立了五个组织,按激进的程度是"团、0、飘、井、红"。

团——新北大公社的系一级组织称战斗团,战斗团中的反对派形成了团派,他们的正式名称是新北大公社革命造反总部,有一千多人,负责人是历史系的学生靳枫毅。

0 ——0派即北京公社,有两千多人,负责人是化学系的学生陈醒迈。

飘——红旗飘战斗队,一百多人,负责人是法律系的学生牛辉林。

井——不是原来的井冈山红卫兵,而是井冈山公社,由哲学系"风雷激"战斗队演变而来,有几十个人,负责人是哲学系的学生胡纯和。

红——也不是原来的红联军,而是东方红公社,有几十个人,负责人是生物系的学生樊立勤。

## 反聂的大联合

五个反聂组织既各自为战、又联合行动,形成多声部的反聂大合唱,教师和干部进行伴唱。

7月1日,以周培源为首的134名干部发表了《致革命和要革命的干部的公开信》,公开表态:"3月份以来,校文革犯了方向路线错误",表示:"北京公社、新北大公社革命造反总部、红旗飘的大方向是正确的,我们支持他们的一切革命行动"。

7月3日,新北大公社革命造反总部、北京公社、红旗飘发出《成立联合作战指挥部》的通告。7月12日,三家联合的《新北大报》创刊号出版。

7月底,又从行动上的联合呼吁组织上的联合。酝酿时,开始时排除东方红公社。东方红公社是在北京农业大学成立的,大家认为他们的组织神秘莫测,应当划清界限。我说服大家,排除了一部分就不能叫"反聂的大联合"。7月31日,北京公社、风雷激等39个战斗队发出《关于团、0、飘、井、红实现革命大联合问题的联合声明》。大联合进入实际操作。

问:联合以后的组织叫什么名称?

这个问题,在38楼前的广场上讨论了五个晚上,各种时髦的名称都登场了,总是有人赞成有人反对。而且每天参加的人群都不一样,讨论过的问题又重复讨论。这是典型的文化大革命的乱哄哄的民主。最后,定名为"井冈山兵团"。这个名称在讨论过程中曾被否定过,因为大家都疲乏了,就是它了。

问:大联合以后,井冈山兵团谁当头?

这是一个难题。按理说，应当由人数最多的北京公社负责人当头，但陈醒迈意气消沉。他看到了文化大革命的阴暗面，想得比别人多，"陈醒迈"又不迈了。呼声最高的是"红旗飘"的牛辉林。在北大反聂是冒风险的。北大的两派与其他地方的两派有所不同。别的造反派都是造当权派的反。在北大，"聂孙"是响当当的"造反派"，孙蓬一还自称是"江青派"。北大"井冈山"是造"造反派"的反。中央文革对一般的两派都承认是群众组织，唯独对北大的反聂派从来没有说过是群众组织。参加"井冈山"的教师们，十分担心江青这个疯子再一次乱点名，如果她说一句"'井冈山'是坏头头操纵的反动组织"，几千人都将背上黑锅。成群结队的人往我家里跑，要我控制"井冈山"的局势，不能让牛辉林当头，此人不稳当。他们对我说："我们的希望都寄托在你身上了。"我很为难。

有人提议让我当头，理由是北大分裂为两大派是从我的大字报开始的。再则，校文革方面是"老左派"当权，我们也要抬出一个"老左派"来与之抗衡。我说："你们有所不知，我也是一个危险人物。"江青曾说我是"修正主义苗子"。说不定哪天她心血来潮点名"某某某是坏头头"，会连累整个组织。

我想了几天，想出一个方案：联合以后的核心组组长让周培源来当，第一，他是著名科学家，重点保护对象，不可能把他打成"坏头头"；第二，在"井冈山"内部可以摆平，拥戴牛辉林的人们无话可说。副组长让学生来当，做实际工作。"井冈山"的稳健派都说这是一条妙计，不知周老干不干？我说，只能由我来说服他了。

不过，我觉得对周老确实说不出口。我到周老家，战战兢兢，吞吞吐吐，说明"井冈山"的难处，事到如今只有这一计。

他说："当初你连北京公社都叫我不要参加，现在怎么叫我当五个组织联合起来的头？"

我说，此一时彼一时也。当时我是想让你率领教师队伍，与群众组织形成反聂的钳形攻势。这个战略思想没有实现，现在出现了新形势。

他又说："我怎么当得了这个头？"

我说："说穿了，只是利用你的声望，您老人家尽管坐在家里，只要让你的名字发挥作用就行了。实际工作还是由学生来做。"他勉强同意了。

于是，"新北大井冈山兵团"宣布周培源为核心组组长。当时周老六十五岁，恐怕是文化大革命中最年长的一位"寨主"。实际上冲锋陷阵的还是学生。我则被人叫做什么"精神领袖"、"神秘人物"、"摇羽毛扇的"、"总参谋长"诸如此类的称呼。

周老并没有坐在家里，总是积极参加各种活动。"井冈山"核心组的会议常常是躲在燕南园63号的阁楼上进行的，周老和年轻人一样，低着脑袋爬上爬下。周老耳聋，开会的时候，手持助听器，凑近发言者，那认真的姿态，十分令人感动。有时发生争论，谁都听不清，周老说："慢点，慢点，……"年轻人就冷静下来。有这么一位德高望重的长者，真能镇住阵脚。

重要的是谁当副组长。陈醒迈兴趣缺缺，他不干。最起劲的是"红旗飘"的头牛辉林。无可选择地只能由他来当副组长了。我对牛辉林是不放心的，要陈醒迈盯着他，但陈态度消极。

核心组的成员十一人，是各种角色形成的组合：周培源、陈醒迈、侯汉清、郭罗基（以上为北京公社）、靳枫毅、谢纪康（以上为新北大公社革命造反总部）、牛辉林（红旗飘）、胡纯和（井冈山公社）、郭景海（干部）、邸振江（工人），徐运朴。

周培源是有感召力的。季羡林在《忆周培源先生》一文中写道：

> 出乎我的意料，又似乎是在有意料之内，周培源先生也挺身而出，而且干脆参加了反"老佛爷"的组织，并且成为领导成员。记得北大两派在大饭厅举行过一次公开的辩论，两派的领导都坐在讲台上。周先生也俨然坐在那里，还发了言。他的岁数最大，地位最高，以一个白发盈颠的老人，同一群后生坐在一起，颇有点滑稽。然而我心里却是充满了敬意的：周先生一身正气在这里流露得淋漓尽致。
>
> 我也使上了牛劲，终于经过长期的反复的考虑与观察，抱着粉身碎骨在所不辞的决心自己跳了出来，也参加了那个反"老佛爷"的组织。这一跳不打紧，一跳就跳进了"牛棚"，几乎把老命赔上。
>
> 我一生做的事满意的不多。我拼着老命反'老佛爷'一事，是最满意的事情之一，它证明我还是一个有正义感的人，不是一个贪生怕死的胆小鬼。（《季羡林自传·忆周培源先生》，江苏文艺出版社，1996年。）

1967年8月17日，北京大学井冈山兵团正式成立，成员达五千之众，人数超过了新北大公社（大概二千至三千人）。这是反聂的高峰。北大的两派与众不同，其他单位的两派是围绕老的当权派革与保的矛盾；在北大，一派是文革中上台的新的当权派，所谓的"红色政权"，另一派是"红色政权"的反对派，这是矛盾性质的深刻所在。趋附权势的人们，大多在新北大公社之中；爱好独立思考的人们，大多在井冈山兵团之中。

井冈山兵团成立后，遭"红色政权"专政的对象受到鼓舞，都纷纷站出来。副教务长、地质地理系主任侯仁之，历史系主任周一良也上了井冈山。季羡林、侯仁之、周一良在旧社会都是清白之身，文革中没有什么把柄可抓，但这一跳就跳进了"牛棚"。

被定为"黑帮分子"的法律系副主任萧永清在"牛棚"里写了《造反声明》，控诉"牛棚"是国民党法西斯式的集中营，表示要"杀出来"，希望井冈山兵团和周培源向他伸出援手。

国际政治系主任赵宝煦发表声明，否认自己是"三反分子"，自行解除"监督劳动"。

校党委副书记张群玉，在反聂形势的鼓舞下，召集了46名党委委员以及系党总支正副书记、正副系主任，连续开了十次串联会，批判聂元梓的反动路线。

聂元梓在她的回忆录中说："到了8月，反对我和孙蓬一的势力空前嚣张，我和孙蓬一都考虑有垮台的可能。我们开始商量组织第二套班子。但是谁来做领导人呢？"他们内定的第二套班子领导人是高云鹏。（《我在文革旋涡中》第217页，中国文革历史出版社，2017年。）

但是，她把北大的分裂归之于外部的原因。她说："北大法律系的学生牛辉林在地质学院'东方红'的帮助下成立了一个小组织，专门搞分裂，自称他们是真正的造反派，而新北大公社是老保组织。在中央文革和'地派'的支持下，牛辉林等的势力越搞越大，后来从地质学院回到北大，拉出一派叫'新北大井冈山兵团'。"（《聂元梓回忆录》第243页）在井冈山兵团成立的过程中，牛辉林并没有起多大的作用。北大的分裂完全是内部原因造成的，是自整风以来校文革和聂孙对群众打压的结果。聂元梓把分裂的原因转移到外部，是掩饰自己的错误。

## 风云突变

9月以后，井冈山兵团遭受厄运，聂孙在江青、中央文革的支持下反败为胜。

问：这个变化很大，究竟是怎样发生的？

在反聂的高潮中，聂元梓们使用阴招。他们整理了"红旗飘"中一些人议论江青的材料，报给江青。9月1日，江青在北京市委扩大会议上的讲话中说："牛辉林讲话不高明。牛辉林到处抢、抄，后面是有人指挥的。'红旗飘'里准有坏人。群众是好的。"这时，"红旗飘"已经不存在了。江青的讲话是没有准头的。"红旗飘"里的坏人是谁？没有点名，也没有说牛辉林就是"红旗飘"里的坏人。

井冈山有六十七个战斗队，串联起来，要求审查牛辉林。9月2日，他们通知我，晚上在三院开会，还说："在总部核心组的成员中只通知三个人。"除了我，还有陈醒迈和谢纪康。"我们对你们三个人是信得过的，希望你们参加我们的活动。"

晚上，在三院开会时，六十七个战斗队的代表成立了"九一"战斗队，长期从事审查牛辉林的工作。讨论到审查的办法，出现两种意见：一种意见是立即停职审查。另一种意见是先审查，弄清问题的性质后，再做处理。陈醒迈、谢纪康和我都赞成后一种意见。

9月3日，井冈山总部核心组开会（牛辉林回避），将审查牛辉林问题委托"九一"战斗队进行。

牛辉林虽然没有停职，在审查过程中很不自在，事实上混不下去了。侯汉清自告奋勇，起来代替牛辉林主持井冈山总部的工作。

9月16日，江青的一次讲话又说："北大是老保翻天，至少是部分老保翻天。"

问：什么叫"老保翻天"？在北大谁是"老保"？

这些说法，没有确切的含义。校文革和新北大公社就来解释了，他们说井冈山兵团的出现就是"老保翻天"。

一些著名教授上了井冈山，校文革说他们是"老保翻天"的典型。本来他们是没事的，反"老保翻天"时受到了打击。季羡林、侯仁之被关进"牛棚"，周一良被打发到昌平太平庄劳动。周一良戏作对联一副："佛爷整人不整己，老保翻天又翻地。"（见《毕竟是书生》）

我针对"老保翻天"，提出还有"老保护天"、"老保登天"。什么意思？一看就明白。他们说我"反对江青"。

1967年10月，校文革给井冈山兵团的成员办学习班，动员他们"下山"，称为"挖山运动"。学习班办了五期，共有一千多人"下山"。

井冈山兵团坚持不"下山"的人,与校文革和新北大公社进行激烈的对抗。

文化大革命自有它的规律,确实是不以人们自己的意志为转移的。参加文化大革命的许多人渐渐发觉事态的发展违背了初衷。"井冈山"的成员是为了反聂而集合起来的,但在当时的背景下不得不采取文化大革命的一套话语系统,什么"坚持毛主席的无产阶级革命路线",什么"批判聂元梓的资产阶级反动路线"。而且为了寻求支持又和北京市的两大派纠缠在一起,新北大公社是"天派","井冈山"就投入"地派"。到后来,"文化大革命"的流行病,"井冈山"也一应俱全。

"井冈山"的许多学生也对文化大革命厌倦了,有头脑的人开始重新思考。为了掌握理论武器,追寻李大钊的传统,他们组织了"马克思学说研究会",或是"马克思主义学习小组"、"青年共产主义学会"等等。他们常常来找我,寻求指导。他们还关起门来"议论无产阶级司令部"。"井冈山"的《新北大报》编辑部就是一个"议论无产阶级司令部"的团伙。

## "打倒周白毛"运动

1967年12月,新北大公社掀起"打倒周白毛"运动。打倒了周培源,他们就可以把"井冈山"说成是"坏头头操纵的反动组织"。

12月21日深夜,新北大公社广播了一个"打倒美国特务周培源"的声明,随即抄了周老的家,还要抓人,周培源的囚室都准备好了,计划在第二天召开"批斗美国特务周培源"的群众大会。由于新北大公社内部的好人通风报信,周老转移到28楼"井冈山"的总部,批斗计划没有得逞。

一个新北大公社的成员,得知消息后,出于正义感,秘密到周家通风报信。他在燕南园周围绕了几个圈子,突然进入;在燕南园又兜了几个圈子,进入56号。他紧张得满头大汗,一时说不出话来。如果新北大公社觉察,他会被自己人打死。这个好人,大家应当记住他的名字。他当时是无线电系1965级学生,名叫刘澍民。

抄家以后,广播电台一遍一遍地宣布周培源的"美国特务"的罪行:

1,在美国组织反动特务组织"中国社"。

2,向美国出卖有关青岛等军事机密。

3,困难时期投机倒把,倒卖中国古字画。

周老早年在美国求学,二次大战期间参加了美国战时科学研究与发展局和美国海军部军工实验站的研究工作。这就是打成美国特务的最方便的口实。那时,美国是友邦,中美都是反法西斯战线的成员。新北大公社挖空心思搜索了几个月,抛出来的材料极其可笑。

当时在加州理工学院的中国人很少,只有钱学森、钱伟长、林家翘、郭永怀等几个人。他们都是单身汉,每逢周末,常到周家聚会,其乐融融。有人说了一句,我们真是一个China Society。不料文革中被说成周培源建立的特务组织"中国社"。

美国海军部的一张中国地图把青岛的位置搞错了。青岛本是海港,却画到内陆上去了。

周老纠正了一个常识性错误。在一次中国人的聚会上，他嘲笑了海军部地图的荒唐。不料在场的一个人，在文革中进行了揭发。

揭发者是清华大学某教授，当年常与周家往来。他不是不知道，按美国的规定，参加政府组织的科学研究项目必须加入美国籍，而周老拒绝入籍，还提了几个条件。事实是"美帝国主义"迁就了他。在文化大革命中，有不少人往往以放大的形式表现了自己平时被掩盖的卑劣。

抄家以后，新北大公社声言"拿到了美国特务周培源的密电码"。这就更可笑了。

科学家有积累数据的习惯。周老的助听器所用的电池，持续多长时间都做了记录，存有一大摞卡片。那些家伙看不懂，就说是"密电码"。

至于倒卖古字画，完全是无稽之谈。

周培源住进井冈山兵团总部28楼，避免了皮肉之苦。

第二天晚上，我和刘渝宜到28楼去看望周老。"井冈山"怕新北大公社来抢人，设了几道防线，重兵把守。周老住在四楼尽头的一个房间里。他和几个年轻人正在打扑克，说："你看，我这个人真笨，打扑克都不会。"平时太忙，现在倒得闲娱乐一番。我常听到周老说自己"笨"。其实他的智商很高，一点都不笨。我想，他的用意是时时告诫自己，不要自作聪明。

窗外的高音喇叭在歇斯底里地叫喊："打倒周白毛"、"把美国特务周培源揪出来示众"。我指指窗外。周老心胸坦荡，笑得很天真，说："我耳朵聋，什么也没听见。"新北大公社的声明中说，周培源是喝美国牛奶长大的。周老幽默地说："不对呀，我是长大了才喝美国牛奶的。"

我说："我当初出了一个坏主意，让你当头，现在害了你。"

他说："不能这么说，是我同意的。我们'井冈山'，谁出来当头都会被打倒。人家不是说吗？'反聂没有好下场'。明知没有好下场还是要反。"周老的这句话具有代表性。参加北大"井冈山"的许多人都是知其不可而为之，究竟为了什么？

聂元梓要白晨曦动员周培源下山，说："周培源下了山就没事了。"白晨曦说："周培源这个人我是了解的，可杀不可辱。你们把他搞得这样，他是不会下山的，我也不去动员。"可见，下山了就不是"美国特务"了。

新北大公社在北京城里到处去贴"打倒美国特务周培源"的大标语、大字报。周恩来批评了他们，要他们立即清理干净。

新北大公社"打倒周培源"，"井冈山"就抓了站在新北大公社方面的"革命干部"、原党委副书记兼教务长崔雄昆，以示报复。有些做法周老和我不赞成，但我们的讲话不灵了。我被"井冈山"的一些激进分子称作"老机"，机会主义的"机"。我所采取的第一个行动，不过是和聂元梓决裂；因为受到围攻，我就要和支持者站在一起；支持者越来越多，又推动我去成立组织；形成了两派，我居然成为一派的头头之一。我被一种无形的力量推着走，已经离出发点很远了。我和周老认为，我们已无法为"井冈山"的行动和后果负责，于是提出以后不再参加总部的活动，但坚决不"下山"。

## 新生命出世

1967年9月，井冈山兵团出现危机。井冈山的教师都来找我，说："你要控制局面，不要让江青把井冈山打成反动组织，那样几千人会背上包袱。"我感到责任重大。

9月14日，我们的儿子出生了。我为他取名"听雷"，意为"于无声处听惊雷"，是诅咒文化大革命的。我忙前忙后，内外交困。

听雷出生不久，脸上出现婴儿湿症。一天要用药水洗几次脸。医生说要防止感染。我们把他的双手捆起来了。因为很痒，他到处蹭痒，结果还是感染了。一天晚上，发高烧，翻白眼，把我和渝宜急坏了。赶紧送北医三院，那时从北大到北医三院没有交通工具，既没有公交车也没有出租车，雇了一辆三轮车，渝宜抱着听雷坐车上，我骑自行车在后面紧跟。

到了北医三院进急诊室。急诊室的医生请来皮肤科主任会诊。据说他是皮肤病方面的权威。权威自有权威的风度，不慌不忙，检查了一番，说："不会有大问题，发烧很快会退去，婴儿湿症过些日子会自愈，不会有麻脸，而且皮肤还很光滑。"他看我们两人很紧张，还说些无关的话题，松弛精神。他说："听雷，听雷，这个名字很好啊，谁起的？叫'雷'的人很多，俗了，加一个'听'字又雅了。"他说听雷的婴儿湿症很典型，满脸是红红的湿症，只有一个鼻子是白的。他把实习医生都叫来，让他们见识见识，还给听雷的脸蛋照了相，说是教科书可以采用。最后，他很体谅地说："以后你们不必老远从北大跑来，你们北大校医院皮肤科的小刘医生是我的学生，她会看这种病，有事可以找他。"

我忙累了，胃病发作，吐了酸水吐苦水，不能进食。井冈山总部急需我去，到我家一看，见我躺在床上，什么都不提了，只说"好好休养"。

1973年，儿子郭听雷六岁，女儿刘观云两岁。

问：你只有一个儿子吗？

我还有一个女儿。

问：前面已经说过，你和刘渝宜1966年年底结婚，有了两个孩子，讲讲你的小家庭吧。

我有两个可爱的孩子，一男一女，儿子郭听雷，女儿刘观云，人们说是"一男一女一枝花"。

儿子很有个性，小时候贪玩，淘气，但心肠很好。也就是七、八岁的样子，他居然能从朗润园的湖中钓到大虾和螃蟹。那时这是稀罕之物，有钱也买不到的。渝宜做好了让他吃，说："这是你的劳动成果。"他不吃，说："让爸爸吃，爸爸需要营养。"他不知从哪里学来"营养"两个字。我是主张个性自由发展的，所以并不严加管教，只要不做坏事就行。但关键时刻，我会找他谈话。小学的成绩单上常常"挂红灯"（不及格），六年级的时候我找他谈了一次话，他一发奋，考上了北京市的重点中学——101中学，老师和同学都刮目相看。进了中学，他又老脾气发作，贪玩，学习成绩处于中下。

上高三的时候，我又找他谈了一次话，他一发愤，考上了重点大学——南京大学，班上唯一。进了大学，学习就自觉了。在南大读了一年，到美国留学去了。在美国，他吃了很多苦。我们家无法对他提供经济支持，他靠自己打工，交学费，维持生计。

女儿观云从小心地善良。在幼儿园大班，小朋友回家后都有一项任务，到奶站取奶。有一天，观云与邻居家的小朋友王丰一起去取奶，回来的路上，王丰不小心把奶瓶打碎了，她哭了起来，说："妈妈要打我了。"小观云说："别哭，别哭，我给你一瓶。"从我们家的两瓶奶中取了一瓶给她。回家后，我们都表扬她，邻居们也称赞她："真懂事！"中央电视台制作了一个少儿节目，叫《瑛瑛学英语》，刘观云在其中扮演一个外国女孩 Linda。她把头发染黄了，真像一个西方的白人小姑娘。走在外面，常常被人认出来"Linda！"她小时候很有名。

1981年，刘观云十岁，在电视片《瑛瑛学英语》中扮演外国女孩Linda。

刘渝宜对我是极力支持的。她把家务事都包下来了，不要我插手，说是让我"一心一意干革命"。清除精神污染运动到来时，看样子要整人。刘渝宜对南大哲学系党组织的负责人说："郭罗基从北大到南大，年年挨整，有完没有？他是很坚强的，满不在乎。我看他太可怜了。如果你们还要整他，我到新街口去自焚，表示抗议！"不是南大要整我，更不是哲学系要整我，而是远在北京的邓力群，他在九届二中全会上点我的名，把我作为六个重点人物之一。但清除精神污染运动被胡耀邦叫停，二十八天后即寿终正寝。所以邓力群的整人意图没有实现。

在北京的时候，一群异议分子，除了王若水，背后都有一位坚强的爱人，人称"十二月党人的妻子"，刘渝宜是很突出的一位。十二月党人是十九世纪俄国第一代反沙皇的贵族革命家，起义失败后被流放到西伯利亚。他们的妻子，放弃了贵族生活，跟随丈夫去西伯利亚，在天寒地冻的蛮荒之地劳作、受苦。"十二月党人的妻子"是标志高尚的美称。

2009年，刘渝宜和我在美国离婚，美满家庭破碎了。在北大的时候，我们被人称为"一对鸳鸯"、"模范夫妻"，是令人羡慕的。现在我们四个人天各一方，地处三洲。我和刘渝宜在美洲，儿子在亚洲，女儿在澳洲，相聚不容易了。

问：这么好的夫妻，为什么离婚？什么原因？

不去说它了。总之是很遗憾的。一坛美酒变成了酸醋，变不回来了。

## 有没有两个文革？

新北大公社的"挖山运动"之后，井冈山留下来的都是坚定分子，两派的冲突越来越严重，互相冲会场，叫你会都开不成。口头辩论常常伴随动手动脚。井冈山兵团成立前后，我尚能控制局面。10月以后，我劝说大家不要冲突，没人听了，反而称我是"老机"或"老右"。核心组的成员做了调整，教师、干部、工人一律退出，有风险让学生来承担。侯汉清任核心组组长。

文化大革命的规律是，意见分歧导致组织分裂；组织分裂形成两大派；两大派发生激烈的冲突，直至武斗；武斗从拳打脚踢开始，发展到动刀动枪，以至从冷兵器到热武器。没有人能改变这个规律。

两派斗争，充满谎言、谣言。"首长接见"，同一个人讲话，不同派别的记录是不同的版本，都说对自己有利。流行一句谚语，叫做"政治斗争无诚实可言。"在文化大革命的浑水中，没有人能保持清白。北大的O派，开始时是坚持正义的，议论富有思想性；随着两派斗争的发展，在井冈山时期也不得不随波逐流了。一旦陷入武斗，就没有是非可言了。

我和聂元梓的反对派的初衷，是想改变所谓的"红色政权"校文革压制群众的错误，但事与愿违。

有许多事情是身不由己的。例如，有些激进分子在中南海墙外安营扎寨，建立了"揪刘火线"，要把刘少奇揪出来。闹得中南海里面无法办公，府右街上交通阻塞。新北大公社派人去参加了，反聂派也得派人去参加，否则就是不抓"大方向"，输了一着。井冈山兵团成立后，为了抓"大方向"，一个战斗队将现成的材料东拼西凑，印了一本小册子《老反革命邓小平》。邓小平复出以后，有人告发，所以他对北大井冈山怀恨在心。

我越来越觉得不能对这个组织负责，井冈山兵团核心组调整以后，我就隐退了，但我决不"下山"，对校文革和新北大公社坚持采取批判的态度。

聂元梓也有感慨："文化大革命就像一个漩涡，把每一个人都卷入其中，而且是一旦卷进去，就变得身不由己了。……想要退出这漩涡时，你却发现，你已经无路可退。"（聂元梓《我在文革旋涡中》第266页）

我还可以退出旋涡，而聂元梓已经无路可退了。我庆幸及早与她分道扬镳，跟随聂元梓的一帮人也无路可退了。

卷入文革旋涡的人，虽然分成两派，都是围绕同一个轴心旋转。有人说，有两个文革，一个是毛文革，一个是"人民文革"。所谓"人民文革"，是指文革前受压的人们，借文革之机造反，改变命运。但他们喊着同样的口号，使用同样的手段，而且往往比拼对毛主席的忠心，同样都在文革的旋涡中打滚。

文革的特点是领袖人物的号召与响应号召的群众的直接行动相结合。第一个文革，在领袖的号召之下，也需要群众的直接行动；第二个文革，在群众的直接行动之上，仍然必须响应领袖的号召。所谓的"人民文革"，在冲击权力机构，实行"反党"的时候，所依据的还是领袖的号召,"紧跟伟大领袖的战略部署",以至"誓死保卫毛主席"。动机有所不同,终究还是文革系统内部的行动,不是两个不同的系统。动机不同,效果相同。要说动机,也不是完全不同。首先是参与文革,到文革中去闹(有别于逍遥派),乱中所求不同而已。"人民文革"是个矛盾概念,文革就是反人民的,"人民文革"这个概念意味着人民性的反人民,根本不通。事实上绝无两种文革。

## 重新学习马克思主义

接着说说我在文革中隐退以后干了什么?

面对这一场荒唐的革命,开始时我是观潮派,站在岸上观察思考。后来下水,参加进去,想有所作为。结果,什么也改变不了,唯有叹息。为了不至于同流合污,只好退出。我在想,荒唐的革命必有荒唐的理论。1959年以后,我对共产党的正确性发生了怀疑。文革中,我又对共产党的理论基础发生了怀疑。毛泽东思想固然是荒唐的理论,从源头上考察,马克思的理论有什么问题?文革前,我是教马克思主义哲学的,对马克思主义是坚信不疑的。文革中,怀疑产生了,我决心重新研究马克思主义。

文革中,知识分子都不读书了,而且憎恨自己的知识分子身份,把家里的书当作废纸七分钱一斤卖掉。我非但不卖书,还买书,而且买了一些好书。

问:新华书店是没有什么好书了,你从哪里买到好书?买了一些什么好书?

我常常逛海淀旧书店,那里有文革前出版的好书。譬如,美国历史学家约翰•托兰著《第三帝国的兴亡》,四卷,讲希特勒从兴起到灭亡的历史过程,文革前买不到,现在很容易就到手了。

隐退以后,我闭门读书,特别认真地读马克思、恩格斯的书。经过怀疑以后再读,别有一番滋味。重新学习的结果,首先,我发现,马克思主义,列宁主义,斯大林主义,毛泽东思想,不是一回事,而是一步一步地变异、退化。我认定,马克思、恩格斯的基本理论没错,那么,苏联和中国发生的一切是否符合马克思主义?马克思主义具有时间和地点的条件性,它是发达的资本主义国家的产物。俄国和中国在资本主义不发达的落后地区加以应用,忽略了它的条件性,于是出了毛病。马克思、恩格斯的基本理论虽然没错,但他们对时代的判断与基本理论有矛盾。在十九世纪,他们就认为,资本主义的丧钟响了,社会主义革命即将爆发,历史证明,显然是误判。十九世纪的资本主义显露了严重的弊病,当时先进的思想家、文学家都在批判资本主义、诅咒资本主义,马克思受了时代的影响,也以为资本主义很快就完蛋了。其实,年轻人患病与进入垂死的暮年是不同的,十九世纪的资本主义的生命力尚未枯竭。马克思的唯物史观认为:"无论哪一个社会形态,在它所能容纳的全部生产力发挥出来以前是决不会灭亡的;而新的更高的生产关系,在它的物质存在条件在旧社会的胎胞里成熟以前,是决不会出现的。"(《〈政治经济学批判〉序言》,《马克思恩格斯选集》新版第2卷第33

页。）所以说，他们对时代的判断是违反自己的基本理论的。这对于后来的追随者总是采取激进的策略是有影响的。恩格斯晚年改变了对时代的看法，也没有完全消除这种影响。马克思主义本身也有问题，是否可以推翻？从二十世纪的高度来看十九世纪的马克思主义，有许多东西是可以推翻的；即使推翻了可以推翻的东西，还有一些基本的东西至少现在是无法推翻的。所以，不得不承认，我还是马克思主义者。但，我是批判的马克思主义者，批判的含义有二：一是用马克思主义批判苏联和中国的现实；二，对马克思主义本身也有批判。马克思说，辩证法的精神是"革命的，批判的"。是否适用于马克思主义自身？当然也是适用的，否则辩证法就不灵了。只有在批判中马克思主义才能前进发展。

我们这些人的思想经历，同时也是一番痛苦的社会经历。我并没有干坏事，更没有违法犯罪，但我这个批判的马克思主义者因为自己的思想而吃尽了苦头。

问：常有人说，共产主义是乌托邦，你怎么看？

这是对共产主义最客气的批评。

一切没有实现的理想，都会被说成乌托邦。古代人想上天，是不是乌托邦？现在上天成了日常经验。社会理想的提出，有两种方式：一种是描绘式的，一种是论证式的。马克思以前的空想社会主义、空想共产主义是描绘式的，他们描绘了理想社会中的人应该怎样生活，上午干什么，下午干什么，晚上干什么；成人应该怎样生活，儿童应该怎样生活，妇女应该怎样生活，老人应该怎样生活；如此等等。描绘得越具体，越是陷入空想。这才是乌托邦。

问：马克思好像也说过，共产主义时代的人，上午打猎，下午捕鱼，晚上搞批判。是不是？

马克思在这里所说的，不是共产主义时代的生活方式，而是说共产主义时代的人的自由，不会束缚于固定的分工。一个人，可以从事打猎、捕鱼，搞批判，但他不是固定职业的猎人、渔夫，或批判家，而是一个全面发展的人。

马克思的理想是论证式的，马克思在什么地方讲过："新思潮的优点就恰恰在于我们不想教条式地预料未来，而只是希望在批判旧世界中发现新世界。"（后来查到，出于《马克思恩格斯全集》第1卷第416页。）在马克思那里，连乌托邦都没有，有的是批判。马克思构造理想的方法论就是"在批判旧世界中发现新世界"。批判资本主义，分析矛盾，揭示合乎规律的发展，代替资本主义的必然是什么样的社会。人类社会总是有矛盾的，资本主义虽然造成了巨大的进步，但不是社会历史发展的终点。马克思、恩格斯在《共产党宣言》里头对资本主义的赞扬是前无古人的。但资本主义还是存在着自身不可克服的矛盾，资本主义走到尽头，矛盾的解决，就是进入社会主义、共产主义。

"共产主义"这个词的翻译是不准确的，中国是从日本传过来的。英文是 communism，词根 commune 是公社，communism 准确的翻译应该是公社主义，是吧？这一翻译却是误导众生。望文生义,以为"共产主义"就是把现成的财产拿来充公。社会主义是以社会为本位,公社主义是以公社为本位;以公社为本位是以社会为本位的进一步发展。以公社为本位是什么意思?未来社会的公有制是公社所有制。以前政治经济学教科书上说,公有制的两种形式是全民所有制和集体所有制。所谓全民所有制实际是国家所有制、政府所有制。这是斯大林的定义,不是马克思的定义。马克思提出的公有制的两种形式是社会所有制和公社所有制。

什么是公社所有制?即个人联合起来的公共所有制。马克思在《资本论》中是这样说的:"在协作和对土地及靠劳动本身生产的生产资料的共同占有的基础上,重新建立个人所有制。"(《马克思恩格斯全集》第23卷第832页)马克思设想,在公共所有制中还要"重新建立个人所有制"。就是说,财产的占有、使用、处置都是归公社公共所有,又是人人有份。在公共所有制中建立的个人所有制,不是个体劳动,而是协作生产。之所以说"重新建立",因为它不同于私有制条件下的"个人所有制"。原始的公有制是一切归公共所有,几乎没有个人所有。原始的公有制为私人所有制所否定是历史的进步。私有制是个人所有制,但不是每个人的个人所有制,只是一部分人的个人所有制。作为否定之否定,是两者的合题,既是公共所有制,又是个人所有制。原始社会是没有个人所有制的公共所有制;阶级社会是没有公共所有制的个人所有制;未来的理想社会是在公共所有制基础上的个人所有制。马克思的理想社会是以每个人的自由发展为条件的一切人的自由发展;它的经济基础就是以每个人的个人所有制为条件的一切人的社会公共所有制。马克思只是提供理论论证,社会公共所有制和个人所有制结合的形式,还需要在实践中创造。正像爱因斯坦的相对论也只是提供理论论证,没有提供原子弹和核电站的设计,更不会制造和建造。但后来原子弹的设计和制造,核电站的设计和建造,完全是根据他的理论。

经过资本主义私有制充分发展之后建立的公有制,才有可能优于私有制。在低于资本主义历史发展水平的地方建立的公有制,虽然一时花样翻新,终究不可能取代资本主义私有制。二十世纪,在苏联、中国等国家,客观上不具备一定的条件而人为地制造出来的公有制,就是主观社会主义。主观社会主义不是建立在经济发达的基础之上,因为经济手段不足,于是加强政治控制;在经济不发达的地方封建专制的因素本来就很多,因此主观社会主义必然是极权社会主义。

问:这一段,您讲得很好,我会用到我的片子里。我还要提一个问题。有一位劳工学者,我们访问了他。他正在写一本书,是关于民主社会主义,或社会民主主义的。我问,民主社会主义或社会民主主义究竟是什么样子的?他说,简单说来,有点像北欧那样的。您认为,北欧的民主社会主义是否可以取代苏联和中国的社会主义成为发展的方向?

二十世纪,出现了一种奇特的现象:社会主义救了资本主义,资本主义救了社会主义。

问:这两句话是不是互相冲突?

听起来是互相冲突的，不幸却是事实。社会主义救了发达国家的资本主义，资本主义救了不发达国家的社会主义。

苏联的正统社会主义灭亡了；中国和越南的变通社会主义因开放、引进资本主义而得救了。这不是鲜明的对比吗？不是资本主义救了社会主义的有力证明吗？

资本主义社会也有许多弊病。医治资本主义的弊病，开的是社会主义的药方。1935年，罗斯福当政时，美国通过了第一个福利法案。当时保守派极力反对，攻击罗斯福"成了美国的斯大林"。正是一系列的福利政策缓和了阶级矛盾，调整了社会关系，资本主义才得以度过危机继续发展。民主社会主义或社会民主主义是福利国家的进一步发展；民主社会主义就是资本社会主义，社会民主主义就是社会资本主义，都是社会主义拯救资本主义的一种形式。如果说，十九世纪的资本主义是正统资本主义，那么，二十世纪的资本主义就是变通资本主义。当代资本主义国家所盛行的失业救济、医疗保险、老人照顾以及种种补贴（在北欧是从摇篮到坟墓），凡此种种都是违反私有制的本性的。什么"私有财产神圣不可侵犯"，政府就在合法地侵犯。为什么要掏出一些人口袋里的钱去养活另一些人？只能说，这是社会主义的政策，但还不是社会主义的制度；资本主义社会中有了社会主义的因素，但还不是社会主义社会。

发达的资本主义国家内部有了社会主义的因素；发达国家之间正在走向联合，也是为未来的社会主义创造条件。欧洲联盟的一体化是人类的巨大进步。历史上，为了边界纠纷打了多少仗、流了多少血！现在和平的边界自由出入。去邻居家串门还要敲门，出国更方便，门都不用敲。马克思本来设想，只有若干先进国家的联合才能实行社会主义。俄国人提出"社会主义一国首先胜利论"，去取代马克思的理论。"社会主义一国首先胜利论"在实践中破产了，还是要回到马克思，寻求再出发。二十世纪在落后国家进行的社会主义试验结束了，二十一世纪在发达国家进行的社会主义试验必将重新开始。

# 第二十八章　武斗和军宣队进校

1967年冬天，校内外已是武斗成风。我对"井冈山"总部的头头们说，过几年回头一看，武斗是无谓之举。我们是不是可以采取一种与众不同的做法，人家打上门来，我们挂免战牌，离开学校，等平静以后再回来。他们不赞成，认为这是示弱，并且说："你们（教师）都走，让我们（学生）留下来应付。"

1968年3月29日早上，住在我们楼上的"井冈山"战士、数学系青年教师张恭庆（他后来很有成就，被选为中国科学院院士）敲门进来，说："昨天夜里发生大规模的武斗。离我们这里不远的北招待所是新北大公社的据点，你住在这里很不安全，快快离开！"不一会儿，井冈山总部派人来通知我："你这里是新北大公社控制的区域，我们无法保护你。你和周老赶快离开。"他简单叙述了昨夜的武斗。新北大公社的武斗队，手持长矛、棍棒，袭击31楼化学系宿舍，将"井冈山"战士从睡梦中拖出来，拷打，驱逐。有人从二楼、三楼跳窗户才脱离险境。

### 回无锡老家，躲避武斗

我和渝宜商量后决定，回无锡老家，躲避武斗。周老先后住在女儿如雁、如枚家。

银行里还有二十几元钱，我去把它取出来。那时，人民银行的服务点在六院的一间屋子里，一位职员是北大法律系教师的家属，她说："现在这种时候你怎么还出来？"我说："我要离开北大了，取二十元钱。"她告诉我，旁边的俄文楼是新北大公社的武斗据点，当心点！果然，我骑车经过俄文楼时，被手持长矛的人喝住："郭罗基，下来！"他扭住了我的车头。我怒目而视："你要怎么样？"僵持了一会，从俄文楼里走出来一个人，说："让他走。"看来是他们的头头。

收拾了几件衣服，立即去车站，渝宜送我。在西校门上332路公共汽车时，发现有人盯梢，此人是北大保卫部的干部。一直盯到北京站。我估计，他会到建国门学部去喊人，将我劫持。我的脑子在加速运转，如何摆脱险境？我看到马路边围着一群人，挤进去一看，是北大井冈山人在发表演说、散发材料，揭露聂孙昨夜发动武斗。我把一位女同学叫出来，问："你认识我吗？""你不是郭罗基嘛！"我说："好极了！"我告诉她，我要离开北京，但被人盯上了，处于危险之中。"你们能不能护送我上火车？"她说："没问题。"她领着我和渝宜走进一个胡同里的庭院，那里还有五六个男同学。他们都是地球物理系的。他们一商量，把我们两人围在中间，不走大路穿胡同，绕来绕去进了北京站，买了票，一直把我送到检票处。我向他们挥手告别，表示感谢。

我在无锡，因为没有工资，过了几个月的艰难日子。

有一天，我接到渝宜的电报："大姨妈请你去"。这是我们之间的暗语，有人要来抓我了。

我的大姨妈在无锡乡下前洲，我躲到乡下去了。大姨妈的儿子、我的表兄诸裕泉是前洲公社北七房大队的大队长，他说："谁敢到我这里来抓人？他来，我拿锄头摆平他。"

同在无锡躲武斗的井冈山人高某就被北京来的人抓去了。抓了人，不由分说先打一顿。然后要他揭发郭罗基。高揭发，文革前我在他家里称李讷是"公主"。这是我后来被打成"反革命"的根据之一。

## 军宣队、工宣队进校

1968年上半年，北京高校普遍发生武斗，其中清华、北大等六所院校比较严重。7月27日，打着"首都工人毛泽东思想宣传队"的旗号，三万人开进清华，制止武斗。蒯大富的井冈山声称工人的背后有"黑手"，顽固抵抗，居然开枪打死四名、打伤数十名工人。7月28日半夜三更，毛主席召见五大领袖聂元梓（北大）、韩爱晶（北航）、王大宾（地质学院）、谭厚兰（北师大）、蒯大富（清华，迟到）。还有所谓"无产阶级司令部"的成员林彪、周恩来、江青、陈伯达、康生等和北京市、北京卫戍区的负责人参加。毛说："黑手"就是我，要他们改变态度，欢迎工人、解放军进校。他批评红卫兵"一不斗、二不批、三不改，斗是斗，就是搞武斗"。又说"现在是轮到小将犯错误的时候了。不要脑子膨胀，甚至全身膨胀，闹浮肿病。"从此红卫兵不吃香了，等着他们的就是上山下乡了。谈话从三点到八点三十，进行了五个半小时。当时，这次召见的谈话有许多传单，各取所需。2011年出版的许爱晶《清华蒯大富》有比较完整的叙述（见352-375页，中国文革历史出版社）。

毛泽东的这个讲话是文化大革命的转折点。什么"现在是轮到小将犯错误的时候了"！"小将"一开始就犯错误，那时具有利用价值，还得到鼓励。现在利用完了，"小将"继续"犯错误"就不符合"伟大领袖的战略部署"了。这句话的真实含义是："现在是轮到对付小将犯错误的时候了。""五大领袖"一个个都被抛弃，成了向隅而泣的可怜虫。

毛泽东发动"文化大革命"时，预计"停课闹革命"半年。闹了两年，收不了场。什么"两条路线的斗争"，道理讲不清了，干脆来个不讲道理。先是姚文元抛出一篇文章《工人阶级必须领导一切》，制造舆论；然后派出首都工人毛泽东思想宣传队、中国人民解放军毛泽东思想宣传队（简称"工宣队"、"军宣队"）进驻学校。名曰"宣传队"，实际上是统治学校的军管队、专政队。这是中国教育史上最黑暗的年代。知识分子沦为在地、富、反、坏、右、叛、特、走资派以下排名第九的"臭老九"。元朝把人分为十个等级，……八娼、九儒、十丐，知识分子也是老九。知识分子的命运倒退了五百年。

1966年7月，撤销工作组以后，号召"群众自己解放自己"，"实行巴黎公社式的民主"。两年以后，局面不可收拾，只好派出比工作组更加专横的强权。

8月19日，军宣队、工宣队进驻北大。军宣队由63军（4587部队）的二百多人组成，工宣队由北京第一机床厂等六个工厂的工人293人组成；63军政治部副主任刘信任指挥部总指挥，六个工厂的负责人任副总指挥。

8月25日，我从无锡回到北京。那一天，正好姚文元发表《工人阶级必须领导一切》，说是要打破教育战线上知识分子独霸的一统天下，工人宣传队将在学校中长期留下去。

　　我到武斗现场去看了一下，几个楼残破不堪，好像经历了一场战争。听井冈山人介绍，井冈山占了五个楼，28, 30, 35, 36, 37，周围的几十个楼都是新北大公社占据的，形成了包围圈。进出的校门都由新北大公社控制，井冈山只好在37楼外面的南墙上开了一个豁口。井冈山的总部在28楼，几个楼之间的联络，在地面上走动，会遭到新北大公社强力弹弓的袭击。于是他们在35楼和30楼之间开通了地道，在30楼和28楼四楼的窗户之间架设了天桥。"井冈山"中真有人才。挖地道，没有测量仪器，从两头开挖，用土法测算，居然在中间接通了。天桥有40米长，虽然简陋，结构完全符合力学原理。我很难想象，没有起重机，高空作业是怎样完成的？校文革对围困在中间的五个楼实行停电、停水。井冈山在37楼外面的高压线上接通了电源。带电操作，非常危险，准备了三个梯队。第一梯队牺牲了，第二梯队上；第二梯队牺牲了，第三梯队上。三个梯队的人们都给家里写了遗书，情怀悲壮。上面在电线杆上操作，下面进行武斗。新北大公社来进攻，阻止接电源，井冈山奋起保卫。双方手持长矛，互相冲刺，在现代的北京城重现了古战场。武斗导致交通阻塞，332路公共汽车停止运行。最终，电源接通了，井冈山的五个楼大放光明。军宣队进校后，电业局派人来拆除接头。老师傅看了又看，说："这是八级电工干的活！"

　　问：武斗中有没有死人？

　　我也问了这个问题。他们告诉我，武斗的战场上没死人，但有两个"井冈山"战士被打死了。一个是无线电系62级的殷文杰，准备离校，途径新北大公社的武斗指挥部44楼，被武斗队截住，用长矛刺死。另一个是地质地理系61级的刘玮，回校办理毕业离校手续，在海淀大街上被新北大公社的武斗队抓住，关押在40楼，被毒打致死。还有一个地质学院附中的学生温家驹，在北大图书馆翻阅期刊，被新北大公社的武斗队抓去，关押、审讯之后打死了。这是聂孙们欠下的血债！

## 清理阶级队伍

　　平息武斗，结束了一种灾难；却又进入另一种灾难。
　　1968年9月，军宣队发动清理阶级队伍运动。
　　1968年5月，校文革建立监督改造大院，简称监改大院，即"牛棚"，关押了218人。军宣队进校后，继承了这一份不光彩的遗产，一个都没放。
　　清理阶级队伍，要求教职员都集中住在学生宿舍，不准回家。哲学系的教职员住在38楼。冯友兰、王宪钧、汤一介和我同住一室。汤一介和我是中青年，睡上铺；冯友兰和逻辑教研室教授王宪钧是老年，睡下铺，免得爬上爬下。
　　每天都要"早请示"。每次"早请示"都会玩出一些花样来。

有一天"早请示"，由红卫兵监督，让有问题的人排成一行，自报"头衔"。轮到冯友兰，他自报："我叫冯友兰，是反动学术权威。"红卫兵说："不对，你这是避重就轻，你是反动学阀，重报！"冯便改口："我，我，我是反动学阀。"接着是洪谦。他怕被说成避重就轻，径直就报"反动学阀"。红卫兵又说："不对，你还不够资格，你就是反动学术权威。"洪谦连忙改口。冯定自报"反动学术权威"。红卫兵又说："不对，你还想往反动学术权威里钻？你是反革命修正主义分子。"

　　有一天"早请示"，最后喊"敬祝伟大领袖毛主席万寿无疆！万寿无疆！"按节拍挥动小红书。冯友兰不合节拍，乱挥一气。军宣队的陈某发现了，把冯友兰从队列中叫出来，厉声斥责："冯友兰，笨蛋，挥小红书都不会！看我是怎么挥的。"陈要冯再来一遍。冯还是挥得不合节拍。陈说："回去多练练，你们房间的人负责教会他。"当时冯已年逾古稀，军宣队如此粗暴对待老人，我们都看不过去。回到房间，汤一介和我对他好生安慰。谁知他本人却若无其事，开起会来，又带头发言，诚恳表态，说："乱挥小红书是对伟大领袖毛主席的不恭敬，罪该万死。"王宪钧悄悄地对我说："冯先生是炉火纯青了，我做不到。"

　　周培源又住进了28楼，审查他的"美国特务"问题。这时，28楼住的不是保护他的人，而是监视、监督、监控他的人，去饭厅、上厕所都有人盯着。

　　文革初期，历史系所在的三院门口贴了一副对联："庙小神灵大，池浅王八多。"李讷看到了，回去告诉她爹。她爹改了一个字，将"池浅王八多"改为"池深王八多"。流传开来，"池深王八多"成了北大的标签。毛泽东在北大图书馆当小职员的时候，受够了教授和学生的气。一声"池深王八多"，尽舒郁积几十年的对北大的闷气。

　　63军军宣队搞的清理阶级队伍运动，将"池深王八多"作为基本估计，说是"北大的王八多得腿碰腿"，到处抓"王八"。总指挥部副总指挥魏秀如（工人），在大会上说："在你们知识分子成堆的地方，有没有无产阶级革命派？有没有无产阶级革命路线的代表？没有！如果说有的话，我们拭目以待。"从此，"拭目以待"成了具有特别含义的隐语，讲到好人好事，表示怀疑，人们就会说"拭目以待"。

　　文革初期，北大自杀的人不是很多。人们有经验，运动初期戴的帽子不一定牢靠，还要看运动后期怎样落实政策。在清理阶级队伍运动中，"绷紧阶级斗争的弦"。文革初期戴的帽子非但没有抖落，反而有加高、加大之势。一些人以为这就是"运动后期落实政策"，绝望了，纷纷自杀。每有人自杀，校园里就刷一条大标语："XXX 畏罪自杀，死有余辜！"人死了也不得安宁。这样的大标语，一条一条数下来，竟有四十多条。军宣队怎么说？杨处长说："打内战时他不死，清理阶级队伍他死了，说明真正触动了他。"就差说"死得好"。

　　冯友兰是不会自杀的，他的女儿冯钟璞说她的父亲"万事想得开"。燕南园里最想得开的两个老头，一个当然是57号的冯友兰，哲学家；还有一个就是66号的朱光潜，美学家。朱先生爱散步。经常可以看到一位叼着烟斗的驼背老人在校园里缓缓踱步，就是他。他还有一样怪脾气，上门拜访，不出五分钟，他就把你晾在客厅，独自上楼，回书房去也。在校园里散步时同他聊天，却不论时间长短。有时，以至家人出来寻他，喊他回去吃晚饭。我就是常找他散步的机会和他讨论问题。他曾赠我一副对联:"持出世的态度,做入世的文章。"想必这也是他本人的处世哲学。自从他当了"反动学术权威",校园里久不见他的人影。一次偶遇,我问:"现在你不散步了?"他说:"现在散步有了风险,说不定被人揪住,随时批斗一番。我现在找个僻静的所在,改行日光浴了。"好心情,散步有风险,改行日光浴,照样健身体!我含蓄地说:"您多保重!"他说:"你放心!毛主席说相信群众、相信党这是两条基本原理,我再加一条:相信自己!"他曾公开宣称:我不是共产党员,但我是马克思主义者。他的想得开靠的是彻底的唯物主义,而冯友兰的想得开靠的是聪明的唯心主义。

他们想不开的邻居64号的翦伯赞,历史学家,就自杀了。55号的冯定,哲学家,自杀未遂。50号的向达,著名的历史学家、考古学家、版本目录学家,1957年被戴上右派分子帽子,"文革"初期,在劳动改造中发病,无人搭救,凄然死去。他还没有来得及选择"想得开"或"想不开",生命就结束了。

最想不开的要数中国近代物理学开山祖师式的人物之一饶毓泰,人们说不清他为什么要自杀。据传,有人说他"里通外国"。文革中,这类吓人的罪名多了去了,最后落实不了的。主要是他的个性刚烈,不容玷污。有人说他像玻璃,通体透明,坚而易碎。在"文化大革命"的反常年代,优点变成了缺点,以至糟蹋了自己的生命。

这些想得开的和想不开的,都是一级教授。想不开的翦伯赞,是因为逼着他揭发"叛徒、内奸、工贼"刘少奇,他说"实在交待不出来"。宁可赔上自己和夫人的老命,不讨好、不害人、不上钩、不造假。以死抗争,继承了中国古代史家的优良传统。想得开的冯友兰,后来背叛自己的祖师爷孔夫子,新儒家忽然变脸,成为批孔反儒的干将。他们的为人态度、人生意义,岂能以"想得开"或"想不开"来区分?

1968年10月,中国科学院地球物理研究所所长、著名科学家赵九章自杀。周总理听到汇报后,即命开列"重要科学家保护名单"。事实上无法保护,饶毓泰就在"保护名单"上。尔后"重要科学家"自杀、被杀者仍时有所闻。

直到年底翦伯赞夫妇自杀,惊动了上面,派人来调查。除了已经自杀的,"牛棚"里仍关着八百多人,另外还有以"隔离审查"的名义单独关禁闭的(本人也在单独禁闭中)。总之,"阶级敌人"占了当时在校人数的10%以上,在教职员工中占了将近40%,坐实"清理阶级队伍扩大化"。上面发话要纠偏。翦伯赞夫妇的自杀,救了很多人的命,否则自杀的人还会更多。

毛主席在扩大的八届十二中全会上点了冯友兰、翦伯赞的名,说"这些人是有用的"。刚说完就死了一个。军宣队的负责人说,不能再让冯友兰自杀,否则对不住毛主席。哲学系军宣队陈某,找冯友兰谈话。军宣队愚蠢,冯友兰迟钝,转弯抹角谈了半天不开窍。陈某急了:"直截了当说吧,你可不要自杀啊。"冯友兰回答:"我决不自杀,自杀不是人!"陈某一听,放心了,笑着调侃道:"你自杀就成鬼了,当然不是人啦!"冯友兰从来没有想到自杀,所以连冠冕堂皇的话都不会说。

有一次，全校大会点了"美国特务"周培源的名。在这以前，崔雄昆因被点名而自杀。散会后，从东操场回28楼途中，周老特意经过燕南园的家门，敲敲窗户，说："蒂澂，蒂澂，我不会自杀的，你放心。假如我死了，一定是他杀。你记住！"老一辈知识分子的经历都有一些难以说清的事情，像周老这样充满自信而又意志坚强的，不是很多。

## 北大文化大革命的结束语

周培源、季羡林等这样有名望的知识分子，如果当逍遥派、作壁上观，完全可以平安无事；一旦"跳了出来"，险遭灭顶之灾。他们所追求的并非私利，而是正义。在北大反对聂元梓，就是反对聂元梓所代表的文化大革命的潮流。

一本纪念周培源的文集《科学巨匠，师表流芳》（中国科学技术出版社，1992年），四十多万字，只有季羡林先生的一篇短文提到周老在文化大革命中曾是反聂组织的"领导成员"。他正是在周老的影响下也参加了反聂组织。一篇《周培源教授年谱》从1966年一下子跳到1972年，有六年是空白。我好生奇怪！现在，人们对文化大革命中的经历往往讳莫如深。从前对文化大革命一概肯定，后来又一概否定。时至1979年，我的《谁之罪？》一文因"否定文化大革命"而被定罪。过了几年，"否定文化大革命"成了官方的态度，而且唯恐不力，还要加上"彻底"二字。似乎凡文化大革命的参加者都不是好人。我不赞成官方的"彻底"，又被指责为"为文化大革命辩护"了。二十世纪中国发生的文化大革命是一种极其复杂的历史现象，现在还难以说清楚。文化大革命的发动者和参加者，动机是不一样的；参加者，不同的人动机也是不一样的。不参加，未必正确。陈云有言："提拔干部要从文化大革命的逍遥派中挑选。"他本人是逍遥派，故欣赏逍遥派。逍遥派人士不说全部至少大多数是没有热情、缺乏责任感的。描绘文化大革命的画面，不是群魔乱舞，就是悲惨世界，不仅是肤浅的，也大为失真。有邪恶必有正义。文化大革命期间沧海横流，中国之大，岂无一个半个挺身而出的仁人志士？有的，那就是张志新、遇罗克等英雄人物。但他们首先是文化大革命的积极参加者，不参加无从反对。当然，参加者也可以扮演不同的角色。周培源在文化大革命中的所作所为，充分表现了中国知识分子中与诌媚奉承相反的刚直不阿的一面。周老当年就不肯"下山"，他的正气和骨气，还有一系列的表现，掩隐文化大革命的经历，就不是一个完整的周培源，而且将使他的形象大为逊色。

季羡林先生在他的文章中说："我也使上了牛劲，终于经过长期的反复的考虑与观察，抱着'粉身碎骨在所不辞'的决心，'自己跳了出来'，也参加了那个反'老佛爷'的组织。这一跳不打紧，一跳就跳进了'牛棚'，几乎把老命给赔上。"（《科学巨匠，师表流芳》第77页，中国科学技术出版社，1992年。）季羡林先生还说："我一生所做的事情自己满意的不多。我拼着老命反'老佛爷'一事，是最满意的事情之一，它证明我还是一个有正义感的人，不是一个贪生怕死的胆小鬼。"（同上，第78页）像季羡林先生这样在文化大革命中"自己跳出来"的本来不多，而如今在对文化大革命的一片诅咒声中犹引以自豪，更是难能可贵。

1973年7月17日，毛泽东在接见杨振宁时，周恩来、周培源作陪。毛主席对周培源笑着说："文化大革命把你搞得呜呼哀哉了吧？"周培源耳背，没有听清。周恩来起身，与周培源换了座位，让周培源靠近毛主席。毛又说："聂元梓这一派太坏了！"周培源回应："聂元梓的后台是陈伯达。"毛接着说："林彪是陈伯达的后台。"有一次，周恩来接见欧洲外宾。外宾将访问北大，周恩来对他们说："北大有一个坏女人！"周培源当场听到，回来问家人："周总理说的坏女人是谁？"周夫人王蒂澂说："瞧你的榆木疙瘩脑瓜，'北大有一个坏女人'说的不就是聂元梓嘛！"哄堂大笑。我认为周老是明知故问。

毛周为北大的文化大革命做了结论。"聂元梓这一派太坏了。"也就是说，以周培源为首的"新北大井冈山兵团"那一派反对"聂元梓这一派"太好了！

## 第二十九章　隔离审查

清理阶级队伍的后期，把我关禁闭，叫做"隔离审查"。

问：关在什么地方？

我被关在南阁的一间小屋子里。本来这是盥洗室，后来撤去浴缸、马桶和脸盆，成为储藏室，现在是我的囚室。屋子里只能放一张单人床，床前有一条长课桌。再也没有地方放椅子了。我看书、写材料只能坐床沿。

我被封闭在一个盒子里，好在有一扇窗户能透气。失去自由的人，更加觉得自由的宝贵。我看到来来往往的行人，慨叹：你们多幸福啊！我看到天上飞的小鸟，慨叹：鸟比人幸福！

外间是个大屋子，住着两个学生，是看管我的，当然是对立派新北大公社的。我还记得他们的名字，一个叫姜作君，一个叫王如林。他们两人对我很客气，从无疾言厉色。

专案组就在楼上。刘渝宜给我送替换衣服和伙食费，都只能交给专案组，不能见面。她不知道我被关在哪里，我倒是能从窗户里看到她走进南阁。

私设公堂，非法关押，连中国的王朝政治都是不允许的，在人民共和国里却是司空见惯。

问：对你进行隔离审查的理由是什么？

对我进行隔离审查的理由，一开始说我是井冈山兵团四十多个反革命小集团的"总后台"。

63军（4587部队）军宣队的负责人刘信是该军政治部副主任。他带来的一位政治部宣传处副处长杨顺德，是他抓"反革命"的得力助手。这位杨处长是个獐头鼠目的"武大郎"。他找我谈话，说："你们井冈山兵团有四十多个反革命小集团，每条线都通到你这里。你们的大印，我们都拿到了。……"要我交代与"四十多个反革命小集团"的"联络图"。我一听，差一点笑出声来。这是"土八路"办案，以为"反革命小集团"必有"大印"。哪有什么"大印"？拿到"大印"，显然是谎言，为了逼供。我本来有点担心，那些"反革命小集团"会不会对我乱揭发？听杨处长这么一说，反倒放心了，他没有材料，只有"大印"。

井冈山兵团中不乏爱好独立思考的人们，到了1967年下半年，就对文化大革命感到厌倦了，热情消散，转而以冷静的态度研究文化大革命，成立了"马克思主义研究会"、"青年共产主义学会"、"马列著作学习小组"等的小团体。后来弄清楚，凡是"毛主席著作学习小组"，都是拥护毛主席的革命路线、誓将文化大革命进行到底的正统派；凡是"马列著作学习小组"都是"议论无产阶级司令部"、怀疑文化大革命的异端分子。这些"马列著作学习小组"常常向我请教理论问题，还到我家借阅书刊。在军宣队的高压之下，不少人把我牵扯出来，所以我成了"总后台"。事后，井冈山兵团的人们笑称我是"总后"。

隔离审查期间，变换了主题，反革命小集团"总后台"的事不提了，大概没有什么油水，抓我三条罪状。

## "反对伟大领袖毛主席"

1967年6月8日，我在五四广场召开的北京公社成立大会上引证马克思赞赏的说法："伟大人物之所以看起来伟大，是因为你自己跪着。"接着对拥护聂元梓的人们说，你们把聂元梓看成"伟大人物"也是因为你自己跪着，号召："可怜的人们，站起来吧！"北京公社的群众听出了弦外之音，狂热鼓掌。反对我的新北大公社的人们，被派性迷了心窍，居然没听懂。过了几个月，他们才品出味道来，说："郭罗基这家伙哪里是反聂元梓，他是反毛主席！"我既不承认，也不否认。承认了，必将大祸临头，极不明智；否认，对不起自己的良心，也对不起为我鼓掌的人们。经过多年党内斗争的历练，我在紧要关头尚能保持方寸不乱，批斗会上急中生智。我说："我当时说的明明是反聂元梓，但听的人可以有不同的理解。现在你们说是反毛主席，那就是你们的理解。"他们的理解无疑是正确的，但我不好说。我把球踢了回去，看到他们气得一呼一呼。一时冷场，他们无以应对，就空喊"顽抗到底决没有好下场"之类。

## "迫害李讷"

迫害李讷这一条罪状纠缠了很长时间。

我走上反聂的道路后，聂元梓把当初江青要点我的名说是迫害李讷，称我是"修正主义苗子"等内情，和盘托出。大字报越说越玄，有的说我给李讷打了3分，还有的说我给了她一个不及格。历史系的一位教师对我说："郭兄，你迂呀，看到李讷的名字，考卷看都不用看，打个5分拉倒。反正打分又不下本钱，何必吝啬！"于是，我被人叫做"迂夫子"。渐渐地，"子"字没了，成为"迂夫"。我的朋友于浩成和李洪林，一个号称"呆公"，一个自号"痴翁"。"迂夫"与"呆公"、"痴翁"并列，被人称作"京城三愚"。

我教的这门课是马克思主义哲学。李讷他们家有一座"马克思主义的顶峰"，挨着"顶峰"，好像得5分是理所当然的，否则似有藐视"顶峰"之嫌。得了4分，怪不得"江青同志很生气"。我对李讷非但没有"迫害"的意思，而且对她印象很好，只是常人所说的"迂"，不认皇亲国戚，秉公办事。所以，有"井冈山"人贴出支持我的大字报："郭罗基一身正气，没有媚骨。他准备把李讷的考卷贴在墙上，诉诸公议，和你们辩论。"我并没有说过要把李讷的考卷贴在墙上。但这个大字报泄露了天机，大家知道我还保存着李讷的考卷。

1963年，我给历史系讲授历史唯物主义。那一年学期末，讲课结束，复习一周，然后考试。李讷要求提前考试，星期四提出，要求星期六就考。我说："不急，复习的时间可以充裕一点。"她说："还有别的课要考，排得很紧，就在后天考吧。"还有一个男生也要求提前考试。我为他们另外出了一套试题。阅卷时，我认为他们两人的水平差不多，都给了4分。我知道李讷平时学习很努力，理解能力也不错，可能她没有经过系统复习，发挥得不是很好。那时，学校规定，只凭考卷打分，平时表现好不好，可以写在鉴定里。过了几天，我将试卷交历史系办公室保存。教务员是一位老太太，我的无锡老乡，名顾霭如。她对我说："李讷门门功课是5分，你给了她一个4分，她很不高兴。"我说："是吗？我来找她谈谈。"自以为我同她是谈得来的。李讷的试卷暂时由我保存。学生的试卷无论是由系办公室保存，或由教师保存，都只保存三个月。我找李讷，她回家了。后来我又借调到教育部，离开了北大，一直没谈成。那份试卷不经意间三个月后也没有销毁。

提出"迫害李讷"问题，我为自己辩护："我对李讷的印象不错，不可能发生迫害。但她的考卷只值4分。老师给学生打分，即使打错了也不能叫'迫害'。"

后面那句话是孙蓬一同情我的时候说的。这时，由于派性作怪，他也加入了整我"迫害李讷"的行列。

是不是"迫害李讷"，关键就在于要我交出考卷。不难想象，指着考卷，他们就可以坐实"迫害"的罪名了。哲学不像数学那样对错分明，他们一定胡搅蛮缠，说李讷的答案如何精彩，我的评判如何不公，可见是"迫害"。所以这份考卷决不能拿出来，但要销毁已经晚了。文革中，如果哪家烧纸冒烟，邻居就会检举："销毁黑材料。"如果扔到马桶里，堵了，又成问题。我只能把它转移出去。

我对抄家早有防备，做了一番处理。章太炎逃亡时，包袱里只有手稿，别无一物。世人咸笑其痴。轮到我搜索家室时，才觉得章太炎不痴，想来想去确实只有手稿是重要的。我把它放在一个旅行包里，还有来往书信（心想假如我当"反革命"，不要连累别人），再加李讷的考卷。这个旅行包寄存在西苑中直机关即中共中央调查部的一个朋友家。

隔离审查期间，每次审问都要提："李讷的考卷到哪里去了？"我回答说："销毁了。"但心里不踏实。

中央调查部是所谓"保密单位"，本来比较平静，后来也闹起来，而且卷入北京的天派、地派。我担心，如果他们那里的天派搞到了李讷的考卷，就会送交北大。我想通知刘渝宜将考卷销毁。可是谁能为我通风报信？我处在禁锢的牢笼之中，唯一的通道是专案组，只能通过他们的手来传递信息。我使出当年做地下工作的浑身解数，想了几天，想出办法来了。我将一副棉手套故意弄破，交专案组，说："让我爱人补一补，补好后送来。"棉手套的夹层里藏一纸条，她伸手进去就会感觉有异物。纸条上写："到西苑取回旅行包。途中找出考卷，撕碎，扔在河沟里。"过了一个星期，渝宜将补好的棉手套送到专案组交给我，还有一瓶炒面。我知道炒面里一定有名堂。果然，掏出一小纸片，上面有三个字："完成了"。

专案组为我送了"鸡毛信"，他们当了义务交通员还不知道。以后提到考卷，我意味深长地说："销毁了，千真万确，肯定无疑！"

### "仇恨毛主席"

要我交出李讷的考卷，我说销毁了。他们不信，就到我家抄家。考卷没有抄到，但又多了一条新发现的"反革命"罪行。我的家里没有一张毛主席像。文化大革命中，如我们这样不挂毛主席像的家庭恐怕不多。他们说，人民群众热爱毛主席，到处挂毛主席像；反革命分子仇恨毛主席，所以不挂毛主席像。从反革命分子不挂毛主席像，推出不挂毛主席像就是反革命分子，逻辑上不通。文革中，只要被定为批判对象，无论怎样批判，不顾事实，不讲逻辑，都无所谓。可悲的是，我的同事都是教哲学的，居然也置逻辑于脑后。但在这种场合同他们讲逻辑是没有力量的。我以攻为守，反咬一口，说："你们家里随便挂毛主席像，让毛主席看着你们吃饭、睡觉、拉屎、撒尿，这叫热爱毛主席吗？"他们说，联系到你称李讷为"公主"，就是恶毒攻击毛主席为"皇帝"。我说："照你们所说，我是仇恨皇帝呀。毛主席是皇帝吗？那是你们的认为。"他们无话可说就"打态度"。反正我在历次运动中总是"态度恶劣"，不在乎了。

问：审查你的是什么人？

### 专案组

审查我的专案组由三个人组成：组长是工宣队员，姓刘；组员，一个是赵建文，一个是宋一秀。宋一秀自始至终一言不发。他对我是了解的，我想他心里一直在嘀咕："郭罗基怎么会是反革命？"工宣队员刘师傅不了解情况，说话不多。最起劲的是赵建文，而且他用心险恶。有时他们会叫来一帮学生，开批斗会。

文化大革命中，追查"议论攻击无产阶级司令部"是整人的杀手锏。当时有一个《公安六条》，第2条规定："恶毒攻击"毛主席和林副主席都是"现行反革命"。简称"恶攻罪"。执行起来，非但"恶攻"毛主席、林副主席有罪，而且扩大到包括江青、陈伯达、康生等在内的所谓"无产阶级司令部"；非但"攻击"有罪，连"议论"也有罪。凭日记、书信以及关起门来的议论，等等，就可以定为"反革命"，不是坐牢就是杀头。历次运动都是自证其罪。文化大革命中的"反革命"，大部分也是自己"交代"出来的。一方面是可恶的专案人员进行逼供、诱供、套供，另一方面是被审查人员的天真，轻信什么"坦白从宽"。结果正是根据"坦白"来定案。

赵建文对我说："根据你的脑袋，不可能对无产阶级司令部没有看法。"这些人都有阴暗心理。他们知道，人们对这样的"无产阶级司令部"不可能没有看法，连他们自己也不可能没有看法，千方百计让你讲出来，给你定罪。我之所以有罪，就因为我长了这样一颗脑袋！我咬紧牙关，不让脑袋中有罪的思想从嘴巴里泄露出来。好在掌握我的"议论、攻击无产阶级司令部"言论的人并未揭发，而且至今还没有发明透视脑袋中思想的仪器。

我说："即使我有思想，没有言论；是言论，也不是行动。你们总是凭言论定罪。你们要我交代思想,一讲就成为言论。是不是引诱我犯错误?"我在文革中对思想、言论、行动的关系有切身体会,所以后来才能写成文章。

我不否认我有"思想",就是不讲,尔奈我何?

赵建文对我说:"我们已经掌握你的材料了,就看你交代不交代。"然后就来"讲政策":不交代,对自己、对家人会有什么样的严重后果;交代了,可以"给出路"等等。我知道,这是一种诈唬的手段。我说:"我没有什么可以交代。就照你们掌握的材料处理好了。"

一计不成,又生一计。赵建文对我说,你的同伙化学系的陈醒迈交代了,也揭发你了,你不交代问题就严重了。他们知道我和陈醒迈关系密切,此时他也在隔离审查中。这也是专案人员常用的诈唬手段。如果从我这里挤出三言两语,又可以去诈唬陈醒迈:"郭罗基揭发你了。"来回诈唬,诱发不实之词,成了假交代、假揭发。我回答他们:陈醒迈交代是他的事情。是否符合事实?我不知道。尽管他揭发我,我没有什么可以揭发他。

对付专案审查,需要有清醒的头脑和坚强的意志。

后来,我对赵建文以德报怨。清查"五一六分子"的时候,赵建文也受审查。他在审查别人的时候,趾高气扬;他在被审查的时候,就垂头丧气了。他没有我那样的清醒的头脑和坚强的意志。他是聂元梓任命的"除隐患"战斗队队长,"除隐患"战斗队是一个秘密组织,所以有许多事情是说不清的。军宣队认定"除隐患"是反总理的,最后决定给他一个留党察看的处分。那天晚上开支部大会时,走向会场的路上,偶遇赵建文。我问他:"你是反总理的吗?"他说:"完全搞颠倒了,我是保总理的。""那你怎么承认是反总理的?"他说:"时间拖得很长,精神上的折磨受不了,承认了拉倒,结束这痛苦的生活。"支部大会上,我发言,提出要充分听取本人意见。但赵建文没有勇气翻供了。表决时,我投了反对票,沈少周跟着我投了弃权票。过了几年,赵建文的案子翻了过来,留党察看的处分也取消了。

## 我对张志新的心情太能理解了

掩饰自己,不能堂堂正正地做人,是很痛苦的。文化大革命中,我也有像张志新那样的正义冲动:"你们说我是'反革命',好,我就来交代。我愿意和你们辩论,到底谁是革命谁是反革命?"刘渝宜了解我的心情,常劝诫我:"你要沉住气,将来有你讲话的时候,不要为了一时的痛快,不顾后果。"就是为了将来有讲话的时候,我才忍受暂时的屈辱。张志新光明磊落地讲出自己的思想,结果在"反革命"的泥潭里越陷越深,从有期徒刑到无期徒刑直到死刑。我对张志新的心情太能理解了。1979年发表《谁之罪?》之后,常有人问我:"你这篇文章是怎么写出来的?"我说:"这是我酝酿了十年才写出来的。"

关于反革命罪状,我一条也不承认,他们一条也落实不了。

问:你的反革命罪状一条也不承认,他们也落实不了。这隔离审查怎么收场?

我被关了四个多月之后，忽然有一天，南阁人来人往，步履匆匆，好像出了什么事。专案组对我说："回家吧。"我一时没反应过来，问："回哪个家？"

"回你自己的家。"

"隔离审查不是还没有做结论吗？我怎么能回家？"

"军宣队犯错误了，谁给你做结论？"

回家后才知道，在这四个多月里，北京大学出了大问题。住"牛棚"的和像我这样单独关禁闭的多达九百多人，超过当时在校人数的百分之十。自杀的接二连三，直到剪伯赞夫妇自杀，惊动了上面，派人到北大调查，发现"清理阶级队伍扩大化"，九百多人一律释放。我确实是他们要抓的"反革命"，这一次混在九百多人的"扩大化"队伍里溜号了。但第二年，开展"一打三反"运动，揪"五一六"，我又成了"五一六反革命分子"。

## 第三十章　北大成为"毛主席抓的点"

4587部队（63军）的军宣队犯了"清理阶级队伍"扩大化的错误。1969年3月24日，中央派8341部队（中央警卫团）的军宣队进驻北大，同时也进驻清华大学和六个工厂：北京针织总厂、北京木材厂、北京新华印刷厂、二七机车车辆厂、南口机车车辆厂、北京化工三厂。8341部队是毛的御林军。从此，"六厂二校"被称作"毛主席抓的点"。

进驻北大的8341部队军宣队由政委杨德中、副政委王连龙率领，八十一人组成。

4587部队的军宣队逐步退出。8341军宣队是来纠偏的，要显示与4587军宣队的作风不同。4月5日，有两个军人走进我家，一进门就说："今天是星期六，我们来串串门。"我认出其中一位是在办公楼礼堂讲话的老魏同志。我说："您是老魏同志吧？"他说："是啊，你认识我，我不认识你。我这个人很脱离群众，你是北大的名人，我都不认识。以后，我们交个朋友吧。"态度十分热情诚恳。这是刚来的时候，后来作风就变了。老魏名魏银秋，另一位是赵文听。魏是哲学系总支书记。他提拔为党委副书记的时候，赵文听接替他为哲学系总支书记。

1970年3月，8341部队的军宣队总结了"大联合"、"清理阶级队伍"、"整党"三个经验，由毛主席批发。

### 大联合

8341部队宣传队进校后，宣传队内部总结工作，调整政策，在向市革委会上送的《发动群众总结经验，团结起来落实政策》的报告中，承认"前一阶段工作中，对两派群众组织没有做到一碗水端平"，"没有解决聂元梓一派掌权的错误"。4587部队和北大校文革本是老关系，新北大公社就是在4587部队的军训队的扶持下成立的。他们进校后，支一派、压一派，支校文革、压井冈山。8341部队军宣队进校后，给校文革戴了三顶帽子："一派文革"、"武斗文革"、"逼供信文革"。后来知道，这是毛的说法，见谢静宜《毛泽东身边工作琐忆》第184页（中央文献出版社，2015年）。

军宣队举办了两派头头学习班，各自多做自我批评。会上常表扬"井冈山"，会下对校文革和新北大公社的头头施加压力，让他们自己到会上去讲错误。所以，学习班的气氛还是和谐的。

我也参加了头头学习班。军宣队说："郭罗基的大字报起了积极作用，应当肯定。"聂元梓承认"校文革排斥异己，搞地下常委，维护一派的利益，变成了派文革。"她还检讨了"支持武斗，指挥武斗"等严重问题，说："我利用职权，批准制造土枪、土炮、土手榴弹、土坦克，甚至派人搞枪支，为武斗升级做准备。为摧垮井冈山，大抓反动小集团，扣压工资、助学金，甚至断电、断粮，往28楼里灌水。……还随意抓人、审讯，搞逼供信，打死人。"（《北京大学纪事》下册第681页，北京大学出版社，1998年。）

## 重新清理阶级队伍

4587部队军宣队搞的清理阶级队伍犯了扩大化的错误，8341部队的军宣队进校后重新来过。

问：重新清理阶级队伍的做法与上一次有什么不同？

4587部队军宣队的主要做法是把人关起来进行审查。8341部队军宣队的做法与此不同，主要是号召坦白交代，检举揭发；召开"宽严大会"落实政策。"宽严"是"坦白从宽、抗拒从严"的简化。"宽严大会"上宣布处理决定，多数从宽，少数从严。交待的政策是"不管反动程度、罪行大小，只要认罪服罪，就'给出路'。"希望有问题的人："迟清不如早清，被迫清不如自动清，间断清不如彻底清。"

"宽严大会"开了十多次。

1969年8月15日召开的第三次"宽严大会"特别引人注意，留下了深刻的印象。这次大会上，宣布对十八名"坦白"者从宽处理，法律系副教授甘雨沛作为"抗拒"者，从严处理，戴上"反革命分子"帽子。从宽处理者的代表发言，现身说法，叙述思想斗争过程，感谢党的挽救云云。然后大会主持人说："再给在场的反革命分子三分钟时间，想好了，上台来坦白交待。"三分钟过去了，没有人上台。主持人疾言厉色地点名中文系副教授章廷谦，命他当场坦白。会场气氛十分紧张。章廷谦方寸不乱，讲得很简短。他说，他在西南联大时参加过国民党，但不是区分部委员。如坦白不实，愿受五雷轰顶。后来，"五雷轰顶"在北大成了流行语。看来事先在小会上有过交锋，军宣队要他承认是区分部委员，他不承认；到了万人大会上还是坚不承认。大会主持人说，章廷谦在西南联大时，不但是国民党员，还是区分部委员，证据确凿，有档案为凭。本来是历史反革命，由于态度恶劣，从严处置，现在给他戴上反革命分子帽子，进行法办。说完，马上给章廷谦戴上手铐，塞进早就停在那里的吉普车，绝尘而去。最后，军宣队的负责人迟群讲话，说：

现在站在群众中应该从严的对象，不是一个、两个，十个、八个。但为了给予坦白从宽的机会，今天就拿出这样一个典型，做个参考。如对你们有参考价值，回去就向工宣队竹筒倒豆子，老实交待问题，免得走上绝路。（《北京大学纪事》下册，第682页。）

这是军宣队导演的一幕活剧，层层进逼，扣人心弦，造成强大的震慑效应。

会前，一再宣布延期，说是应有问题的人要求，为了彻底交待，需要思考时间。进行心理战，造成对会议的期待。

会后，各系、各单位进行讨论，扩大战果。

在讨论会上，有问题的人表示"我要交待"，没问题的人表示热烈拥护。

我在哲学系的讨论会上发言：

伟大领袖毛主席教导说，"反革命也要讲究规格"。章廷谦这个"反革命分子"是不够规格的。不错，1950年颁布的《反动党团分子登记条例》规定，国民党区分部委员以上、三青团区队长以上是历史反革命，但同时还规定，大革命时期的国民党、抗日战争时期的国民党除外，因为这两段是国共合作时期，国民党是共产党的友党，不是反动党派。章廷谦是抗日时期的国民党，所以不是历史反革命。

我说完，众皆骇然，没有人接我的话茬。我要求向军宣队指挥部报告，也毫无反应。

军宣队的责任在于：

一，抗日时期的国民党不是反动党团，国民党区分部委员不是历史反革命。章廷谦在1950年也没有作为反动党团骨干分子进行登记。以抗日时期的国民党区分部委员身份定"历史反革命分子"，就是制造冤假错案。况且章廷谦的国民党区分部委员也没有证据。

二，章廷谦的"历史反革命分子"是不合规格的，对历史反革命分子"从严"戴上"反革命分子"帽子，更是错上加错。

三，军宣队宣布对章廷谦戴上"反革命分子"帽子，进行羁押，僭越了司法机关的职权，完全是非法的。

由于章廷谦不服，多次提出申诉，中文系党总支于1975年11月进行复查。所谓"档案为凭"是根据北大保卫组所存的《西南联大国民党组织情况》。这一文件来历不明，不是原文件，既不是西南联大档案，也不是敌伪档案，而是根据某人的谈话编写的。冯友兰和郑华炽所写的材料作为旁证。这些证据是互相冲突的。《西南联大国民党组织情况》记载，当选为西南联大文学院区分部委员的是四人：姚从吾、贺麟、雷海宗、章廷谦。冯友兰所写的材料说当选为区分部委员的是章廷谦和他本人两人。时间也不一致。冯友兰说是1939年冬或1940年初；北大保卫组的文件说是1943年；郑华炽说是1944年1月。军宣队不做调查核实，蛮横武断，轻率定案。复查中查阅了敌伪档案，西南联大国民党区分部委员名单上根本没有章廷谦。当年在专案组内部争论时，中文系军宣队的负责人说："关于章廷谦是否反革命的问题，我们要他是就是，要他不是就不是。"为了制造"典型"，章廷谦这个"反革命"，军宣队"要他是就是"。

1976年1月15日，北大党委（还是由8341部队副政委王连龙担任书记、对章廷谦"从严"的原党委）批准中文系的复查意见，撤销对章廷谦"从严处理"的结论。具有讽刺意味的是，当时党委正领导"反击右倾翻案风"，却不得不对自己定的案"翻案"。但还是羞羞答答的，"定案"是正确的，"翻案"也是正确的。到了粉碎"四人帮"以后的1977年11月28日，北大新一届党委正式做出《关于为章廷谦同志的平反决定》，才彻底推翻了这一冤假错案。

1968年，4587部队军宣队所搞的"清理阶级队伍"，对所谓有问题的人戴帽子、关"牛棚"，制造了许多冤假错案，导致四十多人自杀。1969年，8341部队军宣队进行纠错所搞的"清理阶级队伍"，同样也制造了许多冤假错案，不过采用了比较巧妙的办法。召开"宽严大会"，多数从宽，少数从严；不但从严的有冤假错案（甘雨沛的冤案粉碎"四人帮"后得以平反。1980年审判林彪、江青反革命集团案，甘担任陈伯达的辩护律师），从宽的大部分也是冤假错案。从严，是抓典型、造声势，进行威吓。当时有一个口号，叫做："问题不在大小，关键在于态度。"问题再小，只要态度不好，也可以从严；只要对军宣队指出的问题不承认、不服帖，就是态度不好。问题再大，只要态度好，承认了，就可以从宽。像中文系的林焘，说他要炸水塔（未名湖畔的博雅塔），如果他不承认，章廷谦就是前车之鉴；他承认了，得到宽大处理，其实是没有的事。"他感到内疚，军宣队利用章廷谦做牺牲品制造恐怖气氛的手段在他身上奏效了。"（王友琴《林焘先生和文革历史》，中国战略与管理网。）

《北京大学简报》第210期说：有312人交待了557件问题，其中有"美国战略情报局特务一人"。此人是我们哲学系逻辑教研室的讲师吴允曾（1918-1987）。吴允曾在1946年曾担任北平军调部美方的翻译。共方的翻译是王光美。"文革"中，专案组断定王光美是"美国特务"，用逼供信的手段要求一些人提供证言，为此中国人民大学教授杨承祚、北京师范学院教授张重一等被迫害致死。北大军宣队从王光美推论吴允曾，他是美方翻译，更应该是"美国特务"。做了一番"分析"，越说越严重，从一般"特务"又说成"战略特务"。他们还杜撰了一个"美国战略情报局"，认定吴允曾就是属于这个机构的。军宣队找他谈话，说："证据确凿，就看你交待不交待"。经过"打态度"、"讲政策"的车轮战，吴允曾承认了，说是填过表，参加了美国联邦调查局（FBI）的特务组织。问他干过什么坏事？他说没有。

1970年11月6日，在江西南昌鲤鱼洲北大农场召开第六次"宽严大会"。会前，军宣队通知吴允曾："你的案子定下来了。明天将在大会上宣布对你的从宽处理，你要发言，表个态。"

吴允曾找到我。我是哲学系有名的多管闲事的人，所以人们有什么"闲事"都会来找我。吴允曾对我说："参加美国特务组织是没有的事，会上一宣布，反而是无中生有。怎么办？"

我问："那么你是怎么交待的呢？"

他说："我一讲话，他们就'打态度'；我不讲话，他们就'讲政策'。没完没了，精神上的压力很大，我想快快结束这痛苦的日子，就承认了吧。但我留了个心眼，我说的是参加FBI（联邦调查局），实际上是不可能的。美国在国外活动的是CIA（中央情报局），FBI只对内、不对外。我心里想，看你们怎么拿出证据来。哪知道，他们不拿证据，只凭口供定案。"

中国人只知道中央情报局、联邦调查局都是美国的"特务组织"，不知道他们之间的分工。我也是到了美国才搞清楚的。

军宣队说拿到了吴允曾参加美国特务组织的证据，完全是讹诈。我对吴允曾做个手势，手心朝上再朝下，示意他翻供。我对他说："这一回你要顶住，不要一打态度又缩回去。"他点点头。他向军宣队推翻了自己的口供，说明在中国是不可能参加FBI的。军宣队很尴尬，拿不出证据，又不甘罢休，开了一个几十人参加的"攻心会"，打态度。吴允曾顶住了，不管怎么吼、怎么轰，他都不承认。他的案子没有上"宽严大会"。但也没有说他不是"美国战略特务"。

1987年，他在北京去世时，我在南京。他特意要北大的人"告诉郭罗基"。他是不是要我为他澄清，还他清白？

吴允曾出身名门，祖父是清末民初的著名学者吴昌绶。本人一生坎坷，终身未婚。学术专攻数理逻辑，1979年从哲学系调到计算机科学技术系任教授。晚年，他在数理逻辑的应用和计算机科学技术的结合方面，研究颇有成就。他没有出国留学的经历，却把他的学问讲到国外。在瑞士、德国、丹麦、美国的十几所大学和研究所讲学，获得好评。只是"美国战略特务"之冤，我想是他的心头之痛，难以忘怀。借此机会，我代他昭告世人，吴允曾不是"美国战略特务"！

所以，许多得到宽大处理的人，是因为害怕"从严"，在压力下迫于无奈才承认的。一旦承认，就是在自己的历史上留下了污点，再在"宽严大会"上宣布，又在群众中造成污名。在军宣队看来，从此知识分子的尾巴就翘不起来了。北大军宣队上送一个《关于清理和改造阶级敌人的情况报告》，说："初步查清北大前身（旧北大、燕大）中统、军统、国民党、三青团等51个反动组织；在现有4711名教职员工中，清出叛徒3人，特务55人（其中潜伏特务17人），历史反革命21人，现行反革命分子9人（内含学生1人），地、富、坏分子14人，共102人，大部分人已定案处理。"现在看来，其中大部分可能是冤假错案。

## 整党

文化大革命中党组织都已停止组织生活。1969年9月2日开始，进行"开门整党"。所谓"开门整党"，就是吸收非党员参加对党员的评议。每个党员都要"斗私批修"，人人过关。通过了就恢复组织生活，没通过的"挂起来"。

哲学系的工宣队是来自新华印刷厂的，十来个工人参加整党，对知识分子进行"再教育"。他们的发言，大多是不着边际的训话。党员的"斗私批修"能否通过实际上由他们说了算。

党员的"斗私批修"必须承认自己是"资产阶级知识分子"，承认了就可以得到通过。我发言，说整党中有矛盾现象。如果是"资产阶级知识分子"就不能成为无产阶级先锋队的成员，在我们这里却承认了"资产阶级知识分子"才能做党员。我的发言遭到批判，说是"资产阶级知识分子翘尾巴了"。平时我爱讲独立思考。整党中批评我的独立思考就是独立于毛泽东思想之外的思考，就是反毛泽东思想。

问：那么，你到底承认自己是"资产阶级知识分子"没有？

轮到我"斗私批修"，我没有承认自己是"资产阶级知识分子"，但我也不反驳了。我在六十年代就在内心发誓，决不在压力下做违心的检讨。我知道文化大革命的整党这一关不好过，准备被"挂起来"。果然，两次没通过，第三次是最后的机会。我改变策略，不再做"斗私批修"，而是来一番"忆苦思甜"。我是穷人家的孩子，十六岁参加地下党，一路走来，如何在党的教育下成长。出乎意外，工人师傅说："啊，郭罗基还是阶级兄弟犯错误。"就算通过了。

我护卫了不做违心检讨的原则。

## 第三十一章 鲤鱼洲

1969年10月,有一个林副主席"一号命令",号召备战和疏散。据说,东北地区城市人口已疏散四分之三。北京因二十周年国庆,耽误了。近来,北京城里都在议论疏散,见了熟人,互相探问:"你到哪里?"高等学校的疏散进行得很快,清华的工厂都已迁走。

10月20日,在"要准备打仗"和"教育要革命"的口号下,北大召开动员大会。8341部队副政委、校革委会副主任王连龙做报告。他宣布,将北大一分为三:文科的60%,理科的40%,去江西南昌鲤鱼洲北大试验农场,都是教职员工和家属,没有学生;无线电系、数学力学系的力学专业,教师和学生去汉中653分校;其余的,组成教改小分队,徒步行军至北京远郊农村,边劳动边学习。

问:三部分中你在哪一部分?

我是去鲤鱼洲的。
去鲤鱼洲的叫做"走五七道路",走"五七道路"的人叫做"五七战士"。

1969年10月22日,我去鲤洲之前一家合影。在鲤鱼洲的艰苦生活中,夜深人静时,我常常把这张照片掏出来欣赏。它给了我温暖。

问:什么叫"走五七道路"、"五七战士"?现在的人不大懂了,请解释一下。

1966年5月7日,毛泽东给林彪的一封信中说,军队应该是一个大学校,学政治,学军事,学文化。又能从事农副业生产。又能办一些中小工厂。参加工厂、农村的社教"四清"运动;又要随时参加批判资产阶级的文化革命斗争。这样,军学、军农、军工、军民这几项都可以兼起来。同样，工人、农民、学生，机关工作人员也是这样，以一业为主，兼顾别样。这叫做"五七指示"，执行这个指示就是"走五七道路"、当"五七战士"。这是毛泽东早年"新村梦"的再现，完全是一幅空想社会主义的蓝图。

8341部队军宣队为试验农场选址的时候，江西省先是提供九江的一块土地，说是有鱼有虾，生活太好，不利于知识分子的改造。又提供赣南半山腰的一个茶场，说是烟雾缭绕，风景太好，知识分子容易产生幻想。最后选了鲤鱼洲，这是一个血吸虫病疫区。

机关干部下放到农村叫做办"五七干校"。中共中央办公厅的"五七干校"就在离鲤鱼洲不远的江西进贤县。

哲学系去鲤鱼洲的83人，开了会，可以带家属和小孩，要把贵重的东西和一年四季的穿着都带走。

1969年10月26日，北大1658人去江西南昌鲤鱼洲，连同先期到达的共2037人。

我们乘坐专列从北京直达南昌，坐船从南昌到鲤鱼洲。

上午十一点，我们从永定门车站上火车。8341部队政委、北大革委会主任杨德中，在车厢中为大家送行，说："同志们哪，江西很苦啊，你们要有思想准备喔。"

27日下午三点多，到上海西站。停了几十分钟，火车加水、加煤，继续向南昌进发。28日早上七点多，到南昌。改乘船，下午两点半到达目的地——鄱阳湖畔的鲤鱼洲。

鲤鱼洲在南昌东郊，离市区43公里，本来是鄱阳湖边的滩涂，1958年大跃进的时候，围湖造田造出来一大片土地。圩堤高24米，堤面宽8米，堤长二十多华里，是附近五个人民公社一万多人义务劳动的产物。围垦的土地方圆70里，没有一个村庄。原是江西生产建设兵团第九团，划给北大和清华办试验农场，清华占北半部，北大占南半部。北大试验农场有土地八千多亩，可耕地六千多亩。

## 床下蛙鸣

船到鲤鱼洲岸边，只见大堤如山，看不到农场。登上大堤，豁然开朗，金色土地，一望无际；堤外鄱阳湖水烟波浩渺。好一派江南秋色！历史系原总支书记许师谦，文革中挨批斗，导致瘫痪。在大堤上心情一激动，居然站起来了。上大堤是被人抬上来的，下大堤是自己走下去的，当然还有人扶着。

我们站在大堤上，欣赏景色。忽然想到，我们住在哪里呢？因为看不到房屋。先期到达的"五七战士"指引我们看远处的大草棚："那就是你们的宿舍。"

农场是军事编制，建了十三个连。我们哲学系和历史系合成八连，下辖排和班。我们八连将近二百人住一个大草棚，像是原始公社。里面是双层铺，女同志占一个角。

虽然已是10月底，气温还很高。晚饭后，大家都到湖边去洗刷、戏水，有人还跳入水中游泳。大家不知道，水中有血吸虫。

初到鲤鱼洲，一切都很新鲜，欢天喜地入梦乡。

草棚没有围墙,四面透风,因为人多,夜里还很燥热。

刚上床时,寂静一片,这种寂静在城市里是很难领略到的。半夜醒来,可就热闹了。床下蛙鸣,同伴打鼾,蛙鸣声和打鼾声奏成奇妙的交响乐。我笑了。

## 月光下编草帘

一开始,我们自己没有农活可干,帮生产建设兵团背稻子。

生产建设兵团大部分是知识青年,也有一些当地的农民,一个连队有一个解放军军官带队。他们是广种薄收,亩产400斤。晚稻已经收割,成捆放在地里。我们帮他们背回来。起初,我只能背15捆,逐渐增加,20,25,30,一直增加到35捆。35捆稻子堆在一起,是庞然大物,还要走二里地。到了目的地,后面的人上来一看,对我说:"是你呀!"他们在后面只看到稻子,看不到背稻子的人。以前,我很难相信自己能背得起来。我下决心刻苦锻炼,发现身上还有潜力。

哲学系部分"五七战士"摄于草房前,我不在其中。

季节已入初冬,我们的任务是安排生活,首先要盖草房。八连计划盖三幢草房和一个厕所。哲学系和历史系各一幢;还有一幢是厨房兼饭厅和储藏室。

我们白天的劳动就是帮生产建设兵团把稻子背回来。吃过晚饭以后盖草房。一等劳力脱坯,二等劳力树房架,三等劳力和妇女编草帘、搓草绳。

脱坯最是苦差使。先和泥,像和面一样反复揉搓,加上稻草,赤脚下去踩。烂泥里的稻草,起的作用就像水泥里的钢筋。和好泥,取一团,约有十来斤,用力甩向一个木框,就是一块土坯。这一甩是关键，要恰好把木框填满；如果用力不够，填不满，补上一角，干了就脱落。汤侠声甩了一晚上，第二天胳膊都抬不起来。

树房架用的是大毛竹，铁丝捆绑。边施工边设计。没有吊车，没有起重机，几个人像猴子一样，爬上爬下。

编草帘是在一片长条的竹篾上捆稻草。搓草绳越长越好，每根都有几丈长。草帘和草绳都是盖房顶用的。大家都说，我编的草帘、搓的草绳质量好，就是太慢，"慢工出细活"嘛。编过草帘、搓过草绳的手，特别滑溜。

那几天，月亮作天灯，好像鲤鱼洲的月亮特别亮。入夜已有寒意，脱坯和树房架的人在用大力气，固然不觉得冷，我们编草帘、搓草绳的人，因为坐在稻草堆上，也是暖融融的。就是吃的晚饭不耐饥，干完活都喊肚子饿。

一个多星期，三幢草房和一个厕所都完工了。我们搬进了新居。以前没有住过草房，大家担心，下雨漏水怎么办？有经验的人告诉我们，没事，哪里漏用一根棍子朝上捅一捅就不漏了。果然如此。用棍子一捅，改变了雨水的流泾，所以不漏。但草房抵挡不住飞雪，都说"雪老鼠，雪老鼠"，雪像老鼠一样，会钻的。下雪天，早上起来，被子上一层白雪。

厕所很简陋，就是挖几个坑，而且不够用，早上要排队等候。所以我们上厕所叫做"去伦敦"；"伦敦"者，轮流蹲坑也。冬天蹲坑的时候，冷风从裤裆一直钻到心窝。所以我们又把厕所叫做与"抽水马桶"相对的"抽风马桶"。

## "鲤鱼洲的饭真难吃！"

两千多人登上鲤鱼洲，供应是大问题，周围几十里，没有商店，没有集市。每个连都派人出去采购。物理系、化学系派了七个人，驾一叶扁舟到鄱阳湖对岸采购。归途中遇大风浪，打翻了小船。他们买了一头活猪。猪是天生的游泳运动员，落水后非但游上了岸，还回到主人家。猪、狗、牛好像脑子里有 GPS，真奇怪！主人见猪回来了，说北大的老师一定在鄱阳湖里出事了。买猪已经付过钱了，老实的主人把猪赶到农场，并通风报信，赶快派人去找。农场立刻派人去找，找回五个人，两个人永远回不来了。

我们的主食米饭，是籼米，而且是陈米，口感不好，有人反胃酸，还容易饿。北方人都怀念窝窝头，说"那真叫耐饥"。下饭的菜基本是酱油汤，飘几片菜叶。当时的口号是"一不怕苦，二不怕死"，受苦而不言苦。聂元梓说了："鲤鱼洲的饭真难吃！"她在中共九大当上候补中央委员，讲话肆无忌惮，还没有人敢碰她。我是党小组长，我在党小组会上批评她叹苦经。我一开腔，别人跟上，群起而攻之。军宣队表扬我"原则性强，敢于斗争"。那时我经常受表扬。远在北京的刘渝宜都知道了，她给我的信中说："从鲤鱼洲回北大的人告诉我：'农场的大喇叭里经常表扬郭罗基'。"年底，我被评为"五好战士"。我这个人是不识抬举的，后来还是成了8341军宣队的反对派。

盖完草房，各连都种菜、养鸡、养猪。1970年秋收以后，生活大有改善。主食米饭是自已种的单季稻。双季稻一年两熟，生长期短，是籼米；单季稻一年一熟，生长期长，是粳米，营养价值高。刚收割的稻子，碾米以后做成的米饭好吃得不得了，都说从来没有吃过这样好吃的米饭。有两个品种特别受欢迎，一个叫"农垦58"，一个叫"桂花黄"。"农垦58"是新疆生产建设兵团58年培育的新品种，米饭略有粉红色。"桂花黄"是桂花开的时候稻子就黄了，好像小站米。这些新米做成的米饭，没有菜也能连吃三碗。这时，人们把聂元梓的叹苦经颠倒过来了："鲤鱼洲的饭真好吃！"

问：你讲了盖草房，讲了大米饭，讲讲大田劳作吧。

我们连的生产劳动是种水稻，一年两熟的双季稻。种水稻有几个环节。

### 育秧
首先是育秧。育秧之前要浸稻种，做秧田。秧田都是肥田，切成三、四平方米一条一条的，四周是沟渠。秧田要求平整。金志广说："站在东头看，西头高；站在西头看，东头高。"我说："你这就叫做看问题没水平。"一放水，看问题就有水平了。赶紧找补不平的地方。做好秧田就撒种；撒种的口诀是"落谷稀"。我们撒的种就稀不了，总是一团一团的。每个连队都请了一位老农做指导。"落谷稀"这技术活只有请老农来干了。撒种以后没几天就长出秧苗来了。接着是除草。秧田里的稻子和稗子真是很难区别。老农告诉我们几个要点，但还是免不了错把稻子当稗子拔了出来。不过拔错了没关系，再插下去照样活。干了三天，掌握了，老远就可以看到那飘飘荡荡的是稗子。我们掌握的还是老农归纳的那几个要点，但通过实践成为亲身体验了，证实了"实践出真知"的真理。我记得，1970年5月4日，青年节，我们在秧田里除草。下小雨，身穿雨衣。两只脚泡在冷水里，时间长了，冻得发麻；上身因为有雨衣捂着，不停地出汗，湿了衣衫。上下很不协调。

### 平地
拖拉机耕过的大田，很不平整，需用铁锹人工平地。有时要将高处的土坷垃甩出去几丈远，很费劲。

在广阔的田地里劳动，远处有拖拉机的轰鸣，上空是布谷鸟在欢唱，胸襟开朗，心情舒畅。

干活休息的时候，有人抽烟解乏；不抽烟的人坐在田头讲故事、说笑话，调剂精神。一天，历史系教授袁良义说："我来让大家对个对子，轻松轻松。上联是'孙行者'。"

女同志小徐说："孙行者怎么啦？这个不像上联，应当说孙行者怎么怎么样，才是。"

袁说："没有了，就三个字。"

我略加思索，说："那么下联是'祖冲之'。"

老李知道这个对联的来历，这是陈寅恪对报考清华的新生考题。说："不对，陈寅恪的标准答案是'胡适之'。"

我说："不会吧，'胡适之'和'孙行者'是谬对。陈寅恪号称清华四大导师之一，怎么会做出这样蹩脚的对联？"

老张说："老李说的没错。中文系的周祖谟教授，当年是清华的考生。他是少数几个对上'胡适之'的人之一。这道题，判他正确。他得意了半辈子。"

我说："正确？不见得。'胡'和'孙'怎么对得上？再说平仄也不对。'孙行者'是平平仄，'胡适之'是平仄平。用'胡适之'对'孙行者'，倒真是胡适之，胡乱地适其所之也。"

老李说："你讲讲对'祖冲之'的理由。"

我说："'祖冲之'对'孙行者'才是正对。'祖'对'孙'，都是名词。'冲'对'行'，都是动词。之乎者也，就不用说了。'祖冲之'仄仄平对'孙行者'平平仄。冲字，可念平声，也可念仄声。"

大家七嘴八舌议论了一番，最后袁良义说："我知道陈寅恪的标准答案是'胡适之'，刚才听老郭一说，觉得有理。好，现在推举祖冲之去和孙行者打擂台。"田头研讨会就算结束。

### 插秧

大田平整以后放水，泡一两天就插秧。

插秧有分工：一部分人起秧，将秧田里的秧苗拔出来，捆扎；一部分人挑秧，把秧苗从秧田运送到大田；大部分人在大田插秧。

插秧是倒着走，左边插两兜，中间插两兜，右边插两兜。我插的秧很整齐，就是速度慢。插完一行还自我欣赏。我怕活不了，把东倒西歪的都扶正一下。后来老农告诉我，不用担心，秧苗沾水就活，东倒西歪的都能活。不用扶正，我的速度就快些了。

插秧真累，干了一天活，腰都直不起来。深切地感受到"安知盘中餐，粒粒皆辛苦。"

第二年，改进耕作方法，用小苗带土代替插秧，或者叫摆秧。在秧田里不是拔秧，而是用一种平铲（北方人没见过，我们叫它"老俵锹"），连根带土铲成一条。大田里不用灌大水，只要泥土湿润就行。掰一小块小苗带土，往地上一摆，不需要插入泥土。一块田摆秧完了再灌水。摆秧比插秧速度快多了。

### 管理

稻田的管理主要是除草、灭虫、施肥、放水。除草是大兵团作战，其余都是少数人负责。放水员很辛苦，常常在夜间出来巡视。

### 双抢

7月下半月，早稻成熟了，要收割，晚稻要插秧，最是农忙时节，叫做双抢：抢收、抢种。

割稻，有人喜欢用长把的镰刀，有人喜欢用短把的弯月形镰刀；我就喜欢用短把的弯月形镰刀。我割稻很快，这是在所有的农活中我干得最快的一样。

割稻时最烦人的是牛虻。牛虻就是特大号苍蝇，叮过以后不但奇痒，而且会流血。

割下的稻子，运到场上脱粒、归仓。脱粒是三班倒，二十四小时连轴转。作息时间都搞乱了，有一部分人是白天睡觉，晚上干活。我在北京时常常失眠，现在没时间失眠了。虽然草房外面的场上脱粒机隆隆作响，倒下就着，叫都叫不醒。

那些日子，就是吃饭、干活、睡觉，连几月几日、星期几都不知道了。

我们连的早稻亩产550斤，丰产田亩产794斤。最高的产量是五连的试验田，亩产860斤。比原生产建设兵团的产量高多了。但核算成本，每斤5元多，而市场价格一斤才几毛钱。有人就说了，要算政治账，不要算经济账。

## 劳力紧张

本来农活就很忙，又多了一项任务。

农场决定，每个连盖几间瓦房。有的五七战士，夫妇两个再加子女都来了，要给每家分配一间房。恰好在农忙时节，买的砖运来了。分水陆两路：有的砖是用船运来的，有的砖是用拖拉机的拖车运来的。水路运来的，卸砖是晚上，鄱阳湖边灯火通明，人声喧哗。我们连几乎是全体出动，还有其他连。一部分人把砖从船上运到岸边，一部分人从岸边运到大堤上，一部分人从大堤上运到堤内。每一段的距离都不短，故必须接力。我是参加从岸边运到大堤上的一组。背上背一个木架子，装砖、卸砖都得靠别人。我的体重是100斤。如果在平地上走路，我可以背100斤，但上大坡我只能背80斤。一块砖是5斤，一次背16块砖。体力的消耗很大，白天干了农活，晚上又卸砖，有人竟至于虚脱。

陆路运来的，卸砖是白天。大部分人干农活，抽一部分人去卸砖。我是参加卸砖的，由指导员负祥生带领。老负一次讲话，提到劳力紧张，说："我们那里最强的劳力是郭罗基。"大家都笑了。他说："你们不要笑，我不是讽刺他。他的体力不是很强，但效率很高。"我干活是动脑筋的，常有"创造性"。在拖车上卸砖分两拨人，一拨人在车上将砖运送到拖车边缘，一拨人站在地上将拖车边缘的砖运走。我是在车上。我们手持铁夹子，一挟就是4块砖。一般人挟了4块砖，提起来，转过身，迈一步，放下砖，4个动作。干了一会儿，我改成两个动作，挟了4块砖，从胯下推送到边缘。频率是快了，但很累。老负看在眼里，所以表扬了我。

问：你提到指导员，讲讲你们连的组织架构。

我们八连的连长、指导员都是8341部队的军人。他们有老八路的作风：少说多干，样样活带头干。连长管历史系，指导员管哲学系。我们和指导员负祥生联系较为密切。工宣队三人，都是来自新华印刷厂的。一人名祁世璋，另外两人的名字忘了。连以下辖四个排，哲学系是一排、二排，历史系是三排、四排。我在一排。

支部建在连上。指导员是党支部书记。一个排的党员建立一个党小组。我是党小组长。

## 拉练

农场不仅是军事编制，还要求军事化。夜间常常演练紧急集合，必须在八分钟内完成。

哲学系有一些老人，冯定六十八岁，周先庚六十七岁，周辅仁六十五岁，张岱年六十一岁，王宪钧六十岁，熊伟五十九岁，动作不大利索，事先就指定一些年轻人在紧急集合时帮助他们，还是不行。只要有一个人拖拉，就影响全排、全连。第一次紧急集合花了十分钟，没有达标。第二次，九分钟，有所改进。第三次才达标。

当时有一个新名词，叫做"拉练"，是从部队里传出来的，意思是"拉出去练"，实际是远距离行军。农场各连进行了一次拉练，老人们免了。目的地是三十里外的一个地方，叫塘南。早上五点三十出发，中午到达塘南。吃过午饭听老农"忆苦思甜"，然后返回。开始队伍还是很整齐的，逐渐拉开了距离，稀稀拉拉，最后溃不成军。有的人实在走不动了，被人架着往前挪。有人看起来健壮，结果很狼狈。我看起来瘦弱，非但坚持到底，还能帮着架别人。可能跟走路的姿势有关，同样走一趟，有人的鞋坏了，而我的鞋还是完好的。我们回到鲤鱼洲是十一点三十，后面还有很多人，农场派两辆卡车去收罗散兵游勇。

## 老牛是我们的好朋友

南方的牛是体型硕大的水牛。耕田有拖拉机，不用老牛。老牛主要是用于运输。田间的道路高低不平，任何带轮子的车都行不得，只能靠老牛拉爬犁。特别是收割以后的稻子，都是用老牛、爬犁运到场上的。五七战士来自四面八方，使牛的口令不一，北方人的口令是"yi——""wo——"，有一位南方人的口令是"hai, hai——""dachi——"，好像老牛都能听得懂。

我们连有两头牛，一公一母，公牛是白色的。母牛常常去蹭公牛，但它不知道，公牛已经被骟掉了，没有情欲。后来发现母牛怀孕了。历史系教授邓广铭说："违法乱纪，违法乱纪，和哪个连的公牛乱搞的？"真不知道，什么时间，什么地点，和哪个连的公牛"乱搞"的？但大家对怀孕的母牛很爱护，不让它干重活了。一天晚上产仔了，许多人围观。忽然哗啦啦连水带小牛涌了出来。小牛全身湿漉漉的，趴在地上不动，眼睛在转动，第一眼看到的世界很惊奇吧？老牛在小牛身上不停地舔，舔干了，小牛噢的一下站了起来。这就是"舐犊情深"。

小牛犊很可爱，活蹦乱跳的。收工的时候，一群牛从远处走来，我们都分不清哪头牛是我们连的，小牛却连蹦带跳，迎上前去，偎依在牛妈妈身旁，一同回到牛棚。

有一天，不知哪个连队的公牛经过我们八连，白牛见了，立即冲上去。两头公牛斗了起来。头对头相撞，发出的声音很吓人。撞过以后，又头对头相顶。我们担心两败俱伤，想拉开，但手足无措。有人找来一根粗绳，套住后腿，几个人使劲拉，哪里拉得动。有人说，见火它们就不斗了。我们生了一堆火。它们避开火照样斗。一位江西老俵走过，说："把母牛牵来，它们就不斗了。"我们把母牛牵来，果然白牛拔脚就跑。老牛平时走路慢悠悠的，这时却跑得飞快，五七战士追都追不上。江西老俵说："不用追，它自己会回来的。"过了一会儿，白牛踱步回来了。发现它的眼角出血了，赶紧抹上红药水。邓艾民说："什么叫'顶牛'，什么叫'扯后腿'，今天都见识到了。"

北大江西分校撤销的时候，留了一头牛，各连的牛都卖了。过了几天，有的牛又回来了，已经走出去几十里，它还认得来时路，真奇怪！买主江西老俵知道牛会留恋老主人，又跑到鲤鱼洲来把牛牵走。留下的一头牛，准备宰了给各连分牛肉。牛有灵感，知道要被宰，双膝下跪，两眼流泪。五七战士对牛是有感情的，这一碗牛肉实在无法下咽，都倒掉了。

## 草棚大学

1970年下半年，北大决定恢复招生，北京大学江西试验农场改为北京大学江西分校，办草棚大学。

问：文革中恢复招生以后，叫做工农兵学员"上管改"。这个口号是怎么来的？

中共中央批转《北京大学、清华大学关于招生（试点）的请示报告》，供各地参考。《报告》提出，高等学校招生废除考试制度，"实行群众推荐、领导批准、学校复审相结合的办法"招收"工农兵学员"，并确定工农兵学员的任务是"上大学、管大学、用毛泽东思想改造大学"。这就是"上管改"的来历。

开学之前，八连派出一个教改小分队，探索"开门办学"的路子。小分队由四个人组成：李存立、汤一介、张文儒、郭罗基。出发之前，工宣队祁世璋和我们谈话，任命李存立为小分队队长，汤一介为党小组长。可笑的是，祁世璋本人还不是党员。当时的口号是"工人阶级领导一切"。工人不但在知识分子之上，也在知识分子的党组织之上。

1970年6月，教改小分队的成员郭罗基、张文儒、李存立暂住在江西省委党校。背后的标语是林彪题词："读毛主席的书，听毛主席的话，照毛主席的指示办事。"

教改小分队从5月13日至7月12日，在南昌、安源、长沙、韶山转了一圈，没有探索出什么开门办学的路子，好在回来以后也没有要我们提方案。教改小分队回来之前，工农兵学员已经到齐了。回来之后，只有汤一介参加教学，其余三个人都不用。我们三人暗自庆幸，因为工农兵学员只有小学水平，非常难教。而工农兵学员还非常不满意，说是学不到东西。矛盾在中文系非常突出。工农兵学员报到之前，原副系主任向景洁和教师谢冕等人提出一个教改方案，还有文学史、文艺理论等课程，被批为"复旧"。新出炉的教改方案，将汉语和文学的传统课程一概砍掉，只学毛主席《在延安文艺座谈会上的讲话》、毛主席诗词、样板戏等等。工农兵学员说，这些东西不上大学也能学。而且教员连"这些东西"也不讲，由学员主讲，大家讨论。学员对这种教学方式很反感，教学难以为继。有人出主意，把队伍拉出去，到井冈山地区收集民歌、民谣，编辑出版。此举颇有新鲜感，工农兵学员倒也乐意。出发的那天早上有雨，道路泥泞，卡车在大堤上翻车，滚到坡下，死两人，伤数人。死者为一教员、一学员。教员名张雪森，我认识，很好的一个人。这是为瞎折腾的"教改"付出的代价。

问：您对知识分子"走五七道路"的总的评价怎么样？

这是荒诞年代的离奇故事。当时我们有一句口号："看书看书皮，看报看标题。"钱学森之问："我们的大学为什么培养不出大师？""走五七道路"完全是和培养大师背道而驰的、糟蹋人才的道路。

当然也有副产品。换了一种生活方式，会有一些新的体验。我本来有胃病和失眠，经过劳动锻炼，都好了。

## 第三十二章 清查"五一六"

按规定,每年可以探亲一次,享受两个星期的假期。1970年9月,我回北京探亲了。从南昌到北京,会在上海停留几个小时。我在上海的四弟懋基到车站来接我。我已经走到他跟前,他还在伸长了脖子找人。我喊了他一声,他说:"认不出来了!"因为我晒得很黑。鲤鱼洲没有树,紫外线又强烈,个个都像是从非洲来的。

这一次探亲,刘渝宜怀上了老二。

10月,回鲤鱼洲不久,我就当上了"五一六反革命分子"。

问:什么叫做"五一六反革命分子"?

### "五一六"没有定义

1970年10月,北大江西分校开展"一打三反"运动。

问:什么是"五一六"您还没回答,提到"一打三反"又需要解释。

因为要从"一打三反"讲到"五一六"。

"一打"是打击现行反革命;"三反"是反对贪污盗窃,反对投机倒把,反对铺张浪费。这是1970年上半年在全国范围开展的运动。有的单位在会场上悬挂标语:"杀,杀,杀,杀出一个红彤彤的新世界!"据说是林副主席的指示。气氛极为恐怖。有人估计,在"一打三反"运动中被杀的超过一万人,比文革初期乱棍打死的人还多。但没有精确统计,更无受害者清单。北大上半年还没来得及开展"一打三反"运动,清查"五一六"运动又来了。因此将两者合而为一。分校的动员报告说是开展"一打三反"运动,但重点在于清查"五一六反革命分子"。

这就要说到什么是"五一六反革命分子"了。1967年5月16日,《人民日报》公开发表了《五一六通知》。一些神经过敏的人以为又要揪出"大人物"了,他们推算下一个必是周恩来。有人以"首都五一六红卫兵团"的名义张贴传单,题目是《揪出二月黑风的总后台——周恩来》、《周恩来之流的要害是背叛"五一六通知"》、《彻底摧毁资产阶级司令部,责问周恩来!》等等。"五一六红卫兵团"是一个以钢铁学院学生张建旗为首的秘密小团体,不到二十个人,后来被定为"反革命阴谋组织"。9月5日,江青在北京市革委会扩大会议上讲话,把"三指向"定为"五一六"分子。所谓"三指向",是把矛头指向无产阶级司令部、指向人民解放军、指向新生的革命委员会,而不是指向周恩来。揪"五一六",改变了文化大革命打击的对象,不再是"走资派",而是造反派。

分校的动员报告中说,不论组织上是否加入了"五一六兵团",只要立场观点、行为方式一致，就是"五一六反革命分子"。这就是说，不是"五一六兵团"的成员也可以是"五一六分子"，为扩大化开了方便之门。

## 抓"五一六"是清算文化大革命

动员报告以后，八连的大会、小会、大字报首先揭发聂孙，说聂孙就是"五一六反革命分子"。聂元梓已经到北京交待问题，火力集中在孙蓬一身上。孙蓬一本来在北京本校。1970年1月27日，他和哲学系的赵正义等五人贴了一张大字报，题为《紧跟毛主席的伟大战略部署，彻底清查"五一六"反革命阴谋集团》。迟群等人指责他"夺权"，批了一通，打发到鲤鱼洲。在鲤鱼洲，他却被打成"五一六"反革命分子。你要清查"五一六"吗？你就是"五一六"！什么逻辑？指控孙蓬一的罪名是攻击"无产阶级司令部"，具体的是反陈伯达。不料孙蓬一理直气壮地承认："我就是要反陈伯达！"使人大吃一惊。孙蓬一已经得到小道消息，陈伯达在庐山会议上出了问题，大家还不知道。后来传达下来，要搞"批陈整风"。孙蓬一的"反陈伯达"就不提了，又说他"反江青"。粉碎"四人帮"以后，"反江青"也不提了，又说他"反总理"。孙蓬一在文革中是有罪的，但整人运动任意编派罪名，是不实事求是的。

接着，我也被点名是"五一六"。如果聂孙是"五一六"，那么我是反聂孙的，怎么会是"五一六"？没有道理可讲。揭发我的问题还是"反对伟大领袖毛主席"、"迫害李讷"等等，炒冷饭。虽然说我是"五一六"，但没有揭发出什么"五一六"的罪行。在一次大会上，周辅仁老先生来解释："在我们连的'五一六'分子中，郭罗基最狡猾。你们大家对他提不出什么问题来，是不是？因为你们可能提出的问题，他事先就封死了。"结果，还是没有提出有关"五一六"的问题来。

究竟什么是"五一六"？没有定义。参加"五一六兵团"的是"五一六"，没有参加"五一六兵团"的也可以是"五一六"；聂孙是"五一六"，反对聂孙的也是"五一六"。大家渐渐明白了，清查"五一六"是清算文化大革命，凡是在文化大革命中活跃一时的，都是"五一六"。文革中的两派，裂痕很深，人们都担心这种对立多少年也消除不了。清查"五一六"一来，两派中的多数人觉悟了，既然大家都是"五一六"，还有什么必要争个我是你非？所以，清查"五一六"虽然造成严重的恶果，意想不到的积极成果却是消除了两派对立。

## 形象的扩大化

虽然上面点名我是"五一六"，哲学系的同事都清楚，我没有什么"五一六"的罪行。所以，会上空喊口号，会下好生安慰，有人还在我口袋里塞几块糖果。上面要求我所在的一排开会揭发，排长沈少周（当时是军事编制，实际他是哲学系讲师）抵制："我看郭罗基不像'五一六'。"好，把他的排长职务撤了，先开会批判沈少周，说他是"郭罗基死党"。批判沈少周的时候，要事务长宋文坚揭发。因为躲避北大武斗的时候，宋文坚和沈少周同在地质学院住过一个时期。宋文坚说："没有什么可以揭发的。"又转而帮助宋文坚。帮助宋文坚的时候，炊事班长王凤林态度消极，拖延时间不开会，又转而帮助王凤林。帮助王凤林的时候，炊事班五七战士张庆云不发言，又转而帮助张庆云。以郭罗基为中心，好像水波的涟漪，一层一层扩大化。而郭罗基究竟是不是"五一六"？还没有定案，又牵连了四个人成为运动的批判对象。这是一幅典型的"扩大化"流程图。由于这种"扩大化"逻辑的作用，发生冤案的当时总是不能抵制、无法纠正的，最好的结局是赶上机遇，事后平反、昭雪。多少人为此牺牲了幸福、牺牲了才华、牺牲了健康甚至牺牲了生命。谁能补偿？

八连还算文明的。我们的邻居九连是三个外语系。东语系团总支书记方薇被揭发为"五一六"。一连几天，熬到深夜，逼她承认。有一天，她承认了。众人高呼毛泽东思想的伟大胜利。第二天，要她交待情节。她说没有。"你昨天不是承认了吗？""因为我实在吃不消了，承认了可以睡觉。"毛泽东思想又失败了。

北大又比其他单位要文明一点，有的单位还有动手打人的。运动中假揭发、假交待十分普遍。农场曾播放牛辉林的交待录音，绘声绘色地叙述参加"五一六"的经过。我一听就知道是假的。连孔繁都承认是"五一六"。我想他也有点玩世不恭，反正将来落实不了的，免得眼前受罪。我早就打定主意，决不做违心的检讨，更不会做违心的认罪。

## 从八连转到六连

1971年2月17日，八连的两个"五一六"分子——历史系的魏杞文、哲学系的郭罗基转到六连。猜想，原因大概是，八连的"五一六"分子太多，分散一下任务；再则，六连没有揭发出"五一六"分子，给他们两个练练兵。魏杞文是新北大公社的，我是井冈山的，两派都可以练兵。六连是地球物理、地质地理两个系。我在地球物理系，魏杞文在地质地理系。

2月18日，分校负责人老卢又做了进一步清查"五一六"反革命阴谋集团的动员。第二天，有许多大字报，指名道姓地说我是"五一六"，还编了节目。中午，吃饭的时候，要我自己读一张大字报《鬼就是鬼，不要装人》。我先是不念。众人起哄。我用滑稽的声调念了一遍。有人窃笑。大字报说我"从王、关、戚和'五一六'骨干分子那里领来了旨意"，当场要我交待领来了什么旨意？我回答："没有。"还要我回答："你是不是'五一六'？"我说："是'五一六'，一个也跑不了；不是'五一六'也搞不成'五一六'！"群众就批态度。

我在八连还有人说悄悄话，在六连是彻底地孤立，常常一整天没有人和我讲话。开批斗会，都是空话，我以沉默相对抗。有时逼我表态，我说："听到了。"然后批我"态度恶劣"。日子过得很痛苦。每天早上醒来，心想又一天痛苦的日子开始了。真希望天不要亮。

看管我的是一位女同志小贾，她是地球物理系的实验员，当然是新北大公社的。看管的地点是一位教员的宿舍，大家都叫他"大老孟"，他们一家三口人，分到了一间瓦房。他们出工之前，先烧好一壶开水，为我泡一杯茶。这个默默无言的动作，使我感受到温暖。

小贾一连几天不说话，但也没有某些人那样的狠劲。我对她很警惕。有一天，她说话了："四连无线电系有人自杀了，你可不要走这条路。"我说："我不会的，从来没有想过自杀。

谢谢你的关心。"我这才知道小贾是个心地善良的人。

又有一天，她告诉我："今天晚上要批斗你，题目是'炮打谢富治'，要你交待反无产阶级司令部的罪行。你思想上要有所准备。"晚上开批斗会，果然，揭发我"炮打谢富治"，反无产阶级司令部。念了一份1967年6月8日我在五四广场群众大会上讲话的记录，然后要我交待、认罪。那是北京公社成立的大会，就是号召"可怜的人们，站起来吧"那次讲话，我是有几句对谢富治不敬的话，具体内容不记得了。如何应对批斗？多亏小贾事先通风报信，我已想好对策。正面的回答应该是：第一，谢富治不代表"无产阶级司令部"；第二，对谢富治的批评不是"炮打"。但那是不讲道理的年代，你要讲正理就会引出无数的歪理。我要想出一招既解脱困境而又让他们无法讲歪理。我说："你们念的这个记录是新北大公社方面的，带有派性，不足为凭。如果你们要作为揭发的根据，应当念一份井冈山方面的记录。"我知道，那次讲话井冈山方面没有记录，他们拿不出来。批斗会开始时，气势汹汹，志在必得。我的发言，釜底抽薪，否定了他们揭发的根据。冷场了好一会。有人说，虽然是新北大公社方面的记录，都是你的原话。揭发变成讨论记录的真实性，一点火力都没有了。我发了一次言就不再讲话了。批斗会不了了之。

后来，魏杞文和我对调，魏杞文到地球物理系，我到地质地理系。我和侯仁之同住一室，这才有人讲话了。侯是系主任，说他是历史反革命。他的专业是历史地理学。五十年代，北大新生入学后的第一个节目就是听侯仁之教授的演讲，他从北京讲到海淀，从海淀讲到燕园，知识渊博，语言生动。这是保留节目。我1955年入学时听过他的演讲，印象深刻。当年他演讲的内容，常常成为我们聊天的主题。我有一个问题，向他请教。他的演讲中说，马哥孛罗称元大都为"汉巴黎"。当时的巴黎是蛮荒之地，怎么能和大都相比？他说，不是"汉巴黎"，是"汗八里"。意思是大汗的居所。为我解了多年之惑。

有一天早上，他说："祝贺你！"我楞了一下："祝贺我什么？""祝贺你穿了一件新衬衫。"这是没话找话。在运动中成为批斗对象，总是穿上破衣烂衫，人们叫做"运动服"。我和别人不一样，当了"运动员"也不穿"运动服"，而是衣冠楚楚的。侯先生每次开会、学习都积极发言，大概为了争取"表现好"。他缺乏政治经验。我提醒他："少说话，多说话多出错，要防止他们有一天算总账。"

## 抓"五一六"促成两派真正的联合

军宣队进校后，搞两派大联合，还是貌合神离。清查"五一六"运动中，有了共同命运，这才真正联合了。魏杞文和我常暗中互通信息。有一次，打饭的时候，魏杞文对我咬耳朵："夏兵不可靠，你要当心。"

夏兵是哲学系65级学生，入学后即下乡参加"四清"，文化大革命发动后回校，一天课都没上过。他原名夏学鎏，文革的改名风潮中改为夏兵。他是新北大公社的干将。揭发聂孙的"五一六"罪行时，他在内部造反，贴出一份长篇大字报，受到军宣队的青睐，被指定为人大代表。他自以为了不起，翘尾巴了，对军宣队提意见，又被打下去。人民代表大会还没开，他的代表资格就被取消了，打发到鲤鱼洲来劳动，在我们六连。魏杞文打招呼以前，我已经见过夏兵，是在厕所偶遇的。我随便问问哲学系留在北京的人的情况。哪知夏兵立即去告发："在一个阴暗的角落里，郭罗基向我打听他的北京同伙。"可见夏兵这个人的人品不怎么样！

魏杞文对我咬耳朵被人看见了，要他交待："你和郭罗基串联讲了什么？"魏杞文找机会对我说："我交待的是：'甲鱼太腥，不好吃。'"那天，难得吃一次甲鱼，全连喜气洋洋。魏杞文让我交待时统一口径。

## 人心险恶

有一天，举行毛主席著作讲用会，不让我参加。我躲在厕所里，大喇叭的声音听得一清二楚。

我的专案组组长姓刘，他在会上讲用说，我们的审查对象特别顽固，滴水不漏，我们就学习毛主席著作，如何如何。我知道他们的审查没有进展，搞不下去了。

批斗会不开了，让我参加劳动，在劳动中折磨我。

大雨冲垮了一个池塘的堤岸，军宣队派我和魏杞文两个"五一六"分子冒雨去堵缺口。不怕我们串联了？到了那里，魏杞文指给我看池中的一块牌子，上面写着："严重疫水，禁止下去"。这才明白，为什么派我们两个人去，原来是让我们去喂血吸虫。魏杞文骂起来："他妈的，把我们不当人！"我对他说："不用担心，血吸虫不咬'五一六'。"我在八连，第一次查血吸虫，我是阳性反应。第二次，我已当上"五一六"，就变成阴性反应了。而且所有的"五一六"都是阴性反应，所以我说"血吸虫不咬'五一六'"。在中国一切都要"突出政治"，医疗、查血吸虫也是要为政治服务的。我想，总得有人去堵缺口，否则疫水泛滥，会有更多的人受害。如果一声号召，我也会报名参加。但那是自愿牺牲，而现在是被强迫的奴隶劳动，心情大不相同。

派给我的活都是脏活、累活、苦活。

要我去挑大粪。前后两个粪桶是120斤。我的体重是100斤，120斤的东西我勉强能挑起来。但挑大粪就不一样了。大粪容易晃出来，溅在路上就会挨骂；而且有一段路是石子路，我们干活都是光脚的，光脚走在石子路上，大粪还不能晃出来，真是艰难。挑了两趟，我的脚底就磨破了。

要我去清猪圈。平常清猪圈是两三个人，而我是一个人。猪粪溅在身上怎么洗都是臭的，一个星期难消。别人见了我都捂鼻子。

要我扛麻包。麻包外表看来都差不多，大米是120斤，黄豆是180斤。120斤的大米，我勉强能扛。但那些人故意作弄我，他们站在卡车上，将麻包重重地扔到我肩上。老俵教过我，不能直挺挺地站在那里接麻包，要顺势稍为下蹲，然后挺起腰来。180斤的黄豆我不能扛，否则会伤腰。所以扛麻包之前，我先要问清楚，是大米还是黄豆？是黄豆，我坚决不扛。当时的口号是"一不怕苦，二不怕死"。怕苦、怕死就是"活命哲学"。他们批判我的"活命哲学"，无论怎么批，我也不为所动。我已经看透了他们的坏心眼，我要维护我的身体不受摧残。许多"五一六"分子伤了腰，孙蓬一就得了腰间盘突出。

文化大革命是毛泽东发动的，但不能归罪于他一个人。那种歧视人、虐待人、践踏人的恶劣行为并不是毛泽东要他们干的，只能说是表现了人性之恶。

文革之前，在中苏论战中，批判人性论，批判人道主义，喧嚣一时。我们都是赞成的，认为那是苏联修正主义的思想基础。经过文化大革命，我们醒悟了，人性论、人道主义是反不得的。反人道主义的结果，走向对毛泽东的神道主义和对人民的兽道主义。

## 北京大学江西分校撤销

1971年8月，分校开了几次全体大会，不让"五一六"分子参加。从他们的议论听来，分校要撤销，搬回北京，原因是感染血吸虫病的人很多。

撤销以前，组织全体"五七战士"参观井冈山，进行革命传统教育。吃的是红米饭、南瓜汤，还教唱一首革命歌谣：

1971年9月，摄于黄洋界，一身"五七战士"的打扮。当时还是"五一六反革命分子"。远处左边是周韻。

> 红米饭，南瓜汤，
> 秋茄子，味好香。
> 餐餐吃得精打光，
> 餐餐吃得哎，精打光！
>
> 干稻草，软又黄，
> 金丝被儿盖身上。
> 暖暖和和入梦乡，
> 暖暖和和哎，入梦乡……

"餐餐吃得精打光"的"吃"字，要按江西口音念成qia，唱起来才带劲。

9月13日早上，每人发一条毛竹扁担。我们乘卡车到南昌，挑着自己的行李，晃悠晃悠地进火车站。一大队知识分子挑担上火车，招来南昌市民的围观。

后来知道，这一天正是林彪出逃和灭亡的日子。

一路上，"五一六"分子都有两个"警卫员"，我的"警卫员"一个是中文系的，一个是物理系的。经济系的"五一六"分子王茂湘，和我在同一个车厢的隔断，都是被一左一右的两个"警卫员"夹在中间，而且紧闭窗户。一个"警卫员"上厕所了，王茂湘挪到靠窗的位置,打开窗户。另一个"警卫员"就逼他坐回中间,关闭窗户。王茂湘也是一个不老实的"五一六"分子,用他浓重的山东腔,大声嚷嚷:"你们怕什么?我手上又没有原子弹!"引得车厢里的人们注目。

列车在上海停留六个小时,可以自由活动。我找弟弟懋基,我的两个"警卫员"紧跟。懋基请我吃饭,他以为那两人是我的朋友,一起请了。那两人十分尴尬,怕人说与"五一六"分子划不清界限。无奈,还是一起吃了,但给我算饭钱。

原以为大家都回北大了,谁知到了北京站宣布:有一批人直接去大兴农场,包括"五一六"分子。后来刘渝宜告诉我,她抱着出生才三个月的女儿在朗润园路边迎候。等到最后一个,没见郭罗基的踪影,不知人去了哪里?回家哭了一场。

# 第三十三章　在天堂河畔

原天堂河农场是劳改农场，后来改为公安干警走"五七道路"的 104 农场。104 农场划出一部分给北大，办大兴农场。

天堂河的名称很美，我们急于想看看天堂河是什么样子。104 农场的干警指给我们看，那不过是一条小水沟，跳远运动员不难一跃而过。但名声在外，附近都叫天堂河地区。

## 名副其实的牛棚

104 农场的宿舍还没有腾出来，把我们安排在农场的养牛棚。

问：从北京站直接去大兴农场的一批，都是什么人？

一言以蔽之，都是"牛鬼蛇神"，住在名副其实的牛棚里。

没有什么农活可干，整天开会、学习。"牛鬼蛇神"们面面相觑。共三十多人，有走资派彭佩芸，老反革命甘雨沛，新反革命"五一六"分子，一大帮。右派分子有哲学系的金志广、王雨田、数学系一位姓刘的女教师。数学系的右派分子来向荣，一年四季都戴一顶草帽，问他为什么？他说："这帽子是你们给我带上的。"这些都是坚决不认错的刚烈之士。还有反动学生。数学系的吴Ｘ明，看起来是个憨厚的人，不知犯了什么事。技术物理系的何维凌，1967 年贴了一份大字报《共产主义青年学会宣言》，批林彪的"立竿见影"、"急用先学"。都说这是"反革命大字报"，井冈山主动把他扭送公安部。实际是保护措施，如果被新北大公社抓去，先打一顿，打个半死。公安部放出来以后，就作为"反动学生"对待。直到林彪事件公开以后才彻底平反。

104 农场有一些零星的农活让我们去干。"老反革命"甘雨沛，本来不认识，一起住"牛棚"，关系就亲密了。他出身农家，干活是一把手。他对我说："老郭，你看起来比较瘦弱，别太使劲，我们多干点。"他的关照令我很感动。

除了"牛鬼蛇神"，就是看管"牛鬼蛇神"的干部和教师。

彭佩芸主动汇报自己的思想，而且每天写一篇。我说："哪来那么多的思想可汇报？"何维凌说："她恐怕不是汇报自己的思想，而是汇报我们这些人的言行吧？""牛鬼蛇神"中，"五一六"分子最不老实，怪话连篇。说不定被彭佩芸汇报上去了。

## 林副主席上西天了

我们从鲤鱼洲启程回北京的那天，正是林彪魂断温都尔汗。毛主席指示：保密三个月。传达时，按级别逐步扩大。9 月 18 日，中共中央发出关于林彪叛国出逃的通知。最初听到传达的人简直不相信自己的耳朵。在外交部发生一个笑话。当场有人站起来对宣读文件的主持人说:"你念错了,是耿飚吧?"伟大领袖的亲密战友林副主席的背叛和灭亡,标志着"无产阶级专政下的继续革命"在理论上的破产,和"无产阶级文化大革命"在实践上的失败。林彪事件的震撼惊醒了很多人。毛泽东本人也几乎陷入精神崩溃,大病一场,从此一蹶不振。

问:你是怎么知道林彪事件的消息的?

我看到,在104农场大门口的照墙上,林彪的语录"读毛主席的书,听毛主席的话,做毛主席的好学生。",被涂抹了,好生奇怪。但无论多么大胆的想象,也没有料到林彪会葬身沙漠。国庆节的报道没见到林彪的名字,我的疑虑加深了。国庆后,与104农场的干警一起劳动时,有人问我:"林副主席上西天了,你们传达了吗?"我说没有。他悄悄地将听到的传达告诉了我。我吃惊不小。

直到12月,才向我们这帮"牛鬼蛇神"传达文件。其实,我们早就从小道消息得知详情,所以没有吃惊的表情。在讨论中我说了什么不记得了,但有人记得。组织部的干部杨福旺是负责"牛鬼蛇神"讨论的,事后杨对别人说:郭罗基指着叶群骂江青。大家都知道他骂的是江青,捂着嘴笑,你还抓不住他的把柄,说得很巧妙。怎么样说得很巧妙,我自己一点都不记得了。

## 女儿病危

我们虽然回到了北京,但不能回北大,上面宣布"牛鬼蛇神"不得离开农场。宪法上规定的人身自由是没有保障的。

1972年1月,北大党委突然通知我,说女儿病危,批准你回家看看。女儿出生后我还没见过,听说病危,心里很着急。其他的"五一六"分子,却把它当作好消息,你终于可以回家了。他们纷纷让我给家里带信。虽然不是"烽火连三月",却真是"家书抵万金"哪。

女儿得了婴儿败血症,住在北医三院,已经亮了红灯。刘渝宜找北大党委,说女儿病危,让郭罗基回来看看。党委还派人到北医三院去查证,说没有姓郭的小女孩。刘渝宜告诉他们女儿的名字是刘观云。再次去医院,证实,才通知我,耽误了两天。

我一见女儿,脱口而出:"真漂亮!"渝宜在一旁抹眼泪,她认为女儿已经不行了,说:"长得这么漂亮,连一张照片都没有。"我心里一怔,几十年前,听到过这句话。

我曾经有一个妹妹,1941年出生,半岁的时候夭折了。她长得很漂亮,惹人喜爱。大人小孩都去跟她亲嘴,把病菌传染给了她,发高烧。爸爸把她抱到医院,医生说要先交一笔钱,数目很大。爸爸拿不出来,又把她抱了回来。我们眼看着她在抽搐中痛苦地离开了人间。妈妈说了一句:"长得这么漂亮,连一张照片都没有留下。"放声大哭。凄风苦雨之夜,妈妈连哭带喊:"外面大风大雨,我的心肝,我的宝贝,你在哪里呀?"闻者无不心酸。

我暗自发誓,决不能让妹妹的命运落在女儿身上。我对医生说,贵重药品尽管用,不要考虑费用。无论花多少钱，都要抢救我的女儿。

医生向我介绍，小观云因婴儿败血症引起肝肿大，脑水肿，呼吸困难，情况是很严重。氧气瓶就在床边，但她有时不能自主呼吸，医生进行按摩拍打，才能恢复呼吸。

女儿一直闭着眼睛。医院里有一位阿尔巴尼亚实习医生，称她为 Sleeping Princess（沉睡的公主）。

一间病房很大，只有一个病人。渝宜日夜陪伴，已有四天没有睡觉。我顶替她，让她回家睡觉。

我们系邓艾民的夫人左启华是北京城里有名的儿科大夫，她是儿科权威诸福棠的得意门生。我想请她到北医三院来会诊。事先我向北医三院的医生打个招呼，怕她们不高兴。她们说："好啊，我们想请她还请不来呢。"左大夫看了病历，检查了病人，在她脑门上按了几下，有反应，她说："还有救。"她口授了医疗方案，有的我听不懂。她强调一定要输血浆，不是输血。

文化大革命中有一种怪现象，医院里也分两派，互相拆台，这是拿病人的健康和生命开玩笑。左大夫特别关照："这么可爱的一个小姑娘，你们一定要尽力抢救，不要闹派性。"怪不得有的值班医生阴阳怪气的。左大夫的关照还真管用。女儿长得漂亮也占便宜。两派的医生都很喜欢她。

血浆是从血液中提炼出来的淡黄色透明液体。输了血浆以后，一日比一日见好。我们担心，脑子受损伤，会不会变呆傻？医生说观察几天再说。有一天，我抱着她边走边颠，这样她大概觉得很舒服。停下来，她就发出"嗯，嗯，嗯"的抗议声，只好继续颠。医生说："好，说明她没呆傻。颠吧！"我们很高兴，虽然累一点，甘愿抱着她边走边颠。

颠了几天，小观云睁开了眼，一对水灵灵的大眼睛很是动人。阿尔巴尼亚实习医生又说，She looks like a beautiful Italian girl（她看起来像一个美丽的意大利女孩）。

出院时结算，医药费用180多元，是一笔不小的开支。当时大学年轻教师的工资是56元或62元。我是89.50元，算是很高了。刘渝宜是56元。两个人一月的工资加起来才145.50元。借了钱，付清了账单。抱着小观云，欢天喜地回家转。

观云小时候，我们老是担心她能否健康成长。哪知道她的身体很好，从小到大没有生过什么病。读初中的时候，平时不锻炼，开校运动会却得了长跑第一名。

我返回大兴农场时，"五一六"分子的家属又托我带了一批信件给他们的亲人。

## 种单季稻

104农场的宿舍腾出来了，北大干部和教师轮换的人也到了，我们搬出牛棚，住进了一排平房。

北大大兴农场共二百三十多人，还是按军事编制，编为一个连、四个排。我在二排五班。班长老郑，是北大印刷厂厂长；党小组长吴秀芳，是西语系教师。他们对我很尊重，这里的气氛与鲤鱼洲的六连完全不同。

农场有耕地一千三百多亩。

冬天,干的活是平地,挖渠,为春耕做准备。

春天种水稻,是单季稻。北方的气候不适宜种双季稻。使用新的耕作方法小苗带土。摆秧比插秧减轻了劳动强度。

没有双抢,全年的劳动也轻松了许多。

"五一六"分子和其他人一样,每两个星期可以乘校车回北大一次。

## 对马克思主义的重新思考

由于时间宽裕,我又捡起了马克思主义的理论学习。

1972年11月,"五七"战士们坐在粮食堆上享受丰收的喜悦,人人都喜笑颜开。前排右二是郭罗基。二排右一是党小组长吴秀芳,后排左二是班长老郑。

问:重新学习马克思主义,有什么新的体会?

这一时期,我对马克思主义有了一些新的想法。我认为,十九世纪的马克思主义已经不能完全适应二十世纪了。马克思生活的时代还是蒸汽时代,现在已经走过电气化、自动化时代。《共产党宣言》中提到的先进事物不过是轮船、火车、电报。现在已经有了超音速的交通工具,人可以飞出地球。那个的时代的理论当然不能原封不动地适用于现代了。马克思主义需要发展。发展马克思主义不是某些原理的修正,而是理论形态的创新。十九世纪的马克思主义不必去修正了,让它作为一种历史的形态存在。马克思主义的发展不是某些原理的变化,不是局部的补充或修正,而是理论的全面创新,建构一种新的理论形态。我从物理学史得到启发。牛顿物理学统治了几个世纪。到了十九世纪牛顿物理学解释不了新发现的物理现象,于是出现"物理学危机"。二十世纪初,爱因斯坦的相对论问世,解除了"物理学危机"。相对论包含了牛顿物理学、又超越了牛顿物理学。相对论突破了牛顿物理学的局限,又对原先认为无所不能的牛顿物理学规定了它的边界,在它适用的范围内依然是有效的。十九世纪的古典马克思主义相当于物理学中的牛顿时代,当代马克思主义者的任务是创造相当于相对论的马克思主义,走出牛顿时代。后来我曾以《走出马克思主义的"牛顿时代"》为题,发表过一篇文章。

问:你认为,在中国流传的马克思主义符合马克思的原意吗?

这个问题提得好。

中国的马克思主义不是从德国和英国传入的原版,而是经俄国人转手的。"十月革命"一声炮响,送来的是马克思列宁主义,即混在列宁主义里面的马克思主义。早期流行的马克思、恩格斯著作,都是从俄文翻译过来的。最早的《马克思恩格斯选集》就是唯真(李立三)据俄文翻译的,其中有经俄国人消化的痕迹。中央编译局化大力气,出版了《马克思恩格斯全集》和《马克思恩格斯选集》,部分是从俄文翻译又经德文、英文校订的,部分是直接从德文翻译的。我不懂德文,我曾问过懂德文的人,中文译本是否符合原意?北大哲学系的熊伟教授,是留学德国的,而且在德国当过中学教师教德文。中国人在德国教德文,他的德文水平可想而知。他说,中央编译局翻译得很好,他们是一个群体,不断讨论,不断切磋,比个人的翻译作品准确。我又问朱光潜教授,他也是留学德国的,而且自称马克思主义者。他说绝大部分翻译得很好,少数可以商榷。例如,《费尔巴哈和德国古典哲学的终结》我认为应译为《费尔巴哈和德国古典哲学的出路》。不过这是我个人的意见,别人也不一定都同意。

1972 年,郭罗基四十岁。

在中国,虽然文本上的马克思主义还算是准确的,但现实中的马克思主义走样了。

## 危险的岗位

在大兴,有一项鲤鱼洲所没有的任务:防止偷盗,保卫劳动果实。巡逻、守夜大部分由"五一六"分子承担。

我们刚到大兴的时候,104 农场的葡萄熟了。这是北京的优良品种"玫瑰香"。农场的巡逻人员邀我们到葡萄园参观。到那里一看,成群结队的农妇在偷摘葡萄。巡逻人员上前阻止,她脱下裤子下蹲,喊:"你不要过来,你过来是流氓!"她用自己的流氓行为恐吓别人是流氓。我们中间有人说:"不是要我们接受贫下中农的再教育吗?我们本来不是流氓,接受了贫下中农的再教育,我们也成为流氓了。"

104 农场的巡逻人员告诫我们:"庄稼成熟的时候,他们会在夜里出动偷割。"他们还有理由:"这又不是你家的,这是公家的;是公家的,我们大家都有份。"我们上去劝阻,他们还动家伙,有人被打伤了。

所以巡逻、守夜是危险的岗位,场部都让"五一六"分子承担。"五一六"分子的命不是命?

在远离场部的大田里,有一个机井的水泵房,只能放一张床、住一个人。场部派我去看守。如果有事,没有电话,也喊不应。我很紧张,晚上不敢开灯,锁上房门,挡住窗户。

问:有没有出什么事?

还算幸运，没出什么事。有一块田里的稻子被偷割了，没有与巡逻人员遭遇。

问：清查"五一六"怎么收场？

## 清查"五一六"落实政策

到了大兴，除了开始时住牛棚那一段，编入班排以后，"五一六"分子与其他人同等待遇，再也没有开过批判会。

搞了一年多的运动，被打成"五一六"分子的有多少？没有宣布。聂元梓、孙蓬一被定为"犯有五一六性质的罪行"，但真正的"五一六"分子一个都没有。1973年3月，党委宣布：清查"五一六"运动基本结束。他们要"落实政策"了。怎样"落实政策"？由被打成"五一六"分子的人做一次检讨，说明自己有错误，但还是属于人民内部矛盾。领导宣布"解脱"。我拒绝检讨。其他"五一六"分子经过"解脱"都回北大了，只有我还留在农场。

运动高潮时，我沉默不语。现在他们要收场了，我就反攻过去。

北大一打三反办公室的几个人，找我谈话，要我检讨，我拒绝了。最后一打三反办公室主任出场了，姓孙，他说："你做个检讨嘛，事情就了啦。"

"你要我检讨什么？"

"你总有点错误吧？难道你是一贯正确的？"

"你们把我打成'五一六'，我不承认。事实上我不是'五一六'，现在你们也承认了。到底是我犯错误，还是你们犯错误？北大被打成'五一六'的不是我一个，究竟有多少？请公布一个数字。"

"没有必要公布啦。"

"反正北大的'五一六'不在少数，事实证明，真正的'五一六'一个都没有。你们犯的错误不仅是扩大化，而且是无中生有。在没有'五一六'的地方揪'五一六'，不是一般错误，而是路线错误。你们执行的是林彪路线。清查'五一六'分子的运动中，北大执行了林彪的'一定要把"五一六"分子查清，一个也不能漏掉。'的指示。这是国民党对付共产党的'宁可错杀一千，决不漏掉一个'的翻版。北大军宣队有人公开说：'北大的运动每两天向林副主席汇报一次。'运动的结果如何呢？林彪灭亡以后，连党委书记王连龙在全校大会上也不得不承认'打击面搞得宽了一些'。北大清查'五一六'分子'搞得宽了一些'，难道不是执行林彪路线的结果吗？"

"不能这样说，我们是执行毛主席的革命路线的。"

"毛主席的革命路线叫你们无中生有揪'五一六'的吗？"

他无言以对，说："你不做检讨只能拖下去了。"

我说："好吧，看你们拖到几时？"

农场的五七战士都为我讲话，催促领导赶快落实政策。

一次全场大会，最后一个节目，场长张启永宣读了《关于郭罗基同志的审查结论》，内容是套话"事出有因，查无实据"等等。宣布审查结束，回北大从事教学。张启永知道我要讲话，宣读完毕立即宣布散会，我站起来都来不及了。我向张启永要书面的文件。他说："这一份要交还给一打三办公室，你回校后向他们要吧。"我回校后向一打三反办公室要书面文件，他们说，所有落实政策的人都没有发书面文件，不给。

我是最后一个落实政策的，维护了自立的不做检讨的规矩，被打成"五一六"分子不做检讨的也只有我一个。

1973年11月，我从大兴农场回到北大。

我爱人刘渝宜所在的北京轻工业学院从北京迁到咸阳，他们学院决定把她留在北京。迟群等人借口照顾夫妻关系，把我调到爱人的单位，将我这个"头上长角身上长刺"的人轰出北大。扯皮一年多，终因多方面的抵制，未能实现。

## 第三十四章　内定右派

我从农场回到北大,又赶上一场运动,我还是"运动员"。

问:又赶上什么运动?1973年好像没有什么全国性的运动。

是的,只是在清华和北大发动的运动,叫做"反右倾回潮"运动。

### "反右倾回潮"

清华和北大都是由迟群、谢静宜掌控的。迟群是8341部队宣传科副科长,现在是清华大学党委书记。谢静宜是毛泽东的机要员,现在是清华大学党委副书记。他们两人又是北大党委的常委。江青把他们称作"金童玉女",飞扬跋扈,不可一世。按江青的"组阁"名单,谢静宜是人大常委会副委员长,迟群是教育部长。

一个是初中生,一个是中专生,不过粗通文墨而已,在8341部队的"土八路"中算是鹤立鸡群了。他们却领导了两个中国顶尖大学,这是世界教育史上的奇闻。

问:"反右倾回潮"运动的来由?

江青控制的文化部写作班子以"初澜"的笔名抛出的《评湘剧〈园丁之歌〉》,提出1972年发生了"回潮"。迟群、谢静宜秉承江青的旨意,反对批极左,认为批极左是"右倾回潮",因此在清华、北大发动了一场"反右倾回潮"运动。这个运动一方面是进一步反周恩来。九一三事件后,群众自发地起来批林彪的极左。周恩来支持群众的愿望,在实际工作中大力纠左,1972年后,逢会必讲,批极左。迟谢把批极左叫做"右的东西抬头";另一方面是镇压群众,扬言要"抓右派"。这两个方面,都是为林彪路线招魂。1971年林彪路线猖獗一时,九一三事件后,群众起来清算林彪路线,周总理支持群众的自发行动。这样一来,触犯了那些林彪的余党。在他们看来,1972年继续搞极左的林彪路线,那才是"来潮"。所谓反1972年的"回潮",就是要回到1971年的"高潮",就是林彪路线的复辟。

周恩来主导批极左,江青、张春桥、姚文元主导批极右。

批极左,批着,批着,就批到文化大革命了。

批极左以后一个多月,毛泽东做出裁决,林彪问题的性质"是极左?是极右!修正主义,分裂,阴谋诡计,叛党叛国。"左倾或右倾,极左或极右,是共产党内对抗正确路线的错误路线,是自上而下贯彻的倾向性错误。"阴谋诡计,叛党叛国"不是自上而下贯彻的倾向性问题,不是路线问题。毛泽东把一切坏事说成右,极端的坏事就是极右。他的思维能力大大地退化,理不清头绪了。除了衰老的自然因素,主要的还是站在为自己辩护的立场,不可能面向真理了。

毛泽东发号施令批极右，迟群、谢静宜更加得意忘形，意欲将清华、北大的"反右倾回潮"运动推向全国。

## 大字报揭发

北大的"反右倾回潮"运动是1973年11月5日开始的。党委书记王连龙号召：全面揭开阶级斗争的盖子，揭露修正主义，孤立、分化和打击右派。校刊《新北大》以全部版面转载清华校刊《清华战报》的评论文章《巩固和发展无产阶级文化大革命的成果》和《再论巩固和发展无产阶级文化大革命的成果》，指出批极左就是批文化大革命，强调"反右倾回潮"运动就是要"整人"，并提出划分左、中、右的七个标准。

我回到北大时，面临大字报高潮。大字报揭发了我的问题，主要是两条：一条，反对工人阶级领导，郭罗基说"军宣队执行的是林彪路线"。显然是上面授意的，这是我与"一打三反"办公室负责人孙某谈话时讲到的。再一条，郭罗基说"教改是瞎折腾"。这还是在鲤鱼洲的言论，中文系教改小分队翻车后我说过："教改瞎折腾，赔上了人命。"

12月7日，党委召开有五百人参加的"反右倾回潮"运动汇报会。会上，党委书记王连龙（8341部队副政委）点名批判一些人，也点了我的名，说："郭罗基居然攻击军宣队执行了林彪路线。"我不在场。王连龙还说：当前要深揭深批，挽救一些人。这些人，有的已到了右派的边缘，有的已成了右派。对于向党进攻的右派，要坚决揭露、批判，他们只有低头认罪才有出路。

## "死党"通风报信

一天晚上，很晚了，沈少周跑到我家，说："刚开过支部大会，这一类的会议不让你参加了。会上工宣队的张师傅说：'郭罗基这家伙很狡猾，他总是走到一个地方不走了，再走一步就掉下去了。这一次他跑不了啦，要给他戴上帽子。'"

我问："戴什么帽子？"

"右派呀。"

沈少周又说："这一次你真是跑不了啦，要做好思想准备。"

不是说沈少周是"郭罗基死党"吗？也只有"死党"敢于在这种时候冒着风险给我通风报信。我没有恐惧，只有愤怒，准备斗争。

开了一次批判会，工农兵学员大吼大叫，说我的问题的性质是"反党反社会主义"。"攻击军宣队执行林彪路线"是反对党的领导；诬蔑"教改瞎折腾"是反对社会主义。他们尽量在给我戴右派帽子的方向上引。我还是以往的老办法，他们狂热的劲头上来时，我沉默不语。

## "反右倾回潮"不了了之

1974年1月18日,经毛泽东批准,中共中央转发了北京大学、清华大学大批判组汇编的《林彪与孔孟之道》(材料之一)。1月24日,江青擅自召开中央军委机关和驻京部队的万人大会,讲解《林彪与孔孟之道》(材料之一)。1月25日,江青又擅自召集中共中央直属机关和国家机关干部万余人,举行"批林批孔动员大会",这就是著名的"一二五大会"。"批林批孔"运动紧锣密鼓地发动起来了。月底,北大党委决定,将前一阶段的"反右倾回潮"运动结合"批林批孔"运动进行。实际上运动转向"批林批孔",而"反右倾回潮"非但没有推向全国,也就不了了之。"反右倾回潮"进行了三个月,以后迟群就叫它"三个月运动",恋恋不舍。

给我戴右派帽子,说是"这一次跑不了啦",结果还是跑了。我暗自庆幸。不料,虽然没有公开戴上右派帽子,但成了"内定右派"。粉碎"四人帮"以后,我在哲学系带头写大字报,工宣队的负责人说:"郭罗基不是内定的哲学系的大右派吗?怎么又跳出来了!"这是彭佩芸在机关食堂听到他们的议论后揭发的。那时彭佩芸是党委宣传部的一个小干事,极力讨好我们。这才知道,我是"内定的哲学系的大右派"。

## 第三十五章　批判相对论的闹剧

在反右倾回潮运动中，周培源也受到冲击，他的罪名是"阻挠和抵制对相对论的批判"。

江青说："大批判要找大个儿的。"她找了大个儿的文学家肖洛霍夫，批判《静静的顿河》。聂元梓在大饭厅传达时，把《静静的顿河》说成"顿顿的静河"。大家没有反应过来，以为肖洛霍夫另有一部《顿顿的静河》。有人大喊一声："《静静的顿河》!"一下子醒悟了，哄堂大笑。聂元梓的洋相很多，著名的，还有，"披荆斩棘"念成"披荆斩辣"。

陈伯达找了大个儿的科学家爱因斯坦，批判相对论。据说，"只有革相对论的命，自然科学才能前进。"文革中批判相对论是一齣在科学的世纪反科学的闹剧，成为国际笑谈。

### 周老教我相对论

1969年，风闻北京和上海组织了写作班子，正在批判爱因斯坦的相对论。周老对我说："这件事一定会找到我头上来，要做点准备。"

周培源是中国唯一与爱因斯坦共事过的科学家，他在普林斯顿参加爱因斯坦主持的高等学术研究院的工作将近一年，讨论相对论，并长期研究广义相对论引力论。相对论是科学，但所谓的"批判"是做哲学文章，说什么"相对论就是相对主义"。周老说："我要向你学哲学。"周老太谦虚了，我实在不敢当。我说："列宁讲，哲学要和自然科学结成联盟。我们就来结成联盟吧。"但我不懂相对论，无法结成联盟。我们商定，周老给我讲相对论，一边讲一边讨论哲学问题。我读中学的时候，物理教科书就是周培源、严济慈编的，我一直记得这两位大科学家的名字。想不到，几十年后，大科学家周培源会亲自给我上课。

周老是很认真的人，订了一个计划，每一讲还写出提纲。我的科学基础太差，周老总是从日常生活的具体事例中引出科学原理。我记得他从一把锄头讲起，说新石器时代人们就会使用锄头，过了几千年上万年才总结出一条杠杆原理……。然后又从牛顿力学讲到相对论。相对论的论证需要运用数学推导。我虽学过高等代数、微积分，早已忘得一干二净。听不懂的时候，我直摇头，周老就说："那我们换一种讲法。"同一个问题可以有不同的表达，只有多方试探理解力，才能使人容易接受。周老换了好几种讲法。大学问家总是融会贯通，深入浅出；最可恶的是学问不多，故作艰深，浅入深出。

问：好像有一首打油诗，表达了你的意思："深入浅出是通俗，浅入浅出是庸俗，深入深出尤可为，浅入深出最可恶。"

说得好。

周老讲到"钟变慢，尺缩短"，说这个问题最难理解，因为日常生活的经验不可能提供根据。我说，这个问题我倒不难理解，中国古代的神话传说早就讲"山中方七日，世上几千年"。

"山中"是神仙居住的地方,"世上"是凡人居住的地方,两个系统不一样,所以时间也是不一样的,"世上"的时钟拿到"山中",会慢得一塌糊涂。这就是"同时"的相对性。不过这不是科学,而是想象;但中国古代能产生这种奇特的思维方法,也是很了不起的。周老说:"对呀,我以后讲课就可以讲这个例子。"然后他对中国古代文化赞美了一番。周老虽然长期接受西方教育,对乡土、祖国、传统仍然保持浓郁的感情。他和夫人王蒂澂收藏了一百几十件中国古代书画的珍品,后来都捐赠给无锡博物馆了。他还收藏了一些古砚,其中有一台棕色的宋砚。

继续讨论相对论。我说,有"钟变慢,尺缩短",一定还有另外一个系统"钟变快,尺拉长",只是现在我们还没有发现,这才是彻底的相对论。不过,这是逻辑推论,没有科学论据。周老说,你这是创造性思维,我没有想过,也没有听别人讲过。你的辩证法学到家了。

周老也不时提出哲学问题来讨论。头一个问题就是:"他们说相对论违反唯物辩证法,怎么看?"

我说,科学是实证的。科学从实践中来,哲学从科学中来。科学的哲学不可能和它的基础发生冲突。如果有一种哲学和科学发生冲突,应当抛弃的是哲学而不是科学。相对论和唯物辩证法并无冲突,问题是唯物辩证法被歪曲了。

"那么,相对论是否就是相对主义?"

这是望文生义。哲学上的相对主义是主张一切皆相对,虽然它反对绝对主义,实际上也是把相对的东西绝对化。唯物辩证法既反对相对主义又反对绝对主义,而是主张相对中有绝对,绝对是相对的总和。我根据周老讲的物理学史加以分析:相对论是爱因斯坦的科学理论的名称,不是哲学概念。相对论与相对主义根本不相关。相对论区别于物理学的绝对论。牛顿的绝对论在十九世纪末导致物理学的危机,爱因斯坦突破了绝对论的狭隘眼界,才提出相对论。相对论并没有简单地否定牛顿力学,在牛顿力学适用的范围内,它依然是有效的。我记得,周老你说过,用牛顿力学计算日蚀、月蚀,可以达到分秒不差。相对论包含了牛顿力学又超越了牛顿力学。这恰恰就是唯物辩证法所主张的相对中包含绝对。

"还有一个常常受到攻击的问题,他们说相对论的光速不变是形而上学。怎么回答?"

光速不变是就相对论的系统而言,这正是相对中的绝对,说明相对论不是一切皆相对的相对主义。科学上的常数、恒定等等都是在一定的范围、有一定的条件的。周老说:"对了,如果光速不变是形而上学,那就多了,水的沸点、绝对零度等等都是形而上学。"我说:"那些家伙根本不理解自己的批判对象,也不知道究竟要批什么。说是要批相对论的相对主义,这里又去批绝对主义了。"

中科院"相对论批判学习班"的一篇文章中说:"光速不变原理深刻地反映了西方资产阶级认为资本主义社会是人类终极社会,垄断资本主义生产力不可超越,西方科学是人类科学的极限这种反动的政治观点。"完全是牵强附会。

我们讨论涉及的问题很多,有些已经不记得了。

## 闹剧开场了

1969年下半年，根据林彪的一号战备命令，许多大学迁往外地，北大的教师也进行疏散。我跟着大队人马到江西南昌鄱阳湖畔的鲤鱼洲农场去种地，周老则到陕西汉中的"653工地"劳动。所谓"653工地"是1965年3月开始建设的北大分校工地。我在江西接到周老从北京发出的来信，说在汉中干了两个月被迟群一个电话叫回去。果然，批相对论找到周老了。他们要周老写批判相对论的文章。周老说，他正在写一篇文章，不是批判，而是用科学的材料来说明相对和绝对的关系。他还说，我们以前的讨论很有意思，可惜现在没有人同我讨论了，你能不能请假回一趟北京？这在当时是不可能的。

两年以后回到北大，我才知道，好戏还在后头。

1969年，中国科学院成立了"相对论批判办公室"，由军代表坐镇，还出了一本批判相对论的刊物。中国科学院的"相对论批判学习班"集体创作了一篇《相对论批判》，准备在《红旗》杂志1970年1月号上发表。那时中苏边境发生了珍宝岛事件。《相对论批判》说"同时"的相对性是"荒谬的、有害的"。我们说苏修开了第一枪，苏修说我们开了第一枪，如果"同时"是相对的就无法判断了。意思是主张"同时"的相对性对苏修有利。科学上无能，用政治来吓人。苏联和中国处在同一个地球上、在同一个参考系内，不同的参考系才发生同时的相对性。周老对中国科学院革委会负责人刘西尧说："这样的文章不能发表，否则会闹出国际大笑话。"幸而刘西尧采纳了周老的意见，把这篇文章压了下来。

1970年4月3日，陈伯达亲自出马督阵，跑到北大开座谈会。他一到就要人把周培源找来。陈伯达口出狂言，说是要全面批判爱因斯坦、彻底推翻相对论；还要开万人大会，让中小学生都来参加。中国是革命中心，也要成为科学中心；东方无产阶级要全面胜过西方资产阶级云云。众目所视，等着周老表态。周老斩钉截铁地说："不能批。爱因斯坦的狭义相对论已被事实证明，动不了。广义相对论在学术上有争议，可以讨论，但不是批判。"由于周老的抵制，北大没有卷入相对论批判的闹剧。其他的大学看北大，大多按兵不动。后来，周老被指责为"右倾回潮"，受到批判。

由于在北京推不动，这场批判运动的主要阵地转移到了上海，成为张春桥、姚文元控制的"写作组"的重头戏。《文汇报》以"李柯（理科）大批判组"的名义，发表了一系列文章。爱因斯坦成了"自然科学领域最大的反动学术权威"，相对论是"复辟资本主义的工具"。

1970年下半年，陈伯达在庐山会议上因鼓吹林彪的国家主席论而倒台，相对论批判就此无疾而终。

## 围绕加强基础理论的斗争

鉴于批"相对论"的荒唐，周培源写了一篇文章，题为《对综合大学理科教育革命的一些看法》，反对理向工靠、理工不分，强调学习和研究自然科学基础理论的重要性。现在看来极其平常，但在那个不平常的年代却成了不平常的政治事件。

姚文元的《工人阶级必须领导一切》贬损知识分子，嘲笑"理工科的教授不会开拖拉机"。可笑的是姚文元自己，根本不懂"理工科"是怎么回子事。理科是不教开拖拉机的，工科也不是全都教开拖拉机。但从此刮起一阵歪风：知识无用，理论有害。电影《决裂》将农学院教授讲"马尾巴的功能"当作脱离实际的典型。从1970年开始，"工农兵学员"进入大学。他们的任务是"上大学、管大学、改造大学"（简称"上、管、改"），老师要服学生的管。上课时，"工农兵学员"动不动就问："学了有什么用？"大部分基础理论一时说不出有什么用。所谓"教育革命"的方向就是"开拖拉机"、"办农场"等等，大学理科面临着取消的危险。讨论时，周老不怕孤立，坚持自己的看法："理科可以改，不能取消。"

1971年4月，北京召开全国教育工作会议。在迟群的把持下通过的《全国教育工作会议纪要》抛出"两个估计"："文化大革命前的十七年毛主席的无产阶级教育路线基本上没有得到贯彻执行"；"大多数教师的世界观是资产阶级的，是资产阶级知识分子"。一个"基本上"，一个"大多数"，这就将大学在校的知识分子和从大学毕业出去的知识分子视为异己。全国教育工作会议本来把周老排除在外，由于与会者强烈要求，迟群不得不在最后一天让周老上台讲话。周老的讲话中说，既要反对理论脱离实际，又要反对"理论无用"；但重点是强调理论的重要性。会议已成定局，周老的讲话当然起不了多大的作用。

"九一三事件"后，周恩来有点清理文化大革命的意思，批判林彪时引导人们反极左。讲到教育界的极左，他几次强调加强基础理论的研究。周老受到了鼓舞。周老在教育工作会议上发言时，《人民日报》有一位记者在场。1972年初，他向周老约稿，就教育问题发表意见。周老花了两个多月的时间，一再琢磨、思考，修改《对综合大学理科教育革命的一些看法》，并将初稿寄给中国科学院、北大和清华的朋友们，广泛征求意见。

1972年7月，以任之恭、林家翘为首的十二名美籍华人著名科学家，组成中美关系改善后的第一个访华团。周总理接见时，他们十分中肯地指出：中国的基础理论水平太落后，而且至今不能正视。周总理听了很激动，一改往日的温和姿态，很严厉地对在座的周培源说：

你回去一定要把北大的理科办好，把基础理论水平提高，这是我交给你的任务。有什么障碍要清除，有什么钉子要拔掉。

会后，周培源对总理说："我已写了一篇文章，正好请总理看看。"总理说："最近很忙，没有时间，你就发表吧。"这一天是7月14日。周老回去又认真思考了几天，于7月20日上书总理，分析我国基础理论落后的原因，并提出一些建议。周总理非常重视，第三天就转给国务院科教组和中国科学院，并做了如下批示：

把周培源同志的来信和我的批件及你们批注的意见都退给你们好作为根据，在科教组和科学院好好议一下，并要认真实施，不要像浮云一样，过去就忘了。

由于周总理的指示广泛传达，大家都知道周培源给周总理写了信，但不知道信的内容。那时，我还在劳动改造。回到北大后，问起周老，他出示底稿，我抄录了一份：

总理：

关于我国基础科学这样落后，我认为有下列一些原因：

一、文化大革命前基础科学研究工作，缺乏具体领导。在1956年制定的科学规划的第56项任务"自然科学中的重大基本理论问题"（这是您指示我们制订的）和"基础科学规划"，由于没有具体单位去抓，基本上都没有落实。1963年的十年科学规划中，国家科委只抓了32个"国重"（国家重点项目），没有抓比较全面的规划，经过文化大革命，这32个"国重"大致都垮了。

二、科学院的研究所应该注意基础科学研究，但据了解，如物理研究所，在文化大革命前大部分的力量花在任务上，接受生产单位的试验性工作，做完就完了，没有能够做到预计的那样"任务带学科"，把学科带动起来。这种情况在其他研究所可能也有。

三、学校中科研工作反复性很大，一会儿这样，一会儿那样，没有能够坚持几年的艰苦工作，做些成绩出来。来一次运动首先受冲击的是基础理论研究。似乎科学院也有类似的情况。

以北京大学为例，现在老中教师普遍的思想情况是不愿搞也怕搞基本理论研究。怕在短期内搞不出成绩，怕挨"理论脱离实际的批评"。教师中对基础理论的重要性，还没有建立起正确的认识。

在您7月14日晚对北大的指示，我向北大党委常委传达后，理科教师都很激动，感到党中央对我们的亲切关怀，都表示要做好工作。理科的教改组对过去的科学研究工作曾做过一些调研，如今拟进一步总结经验。

我感到，要使我国基础科学赶上去关键在于领导。是否可以让中国科学院统一领导全国基础科学研究工作，其中包括综合性大学的理论研究工作。

其次，要发动科学界的广大群众，统一对基础科学工作重要性的认识，把大家的积极性调动起来。

周培源<br>1972年7月20日

周老的文章《对综合大学理科教育革命的一些看法》，《人民日报》已决定发表。姚文元几次打电话，横加阻挠。《人民日报》将文章转给《光明日报》，《光明日报》不知内情，于1972年10月6日头版刊出。在中国，凡是报上登的，常人都以为是"上面的精神"。周老的文章一出，知识分子感到风向要转了，纷纷上书店、跑图书馆，一时之间又提起了研究理论的劲头。可惜好景不长。

1972年年底，风向来了个"南转北"，批极左又变为批"极右"。毛泽东说："林彪右得不能再右"。借批林彪的"极右"，"四人帮"开始兴风作浪。

我从劳改农场回到北大后，周老很兴奋地同我谈了重视基础理论的问题，还说："我那篇文章写得很吃力，你在北京就好了。"我告诉他一个不好的消息。在上海《文汇报》工作的我的一个学生出差到北京，特意来找我，悄悄地说：张春桥正部署批周培源的文章，讲什么"周培源有后台。不管后台有多大、多硬，就是要批。"我将此话转告周老，周老却说："传来之言，不要轻信。"科学家信事实、重证据，周老确实是一个不为流言所轻易挑动的人。同时，他对上层的复杂性估计不足，以为得到周总理的支持还会有什么问题？不料迟群在北大也讲出和张春桥同样的话，周老这才相信我的学生所言不虚。

1973年下半年，迟群在北大、清华发动了一场"反右倾回潮"运动。重视和强调基础理论的研究,最大的"障碍"、最硬的"钉子"就是"军宣队"、"工宣队",岂是周培源所能"清除"、所能"拔掉"的?在他们看来,这是否定"教育革命"的成果。北大党委副书记、军宣队负责人郭忠林就说,什么清除障碍、拔掉钉子,还不是指我们?周总理对周培源交给任务,但没有赋予权力,他非但没有能够清除障碍、拔掉钉子,自己却成了"右倾回潮"。我因为说过"开门办学是瞎折腾",当然也是"右倾回潮"。我们两人都是作为"反对无产阶级教育革命"的代表人物而在运动中受到批判。

上海《文汇报》针对周老一连发了好几篇"大批判"文章。说什么"自然科学基础理论是西方资产阶级编造出来的","什么是基础理论?马克思主义就是基础理论。"因周老的文章中提到微积分"当时并不是直接为生产需要发明的,过了三百年后的今天来看,生产中无处不在应用",他们嘲笑周培源的文章"也许三百年后有用"。诬称周培源提倡什么"三百年后有用论",把它当作理论脱离实际的典型论调。

这一时期,周老的心情很苦闷。他和我都是顽石一块,批判是不怕的。但周老眼看我国的科学事业受损失,与国际水平的差距越来越大,内心痛楚,难以言表。1974 年,"四人帮"搞"批林批孔",实际是批"周公"。周老更是时常为周总理担忧。周老讲起:有一次,周老夫妇陪同周总理接见外宾。外宾还没到,周总理先站在人民大会堂的台阶上迎接内宾。见了周老夫妇,说:"这么晚了,还让你们从西郊赶来,真过意不去。"周老讲到周总理对知识分子的尊重和爱护,眼睛都湿润了。不仅是个人对周总理的感情受到冲击,更重要的是为国事操心,周老不止一次地对我说:"我们这个国家不知还要出什么事!"

## 为爱因斯坦恢复名誉

粉碎"四人帮"以后,人们期盼"科学的春天"。商务印书馆决定将 1976 年内部发行的《爱因斯坦文集》第一卷再版,公开发行。文集的主要编译者许良英加写了一篇《前言》。出版社的一位负责同志还没有摆脱文革思维,认为《前言》的作者"美化了资产阶级"。许良英据理力争,商务才同意把此稿打印出来,在较大范围内征求意见。多数人对此稿表示赞同,但也有人要给爱因斯坦戴上"伟大的科学家,渺小的哲学家"的帽子,甚至还有人警告许良英:"不要头脑发热","放任灵魂深处的非马克思主义的思想感情,冒出来损害无产阶级革命事业"。

9 月 12 日,周培源致信许良英,说:对《前言》"总的印象是,它对爱因斯坦在科学方面的成就、哲学思想和政治立场做了比较全面的介绍。这说明你和同志们做了大量工作并做出了成绩。你们的这个工作一定会受到广大物理学工作者的欢迎。"最后又说:"总之,出版《爱因斯坦文集》是一件大事。我祝贺你们工作的巨大胜利,并要向你们致敬。"信中,还对《前言》稿提出许多修改意见,并且与许良英商榷,把"伟大导师"等辞句"用到科学家身上是否恰当"。许良英他们读了这封信,都很高兴,于是商定请周培源为《爱因斯坦文集》作序,以代替原来的《前言》。

周培源欣然同意。他在《前言》的基础上，花了很大的功夫修改定稿，并加了很长一段1936-1937年同爱因斯坦直接交往的印象，很是亲切动人。

一位编辑删掉了《序言》稿中"他（指爱因斯坦）是人类科学史和思想史上一颗明亮的巨星"等话语。编辑还告诫许良英"不要再固执己见了。"许良英偏要"固执己见"，一定要与编辑一起，当面听取周培源的意见。

1978年，1月23日晚，许良英、编辑、还有一位住在北大的中国科技大学的同志，来到了燕南园的周家。在周培源面前，许良英与编辑发生了争执。编辑说"这是我们编辑部与许良英同志的原则分歧。我们认为，马克思主义产生以后，资产阶级已经没有思想家，因此不能称爱因斯坦是人类思想史上一颗明亮的巨星。"许良英反驳道："马克思之后，资产阶级都不思想了？"他引证爱因斯坦的哲学思想和社会政治思想，据理力争。周培源笑着说："既然思想史上的巨星，有人不同意，干脆把'思想史'和'科学史'几个字都删了，改成'他是人类历史上一颗明亮的巨星'吧！"许良英与科大的那位同志都叫好，那位编辑无奈，也只得点头认可。这样一来，反而对爱因斯坦的评价更高了。

爱因斯坦在中国恢复了崇高的评价。

1979年3月14日，是爱因斯坦诞生一百周年。春天，北京举行了一系列活动，这才是批判爱因斯坦相对论闹剧的终结。

问：当年批判相对论的人怎么说？

因为这是经中共中央批准的，当年批相对论的人们又唱起颂歌来了。

最有资格讲话的当然是周培源，他在纪念大会上将做题为《纪念伟大科学家爱因斯坦诞辰一百周年》的长篇报告。那个时期周老的讲话都是我起草的。我对他说："这篇讲话我起草不了，我对爱因斯坦太不熟悉。"周老口述大意，由中国科协的一个写作组起草。周老将初稿交给我，让我修改定稿，说："你改过以后我才放心。"周老特别讲到爱因斯坦的为人："凡是他所经历的重大政治事件，他都要公开表明自己的态度；凡是他所了解到的社会黑暗和政治迫害，他都要公开谴责，否则，他就觉得是在'犯同谋罪'。"这也是周老自己的为人，所以他能理解爱因斯坦，敢于顶住压力维护爱因斯坦。

报告还提到爱因斯坦1949年写的一篇论文《为什么要社会主义？》，看来爱因斯坦不是社会主义者也是社会主义的同情者，怪不得在麦卡锡时代他会受到美国联邦调查局的秘密调查。周老特别引述了下面一段话：

计划经济还不就是社会主义。计划经济本身可能伴随着对个人的完全奴役。社会主义建设，需要解决这样一些极端困难的社会—政治问题：鉴于政治权力和经济权力的高度集中，怎样才有可能防止行政人员变成权力无限和傲慢自负呢？怎样能够使个人的权利得到保障，同时对于行政权力能够确保有一种民主的平衡力量呢？

爱因斯坦所提出的问题，表明他的思想要比那些自名为社会主义行家的人们深刻得多。这就是社会主义在苏联失败、在中国衰变的要害所在。

问：周培源在 1979 年宣扬的爱因斯坦的观点，不就是中国从计划经济到市场经济转型的先声吗？

是的。

相对论批判正是印证了爱因斯坦所说的，政治权力的高度集中缺乏"民主的平衡力量"，以至科学屈从于权势。可悲的是有些科学家没有科学精神，甘心让科学成为政治的奴婢。五四时代就提出中国需要"民主和科学"，二者具有内在的联系；至今中国还是缺少这两样。周老是继承五四传统的知识分子，他的科学精神和民主追求是一致的。

# 第三十六章　"批林批孔"中出世的怪胎——"梁效"

打倒了中国的赫鲁晓夫刘少奇，林彪被尊为"伟大舵手"毛主席的"伟大助手"。据说，历史上有三个"伟大助手"：恩格斯是马克思的"伟大助手"，斯大林是列宁的"伟大助手"，第三个"伟大助手"就是林彪。1969年，把林彪作为法定接班人载入中共九大通过的党章，确立了伟大领袖毛主席和他的亲密战友林副主席、一个老朽和一个病夫连手的毛林体制。这个结果被认为是文化大革命的伟大胜利"。"九一三"事件，林彪的覆灭产生了巨大的震撼。

不是说伟大领袖毛主席"洞察一切"吗？怎么没有"洞察"身边的"亲密战友"呢？伟大领袖的神圣形象遭到怀疑。毛泽东本人也几乎陷入精神崩溃，经常发脾气，摔东西，大病一场，从此一蹶不振。毛常常在藏书上反复抄写唐朝人罗隐的两句诗："时来天地皆同力，运去英雄不自由"。以林彪事件为分界，毛切身感受到文化大革命的"时来"、"运去"。

过了好几个月，毛缓过气来了，才着手收拾败局。

## 从批极左到批极右

在毛泽东不理事的几个月里，群众自发地起来批林彪的极左。批着，批着，就批到文化大革命了。周恩来支持群众的愿望，在实际工作中从各方面大力纠"左"，也就是纠文化大革命之偏。

在一个时期中，周恩来主导批极左，江青、张春桥、姚文元主导批极右。

当时全国的报刊和地方党委的调子也很混乱，有的批极左，有的批极右。1972年12月5日，《人民日报》副总编王若水写信给毛泽东，谈"批林"的方针问题，希望统一于批极左。

王若水的信件导致毛泽东亲自出马，对批极左还是批极右做出裁决。12月17日，中央政治局会议后，毛泽东又在中南海游泳池的住处对周恩来、张春桥、姚文元发表谈话：

批极左，还是批极右？有人写信给我，此人叫王若水。我认识此人，不很高明。也读过一点马克思，参加过合二而一、一分为二、桌子的哲学……（年迈昏庸，语不成句。）极左思潮少批一点吧。

王若水那封信我看不对。是极左？是极右！修正主义，分裂，阴谋诡计，叛党叛国。

左倾或右倾，极左或极右，是共产党内对抗正确路线的错误路线。"分裂，阴谋诡计，叛党叛国"等等不是自上而下贯彻的路线问题。毛泽东把一切坏事说成"右"，极端的坏事就是极右。他的思维能力大大的退化，理不清头绪了。除了衰老的自然因素，主要的还是站在为自己的错误辩护的立场，不可能面向真理了。中国的命运却就捏在这个思维能力退化、理不清头绪的老人手里。

"批林",是批极左还是批极右?经毛泽东裁决,与王若水和很多人的愿望相反,统一于批极右,谁还敢言批极左?从此风向变了。从1971年"九一三"以后,到1972年,由于批极左,文化大革命得以暂时喘息。1973年的"批林",本应继续批极左,毛泽东强扭为批极右。1973年以后,又高歌"向左进行曲",一路狂奔,导致国民经济濒临崩溃的边缘。

批极左或批极右,是保卫文化大革命的攻防战。唯恐文化大革命遭否定,这是毛泽东的心病。

## 从批极右到"批林批孔"

批极右是为了维护文化大革命,而"批林批孔"又是为了坐实批极右。

林彪葬身沙漠之后,江青以林彪专案组的名义,派迟群、谢静宜进驻林彪的故居,企图在他的深宫里搜出密谋的证据。密谋的证据没有找到,却发现林彪颇为重视修身养性。谢静宜向毛泽东报告,按批刘少奇的标准,说林彪在家里搞"黑修养"。毛不以为然,这叫"尊孔"。他善于抓住战机,决定将林与孔捆绑在一起批。但三言两语不足为凭,毛要她搞个材料。迟群、谢静宜在清华大学找了钱伟长、陶葆楷、史国衡等几位教授(土八路以为,是教授什么学问都有了,哪知钱伟长等根本不懂孔夫子),搞了一个材料,只有两三页纸。毛看了不满意,他说:"清华是理工科,你们要找北大文科的教师。"还指名让冯友兰参加。后来搞出来的材料他满意了,说:"你看,还是得找北大的。"

江青、张春桥、姚文元批极右没有什么说服力。林彪明明是极左,怎么会是"极右"?批起来理不直、气不壮。经过一年多的试探和酝酿,毛泽东把林彪和两千五百多年前的孔子挂上钩,说林彪和孔子一样,都要恢复旧秩序、旧传统、旧制度。这还不是极右?大策略家毛泽东将"批林"从批极左扭到批极右,办法就是"批林"又"批孔",坐实林彪的极右。于是,"批林整风"运动转为"批林批孔"运动。

1973年10月,北大和清华两校联合成立了"批林批孔"研究组,《林彪与孔孟之道》(材料之一)就是这个组的作品。1974年1月,北京大学、清华大学大批判组正式成立,诨名"梁效"(取"两校"之谐音),任务是进行大批判,并继续编写《林彪与孔孟之道》材料之二、之三、之四。

先后参加"梁效"者有四十六人,过程中有出有入。"表现不好"的,被踢出去;看中了的,加进来。坚持到最后的是三十九人,以"批林批孔"中的风云人物冯友兰为顾问。江青称"梁效"为"我的班子"。一时之间,"梁效"独霸文坛,呼风唤雨,控制思想,左右舆论。民谚曰"小报抄大报,大报抄'梁效'。"

"梁效"中人,有一些本来就人品不好,一朝受重用,目中无人,忘乎所以。一些人本来人品不坏,如周一良、田余庆,但经不起"诱以官、禄、德"(林彪箴言)。"梁效"之中,有四届人大代表四人(冯友兰、汤一介、范达人、王世敏),中共十大代表一人(周一良),出席国宴者八人(冯友兰、范达人、汤一介、王世敏、周一良、田余庆……),出国访问者二人（范达人、宋柏年），名列毛主席治丧委员会者二人（冯友兰、周一良），"火线"入党者二人（何芳川、张世英）。范达人出席国宴后自鸣得意："一时间，我成了新闻人物。"事后多少年，他还说："在文革那个年代，……可谓大红大紫，内心感到万分荣幸和异常兴奋。当时的心情可以用'受宠若惊，感恩戴德'八个大字来形容。"汤一介在审查期间交待：四届人大期间，江青向他泄露，他将当人大常委会委员。"江青对我说：'以后开人大常委会，你不要都参加，还是搞你的研究，写文章。'接着马上又说：'我不应该说，还没有公布呢，泄密了。'……江青这样讲，对我有很大影响，使我感到自己当四届人大代表是江青的恩赐，从而更加卖力为她服务。"

"梁效"内部各个组不许串联，只能与头头单线联系。成员之间互相监视，有谁发个牢骚，上面就知道了，马上会有人找他谈话。"梁效"完全是一个神秘组织。

问："梁效"都干了什么？

## "梁效"的肮脏事业

他们以学术为包装，含沙射影，以古讽今，指桑骂槐，旁敲侧击，创"影射史学"、"影射文学"，做"批林批孔"、"儒法斗争"、说《红楼》、评《水浒》的阴谋文章。谁主持中央工作，他们就把矛头指向谁，先后是周恩来、邓小平、华国锋。人们常常捉摸"梁效"的文章，到底影射谁？迟群说："你看像谁就是谁。"

"梁效"的第一炮是以《孔丘其人》影射周恩来。这是江青的命题写作。《孔丘其人》开宗明义就说："今天，彻底揭露孔丘的反动面目，对于识别王明、刘少奇、林彪这一类政治骗子，反击开倒车、搞复辟的逆流，很有意义。"王明、刘少奇、林彪的面目不用"识别"了，需要"识别"的是"这一类政治骗子"。"……一类政治骗子"是个代名词，随时可以代入人名。"刘少奇一类政治骗子"是指林彪，"刘少奇、林彪这一类政治骗子"是指谁？谁够这个级别？不言自明。这里特别提到王明，暗示周恩来执行过王明路线。"梁效"的头头李家宽就在群众中散布："等着吧，这次还要揪出个最大的来。"

在江青的导演下，"梁效"的大批判瞄准周恩来，鼓噪"揪大儒"、"批宰相"、"批周公"。当时人看穿了，说："所谓'批林批孔'，不批林，假批孔，专门批周公。"1974年6月22日，江青到天津小靳庄，要小靳庄妇委会主任周福兰改名："你就叫周克周吧，用咱们这个'周'，克制他那个'周'。"江青，何等的肆无忌惮！

周恩来病重期间，邓小平主持中央工作。"梁效"又把"孔孟之道"这个万应标签贴到邓小平身上。"梁效"的头目李家宽提出："能不能把孔丘描绘成矮个子？"有人说不能，孔丘身材高大，孔武有力。明知不符事实，"矮个子"照写不误。

周恩来逝世后，毛泽东点了"不蠢"的华国锋任代总理。"梁效"又以《再论孔丘其人》影射华国锋"一上台就搞复辟"，大批"代理宰相"。李家宽在布置任务时强调"不要全面写孔丘","要抓住孔丘上台搞复辟来写"。初稿写出后，迟群很不满意，说是"深刻性不够"，"现实性不够"。李家宽、宋柏年提示："'一朝权在手，便把令来行'这句话很重要。"二稿迟群仍不满意，说"文章怎么又做到整顿上去了呢？""整顿"是邓小平的事业。根据迟群的意见，尽量抹掉攻击邓小平的痕迹，突出"一上台就搞复辟"的主题。修改以后，满篇都是"孔丘一上台就心急火燎地搞复辟活动"，"一旦得到权势，还是一个十足的翻案复辟狂"，"一旦权在手，就十分凶恶地从政治上、组织上进行反攻倒算，把复辟的希望变为复辟的行动。"文中明显影射华国锋的一句话是："他五十六岁由大司寇代理宰相"，改来改去没改掉。最后，还是觉得太露骨，将"五十六岁"改为"鲁定公十二年"。"死不改悔的走资派"本来是指邓小平，现在从单数改为复数，写成"那些"、"他们"，这就是说不仅是指邓小平。

同一个孔丘，根据"四人帮"的"现实斗争的需要"，被"梁效"涂抹成各种不同的脸谱。影射周恩来时，写了一篇《从〈乡党〉篇看孔老二》，说孔丘"端着两个胳膊"走路，"七十一岁，重病在床"。邓小平主持中央工作时，孔丘就成了"矮个子"，"抓生产"的人物。华国锋任代总理兼公安部长时，孔丘又变为"五十六岁"，"由司寇代理宰相"，"管理司法公安工作"，"兼管农业"等等。孔丘成了变形金刚，在"梁效"的手中任意变来变去。

## "梁效"充当江青的吹鼓手

"梁效"在攻击主持中央工作的领导人的同时，哄抬"四人帮"，特别是美化、吹捧、拥戴江青，比拟武则天，为江青上"红都女皇"之位大肆鼓吹。

江青以武则天自比："说我是武则天，武则天又怎的？她是中国历史上杰出的女政治家，我就是要学她。""梁效"立即写了一篇《法家女皇武则天》。后来觉得题目太露骨，按江青自己对武则天为"女政治家"的称呼，改作《有作为的女政治家武则天》。但改了题目没改内容，文章一开头就说："在我国两千多年漫长的封建社会里，出过一位女皇帝，这就是唐朝的武则天。"最后的结论又说："……称之为法家女皇武则天，应该说是符合历史实际的。"江青爱骑马，文中大写武则天驯马，让人产生联想。

"梁效"顾问冯友兰发表咏史诗一组，其中的一首特别刺眼：

> 破碎山河复一统，
> 寒门庶族胜豪宗。
> 则天敢于作皇帝，
> 亘古反儒女英雄。

诗是打油，不合格律，毫无诗意，但功夫在诗外，向江青谄媚的韵味十足，完全是演绎江青"女人能当皇帝"那番话。冯友兰用心良苦，后两句十四个字竟是反复推敲，三易其稿而成。先是"太宗雄略高宗弱，则天代起继唐功"，此句不过叙述史事，太过平淡；随后改为

"则天继续太宗业,唯一法家女英雄",则天成了主角;冯仍嫌笔力不够,最后定稿是"则天敢于作皇帝,亘古反儒女英雄。这才表达了劝进效忠之意,也撩拨了江青的野心。你要做"反儒女英雄"吗?就得"敢于作皇帝"。

在那个时代,提到武则天就想起江青,提到江青就想起武则天。

1974年6月22日,江青带了一帮"梁效"人从天津到小靳庄,召集一个"批林批孔"汇报会。会上,江青批判"男尊女卑",鼓吹妇女应该掌大权,改变政治局的"大男子主义"。她还有一番论证:

你们学过政治经济学吗?生产力中人是最活跃的。男的、女的,都是女的生的。因此在生产力中,女的是最基本的。

在氏族社会,是女的当家。随着生产力的发展,将来管理国家的还得是女同志。到了共产主义也有女皇。我在政治局讲这些话,他们还直撇嘴。

然后就抱怨:

在政治局我是单干户。我们中央就不合理,都是大男子主义。到了掌握政权,都出来了,一把抓。就我一个,他们没有办法,只好要我,这回要改变。

江青说"这回要改变"。变成什么?她在小靳庄的另一次讲话直截了当地说:"男的要让位,女的来管理。"那就是男的要让位给女的江青来管理。迟群、谢静宜把江青的这些话视为"党的核心机密"、"极为重要的首长精神",责令李家宽、宋柏年、王世敏向"梁效"的留京人员,以及北大党委书记王连龙、副书记魏银秋、郭宗林传达。执笔写作《法家女皇武则天》的何芳川事后交待说:"看到江青'出巡'的架势和排场,觉得江青真要当接班人了。我们写《武则天》时,自己就在这种潜意识的支配下,积极贯彻江青关于武则天的各种黑精神,大肆吹捧武则天,为江青上台大造反革命舆论。"

## 毛对《创业》的批示打击了江青

1975年,周恩来住院后,毛泽东请邓小平出山主理朝政。邓小平乱中求治,颇得人心。邓小平的"全面整顿",对"四人帮"的胡作非为有所抵制,纠文化大革命之偏,大见成效。我很是高兴,以为从此将出现转机。

1975年7月初,毛泽东与邓小平谈话时指出:"样板戏太少。而且稍微有点差错就批,百花齐放都没有了。"

7月14日,毛又找江青谈话,说:"党的文艺政策应该调整一下,一年、两年、三年。"

7月以后,文艺界人士纷纷上书,要求对文艺政策进行调整。其中,以长春电影制片厂编剧张天民反映江青等人扼杀故事片《创业》的事件,尤为突出。

《创业》是有关石油工人的奋斗故事。春节上映后受到观众的好评。2月10日,江青要秘书给姚文元打电话,说:"今天《人民日报》用了极大的篇幅吹捧《创业》,今后不要再登这类东西。"她还建议"组织一篇有说服力的评论文章"。文化部长于会泳闻风而动,给《创业》定了十条罪状,打入冷宫。在江青的指使下,文化部把主管文教的吉林省委常委和《创业》剧组叫到北京,责令省委和长春电影制片厂做检讨。编剧张天民思想不通,给毛写了封信。7月25日,毛听了张玉凤念过张天民的信件后,非常生气。他说"文艺政策应该调整一下",江青反调整,当然要生气,立即写了几句严厉的批示:

此片无大错,建议通过发行。不要求全责备。而且罪名有十条之多,太过分了,不利调整党的文艺政策。

这个批示有利于纠正文革流行病,对"四人帮"、尤其对江青是一大打击。备受压抑的文艺界和广大知识分子看到了希望。

## 策划给毛写信告"梁效"

我和魏杞文议论:看来老毛还没有糊涂。党国的安危系于一人。只有通过上书和毛的批示才能改变局面。

我和魏杞文文革中分属两派,在揪"五一六"的运动中团结起来了。我们两家都住在朗润园10公寓,我们家在一门洞,他们家在二门洞。我们两家的大人、小孩常来往走动。毛对《创业》的批示传得很快,人们都很兴奋。我们两家在一起讨论,认为最大的祸害是"梁效",要是让毛对"梁效"做个批示就好了,可以进一步打击"四人帮",以便邓小平贯彻"整顿"的方针。我们策划给毛写信揭发"梁效"将江青比拟武则天,怂恿江青"敢于作皇帝"。

问:你们为什么不揭发"梁效"批周公?

不能写"批周公",我们分析,此事至少是毛默许的。毛对《创业》的批示是敲打江青的,我们就继续在江青头上做文章。如何将信送到毛的手上?这是难题。张天民的信是由邓小平转给毛的。魏杞文的妻子丁始琪想起来有一个不常来往的亲戚江旅安,他是江西省委书记江渭清的儿子,他的妻子是丁始琪的表妹。江旅安可以出入邓家。就请他将揭发"梁效"的信送交邓小平,转毛泽东。

策划已定,魏杞文写了初稿,我做了修改,形成定稿。签名时,刘渝宜和丁始琪故意不签,我说:"要当反革命也不要全家都当,留一个人照顾照顾孩子吧。"丁始琪说:"是的,如果男的坐牢,女的还可以送牢饭。"我们估计到此举有一定风险。然后征求同意者签名,有两人沈少周(井冈山)和傅治文(新北大公社)签了名。李XX表示:"我同意你们的观点,但不想签名。"

信还没有交到江旅安手上,事情就起了变化。

1975年8月、10月，清华大学党委副书记刘冰等人两次给毛写信，控告迟群、谢静宜。毛居然做了这样一番批示：

清华大学刘冰等人来信告迟群和小谢。我看信的动机不纯，想打倒迟群和小谢。他们信中的矛头是对着我的。写信为什么不直接写给我，还要经小平转。小平偏袒刘冰。清华大学所涉及的问题不是孤立的，是当前两条路线斗争的反映。

他老人家确实昏庸得可以了。这一番话，既无事实根据，又无逻辑联系。就凭这一派胡言，发动了全国范围的"反击右倾翻案风"运动。

问：为什么毛泽东变得那么快？

毛泽东有一块心病，生怕文化大革命遭否定。邓小平厉行"全面整顿"时，扭转乱局，毛是高兴的，但同时又担心邓小平会否定文化大革命，想到这里，说翻脸就翻脸。这时，毛泽东的侄子毛远新在他身边，不断地进谗言。毛泽东对邓小平起了疑心，决定发动又一次两条路线斗争来维护文化大革命。目标是邓小平，要把战火引到邓小平身上，转信成了把柄。邓小平转信时未置一词，从何证明"小平偏袒刘冰"？他忘了，7月份张天民的信也是经邓小平转的。

毛说，刘冰等人给他写信矛头是针对他的。所以给他写信的人，人人自危。我们策划的信当然不能发出去了。但还担心被揭发。沈少周是"死党"，不会揭发的。与傅治文接触，她说："郭罗，你放心，我不会揭发的。"就是不愿签名的李XX也说："我不想签名，也决不会揭发。"

我们策划的反"梁效"行动流产了。

# 第三十七章 "批邓"不表态

邓小平的"全面整顿"使中国社会略有起色，毛泽东发动"反击右倾翻案风"，形势忽然逆转，"全面整顿"戛然而止。

## 因批"梁效"而成"大辩论"对象

"反击右倾翻案风"运动从清华点火。毛泽东说："清华可以辩论，出大字报。"从此"大批判"改称"大辩论"，刘冰成了清华"大辩论"的对象。北京大学继之而起。这两家都是采取层层扩大、逐步升级的办法，造成持久的紧张气氛。从清华、北大又推向全国。

"梁效"是"反击右倾翻案风"的急先锋。我反"梁效"之心不死。

我为中国的时局忧虑。我常常朗诵南宋陈亮的词，他在世风衰微之中喊道："尧之都，舜之壤，禹之封，于中应有一个半个耻臣戎。"沉痛之级，愤懑之极，慷慨之极！这是中国古代知识分子的气节。五千年历史，百万里江山，十一亿人口，五千万党员，三百万军队，于中也应有一个半个耻于随风倒、耻于讲假话，敢于顶风浪、敢于讲真话的吧？

问：你反"梁效"之心不死，做了什么？

当时我正在课堂上讲授列宁的《唯物主义和经验批判主义》一书。我对这本书很不喜欢，教学小组的教师们大多不愿讲这本书，推来推去，推到我头上。我是教学小组组长，推不掉了。这本书是批唯心主义的，好在可以借题发挥。果然，机会来了。不是要理论联系实际吗？我批了冯友兰的唯心主义。冯友兰在"批林批孔"中风头正健，但他的唯心主义是众所周知的。冯友兰是"梁效"的顾问，我就说冯友兰把唯心主义带进了"梁效"。其实不能这样说。我是以冯友兰为跳板，跳到"梁效"头上。我批"梁效"就是矛头针对迟群、谢静宜和"四人帮"。有一点困难，列宁批的是主观唯心主义，冯友兰的哲学是客观唯心主义，联系起来不大贴切，好在工农兵学员是不难对付的。没有人从哲学上提出问题，但他们从政治上提出问题，向领导检举揭发。哲学系工宣队头头张光明在全系大会上疾言厉色地说："郭罗基，不批刘（冰），不批周（荣鑫），批起梁效来了。我们要跟他辩论！""梁效"是碰不得的。我成了北大"大辩论"的对象。我被赶下了讲坛，由黄枬森接替。我担任大学里最小的官职——教学小组组长，也被撤职了。

工农兵学员参与的"大辩论"是大喊大叫。我不说话，逼着我"表态"。我在粉碎"四人帮"后的一篇文章中说：中国"没有讲话的自由，也没有不讲话的自由"，完全是切身体验。我一说话，又"打态度"，指责我"极不老实"。反正我在历次运动中总是态度不好的，我也不指望他们说我态度好。那种辩论是靠取消对方的发言权取胜的。我说："我不愿意跟你们辩论了，行不行？"工农兵学员群起而吼之："不行，就是不行！我们要跟你辩论到底！"那种辩论又是强加于人的。

迟群在一次办公楼礼堂的干部大会上气势汹汹地喊叫："有人批梁效，你是好汉站出来！"我早已被剥夺了参加会议的权利，不在场，故没有人站出来，说明批梁效的不是"好汉"。

历次运动，不管是什么主题，对批判对象总是要从头到脚、从古到今全面揭发，叫做"搞臭"战术。最有效的"搞臭"材料是男女关系、贪污腐化等等。因为在我身上找不到这些材料，有人挖空心思地提出："他给儿子、女儿取名都包含反动思想，要他交代。"我给儿子取名郭听雷，给女儿取名刘观云，按当时的标准，确是有点"反动思想"。儿子出生于1967年，正当文革的高潮，"听雷"取意"于无声处听惊雷"，是诅咒文革的。女儿出生于1971年，当时我凭直觉感到政坛将有风云变幻，果然三个月后发生了林彪葬身沙漠的"九一三"事件。"观云"的意思是"坐看风云变幻"。有朋友调侃说我们家是"政治气象台"。这一切都不能说。挨整的人往往自证其罪，承认了就会戴上"思想反动"的帽子。我在"辩论会"上忽然急中生智："给儿子、女儿取名是什么意思？听，'五洲震荡风雷激'，所以儿子叫'听雷'；看，'四海翻腾云水怒'，所以女儿叫'观云'。你们说，'包含反动思想'吗？"那两句是毛的诗，谁敢说"包含反动思想"？全场都哑了。我心中暗自好笑。

## 从"追风源"到"点名批邓"

清华和北大在"反击右倾翻案风"运动中将战火往上烧，提出"追风源"。先是追到教育部长周荣鑫。周荣鑫在邓小平的全面整顿中，表现积极。邓小平对他说："现在学生不读书了，你是教育部长，要发表演说。"当时流行一个说法："大学的招牌，中学的水平。"周荣鑫极力扭转文化大革命以来、特别是"四人帮"的干将迟群、谢静宜控制的北大、清华所推行的一套极左做法。他有一个口号："就是要扭！"他在哪里发表演说，谢静宜和北京市委就派科教组组长萧英到哪里去"消毒"。

11月8日，张春桥作为主管文教的副总理，找周荣鑫谈话，要他检讨。周与之争辩。张无奈，说周"九头牛也拉不回来"。

周荣鑫是邓小平厉行整顿所依靠的"四大金刚"之一（另外三个"金刚"是胡耀邦、万里、张爱萍）。从1975年12月开始，周荣鑫就挨批斗；病了，住进医院，又被揪出来，批斗了五十多次。1976年4月12日，在批斗会上昏倒，13日凌晨零点三十五分去世，终年五十九岁。

周荣鑫被打倒，斗死。又从周荣鑫追到邓小平。然后策划"点名批邓"，最后打倒邓小平。

问："点名批邓"是怎么搞起来的？

"点名批邓"是从清华、北大两校搞起来的，完全是阴谋。先从小范围暗中开始，也是层层扩大、逐步升级，从秘密到公开。以此制造舆论，似乎"点名批邓"是群众的要求，向政治局施加压力，做出在全国范围公开批邓的决定。

1976年1月27日中午，周培源差他的大外孙周志兵到我家，说："爷爷请你马上去一趟，有急事。"还有周老手书一纸。我立即骑上车，跟他到周家。

周老坐在客厅等我，说："这几天我闷得透不过气来。"他接着说："今天上午，党委常委开扩大会。王连龙主持会议'追风源'。他提出'怎样把运动引向深入'的问题要大家'讨论'。党委副书记郭忠林首先跳出来'引路'。他说：'几个月来，在揭批刘冰、周荣鑫及教育界、科技界的奇谈怪论时，大家不断想到一个问题，这股右倾翻案风的风源在哪里？广大干部早有议论，早有意见，早就想揭发，解决这个问题。看看运动的来龙去脉，认识到邓小平就是总根子、总后台，就是修正主义在党内的总代表。'接着，几十个人一拥而上，称邓小平是'当前党内最大的走资派'、'睡在毛主席身边的赫鲁晓夫'、'右倾翻案风的煽动者和组织者'、'死不悔改的走资派'、'顽固不化的正在走的走资派'、'地主还乡团团长'、'中国的纳吉'，等等，等等。气氛很紧张。我没有发言，下午还要接着开，怎么表态？"周老是北大革委会副主任、党委常委。我说："你怎么表态都不得体。拥护批邓吧，讲点不痛不痒的话，是言不由衷；反对批邓吧，立即成为'大辩论'的对象，又寡不敌众。你还像上午一样，不表态。不讲话，叫人莫测高深。来一个徐庶进曹营，一言不发。"

由于周老在会上一言不发，第二天，党委派简报组的两个人，手持纸笔，到周家。说："你在会上没有表态，可能时间不够。你补一个表态，我们可以在简报上补进去。这简报可是要往上送的。""往上送"是一种威胁。

周老说："我有话在会上就讲了，会上不讲就是无话可讲。"那两个人轮番威胁利诱："这么大的事情怎么无话可讲呢？"你表态，对你和家人如何如何有利；你不表态，对你和家人如何如何不利。周老依然一言不发。那两个人猛抽烟，满屋子乌烟瘴气。僵持了一个小时，他俩只好告辞，无可奈何地说："周培源同志，你再考虑考虑，考虑好了，打个电话，我们再来。"虽然周老不表态，北大上报的《简报》却写上"点名批邓"是"会上一致认为"。

事后了解，1月27日的"点名批邓"是暗中策划的。党委副书记魏银秋（原8341部队营教导员）、郭忠林（原4587部队团政治处主任）召集麻子英、刘鸿儒、王丽梅（以上均为党委常委）、霍生杰（政治部副主任）、孙绍友（工宣队）、张纯友（工宣队、哲学系总支书记）六人开了一个秘密会议，授意他们在第二天的常委扩大会上起来发难。魏银秋说："明天副政委（王连龙，原为8341部队副政委，现为北大革委会主任、党委书记）主持会议，追风源，但他不点名，由你们来点。"郭忠林为了抢头功，自告奋勇一定要第一个发言。

党委常委开了七次扩大会议，一次比一次扩大，最后扩大到两千人。

3月4日，召开全校大会，进行"点名批邓"。尔后，人人必须表态；我和周老一样，拒绝表态。老是闭着嘴也不是办法，有时别人发言时我乱插嘴、讲笑话，破坏气氛，扰乱会场。我的"阴谋"终于被识破，"工宣队"队长张光明在大会上点我的名，说："郭罗基抵制'批邓'，我们要跟他大辩论！"我成了"大辩论"的对象。

我从"反击右倾翻案风"以来就是"大辩论"的对象，"点名批邓"不表态，又罪加一等。本来是每天"辩论"一次，现在是每天"辩论"两次。

## 中国特色的悼念式抗议

1976年1月8日，周恩来逝世。哀乐响过，燕园一片悲情。周培源尤其哀戚，和他的老伴王蒂澂相对啜泣，老泪纵横，继而放声大哭，不能自己。

1月11日，当灵车驶向八宝山时，首都百万人伫立在数十里的西长安街两侧，在寒风中挥泪送别。灵车缓缓驶近时一片哭声。灵车过去了，人们仍立着不动，坚持数小时，等待灵车回程。这种动人的场面，中外古今未曾有过。新华社写了长篇通讯，姚文元下令一个字也不准报道。治丧委员会声称"丧仪改革"，早不改晚不改，轮到悼念周恩来就来改革了。通知说："不准设灵堂，不准带黑纱，不准送花圈。"北大党委再加两个不准：不准去天安门，不准开追悼会。

治丧期间，姚文元指令媒体尽量淡化宣传，不发全国性的专题消息，压缩外国唁电的版面，说是不能影响对"反击右倾翻案风"的报道。

毛泽东指定华国锋为"代总理"，因为他"不蠢"。

为了压制群众的感情，中共中央发出1976年五号文件，号召在全国范围内公开"批邓"。在清华、北大，五号文件没有向群众传达，因为两校的运动早已超过五号文件了，但特地向我一个人单独传达。那时我因周总理逝世以后的悲痛，情绪愤激，导致胃出血，住在校医院里。哲学系工宣队张师傅、吕师傅拿着文件到病床前向我传达。文件念完了，要我表态。

我说："知道了。"

"没有了？"

"没有了。"

工宣队警告：对中央文件的态度，是个严重的问题，你要好好考虑。工宣队传出去，郭罗基对"批邓"的表态只有三个字"知道了"。一个"批邓"积极分子对工宣队说："郭罗基讲的'知道了'这三个字是有来历的，你们知道吗？""什么来历？""过去皇上批奏折就是用这三个字。"大老粗一听，火上浇油，恨恨地说："郭罗基，这家伙反动透顶！"

以中共中央的名义压制群众自发的悼念活动，不料压出一个天安门运动。群众的愤怒终于在清明节前后爆发，天安门广场出现了具有中国特色的以悼念为形式的抗议活动。北京百万市民，没有人号召，没有人组织，凭心灵感应，不约而同聚集天安门广场，借悼念周恩来逝世之机，反对"秦皇专制"，愤怒声讨江青集团。这是中国人民的觉醒，表达了文化大革命以来压抑已久的真实意志。

1976年4月3日，天安门广场旗杆下，出现"北京大学革命教师"敬献给周总理的马蹄莲鲜花花篮。

北大封锁校门，不准去天安门。4月3日，天安门广场旗杆下出现一个"北京大学革命教师怀念周总理"的马蹄莲鲜花花篮。这是天安门广场的花圈、花篮海洋里唯一来自北京大学的。

北大党委如临大敌，下令追查，并要求各单位保证，决不允许再有花篮、花圈出校门。很快查出来，花篮是亚非研究所的教师丁始琪送的，花篮不是经校门送出去的，而是在城里购买的。党委给丁始琪办"学习班"，变相软禁，她失去了自由。

人民的自发行动遭到政府的暴力镇压，血洒天安门广场。1976年的天安门事件，虽然被当权者定性为"反革命事件"，一时遭到镇压，但人民称之为"四五运动"，奠定了日后粉碎"四人帮"的民意基础，并赋思想解放运动之先声。

迟群、谢静宜、王连龙等人以高压姿态在北大肃清"天安门反革命事件"的影响，搞群众性的清查，鼓动检举、揭发，追查"反革命谣言"，燕园一片恐怖。

天安门运动以打倒邓小平告终。"批邓"更加激烈。

## 北大"批邓"不表态的只有两个人

党委书记王连龙在一次干部会上点名："北大批邓不表态的，只有两个人，一个周培源，一个郭罗基。"言下有罪大恶极之意。很好，比一个半个还多了一点。北大就有两个，别提"尧之都，舜之壤，禹之封"了。即使在北大，恐怕也不止两个，只是我们两个比较引人注意罢了。大多数人的"批邓"表态，不过是在压力之下的逢场作戏，听说居然有人敢于不表态，反而受到了鼓舞。周培源作为著名科学家，"批邓"不表态，在科学家中是凤毛麟角。粉碎"四人帮"以后，徐迟的报告文学《在湍流的涡旋中》着力描写了这一点。大家表扬他，我也跟着沾光。我倒觉得仅仅不讲话、不表态是很不够的，如果有下一次，我应当做得更好。"六四"以后，我就不以不表态为满足了。没有想到，由支持邓小平吸取的历史教训，又用来反对邓小平了。

周培源是国际著名人士，不能把他怎么样。"批邓"积极分子的火力集中到我身上。

迟群鼓吹"一级盯一级"，"层层揪代理人"，"揪一层人"，"横扫邓小平复辟的社会基础"。"在打击一层人、一批人"的同时，也冒出不少趋炎附势、投机取巧的"批邓"干将。中国历史多诡异。在邓小平成为"第二代领导核心"之后，"梁效"分子和"批邓"干将，却摇身一变，成了拥护邓小平的"社会基础"；而当年作为"邓小平复辟的社会基础"受"四人帮"打击的人，又作为"自由化分子"成了邓小平打击的对象。

那些日子，白天，接受"大辩论"；晚上，亲朋好友登门劝说。我觉得晚上比白天还要难熬。白天的"大辩论"，不让我讲话，我或是横眉冷对，或是闭目养神，省得动脑筋。晚上，面对亲朋好友的劝说，既不能横眉冷对，也不能闭目养神。他们都是一番好意，劝我："表个态算了，这年头谁不讲假话。好汉不吃眼前亏。"我只好说："我不是好汉，所以不怕吃眼前亏。"他们还说："将来总有你讲话的时候。留得青山在，不怕没柴烧。"这都是古训，不好反驳。但人各有志，我不赞成他们的处世哲学，又不得不违拗他们的好意，内心很痛苦。我不怕恶意的打击，就怕善意的劝说。

很多人的表态，都是为了不吃眼前亏而说给上面听的假话。可恨的是中国社会存在着一种逼人说假话的威慑力量，造就了不得不说假话的社会环境；中国人也适应了这种环境，说起假话来毫不脸红，还以不吃眼前亏的"好汉"自居。"好汉不吃眼前亏"这句格言，其实大谬不然，应当说"怕吃眼前亏就当不了好汉"！

"批邓、反击右倾翻案风"运动中，我作为"邓小平复辟资本主义的社会基础"，一直陪伴他"靠边站"。我的命运和邓小平连在一起了。直到粉碎"四人帮"，我"靠边站"将近一年。工宣队勒令我每天要到哲学系所在地38楼去"上班"。没有工作，上什么班？为的是限制我的自由，便于看管。

## 第三十八章　欢呼解放又一度

1976年9月9日，中午，北大校园里的大喇叭响了："全体教职员工，全体工农兵学员，下午四时到各系各单位集中收听重要广播。"一连重复了几遍。我猜想，是毛驾崩了。我不能去。事后得知，听了广播后，几个工宣队员痛哭流涕，捶胸顿足，如丧考妣。也有人挤不出眼泪来，伏在桌子上哼哼，假装悲痛。如果我在场，见此情景，没准笑出声来，一定会遭到批斗。毛逝世后，气氛很紧张，严密注视"反革命分子"是否蠢蠢欲动。魏杞文知道我家里没有毛主席像，他特地送来一尊毛主席半身塑像，说："赶快把它供起来。"

### 一声闷雷

毛泽东生前对护士长吴旭君说过："我死了可以开个庆祝会，你上台去讲话。你就讲，今天我们这个大会是胜利的大会。毛泽东死了，我们大家来庆祝辩证法的胜利。他死得好……"（吴晓梅《倾听毛泽东》第361页，广东人民出版社，1998年。）的确，"他死得好"！他一死，促成社会危机的解决。

当时的中国，就像雷雨之前的沉闷。社会危机找不到出路，自然规律发生了作用。虽然人们高呼"万岁"，自然规律不允许"万岁"。还不到"万岁"的百分之一，终于是"辩证法的胜利"。

毛泽东一死，揭开了变革的序幕，不同政治派别的较量尖锐化、表面化。

江青颇有点洋洋得意了。10月1日，江青在清华大学大兴分校吃喝玩乐之余，泄露了天机："胶卷要留在重大政治事件时照"，"苹果要留在盛大节日时吃"，临走时她还要人们"等着特大喜讯，准备学习公报"。她的干将迟群更不谨慎，居然说江青已经"迈着领袖的步伐"。

1976年10月8日，星期五，早上我照例骑自行车到哲学系去"上班"。行至未名湖，遇到一位友人叫停。他把我拉到路边，压低了嗓门，说："我正要到你家去，报告一个惊人消息。中央出了'四人帮'，江青、王洪文、张春桥、姚文元四个人被抓起来了。"

我问："消息可靠吗？不会又是'政治谣言'吧？"

前不久，江青他们说："去年7、8、9，三个月，谣言四起。"所谓的"谣言"，都是对他们不利的民间议论，因而发动了一场"追查政治谣言"的运动，搞得人心惶惶。人们也有办法对付，有的说"是在公共汽车上听到的"，有的说"是在马路边听到的"，有的说"是在女厕所里听隔壁男厕所里的人讲的"，总之叫它追不下去。

这个消息，比此前的任何一个"政治谣言"都惊人。友人说："可靠，消息来自北京军区。"

问：你刚听到这个消息时，认为它可靠吗？

根据我对时局的判断，我也相信这个消息是可靠的。为什么？毛泽东去世将近一个月，没有产生中央委员会主席，上面必有某种紧张，只能用非常手段来解决。

我抑制不住内心的喜悦，自己解放自己，说："老子不去上班了。"掉转马头，打道回府。

听到这个消息的人们，都是又惊又喜。于光远曾告诉我，10月8日晚上，他从唐山大地震现场回到北京，一进家门就听说："那四个人被抓起来了！"他带着夫人小孟，叫上黎澍，走在长安街上，边走边议。怕家里有窃听器，不敢在家议论。他们分析，"那四个人被抓"的消息的是真是假？半夜又把老朋友李昌、冯兰瑞叫到家里，不怕窃听器了，大家越说越兴奋，认为事情一定是真的。

## 搁笔十年重开战

回到家里，我把床底下装有文化大革命材料的两个麻袋拖了出来，准备写文章，批判"四人帮"。文化大革命中，我对那种"大批判"的恶劣文风极为反感，搁笔罢写，不发一文，已有十年之久。

我的妻子刘渝宜中午回来，只见屋子里满地都是材料，惊讶地问道："你干什么呀？"

我说："写文章批江青！"

她说："你疯啦？"一脸紧张的表情。又说："你急什么？将来总有你讲话的时候。"

十年文革，我有多次压抑中的冲动，就像张志新那样，想公开讲出自己的政治见解，一吐为快。她劝我忍耐，老是用这句话来浇我的心头之火："将来总有你讲话的时候。"这时，我说："我没有疯。"我告诉她"四人帮"被抓起来的消息。她说："真的吗！"这句话不是问号，而是惊叹号。显然，她也十分高兴。我说："讲话的时候来到了！"

我意识到，中国的命运将发生转折，我个人的命运也将发生转折。

胸中多少蓄积和郁结，正欲不可抑制地向外喷发，倾泻出来！

晚上，我到燕南园56号周培源先生家。

周老是我的长辈，由于在反对聂元梓、反对"梁效"、抵制"批邓"的共同经历中结成了战斗的友谊，成为忘年之交。我本是周家的常客，近来已有一些日子不登门了。自从王连龙点名之后，我故意回避与周老的接触，以免"串连"之嫌。听到"四人帮"被抓起来的消息，一切顾忌全消。我马上想到与我同命运的周老，我们应当商量，北大如何应变。周老当时顶着北京大学革命委员会副主任的头衔，虽无实权，如果北大出现乱局，这个头衔就有用了。

周老和夫人王蒂澂、三女儿如玲、小女儿如苹都坐在客厅里。

我一进门就嚷："江青被抓起来了！"他们也听说了。核对消息来源，我的友人说消息来自北京军区，他们听到的消息来自解放军总政治部。他们家的老二如雁是总政文工团的报幕员。周老说："那就是确实的了。"10月6日晚上动手，10月7日华国锋分批召集各大军区和省委、中央各部委负责人"打招呼"，10月8日就传到我们的耳朵里，消息扩散得很快。我们在北京算是消息灵通人士了。后来得知，胡耀邦也是在这天上午才得到消息，那是叶剑英派他的儿子叶选宁去胡家通报的。耀邦献上治国三策："中兴伟业，人心为上；停止批邓，人心大顺；冤案一理，人心大喜；生产狠狠抓，人心乐开花。"

客厅里像是一团压缩空气，正要爆炸。我们都表现出一种压抑之中的兴奋。周老咬牙切齿地说："江青这个婊子，真是祸国殃民！"我第一次听到这位温文尔雅的科学家骂人，大概是恨极了，才出此恶语。

周老和我跃跃欲试，准备投入战斗，来对付迟群、谢静宜以及他们手下的那帮横行不法之徒。军宣队、工宣队统治的八年，是北京大学校史上、也是中国教育史上最黑暗的岁月。当时我们还不知道，迟、谢也已成了阶下囚。周老的夫人王老说："你们先沉住气，看一看再说。"在北大，人称周老是"好斗的老公鸡"，而我是"好斗的小公鸡"。每当我们商量事情，显出"好斗"的风格时，王老总是在一旁提醒我们："沉住气。"

我说，这一抓，抓得及时，否则"四人帮"又要闹事了。周老问："有根据吗？"周老是科学家，又是社会活动家。他常说："我们要以搞科学的态度来搞政治。"凡事总爱问："有根据吗？"几乎成了他的口头禅。我说，根据就是《光明日报》10月4日头版头条"梁效"的文章——《永远按毛主席的既定方针办》。他说："我怎么没有看出问题来？"我说："看起来，'梁效'的文章都是陈词滥调，总是在某些地方按个钉子，你不仔细看就滑过去了。"

周老走进书房，拿出这一天的《光明日报》。

我将"梁效"的文章边读边议，特别指出一个地方："任何修正主义头子胆敢篡改毛主席的既定方针，是绝对没有好下场的。"我说："这里说的是'修正主义头子'，还不是'修正主义分子'。究竟指的是谁？是邓小平吗？显然不是，邓小平早已被打倒了。在'修正主义头子'前面加上'任何'一词，当然是在邓小平之外另有所指。而且文章中还说，这样的'修正主义头子'就在'人民面前'，就差把华国锋的名字点出来了。他们又要制造新的事端，抓就在人民面前的'修正主义头子'了。"周老连连点头，说："快把你的意见写出来，让大家知道。"是的，我要写文章了。

一直谈到夜深人静。我告辞时，周老送我出门，说："你小心，我们要忙起来了。"确实，从这一天以后，我们投入了紧张的生活。

后来徐迟写周培源的报告文学《在湍流的涡旋中》，就是根据我的建议，从这一夜的谈话破题的。

## 见证"梁效"的覆灭

10月9日，传达中共中央十五号文件《关于华国锋同志任中共中央主席、中共中央军委主席的决议》，还有两个决定：一个是保存毛泽东遗体，建立毛主席纪念堂，一个是尽快出版《毛泽东选集》第五卷，并筹备出版《毛泽东全集》。传达后讨论，折腾了一整天。在哲学系讨论中央文件的会议上，当然是一片热烈拥护。工宣队的头头兼哲学系党总支书记和革委会主任张光明（初小文化程度，新华印刷厂的工段长），对教师十分凶狠，今天却蔫了，发言语无伦次。我说:"张师傅,你平时总是逼着人表态,今天对中央文件怎么没有一个态度呀?"会场上顿时气氛紧张,以往向工宣队挑战都是没有好果子吃的。我已是"靠边站"的人,教师们担心我又要倒霉了。有人给我暗示:不要再讲了;有人为我开脱,说:"张师傅的发言已经有这个意思了,……"如果是往常,张师傅早就吼起来了,现在却露出一脸苦相。看起来,这个会上,只有我和张光明两个人知道粉碎"四人帮"的消息,其他人还是按惯性行事。另一个工宣队员刘师傅说:"我马上表个态,否则郭罗基也要点我的名了。"显然,他也不知道出了大事。

10月10日,《人民日报》发表社论《亿万人民的心愿》。11日,哲学系讨论时,张师傅表态了,他竟说:"右派上台都是短命的。"

10月13日,北大党委书记王连龙、副书记魏银秋向北京市委联络员汇报:"9号,哲学系在讨论中央两个决定一个决议时,郭罗基指着工人师傅张光明的鼻子质问:你对华国锋同志任中共中央主席到底是什么态度?""这是对工人阶级领导的态度问题。因为郭罗基过去受到批判,一直不满,现在想乘机翻案。"张师傅攻击粉碎"四人帮"以后的党中央是"右派上台",他们不汇报,质问张师傅反而成了"对工人阶级领导的态度问题"。这些"四人帮"的残渣余孽,比别人更为敏感。为了掩盖自己的劣迹,就必须竭力维护旧案,一律不许翻。

10月10日,星期日,我坐下来写文章,批判"梁效"的《永远按毛主席的既定方针办》。

文化大革命中的大批判文章,我不愿写,以罢写表示抗议,已有十年之久。有时怀疑自己,还会不会写文章?一旦临到有话非讲不可的时候,文章却写得飞快,一天完成六千字,题为《"四人帮"的反革命动员令——评"梁效"的〈永远按毛主席的既定方针办〉》。

晚上十一点四十五分,文章刚写完,忽听得一队汽车疾驶而来。我知道,有好戏了,连忙下楼,看个究竟。

那时,我住在北大朗润园10公寓。朗润园是原圆明园的一部分。圆明园号称"万园之园",是众多园林的总称。北大所在的朗润园、镜春园、淑春园(即未名湖)、蔚秀园、承泽园等处(原燕京大学旧址),是1840年没有被英法联军火烧或损毁不大的部分。朗润园的中心是一个湖,湖的东边耸立着五十年代建造的五幢四层米色公寓大楼,从南往北依次是8到12公寓。13公寓位于12公寓的西边。在12公寓和13公寓之间,有一幢灰色的三层楼,五十年代是"苏联专家招待所",后改称"北招待所"。在12公寓、北招待所、13公寓一线后面,是北大的北部边墙,墙外隔一条马路,就是圆明园废墟。北招待所现在是"梁效"的据点。作为"梁效"的据点,成了青龙白虎堂,二十四小时有人值班,不准外面的人进去。那车队直奔"梁效"的据点,门口立即由持枪的士兵站岗。这一回,是不准里面的人出来。

7月28日唐山大地震以后,朗润园的居民每天晚上轮流值班巡逻。今晚的巡逻人员停止了脚步,和我一起站在湖边的一棵树下,又来了十几个和我一样睡不着觉的人。夜已深,悄无声,我们这一群人瞪大了眼睛,注视楼里的动静。先是看到大部分房间已熄灯,大概"梁效"们早已堕入梦乡;随后一个一个房间都亮了起来。里面究竟发生了什么?不知。守候到10月11日凌晨一时四十五分,只见解放军押着一队人马从大门里面走出来,走出招待所,走出朗润园，走入黑暗中……。为首的是"梁效"的头头李家宽（8341部队文书科副科长、北大党委常委、"梁效"党支部书记），他们手里拿着毛巾、牙刷之类，一个个耷拉着脑袋，成了丧家之犬。昔日威风何处寻？我们这一群看热闹的人，有人指指点点数人头，有人向他们发出"嘘"声，有人鼓掌，夹道欢送。我们成了"梁效"覆灭的历史见证人。还有"梁效"的自证，"梁效"成员范达人在他的回忆录中说："我们就这样灰溜溜地被押出了'梁效'的驻地。……我们走出这座灰色大楼时，附近已有许多人在围观，有的人还在指指点点地议论着，颇为高兴。"（范达人《"文革"御笔沉浮录——"梁效"往事》第2页，明报出版社，1999年。）

事后了解，这是根据中央的命令，由北京卫戍区对"梁效"进行查封。"梁效"的据点被捣毁了！"梁效"式的大批判终结了！"梁效"背后的导演"四人帮"下台了！！"梁效"和"四人帮"的表演舞台文化大革命闭幕了！！！

在政治赌博中押宝的人，心里也不踏实。"梁效"的成员叶朗曾私下对哲学系的人讲："说不定一觉醒来，门口被坦克包围……。"不幸而言中，不过毋需坦克，几辆吉普车足矣。

"梁效"的查封证实了传说中"四人帮"被抓起来的消息。白天，朗润园热闹起来了，"山阴道上应接不暇"，行人、车辆络绎不绝。查封"梁效"的消息传开以后，人心大快，纷纷到北招待所看个究竟，亲自证实一下。一连数日，可以见到这样滑稽的情形：有人骑自行车匆匆而来，行至北招待所，见到解放军士兵把门，或是大叫一声，或是拳头冲天，来个急转弯，飞快而去，向别人报告好消息去了。

粉碎"四人帮"用的是特殊手段，消息的传递也是经由特殊渠道。10月7日，华国锋"打招呼"的讲话，既不见诸报刊，也不向下传达，但禁不住小道消息的传播。小道消息的传播都是私相授受，只通向政治态度相同的人。街头巷尾常见三三两两的人窃窃私议，夜幕降临则到处串门。真是物以类聚，人以群分。那些"梁效"的成员、"批邓"的积极分子、"四人帮"的追随者却得不到半点消息。但他们也感觉到空气有点异样，呆若木鸡，不知所措。"梁效"的范达人在他的回忆录中说："1976年10月10日晚，京城许多消息灵通人士正在家中或餐馆与亲朋好友开怀畅饮，欢庆'四人帮'覆亡，而我却对外界变化懵然无知，仍像往常一样，从家返回'梁效'驻地。……因为'梁效'早有规定，星期日晚，大家定要返回大批判组。"（范达人《"文革"御笔沉浮录——"梁效"往事》第1页）他不知道，这一"返回"竟是自投罗网。

中共北京市委决定，对"梁效"的审查分头进行。"梁效"据点中的材料，交"洪广思"审查。"洪广思"为北京市委的写作班子，是大批判中"梁效"的跟班。当时的舆论评说，让"洪广思"审查"梁效"，等于让穆仁智审查黄世仁，下场如何，可想而知。事实上一直没有公布审查的结果。

"梁效"人员的审查，由北大负责。"梁效"的全部成员集中到才斋，办学习班，隔离审查。

"梁效"被查封，证明了传说中"四人帮"垮台的消息确实可靠。人们用各种方式表示庆祝，放鞭炮，痛饮庆功酒，……。有一种庆祝方式是吃螃蟹。那一年，上市的螃蟹特别多。顾客们一定要买三只公的、一只母的。开始，售货员困惑莫解："你们怎么啦？现在这个季节正是吃圆脐的时候呀！"后来得知其中奥秘，兴高采烈地应道："好嘞，三只公的、一只母的，来啦！"有人提了一串螃蟹，指指点点地说："看你还能横行到几时？老子吃了你！"这是北京人的政治幽默。

## 从保密到公开

一举粉碎"四人帮"，用的是非常手段。叶剑英本来想仿照毛泽东处理林彪事件的方式，保密两个月。哪知保不住了。仅仅事隔五天，10月11日，英国《每日电讯报》驻北京记者尼杰尔·韦德发回有关中国的重大新闻，次日头版头条见报，三条标题是："华粉碎极左分子"，"毛的遗孀被捕"，"四个领导人被指控策划北京政变"。10月13日，世界各大报纸纷纷转载。《每日电讯报》的尼杰尔·韦德抢到了独家新闻，大出风头。

问：韦德是怎样抢到独家新闻的？

毛泽东逝世后，他密切注视中国的政局。10月10日，两报一刊的社论（《人民日报》、《解放军报》、《红旗》杂志同时发表社论，是文化大革命中宣达上意的权威方式。）《亿万人民的共同心愿》中的一段话引起了他的注意："任何背叛马克思主义、列宁主义、毛泽东思想，篡改毛主席指示的人，任何搞修正主义、搞分裂、搞阴谋诡计的人，是注定要失败的。"这些"背叛"、"篡改"……"搞阴谋诡计的人"究竟是谁？他打听了一天，终于模模糊糊获悉毛的遗孀和其他三个领导人已被逮捕。

身处秦城监狱大墙之内的严慰冰，在林彪出事后十来天，正是严密封锁消息期间，她就对监管人员说："党内出了大事一桩。"问她是怎么知道的？她说："最大的机密都在报纸上。"该是"伟大领袖毛主席和他的亲密战友林副主席"的地方，后半截的"亲密战友"不见了。所以只要认真读报，就可以窥探保密者不得不泄露的机密。

问：关于严慰冰的事，你是怎么知道的？

严慰冰是我的无锡老乡。1986年严慰冰逝世。我去北京东总布胡同陆定一家吊唁。这一天，陆定一正在住医院，严慰冰之妹严昭在家。她在严慰冰的灵堂前点了三支香，说："姐姐，你的朋友郭罗基来看你了。"空屋传响，情意凄清。她用无锡话同我交谈，告诉我许多有关严慰冰晚年的事情。此一情节又见后来叶永烈对严昭的采访，《从华国锋到邓小平》第63页（香港天地图书，1996年）。

再说保密的事。林彪事件后，也有西方记者从报纸上发现玄机了。他去问胡同里的小孩："你们的林副主席怎么样了？"小孩回答："林副主席嗝屁了。"他不懂什么叫"嗝屁"，不能下最后判断，失去了抢新闻的机会。

全世界都知道的事情还要保密，就显得愚蠢了。10月14日，新华社发消息，以报道北大、清华两校动态的方式，公布了北京发生的重大政治事件。北大和清华是"四人帮"严密控制的单位。吴德的口述历史中透露，10月6日晚上，抓"四人帮"的同时，为防备两校学生闹事，北京卫戍区"在清华、北大附近部署了相当的兵力，如果有人往外冲，无论如何要把他们堵回去。"（吴德口述《十年风雨纪事》，当代中国出版社，2004年。）新华社的消息表明，首先是北大、清华拥护粉碎"四人帮"。报道说：广大师生"坚决拥护华国锋同志为首的党中央，同一切背叛马列主义、毛泽东思想，篡改毛主席指示，搞修正主义，搞分裂主义，搞阴谋诡计的人做坚决斗争。"中国人和外国人都认为这是公布了粉碎"四人帮"的消息（《中国共产党执政四十年》第406页：1976年10月14日"中共中央公布了粉碎'四人帮'的消息。"中共党史出版社，1991年。）其实，这一报道中根本没有出现"四人帮"的概念，而且既无事实又无人物，完全是根据政治需要坐在办公室里编写出来的。

批判"梁效"的文章，我早已写好，但没有地方可以发表。10月14日，我决定作为大字报贴出去。在北大哲学系的教师中征求签名，连我共十四人。虽然已经得知"梁效"被查封，新华社也公布了粉碎"四人帮"的消息，多数人还不敢签名。北大党委知道了，派哲学系党总支副书记刘泽远（留校的工农兵学员）通知我："大字报不许贴，要服从纪律，不服从就给处分。"这就是粉碎"四人帮"以后我所写的第一篇批判文章所遭遇的命运。

## 北京人体验又一次解放

10月18日开始，北京市普遍传达中共中央十六号文件，内容是华国锋关于"四人帮"问题"打招呼"的讲话。在"四人帮"被抓了两个星期之后，终于透露真相。10月21日，北京市举行声势浩大的游行，热烈庆祝粉碎"四人帮"的伟大胜利。北大和清华走在游行队伍的最前列，北大从西长安街向东，清华从东长安街向西，在天安门前会合，又涌向前门。北大的队伍前面，走着一位满头白发、意气轩昂的老人，他就是周培源。这一年，他七十四岁。正巧，个位数和十位数互换一下位置，他四十七岁的时候，和两个女儿骑自行车，从清华园奔向前门，参加过另一次游行，迎接解放军入城。四十年后的1989年，又有一次解放军入城。这一次，人民不是热烈欢迎，而是设路障、堵军车。没有料到，解放军居然向人民开枪。

毛泽东去世后，9月18日在天安门广场举行百万人追悼会。北大倾校出动，先是用校车把人送到木樨地，然后步行到天安门附近的指定位置。我说："身体不好，走不动，不去了。"那时我是监控对象，党委派人到我家发指令："你必须去！"一定要把我放在群众之中，周围还少不了用第三只眼睛盯着我，因为那两只眼睛要假装不看我。如果我走在队伍的边缘，一定有人在我的两边，把我夹在中间。

这一次庆祝粉碎"四人帮"的游行，是从白石桥经西长安街，过天安门，到前门才解散。步行的路程长得多，我却劲头十足，健步如飞。而且，没有人盯梢、夹击了，自由自在。

新华社10月21日发消息："首都一百五十万军民举行声势浩大的庆祝游行，热烈庆祝华国锋同志任中共中央主席、中央军委主席，热烈欢呼一举粉碎王洪文、张春桥、江青、姚文元反党集团篡党夺权阴谋的伟大胜利，热烈欢呼伟大领袖毛主席生前的英明决策已得到迅速实现。"这是第一次公开点了"那四个人"的名。

老北京都认为，这一天重现了1949年解放军入城式的激动人心的情景，是一生中又一次解放。半年以前，在四五运动中郁积的悲愤，一吐为快。北平和平解放的时候，我还在无锡从事地下工作，在短波收音机中听到新华广播电台报道：前门的游行队伍里，有人在背上写了一条标语："我解放了！"北大的队伍游行到达前门的时候，我忽然想起这个情节，不禁也在心中呼喊："我解放了！"我参加过许许多多的游行，只有1949年4月在无锡"迎接解放，走向光明"的那一次，和1976年10月在北京庆祝粉碎"四人帮"的这一次，心情极为相似。解放了二十七年，为什么会发生"又一次解放"？人潮汹涌，感情奔流，理智还没有做出应有的解释。我看到，中央机关队伍里面的老干部，解放军总部队伍里面的老将军，有的白发苍苍，有的坐着轮椅，不少人恐怕还是当年入城式的主角吧？往昔解放人民的使者，现在作为"走资派"、"民主派"又来体验自身的解放了。

大游行持续了三天，北京市民倾城而出，万人空巷，参加者达三百五十万人。接着，10月24日，又在天安门广场召开百万人庆祝大会。10月25日，《人民日报》头版头条的标题是："热烈欢呼华国锋同志为我党领袖，愤怒声讨'四人帮'反党集团滔天罪行。"抓了"四人帮"二十天，消息才从保密到公开、从模糊到精确。

"一举粉碎'四人帮'"是少数人策划的政变。一个党中央副主席和一个政治局常委、一个政治局委员，做出决定，逮捕另一个党中央副主席和一个政治局常委、再加两个政治局委员，合乎什么程序？人民群众的欢呼和拥护，才赋予这一政变以合法性。政变不合乎程序正义，但合乎实质正义。"四人帮"实在太坏了，人们以为不论用什么方式方法，把他们赶下台都是好事。文化大革命的发动是没有合法程序的，文化大革命的结束也只能是非程序性的。

百万人大会后，当晚传达了党中央的指示：趁热打铁，掀起揭批"四人帮"的高潮，大字报、大标语要铺天盖地，大造声势。北大28、29、30、31楼之间的大四合院广场，本来是"批邓"的大字报区，现在成了反"四人帮"的战场。确实，一夜之间做到了"大字报、大标语铺天盖地"，通宵达旦都有人贴大字报、看大字报、抄大字报。这几天的游行集会都是上面授意和组织的，因此就不需要什么《游行示威法》了。大字报可以用来为党中央"大造声势"，也没有人提出"大字报不受宪法保护"的问题。

### "四人帮"的要害是什么？

为粉碎"四人帮"大造声势后，传达叶剑英的讲话，提到《光明日报》10月4日"梁效"的文章是"'四人帮'篡党夺权的动员令"，与我的文章的题目差不多。党委特地派人来找我，要我将批"梁效"的文章拿出来，赶快交《新北大》校刊发表。他们又要以发表我的文章抢先表态了。文章发表在《新北大》校刊1976年11月3日。

后来报刊上也发表了不少批判"梁效"的"按既定方针办"的文章，但都比较空泛。《北京大学学报》意欲组织一篇高质量的批判文章，他们认为此文的作者非我莫属，因为我在北大、在全国第一个公开站出来批判"梁效"。他们还送来"梁效"成员的交待材料，供我参考。我在原来文章的基础上改写成了《发难的号角成了灭亡的丧钟——评"梁效"的〈永远按毛主席的既定方针办〉》。其中，有些材料在当时可说是"独家新闻"，可惜我的文章又未能发表。因《北京大学学报》奉命整顿，停刊了。12月17日，《人民日报》发表编辑部文章《灭亡前的猖狂一跳——揭穿"四人帮"伪造"临终嘱咐"的大阴谋》。处理我的文章的北大学报编辑张希清说："郭罗基的文章，水平比它高。"

问：水平高在什么地方？

华国锋声称"继承毛主席的遗志，巩固和发展文化大革命的胜利成果"。坚持毛泽东的文化大革命路线，华国锋和"四人帮"是一致的，那么为什么要抓"四人帮"？在他看来，"四人帮"的要害是"篡党夺权"。12月22日，《人民日报》发表一篇社论，题目就是《"四人帮"的要害是篡党夺权》。在相当长的一个时期中，批"四人帮"就是只批这个"要害"。在华国锋看来，扫清了通向最高权力之路，问题就解决了。在人民看来，"四人帮"的要害是那条祸国殃民的路线，要求改变祸国殃民的路线以及由这条路线所造成的有害结果。所以，反对"四人帮"是出于不同的立场。我的批判是引向否定"四人帮"的极左路线以及他们的思想基础封建专制主义。

批判"四人帮"的冲动实在无法克制。在传达华国锋的"打招呼"讲话后，虽然批"梁效"的文章无处发表，我又写了一篇批判"四人帮"的文章。"四人帮"的谬论很多，但像样的文章却很少。张春桥的《论对资产阶级的全面专政》和姚文元的《论林彪反党集团的社会基础》曾喧嚣一时。姚文元的文章没有什么理论，我以张春桥的文章作为批判对象，写了一篇《"四人帮"的反马克思主义代表作——评张春桥的〈论对资产阶级的全面专政〉》。张春桥是以一篇文章发迹的。1958年，他在上海《解放》半月刊第六期上发表了《破除资产阶级的法权思想》，毛泽东见了命《人民日报》转载，还亲自写了一段按语："这个问题需要讨论，因为它是当前一个重要的问题。我们认为张文基本是正确的，但有一些片面性，就是说，对历史过程解释得不完全。但他鲜明地提出了这个问题，引人注意，文章又通俗易懂，很好读。"从此张春桥青云直上，飞黄腾达。毛提出"这个问题需要讨论"，但一开始就肯定"张文基本是正确的"，那就是说反对张文基本是错误的，还讨论什么呀！张春桥是从柯庆施那里得到信息，知道毛主席多次谈到资产阶级法权问题。他揣摩上意，写成此文。毛说"张文基本是正确的"，等于说他自己基本是正确的。张春桥的《论对资产阶级的全面专政》与《破除资产阶级的法权思想》一脉相承，为了克服"一些片面性"，所以把问题强调到"全面专政"。

当时批判"梁效"、"四人帮"的文章，大多是"以其人之道还治其人之身"，也是"大批判"式的讨伐。我的文章着重理论分析。汪东兴说："'四人帮'有什么鸟理论，现在有人是借批'四人帮'批毛主席。"说的没错。因为"四人帮"的"鸟理论"来自毛主席。我就是借批张春桥批背后的毛主席；批毛的理论又追溯到中国的封建专制传统。

张显扬、王贵秀当时都在北大，他们二人合作，也在写批判张春桥的文章。我们三人常常私下交流。文章完成后，他们给了《人民日报》（题为《无产阶级专政，还是法西斯专政？》），我给了《红旗》。

张春桥的《论对资产阶级的全面专政》和姚文元的《论林彪反党集团的社会基础》，这两篇文章都是毛主席看过的，划了圈的。批张春桥、姚文元就是批毛主席，所以不让批。《红旗》杂志收到我的文章后向上请示。1977 年 2 月 4 日，汪东兴在《红旗》杂志的请示报告上批示："这两篇文章是经伟大领袖和导师毛主席看过的，不能点名批判。"后来因为理论界要求批判的呼声越来越强烈，汪又说："只能'不点名'批评文中的错误观点。"所以《人民日报》1977 年 5 月 11 日发表张显扬、王贵秀的文章时，只是指向"有人说"，还有一些无主语的句子，但谁都知道这是批张春桥。

《红旗》答复我："文章可以摘要发表"。所谓"摘要"，不是摘其主要或重要，而是按汪东兴的指示摘其所需要。我不妥协，只好束之高阁。一年以后，《北京大学学报》复刊，向我约稿，我以这篇文章交账。北大学报编辑打电话询问《人民日报》理论部副主任汪子嵩："听说批张春桥的文章不能点名，有没有这回事？"汪反问："你们有没有接到文件指示？"答曰："没有。""没有，你就不要管它。"北大学报将我的文章作为复刊第一期的首选，全文照登。人民出版社选编了一本《批判"四人帮"全面篡改马克思主义理论文集》，收入我的这篇文章。中宣部（张平化任部长）指示人民出版社："把郭罗基的文章的副标题去掉。"这时已经到了 1978 年 9 月，粉碎"四人帮"将近两年，中宣部还在执行汪东兴的"不点名"的指示。人民出版社编辑的回答很巧妙："我们是选编已经发表过的文章，北大学报发表郭罗基的文章时本来就有这个副标题。如果要去掉，你们先叫北大学报去掉。"北大学报已经发行了几万本，怎么能去掉？

恩格斯说，同羊战斗自己身上也会沾染羊膻味。我的第一篇批判"梁效"的文章，当时被人称为"文风清新"，现在看来还是有"羊膻味"。但我身上的"羊膻味"消退得很快，第二篇批判张春桥的文章就没有什么"羊膻味"了；但似乎理论过于艰深了，当时人都懒得看。

问：你批"四人帮"抓住了什么要害？

我在粉碎"四人帮"以后写的两篇文章，值得注意的是强调批判"四人帮"的封建专制主义。当时批判"四人帮"用的是流行的套话，也是"四人帮"自身的语言，只是把"四人帮"扣在老干部头上的帽子摘下来，反扣在"四人帮"头上，什么"四人帮"是"党内资产阶级的典型代表，是死不悔改的正在走的走资派"，"他们上台，就是资本主义复辟"，等等。我却认为，他们要复辟的不是资本主义，而是封建专制主义。我着重指出，张春桥所论证的

"对资产阶级的全面专政"是以"无产阶级专政"的面纱掩饰的封建地主阶级对资产阶级的专政,也是对工人、农民的专政,提醒人们"动手彻底扫除中国大地上的封建余毒"。

1975年,以波尔布特为首的柬埔寨共产党夺取了政权。他们认为,柬埔寨地域不大,人口不多,国情简单,可以不经过新民主主义的过渡,一步到位,直接进入社会主义,并以张春桥的时新理论为指导制定了宪法。后来发生的事情震惊全球。东方佛国柬埔寨成了血腥的杀戮场,这就是比中国更为彻底的"全面专政"的样板。

但我在粉碎"四人帮"之后批判封建专制主义这一点,当时并没有引起公众的注意,记得只有吴敬琏在一次会上说:"注意,北大的郭罗基在批判'四人帮'的封建专制主义。"当时吴敬琏还没有成名,虽然他提请大家"注意",还是没有多少人注意。不仅如此,批"四人帮"的封建专制主义还是犯忌的。已经到了1977年底,胡耀邦要阮铭写一篇文章,谈谈反封建问题。阮铭写了一篇两万字的长文,题为《"四人帮"的覆灭与思想解放运动的任务》。胡耀邦将它印发给一些领导人审阅,除了罗瑞卿外,不是坚决反对,就是置之不理。(阮铭《历史转折点上的胡耀邦》第7页,八方文化企业公司,1991年。)1980年,理论界一度热议反封建,并推动了邓小平。他在《党和国家领导制度的改革》中说:"现在应该明确提出继续肃清思想政治方面的封建主义残余影响的任务,并在制度上做一系列切实的改革,否则国家和人民还要遭受损失。"(《邓小平文选》〈1975-1982年〉第295页。)阮铭的文章,压了三年,在邓小平讲话后才得以发表。但不到半年,同一个邓小平,又提出反对资产阶级自由化。反对资产阶级自由化,即提倡封建主义专制化,成了自己先前应该"肃清"的对象。

我的兴趣本是理论批判。虽然一举粉碎了"四人帮",批判"梁效",批判"四人帮",还是阻力重重。我写了两篇文章都无法发表。理论批判没有出路,原因来自政治上的阻力。于是我的注意力转向政治,决心投入实际斗争,为改变现状而努力。

# 第三十九章　一场反对两个"凡是"的民主运动

虽然一举粉碎了"四人帮",华国锋政变集团的注意力在于剥夺"四人帮"的权力,而不是改变"四人帮"的路线。为了稳住局面,他们借助毛泽东的亡灵,提出两个"凡是"。

问:两个"凡是",大家都知道;但不知道是谁提出的、怎样提出的。

## 两个"凡是"是怎样出笼的?

1976年10月26日,中共中央主席华国锋在和中央宣传部门负责人谈话时说,"'四人帮'的路线是极右路线","天安门事件要避开不说","批'四人帮'连带'批邓'"。事实上天安门事件无法避开,"批邓"也已经批不下去了。执意压制人民的呼声理由何在?他就抬出"凡是"来了:"凡是毛主席讲过的,点过头的,都不要批评。"这就是政变集团在粉碎"四人帮"之后的方针大计。11月18日,中共中央副主席汪东兴在全国宣传工作座谈会上讲话,他反对为天安门事件平反,反对邓小平出来工作。他还主张,鼓吹"四人帮"的教育革命的电影《决裂》还要放,体现"四人帮"教育革命的样板"朝阳农学院"还要办。他的理由无非是"毛主席决定的"、"毛主席批准的"、"毛主席指示的"、"毛主席看过的"、"毛主席画了圈的",等等。他的"凡是"就多了。11月30日,时任副委员长的吴德在人大常委会上提出:"凡是毛主席指示的,凡是毛主席肯定的,我们都要努力去做,努力做好。"他最早归纳为两个"凡是",既不是一个"凡是",也不是多个"凡是"。1977年2月7日,两报一刊发表社论《学好文件抓住纲》,以权威的方式、用工整的句子将两个"凡是"规范化:"凡是毛主席做出的决策,我们都坚决维护;凡是毛主席的指示,我们都始终不渝地遵循。"这篇社论是汪东兴、李鑫策划,龚育之、郑必坚起草,华国锋批发的。当时宣传口负责人耿飚说:"发表这篇社论等于'四人帮'没有粉碎。按照两个'凡是'什么也干不成了。"两个"凡是"是文化大革命延伸下来的一条丑陋的尾巴。一切照旧,不许变动,执行两个"凡是"就是继续实行毛泽东的极左路线,也就是没有"四人帮"的"四人帮"路线。

提出两个"凡是",同历史上的保守派一样,坚持"祖宗之法不可变"。

1976年清明节,愤怒声讨"四人帮"的天安门广场的四五运动,虽然被镇压了,却奠定了反对"四人帮"的民意基础。4月的英雄碧血灌浇出10月的胜利之花。政变集团利用了人民的意志,但没有满足人民的要求。粉碎"四人帮"以后,人民仍然被两个"凡是"捆住手脚。一方面人民强烈要求变革,另一方面两个"凡是"极力维持现状,一场严重的斗争就是不可避免的了。

在北京大学爆发了一场反对两个"凡是"的民主运动。

## 两个"凡是"的标本

北京大学的顶头上司是中共北京市委。中共北京市委书记、北京市革命委员会主任吴德是政变集团的成员,也是两个"凡是"的炮制者之一。中共北京市委抛出的《关于北大当前运动的意见》就是两个"凡是"的标本。《关于北大当前运动的意见》的内容共有六条,故北大人简称为《六条》。

问:为什么说《六条》是两个"凡是"的标本?

清华、北大是迟群、谢静宜操纵的"四人帮"严密控制的单位。北大毕竟具有"五四"的传统。除了少数无耻文人投入"四人帮"的怀抱,成为"梁效"的吹鼓手之外,更多的正义之士在堡垒内部攻打,进行了多年的艰苦斗争。粉碎"四人帮"的消息传到北大,群众的愤怒像火山一样喷发。中共北京市委充了当消防队的角色,"凡是"派委员吴德便是消防队长,《六条》就是灭火器。 应该为"四人帮"严密控制的北大唱挽歌的时候,北京市委却唱起了赞歌。《六条》的第一条,开宗明义就说:"向广大群众讲清楚,清华、北大是伟大领袖毛主席抓的点。几年来,在毛主席的无产阶级革命路线指引下,两校的广大干部、宣传队员和师生员工贯彻毛主席的指示,取得了很大成绩,对全市学校的斗、批、改,教育革命和上层建筑领域的革命起了有力的推动作用。"还说:"批邓、反击右倾翻案风是毛主席亲自发动的。批邓,揭发批判刘冰问题是完全正确的,不能翻案。"既然北大是"毛主席抓的点",这里所发生的一切,不是毛主席的决策就是毛主席的指示,都必须"坚决维护"、"始终不渝地遵循"。"四人帮"和迟群、谢静宜的胡作非为就不能揭发,破坏教育的"教育革命"就不能否定,整人的冤假错案就不能平反。凡是"毛主席抓的点","成绩很大","完全正确","不得翻案"。所以说《六条》是两个"凡是"的标本。北京市委以《六条》捂盖子,压制北大的群众揭批"四人帮"的斗争。

## 何谓"毛主席抓的点"?

问:北大真是"毛主席抓的点"吗?

怎么说呢?北大是"毛主席抓的点",可以说是真的,也可以说不是真的。

1968年8月,中国人民解放军毛泽东思想宣传队(军宣队)、首都工人毛泽东思想宣传队(工宣队)进驻学校。进驻北大的是以政治部副主任刘信为首的63军(4587部队)的一批军官和士兵。这帮人水平很低,大胆胡来,搞得很糟。这一年的12月,翦伯赞夫妇自杀的消息惊动了上面,派人到北大来了解情况,才知此前已经有四十多人自杀身亡,而这时"牛棚"里还关着的和单独禁闭的还有九百多人。于是由警卫中南海的8341部队顶替63军,派出宣传队进驻北大。同一时期,8341部队还进驻二七机车车辆厂、新华印刷厂、光华木材厂等六个工厂和北大、清华两个大学，大多是为了纠偏。由于带枪的人互不服气，把"六厂二校"说成"伟大领袖毛主席抓的点"，别的部队被撤出的宣传队无话可说。实际上，毛泽东从来没有到这些单位蹲过点，也没有听到过他发出的具体指示。倒是"四人帮"充分利用"毛主席抓的点"的旗号，以售其奸。江青经常说："我以两校自豪！"有时说："我以'梁效'自豪！"她还常到新华印刷厂活动。她到这些"点"里巡视，一开口总是说："我代表毛主席看望你们来了！"所以名义上是"毛主席抓的点"，实际上是"四人帮"抓的点。而中共北京市委又企图利用"毛主席抓的点"的旗号来掩盖"四人帮"抓的点的劣迹。

1976年10月16日，北京市委科教组组长萧英来北大，传达了《关于北大当前运动的意见》（即《六条》）。除了肯定北大是"毛主席抓的点"，还提出一个揭批"四人帮"的方针："重点问题、重点人的问题要弄清楚，一般问题不予追究。"工宣队负责人刘鸿儒代表党委表态，说："市委的意见是对我们的亲切关怀和热情鼓励。"他们在《六条》的"亲切关怀和热情鼓励"下，以顽固的立场、疯狂的劲头、卑劣的手法压制群众，对抗揭批"四人帮"和"梁效"的运动。

同样的《六条》，也给了清华，清华默默地消受了，北大则强烈反对。当时把矛头指向"伟大领袖毛主席"还是要当"反革命"的，所以不能说"毛主席亲自抓的"也是错的，只能说，北大不是"毛主席抓的点"，而是"'四人帮'严密控制的单位"，这样许多案子就可以翻过来。为了这两句话，北大的教师同中共北京市委斗了一年多。1957年，北大的民主运动被打成"右派"反党；二十年后的1977年，反党居然反成功了，结果是党委改组，市委检讨。这是迄今为止在共产党的党天下发生的唯一的一次成功的民主运动。北大的民主运动经历了三个阶段。

## 第一阶段：把"四人帮"的帮派体系头面人物轰下台

以党委书记王连龙为首的北大党委，在"批林批孔"、"反击右倾翻案风"、"批邓"等运动中，随着"四人帮"的指挥棒起舞，在搞乱全国的风潮中起了恶劣的作用。这个党委完全是"四人帮"的帮派体系，而北京市委在抓了"四人帮"以后却委以重任，让他们来领导揭批"四人帮"的运动。

1976年10月7日，华国锋分批召集各大军区、各省委、各部委负责人"打招呼"，通报粉碎"四人帮"问题。

中共北京市委书记丁国钰向北大党委书记、革委会主任王连龙传达了华国锋"打招呼"的内容，还说："迟群、谢静宜参与反党阴谋活动，现在已经到他们应该去的地方去了。"并叮嘱他暂时不要传达。丁国钰还对王连龙说："党是相信你的，你还要主持北大的运动。"

王连龙违反北京市委的规定，先向党委副书记魏银秋（8341部队营教导员）通风报信，商量对策；然后召开党委常委会传达北京市委的"打招呼"，但不通知党委常委周培源参加。王连龙说："丁国钰同志讲：北大是毛主席抓的点。这几年，在毛主席的无产阶级革命路线指引下，取得了很大的成绩，对全市学校的斗、批、改，对教育革命起了有力的推动作用。这与迟、谢参与篡党夺权的阴谋是两回事，他们是他们俩的问题。……北大不能乱起来，一定要稳住，党委要站在斗争的前列。……要及时了解情况，掌握动态，有情况及时向市委汇报。"

次日，魏银秋又违反北京市委的规定，擅自扩大"打招呼"的范围。他找哲学系工宣队负责人张光明"打招呼"，说："要掌握动态。北大要不乱，首先要哲学系不乱。"他又把远在昌平太平庄基地的军宣队负责人陶俊起、电子仪器厂军宣队负责人童宣海找来"打招呼"，说："这件事只能你们知道，对谁也不能讲。"

王连龙打电话把"梁效"的头头李家宽叫到四院（党委办公室），要他"把两校大批判组的基本情况简要地写出来，二十分钟后就到市委汇报。"他们炮制了一份隐瞒罪行、欺骗领导的报告。王连龙还示意李家宽组织退却："大批判组的事情，你要准备准备！"查封"梁效"时，李家宽的办公室里一个笔记本都没有。显然，他已经做了充分"准备"。

10月9日，上午九时，中共北京市委常委徐运北、科教组组长萧英来北大，在党委常委会上传达市委的指示（他们不知道，王连龙早已传达过了），并强调要按市委的要求去做。他们说："迟、谢的问题是他们的问题。我们揭发清楚就行了。"会上，魏银秋请示徐运北是否可以扩大"打招呼"的范围？徐说回去研究研究。徐回去研究后答复：可以将"打招呼"的内容告诉每个系的个把人。实际上在这以前，他们早就对一些人通风报信。而且还没有等徐运北回去以后研究答复，这天下午，他们又分别与各系负责人"打招呼"。

全校党员大会传达中共中央十五号文件《关于华国锋同志任中共中央主席、中央军委主席的决议》后，群众要贴拥护华国锋任中共中央主席、中央军委主席的大标语，王连龙不许。

10月10日深夜，查封"梁效"后，王连龙指定郭忠林主管审查"梁效"的学习班。他们根本不采取措施，原大批判组的成员在未名湖畔优哉悠悠，逍遥自在，又给了他们订立攻守同盟的充分机会。李家宽还叫嚷："要把两校大批判组党支部建设成为坚强的战斗堡垒。"向谁战斗？

10月12日，在学习《人民日报》社论《亿万人民的心愿》时，哲学系工宣队负责人张光明竟然说"右派上台都是短命的"，攻击以华主席为首的党中央。王连龙、魏银秋向北京市委的联络员田某"汇报一个情况"，说："9号，哲学系在讨论中央的两个决定、一个决议时，郭罗基指着工人师傅张光明的鼻子质问：你对华国锋同志任中共中央主席到底是什么态度？"王、魏说："这是对工人阶级领导的态度问题。因为郭罗基过去受到批判，一直不满，现在想乘机翻案。"张光明攻击华主席是"右派上台"，他们不汇报，反而诬蔑质问张光明的人是"对工人阶级的态度问题"。

10月14日，新华社发消息，报道北大、清华广大群众紧跟华主席为首的党中央，拥护粉碎"四人帮"。王连龙错误地估计了形势，狂叫："拿酒来，干一杯！"王连龙说："原先我很担心，这下放心了。有人想否定我们，办不到！"魏银秋说："这下可救了我们的命！"晚上，党委机关所在地四院二楼会议室，群丑作乐，得意忘形。

10月15日，王连龙召开总支书记会议，定调子，捂盖子。说什么："迟群这些人，过去作风横行霸道。以前认为他是代表党中央的，现在他反党，不会跟他走。倒是担心，对党委的整个工作，翻案的，算账的，出气的，都有。市委几个同志讲，那不要怕，这几年成绩还是肯定的。如果群众提出这个问题，领导可以出来讲话。"王连龙以市委为靠山，有恃无恐。

10月16日，上午，王连龙从市委回来，兴高采烈，对魏银秋说："市委对北大运动有六条意见，这就好了，大家听了都会高兴的。我今天请你们喝酒。前几天压力可大啦！中午饭后，徐运北同志还要来参加常委会。"下午，市委徐运北、萧英来北大参加党委常委会。会后，接着召开全校支部委员以上干部会。市委科教组组长萧英传达了中共北京市委《关于北大当前运动的意见》（即《六条》）：

<h3 style="text-align:center">中共北京市委《关于北大当前运动的意见》（即《六条》）</h3>

一，向广大群众讲清楚，清华、北大是伟大领袖毛主席抓的点。

几年来，在毛主席的无产阶级革命路线指引下，两校的广大干部、宣传队员和师生员工贯彻毛主席的指示，取得了很大成绩，对全市学校的斗、批、改，教育革命和上层建筑领域的革命起了有力的推动作用。但是，江青、王洪文、张春桥、姚文元"四人帮"，通过迟群、谢静宜插手两校，利用毛主席抓的点搞了一些坏事。迟群、谢静宜参与篡党夺权的阴谋，这是他们自己的事，与广大革命师生员工无关。

二，刘冰等人的信，矛头是指向伟大领袖毛主席的，批邓、反击右倾翻案风是毛主席亲自发动的。批邓，揭发批判刘冰问题是完全正确的，不能翻案。

三，广大干部、宣传队员和师生员工是听毛主席的话的，是听党中央的话的，是执行毛主席革命路线的。要团结大多数，扩大教育面，缩小打击面。重点问题、重点人的问题要弄清楚，一般问题不予追究。有的人在迟群、谢静宜的蒙蔽、影响下，说过错话，做过错事，现在向党说清楚就好。广大干部、宣传队员和师生员工要团结起来，坚决贯彻执行以华国锋同志为首的党中央的一切指示，更高地举起毛泽东思想伟大红旗，坚决同"四人帮"作斗争。

四，放手发动群众，进行学习、揭发、批判，可以用各种会议形式揭发批判"四人帮"的罪行。揭发的材料可以送党委或市委，大字报在指定地点张贴，对校外单位不开放，对外国人包括留学生不开放。

五，坚持抓革命，促生产，促工作，促战备的方针，教学、科研、生产照常进行，要搞得更好。

六，为加强党委的领导，根据北大的情况，"四人帮"的问题先传达到支部委员以上，再传达到全体党员。两校大批判组停止工作，进行学习。

1976年10月15日

萧英传达时，已经被查封的两校大批判组的头头李家宽还坐在主席台上，向群众示威。晚上，召开全校党员大会。王连龙传达了吴德传达的华主席10月7日关于"四人帮"问题的"打招呼"讲话。党委副书记马石江宣读了萧英传达的市委的《六条》。

10月18日，中共中央发出十六号文件，即《关于王洪文、张春桥、江青、姚文元反党集团事件的通知》。广大群众满腔愤怒，立即行动起来。一天之内，大字报区贴了许多揭批"四人帮"的大字报。10月下旬，大字报越来越多，不断更新，通宵达旦都有人看大字报、抄大字报。

北大党委常委贴出一份表态的大字报，说什么"由于马列主义、毛泽东思想学得不好，上当受骗，犯了错误。"历史系世界史专业教师魏杞文等贴出大字报，题为《北大党委向何处去？》，批判王连龙的"上当受骗"论，敦促党委中的某些人交待揭发问题。中文系教师费振刚等贴出大字报，题为《北大运动向何处去？》分析了运动的阻力，最大的阻力就是"四人帮"的帮派势力依然在行动。

10月20日，党委召开第一次全校批判揭发会。第一个发言的是党委书记王连龙，他按"上当受骗"的调子进行假揭发，为自己开脱罪责。党委副书记黄辛白代表北大党委讲话，他强调在北京市委的直接领导下，坚决同"四人帮"作斗争，还说要深入批邓、继续反击右倾翻案风。会上，宣布北京市委派联络组进驻北大，组长为于存凯（原北京市西城区区委书记）。此人没上过大学，对大学里的事情一窍不通，连"校刊"和"学报"的区别都搞不清。有人只好给以通俗的解释："校刊"是一张纸，"学报"是一本书。这才"喔"的一声明白过来。

同一天，中共北京市委第一书记吴德在首都体育馆一万八千人大会上传达中共中央十六号文件。他离开文件擅言："在粉碎'四人帮'以前把矛头指向'四人帮'也是错误的，那是分裂党中央。"11月30日，在四届人大常委会第三次会议上，作为副委员长的吴德又讲了一次："天安门事件中反'四人帮'是错误的，那时他们还是中央领导，那是分裂党中央！"

10月21日，为庆祝粉碎"四人帮"的伟大胜利，拥护华国锋同志任中共中央主席，北京市民举行盛大的游行，北大的队伍从西长安街往东，清华的队伍从东长安街往西，在天安门前汇合，然后涌向前门。

游行连续了三天，参加者达五百八十万人。

10月24日下午，又在天安门广场召开百万人的庆祝大会。北大有四千三百多人参加。

晚上，传达中央的指示：百万人大会后，要趁热打铁，掀起揭批"四人帮"的高潮。

一夜之间，北大校园里大字报、大标语铺天盖地。在大字报区，群众自动地围住正在看大字报的魏银秋、李家宽、王世敏，提出质问。历史系又把这三人请去批判了一通。大长了革命群众的志气，大灭了帮派体系的威风。

11月25日下午，北大党委常委召开紧急会议，针对当前的形势采取措施。王连龙主持会议，说什么："……斗争很复杂。上午历史系游斗（夸大其词）了三个人，有些系也有要求。群众的要求需经党委、联络组研究，报市委批准后，才能办。当前要加强领导。重点是把学习班办好，动员他们反戈一击，督促他们尽快写出一批大字报。"王连龙的这种说法，一方面压制群众，一方面包庇同伙。市委联络组组长于存凯，与王连龙唱同一个调子，说："上午游斗了几个人，陆续还会有很多单位要求。我们一定要按中央、市委的指示进行。群众性的揪斗嘛，当前不一定采取这种形式。要在党委一元化领导下进行。斗争很复杂，要加强请示汇报。"黄辛白也说："上下一致把重点人、重点问题搞清楚，游斗不利于把学习班办好。"他们对群众的热情不肯定，对群众的要求不引导，而是一瓢凉水泼下去，打击了群众的积极性。

会上，宣布给党委副书记魏银秋办"学习班"。周老当即揭发，另一党委副书记郭忠林自称是"江青派",也应当进"学习班"。会上没有人支持他。会后,他写了一张大字报,题为《郭忠林应自动进学习班》。这张大字报得到许多教师的响应,不得不宣布也给郭忠林办"学习班"。

10月26日,西语系师生贴出海报:下午在四院(党委机关所在地)门前召开敦促会。下午,人们自动集合起来,四院门口和篮球场上人山人海。群众请党委书记王连龙等人参加。市委联络组和党委百般阻挠,说什么召开这样的会"时间不合适,地点不合适,规模不合适"。在群众的强烈要求下,王连龙出来应付了几句。联络组组长于存凯给他打气,说"王连龙同志的态度是诚恳的",还要他"挺起腰杆来领导运动"。

10月27日,中文系教师贴出大字报《北京市委联络组不要成为张承先工作组》,告诫联络组不要压制革命的群众运动。

10月28日,党委召开第二次全校揭发批判会。名曰"重点人揭发交待",实则提供讲台让李家宽、宋柏年放毒。宋柏年说,江青讲的批"大儒"不是指周总理,而是指郭沫若。

10月29日晚上,召开党委扩大会,党委委员、各系负责人等161人与会,由党委常委带头揭发北大的问题,涉及五个方面:1,蓄谋反对周总理问题;2,毛主席病重期间,江青两次到北大制造反党舆论问题;3,北大与上海、辽宁串联问题;4,北大党内破坏民主集中制问题;5,王连龙将市委"打招呼"的内容向李家宽通风报信问题。会议对王连龙的揭发交待很不满意,要求他赶快转变立场。

11月2日下午,在支部委员以上干部参加的党委扩大会议上,黄辛白传达中共北京市委负责同志对北大的指示,共有五条,要点是:一,北大运动是按照华主席为首的党中央部署、北京市委安排进行的。二,要认真学习华主席讲话和吴德同志讲话。三,运动要牢牢掌握大方向。四,加强党的一元化领导。五,抓革命,促生产,促工作,促战备。

与会者很不满意,当场有人发言指出:"市委的指示根本不符合北大的实际,条条框框太多"。批评北京市委,一再要王连龙挺起腰杆领导运动,不合适,要求改组党委。

11月9日,化学系师生自动批判郭忠林。由于郭忠林态度恶劣,激怒了群众,有人给他戴了纸糊的高帽子。事后,联络组负责人在一次全校干部会上说:"我们要鲜明地表态,这是错误的。"他们对于群众中偶尔发生的个别过火行动大惊小怪,但是,对于那些捂盖子、造谣言的事却一再容忍,从不"鲜明地表态"。

10月下旬以来,群众强烈要求停止党委书记王连龙的工作,给他办学习班交待问题。11月11日,北京市委联络组、北大党委传达市委科教组的"通知",全文如下:"根据王连龙同志当前的情况和北大群众的要求,王连龙同志可暂不主持北大党委的工作,多用一些时间考虑和检查自己的问题,同群众一起学习,揭发批判'四人帮'和迟、谢的反党罪行。北大党委的工作由黄辛白同志主持。"群众责问:什么叫"暂不主持"?群众要求,应当给王连龙办学习班。北京市委不同意,说是可以成立"帮助组"。有人认为,所谓"帮助组"实际是"安慰组"。后来,市委同意了,给王连龙办"单人学习班"。群众又责问:什么叫"单人学习班"?以办"单人学习班"这种莫名其妙的提法来回避问题、模糊性质。虽然北京市委对帮派体系的头面人物温情脉脉，在群众的压力下，不得不把他们送进了学习班。运动开展一个月，群众把北京市委委以重任帮派体系的党委书记王连龙、副书记魏银秋、郭忠林轰下了台，这是民主运动第一阶段的胜利。

王连龙等虽然下台了，群众对他们后面的北京市委和市委联络组很不满，发出批评之声。11月12日，星期五，晚上九时半，北大党委传达了北京市委下达的任务：全市批斗迟群、谢静宜。星期六（13日）一天写出发言稿，星期日审稿，星期一晚上在首都体育馆开大会。题目也是北京市委下来的，叫做剥几层画皮：

一、剥代表毛主席、党中央的画皮；
二、剥文化大革命的旗手的画皮；
三、剥文艺革命的旗手的画皮；
四、剥马列主义理论家的画皮；
五、剥批邓英雄的画皮；
六、剥批林批孔、批儒评法的画皮。

分给哲学系的题目是"剥马列主义理论家的画皮"。群众质问道："迟群、谢静宜什么时候成了'理论家'？有谁承认过他们是'理论家'？那是你们首先给他们披上了'理论家'的画皮，然后再号召人们去剥。"

这种做法根本行不通，遭到群众的抵制，计划破产。

11月24日，北京市委联络组组长于存凯在全校大会上做报告，回顾一个多月的运动，部署下一步的运动。他说："目前北大的形势很好。短短一个多月，发生了革命大风暴，起了大变化。愤怒揭批'四人帮'的大字报、大标语铺天盖地……。"实际上此时北大校园里没有一份大字报、一张大标语，群众听了哄堂大笑。

市委联络组进校"短短一个多月"，北大的运动从轰轰烈烈变得冷冷清清。

## 第二阶段：群众斗争迫使党委改组、市委检讨

王连龙等人下台后，北京市委指定党委副书记黄辛白主持工作。黄辛白与王连龙等人不同，不属于帮派体系，而且在党委内部进行路线斗争时常以他为对立面，批判他的右倾。故群众对黄寄予希望。其实，王连龙他们以黄辛白为对象制造路线斗争，而黄辛白并没有在路线问题上充当反对派，他们的思想往往是一致的。所以他掌权以后，不是站在群众一边，而是忠实地执行市委的《六条》，压制群众，极力捂盖子。

**围绕《六条》的斗争**

剥夺了帮派体系的领导权，北大的运动仍然死气沉沉，人们就要思考了，问题何在？一找就找到《六条》，是《六条》捂住了盖子。

11月27日，"汉中分校部分在京人员"贴出了《致北京市委联络组、北大党委的公开信》，信中提出"北大究竟是毛主席抓的点还是曾经是毛主席抓的点、后来变成了'四人帮'

的黑据点？"等六大问题，就北京市委对北大问题的性质、对北大运动的估计提出了不同看法。大字报贴在一个不太引人注意的地方。贴出以前就遭到党委常委王某的反对和阻挠；贴出后，王某对大字报作者大加训斥，并强令他们覆盖，其理由是"违反市委精神"、"没有签上真名"。

11月30日，我起草了一份大字报，哲学系十四名教师签上真名，贴在交通要道，题目是《北京大学的现状再也不能继续下去了——致中共北京市委的公开信》。这篇大字报产生了很大的影响。从此，我一年中写了十多万字的大字报，哲学系还有其他人也写了许多精彩的大字报，以致有人建议哲学系"开一个大字报专业"，培养大字报写手。我写的这些大字报，也许是我一生中写得最好的文章，引为自珍的"卡拉蒂亚"。

问：什么叫"卡拉蒂亚"？

罗马诗人奥维德斯的神话《化身故事》中，皮格马利翁创造的一尊美人雕像"卡拉蒂亚"，成为自己钟爱的对象。维纳斯赋予雕像以生命，使皮格马利翁和卡拉蒂亚结成一对。我要感谢具有"五四"传统的北大哺育了我，我还要感谢中国的历史造就了我。如果不是在北大的校园里，如果没有历史提供的机遇，我就不可能创作我的"卡拉蒂亚"。

《公开信》批评市委的《六条》，系统论述北大是"四人帮"篡党夺权的据点，要求市委改变"北大是毛主席抓的点"的提法，弄清楚北大问题的性质。大字报还质问市委："是揭盖子，还是捂盖子？""是放手发动群众，还是束缚群众手脚？"这篇大字报打破了北大的沉寂，引起两方面的强烈反响：多数人叫好，认为抓住了要害；另一些人极力反对。北大党委常委、中文系党总支书记尹良兵（8341部队战士）在大字报前指指点点，说："矛头指向市委，这是反革命大字报"。

从这份大字报开始，重点讨论《六条》，是为北大运动的转折。

问：能不能概括地说说北大群众和北京市委、北大党委的分歧是什么？

## 分歧是什么？

北大群众和北京市委、北大党委的分歧在于：

第一，北大问题的性质是什么？

提出《六条》的北京市委和执行北京市委《六条》的北大党委坚持"北大是伟大领袖毛主席抓的点"；我们认为北大是"四人帮"严密控制、搞乱全国的据点。这就是捂盖子还是揭盖子的基本出发点。由此，又引出其他的分歧。

第二，清查的方针是什么？

北京市委的《六条》提出的方针是清查"重点人、重点事"。因为他们一口咬定北大为"毛主席抓的点"，不过是迟群、谢静宜插手干了一些坏事，问题只涉及个别人。所以，北大的清查，在很长的时期内只限于三个"重点人"，束缚了群众的手脚。我们认为，北大是"四人帮"严密控制的据点，首先应当清查一切与"四人帮"有牵连的人和事，在此基础上才能确定"重点人、重点事"。

第三，所谓"重点人"的问题性质是什么？

北京市委清查"重点人"的要求只是"弄清楚"而已，回避问题的性质；我们认为应当明确他们的性质是敌我矛盾。国家体委、文化部、科学院宣布一批追随"四人帮"的人是敌我矛盾，运动立即打开局面。北大是"四人帮"严密控制的单位，问题比上述部门严重得多。北京市委一开始还要帮党委的党委书记王连龙"挺起腰杆，领导运动"。群众强烈反对，北京市委让他体面下台，叫做"可暂不主持工作"。王连龙应当交待追随"四人帮"的种种恶行，北京市委的指示却是给他办莫名其妙的"单人学习班"。由于北京市委拒绝宣布党委主要负责人的问题性质，帮派体系中人存有幻想，期待他们东山再起，因而为揭批"四人帮"的运动设置了重重障碍。现在来看，由共产党的党组织宣布某人为"敌我矛盾"是违反法制的，但在当时普遍违反法制的环境中，不这样做又不行。

第四，要不要粉碎帮派体系？

"四人帮"是通过他们建立的帮派体系来严密控制北大的。"四人帮"虽然垮台了，没有"四人帮"的"四人帮"帮派体系依然有它的活力。北京市委的方针是维持现状，派人来"加强领导"，结果，派来的联络组、工作队都与帮派体系合流。我们认为，必须粉碎帮派体系，即对于作为"四人帮"控制北大的工具——校系两级机构进行组织上的整顿和调整。

### 《六条》之后又来一个《五条》

北大群众和提出《六条》的北京市委以及执行《六条》的北大党委进行了艰苦的斗争。北大历来是学生运动的发源地。但在这个特殊的历史时期，北大没有学生运动，只有教师运动。因为在校的是工农兵学员，他们是"四人帮"请来"上、管、改"的。批评北大党委、北京市委都是冒风险的。从此，我和我们哲学系以及北大的教师投入了风险事业。我们当然知道，按照1957年的标准，我们这些人的言行属于反党，就是右派、极右派。但我们也相信，人民不可侮，真理不会灭。北大人顶住压力，为真理而斗争，斗了一年，反复较量，结果不是我们成了右派，而是压制我们的人认错、下台。

历史系教师魏杞文等二十二人贴出长篇大字报《论北大运动的右倾》，指出北京市委和北大党委对北大问题的性质做了颠倒的估计，指导思想上存在着害怕群众的右倾顽症。

哲学系十四人的大字报和历史系二十二人的大字报引起全校的共鸣，大字报区又热闹起来了。

12月1日，北大党委召开支部委员以上干部会，联络组组长于存凯讲话。他说，当前突出宣传华主席"这是党的需要，人民的需要，革命斗争的需要"。他针对教师提出的"宣传要实事求是"，"不要铺天盖地"，"不要像林彪、'四人帮'那样搞大树特树"等意见，进行批驳，说"这些意见都是错误的"。"对一些人的错误论调要加以驳斥"，"如果有人捣乱破坏，要严肃、坚决斗争"。

他针对群众批评《六条》的意见说："市委的《六条》是正确的。随着运动的深入发展，市委又做了进一步的指示,即市委工作会议上的分析,完全符合我们的实际情况。……我们要根据市委指示不断加深、提高对这场斗争的认识。"关于下一步的部署,他说:"当前要积极引导群众把精力集中到学习、批判上来。……有的人认为现在提学习、批判是捂盖子,转移大方向。这种看法不妥,事实会做出回答。"

会议的参加者对于于存凯的讲话当场提出批评,有人认为联络组在"压制群众"。

12月3日,中文系汉语专业部分教师贴出大字报《和于组长商榷》,批评于存凯12月1日的讲话和联络组的右倾思想。

12月6日,党委常委马振明在校务部传达党委负责人的讲话,说:"哲学系、历史系的大字报提意见是欢迎的,正确的就接受。但大字报的矛头对着市委是不允许的。矛头应对'四人帮',市委是正确的。大字报提出的问题不引导讨论,运动按原来的部署进行,一仗一仗打。"哲学系的教师得知后,请于组长到系里座谈,他不去。

12月7日,在北大党委委员会议上,联络组于组长传达北京市委书记黄作珍12月6日的指示(即《五条》):

一、北大运动是按照华主席为首的党中央的部署,北京市委的安排进行的。7号打招呼后,先叫稳住,是根据中央的精神,为了要求他们同"四人帮"划清界限,坚决服从以华主席为首的党中央的战略部署,决不允许出现不利于当前对"四人帮"斗争的事。萧英同志10月16日宣布的六条意见,是市委讨论的精神,是中央同意的精神。要在干部中打招呼。这两个月党委和联络组做了大量的工作,取得了很大的成绩,稳定了局势,发动了群众,批斗了迟、谢。

二、北大是毛主席抓的点,必须肯定,但"四人帮"插了手。正如文化大革命是伟大的,但"四人帮"插了手;文艺革命是肯定的,但江青插了手;上海一月风暴是肯定的,但"四人帮"插了手。北大是不是黑据点、桥头堡,现在先不去争论,先摆问题、摆罪行。有些说法也不是结论,将来用事实做结论。现在主要的是把问题摆出来,把"四人帮"和迟、谢的罪行摆清楚。

三、运动要牢牢掌握大方向,按中央部署、市委安排进行。现在工作很多,问题很多,要抓住最主要的、最本质的,大方向就是批判"四人帮"。要大力宣传华主席,要大力宣传华主席为首的党中央,粉碎"四人帮"挽救了党、挽救了革命。要揭发批判斗争"四人帮",掀起大学习,大揭发,大批判的新高潮,宣传会议指出的这三个重点要抓紧。

四、加强党的一元化领导。谁来领导运动?党领导,党委领导。一定要在华主席为首的党中央领导下,根据市委安排进行。各级领导要不断提高认识,统一思想,加强团结。要相信群众,依靠群众,深入发动群众。要一仗一仗打,减少盲目性。对于重点人、大批判组成员不要手软,要讲政策。下一段,魏银秋、郭忠林、李家宽等要交群众批斗,什么样的会可以考虑。即使不是敌我矛盾,执行修正主义路线也该批判。王连龙也要在一定会上和群众见面,让群众揭发批判。对干部还是要惩前毖后,治病救人。

五、抓革命,促生产,促工作,促战备。生产计划要努力完成,各项工作要抓紧。

群众批评了《六条》,又来一个《五条》,非但没有任何修正,反而加深了错误,表明中共北京市委负责同志在右倾机会主义的斜坡上又滑动了一大步。大讲什么"文化大革命是伟大的"、"文艺革命是肯定的"、"上海一月风暴是肯定的"等等,都是老脑筋,无法面对新形势。

联络组还传达了北京市委科教组长萧英的讲话：哲学系的大字报全面否定文化大革命，否定这几年工作的成绩，矛头对着市委。历史系的大字报，矛头也是对着市委的。要排除干扰，掌握斗争大方向。市委的《六条》，要不断向干部打招呼，这是中央同意了的，不弄清楚，要犯错误的。

针对群众对《六条》的批评，北京市委和北大党委的口号是："排除干扰。"

主持党委工作的黄辛白接着讲话，他说，市委对北大的领导"是正确的、英明的"。"六条意见的精神不仅前一段照着做，今后也要照着去做。总的是按中央安排做的。要肯定毛主席抓的点，不能否定。'四人帮'插手和群众努力按毛主席指示取得的成绩是两回事。'黑据点'的问题不要争论，不要先下结论。如再讨论这个问题恐怕就要形成两种观点的对立，转移矛头，影响运动的进行，要牢牢掌握大方向。"

北大党委常委、工宣队负责人刘鸿儒把北京市委的《五条》作为"喜讯"，急忙打电话告诉同伙。

12月13日，北大党委召开扩大会议，又一次传达北京市委负责同志12月6日的《五条》，要求以此统一广大干部和群众的思想。会议的参加者认为，市委的《五条》、萧英的讲话和黄辛白的讲话，继续坚持《六条》的错误，压制群众的批评，无法统一思想。

北京市委任命了八个党委副书记"加强领导"。黄辛白主持工作，但头衔仍然是副书记。他们自诩"八仙过海，各显神通"，群众嘲笑他们"只怕是瞒天过海"。北京市委为了强制实行《六条》，派了八十多人的联络组。联络组不断遭到群众的批评，又派出126人的工作队，加强力量。吴德坚持《六条》是正确的，还说"我们可以派一万名工人到北大辩论"。群众在会议上和大字报上一再责问："派一万名工人来北大，是否还要带上一万根棍棒？"意思是难道还要重演1976年4月5日的天安门广场的场面？在天安门运动中，4月5日晚上，吴德发表广播演说号召群众退出广场。接着出动工人、解放军、公安干警挥舞棍棒清场，血洒天安门广场。北大群众面对暴力镇压的威胁，没有恐惧，没有退缩，而是坚持斗争。

**改变领导**

哲学系的党总支和革委会紧跟"四人帮"，在帮党委的领导下干了许多坏事，"四人帮"垮台后威信扫地，讲话没人听了。群众认为他们没有资格领导揭批"四人帮"和"梁效"的运动，因而自发成立了"运动领导小组"，由全系教职员、学员选举五人组成，教员三人（郭罗基、王贵秀、李真）、学员一人（杨永琪）、干部一人（任宁芬），以郭罗基为组长。

哲学系是北大的带头羊，而后相继成立运动领导小组的还有经济系、法律系、数学系、化学系、生物系、制药厂，共七个单位。在这七个单位里，党总支不领导运动，但仍负责日常工作。

当时，党委召开的党委扩大会议是上下沟通、贯彻领导意图、推动全盘工作的重要机制。由于七个单位的"运动领导小组"成员的参加，改变了党委扩大会议的成分，而运动中最积极的一部分也有了发声的场合。

## 运动走向高潮

1976年12月25日，在第二次全国农业学大寨会议上，华国锋的讲话中，特别提到"受'四人帮'严密控制和严重破坏的少数地区与单位"。广大群众认为，北大就是受"四人帮"严密控制和严重破坏的单位。而北京北京市委还在坚持"北大是毛主席抓的点"。

1977年2月9日，北大党委宣布即将召开党委扩大会议，讨论重大问题。人们寄予期望。随即哲学系教师贴出大字报《重要的是弄清北大问题的性质——向党委扩大会议进一言》。大字报中指出，根据去年12月25日华主席在第二次全国农业学大寨会议上的讲话中的提法，北大就是"四人帮"严密控制和严重破坏的单位。北大党委扩大会议必须讨论北大问题的性质，抛弃北京市委《六条》中的错误提法。

北大党委扩大会召开前，党委常委刘鸿儒（工宣队）、麻子英、徐雅民以及党委办公室副主任高利民（军宣队）、政治部副主任霍生杰（军宣队），互相串联、暗中策划。他们的纲领就是"以《六条》为基础来统一大家的思想"。2月11日，会议期间，他们叫喊："北大是毛主席抓的点，虽然迟、谢插手了，无损于毛主席的点的光辉"，"北大是红线为主"，"怀疑《六条》就是矛头对着市委"，等等。会上，对北大问题的性质进行了激烈的争论，有三种看法：毛主席的点，但"四人帮"插了手；曾经是毛主席的点，后来是"四人帮"控制的单位；"四人帮"严密控制和严重破坏的单位。在黄辛白的右倾思想指导下，经过讨价还价，调和折衷，最后党委的结论是："1973年以后'四人帮'通过迟、谢插手并逐步控制了北大。"但还留有一条尾巴："在政治运动、教育革命和各项工作中继续取得了一些新的成绩和新的进展。"党委常委中，只有周培源一人坚持北大是"四人帮"严密控制和严重破坏的单位。党委扩大会议的参加者，许多人对党委的结论持有保留意见。

北大党委的主要负责人一方面对于帮派体系的党委成员的破坏和捣乱进行妥协让步，另一方面对于群众的批评意见却大喊大叫要"排除干扰"。针对群众批评《六条》的意见，他们说："市委的《六条》是根据中央的精神提出的，是报中央批准的，是正确的；不能反，不能批，不能否定，随着运动的发展可以补充。"

北京市委负责人吴德，2月14日听取北大、清华的汇报后，对运动做了一番指示。这些指示只传达到总支一级干部。

吴德说，四个月的运动是按照党中央的部署进行的，主流是好的。运动要以中央五号文件和2月7日社论（即抛出两个"凡是"的社论）作为指导思想。凡是毛主席指示的、凡是毛主席决定的，我们一定要坚决执行。紧紧掌握大方向，防止干扰。

针对北大群众不断批评北京市委的情况，吴德指示：北大的干部"对市委的领导要理直气壮，要立场坚定，要旗帜鲜明。"明明是拒绝批评，却说："在路线斗争中没有个人的谦虚。"还说："市委是执行了毛主席路线的，思想要明确。北大有一股风，矛头向上，还是'四人帮'的一套。"

群众根据华国锋的讲话认为北大是"四人帮"严密控制、严重破坏的单位。吴德针锋相对地说："北大是毛主席抓的点，不要认为迟、谢的问题严重了，连毛主席抓的点也不敢提了。

不提毛主席抓的点是不好的。"一连说了好几个"不能动摇"、不许翻案":"十七年，'两个估计'不能动摇","批邓、反击右倾翻案风不能动摇","十七年、文化大革命、全教会纪要、聂孙，四个案不能翻。"

吴德的指示与群众的想法格格不入。他们把群众的要求当作"干扰"，说什么"运动的干扰是什么？要抓，一级一级地抓下去。""当前阻碍运动的干扰是什么？要看到阶级斗争、路线斗争，要学好文件，绝大多数是认识问题，也要看到阶级敌人在扭转破坏运动，北大要看清这个问题，防止干扰。"吴德又挥舞"阶级斗争、路线斗争"的大棒，以"阶级敌人在扭转破坏运动"进行威吓，但群众并没有被吓倒。历史系魏杞文等四十多名教师贴出大字报，题为《不怕"四人帮"，就怕帮"四人"》。大字报尖锐地批评了北京市委推行的机会主义路线，把群众的革命要求当作"左"的干扰。所谓"排除'左'的干扰"的口号，实际是帮"四人"。

2月28日，开学这一天，历史系教师魏杞文等贴出大字报，题目是《以其昏昏使人昭昭，是不行的！》，进一步论述北大是"四人帮"严密控制的单位，指出北大运动中有两种思想的斗争，严肃批评北京市委为《六条》辩护而进一步坚持错误的《五条》。

哲学系部分教师贴出大字报《落实抓纲治国必须经过斗争》。针对党委扩大会议的结论，大字报说："有些人虽然不得不承认1973年后北大问题的性质起了变化，但还要讨价还价，只能承认北大是'四人帮'插手的单位，不承认'严密控制'。'严密控制的单位'是华国锋讲话中提出的概念，如果北大还不算'四人帮'严密控制的单位，请问，全国哪里还有什么'四人帮严密控制的单位'？"

3月14日，华国锋在中央工作会议上发表重要讲话，指出："少数地区和单位领导落后于群众，精神很不振作，领导很不得力，有的至今未发动群众，没有联系本单位的实际揭批'四人帮'的反革命修正主义路线。个别地区和单位还在捂盖子，与'四人帮'有牵连的人和事未揭出来，广大群众很不满意，各方面积极因素调动不起来。这种情况，必须很快改变。"北大的广大党员听了传达，认为北大就是这样的单位。

当晚，群众纷纷贴出大字报，大字报区又热闹起来了。署名"化学系革命教师"的大字报《是彻底摧毁"四人帮"严密控制的北大黑据点的时候了！》以及《请问于组长》，就北京市委联络组保护帮派体系压制革命群众等方面的问题提出质问。

3月15日，哲学系郭罗基等四十六名教师贴出题为《北大要整顿》的大字报，指出要把运动推向前进必须解决三个问题：

1. 明确北大问题的性质是"四人帮"严密控制、严重破坏的单位。
2. 正确处理帮派体系的骨干分子王、魏、郭、李等人的问题性质。
3. 校系领导机构必须从组织上进行整顿。

"整顿"是邓小平的口号，大字报以整顿为标题，含有呼唤邓小平出来工作的意思。当时"凡是"派是极力阻挠邓小平复出的。

广大群众支持这张大字报，阅读和抄写者人头济济。据党委宣传部干事彭佩芸揭发，工宣队负责人刘某大肆诬蔑，说："哲学系的内定大右派郭罗基怎么又跳出来贴大字报了？"

3月16日，历史系世界史和考古两专业的教师二十四人给北京市委写公开信，题目是《运动又起来了，市委怎么办？》，要求北京市委改正领导北大运动的错误指导思想，对王、魏、郭、李采取坚决措施，并改组北大运动办公室。

3月17日，法律系教师贴出大字报《略论王、魏、郭、李矛盾的性质》，有力地论证了王、魏、郭、李与北大群众的矛盾完全是对抗性的敌我矛盾。

下午，在全校党员大会上，于组长传达北京市委对北大工作的指示。他说，市委负责同志于3月5日、10日、15日做了三次指示，现在传达的是精神：

"两校开展揭批'四人帮'四个月以来，校党委、联络组和广大革命群众做了许多工作，取得了很大成绩。清华、北大两个单位，情况严重，问题复杂。两校是有区别的，但总的是属于一个类型，是'四人帮'插手控制的单位，有时候市委负责同志又说是严密控制的单位。两校是被篡夺了领导权和被控制的单位。地区，全国来说就是辽宁、上海；单位，就是清华、北大。"北大党委扩大会议提出的三种看法："插手"，"控制"，"严密控制"，市委负责人都采纳了，究竟是什么性质？一片模糊。总算开了口子，不再提"毛主席抓的点"了。

关于清查的方针，北京市委负责同志还是坚持《六条》中的提法："重点人、重点事必须查清，一般问题不予追究"。华国锋在中央工作会议上提出的是"清查与'四人帮'有牵连的人和事"。按照市委的清查方针，北大只有三个"重点人"。这个清查方针显然缩小了清查范围，便于保护一些人过关。

几个月来，北大的广大群众对市委提出许多批评，市委负责同志无动于衷，却做了这样的回答："一些不同看法可以解释清楚，不同意见要统一起来。至于个别人想搞什么名堂，那是个别人的问题。"坚持对市委提出批评的，在他们看来是"个别人想搞什么名堂"，而这样的"个别人"在北大却是绝大多数。

于存凯传达以后，黄辛白代表党委常委讲话。他说："党委常委讨论时，热烈拥护市委的指示，非常正确，非常及时，非常重要，是中央和市委对北大的关怀。"

中文系汉语专业教师贴出大字报《稳妥在哪里？健康在何方？》，批评北京市委和北大党委关于北大运动"稳妥"和"健康"的说法。文学专业教师贴出大字报《不能这样加强北大的领导》，对北京市委关于"联络组和北大党委结合起来"的做法提出不同意见。

3月30日，中文系费振刚等二十二名党员教师贴出大字报《莫道浮云能蔽日，定唤东风扫残云》，表示拥护3月22日结束的中央工作会议的精神，指出北大的运动犯了方向路线的错误。

党委负责人黄辛白多次找中文系部分党员教师座谈，指责3月30日二十二名党员教师写的大字报"时机不对"、"作用不好"，是"打横炮，开冷枪"，"有损市委的威信"。还说，大字报指出当前北大深入揭批"四人帮"的关键在领导，"这个说法有片面性"。

5月7日，北大党委扩大会举行，在中央工作会议半个多月后，这才提出清查与"四人帮"有牵连的人和事。黄辛白说："前一段清查重点人是明确的。华主席的报告中提出与'四人帮'有牵连的人和事没有查清，还提到要粉碎帮派体系，北大这样的单位任务很重。"前一段为什么只清查"重点人"？为什么现在才提出粉碎帮派体系？清查和"四人帮"有牵连的人和事，粉碎"四人帮"的帮派体系，这两个问题，北大的群众早就提出来了，黄辛白不听群众的呼声，一心追随上级，执行市委的错误方针。因为市委是他的命运主宰，这是一种体制病。现在更高的上级发话了，他就随风转舵。前一段北京市委和北大党委的做法与中央的方针和群众的要求都不相同，有没有错误？黄辛白不说了。

5月12日，全校大会，黄辛白做清查与"四人帮"有牵连的人和事以及粉碎帮派体系的动员报告。

黄辛白在动员报告中说，搞清查是为了使那些"说了错话做了错事的人"、"与'四人帮'阴谋活动有牵连的人"，"可以解脱出来，可以更好地甩开膀子领导群众搞好运动和各项工作"。当场有人指出：黄辛白搞清查不是为了揭批"四人帮"，而是搞干部"下楼"运动，使一些人解脱。所以，口头上的说法是相同的，但清查与"四人帮"有牵连的人和事，实际意图是不同的。最后，他强调"还是要注意排除干扰，不论右的、左的，都要坚决排除。"以前也经常讲"排除干扰"，以这次为最明显，矛头指向批评党委和市委的反对派。

5月14日，举行北大党委扩大会，开了十一段，至5月27日才休会。会议主要解决两个问题：一，清查与"四人帮"有牵连的人和事；二，粉碎"四人帮"的帮派体系。党委虽然接受了群众的意见，在粉碎"四人帮"以后七个多月，才开始清查与"四人帮"有牵连的人和事以及粉碎"四人帮"的帮派体系，但党委全没主意，被群众推着走。第一天的会议混战一场。第二天，我做了一个长篇发言，怎样确定"四人帮"的帮派体系？不是帮党委的所有成员都属于帮派体系，也不是以职务和级别划线，不要揪住粉碎"四人帮"以前的老账，而是要抓住粉碎"四人帮"以后的现实表现，以7个月中抵制、对抗、破坏运动的问题作为突破口，揪出还在行动的北大的帮派体系。我提出的确定帮派体系的标准，擦亮了大家的眼睛。会上，群情激愤，集中揭发了帮党委常委麻子英、徐雅民、徐凯、刘鸿儒、尹良兵，校部机关的高立明、霍生杰、武振江、刘隆亨以及系一级负责人陶俊起、张光明、童宣海、董金双等人抵制、对抗、破坏运动的大量问题。大家要求对上述人员采取组织措施，强烈要求宣布帮党委的王、魏、郭和"梁效"的李、宋、王，是敌我矛盾。许多帮派体系的成员都在场，进行了面对面的揭发批判。会议期间，斗争的火焰在上升，运动的温度在提高，打击了邪气，声张了正气。会议的结果，不仅突破了党委和联络组的框框，也使许多与会者感到意外。北大党委和北京市委不得不接受党委扩大会议的结果.

5月26日，我以哲学系辩证唯物主义教研室的名义贴出大字报《彻底砸烂北大的帮派体系是当务之急！》，与党委扩大会议呼应。为了彻底砸烂北大的帮派体系，必须把那些问题严重、态度恶劣的人从各级领导岗位上拉下来，否则由他们来领导大清查，那是与虎谋皮。

5月27日，我又以哲学系辩证唯物主义教研室的名义贴出大字报《北大七个月运动的情况必须向中央报告》。大字报支持党委扩大会议上揭发问题的做法，肯定了运动有可喜的进展，认为北大有了新气象。但是根据过去运动起而复落的教训，当前仍然面临着是一鼓作气把运动进行到底，还是半途而废草草收场的问题。4月，大家要求对前一段运动进行总结。黄辛白说:"希望大家往前看。可能有不同看法,是否停下来总结运动?没有必要。"所以运动很快就冷下去了。现在又到了关键时刻,应向华主席为首的党中央报告北大七个月运动的情况,要写报告就必须进行群众性的总结。意在以向中央报告为名,自下而上地总结运动。

5月28日,在东操场举行全校大会,黄辛白进一步动员搞好大清查。

他首先报告了党委扩大会议的成果,六天的会议共有三百五十多人参加,发言达四百四十多人次。会议开得紧张,气氛热烈,斗争激烈。会上,批斗了王连龙,对王、魏、郭、李的罪行继续进行揭发,特别是面对面地追查与"四人帮"有牵连的人和事,揭露了粉碎"四人帮"以后北大帮派体系的猖狂活动,我校的运动有了新的进展。他强调:"我们要乘胜前进,扩大战果,把运动进一步推向深入。"

他明确了北大问题的性质:"北大不但是被'四人帮'篡夺了领导权并进行严密控制的单位,而且是他们用来搞乱全国、乱中夺权的一个反革命阵地。""原两校大批判组是'四人帮'的反革命别动队。"

他也明确了"重点人"问题的性质:"王连龙、魏银秋、郭忠林、李家宽、宋柏年、王世敏之流,死心塌地追随'四人帮'和迟、谢,罪行严重。他们是'四人帮'在北大的代理人,是'四人帮'在北大的帮派体系中的核心人物。我们和他们的矛盾是敌我性质的矛盾,这一点必须明确。"

根据党委扩大会议的揭发,他宣布对一些问题严重的人采取组织措施:

一,党委常委、大兴分校党委书记徐凯,自停职检查后态度仍然不老实,并有对抗活动。现决定给他办隔离审查学习班。太平庄基地总支书记陶俊起,停止工作后,态度恶劣,立场顽固。现决定给他办隔离审查学习班。

二,哲学系总支书记张光明,政治部副主任霍生杰,党委办公室副主任高立明,电子仪器厂总支书记童宣海,问题严重,态度不好,党委决定他们停职检查,由群众进行帮助、审查。

三,党委常委麻子英、徐雅民、尹良兵、刘鸿儒,组织处处长董金双、副处长刘隆亨,人事处副处长武振江,问题严重,态度不好,党委决定停止他们的职务,在运动中听取批评教育,继续交待揭发问题。

四,改组工宣队办公室。

最后,黄辛白说,搞好大清查,这是揭批"四人帮"关键的一仗。凡是和"四人帮"的阴谋活动有牵连的人和事,都要一桩桩、一件件查清楚。清查的方式,除了大字报、小字报外,根据前一阶段的经验,主要应开好有党员和群众代表参加的党委扩大会、总支扩大会。

七个多月中,北大的群众向北大党委和北京市委的错误不断地进行斗争。虽然北大党委和北京市委做出的决定晚了几个月,但群众还是高兴的。这是粉碎"四人帮"以后,在北大开得最为热烈的一次全校大会,运动正在走向高潮。散会后,许多系的群众自动留在东操场,形成一个一个圈圈,进行热烈讨论,群情振奋,斗志昂扬。

**运动的高潮被冲掉了**

北大的运动出现了大好形势，正走向高潮之际，由于筹备中共十一大、酝酿代表的产生，北京市委和北大党委一再违反民主原则的做法，引起党内外群众的不满和抗议，运动的高潮被冲掉了。

中共中央1977年3月21日做出决定提前召开十一大，3月23日发出文件。

"军宣队"攻击周培源做了"淋漓尽致的表演"。北大以至北京的知识份子却更加拥戴周老，把他看作知识份子的标兵，热烈地推选他作为参加中共第十一次代表大会的代表。

4月28日，北京市委电话通知：北大推选一名出席中共第十一次代表大会的代表候选人，条件：一，学员；二，女的；三，少数民族；四，毕业后留在北京的（这一条件尤其荒唐，毕业分配尚未进行，怎能预知谁留在北京？）。5月3日前将名单报市委。问是否要经群众讨论？回答说：不用，由党委常委提名。符合这些条件的党员，全校只有三人。经常委讨论，最后确定为哲学系一年级学员罗燕军（刚入学两个月）。5月3日报市委。

5月5日，北京市委通知：北大十一大代表候选人要换一名教师，男的，讲师或副教授（把周培源排除在外），三天之内报市委。北大党委常委决定提名东语系阿拉伯语专业教师陈嘉厚，5月7日报市委。

由此可见，中国各种代表大会的成分和比例的统计是毫无意义的，因为它不是选举的自然结果，而是分配名额的附带条件，而且事先就在不断调整。北京市委所规定的十一大代表候选人产生方式，完全是黑箱作业，广大党员以至候选人本人都被蒙在鼓里。后来一旦曝光，理所当然地遭到反对。

迟至6月14日，北京市委召开扩大会议，酝酿协商北京市参加中共十一大的代表。北大由黄辛白、王丽梅参加。北京市委提出一个六十三人的一揽子协商名单，其中没有北大的代表。王丽梅问是怎么回事？科教组负责人解释是名额问题："十大时，北京科教口六个名额，北大两个，清华两个，科技方面一个没有。这次名额的分配考虑到科技方面没有不行，两个科技，两个大学，一个中学，一个小学。大学方面，师大出一个，清华、北大合出一个。"名义上清华、北大合出一个，实际上名额给了清华。会上有人认为，北京市委对北大很头疼，生怕反对派当选为十一大代表。不少人提了意见，北大应出一个代表，而且提名周培源。清华和师大的同志表示愿把名额让给北大。北京市委坚持不改。

北京市委23日规定，27日以前各单位汇报六十三名十一大代表酝酿协商的情况。市委对这一点还有个解释：27日以前至迟就是26日。而26日是星期日，不办公，所以实际上应在25日以前汇报。这样，留给群众协商的时间只有两天。

6月25日，哲学系贴出《中共北京市委必须做出认真答复》的大字报，对十一大选举问题提出意见。事先请示党委，党委说要保密，不同意贴在大字报区。后贴在党委的会议室。党委又把门锁上，实际是不准贴，不准看。历史系也写了大字报，因没有地方贴，一直没有贴出去。化学系写的大字报则送去了北京市委。

党内外群众以口头的、书面的方式提出的意见主要有三个方面：

1，中央3月23日发出十一号文件，为什么北京市委在整整三个月之后才向党内外传达？十一号文件规定6月15日以前必须将选出的代表名单报中央，北京市为什么在这个期限之后八天才开始酝酿协商代表名单？

2，市委无视广大党员的民主权利，酝酿协商进行得极不充分。代表候选人中，特别是市委干部的代表中，哪些是同"四人帮"做斗争表现好的？哪些是犯过错误，已做了认真检查，取得群众谅解的？必须向党内外做出说明。

3.北大应有一名代表。广大党员推选周培源为代表候选人。

6月28日，北京市委扩大会选举北京市出席十一大的代表。6月14日提出的名单虽然群众提了不少意见，市委坚持不改。选举结果，周培源虽不在候选人之列，也得了若干票。

7月2日，北大党委召开扩大会议。这次会议，本来是讨论运动的进展，进一步搞好大清查。开场不久，与会者就将议题转为讨论十一大代表选举问题，发言踊跃，激昂慷慨。发言者批评北京市委在十一大代表选举工作中有严重问题，不按中央文件办事，也不走群众路线，对广大群众的意见置之不理，违背了民主原则。大家认为北大应有一名代表，并提名周培源同志。考虑到时间紧迫，北京市委对群众意见又采取官僚主义态度，哲学系王贵秀建议，北大应直接向中央报告，要求中央干预。这一建议得到全场热烈鼓掌赞成。黄辛白表示，要开党委常委会研究。会议暂时休会。

7月3日，北大党委黄辛白、于存凯、王丽梅三人到北京市委汇报党委扩大会上关于十一大代表选举问题的意见。北京市委负责人做了指示。次日，北大党委传达昨天北京市委书记黄作珍关于北大运动的指示：一，北大的问题已反映到中央。哲学系还有十几个人向中央写了信。二，解决北大问题还是要高举毛主席旗帜，紧跟华主席部署。三，十一大代表的产生和选举，我们是按中央部署办的。采取广泛的民主，经过各级党委三上三下产生的代表是合法的、有效的。四，你们回去要做工作。北大问题不完全是十一大代表选举问题，还得从根本上抓。

7月5日，黄辛白找哲学系运动领导小组的成员谈话，指责哲学系同志对十一大代表选举问题的意见"过头了"、"出格了"。哲学系的同志不同意他的意见，展开了争论。哲学系沈少周等几十名党员曾联名写信给华国锋主席和叶剑英副主席，对北京市的十一大代表选举问题提出意见。黄辛白说："你们给中央写的信有出入，害得市委还要写报告做解释。"

7月9日，北大党委召开各系负责人会议。会上，黄辛白就十一大代表选举问题、于存凯就运动的部署分别讲了话。黄辛白说：7月2日的党委扩大会是"不正常的"，党委扩大会议要求北大直接向中央报告是"不合适的"，最后提醒大家不要"上当"。于存凯的讲话，关于北大的运动一连讲了十多个"了"，如："群众发动起来了"，"阶级斗争的盖子揭开了"，"套在群众头上的精神枷锁砸碎了"，"运动的障碍扫除了"，等等。他还提出："要求8月份各单位的问题基本查清，8月底前学校和'梁效'的主要问题基本查清。"最后，又是"牢牢掌握大方向，注意排除干扰"。群众讽刺说："这是于存凯作的'好了歌'。"

7月12日，黄辛白又一次找哲学系运动领导小组谈十一大代表选举问题。他说，向市委汇报了三次，在同市委一起研究之后，认为7月2日的北大党委扩大会"是不正常的，要注意"。市委负责同志说："我们入党几十年，没见过。"因为他们入党几十年中根本不知民主为何事。还说：党委扩大会上"有怀疑市委、攻击市委的言论"。哲学系的同志认为，不能同意"党委扩大会议是不正常的"说法，又展开了争论。黄辛白表示，提法可以改为："在会上出现了一些不正常的现象。"争论继续到深夜。哲学系的同志再一次强烈要求黄辛白向北京市委反映，市委负责同志应亲临北大听取意见。

7月2日开始的党委扩大会，停了十二天之后，在7月14日晚上复会。黄辛白就十一大代表选举问题发言，声明他的发言是"根据市委领导同志的指示，一起讨论的"。他说，7月2日党委扩大会议上对十一大代表选举问题提意见，"冲掉了"清查工作的议程。他把北大运动停滞的责任栽到群众头上。同时，他又歪曲事实，大开帽子工厂，说群众对北京市十一大代表选举问题的意见，是"对中央整个协商选举办法的估计问题"，是"对市委的态度问题"，是"踢开党委闹革命"，"出格了"，"不正常"，等等。

7月26日晚上，北大党委召开由总支书记和运动领导小组组长参加的党委扩大会。黄辛白讲了关于增选十一大代表问题，他说："市委找我和于组长去，说：'华主席为首的党中央考虑到为落实抓纲治国的战略决策，三大革命运动一起抓，十一大代表要增加科技方面的代表。北京市增加两名。中央昨天晚上通知北京市，今天上午市委常委决定给北大一名、民族学院一名。要选科技方面有名望的人。北大，建议你们回去做好工作，选周培源同志为代表'。"听到传达的人认为这种说法很可笑，北大的党员早就提名周培源为候选人了，而当时北大党委和北京市委还指责党员的发言是"不正常的"、"出格了"等等。十一大代表的选举问题算是解决了，但北京市委和北大党委的威信彻底没有了。

8月，十一大开幕，周培源是主席团成员。会议结束，8月22日周老回北大。群众自动到西校门夹道欢迎，并在办公楼礼堂开了欢迎会。原先指责哲学系同志在十一大代表选举问题上"过头了"、"出格了"的黄辛白，又在会上致起欢迎词来了。

黄辛白在东操场全校大会上讲话以后，人气大增；但在十一大代表选举问题上压制群众的合理意见，紧跟市委的错误做法，人气一落千丈。

**运动停顿，学校瘫痪**

北大的运动经过三起三落终于躺倒不起了。

7月19日，市委已经举行了北大工作队成立大会。市委书记黄作珍在成立大会上讲了话，宣布队长、副队长名单。黄辛白兼队长，于存凯等五人为副队长。7月28日，北大党委召集各系负责人与工作队见面。于存凯首先讲话。他说："市委指出，北大运动的成绩很大，主流是好的，但与华主席为首的党中央的要求有很大的差距。因此市委派工作队来，加强对运动的领导。"

哲学系辩证唯物主义教研室贴出大字报，题为《欢迎工作队来北大把运动搞到底》。大字报指出，北京市委联络组所执行的右倾机会主义的指导思想必须清算，不能再带到工作队中去；工作队必须与联络组的错误思想、有害做法、不良作风划清界限。

中文系费振刚等党员教师贴出大字报，题为《评"八仙过海"》，分析了党委的领导班子。副书记有八个之多（黄辛白虽为主要负责人，头衔仍是副书记），胡启立尚未到职，张学书在关键时刻就"休养"，其他六位副书记也各有各的问题。总之是路线不对头，所以运动总是搞不好。他们强烈要求整顿领导班子。

数学系教师贴出大字报，题为《民心不可侮，民意不能违》，副标题是《与黄辛白同志谈谈心》，指出群众对黄辛白从寄予希望到完全失望。最后提出几点建议。

北大党委制定了一个加快运动步伐、8月份结束大清查的计划，要求围绕四个专题进行揭发批判，8月12日，在东操场召开全校揭批大会，主题是"批判'四人帮'违背毛主席的指示，另搞一套，攻击、诬陷邓小平同志的罪行"。这是党委加快步伐的计划中的第二个专题。迟、谢和王、魏、郭、李搞的许多阴谋并未揭开。到会人数不足二千，约是当时在校人数的五分之一。党委原定两周的"人民战争高潮"就此结束。第三、第四专题尚未部署，不知什么时候搞。

8月13日，应哲学系群众数十次要求，于存凯在到校九个月后第一次去哲学系听取意见。哲学系同志表示欢迎于组长参加会议，指出市委联络组到北大后执行右倾指导思想，扎根帮派体系，包庇王、魏、郭、李，压制打击群众，完全违背了中央的方针。于存凯坚持说，北大运动的成绩是主要的，只是具体工作上有缺点。大家还对他的十几个"了"的"好了歌"提出批评。于存凯辩解说："当时是即席发言，没有稿子。"当即遭到与会同志的批驳，明明两次都是念稿子，代表党委做报告，不是什么即席发言，大家希望他实事求是，讲老实话。

8月18日北大党委扩大会召开。上午，黄辛白讲话。他说："会议的内容主要是研究当前和9、10月份的工作，要求提高认识，统一思想，明确任务。"还说："8月6日，市委负责同志吴德、倪志福、丁国钰、黄作珍、刘祖春（科教部长）找北大六位副书记汇报工作，进行了长时间的谈话，有很多重要指示，对我们是很大的关怀、很大的鞭策。"

黄辛白传达的北京市委负责同志的指示中说："北大要在批斗'四人帮'中翻过来，原来是'四人帮'的点，现在要成为批'四人帮'的点。"分组讨论中，不少人指出：北京市委的《六条》中说"北大是毛主席抓的点"，北大的群众要求改变提法，北京市委顽固坚持。现在终于承认北大是"四人帮"的点了，有了进步。但对前一阶段的错误是否应当做自我批评？

黄辛白传达的北京市委负责同志的指示中还说："揭批'四人帮'不可能没有干扰、没有斗争，有的人不批'四人帮'，别有用心，转移方向，要把他顶回去。"分组讨论中，不少人要求北京市委明确指出"干扰"是什么？"别有用心"的是谁？怎样"把他顶回去"？

党委扩大会分组讨论。

党委扩大会议上出现了严重的意见分歧，无法"统一思想"。进而党委扩大会议的部分成员抵制党委的决定，会都开不下去了，宣布休会。本来，有揭批"四人帮"的积极分子参与的党委扩大会议，是党委和群众之间的桥梁。一旦党委扩大会议停摆，北大党委的领导意图无从贯彻。北京市委派来的工作队也一筹莫展。

8月23日，黄辛白召开工作队队员座谈会。他在讲话中提到8月6日吴德、倪志福、丁国钰、黄作珍、刘祖春找北大六位副书记谈话时，还有这样一条指示："我们可以派一万名工人到你们北大去辩论。"许多工作队队员向群众表示，北京市委的这种指示是极端错误的。

8月24日，党委召开部分系的负责人会议。黄辛白说："党委常委决定，扩大会再推迟，这期间开个小会，请几位原总支负责人仍领导运动的，也有几位运动领导小组的负责人，也有几位工作组组长，好好研究一下，能统一的，研究出一个东西来，然后再召开党委扩大会议贯彻。"

8月26日，北大党委召开的部分系负责人会议，开了一整天。会上，大家对市委提了不少意见，强烈要求北京市委负责同志到北大来听取意见，检讨错误。郭罗基指出，市委负责人8月6日的指示既不符合北大的实际，又不符合十一大的精神。王桂琴、高伟良等对党委负责人黄辛白、于存凯、张贵民面对面地进行批评。这天晚上，黄辛白宣布，明天继续开会。大家表示不愿再开了，因为许多意见已经重复地讲了多次，现在的问题是北京市委和北大党委必须向群众做检讨。

8月29日，新学年在无声无息中开学了。除了教师自动去上课，食堂还能开饭外，其他一切都停摆了。

9月12日，北大党委召开各系负责人会议，黄辛白提出总结北大十个月的运动，认为，运动是逐步深入的，成绩是主要的，但发展缓慢，一再挫伤群众的积极性，目前已处于停顿状态。主要问题是对"四人帮"严密控制北大的严重性认识不足。通过总结，端正指导思想，加强运动领导。

群众曾提出总结四个月的运动、总结七个月的运动，纠正错误的指导思想。黄辛白一再拒绝。等到他要总结十个月的运动的时候，已经晚了。运动已经停顿，如何总结？各系负责人不理会黄辛白，不讨论如何总结，而是要求中央和市委赶紧派人来。党委规定会议分组讨论一天。各小组讨论了半天，下午不愿再讨论了。大家认为，黄辛白讲话中对北大十个月运动的评价，与群众的看法距离太大，今后工作的计划又是空中楼阁，无法讨论。

哲学系辩证唯物主义教研室党支部贴出大字报，题为《十一大以后，为什么北大更糟糕？》，指出北大的运动已陷于停顿，整个学校四肢瘫痪、神经麻木。以黄辛白为首的北大党委，历来的工作态度就是拖、混、等，现在更加严重。这一切的根子，就在北京市委的右倾机会主义的指导思想，把北大的运动引入死胡同。但北京市委主要负责同志的检讨只是说"对重点单位的运动抓得不紧、不力"，这是文过饰非。北大的群众要求北京市委负责同志来听取意见，就是不来。"我们说，从星期一到星期六都抽不出时间，星期日来，行不行？白天没时间，晚上十二点以后来，行不行？实在不愿意来，我们派群众代表到市委去汇报，行不行？一概置之不理。北京市委主要负责人吴德同志在市委扩大会议上向别人发出号召：要深入群众，深入实际，就是年纪大一些的也要到下面去看一看。说得很好，我们请你带头实行，行不行？"

中文系党员教师费振刚等贴出大字报，题为《是认真检讨，还是欺骗群众？》，评北京市委主要负责同志在市委扩大会议上的检讨。比起前一时期根本不做自我批评还压制群众的批评来，吴德的讲话有所进步，但避重就轻，回避要害，不能如实地说明北京市委所犯错误的性质和程度，并且缺乏诚意，很不象样。

**又一次掀起大字报高潮**

粉碎"四人帮"一周年之际，我起草了一篇大字报，题为《评中共北京市委的〈六条〉》，10月6日，以哲学系、中文系、法律系、经济系、历史系、研究所、图书馆系、数学系、化学系、生物系、制药厂、地球物理系十二个单位的总支书记、运动领导小组或清查小组的负责人的名义联名贴出。大字报指出：

围绕着《六条》所展开的争论，实质上就是在粉碎"四人帮"以后要不要把揭批"四人帮"的斗争进行到底。对于有些人来说，把王张江姚抓起来，他们是赞成的。因为"四人帮"太坏了，帽子乱飞，棍子胡抡，对他们也有威胁。但是，要清算王张江姚所代表的那条路线，他们就不高兴、不积极了。因为过去他们走斜了，臀部也有那条路线的印记。有的愿意亮出来，擦一擦；有的不愿亮、也不愿擦，遮遮盖盖，躲躲闪闪，老是被动。《六条》中包含的右倾机会主义的指导思想，把北大的运动引进了死胡同。北大运动的转机必须从清算《六条》的错误开始。

值得注意的是在真理标准的讨论发动之前七个多月，这篇大字报即以真理的实践标准批判两个"凡是"的标本。大字报指出：

真理的标准是实践。不管权力多大、嗓门多高，都不可能强迫实践通过错误的意见；犯了错误，不管态度多滑、手法多妙，也不可能逃脱实践对错误的判决。《六条》的错误，归结到一点，就是经不起实践的检验。

在这之后，各系相继贴出一批长篇大字报，主要的有：
中文系部分教师：《为清理北大运动提十七个问题》、《学社论，看北大》
历史系魏杞文等五十多名教师：《北大一年》
国际政治系部分教师：《运动要总结，市委要检讨，党委要改组》、《运动周年备忘录》
制药厂部分教职员：《我们的态度》
法律系教工：《是贯彻中央精神，还是另搞一套？》
数学系部分教师：《市委负责同志要"辩论"什么？》
数学系邓东皋等六十四名教师：《我们的要求》
经济系石世奇等四十八名教师：《盖子终究是捂不住的》
哲学系运动领导小组：《中共北京市委机关必须认真清查》、《中共北京市委紧跟清华、北大搞"点名批邓"的内幕必须揭开》等等。

这些大字报表达了群众的呼声。大字报区人潮汹涌，盛况空前。但是，还有另一种声音。工作队负责人于存凯在工作队队员座谈会上传达了北京市委科教部这样一个指示："北大党委要有原则。对市委有意见，市委已做了检讨，吴德同志在十一大当选为政治局委员，这就是结论。"中文系教师的立即贴出大字报《还有这么一个指示》，对北京市委科教部的指示做了评论，认为："说这就是结论，还为时过早，来日方长！"确实，历史总是要做结论的，而且是无情的。

**出路何在**

运动已经停顿，学校陷于瘫痪。出路何在？第一，北京市委必须承认错误，抛弃《六条》；第二，改组北大党委，重建领导班子。

休会了一个多月的党委扩大会复会了。黄辛白讲了一年的回顾和当前的工作。他说：我校揭批"四人帮"的运动逐步深入，取得了成绩。但是，由于校党委领导的缺点错误，群众发动得不够充分，运动进展缓慢，几起几落，挫伤了群众的积极性，揭批和清查工作搞得不深不透。

他还说："市委负责同志口头上告诉我们：第一，市委提出的《六条》有错误；第二，市委对北大的领导不力；第三，前一段北大的错误主要由市委负责。还要找我们谈，现在没时间。"

北京市委终于承认了错误。

中共中央通知：调南京大学党委书记周林任北京大学党委书记，调哈尔滨工业大学党委书记高铁、甘肃省委宣传部长韦明任北大党委副书记。

黄辛白忠实地执行北京市委的《六条》，导致北大的运动几起几落。他一度站在群众一边，北大的面貌顿时改观。但在中共十一大代表选举问题上，他又为北京市委的错误辩护，群众对他由失望而绝望。黄辛白没有一点号召力了，北大陷入瘫痪。上面不得不将他调离北大，去中央党校学习。在干部大会上，黄辛白做了检讨，还流下了眼泪。不知是为自己所犯的错误悔恨，还是因丢了乌纱帽而痛惜。

北大党委进行了改组。市委工作队撤出北大。

后来北京市委也进行了改组，吴德调离北京市。华国锋在接见北京市委常委的成员时说："吴德同志在粉碎'四人帮'后，在揭批'四人帮'这一段确有错误，……一个被动接着一个被动，很不应该，不好理解。比如对两校的清查很被动。两校是'四人帮'的黑据点，手伸向全国。这个问题一直没有认真抓，直到中央发了言才抓，很不应该。"(《中央政治局接见北京市委常委时的重要指示精神传达提纲》〈绝密〉，中共北京市委办公厅，1978年9月21日印。)

## 第三阶段：从批判"梁效"入手打翻身仗

1977年11月10日，北大全校一万多人在首都体育馆召开了"深入揭批'四人帮'动员大会"。粉碎"四人帮"已经一年多了，还要重新动员，这一事实本身就是对北大党委、北京市委领导运动的否定。会议由周培源主持，新任党委书记周林讲了话。

中共中央政治局委员、国务院副总理方毅在大会上做了重要讲话，他说：

我受华主席、邓副主席和党中央的委托来参加今天的大会。

多年来，"四人帮"及其党羽迟群、谢静宜之流严密控制北京大学和清华大学，设立反革命据点，结成资产阶级帮派，指挥御用工具"两校大批判组"，大造反革命舆论，插手许多部门和地方，两海两校一线穿，勾结在一起，进行篡党窃国的阴谋活动，搞得全国不得安宁。他们还疯狂地打击和迫害广大革命师生员工，把教育革命糟蹋得不成样子。

这一段话，正确说明了北大问题的性质，否定了北京市委的《六条》。他还针对北京市委的捂盖子方针，强调：

必须放手发动群众，相信群众的大多数，依靠群众的大多数，而不能相反的来束缚群众，压制群众的革命积极性。

他代表党中央对北大群众的革命精神做了高度的评价：

一年多来，你们不屈不挠地进行斗争，表现出要把揭批"四人帮"的斗争进行到底这样一种顽强的革命精神，这是难能可贵的。

会场上响起了热烈的掌声，经久不息。以后，在北大"难能可贵"这四个字经常重复。接着，倪志福代表中共北京市委发言，他说：

市委对北大揭批"四人帮"的运动抓得不紧、领导不力，使北大的运动发展缓慢，群众发动得不够充分，革命大批判的声势不大，清查工作进展不快。

他对市委在北大捂盖子的后果，说得比较轻描淡写，但抓住了"主要原因"：

出现这种情况的主要原因是：一是当时我们市委对"四人帮"通过迟群、谢静宜及王、魏、郭、李、宋一伙严密控制北大，搞资产阶级帮派体系，进行反革命阴谋活动的严重性估计不足；二是我们市委在指导思想上有错误。……还在12月6日北大党委汇报时肯定了《六条》。

倪志福承认，市委指导思想的错误体现在《六条》中。但一年中北大的群众反对《六条》、批评市委被指责为"严重干扰"，市委屡屡"排除干扰"。倪志福代表市委终于改变了态度。

北大的同志们从关心无产阶级革命事业出发，对我们工作中的缺点和错误提出了不少批评和意见。这对于我们提高认识，改进工作，都是有好处的。今天，我在这里代表市委向大家表示诚恳接受，我们希望同志们今后对市委的工作继续提出批评和建议。

他代表北京市委对北大群众的批评"表示诚恳接受"，不再"排除干扰"了。

这次大会扭转了局面，重新点燃了北大革命群众的热情之火。邓小平副主席指示："北大要以批判'梁效'为突破口，打翻身仗。"大会以后，批"梁效"，揭帮派体系，声势浩大。

原党委帮派体系的"领导"和北京市委的《六条》，耽误了一年多，1977年11月才真正进入清查与"四人帮"有牵连的人和事、粉碎帮派体系，审查和批判"梁效"也出现了新局面。

11月22日和29日，中文、历史、哲学、经济、法律五个系联合举行批判"梁效"的两次大会。

12月29日，在首都体育馆召开全校批判"梁效"大会。党委常委、革委会副主任周培源等在会上发言。会上宣布：经党中央批准，已将"四人帮"的干将迟群、谢静宜逮捕审查；经市委批准将"梁效"骨干分子范达人、杨克明交公安机关监护审查。

11月25日以后，用七个半天的时间召开党委扩大会，进行"三大讲"，清理执行北京市委的《六条》的错误，黄辛白、于春凯、张学书、魏青山、白鹤、张贵明、马石江、回登昌、王丽梅等人发言，对自己的错误做了检查。会议的参加者提出不少意见，除了对魏青山（工宣队负责人）、王丽梅（党委常委）表示满意外，要求其他人进一步"说清楚"。黄辛白和回登昌做了两次检查。

一场反对两个"凡是"、矛头针对北大党委和北京市委的北京大学民主运动以胜利告终！

问：这一场北大的民主运动的胜利有没有什么经验可以谈谈？

有的，可以谈谈五点的经验。

## 五点经验

第一，合法斗争在政治上要善于利用合法的口号。

我们在反对北京市委《六条》中关于北大是"毛主席抓的点"的定性时，利用了中共中央主席华国锋的"'四人帮'严密控制和严重破坏的单位"的提法；我们在反对北京市委只清查"重点人和重点事"的方针时，利用了华国锋的"清查与'四人帮'有牵连的人和事"的提法。利用了这些口号进行合法斗争，使北京市委陷于被动。

第二，合法斗争要善于组织力量。

在共产党一党专权的格局下，民间公开建立政治组织是不可能的。群众运动的聚集、进退又不能没有组织。北大在粉碎"四人帮"以后掀起一次又一次的大字报高潮，谁都不会相信是没有组织的。我们所进行的是非组织的组织活动。所谓非组织的组织活动，是以无形的组织形式规范有形的群众行动，具有既松散又严密的特征。从组织形式来说是松散的，没有战斗队，更没有政党，并无纪律约束，都是观点相同者的自愿集合。从群众行动来说又是严密的，招之即来，一呼百应。

哲学系、历史系、中文系的大字报在全校成了带头羊。这三个系又各有一个带头羊：哲学系的郭罗基，历史系的魏纪文，中文系的费振刚。我们三个人逐渐地走到一起，进行协调和推动，每个人的周围又有十几个骨干分子。我们的活动方式是进行定期和不定期的碰头，确定活动的内容，然后回到各自的系里，组织大字报，分头派人与其他系联络。这三个系的大字报是意见领袖，引领全校的潮流，其他系蜂拥而上，形成一时的高潮。粉碎"四人帮"一周年的活动，是非组织的组织活动成功的典范。1977年9月开学以后，北大一直处于瘫痪状态。表面上一潭死水，水下暗流激荡。我们决定在粉碎"四人帮"一周年之际，发动一场群众性的总结，清算北京市委的《六条》，批评北大党委的右倾。一切都准备好了，10月6日万箭齐发，气势夺人。

我们的三人碰头会还有一位顾问，他就是当时的革委会副主任、后来的校长周培源。周培源的角色类似于"五四"运动时的蔡元培。蔡元培得知北洋政府已决定在丧权辱国的巴黎和约上签字，将消息告知学生领袖许德珩等人，于是爆发了上街游行的示威运动。周培源与上层人士有来往，又是北大党委常委，他也常常向我们通报消息。我们不但掌握下情，同时又了解上意，所以往往能先发制人。

第三，合法斗争要善于处理利权和权力的关系。

我这里所说的利权，就是通常所说的权利。中国人将 rights and power 翻译成权利和权力。权利和权力发音是相同的，我说 quanli 你们不知道说的是"权利"还是"权力"。将 rights 翻译成"权利"是不正确的。rights 的意思不是权之利，而是利之权；不是有权享用的利益，而是维护和争取利益之权。故翻译成"利权"才是正确的。我写了一篇文章，题目是《"权利"应是"利权"》（《北京之春》1999年11月号），做了详细的说明。但有一点困难，我和别人讨论问题，大家都说"权利"，我只好随大流。另外，我引用文件或别人的著作也必须尊重原文用"权利"。所以，下面的访谈有点混乱，有时用"利权"，有时用"权利"，请注意。

民主运动的目的是改变权力的性质，推动不民主政治转向民主政治。怎样改变权力的性质？用枪杆子？"枪杆子里面出政权"，枪杆子里面可以出政权，但不能出人权，所以枪杆子里面出来的政权不讲民主。文化大革命中，以"打、砸、抢"的暴力手段向"走资派"夺权，结果新的当权派往往比"走资派"更不民主。为了达到民主的目的，必须运用民主的手段。什么是民主的手段？那就是以利权改变权力。正当的权力产生于利权。人民拥有利权是天然前提，经过授权，产生权力。因此，改变权力的性质，必须改变授权。

我们首先通过大字报运动唤起群众的利权觉醒，对北大党委和北京市委的权力进行理直气壮的批评监督。

高层的权力一时难以改变，我们从低层做起。根据利权产生权力的原则，运用群众的利权，选举产生"运动领导小组"，出现了与上级任命不同的新型的权力。由民主原则产生的新型的权力，在北大的整个运动中起了翻江闹海的作用。

以民主的手段达到民主的目的，归结为一句话，就是以利权包围权力。

第四，体制内与体制外结合。

大字报类似街头政治，是体制外的；党委扩大会议类似议会政治，是体制内的。大字报是我们手中的有力武器。1977年，我写了十几万字的大字报，可惜大部分底稿没有保存。有人建议，哲学系办一个大字报专业，培养大字报写手。我们利用大字报自由地、充分地表达了民意。党委利用党委扩大会议上情下达，推动工作；我们利用党委扩大会议下情上达，对北大党委和北京市委施加压力。街头政治、广场政治、大字报政治与议会政治，体制外的斗争与体制内的斗争，两者结合，是民主运动的提升。党委预告党委扩大会议的召开，我们用大字报提要求，提建议，把群众的意见带到党委扩大会议上。党委扩大会议讨论的内容，我们又用大字报公布，发表评论。我在党委扩大会议上关于粉碎帮派体系的发言，及时见诸大字报，在全校范围发动舆论攻势。

第五，合法斗争要善于运用有进有退的策略。

合法斗争的反对派不是一味否定，专门拆台，有时也需要补台；拆台和补台应当灵活运用。经过斗争，当北大党委接受了群众的意见，将清查"重点人、重点事"转向清查与"四人帮"有牵连的人和事，决心砸烂"四人帮"在北大的帮派体系，但不知如何下手；方针变了，缺少如何实现方针的办法。我们采取积极的态度，出主意，适当补台。我们提出，不是以职务、级别划线，也不是揪住粉碎"四人帮"前的老账，而是抓住粉碎"四人帮"后的现实表现，以七个月中抵制、对抗、破坏运动的问题作为突破口，确定与"四人帮"有牵连的人和事，砸烂还在行动的北大的帮派势力。这一着果然有效，运动打开了局面。大家看得很清楚，功劳记在反对派的账上，我们在政治上大为得分，增加了在重大问题上发言的分量。

当以黄辛白为首的北大党委成了扶不起的"阿斗"，运动寸步难移，我们的策略改为拆台；但拆了台又不担拆台的恶名。那就是以不合作的态度使学校瘫痪，校系两级机构指挥不灵，号召无人响应。黄辛白召开党委扩大会议，我们对他说，意见已经重复过多次了，这种会议没有必要再开了。但他又不能不开，开起会来，总有部分人不参加，会议越开越不景气，以至无疾而终。北大瘫痪了，引起上上下下的注意，都来解决北大的问题。非暴力斗争的不合作是一种重要的策略，促成权力机构瘫痪，才能终结旧秩序，催生新秩序。但又不是以革命的手段打烂坛坛罐罐，可以避免动荡和损失。

问：北大民主运动的成果是否能持久？

你这一问，点到了要害。

## 北大民主运动的胜利是一时的、局部的

北大的民主运动是在粉碎"四人帮"以后的特殊条件下取得的胜利，也是在不民主的大环境中取得的胜利，因此它是一时的、局部的，随着条件的变化和大环境的侵蚀，民主运动的成果也就消散了。

新上任的党委书记周林也是一位共产党官僚，脱离群众，压制民主。他的结局和黄辛白一样，两年后被轰出北大，但民主运动不再了。

我们三个带头羊都受到了惩罚。首先倒下的是魏纪文。周林党委说他是文化大革命中历史系打死李原一案的"后台"。什么叫"后台"？但他们并不认真落实，没有结论，只是把水搅浑。魏纪文在浑水中生活，心情不舒畅，于是申请出国。出国前的体检已经发现肝功能不

正常，负气出走，到美国半年多被诊断为肝癌。丁始琪把他带了回来，1981年8月去世。他是被气死的。去世后落实政策，还他清白，已经晚了。1982年，把我批判了半年，然后发配南京。费振刚发表一个声明："凡是批判郭罗基的会我一律不参加。"人们正要把费振刚和郭罗基捆绑在一起，他自投罗网了，把他的党总支副书记、中文系副主任的职务全都撤了。以后北大再也没有出现带头羊。1989年的民主运动中，北大教师有人怀念起郭罗基来了，说："郭罗基在就好了！"后来镇压八九民运，大肆抓人，有人又庆幸了："幸亏郭罗基不在，否则他也要进去了。"

# 第四十章 "郭罗基大闹人代会"

1976年清明节，在镇压天安门广场的群众之前，吴德躲在汽车里发表清场的广播演说，然后出动民兵、军警，大打出手，血洒广场。粉碎"四人帮"以后，群众强烈要求为天安门事件平反。吴德非但毫无悔意，还说"北京市委对'四人帮'进行了巧妙的抵制。"西单民主墙的大字报对吴德有很多批评，有人写道："两面派，不害臊，首都人民谁让你代表？劝你还是自觉点，自己摘下乌纱帽。"还有画像，"轴承脖子弹簧腰，头上插个风向标。"北京人给他取了一个外号，叫"吴老转"。

吴德的日子不好过。

他决定开一次北京市的人民代表大会，看样子他想开成一次民主的代表大会，以挽回不好的名声。这是粉碎"四人帮"以后地方人民代表大会的首例。

我参加了这一次北京市第七届人民代表大会。

大会结束以后，北京市流传两句话，一句："郭罗基大闹人代会。"还有一句："北大的右派跳出来攻击市委。"

问：人民代表大会的结果怎么会形成这两句话？

我这是倒叙法，先说结果，再说过程。现在从头说起。

## 人民代表的产生

人民代表的产生是间接选举。海淀区人民代表大会选举产生出席北京市人民代表大会的代表，北京市人民代表大会选举产生出席全国人民代表大会的代表。

问：海淀区人民代表大会选举产生出席北京市人民代表大会的代表，候选人名单是从哪里来的？

是各单位报给海淀区的。

问：各单位的候选人是怎样产生的？

是上面规定名额、由各单位的党委提名的。上面给北大十个名额，党委提名周培源（校长）、周林（党委书记）、曹靖华（俄语系教授）、马坚（东语系教授）、江泽涵（数学系教授）、胡济民（技术物理系教授）、徐光宪（化学系教授）、费振刚（中文系教师）、丁始琪（亚非研究所教师）、董玉香（校内工人）十人，交各系协商讨论。候选人名单中，三个运动带头羊有两个，一个是中文系的费振刚，还有一个是亚非研究所的丁始琪。丁始琪是魏杞文的妻子。

她在天安门事件中以"北大革命教师"的名义向周总理献上一个花篮。帮党委立案追查,叫做"花篮事件"。丁始琪受到迫害。粉碎"四人帮"以后翻案。丁始琪当人民代表,也可以说同时代表魏纪文。就是没有郭罗基。全校讨论中,主要是两条意见:一,代表候选人平均年龄六十多岁,太大了;二,郭罗基应列入候选人名单。党委坚持不改。于是各系教师一批又一批自动跑到党委去提意见。有人说:"我们宁可别的代表都不要,只要郭罗基。"法律系的工作队队员悄悄地对教师说:"工作队队长于存凯表示,'郭罗基是带头闹事的,决不能让他上人代会。'"许多教师就找于存凯辩论。

过了几天,上面指示,北大增加一个名额,又上演党代表选举的老戏码。这增加的一个名额显然就是给郭罗基的,但于存凯还要从中作梗。他召开一次会议,各系派代表参加,讨论增加一名的候选人,哲学系是王贵秀去的。王贵秀回来说:"好戏,好戏!"各系代表说,根据大家提名郭罗基为候选人,上面才增加一个名额,不用讨论,当然就是郭罗基。于存凯说,不是说代表年龄太大吗?他提出一位比郭罗基更年轻的物理系实验员为候选人。在最后确定候选人名单的会议上,多数人还是赞成郭罗基。他又提出一个问题,说现有代表候选人中剥削阶级出身的人太多了,要增加劳动人民出身的人。他以为,看样子郭罗基一定是剥削阶级出身。在当时这条理由还是很难反对的。有人问:那位实验员是什么出身?他不知道。又有人问:郭罗基是不是剥削阶级出身?他也不知道。于是当场就派人到人事处去查档案。查的结果,那位实验员的出身是上海的资本家。郭罗基的出身是小商。有人说小商是属于劳动人民。于存凯这才没有话讲,会上决定增加一名的候选人即北大候选人名单的第十一名为郭罗基。

周培源当中共十一大代表,郭罗基当北京市人民代表,都是违背北大党委和北京市委的意志的。这种事情,只有在北大才可能发生;因为北大继承了"五四"的传统,特别是在揭批"四人帮"的运动中显示了人民的力量。这里体现了民主的实质,在于人民有力量迫使当权者不得不顺从人民的意志。我这个人民代表是北大的群众抬上去的,不是长官任命的,而且我这位代表是长官所不喜欢的。所以,我给自己立下了一条规矩:一定要为人民讲话。

北大的十一名候选人在海淀区人民代表大会上顺利当选。海淀区的人民代表对北大的十一位候选人见都没见过,更谈不上有所了解,就轻易地投票了。这种选举徒具形式而没有民主的内容。

## 把主席团成员萧英拉下马

周培源是这一届人民代表大会主席团的成员。费振刚、丁始琪和我,又与周老上下呼应,在人民代表大会上认真进行民主的实践。

北京市第七届人民代表大会定于1977年11月23日开幕,代表人数是一千九百多,大会地点在北京展览馆。如何将北大的烽火引向北京市人代会?这个问题一直在我脑子里旋转。

22日,代表报到。当天晚上,开预备会议,由各代表团分头进行。代表团是以区、县为单位组成的。我们海淀区代表团团长是区委书记张还吾，大部分代表来自北大、清华、人大和八大学院，知识分子占了多数。预备会议的主要内容是讨论通过主席团名单。历来，这是走过场的节目。主持人念一通名单，问："有没有意见？"静默片刻。"没有意见，好，鼓掌通过。"这一次，我却认真起来了。我站起来说："我有意见。"我反对名单中的萧英作为主席团成员。

问：是不是前面讲的在北大传达北京市委的《六条》的那个萧英？

是的。萧英是北京市革命委员会科教组组长，在"批邓、反击右倾翻案风"运动中出过风头。1975年，教育部长周荣鑫根据邓小平提出的方针整顿教育，针对"四人帮"的形而上学猖獗响亮地提出："就是要扭！"在"反击右倾翻案风"运动中遭到"四人帮"的打击，被批斗致死。周荣鑫生前的一次讲话中说："我到钢铁学院去讲话，他们就派萧英去消毒。"究竟是谁派萧英去"消毒"的？萧英是与周荣鑫相对立的营垒中的一名干将。现在，当我们深切怀念我们的好部长、被"四人帮"迫害致死的周荣鑫同志的时候，更加痛恨那些迎合"四人帮"的需要，诬陷好人的无耻之徒。所以我说，萧英非但没有资格成为主席团成员，也不能当人民代表，还要对他进行审查，究竟是奉谁之命进行"消毒"的？我讲完后，一片哗然，海淀区高等学校的代表纷纷站起来谴责萧英，赞同我的意见。那些共产党官僚还没有遇到过这种场面，措手不及。也是为了显示有民主风度，不得不宣布："在萧英同志的问题没有搞清楚之前，暂时不参加大会。"主席团成员被拉下马，这是中华人民共和国的人民代表大会历史上的第一次。

## 将北大的烽火引向人代会

大会开幕以后，由吴德做北京市的工作报告，然后分小组讨论。人民代表大会实际是人民代表小会。历来，在全国和地方人民代表大会上做大会发言的，都是带"长"字的。这一次人民代表大会也是为了显示有民主风度，开了一个先例，任何代表都可以报名做大会发言。我说机会来了。我和费振刚商量，我们两个人都报名，至少有一个人可以上台。

我们两人报名以后，上面没有什么表示。11月26日晚上看内部电影，演的是《巴黎圣母院》。曹靖华老先生虽然是搞文学的，他不了解西方文化，没看懂，连说："乱七八糟，乱七八糟！"周培源老先生虽然是搞自然科学的，他了解西方文化，看懂了，说："故事是讲三角恋爱，实际上表现了美与丑、善与恶的对立。"文革前翻译了一些西方电影，文革中禁演了。粉碎"四人帮"以后，拿出来内部放映。能够观看内部电影是一种政治待遇。

看电影之前，大会秘书处通知我和费振刚，明天八点以前将大会发言稿交秘书处"看一看"，显然是刁难。按议程，大会发言安排在28日。我和费振刚本来想拉一个提纲上去讲。看完电影已是十点半，回到住处，十一点半了。我和费振刚说，我们今晚开夜车一定要把发言稿写出来，不要乞求他们放宽期限。

我们到秘书处拿了纸，在会议室挑灯夜战。但我的思想无法集中，脑子里老是浮现《巴黎圣母院》中的人物，吉普赛女郎艾丝美拉达，敲钟人卡西莫多；特别是乞丐王国的众生相老是在脑海中盘旋，那真是"悲惨世界"，激发我为改造旧世界而奋斗的强烈意志。我默默地吟唱《国际歌》，一再重复"要为真理而斗争"。我对自己说，为了投入改造旧世界的伟大事业，当前首先要写好这个发言稿。这才把思想转过弯来。

六点多，费振刚写完了，还能回房休息一会儿。我没写完，继续奋斗。肚子饿了，没有东西可吃，只能喝茶，越喝越饿。会议室里没有暖气，夜里很冷，又没有衣服可添。真是"饥寒交迫的奴隶"！

来开会时身边没有带材料，但数据、日期、引语都保存在脑子里。一口气写了八千多字。

27日早上八点以前，我们两人的发言稿交秘书处。晚饭以后发还给我们，什么也没说。晚上，我和费振刚，还有周培源、丁始琪讨论两篇发言稿。大家决定由我一个人发言，我们报两个名本来就是为了增加一点安全系数，如果被砍掉一个还有一个。大家提了一些修改意见，我又干到半夜。

28日早上，周林对我和周培源说："昨天晚上，吴德来看望我。他的意思是要我阻止郭罗基发言，但不明说。我怎么能干这种事，假装听不懂。"那时，周林刚到北大，涉世不深，还没有形成自己的态度。两个共产党官僚，一个故意不点穿，一个假装听不懂，打太极拳从八点打到一点。

28日的大会发言，由郑天翔主持会议。第一个发言的是清华大学的何东昌。看来，他读过我的发言稿，针对我的发言，他强调北京市委和革委会的领导如何正确，清华大学揭批"四人帮"的斗争如何取得伟大胜利。意思是让代表们听我的发言之前先由何东昌打个预防针。

接着我发言。这是一篇历史文献，我要保存在这里。

### 从北大的运动看北京市的领导
——在北京市第七届人民代表大会第一次会议全体大会上的发言

1977年11月28日

郭罗基

大会主席，各位代表：

吴德同志的工作报告和大会上许多代表的发言，叙述了北京市各条战线十年来取得的成绩，提出了今后一个时期的任务，使我很受鼓舞，也是对我们教育战线的有力鞭策。但是北京市的工作与全国形势的发展相比，有很大的差距；用全国人民和党中央对北京市的期望来衡量，差距更大。广大人民对北京市的现状，以及对这种现状负有责任的北京市的领导，是不满意的。北京市的工作之所以没有做好，根本的原因就在于没有狠狠抓住揭批"四人帮"这个纲。

在我们北京大学，由于北京市委联络组、北京市委工作队和北大党委、革委会执行了市委和市革委会领导人的错误指导思想，把运动引进了死胡同。我们北大的革命群众深深知道，像北京市的领导人这样来搞运动是根本不行的。

全市和全国人民都很关心北大，现在究竟搞得怎么样？我们也有责任把北大的真实情况向代表们汇报一下。

北大是"四人帮"严密控制和严重破坏的单位。北大的群众深受"四人帮"及其代理人的打击、迫害之苦。粉碎"四人帮"以后，北大的群众挺起胸膛，投入战斗。但群众的革命热情一次又一次地受到北京市领导人的压制和挫伤。北大一年多的运动，经过几起几落，到今年8月暑假以后已经完全停顿，学校陷于一片瘫痪。除了教师自动去上课、食堂还能开饭以外，北大这架机器停止运转了。一个社会主义大学，就在首都北京，据说还是中国的最高学府，搞成这等模样，成何体统？湖南省委的同志说："要用抓不出成效就吃不下饭、睡不好觉的精神，把被'四人帮'耽误的时间夺回来。"在北大，由于林彪反党集团和王张江姚反党集团的干扰、破坏，教育革命整整耽误了十年。这十年非但没有夺回来，现在又耽误了一年。我们感到非常痛心。北京市的领导同志们，你们有没有像湖南省委的同志们那样"抓不出成效就吃不下饭、睡不好觉的精神"呢？（鼓掌）

我们感到痛心，华主席、党中央也为我们操心。最近党中央采取有效措施来解决北大问题，派了周林、高铁、韦明三位同志到北大，改组领导班子。11月10日，全校一万多人在首都体育馆召开了"深入揭批'四人帮'动员大会"。中共中央政治局委员方毅同志受华主席和邓副主席的委托在大会上做了重要讲话。这次大会重新点燃了北大革命群众的热情之火。大会以后，批"梁效"，揭帮派体系，声势浩大；批判会、声讨会、控诉会全面开花。现在，我以满怀喜悦的心情告诉大家：北大大有希望了。（鼓掌）

在党中央采取措施解决北大问题以前，革命群众对北京市的领导提过许多中肯的意见，特别是在粉碎"四人帮"一周年之际，从10月6日开始，北大校园里贴出一批又一批的大字报，批评北京市领导的错误指导思想。最近邓副主席有指示，其中提到："北大的群众对市委意见提得差不多就行了，但市委要争取主动"。邓副主席的指示意味着肯定了在这以前对北京市委提意见是必要的，但又从爱护的态度出发，劝告群众提意见要适可而止。倪志福同志在11月10日的大会上代表北京市委讲话，承认了错误，表示"诚恳接受大家的意见"。我们听了是很高兴的。遵照邓副主席的指示，我们正在集中精力批"梁效"，揭帮派体系，对市委提意见就算"行了"。现在的问题是，北京市委的领导有没有贯彻邓副主席的指示、摆脱被动"争取主动"呢？

我们满以为在这次人民代表大会上，北京市的领导人要"争取主动"了。但一开始就使我们大失所望。

22日，北京市革命委员会提出一个大会主席团的建议名单，其中有一人名萧英。海淀区代表团许多代表坚决反对萧英参加主席团，并指出他根本没有资格当人民代表。1975年，教育部长周荣鑫同志根据邓小平同志提出的方针整顿教育，针对"四人帮"的形而上学猖獗响亮地提出："就是要扭！"萧英是与周荣鑫同志相对立的营垒中的一名干将。周荣鑫同志当时就揭露了萧英，他说："我到钢铁学院去讲话，他们就派萧英去消毒。"究竟是谁派萧英去"消毒"的？周荣鑫同志指出，萧英主持的北京市革委会科教组，那是一个针插不进、水泼不进的单位。但是，这个科教组却受到反革命小丑张铁生的捧场，说什么"全国的文教组都像北京市的文教组那样，该多好啊！"萧英主持的北京市革委会科教组是哪条藤上的瓜，不是一清二楚的吗？

粉碎"四人帮"以后，北京市科教战线的广大群众强烈要求对萧英进行审查，北京市的领导拒不接受群众的要求，还继续让他掌握科教战线的领导权。萧英是扼杀北大运动的罪人之一。这一点毫不奇怪。让萧英这样的人来领导揭批"四人帮"的运动，本来就是极大的讽刺。当群众的愤懑愈来愈强烈的时候，北京市委又采取调动工作、保护过关的措施，让萧英当了北京市委体育卫生部部长。现在，当我们深切怀念我们的好部长、被"四人帮"迫害致死的周荣鑫同志的时候，更加痛恨那些迎合"四人帮"的需要，诬陷好人的无耻之徒。11月5日教育部召开的揭发批判大会上，这个对周荣鑫同志的讲话进行"消毒"的人，已经受到了谴责；而北京市的人民代表大会上居然还有人要把他塞进主席团。经代表们坚决反对，才在海淀区代表团内宣布：萧英的问题未查清以前，不参加大会。在这个问题上，可以看到，北京市的领导与群众的思想差距有多大！（鼓掌）这一次，又是很被动。倪志福同志在11月10日的北大动员大会上虽然表示"诚恳接受大家的意见"，实际上群众已经提过的许多意见并没有接受，否则就不会这样被动。

我们希望北京市的领导能真正变被动为主动，特别要研究北大的运动停步不前的教训，切实改正错误，把北京市的揭批"四人帮"的斗争进行到底。

从北大的运动看北京市的领导，存在的问题，大致有以下八个方面：

**首先，要与"四人帮"划清界限，不要继续颠倒路线是非。**

粉碎"四人帮"以后，去年10月16日萧英到北大传达了北京市委《关于北大当前运动的意见》（即《六条》），把"四人帮"篡党夺权的反革命基地清华、北大说成是"毛主席抓的点"，掩盖两校打着毛主席的旗号，攻击周总理，诬陷邓副主席，反对华主席的罪行，反而说什么"在毛主席的无产阶级革命路线指引下，两校贯彻执行毛主席的指示，取得了很大成绩"。明明是两校对于搞乱北京、搞乱全国起了极大的破坏作用，《六条》却说两校"对全市学校的斗、批、改，对教育革命和上层建筑领域的革命，起了有力的推动作用"。这个指导北大运动的《六条》是一个路线是非根本颠倒的文件。

北大的群众是不同意、不接受《六条》的，当初对《六条》提出许多批评。去年12月6日，北京市委书记、市革委会副主任黄作珍针对群众的批评又做了一番指示，这就是所谓《五条》。他说："北大是毛主席抓的点，必须肯定"。他还说到，虽然江青插了手，文艺革命也要肯定。今年2月16日，吴德同志又发指示，说"十七年，两个估计不能动摇"，"这个案不能翻"。一年多来，北京市领导人讲的话，很多还是老话。照他们看来，教育战线、文艺战线被"四人帮"颠倒了的路线是非，还要继续维护下去，这个"必须肯定"，那个"不能翻案"，总之是一切照旧。

吴德同志2月16日的指示还说："批邓、反击右倾翻案风不能动摇"。萧英曾经传达北京市委的指示："把批邓和批'四人帮'结合起来"。北大的群众质问：怎么结合？没有回答。萧英还说："希望北大在这方面创造出新鲜经验来。"当年，北大创造"批邓"经验，萧英负责推销。想不到粉碎"四人帮"以后，萧英还要重操旧业，继续推销北大的"新鲜经验"！

吴德同志在去年10月20日一万八千人大会上的讲话中说，在揪出"四人帮"以前，"当时把矛头指向'四人帮'也是错误的，那是分裂党中央。"王张江姚在党内拉帮结伙，自成体系，那才是分裂党中央。把"分裂党中央"的帽子扣在反对"四人帮"的群众头上，是很不恰当的。这是在粉碎"四人帮"之后还继续使用了"四人帮"的语言。吴德同志已经承认那次讲话有错误。有哪些错误？是什么性质的错误？必须向群众说清楚。（鼓掌）

**第二，要端正指导思想，不要捂盖子。**

据说北京市的领导人的指导思想是一个"稳"字，把"四人帮"严密控制的北大说成是"毛主席抓的点"也是为了"稳住局势"。在"四人帮"严密控制的单位，一开始要稳住局势是必要的。但稳住局势要依靠群众的革命行动，限制"四人帮"的余党及其帮派体系的动作，打击他们的破坏和捣乱。北京市的领导所制定的《六条》，企图用讨好帮派体系的办法，进行安抚，把他们多年作恶说成"取得了很大成绩"。《六条》实际上成了帮派体系的护身符。对在北大这个反革命独立王国内同"四人帮"做了多年斗争的革命群众来说，要他们承认"四人帮"严密控制的北大是"毛主席抓的点"，就是不许他们对这个反革命独立王国发起冲击。所以，北京市的领导人所说的"稳"，实际上变成了"捂"，变成了"压"；捂住盖子，压住群众。对帮派体系不触动、不斗争，对广大群众不信任、不依靠，这就是包含在"稳"字之中的领导北大运动的指导思想。北大一年多的运动已经被北京市的领导"稳"到了无声无息、死水一潭。事实证明,这种指导思想是完全错误的。我们希望北京市的领导不要再用这种指导思想去领导北京市其他单位的运动。(鼓掌)

**第三,要按中央的方针搞好大清查,不要自作主张,另搞一套。**

按华主席为首的党中央的方针,凡是与"四人帮"有牵连的人和事都必须查清楚。北京市的领导人自作主张地提出了另一个方针,即只清查"重点人、重点事"。去年10月,《六条》中说:"重点问题、重点人的问题要弄清楚,一般问题不予追究。"今年3月14日,华主席在中央工作会议上的讲话中明确提出:"参照上海、保定的经验,彻底查清和'四人帮'有牵连的人和事。"而3月17日北京市委联络组在北大传达市委领导的指示时还是讲"重点人、重点事必须查清楚"。这种说法,不是有意对抗也是严重违背华主席的讲话和党中央的方针。

根据北京市的领导人提出的清查"重点人、重点事"的方针,直到今年5月初,粉碎"四人帮"以后整整七个月,在"四人帮"严密控制的北大,清查对象只有王连龙、魏银秋、郭忠林三个人("梁效"不在内),而对王、魏、郭也不明确宣布他们的问题的性质,只是抽象地叫做"重点人"。可见,北京市委自作主张的方针与党中央的方针的区别就在这里:一,清查"重点人、重点事",任意缩小了清查的范围;二,"重点人"是政治含义不清的概念,掩盖了某些人的敌我矛盾的性质。

运动一开始,北京市就只清查"重点人、重点事",像市委机关内萧英这样问题严重的人都不算"重点人"、不在清查之列。后来北京市的领导人口头上也跟着喊清查与"四人帮"有牵连的人和事,但在实际工作中没有多大转变。运动搞得好的的单位如冶金部,对于与"四人帮"有牵连的人和事,从八个方面进行了大清查。北京市的清查工作能讲出几个方面呢?吴德同志宣读的《北京市革命委员会的工作报告》的第一部分,在叙述粉碎"四人帮"以后所做的工作时,根本就没有提到清查与"四人帮"有牵连的人和事。报告说:"对'四人帮'及其心腹干将迟群、谢静宜和刘传新搞的资产阶级帮派体系,进行了清查"。在同"四人帮"篡党夺权阴谋活动有牵连的人当中属于"四人帮"余党及其帮派体系的,毕竟只是极少数。但确定这极少数是大清查的结果。北京市的清查工作却一开始就局限于极少数,运动就无法开展。

中央的正确的方针政策不很好执行,又把自己的错误的东西说成是"中央的精神"。黄作珍同志说:"《六条》是市委讨论的精神,是中央同意的精神。"北大的群众为真理而斗争,不信这一套。(鼓掌)对《六条》的批评越来越多,今年3月,北京市的领导又说:"《六条》是根据中央的精神,市委讨论的,起草以后,又经中央同意的。"萧英传达《六条》时明明说是市委的意见,群众一提批评,又说是"中央的精神"。什么意思?无非是以中央的名义压群众,另一方面,又可以把群众的不满引向中央。

现在,你们笼统地说《六条》有错误,既不说是什么错误,也不说是谁造成的错误。既然你们讲过"《六条》是根据中央的精神",人们就有理由追问:现在说《六条》有错误,到底是在检查自己,还是把矛头指向中央?

**第四,要彻底粉碎"四人帮"的帮派体系,不能心慈手软,不要留下后患。**

"四人帮"在北大的代理人王连龙、魏银秋、郭忠林是帮派体系的骨干分子。北大的革命群众早在去年10月就要求宣布他们问题的性质是敌我矛盾。北京市的领导温情脉脉,下不了手,而且还多方保护。

去年10月7日,市委书记丁国钰同志就粉碎"四人帮"问题向北大党委书记王连龙"打招呼",王连龙马上向两校大批判组头头李家宽通风报信。李家宽销毁了罪证,准备退却。10月9日,北京市委常委徐运北同志和科教组组长萧英到北大,在党委常委会上说,王连龙是"信得过的",要他"挺起腰杆来领导运动"。王连龙对抗群众、破坏运动,气焰十分嚣张。在10月15日的总支书记会上,他竟说:"对党委的工作,翻案的,算账的,出气的,都有。市委几个同志讲,那不要怕,这几年成绩还是肯定的。如果群众提出这个问题,领导可以出来讲话。"这就是他"挺起腰杆"的姿态,以市委为靠山,有恃无恐。

群众强烈要求停止王连龙的工作,对他进行审查。去年11月11日,市委科教组来了一个"通知",说:"根据王连龙同志当前的情况和北大群众的要求,可暂不主持党委的工作。"根据王连龙的什么情况?没有说。"暂不主持党委的工作",当然就意味着"暂不"以后,还要重新主持党委的工作。

在国家体委、科学院、教育部等单位宣布了一批敌我矛盾性质的人物的名单后,今年3月,北大的群众又一次强烈要求,宣布比他们罪行严重得多的王连龙等人问题的性质是敌我矛盾。3月26日,北大党委宣布,经北京市的领导批准,决定:给王连龙"办单人学习班"。群众请求解释:什么叫"单人学习班"?北大党委和北京市的领导不做任何回答。这种莫名其妙的提法,回避和掩盖了问题的实质。粉碎"四人帮"以后,给了王连龙半年的时间,他从从容容地把他的笔记本和各种档案材料都"处理"了一遍。这时才发现,有的已经涂改,有的已经销毁,对清查工作造成了很大的障碍。

直到5月10日,吴德同志召集北大、清华负责人汇报,当提到群众要求宣布王、魏、郭是敌我矛盾时,吴德同志还说:"王、魏、郭定敌我矛盾为时过早。"5月12日,徐运北同志作为北京市的领导人第一次出现在北大的群众大会上。他做了五分钟的讲话,根本没有提到王、魏、郭。5月14日到27日,北大开了十几天党委扩大会,会上强烈要求宣布王、魏、郭是敌我矛盾。5月28日,经北京市领导人同意,才做了宣布。而不久前,吴德同志还说:"为时过早",究竟有什么根据?

从这里可以看到,在北大,粉碎"四人帮"的帮派体系有多大的阻力!运动要取得任何一点进展,又是多么艰难!

**第五,要坚决整顿各级领导班子,不要搞"维持会"。**

北大之所以造成运动停顿、学校瘫痪的局面,一个重要原因就是一年多来没有整顿领导班子。首先是北京市的领导不抓校一级的领导班子的整顿;校一级又不抓校以下的领导班子的整顿。北京市的领导不抓整顿,只是派几个人到北大去当副书记,没有书记,副书记有八个之多,人称"八仙过海"。群众希望他们不要瞒天过海。结果,"八仙"虽然各显神通,还是没能瞒天过群众运动的大海。今年8月,在北京市委扩大会上,吴德同志的讲话中说:"清华、北大的党委已经改组"。北大的群众听了非常惊讶,不知是什么时候改组的,找不出北大党委改组以前和改组以后的界限来。

北大有的系,党总支问题严重,不能领导运动,群众强烈要求改组。北京市的领导又不同意改组,群众自发地成立运动领导小组领导运动,党总支继续领导日常工作。这样就成了二元化领导。后来又派来了工作队,成了三驾马车。在许多系,有三个头,政出多门,混乱不堪。这种局面长期得不到解决。北大的瘫痪,北京市的领导负有不可推卸的责任。

**第六,要相信群众、依靠群众,不要压制群众、打击群众。**

北京市的领导的错误指导思想表现在:一方面对帮派体系心慈手软,一方面对革命群众压制打击。北大的群众贴了批评《六条》的大字报,就被指责为"矛头指向市委"。黄作珍同志针对群众的批评所提出的《五条》,进一步发挥了《六条》的论点,同时也加深了它的错误。看来,早在去年11月,从北京市的领导到北大党委就已经下定决心和北大的群众顶牛了。

今年2月召开的北大党委扩大会上,传达了北京市的领导人的又一条指示:"《六条》是正确的,不能反,不能批,可以补充。"还要大家对《六条》"不要议论"。既然是"正确"的,为什么不能议论呢?可见,不但是不相信群众,而且也是缺乏自信的表现。实际上,无论是正确的还是错误的,要禁止群众的议论是办不到的。2月16日,市委负责同志的指示就把群众的"议论"当作"干扰",说什么"运动的干扰是什么?要抓,一级一级地抓下去,重点解决思想认识问题"。思想认识问题是大量的,把这些叫做"干扰",还要"一级一级地抓下去",不就抓到广大群众头上了吗?从此以后,在北大"排除左右干扰"就成为在大会小会上不断重复的经常性口号。8月6日,吴德、倪志福、丁国钰、黄作珍、刘祖春五位北京市领导同志与北大的负责人谈话,一再强调要"排除干扰",还要"采取坚决措施,寸步不让",甚至说"我们可以派一万名工人到你们北大去辩论"。可见,北京市领导人所指的"干扰"决不是少数人,以至要派一万名工人到北大去"排除干扰"。究竟是干什么?是不是还要带上一万根棍棒?我们相信北京市的工人是有理智的,如果你们做出这样的错误决定,工人们是不会听你们那一套的。即使有一万名工人到了北大,我们还相信工人们一定会站在北大的广大群众一边。挑拨工人和知识分子的关系,必将为工人和知识分子所共同抛弃。(热烈鼓掌)

**第七,对待自己,有问题要认真清理,有错误要做自我批评,不要掩盖矛盾,不要文过饰非。**

北大的清查工作由进展迟缓,以至完全停顿,原因之一就在于,问题一旦涉及"上面的"什么人,往往就此搁浅,无法进行。去年,"四人帮"横行时,从2月6日到2月26日,北京市召开常委扩大会,搞所谓"点名批邓",推广清华、北大的做法,散布了大量的打击、诬陷邓小平同志的不实之词。清明节后,北京市委的写作班子"洪广思"抛出一篇奇文,曰《邓小平是天安门反革命事件的罪魁祸首》。这篇奇文虽不合乎客观事实,却合乎北京市"点名批邓"的逻辑发展。这是在两个多月的打击、诬陷邓小平同志的大量不实之词的基础上出现的洪峰。现在这大量的不实之词要不要倒?散布了大量不实之词的人们,为什么无动于衷?北京市的领导人总是说自己对"四人帮"是有抵制和斗争的,只是有些问题上抵制不够,有些问题上没有抵制。还说什么"在路线问题上不应该有个人的谦虚"。所谓"个人的谦虚",不是不应该有,你们本来就没有。上面所说的"点名批邓"问题,是属于"抵制不够",还是属于"没有抵制"?我看都说不通,应该说是跟着清华、北大干了坏事。像这一类的问题,北京市的领导人要主动清理,否则下面的清查工作就无法开展。

大庆的经验是"领导要发动群众,首先要发动自己"。我们希望北京市的领导带头发动自己。(鼓掌)

**第八,领导作风要适应抓纲治国的要求,恢复和发扬党的优良传统,不要高高在上,不要固步自封。**

北大的广大群众要求北京市的领导人到北大来听取意见,你们就是不来。我们说,从星期一到星期六都抽不出时间,星期日来,行不行?白天没时间,晚上十二点以后来,行不行?实在不愿来,我们派群众代表到北京市委大楼去汇报,行不行?一概置之不理。吴德同志在北京市委扩大会上向别人发出号召:要深入群众,深入实际,就是年纪大一些的也要到下面去走一走、看一看。说得很好,我们请你带头实行,行不行?(鼓掌)

四川省委把恢复和发扬党的优良传统,当作抓纲治国中的一件大事。湖南省党代表大会上一致通过了《中共湖南省委关于改进领导作风的决定》。我们建议这次代表大会也通过一个北京市关于改进领导作风的决定;但不要做官样文章,不要开空头支票。想通了就做决定,想不通也可以不做,我们再耐心等待。

以上八个方面问题,可能讲得不对。但一年多来北大的形势逼着我们不得不经常思考一些问题。方毅同志代表党中央对北大群众的革命精神做了高度的评价,他说:"一年多来,你们不屈不挠地进行斗争,表现出要把揭批'四人帮'的斗争进行到底这样一种顽强的革命精神,这是难能可贵的。"确实如此,要把揭批"四人帮"的斗争进行到底,会遇到各种各样的阻力,要进行不屈不挠的斗争。我们一定继续努力,决不辜负全国人民和党中央对北京大学的期望,夺取抓纲治国的伟大胜利!

最后,谢谢主席团给了我发言的机会。我的发言有什么错误,请主席团和代表们批评。我的话完了。(长时间鼓掌。有人走上台来握手。)

问：你的这个发言，激烈地批评领导，恐怕在人民代表大会的历史上是破天荒的吧？

是的。所以后来全国和地方的人民代表大会都没有普通代表的大会发言了。我的这个发言，不但是空前的，也是绝后的。

我的发言，虽然内容尖锐，但我讲话是慢条斯理的，语气平缓，没有"造反派的脾气"，博得了同情。大会简报第 76 期有这样的记载："郑洁时代表（崇文区上三条小学教师）说：'像今天这样的大会，吴德应当来参加。你不参加怎么能听取群众的意见？北大的代表郭罗基发言时，下边鼓掌那么热烈，就是市委领导坐在台上不鼓掌。真是领导和人民的尖锐对立！'"可见这个发言是得到许多代表自发的赞同和支持的。这一天，我成了受欢迎的人物，走到哪里都是微笑、问好、握手，有人还说几句表示支持的话。晚上，到小卖部买水果，旁边的一位代表对售货员说："他就是今天在大会上发言的郭罗基。"售货员说："那我给你挑好的，慰劳慰劳！"看来，没有参加大会的售货员也听到了什么。

## 华国锋的指示

我只风光了一天，第二天形势突变。

大会主席团居然要求各代表团"讨论"我的发言，据说我的发言"搞乱了思想"，需要"澄清"。这就擅自修改了大会通过的议程。接着，出了几十份简报，对我的发言提出一片谴责。事后了解，这是吴德召集区县委书记（即代表团团长）开会，幕后操纵的。1980 年，揭发华国锋的错误时，吴德交待，他就郭罗基的发言请示华国锋，华说："一定要把他压下去！"吴德得了尚方宝剑，根据华国锋的指示采取行动。于是，由区县委书记带头，对一个人民代表的发言展开围攻，把批评的声音"压下去"。

吴德的民主弄巧成拙。

在几十份简报中，一方面歪曲事实，针对我的批评，为吴德的错误开脱和辩解，说什么对"四人帮"，"吴德同志和市委是进行了抵制的，斗争的策略也是很巧妙的"。当时的市委常委，市革委会副主任刘锡昌说：粉碎"四人帮"以前，"由于吴德同志和市委听党中央的话，中央叫怎么办就怎么办，不越轨，因此'四人帮'很恼火，他们给吴德同志造了很多谣，多次发难，妄想整垮市委，但由于市委抵制得很巧妙，没有被整垮，还是站住了。"在天安门事件中，吴德坐在小汽车里，绕场一周，发表清场演说，显示镇压的预兆，是在巧妙地抵制"四人帮"吗？他们又把粉碎"四人帮"以后吴德捂盖子的做法说成是"稳住局面"。市委副秘书长周荣国说："粉碎'四人帮'后，稳住北京的局面，是中央的部署，如果不稳住，北京就乱了，对全国影响大。这条吴德同志完全按中央指示办的。"他们把捆住群众揭批"四人帮"的手脚叫做"稳住北京的局面"。另一方面，简报中连篇累牍地说什么"发言的代表一致认为，北京大学郭罗基代表的发言是极其错误的"，"表示反对"，"表示气愤"。对我的发言的指责，大致有以下几个方面：

一，还是那个市革委会副主任刘锡昌，说：郭罗基的发言是"放毒"。其他人也跟着说："郭罗基代表不是在发言，而是在放毒。"因此，有人"建议大会主席团印发郭罗基的发言，提交代表团进行批判消毒。"简报中还说："代表们一致要求，对郭罗基代表的发言，要肃清流毒，挽回影响。"

二，简报中刊载："他的发言，实际上是'踢开市委闹革命'，矛头对准市委"，"把矛头指向市委"，"攻击市委"，"煽动我们代表和市委对着干"，"站在敌对的立场上，对市委领导进行攻击"。

三，"他的发言是三个反对，反对市委，反对市委派的工作队，反对校党委。"

四，"他的发言煽动市委和中央对立，给市委施加压力，也是给中央施加压力。"

五，"这个发言，不光是否定市委，对全市八百万人民的事业也持否定态度。"

六，"郭罗基代表的发言扭转了会议的大方向"，"同大会唱反调"，"这是在给大会制造障碍"，"这是对大会的干扰和破坏"。

七，"他的发言观点有问题，唯心主义、形而上学不少。"

八，"北大这个代表的发言不怎么样，从这里看到了阶级斗争的复杂性。""任何地方都有左中右，我们这次大会出现那种个别人也是不奇怪的。""他的大方向错了，有些言论跟右派差不多了。"

九，"这些人中'四人帮'的毒太深了。这算什么？闹而优则仕。"

十，"我们建议，对这个代表要查一查。""他这种态度，本身就不够代表的条件。"

如此等等。

简报显示了会议的主持者、简报的编辑者的倾向性。简报第78期，有这样的说法："对于北京大学郭罗基代表的发言，平谷代表的态度也是很明朗的。"在会议的主持者看来，反对郭罗基代表的发言，就是态度"明朗"。事实上，许多代表团对于围攻一个人民代表的做法都有不同意见，简报没有反映。海淀区代表团是支持我的发言的，八个小组，都整理了一至二份简报稿，但大会秘书处一份都不印发。北大代表费振刚同志的系统发言和我本人的答辩，也不登简报。为了贯彻"压下去"的方针，吴德等人的做法是反民主的。

这两天，代表们见了我都是一副冷面孔，变得快吧？有一天早上，一个老人在院子里舞剑。我走近时，他停下来，对我抱拳作揖："在下萧军。"

我说："啊，大名鼎鼎的萧军，久仰，久仰！"

人代会简报

"出土文物,出土文物!"

我说:"我见过萧军和萧红的照片,那照片上的萧军是大方脸。现在我看先生怎么是小圆脸?"

"世事艰辛,磨圆了,磨圆了。"

他是北京市政协委员。政协委员也参加人大会议,还能看简报。

他说:"郭先生的发言正气凛然。现在简报上说是'右派言论'。他妈的,屁话!"

我笑起来了:"我年轻时读过先生的《八月的乡村》。给我很深的印象,书中有太多的'他妈的'。先生老脾气不改呀!"

"我当过右派,我知道什么是右派。提起'右派言论',他妈的,我心火就往上冒……。"

大会原定11月30日进行选举,闭幕。这天晚上十一时,由吴德主持召开了一次大会党组扩大会,决定大会延长几天。参加党组扩大会的大会主席团成员周培源指出,这种做法是违反大会通过的议事日程的。王磊在党组扩大会上做了长篇讲话。王磊是市委常委中负责财贸工作的,本来不应该由他来讲。我在发言中点了市委书记、副书记、常委五六个人的名,大概他们没有勇气站出来,都回避了。王磊说:"本来按会议原定日程,今天应该选举闭幕了。因为出现了一些争论,就是对郭罗基同志的发言有些不同看法。许多同志要求澄清一下思想,所以大会会期延长几天。"王磊特地说明,他的讲话是"经市委常委讨论的"。讲话的大部分内容是针对我的发言"做些说明",而主要之点是强调"华主席多次讲,最近又讲,吴德同志、倪志福同志同'四人帮'做斗争是坚决的"。12月1日上午,各代表团传达了王磊在党组扩大会上的讲话,并要求代表们进行讨论。下午,又在党员代表中传达了吴德的一个讲话。这个讲话除了装腔作势的表态以外,就是虚张声势的恫吓,说什么"这次人民代表大会有党内党外,总要有点区别。有意见在党内讲,在党外人士面前讲不好。过去很严格,不遵守党纪要开除党籍。"过去很严格,现在为什么不严格了?你把我开除党籍呀!恰恰是他们自己不分党内党外,把王磊在党组扩大会上的讲话向全体代表传达,还要求代表讨论表态。我随即在党小组会上提出,我有意见要在党内讲,请吴德、王磊同志来听取意见。他们就是不来。可见,要我们"有意见在党内讲"云云,也是虚伪的,实际是不让我们在人民代表大会上讲话,或者讲了话"要开除党籍"。

一方面宣扬"华主席保了吴德",一方面以"开除党籍"为威胁。会议延长了五天,……。

问:不同意见压下去了没有?

他们自以为把不同意见"压下去"了,因为不同意见不登简报,简报上舆论一律了。于是就进入选举,闭幕。

## 邓小平的赞扬

会议结束时,要求代表们将所有的简报上交。他们好像不愿意让人知道人代会对一个代表的围攻。北大的几位老先生很有心眼，他们约好，每人少交几份，凑成一套齐全的简报，带回北大。北大的人们询问人代会的情况，他们说："我们这里有一套简报，你们自己看吧！"这套简报流传很广。有人看过简报以后写了大字报，题目是《郭罗基大闹人代会，闹得好！》

我发言后的第二天，西城区代表李春光来拜访。他是中央音乐学院的青年教师。1975年，他写了一张大字报批评"四人帮"控制的文化部。有人说他矛头对着江青，因而被关了起来。粉碎"四人帮"以后，受到舆论赞扬，当上了人民代表。他说，我在大会上发言那天，他没有出席，而是在房间里写意见书。他认为，会议开得没有意思，只想留下一份意见书。正写作时，熊德兰来电话。熊是外交部产生的代表，也在西城区。熊对李说："北大的代表正在大会上发言，精彩得不得了，你快来听听。"李赶到会场，我已经讲完了。他来要求看我的发言稿。从他的谈吐听起来，思想倾向合拍，一见如故。讨论我的发言时，他在西城区代表团为我辩护，驳斥诬蔑攻击者，自然他的发言也是不登简报的。后来，他在一篇文章中写道："我所在的西城区代表团听取了团长马炬的长篇讲话。他系统地、不讲道理地逐条反驳郭罗基的发言，苦心地、笨拙地为吴德辩护。听得叫人生气冒火。""我即席发言，一边翻阅那些简报，一边把郭罗基的讲稿（已作为大会文件下发）同西城区代表团长的讲话相对照，一口气讲了十三条意见，讲了将近两个小时。"（李春光《邓力群其人其事》，《时报周刊》（纽约）第346期，1991年10月。）

会议的最后两天，李春光给邓小平写了一封信，说文革后的第一次人代会开成这个样子实在不像话。信是由邓力群转的。

会后，他来北大与我和周培源见面。他在上述文章中写道："一位老同志问我：你给小平写了信，报告人代会的情况？我说：是的。他忽然说：小平说，郭罗基是好样的！我立刻把这话告诉了郭罗基和周培源。他们好像也已经听说了，我们当然都十分高兴。我们哪里能料到，三年后邓小平会下令把'好样的'郭罗基逐出北京城！"（同上）

是的，我们在李春光报信前已经知道邓小平说"郭罗基是好样的"了。李春光文中说的"一位老同志"是于光远。于光远早就告诉周培源和我了。周老是科学家，遇事爱刨根问底，他问于光远："你是听到的传说还是亲耳听小平同志讲的？"于光远说："我是亲耳听他讲的，他还翘翘大拇指。"邓小平正运筹帷幄，向华国锋夺取最高权力。这时的郭罗基对于逮"凡是"派老鼠有用，就是"好猫"。

问：大家只知道邓小平经常敲打郭罗基，不知道最初他还对郭罗基叫好呢！

后来邓小平还叫好过一次。更多的时候是敲打。香港的名人陆铿曾以《邓小平最不喜欢的人——郭罗基》为题，在《百姓》杂志上出过一个专栏。邓小平叫好的郭罗基和敲打的郭罗基是同一个人，我没有变，而是邓小平根据他的需要，在不同的时期或是叫好或是敲打。

周扬闻讯邓小平这么一说，他托人找我要看人代会上的发言稿。他看完我的发言稿后对人说："郭罗基确实是好样的！这才是代表人民的人民代表。"周扬常有妙语。这就是说，也有不代表人民的人民代表，恐怕还是多数。

华国锋、吴德把右派帽子拿在手里，在我头上晃来晃去。由于邓小平和一大批像周扬那样的老干部对我的赞扬以及北京大学群众对我的支持，这一次总算没有落下来。

一些代表回去以后，按简报定的调子进行传达，说："北京大学的右派郭罗基跳出来反对北京市委。"还说："北京大学是出右派的地方。"一时闹得满城风雨。为大会印刷文件的两位印刷厂工人，到北大找我，说："我们看到你的发言，很赞赏；我们又看到围攻你的简报，很气愤。工人们派我们两人做代表，向您致敬！"北大的群众更是我的坚强后盾，我在本单位非但没有受到什么压力，反而更为人所尊敬。

# 第四十一章　哲学系临时政府首脑

"运动领导小组"成立后，哲学系的领导机构成了三驾马车："运动领导小组"，党总支，革委会。

## 涨工资顺利结束

因为党总支、革委会讲话没人听，有些并非"运动"的重大工作，群众也要求"运动领导小组"出来领导，例如涨工资。1978年涨工资的指标是40%，不讲道理，不论条件，个个单位都是40%。因为工资多年未动了，每个单位人人都认为自己应是属于40%，这就成了100%，不好办！哲学系的群众对党总支、革委会信不过，就请"运动领导小组"出马。我在动员会上宣布："我是属于60%，大家不要提名我。"我表了这个态，说话就能服众。涨工资在别的系打破了头，哲学系却顺利结束。党委给予表扬，并宣布从今以后哲学系的三驾马车"运动领导小组"、党总支、革委会由"运动领导小组"牵头。"党的领导"在我的"牵头"之下，这就是邓小平痛恨的"踢开党委闹革命"、"踢开党委闹民主"，但在一定条件下又不得不容忍"踢开党委"。粉碎"四人帮"以前，我靠边站已将近一年；粉碎"四人帮"以后，人称"哲学系临时政府首脑"。

在涨工资期间，原哲学系工宣队的头头张光明，从老远的新华印刷厂跑来找我，说："我们一家三代人就靠我一个人的工资生活，这次涨工资我想调一级，请你给我写个材料，就说我在北大期间表现很好。"形状猥亵，与以前那个盛气凌人的张光明完全不同。我说，"四人帮"时期，你表现很好；粉碎"四人帮"以后，应该说你表现很坏。你整我的时候，我可没有乞求……。他连说："我对不住，我对不住。"现在你乞求我，我可以给你一点照顾。我就不写材料说你表现很坏了，但绝不能说你"表现很好"。那样做，不符合事实，也违背我的良心。他悻悻而去。

我在哲学系掌了大权，有人胆战心惊。我在哲学系全系大会上表态：以往的历次运动，批评我、批判我、批斗我的不在少数。当时有当时的条件。这些批评、批判、批斗，无论是从正面或反面的意义上来说，对我都是有好处的，我决不会报复。原来有些人见了我紧绷着脸，此后，就和颜悦色了。

## 审查"梁效"顾问冯友兰

文革初期，冯友兰是被打倒的"反动学术权威"，尔后竟成为批孔反儒的革命权威，荣登"梁效"顾问的宝座。

问：冯友兰的命运怎么会有那么大的变化？

戏剧性的转变发生在1973年。冯友兰尊孔几十年，号称"当代孔子"。风闻批林批孔即将开场，他忽然立地转身，变尊孔为反孔，以"当代孔子"的身份向古代孔子挑战，因而受到毛泽东的关爱，成为江青的座上宾。

冯友兰的《咏史》诗中有一首（见本书第271页），时人以为是献媚江青的。冯友兰将江青比作武则天。你要当"反儒女英雄"吗？就要"敢于作皇帝"。

查封"梁效"后，"梁效"人都集中到未名湖边的才斋，办"学习班"，实际是"隔离审查"。冯友兰则交哲学系审查、批判。

我是"大批判"的受害者，对"大批判"深恶痛绝，当然不会再以"大批判"来害人。群众要求批判冯友兰，我拖着不办。反正不会有人说我"包庇梁效"。

倒是冯友兰本人，又耐不住了，适时表态是他的习性。1977年4月15日，《毛泽东选集》第五卷发行。5月4日，冯友兰就交了一份题为《在工作中学习，在工作中批判》的学习《毛泽东选集》第五卷心得。哲学系教师王永江、陈启伟写了一篇《评"梁效"某顾问》，对照冯友兰吹捧江青的"咏史"诗，批判《在工作中学习，在工作中批判》，发表于《历史研究》1977年第4期。5月7日，党委统战部将冯友兰的《心得》报送北京市委。市委负责人丁国钰、黄作珍、贾汀、徐运北大喜过望，纷纷做了批语，对冯友兰做出表扬：一是批了江青，二是学了毛选五卷。北京市委又将冯友兰的《心得》报送党中央，党中央没有表示。

北京市委负责人的这种态度，激怒了群众。7月9日，哲学系中国哲学史教研室、欧洲哲学史教研室党支部贴出大字报，题为《"梁效"顾问冯友兰的问题必须彻底查清楚》。大字报认为，冯友兰是"梁效"的顾问，在"批林批孔"中追随江青、吹捧江青，起过恶劣的作用，江青也曾给予特殊关照。他是属于"同'四人帮'有牵连的人"，应当清查。群众舆论支持这份大字报。

哲学系运动领导小组接受群众的意见，定于7月20日下午召开全系大会，由"梁效"顾问冯友兰"说清楚"。这一天的早上，北大党委电告，下午的会不要开，冯友兰的问题要请示北京市委。

过了几天，北大党委向哲学系传达北京市委的指示：关于冯友兰的问题，第一步先开一次小型的会，背靠背地提意见。哲学系运动领导小组问：第二步怎么办？回答说：还没有考虑。这就是北京市委的领导！

8月3日上午，哲学系召开了背靠背的对冯友兰提意见的会，有十多人参加，我把大字报的作者和对冯友兰意见大的人都找来，让他们出出气。会上的发言很激烈，反正冯友兰不在场，事后也没有转达。

我随即请示，第二步怎么办？直到1978年下半年，我离开哲学系到校长办公室，市委未有答复。

冯友兰本人却缺乏自知之明。

1977年10月3日，冯夫人任载坤因肺癌不治而逝。冯夫人曾与邻居魏建功夫人门前私议，说：解放以来经过多少次运动，心想这回跟着毛主席可跟对了，不想更错！两位老太不胜唏嘘。

冯友兰撰挽联，曰：

忆昔相追随，同荣辱，共安危，期颐望齐眉，黄泉碧落君先去；
从今无牵挂，斩名缰，破利锁，俯仰无愧怍，海阔天空我自飞。

夫人离世，顿觉"无牵挂"，决心"斩名缰，破利锁"。在西南联大流行一个段子：金岳霖与冯友兰路遇，金问："芝生（冯友兰字），到什么境界了？"冯答："到天地境界了。"于是相对哈哈大笑，擦身而过。"天地境界"是冯友兰设计的远离"功利境界"的人生"最高境界"。现在他才承认，此前实际上是处于名缰利锁的束缚之中，深陷"功利境界"。所谓"天地境界"，不仅是虚幻的，而且是欺人的。到了耄耋之年，总算有一点觉悟。

1977年10月下旬，冯友兰要到外地走走，散散心。他来找我，要求批准。

我说："你不在'梁效'专案组的审查范围之内，行动是自由的，不必批准。你的爱人去世不久，要出去散散心也是可以理解的。不过，到外地走走要考虑时机。现在对'梁效'的审查还没有结束。至今，系里没有开过一次关于你的批判会……"

他连忙说："是、是、是，是、是、是，……"

"群众对'梁效'的愤慨，恐怕你是估计不足的。到了外地，群众自发地批斗，怎么办？我们鞭长莫及。'文革'中群众自发批斗的场面，你应该记得的。"

最后，他说："那、那、那，我推迟、我推迟。"

1979年2月27日下午，冯友兰在哲学系"说清楚"与"四人帮"的关系，中国哲学史教研室的全体教师和其他教研室的代表共二十多人参加，我正出席理论务虚会，如在北大也是应该参加的。关于吹捧江青，他是这样说的：

《咏史廿五首》，其中有"则天敢于作皇帝，亘古反儒女英雄。"我当时的想法是：我过去几十年尊儒。现在应该清算这种思想，把被颠倒的历史颠倒过来，歌颂历史上的法家，表扬历史上的前进革新人物。从反儒这一点看，武则天作皇帝和儒家的每一个教条都是相反的，所以要突出这一点。当时我不知道江青有作女皇的野心，不知道她要借吹捧武则天为自己制造舆论。

这就是"影射史学"的妙用了。当时以孔丘影射周恩来，以武则天比附江青，彼此心照不宣。迟群说："你看像谁就是谁。"他们没有辟谣，没有澄清，没有说"不是谁"。等到追究的时候，就说"不是谁"了。批孔丘，不是影射周恩来；捧武则天，不是比附江青。"当时我不知道江青有作女皇的野心"，你能证明我知道吗？

冯友兰把自己说成天真幼稚的人。在粉碎"四人帮"以后的第一份检讨——《在工作中学习，在工作中批判》中说："因为'四人帮'都是打着红旗，自命为理论权威，当时有些问题自己也搞不清楚，只好人云亦云。"不是"人云亦云"，而是"帮云亦云"。这一次在会上又有类似的说法：

《咏史》那一组诗……其中有些论断并不是出于我的研究的结果，而是照着"四人帮"的伪史学所规定的调子推演出来的。这是一个搞学术的人的大忌。作为一个学术工作者，本应坚持真理，以实事求是的精神，根据他从研究工作中得来的结果提出自己的看法，以供众论纷纭中各方面的参考。如果不能如此，国家人民又何必需要这种工作者？我得了这一次教训，要永远引以为戒。

几十年"从研究工作得来的结果"是尊孔，一下子投入批孔。只说"是照着'四人帮'的伪史学所规定的调子推演出来的"，这个教训够用吗？

1979年2月，粉碎"四人帮"近两年半，"梁效"专案组的工作也已经结束，时代气氛不同了。会议的参加者客客气气地提了一些希望，冯友兰的问题就算了结。

8月，冯友兰在家人的陪同下到黄山等地散心去了。

## 招收研究生

1978年，北大恢复研究生的招生，我主持马克思主义哲学专业的招生工作。我们这个专业的研究生导师是郭罗基、宋一秀、黄枬森。黄枬森是讲师，我和宋一秀都是助教。1959年以后没有提升职称，我们都是二十年的老助教，经教育部批准，成为研究生导师。我们这个专业招收六个名额。一切顺利，招了六名，每个导师指导二名。

郭罗基——易杰雄、张兴琨

宋一秀——董富生、梅京

黄枬森——郭志鹏、刘海鸥

忽然，周培源校长收到一封检举信，检举人是中关村心理研究所的研究人员（我们哲学系心理专业孟昭兰的丈夫）。信中说，梅京是黄枬森的女婿，水平很低，他之所以能考上北大哲学系研究生，是黄枬森向他泄露了考题。如果确证，这将成为北大的丑闻。周培源校长很恼火，着我调查清楚，严肃处理。我说，按情理，很可能。我和宋一秀都不知道梅京是黄枬森的女婿，黄枬森没有说明，更没有申请回避。梅京的考试成绩，笔试86分，排名第一，口试勉强得了60分。差距太大，我和宋一秀都觉得很奇怪。入学后，学习很吃力，跟不上班。但拿不到黄枬森泄露考题的证据，无法处理。

好了，证据拿到了，但二十年过去了。证据出在杨炳章的《从北大到哈佛》（作家出版社，1998年）一书中。

杨炳章是杨勋的弟弟，杨勋和我们同住朗润园10公寓，是门对门的邻居。杨炳章常来他姐姐家，所以很熟。他报考欧洲哲学的研究生，也要考马克思主义哲学。这个人有点不正派。杨炳章的书中说，他知道我是命题人，到我家来探口风。结果一无所获。他又去找梅京。梅京被他缠得不耐烦了，说："小题很多。"这就是黄枬森泄露考题的证据。

问："小题很多"这四个字怎么能成为证据？

因为这是这次命题的特色。

文科的试题一般都是论说题，答案不是对错分明的。马列研究所也要招收研究生。于光远做了一次测试，同一份考卷由不同的人来判，最多可以相差15分。他提出，要改革命题方式。他的方案是出100道考题，每题1分，考题的类型有填充、选择、改错、判断等等花样，答案没有模棱两可的。要出100道考题不容易，所以成立了一个命题小组，我也参加了。我为北大马克思主义哲学专业研究生入学考试的命题就是参考了于光远的创意，出了二十道小题，每题4分，还有两道论说题，每题10分。出题的同时还要拟定标准答案，花了我不少时间。宋一秀、黄枬森看过以后，以三个人的名义交研究生院。

梅京不仅知道"小题很多"，肯定还知道是什么题，所以才会笔试得高分、口试勉强及格。但我已经人在美国，而且早就离开北大，对黄枬森无从处理，只能交给道德法庭了。

## "以'社教'划线"

上面改组了北大的领导班子，原负责人黄辛白调走，调来周林（原南京大学党委书记，任北京大学党委书记）、高铁（原哈尔滨工业大学党委书记兼校长，任北京大学党委副书记兼副校长）、韦明（原甘肃省委宣传部长，任北大党委副书记兼宣传部长）。北大群众对他们寄予希望。谁知这几位共产党官僚高高在上、脱离群众、瞎指挥、胡折腾，两年以后就被轰出北大。周林是北大历史上最短命的党委书记。我在哲学系掌权，利用哲学系的阵地，对他们在全校推行的错误做法进行了抵制。

他们来北大是没有长远打算的，不是住在北大校园里，而是寄宿在遥远的前门外东方饭店，每天要汽车队派车接送。那时，各单位的汽油是有定量的，他们消耗了大量的北大的汽油定量，以至公事不能用车。汽车队贴了他们的大字报。

1977年10月20日，周林、高铁、韦明进北大以前，邓小平找他们谈话，要他们从深入揭批"梁效"入手打翻身仗。由于原党委负责人黄辛白执行北京市委的"捂盖子"方针，把北大搞得死气沉沉。邓小平要求周林等人重新掀起揭批"梁效"的高潮，由此入手改变北大的局面。但周林等人进校后，揭批"梁效"只是布置人写了两篇文章，便没有下文了，北大还是没有翻过身来。

1978年3月21日，邓小平和方毅、蒋南翔、刘西尧约见北大的周林、高铁、韦明等人，谈北大工作。邓大概听到了群众的反映，特别提出"北大几个书记住到学校去"。周林等人依然赖着不动。

北大的党委书记，不管政绩如何，总是很辛苦的，遇有突发事件，随叫随到。从来没有一届党委书记像周林这样下班以后就找不到人的。大家叫他"甩手掌柜"。

邓小平说："办好北大，要依靠北大自身的力量。"显然是对周林等外来力量说的，也表明他对周培源和我这些"北大自身的力量"的信任。周林却从他的老根据地贵州调来几个人，掌握要害部门，汪小川任党委副书记，穆颖（女）任党委组织部长，洪影任党委办公室主任。人称"贵州帮"。真巧，与陆平从铁道部带来的三个人张学书、伊敏、魏自强所任的职务一样。

1978年5月31日，邓小平和刘西尧、蒋南翔找周林、周培源谈话。周培源的校长职务尚未任命，邓小平要他先上任。这是说给刘西尧听的，因为教育部的任命书迟迟没有下达。他指出，"解决北大问题的方针是：澄清路线是非，团结大多数，调动积极性。"周林回来说："邓副主席讲的'澄清路线是非'，在北大就是抓'社教'。"叫做"以'社教'划线"。周林说："社教运动的积极分子执行的是刘少奇的反革命修正主义路线，社教运动受冲击的干部执行的是毛主席的革命路线。"

问：刘少奇是什么时候平反的？

刘少奇是1980年2月平反的，中共十一届五中全会有一个《关于为刘少奇同志平反的决议》。时至1978年，有点政治头脑的人都认为刘少奇平反是早晚的事，不会说什么"刘少奇反革命修正主义路线"了，可见周林的思想之陈旧、头脑之僵化。

周培源和我提出不同意见，认为不应该"以'社教'划线"，应该以对"四人帮"的态度划线。社教运动的积极分子，后来有反"四人帮"的；社教运动受冲击的干部，后来有跟"四人帮"的。"以'社教'划线"掩盖了与"四人帮"斗争的大是大非。而且，总结历史的教训，也不能孤立地抓住"社教"这一段，1957年以后在左倾思想指导下，干部整群众、群众整干部的教训都应吸取。

我们着眼于历史的长过程的观点，常常遭到歪曲，被说成是维护"社教"。

历史已经超越了"社教"、超越了文革，周林等人是拉着历史向后倒退。他们一点都听不进不同意见。

周林翻历史的老账迎合了党委一些干部的需要。这些干部唯权势是从。1957年后，他们在陆平的指挥下整群众，耀武扬威。"社教"中，张磐石工作队发动群众整干部，看样子陆平要倒了，他们反戈一击，乱踢乱咬，丑态百出。等到彭真出面保陆平，下令反攻倒算，指责张磐石犯了错误。这些干部又倒向陆平一边，大骂张磐石。文化大革命初期，他们跟着陆平成了"黑帮"。军宣队、工宣队掌权，他们又紧跟，"批林批孔"、"批邓"总是冲在前面。粉碎"四人帮"以后，自然他们的名声就不好了。如果以"社教"划线，"社教"以后的恶劣表现就可以一笔勾销，所以他们又成了周林的热烈拥护者。

周林以"社教"划线来澄清路线是非，结果完全搞乱了路线是非。"社教"运动的积极分子，后来有反"四人帮"的；照周林的划线法，他们就被划在错误路线一边。"社教"中受冲击的干部后来有紧跟"四人帮"的；照周林的划线法，他们又被划在正确路线一边。

"以'社教'划线"，我在哲学系按兵不动。在国际饭店会议上反"社教"的人，已没有勇气翻烙饼了。所以哲学系的群众一致拥护我的按兵不动，党委无可奈何。

哲学系按兵不动，影响了其他系，大多消极怠工。只有党委机关中以王孝庭（改名王效挺）为首的一帮陆平的干部很起劲。

当年真搞不懂周林怎么会出这个昏招，过了几年才知道他有个人意气在作祟。周林当过贵州省委书记兼省长，在贵州是一言九鼎的。文革中，胡耀邦与他同在中央党校学习，戏称他是"夜郎国国王"。1964年的"四清"（即"社教"）中，因犯错误，他受到冲击。中共中央曾派以纪律检查委员会副书记钱瑛为首的工作组去进行调查。周林被赶下台，一直耿耿于怀。这在"文化大革命"前是一突出事件，引起外国观察家的注意。（见[英]David Bonavia《邓小平传》，黄康显译，第138、139页，[新加坡]明窗出版社，1989年11月。）刘少奇是"四清"的总指挥，周林迁怒于刘少奇。（见高华《在贵州'四清运动'的背后》，《二十一世纪》2006年2月号）故到了1978年他还不识时务地强调"刘少奇的反革命修正主义路线"和"毛主席的革命路线"的对立。周林对"社教"的不满，适应了北大一批党政干部的需要。

**"清理文化大革命"**

邓小平发话：把聂元梓赶出北京，叫她去劳动。以吴德为首的北京市委，日子不好过，故作激进姿态，决定把聂元梓抓起来。聂元梓一抓，"五大领袖"都得抓。北大更激进，决定把聂元梓的副手孙蓬一也抓起来。本来"批斗聂元梓大会"的横幅都做好了，党委打报告要抓孙蓬一，重新制做了"批斗聂元梓、孙蓬一大会"的横幅。左的一套总是层层加码。北大带了头，北京的其他大学群相仿效，1978年4月北京的高等学校共抓了十二个人。

1978年4月19日，在东操场召开"批斗聂元梓、孙蓬一大会"，当场将聂、孙逮捕。

聂元梓（1921-2019），河南滑县人。她是到过延安的老干部，文革前任北大哲学系党总支书记。大字报《宋硕、陆平、彭佩芸在文化大革命中究竟干些什么？》，她是第一签名人。这张大字报被毛泽东誉为"全国第一张马列主义大字报"，并利用这张大字报"点燃了无产阶级文化大革命的熊熊烈火"，聂元梓一时成为风云人物。她先后担任北京大学文化革命委员会主任、北京市红代会核心小组组长、北京市革命委员会副主任、中共九届中央委员会候补委员。军宣队进校后，她受到审查和批判。逮捕前，在新华印刷厂劳动。1983年3月，被判刑十七年，只比"四人帮"成员之一的姚文元少一年。聂元梓不服，她在回忆录《我在文革漩涡中》提出："该由谁来承担历史的罪错？"

孙蓬一（1930-1996），山东蓬莱人。自以为蓬莱第一，故名"蓬一"。还算谦虚，没有说"中国第一"、"世界第一"。他是烈士子女，十四岁参加八路军。文革前，为北大哲学系自然辩证法教研室教员。文革初期，他是一个狂热分子，任北大校文革副主任。后来有所悔悟。有一段时间，他在家休养（在鲤鱼洲劳动伤了腰），每个月到北大一次领工资。"批邓"的时候，我和他在动物园车站偶遇。他知道我因反"梁效"、"批邓"拒绝表态而受打击迫害，说："我支持你！"他还说："邓小平上台，可能我要倒霉，我还是拥护他，他干的事是利国利民的。"他向我道歉，说："63军军宣队进校后，我联合杨克明整你是错误的。现在看得很清楚，杨克明是'梁效'的，你是反'梁效'的。"这次简短的交谈，给我留下难忘的印象，谁知竟是最后一次，以后再也没有见面。1978年孙被捕后，1983年7月判刑十年。服刑期间被遣送到青海劳改农场。刑满后，留场就业，等于终身监禁。他的姐姐孙韧之去探望，把他带走，回到北京。农场倒也不再追究。他得了狂躁型精神病，住过安定医院。去世时六十六岁。孙蓬一人品不坏，很多人怀念他。参加追悼会的人两派都有。

　　抓了聂、孙，周林党委发动"清理文化大革命"运动，而且还全校动员，建立大字报区，召开控诉大会，大揭发，大批判，搞专案，重新挑起两派的宿怨，折腾了好几个月。他们把一些毕业生请回来进行控诉，文化大革命的场面赫然重演。为了献媚邓小平，特邀邓朴方在全校大会上讲话（由他的妹妹代念讲稿）。文化大革命中北大的许多坏人坏事都出在"校文革"和"新北大公社"方面，周林用搞运动的办法来"清理"，弄不好又成了一派整另一派。抓了聂元梓以后，周林扬言要将两千人调出北大。聂元梓那一派的人，人心惶惶。文化大革命中我们这一派（叫做"井冈山兵团"，周培源曾任核心组组长，我是核心组成员）是受压的。周培源当了校长，我们掌了权不能再反过来压另一派，否则还是文化大革命的延伸。周培源和我主张宽容地对待另一派的群众，以便团结大多数。周林等人却强迫我们"采取严厉措施"。哲学系曾是北大两派斗争最激烈的地方。我作为哲学系运动领导小组组长，对于周林他们的一套做法进行了抵制。他们在全校大会上批评"哲学系按兵不动"。周培源和我提出不同意见：坏人坏事，打人致伤、致死的个案可以依法处理，两派的纠纷不宜重提。周培源还有一个比喻，刚刚愈合的疮疤，又把它挑破，流血流脓，何必呢？他还说："科学大会之后，我着急的是北大怎么把教学和科研搞上去。'四人帮'耽误了十年，粉碎'四人帮'又过去两年了，还不能安定下来。"周林他们照例是听不进的。

　　抓运动的党委副书记韦明，对我说："你怎么不把李清昆、陈葆华看起来（隔离审查）？"我回答："现在是什么时候了，还要搞文化大革命那一套吗？"李清昆是校文革办公室主任，陈葆华是校文革组织组长。当年校文革的组长大多是哲学系的人，按照韦明的方针，要把多少人"看起来"？我顶着不办。

　　生物系学生樊立勤，是东方红公社的头头，联合成"井冈山兵团"以后成为极左的一翼。他被新北大公社抓去打了一顿，还在他的膝盖骨上钉钉子，造成残疾。这是值得同情的。毕业后，分配到湖南。周林搞"清理文化大革命"运动，把他请回来，在大会上控诉。然后安置在运动办公室，还答应他运动过后调来北大。樊立勤得意忘形。他跑到我家来，气势汹汹地批评我思想右倾，说："我命令你：把李清昆、陈葆华隔离审查！"我说："对不起，我不能执行你的命令，因为你没有资格下这样的命令。"我好心地劝他："周林他们是利用你，利用完了还不知怎样对待你。你的头脑要清醒。"他走后，刘渝宜说："这个人怎么那样狂，你为什么不教训他几句？"我说："不要跟他一般见识，给他碰个软钉子就行了。"运动过后，果然并没有把他调来北大。生活很潦倒，老婆也和他离婚了。他巴结邓朴方，在残疾人联合会混饭吃。

　　韦明动不动就要把人"看起来"。人民出版社的编辑袁淑娟在《人民日报》上发表了一篇文章《斥"风派"理论家》，文中描绘的两个"风派"人物，大家都知道，一个是北大哲学系的赵光武，一个是人大哲学系的李秀林。韦明对我说："《人民日报》点到你们系的人了，你怎么不把赵光武看起来？"我问他："你说说，'风派'理论家是什么性质的问题？敌我矛盾还是人民内部矛盾？"他不说话。"'风派'理论家问题的性质你都说不清，我怎么能把他看起来？"

韦明自称当过总理的文教秘书。有一次，周培源见到邓颖超，问："总理是不是有个文教秘书叫韦明？"邓回答："总理办公室一大屋子的人都叫秘书。"她接着说："说起韦明，我倒有印象，主观主义者！"在总理办公室的主观主义者，到了北大依然是主观主义者。

1978年，中共中央发了一个关于处理"文化大革命"中打砸抢问题的31号文件，说是要依法处理，不要搞运动。尽管周培源和我的意见是符合这个文件的精神的，周林给邓小平送的"黑材料"中说，我们抵制他们搞运动，因为和聂元梓是一伙的。

## 魏杞文之死

反"四人帮"还是跟"四人帮"，这是当时压倒一切的路线是非，也是邓小平一再强调的在北大需要澄清的路线是非。周林以"社教"划线、重新挑起文化大革命中的两派纠纷，最终的结果，都是搞乱了这一路线是非。魏杞文之死就是周林党委搞乱路线是非的一段哀怨的插曲。

问：魏杞文不是粉碎"四人帮"以后北大民主运动的三个带头羊之一吗？

是的。魏杞文是北大反"四人帮"、反"梁效"的先锋人物，周林党委七搞八搞，变成了反面人物。

魏杞文是"社教"积极分子，"以'社教'划线"把他裁定为站在"刘少奇反革命修正主义"一边。

历史系教员李原死于文化大革命。当时的传说是自杀。周林的"清理文化大革命"运动中说，不是自杀，是被打死的。党委副书记韦明点了魏杞文的名，说他是打死李原的"幕后策划者"，还开全系大会揭发批判。1978年6月8日，魏杞文在全系大会上做了一次义正词严的发言，驳斥韦明。历来整人的办法就是弄个不明不白，然后长期"挂起来"，让你背上包袱。魏杞文一腔愤懑，心情抑郁，得了肝癌。1980年申请自费赴美。体检有多项指标不正常，为了摆脱北大的处境，他硬着头皮出国了。在伊利诺大学进修、工作，生活十分紧张，病情迅速恶化。丁始琪把他接回国时，已奄奄一息。1981年8月5日，魏杞文含冤逝去，年仅四十九岁。我永远不会忘记，在他生命的最后一刻，定格在冰冷的脸上，那种不愿离开人间的痛苦表情。

1981年11月，韩天石任党委书记时，做了一个《对魏杞文同志平反的决定》。据说，平反体现了党的"实事求是传统"。按惯例，平反以后就轮到本人或家属对党表示"感激"了。而冤假错案的制造者还可以继续干他们的勾当。丁始琪丝毫没有感激之情，相反，她指出这个《平反决定》是"缺乏诚意"的，连责任者韦明的名字都不提，只剩一个无主的头衔"负责清查工作的党委领导同志"。实事求是？难矣哉！

## 筹建校长办公室

周培源当了校长后，需要筹建校长办公室，他让我去当主任。党委不同意。周老找了文革前的校办主任文重（化学系教师），官复原职。因为我在哲学系抵制党委的一套错误做法，他们恼火了，施调虎离山之计，对周老说："还是把郭罗基调到校办吧。"我一走，他们就派一个工作组到哲学系搞"整顿"，组长是党委办公室主任洪影，组员只有一个经济系教师杨勋。

文重已被任命为校办主任，我只能当副主任了。一些共同反"四人帮"、反"梁效"的战友，对我说："你不要离开哲学系，不能放弃这个阵地。"但这时我已经无法推托了，党委会说："叫你当主任，你就干；叫你当副主任，就不干？"后来的事实证明，我离开哲学系确是失策！

更为尴尬的是我在校办的处境。文重是一心抓权的人。我和他商量怎么分工？他说："很难分工。"分工就是分权，他不想分工，就是不愿分权。我在校长办公室连一张办公桌都没有。周老了解到这个情况，就把他的办公室的钥匙交给我，让我坐在他的办公室里工作。文重的文字功夫不行，周老看不上眼。我的工作除了参加校务委员会会议、校长办公会议之外，就是代校长起草文告、处理公文、接待来访。另外，就是代写以周培源的名义发表的文章。别人代写的文章他也交给我修改。

有一次，《光明日报》的记者到周家登门拜访，约请周老写一篇系统批判"两个估计"的文章。周老不在家，周夫人王老接待。

周培源手迹：

罗基同志：

这是科协干部给我写的一篇祝贺"全国青少年科技作品展览会"的文章。展览会定于10月3日晨在北京展览馆开幕，邓颖超同志将去致开幕词，并已请几位副总理出席。这个展览会是党中央批准的在国庆30周年举行的唯一的一个展览会。

科协也请了几位科学工作者写文章。给我写的这篇文章是一些文章中最早发表的一篇，预定10月4日见《人民日报》。

文章的主题为"祝贺"与"期望"。我看了一下稿子，感到它不够水平登《人民日报》。为此请你花一些时间修改一下，希望能在10月2日晚上给我，以便于10月3日晨去参加展览会开幕式时交给科协同志。

周培源
9.28晚

王老对记者说："周老发表的文章都是郭罗基写的，你先要问问郭罗基有没有空？"《光明日报》记者果真来问我了，我说没有空。其实是因为这样的文章已没有多少话可讲了。

校长办公室的工作由文重一把抓，不容我置喙。我也乐得如此，还有时间研究理论。文革前的校办副主任杨汝佶对人说："文重这个人跟谁都搞不好关系，郭罗基怎么和他合作得很好？"他不知道，我是合而不作，不妨碍他抓权，所以没有"搞不好关系"。

### "二周不和"

周培源和周林除了在"以'社教'划线"、"清理文化大革命"的问题上有不同意见的交锋外，更重要的是在办学方针上的分歧。办好北大依靠谁？周培源认为要依靠教师。办好一个医院，要有好的医生；办好一个剧团，要有好的演员；办好一个大学，当然要要好的教师。周林认为，要依靠党的领导。党既是领导，又是依靠，此话根本不通。他想说的是依靠干部，因为干部体现了党的领导。

我在一次干部会上反驳周林：北大办得最好的时期是蔡元培当校长。蔡元培只身赴任，没带一个政工干部，当时也没有党的领导，连共产党都还没有产生。全世界的一流大学没有一所在中国。在一流大学里也没有政工干部，没有党的领导。怎样办好北大？真是值得好好讨论的。他们说我反对党的领导。

周培源访美归来，在《访美有感》中借题发挥："一所大学办得好或不好，其水平如何，它的决定因素或根本标志乃是这所大学的教师阵容。教师是学校的主体，古今中外，绝无例外。"他还说："从国内外著名大学的发展史，我们可以看到：学校是一个搞学问的场所，而学术活动的特色乃是它的独创和革新，它的追求真理的大无畏精神和尊重实际的科学态度。每一位流芳千古的学者总有他个人的特色。一所好的学校，也有它自己的风格。这一切都只能由这所学校的校长、教授、教师队伍来推动。"（《人民日报》1981年4月2日）蒋南翔掌控的教育部，专门为这篇文章召开了"讨论会"，他们认为周培源发文章美化了美国教育，否定党的领导，形成文字材料，下发重点大学，并着手组织批判。但他们找的人都婉拒参与，这场批判无疾而终。

周林的"党的领导"是无所不包的。当时，系主任是选举的，副系主任是任命的。有一次，党委组织部宣布了一批各系副系主任的名单。周培源提出意见：副系主任应当经校务委员会讨论、由校长任命。周林回答："党管干部。"有什么合法的依据？这是土八路的语言，没有一点现代宪政观念。共产党有一些老规矩、土政策，一直沿袭至今，取得政权后并未转到法制的轨道上来。

姓周的校长和姓周的党委书记有矛盾，尽人皆知，人称"二周不和"。在一些重大分歧中，我是站在周培源校长一边的。

清华大学党委书记刘达兼校长，自然没有矛盾了。有些大学，校长对党委唯命是从，也没有矛盾。不懂教育的党委碰上有所作为校长必然产生矛盾。当时矛盾最尖锐的是北京大学和南京大学。南京大学校长匡亚明，也是学者型的办学人才。南大党委书记章德，原是常州市委书记，不懂教育，只知"加强党的领导"。

校长和党委的矛盾是体制病。

问：这是什么样的体制？怎样形成的？

过去苏联实行的是"厂长负责制"、"校长负责制"，中国为了反修，改为"党委领导下的厂长负责制"、"党委领导下的校长负责制"。邓小平在任命周培源当北大校长的谈话中说："希望北大创造出'党委领导下的校长负责制'的经验来。"北大创造出来的经验是"二周不和"。这种体制是一个悖论：党委有权领导，但不须负责；校长必须负责，但无权领导。实行起来，必须负责的校长做不了主；不须负责的党委则决定一切。有些唯唯诺诺很听话的人当校长，没有矛盾。像周培源、匡亚明那样都是强势人物，一心要把大学办好，这才有了矛盾。

后来韩天石接替周林任北大党委书记，但周培源和周林的争论仍未解决。

## 于光远的"帮忙"

1979年11月，我在无锡参加社会主义讨论会，周培源在苏州参加相对论讨论会，他特地到无锡来找我，说有要事相告。他离开北京前，11月6日，方毅同志找他谈话，谈了两个问题："根据于光远的建议，任命周培源为北大党委副书记，调郭罗基到马列研究所。"

我们回到北京后，于光远来到周家，对周老和我复述了与方毅谈话的内容。方毅是主管教育和科学的中共中央书记处书记兼国务院副总理。于光远是周老三十年代在清华大学的学生（当时名郁钟正），特别是毕业论文的指导教师。于的论文《坐标系在引力场中的运动》，周老曾带到美国，请爱因斯坦审阅。大科学家居然认真地读了一位籍籍无名的大学生的论文，并提出修改意见。周老回国后，将爱因斯坦的修改意见，转告于光远。卢沟桥的枪炮声把于光远送上了革命道路，放弃了物理学研究。在一篇怀念周老的文章中，于光远称他为"恩师和战友"。鉴于北大在社会上不能发挥应有的作用，加上对周老个人的情谊，他自告奋勇向方毅提出："北大的矛盾很尖锐，我来帮忙，解决矛盾。"

问：于光远担任什么职务？他对北大怎么能帮上忙？

于光远的主要职务是中国社会科学院副院长，兼马列研究所所长；他的兼职有一大堆，什么什么会长啦，什么什么理事长啦，但都和北大无关。他是个喜欢多管闲事的人，他对大学里校长和党委的矛盾有了研究的兴趣。1979年10月，他多次到北大，找人谈话，开座谈会。然后约方毅谈话，蒋南翔在场。

他认为矛盾的根源是体制。但体制一时改变不了，在体制不变的条件下，能否有所作为？

他认为，北大有两大矛盾：校长和党委的矛盾；教师和党政干部的矛盾。为了帮忙解决北大的矛盾，他提了两条建议：

第一条建议，解决矛盾的根本办法是改变"党委领导"，但这是不可能的；于光远从另一端提出解决办法，让周培源兼任党委副书记。刘达任清华大学党委书记兼校长，没有矛盾了。周培源任北大党委副书记兼校长，是否也能缓解矛盾？

第二条建议，把郭罗基调离北大，到我们马列研究所来。

他了解到，教师和党政干部的矛盾，焦点人物是郭罗基。党政干部大多反对郭罗基，说他是"一贯反领导"的人物；老年和青年教师大多拥护郭罗基。这是长期的历史形成的矛盾，要把是非讨论清楚，然后解决矛盾，很难。郭罗基是个研究型的人才，让他陷在北大的是非窝里，可惜了。希望他从北大的泥潭里拔出腿来，到我们马列研究所集中精力研究学问。他到了马列研究所，先让他出国访问一年。出国一年以后，北大再发生什么矛盾，赖不着他了。于光远即将到西欧访问。他说，我到瑞士找个大学，邀请郭罗基讲学一年。讲学的题目我都想好了，就讲讲《马克思主义在中国》。

我听了很高兴，早就想离开北大这个是非窝。我的志趣是从事学术研究，但身不由己，不得不斗。哲学系的人说："郭罗基不搞'阶级斗争'，可以出了好几本书了。"错过的光阴以十年计，正该收心读书了。他给我出的题目也很有意思。瑞士没有去成，后来到了美国。在哥伦比亚大学，黎安友（Andrew Nathan）教授要我讲的一门课，竟也是"马克思主义在中国"。看来我是注定要讲这个题目了。

方毅对他的两条建议都同意。

于光远讲完了赖着不走，要在周家吃饭。他说："我要吃百家饭。"于光远是个美食家。理论务虚会期间，大家都见识到，他的胃口特好，胜过年轻人。京西宾馆的夜宵很丰盛，他每天必吃，哪怕没有事聊天也要聊到吃夜宵的时候。

周家平时的饮食很清淡，周老饭后要喝一碗玉米粥，这是长年坚持的习惯。为了招待于光远，周老关照厨房做几样好菜。他对我说："你也留下来一起吃吧。"我说："小孩中午放学回来，我有事要安排。"

周老从南方回北京后，方毅和蒋南翔约他到教育部谈话。谈的就是让他兼任党委副书记，但蒋南翔却说"北大有不少人反对"。兼任党委副书记的职务还没有公布，他怎么知道"有不少人反对"？蒋南翔改任教育部长后，渐渐暴露出保守倾向，对周老和我不那么支持了。周老反问他："你反对不反对？"这下将了一军，蒋南翔支支吾吾，无言以对。不管怎样，于光远的第一条建议总算实现了，是否见效另说。第二条建议却搁浅了。

1979年11月，于光远访问西欧回来，他的秘书胡冀燕对他说："你不在的时候，郭罗基在《人民日报》上发表了一篇《政治问题是可以讨论的》，影响很大。"他说："不好，要坏事了。"他是深知共产党内的规矩的。果然，他向中国社会科学院人事局催问："怎么还不向北大发郭罗基的调令？"人事局回答："院长胡乔木不同意。"

于光远给方毅写信：

方毅同志：
　　我的两条建议，你同意的，现在有没有变动？
　　一，任命周培源为北大党委副书记；
　　二，调郭罗基到马列研究所。
　　请批复。

于光远<br>1979年11月26日

方毅批示："没有变动。"于光远就是为了得到方毅的书面的东西，作为依据。

于光远将方毅的批示送人事局,他们仍然顶着不办。

于光远的两条建议,第二条没有实现,第一条实现了。但周培源任党委副书记以后并不见效。党委的干部说周培源是"党内的民主人士"。

**"欢送周林"**

1979年暑假开学以后,学生贴出一批大字报,主要是抱怨生活问题,对宿舍、食堂、澡堂等等提出一大堆意见。邓小平在副部长以上干部会上批评:"北大学生为什么贴大字报?就是领导不关心群众生活。"

大字报从生活问题发展到政治问题,评论"二周不和",以至要求"改组党委"。邓小平居然说:"大字报要求改组党委,学生的要求是合理的。"于是就出现《欢送周林》的大字报,要赶他动身了。

党委的一些人认为,学生的大字报是"郭罗基在幕后煽动的"。我在北大常常被指为"后台"、"黑手",学生闹事总是怪我。那时在校的是王军涛一辈人,在天安门都闹过事,不要说北大了。他们贴大字报是不煽而动,完全是自发的。

周林待不下去了,离开北大,到教育部当副部长去了。这是中国的怪事,管一个大学,搞不好,就去管全国的大学。教育部有三个副部长都是在北大被轰出去的:张承先,黄辛白,周林。1979年11月,周林、高铁、韦明两年前进北大的同一季节,又离开了北大。

北大和南大同样都存在着校长和党委的矛盾,结果却不一样。在南大,校长匡亚明被掌握实权的党委挤走了。在北大,党委负责人虽有实权,还是呆不下去。这是因为,第一,周培源校长深得人心;第二,北大的教师和学生参与意识比较强烈,在关键时刻显示了力量。

从云南调来韩天石接替周林。韩天石本是高岗手下的"五虎将"之一,高岗出事后,被贬到昆明当一个副厂长。粉碎"四人帮"后,先后任云南革委会秘书长,云南省委副书记。陈云忽然想起他来了,点将调来北京,当北大的党委书记。

韩天石从昆明到北京,暂住招待所。他要周培源和我去见他。房间里只有一把椅子,他坐在椅子上,让周培源和我坐床沿。但态度颇为谦恭,连连说:"讲得好!"后来就翻脸了。他本应对周培源这样的著名学者登门拜访,"土八路"不懂礼节。

# 第四十二章　来一个思想大解放

刚才叙述北大的往事，为了照顾连续性，已经从 1977 年讲到 1979 年。现在再回到 1978 年。

邓小平说过"郭罗基是好样的"之后，要《人民日报》发表郭罗基的文章，表明郭罗基不是右派。

粉碎"四人帮"以后，我最初的志趣是从事理论批判；理论批判没有出路，就转向实际斗争，改造环境。在北大扮演运动带头羊，大闹人代会，都是为了以实际斗争改造环境。在人代会上，我的发言当天受到热烈欢迎，第二天又遭到无情谴责。权势决定了风向，人们的脑袋很容易地被别人占领，装进了相反的观点。我想到，一个不民主的政府之所以能够存在、发挥它的职能，是以人民的愚昧为条件的。为了唤起人民的觉悟，我又转向从事思想启蒙，回到理论战线。我经历了否定之否定。正如马克思在 1843 年针对当时德国的现实提出的，需要把理论的批判和政治的批判结合起来。在政治的批判中发挥理论的作用；在理论的批判中追求政治的目标。

## 题目够尖锐了

《人民日报》向我约稿，我正想写文章，以《来一个思想大解放》为题，写了一篇政论。这又开辟了另一个战场。

原稿四千多字，《人民日报》理论部副主任汪子嵩把它改成两千多字，他认为过于尖锐的地方都删去了。我当然不高兴。他说服我："主要的用意是让你的名字见报，表明郭罗基不是'右派'。文章的内容千万不能叫他们抓住把柄。"共产党内也分成"他们"和"我们"了。汪子嵩还教我"打擦边球"的做文章的方法："如果题目很尖锐，内容不妨缓和一点；如果内容很尖锐，不妨用一个缓和的题目做掩护。你这个题目够尖锐的了，好像一个煽动性的口号，别的不说都可以了。"现在"思想解放"变成了时髦，那时却被认为是具有"煽动性"的。只有经历过那个时代的人，才能体察思想解放的艰难。我只好妥协。

文章发表在《人民日报》1978 年 1 月 23 日。

在我之前，1977 年 9 月 5 日，《人民日报》发表聂荣臻的文章，题为《恢复和发扬党的优良作风》，9 月 28 日，发表陈云的文章，题为《坚持实事求是的革命作风》，此外还有叶剑英、徐向前等人的文章。文革后，不少老干部大谈恢复优良传统和革命作风，只是面向过去。面向过去，不是出路。文革不是从过去发展而来的吗？我喊出"来一个思想大解放"是面向未来，反思传统，告别过去。

从那时到现在，在中国流行的提法是"社会主义的现代化"；我在文章中第一次提出"现代化的社会主义"。

问:"社会主义的现代化"和"现代化的社会主义"有什么区别?

看起来只是词序不同,实际上意义大不相同。邓小平说,我们的现代化,前面有个形容词,叫做社会主义的现代化。在他看来,现代化有社会主义现代化和资本主义现代化之分。在我看来,现代化是世界性概念,代表国际先进水平。取代资本主义的社会主义,本应代表国际先进水平,不用说是现代化的;现实是在中国出现了一种非现代化的"社会主义",根本不符合社会主义的历史地位。所以,我要求建设"现代化的社会主义",蕴涵着对非现代化的社会主义的批判。而且,我也不赞成"四个现代化"或"五个现代化"之说。我在后来的一篇文章中写道:"中国虽然提出了实现现代化的任务,其实并不理解现代化为何事。现代化就是化入'现代',成为具有'现代'特征的社会。现代特征应是代表当代最高水平的一系列变项。现代化是历史的总体运动,是社会的综合发展。在中国却把一个完整的现代化'化'为'四个现代化',即工业现代化、农业现代化、科学技术现代化和国防现代化。虽然从一个变成了四个,在现代化中被忽略了的东西却更多。'四个现代化'中就没有政治现代化、经济现代化、文化现代化、观念现代化、生活方式现代化等等。"(《中国的现代化需要新启蒙》,《南京大学学报》1989年第3期)

我记得,文章中谈到了真理的实践标准,1977年的大字报我已经运用真理的实践标准来批判两个"凡是"了。可惜原稿没有保存(《人民日报》未退还)。现在发表的文稿中还可以看到一点影子:"砸碎精神枷锁,冲破思想牢笼,必须尊重事实,尊重群众。""考虑问题要从实际出发,不能从原则出发。原则本来是从事实中抽象概括出来的。原则是否正确,还要用事实来检验。不能强迫事实去服从原则。不合乎事实的原则就应该抛弃,而用合乎事实的新原则来代替。"还有:"他们(林彪、'四人帮')搞的那一套,都是愚弄群众、压制群众、损害群众、违背群众利益的。同广大群众站在一起,尊重群众,为群众讲话,就会产生巨大的勇气,去追求真理、坚持真理。离开了人民群众,不为千百万人着想,对群众的呼声充耳不闻,那就只能离开真理了。"

## 思想解放口号的流行

诚如汪子嵩所说,"来一个思想大解放"这个口号就很响亮,不用看文章,记住这个口号就行了。这个口号迎合了形势的发展,1978年掀起了思想解放运动的浪潮。

1978年6月2日,邓小平发表《在全军政治工作会议上的讲话》,采用了这个口号,他说:"拨乱反正,打破精神枷锁,使我们的思想来个大解放"(《邓小平文选》(1975-1982年)第114页)。

这一年的11月,在中共十一届三中全会之前的工作会议上,思想交锋甚为激烈。胡绳在攻击周扬之后,又说:"现在报刊文章提出了一些新口号,例如'来一个思想解放运动','反对现代迷信'等,……我不赞成在报刊上发表文章用旁敲侧击的方法,在实际上去议论毛主席的错误。"他反对报刊上发表的"旁敲侧击"的文章,一是针对郭罗基在《人民日报》1978年1月23日发表的《来一个思想大解放》,一是针对李洪林为《中国青年》复刊号所写的特约评论员文章《破除迷信,掌握科学》,其中出现反对"现代迷信"的提法。邓小平在中央工作会议上的讲话,否定了胡绳的反对意见,他的讲话题目就是《解放思想,实事求是,团结一致向前看》,专门有一节讲"解放思想是当前的一个重大政治问题"(同上,第130页)。邓小平的这一讲话,成为十一届三中全会的主题报告。十一届三中全会是里程碑式的事件,"解放思想"就成为广泛流行的口号。

《人民日报》把我的口号写进了社论,号召全国人民"要动员起来,跟上客观形势的发展,在思想上来一个大解放",呼唤"要有一批敢想、敢说、敢干、敢于创新的闯将"。(《把主要精力集中到生产建设上来》,1979年1月1日。)

### "来一个思想大解放"在国外的影响

我到美国后,认识波士顿大学政治系教授Joseph Fewsmith。他有一个很雅的中文名字,叫傅士卓。他的中文说得很好,没有洋腔洋调。他对我说:"你在美国很有名,知道吗?"我说:"不知道,怎么会呢?"他告诉我,美国有两个内部发行的官方刊物,一个叫FBIS(Foreign Broadcasting Information Service),一个叫 JPRS(Journal Press Research Service),译载外国报纸、广播和刊物上的文章,前者每天出一期,后者不定期出版。傅士卓教授告诉我,这两个刊物经常登载我的文章,所以说"你在美国很有名"。

问:这两个刊物是什么机构出版的?

说起来叫你不相信,这两个刊物都是 CIA(中央情报局)编译的。中央情报局不光派遣特工,也做信息收集和研究工作。

我请哈佛大学费正清中国研究中心(Harvard Fairbank Center for Chinese Studies)的图书馆员 Nancy Hearst 找一找这两个刊物登载的郭罗基的文章。因为是缩微胶卷,很难找,她找到了十多篇,第一篇就是《来一个思想大解放》(FBIS, February 3, 1978, pp. E14-15.)。

哥伦比亚大学的黎安友(Andrew Nathan)教授告诉我,他们最初在 FBIS 上看到《来一个思想大解放》的署名 Guo Luoji 以为是"国逻辑"三个字,意思是"中国逻辑"或"国家逻辑"?他们猜想,可能是一个官方写作组。后来看到我发表的《政治问题是可以讨论的》,口气是权威性的,加深了 Guo Luoji 是官方写作组的猜想。再后来,看到原文,才知道 Guo Luoji 不是"国逻辑",而是郭罗基。他们一直跟踪郭罗基的信息,原来 Guo Luoji 非但不是官方人士,而且是自由化分子,被邓小平从北京赶到了南京。"六四"以后,我受到打击迫害,黎安友教授代表哥伦比亚大学向我发出访美的邀请。

**思想解放运动登场了**

粉碎四人帮以后中国的思想解放运动，是在一个非常特殊的情况下出现的。一方面，以华国锋为代表的当权派还要坚持毛泽东的"无产阶级专政下的继续革命"，这是文化大革命的延长；另一方面是文化大革命中的反叛者冒了出来、集合起来，成为不可忽视的民主力量。当权派想压民主力量但是压不下去，民主力量要积极生长但也不能占上风。在这种力量平衡的条件下出现了奇特的现象：思想解放运动批评共产党，批评了共产党又会受压，受了压再反抗，形成了一种拉锯状态。从1976年10月到1977年是准备酝酿时期，真正的思想解放运动从1978年开始。

# 第四十三章　真理标准的大讨论

1978年5月开展的真理标准大讨论，冲破了文化大革命的思想牢笼，摆脱了神化毛泽东的精神枷锁，推动了思想大解放。思想大解放亵渎了原先"神圣"的事物，颠覆了旧时"伟大"的口号。它不是因为蓄意创造"伟大"，恰恰是挑战"伟大"，所以才成为伟大。这场伟大的思想解放运动掀开了中国历史的新的一页。思想大解放，导致政治大改观，经济大调整。以真理标准讨论为主题的思想解放运动，是粉碎"四人帮"之后中国社会历史转轨的第一推动力。

当代中国，事必从"十一届三中全会"说起，因而"十一届三中全会"的故事成了"创世纪"。"十一届三中全会"不过是一个政党的中央委员会会议，却被认作国家和人民的命运之所系。十一届三中全会开成什么样，并非是预定的结果，而是真理标准讨论释放的能量所铸造出来的成品。以实践检验理论、路线、方针、政策的真理性，就是人民以切身的体认审视共产党执政的合法性、正当性。十一届三中全会所出现的转折，只不过表明共产党接受了实践的检验。所以，论现象背后的本质，不是政党的转折决定人民的命运，而是人民的意志决定了政党的转折。但是，中华人民共和国成立后的几十年中，共产党服从人民的意志，只是发生在这一危急存亡之秋的特定时刻，此前此后多少事，何尝以半点民意为怀。

这场伟大的思想解放运动还没有完成应有的历史使命，就被扼杀了。今日中国社会之所以出现种种弊端，也是由于这场短暂的思想解放运动进行得很不彻底，煮成了"夹生饭"。研究中华人民共和国史、中共党史以至当代中国的政治史、思想史、社会史、经济史，无论从正面或反面，都必须重视二十世纪七十年代末、八十年代初的真理标准讨论，并消化这一历史事件所提供的经验和教训。

问：真理标准的大讨论究竟是怎样发生的？

这是在拨乱反正的过程中应时而生的。

## 澄清是非以何为准？

粉碎"四人帮"以后，人们都说开始了一个"新时期"。这个"新时期"的特点叫做"拨乱反正"。由于华国锋、汪东兴推行两个"凡是"，拨乱反正的阻力重重，步履艰难。

提出解放思想的口号是1978年，实际上从1977年初的拨乱反正就开始冲破思想牢笼。文化大革命导致国民经济频临崩溃的边缘。粉碎四人帮以后，迫切需要澄清在经济问题上的一系列混乱，否则大家没有饭吃了。于光远找来经济学家冯兰瑞、周叔莲、吴敬琏等人，议论如何拨乱反正。他们选择按劳分配问题、唯生产力论问题，作为突破口。这本来是一些常识问题，当年却经过密谋策划，发动大规模的讨论，才回归常识。

毛泽东在理论问题的指示中说："八级工资制和旧社会差不多。"鼓励张春桥批判什么"资产阶级法权"，认为"按劳分配体现了资产阶级法权"。姚文元的文章中写道："资产阶级法权是产生新资产阶级分子的经济基础"。这种理论和根据这种理论制定的政策，严重地挫伤了工人和农民的积极性，以至"干多干少一个样，干和不干一个样"。大寨评"政治工分"，作为先进经验推广。那就不是按劳分配，而是按政治表现分配。除了按政治分配，还有按资格分配、按地位分配，等等。1977年2月，于光远作为主要发起人，推动经济学界进行关于按劳分配问题的讨论，在北京组织了三次全国性的集会。这一讨论克服了平均主义的多年积弊，导致政策改变，端走"大锅饭"，恢复奖金制，激励了劳动者的生产热情。

接着，又进行关于生产力问题的讨论。毛泽东的最高指示中有一条"抓革命，促生产"。只有首先抓革命，然后才能促生产；如果不抓革命光促生产，那是修正主义的"唯生产力论"。毛泽东在《矛盾论》中说：生产关系在一定条件下起决定作用。强调生产关系的决定作用时，就说"已经具备一定条件"。结果，成了生产关系无论在什么条件下都可以脱离生产力起决定作用。反对这种理论，又是"唯生产力论"。生产力论是正确的理论，"四人帮"和康生加个"唯"字，"唯生产力论"就轻而易举地否定了生产力论。再如，事物的发生、发展和存在取决于条件，条件论是正确的理论，他们加个"唯"字，"唯条件论"实际上以条件论作为批判对象。其实，加个"唯"字还是不足以否定生产力论、条件论，就像物质论也可以叫做唯物论。经过讨论，唯生产力论、唯条件论等等都恢复了马克思主义的本义。

在一个时期中，经济学的讨论异常热烈，学术界盛传"经济繁荣，哲学贫困"之说。哲学是"在黄昏时起飞的猫头鹰"。拨乱反正进行到一定时候，哲学登场了。1978年5月，掀起真理标准的讨论，反对两个"凡是"，从根本上摧毁了贩卖文化大革命那一套的方法论，在学术文化的各个领域、社会生活的各个方面促成思想大解放，扫除了中国历史前进的障碍。

起初为了推翻某些结论或改变某种做法，总是说林彪、"四人帮"篡改毛主席的指示，背着毛主席另搞一套。

有些问题既没有"篡改"，也没有"背着"，毛主席的指示和林彪、"四人帮"搞的是一套，并没有两套。于是人们对语录做出重新解释，以符合当前的需要。例如，对"无产阶级专政下继续革命"的理论，解释成为继续革命的内容应是文化革命、技术革命、生产力革命，而不是整"走资派"。

有些语录又没有重新解释的余地，怎么办？于是用语录来对付语录。教育战线上流行的"两个估计"，即：文化大革命前十七年的教育战线是"资产阶级专了无产阶级的政，是黑线专政"；"知识分子的大多数世界观基本上是资产阶级的，是资产阶级知识分子"。这是以毛泽东的有关论述为依据、载入1971年8月的《全国教育工作会议纪要》、又经毛泽东画了圈的。人们要求推翻"两个估计"，否则那些"黑线人物"、"黑帮分子"不得平反。但对语录怎么重新解释都不行。直到1977年10月，在缴获的迟群的笔记本上找到了一段毛泽东1971年6月的谈话记录："对十七年不能估计过低。绝大多数知识分子是好的，是要革命的，拥护社会主义的；反对社会主义的、坏的是少数，很少数。"公布了这段语录，"两个估计"才算作废。

如果没有迟群笔记本上的语录，难道"两个估计"就永远不能推翻吗？还有大量的是非需要澄清，又到哪里去找语录？而且，用同样的办法，可以澄清是非，也可以再一次混淆是非。文革中的两派，各自引证对自己有利的毛主席语录，结果不是分清了是非，而是无休止地"打语录仗"。这样，迫使人们非要做彻底的思考不可。

采用迂回曲折的办法，否定了一些荒谬的口号，改变了一些错误的做法。不管出于什么理由，只要抛弃那些在实际生活中有害的东西，人们总是高兴的。但由于两个"凡是"的束缚，一切都只能在不触动毛泽东的神主牌的前提下，局限在语录标准的范围内进行，也可以说是按照毛主席的教导来纠正毛主席的错误。今天看来，这种局面何其可笑！当时来说，改变这种可笑的局面又何其艰难！

问：都说邓小平最先反对两个"凡是"，是这样吗？

有这种说法。这是中国官方的舆论，例如《红旗》评论员就这样说："邓小平同志首先批判了两个'凡是'，针锋相对地提出了必须完整地准确地理解毛泽东思想体系。"（《红旗》1988年第9期）

## 是邓小平最先反对两个"凡是"吗？

邓小平在1977年复出以前说过"'两个凡是'不行"，因为他有切肤之痛，"按照'两个凡是'，就说不通为我平反的问题"。用什么来代替？他提出："用准确的完整的毛泽东思想来指导我们全党、全军和全国人民"。

邓小平提出"完整"、"准确"自以为反对两个"凡是"；两个"凡是"却不反对"完整"、"准确"。华国锋在中共十一大的政治报告中坚持两个"凡是"的同时，也说"要努力学习马列著作和毛主席著作，完整地、准确地领会和掌握毛泽东思想体系。"1977年10月9日，在中共中央党校开学典礼上，华国锋的讲话中说："我们应当力求完整地而不是零碎地、准确地而不是随意地、实际地而不是空洞地把马克思列宁主义、毛泽东思想各个方面的基本原理掌握起来。"华国锋比邓小平讲得更周到，还有所纠正。邓小平说的是"完整的、准确的"毛泽东思想，华国锋说的是"完整地、准确地领会和掌握"毛泽东思想，将两个形容词改为副词。华国锋的意思，完整不完整、准确不准确是领会和掌握的问题，不是毛泽东思想本身的问题。难道还有不完整、不准确的毛泽东思想吗？后来邓小平反而与华国锋保持一致了。他改口说："我提出要准确地完整地学习和运用毛泽东思想，以后又解释什么是准确地完整地学习和运用毛泽东思想。"（邓小平接见海军党委常委扩大会议全体同志时的讲话，《邓小平文选》〈1975-1982〉第175页。）他忘了，当初他提出的是"准确的完整的毛泽东思想"。

邓小平颇为得意的"准确、完整"到底是什么意思？他自己也说不清楚。邓小平复出后的第一次亮相，1977年7月21日在十届三中全会上的讲话中说，："我说要用准确的完整的毛泽东思想做指导的意思是，要对毛泽东思想有一个完整的准确的认识，要善于学习、掌握和运用毛泽东思想的体系来指导我们的各项工作。"这一句话，说了三个不同的东西，他却完全混为一谈。"准确的完整的毛泽东思想"是指毛泽东思想本身的"准确、完整"。"对毛泽东思想有一个完整的准确的认识"则是别人对毛泽东思想的认识是否"完整、准确"，即使对毛泽东思想的认识不完整、不准确，并不影响毛泽东思想本身的"完整、准确"，这是两回事。"对毛泽东思想有一个完整的准确的认识"与"掌握毛泽东思想体系"也不是一回事。且不说毛泽东思想有没有体系。一种思想成了体系，就是有机统一的整体，掌握思想体系不发生是否完整、是否准确的问题。恰恰是对于不成体系的思想才需要强调"有一个完整的准确的认识"。可怜的邓小平，逻辑思维一塌糊涂，还以开导别人的教师爷自居。

问：坚持两个"凡是"的华国锋非但不反对"完整、准确"，而且予以采纳。为什么？

邓小平同"凡是"派一样，奉毛泽东思想为神圣。他并不是从根本上反对"凡是"，而是强调什么是合理的"凡是"。"完整、准确"只是反对"片言只语"；正是要求以"完整、准确"的"凡是"，代替"片言只语"的"凡是"。所以，华国锋完全可以接受，以"完整、准确"来补充和丰富两个"凡是"。

邓小平还强调"必须世世代代地用准确的完整的毛泽东思想指导我们全党全军和全国人民，把党和社会主义的事业，把国际共产主义的事业，胜利地向前推进。"邓小平的"完整、准确"的"凡是"在中国要管"世世代代"，还要管到外国的"国际共产主义运动的事业"。这是远胜于华国锋的两个"凡是"的超级"凡是"。

邓小平是与华国锋比赛"高举"。他们对毛泽东思想的态度完全一致，同样都是无批判地颂扬。"准确"有何意义？作为文化大革命的指导思想的毛泽东思想，就是极左思想，把它说成正确思想，反而不准确了。所以问题不在于准确不准确，而是正确不正确。错误的东西无论怎样准确，还是错误的。什么叫做"完整"？如果引一句语录不算完整，那么可以多引几句。华国锋接过邓小平的口号，在中共十一大的报告中要求"全党完整地、准确地掌握毛泽东关于无产阶级专政下继续革命的伟大理论"，还要求来一个"学习竞赛"。"无产阶级专政下继续革命"的理论是完全错误的。可见，不管理论正确不正确，都可以用上"完整、准确"。

"凡是"派以毛主席语录衡量一切，这是真理问题上的主观标准。邓小平要求代之以"准确、完整"的毛泽东思想，还是思想。局限在思想范围内强调"准确、完整"，不过是修正的主观标准。以实践检验是非，才是真理问题上的客观标准。所以，"凡是"派早已将邓小平的"准确、完整"为我所用，相安无事；而一年以后提出真理的实践标准，则跳将起来，激烈反对。

与两个"凡是"针锋相对的是胡耀邦，他也有两个"凡是"，而且提出两个"不管"："凡是不实之词，凡是不正确的结论和处理，不管是什么时候、什么情况下搞的，不管是哪一级组织，什么人定的、批的，都要实事求是地改正过来。"有人提醒他，两个"不管"有风险。

他说："我不下油锅，谁下油锅？"

## 艰难的求索

开始是一个问题、一个问题地澄清是非，到一定时候，就要寻求从根本上解决：判定一切是非的标准究竟是什么？这就是从个别上升到一般，进入哲学领域了。粉碎"四人帮"以后的一个时期，拨乱反正的主要议题是讨论与国计民生迫切相关的经济问题。哲学终于登场了。

若是凡事以语录为标准，不管"片言只语"的语录还是"完整、准确"的语录，那么语录本身的是非又以什么为标准？拨乱反正的历史进程和逻辑追问，最后都在质疑这个先验的语录标准。就像《封神榜》中的斗法，"凡是"派放出的法宝是语录标准，反对"凡是"派的人们用什么法宝来破语录标准？志在推动中国历史前进的人们，苦苦求索，从不同的经历、不同的思考出发，走向同一归宿。各个方面的努力聚焦到一点，找到一个威力无穷的法宝，原来马克思主义宝库中有现成的武器——实践是真理的标准。

关于真理的标准问题，是哲学史上的千年难题，争论不休。马克思以社会实践作为真理的标准，是千年难题的解决。自从马克思主义哲学诞生以来，实践是真理的标准又成为简单明了的常识。中国长期流行语录标准积非成是，使实践标准被遗忘、被抛弃了。拨乱反正是真理标准的重新发现。

人们从三个方面重新发现了真理的实践标准：

第一，在揭批"四人帮"的实际斗争中找到了真理的实践标准。

北京大学在揭批"四人帮"的斗争中展开了一场反对两个"凡是"的民主运动。前面已经说过了。人们运用真理的实践标准来批判《六条》，因为不能从文件上、书本上找到反对的根据，只能求助于实践了。结果，北大党委改组、北京市委认错，民主运动取得了胜利。真理的实践标准发挥了不可抵御的威力。但由于不是从理论上提出问题，没有产生普遍性的效应。

第二，在研究党史上的路线斗争中找到了真理的实践标准。

1977年3月胡耀邦任中央党校主持日常工作的第二副校长，他利用中央党校这个阵地，积蓄力量，志在冲开"思想枷锁"和"组织枷锁"，后来做出两大贡献：一是推动思想解放运动，一是平反冤假错案。胡耀邦出山之前，向华国锋献策："中兴伟业，人心为上。"胡耀邦提出"中兴"的概念，可惜华国锋不懂。中国历史上，一个王朝衰败之际，出现了"中兴"的人物和事业，就会重新走向兴盛。文化大革命之后的中国，濒临崩溃的边缘。共产党王朝"中兴"的功臣，不是华国锋，不是邓小平，而是胡耀邦。

从1977年12月开始，胡耀邦发起讨论党史问题。所谓路线斗争史，即共产党的内斗史，历来以权力意志定是非。十年文化大革命的历史充满了歪曲和谬误，但依据两个"凡是"的天条，都是早有定论的。胡耀邦说："这十年的历史是非，不要根据哪个文件、哪个同志的讲话，光看文件不行，还要看实践。"党史研究室提出一份讨论文革路线斗争史的教学方案，胡耀邦很不满意，说："你们的稿子不能用，是抄的。……因为是中央文件就是正确的，这是什么论啊？"他指定哲学教研室主任吴江负责一个专门小组，形成一个文件，题目是《关于研究第九次、第十次、第十一次路线斗争的若干问题》，确立"研究应当遵循的原则"。原则是："应当以实践为检验真理、明辨路线是非的标准，实事求是地进行研究。""路线的正确与否，不是一个理论问题，而是一个实践问题，要由实践的结果来证明"。当时在中央党校学习的是1977年复校后的第一期学员，八百多名党政军中高级干部以此为指导讨论了文化大革命的历史。对于重大的是非问题重新审视，思想活跃，发言热烈。实际上这是后来在全国范围内发动真理标准讨论的前奏。1978年4月学期结束，八百壮士分赴全国各地，成为思想解放运动的种子。

第三，在报刊上澄清是非的过程中找到了真理的实践标准。

在新闻战线上也在寻求突破。报纸上就知识分子是专政对象、文艺是"黑线专政"、老干部是"从民主派到走资派"、抓生产是"唯生产力论"、按劳分配会产生新资产阶级、"儒法斗争"一直继续到现在等等问题发表文章，澄清是非，总会收到许多读者来信，表示怀疑或反对。他们的根据无非是"毛主席说"。

1978年3月26日，《人民日报》针对读者的迷思，发表了一篇短评，题目是《标准只有一个》，说明"真理的标准只有一个，就是社会实践。"还说，马列主义、毛泽东思想是真理，但不是真理的标准；真理和真理的标准不是一回事。真理又是真理的标准，自己检验自己，等于没有标准。文章只有一千多字，显然说理不够。这一次，照例又收到许多读者来信，指责《人民日报》不该登这样的文章，认为马列主义、毛泽东思想也是真理的标准，否则贬低了马列主义、毛泽东思想。新闻界与理论界通力合作，准备就真理的标准问题做一番文章。

## 波澜起伏三阶段

真理的实践标准，这个马克思主义的基本观点一经重申，立即惊醒了人们的头脑，大大解放了思想。关于真理标准问题所引起的热烈讨论，以及这一讨论牵动了大局，都不是偶然的。叶剑英说："这是粉碎'四人帮'以后最根本的拨乱反正。"

真理标准讨论，以1978年5月11日《实践是检验真理的唯一标准》的发表为起始的标志，1980年12月25日邓小平宣告反自由化为终结的标志，中经两年半，分为三阶段：

第一阶段，从1978年5月11日，到11月中央工作会议召开前夕，真理标准讨论论战站队，突飞猛进。

第二阶段，从1978年11月的中央工作会议和12月的中共十一届三中全会，到1979年4月初的理论务虚会结束，真理的实践标准战胜两个"凡是"、讨论在达到高潮时戛然中止。

第三阶段，从1979年5月提出真理标准讨论补课，到1980年12月中央工作会议重提反自由化，真理标准讨论的余波被迫告终。

## 一篇文章惊天下

关于真理标准问题在全国范围内的大规模讨论,始于1978年5月11日《光明日报》的本报特约评论员文章《实践是检验真理的唯一标准》的发表。此文前一日刊登在中央党校的内部刊物《理论动态》第60期上。文章是由孙长江定稿、胡耀邦看过以后发稿的。

说起孙长江,我跟他有一段"姻缘"。

文化大革命中,冯友兰的命运是戏剧性的。先是作为反动学术权威被打倒,后又成为江青的座上宾,充当文坛霸主"梁效"的顾问。毛主席关怀备至,特派谢静宜登门探望,询问:"有没有足够的房子放书?"毛主席还有指示:"给冯友兰配备一名助手,帮他完成《中国哲学史新编》的写作。"军宣队忙乱一阵毫无头绪,因为他们既没有学问,又不认识有学问的人。只好请众人提名。汤一介推荐人民大学哲学系的孙长江。文革中,人民大学被撤销,一部分人转来北大,一部分人在家赋闲。孙正是赋闲者。军宣队问从人大转来北大的教师:"此人怎么样?"他们回答说:"他是郭罗基式的人物。孙长江就是人民大学的郭罗基,郭罗基就是北京大学的孙长江。"军宣队一听就明白了,别的不用说了。本来打算将孙长江调来北大,此议告吹。

1993年,四个参加理论务虚会的自由化分子相聚在纽约,左起:孙长江、郭罗基、阮铭、张显扬,摄于我在哥伦比亚大学的家中。

我记住了孙长江这个名字,我真想认识一下另一个郭罗基。

粉碎"四人帮"以后,孙长江式的人物郭罗基,郭罗基式的人物孙长江,彼此都"但愿一识韩荆州"。我们在共同的朋友张显扬家见了一面,从此成为莫逆之交。

1978年初,中央党校的学员讨论党史上的路线是非。胡耀邦指出应以实践作为真理的标准,分清党史上的路线是非。有人提出,也要以毛泽东思想作为分清路线是非的标准。这就有了两个标准。吴江和孙长江商量,以《实践是检验真理的唯一标准》为题写一篇文章,强调"唯一",澄清两个标准的胡涂思想。文章由孙长江执笔。孙找我商量。当时我和周培源合作,准备写一篇《在马克思主义指导下,加速发展我国的科学技术》。我说,我会写到认识论问题,一定谈谈真理标准,为你们敲边鼓。所以,我在文章中列了一节《实践是检验自然科学理论的唯一标准》,特别回答了"已被实践证实的理论,能否作为真理的标准?"

《理论动态》第60期注明:"光明日报供稿,本刊做了修改。""光明日报供稿"是何来历?《光明日报》收到南京大学哲学系胡福明的一篇文章,题为《实践是检验真理的标准》,编者将题目加了"一切"两个字,改为《实践是检验一切真理的标准》(其实是多余的,"实践是检验真理的标准"是全称判断，当然包括一切真理、全部真理)，拟登载《哲学》专刊第77 期。新上任的总编杨西光，在审稿时说这是一个重大的题材，应从《哲学》专刊抽出来，移到头版，但要做重大修改。杨西光刚从中央党校学习结业，参加了胡耀邦提倡的关于以实践作为真理的标准分清路线是非的讨论，故有此敏感。文章在杨西光和马沛文（副总编兼理论部主任）主持下改了数稿，仍不满意。他们听说中央党校理论研究室在撰写同类题目的文章，于是就把第八稿送给他们，请他们进一步修改。吴江将任务交给孙长江，对他说："你把两个稿子捏在一起，题目还是用我们原来的。"

孙长江把两个稿子捏在一起了，但《光明日报》稿只占三分之一，文章的基本框架和四个小标题都是孙长江的立意。吴江做了修改，最后由胡耀邦审定、发稿。后来，由于反自由化的需要，故意抹杀吴江、孙长江的贡献，夸大胡福明的作用。

《光明日报》发表时，署名"本报特约评论员"。"特约评论员"是胡耀邦的创意。因为报纸的社论、评论员文章都要送审。当时掌握宣传大权的是"凡是"派人物党中央副主席汪东兴和宣传部长张平化，对两个"凡是"表示不敬的文章肯定通不过。署名"特约评论员"可以不必送审，而又暗示文章有来头。

这篇文章是时代的呼唤，一经面世就受到广泛的重视。真理的实践标准问题是马克思主义哲学的常识，文章并无理论上的创见。老生常谈发挥了新生威力，在当时的环境下，具有冲击两个"凡是"的针对性。搬出马克思主义宝库中现成的武器——真理的实践标准，当时人思想解放的喜悦是后来人难以体会的。《光明日报》发表的当天，新华社就向全国播发，从第二天开始，《人民日报》、《解放军报》等全国三十五家中央和省市大报纷纷转载。

### "凡是"派的激烈反对

"凡是"派也感受到提出真理的实践标准的震撼，但他们与一些人的欢呼相反，而是表示愤怒。当时有一个毛泽东著作编辑出版委员会办公室（简称毛著编办），主任是汪东兴，曾为康生秘书的李鑫任第一副主任，胡绳、吴冷西、熊复为副主任。那是"凡是"派的大本营。5 月 12 日晚上，吴冷西打电话给正在上夜班的《人民日报》总编胡绩伟，指责说："这篇文章犯了方向性的错误。理论上是错误的，政治上问题更大，很坏，很坏。……"熊复也打电话给新华社社长曾涛，说"这篇文章在理论上是荒谬的，在思想上是反动的，在政治上是砍旗子的。""新华社和人民日报犯了错误。"一时气氛紧张，谣传："文章的作者被抓起来了"，"《人民日报》进驻工作组了"。理论讨论转化为政治斗争。应该说，"凡是"派是识破玄机的，他们错在兴问罪之师，结果从反面刺激了真理标准的讨论。一篇平常的文章引起旷日持久、牵涉广泛的大讨论，就因为有人反对，就因为反对意见的激烈。所以当时人说，发动真理标准的讨论，反对派的功劳最大。

中共中央副主席、掌握宣传大权的汪东兴所操控的《红旗》杂志、毛著编办实行"不表态"、"不卷入"的方针，对于已经表态、已经卷入的，则另有一种脸色。5 月 17 日，他在一次会议上说："理论问题要慎重。特别是《实践是检验真理的唯一标准》和《按劳分配是社会主义的原则》（发表前邓小平看过）两篇文章，我们都没有看过。党内外议论纷纷，实际上是把矛头指向主席思想。我们的党报不能这样干，这是哪个中央的意见？要坚持、捍卫毛泽东思想。要查一查，接受教训，统一认识，下不为例。"还说"《人民日报》要有党性，中宣部要把好关。"第二天，中宣部长张平化就来把关了。他对正在召开的省市文教书记和宣传部长会议讲话，说《实践是检验真理的唯一标准》这篇文章"不要认为《人民日报》登了，新华社发了，就成为定论，要拿鼻子嗅一嗅，不要随风转。"他提倡的是"拿鼻子嗅一嗅"，不是用脑子想一想。他又要求与会者回去以后"把好关"，最后向大家拱拱手："拜托，拜托！"

6月2日，邓小平在全军政治工作会议上讲话，说有人天天讲毛泽东思想，却反对实事求是，"有的人还认为谁要是坚持实事求是，从实际出发，理论和实践相结合，谁就是犯了弥天大罪。"他并没有提到《实践是检验真理的唯一标准》，不过讲了一些套话，在套话里还说"华主席、党中央是一贯坚持实事求是的"。反对两个"凡是"的人们事先并没有商量，由于持有共同的策略思想，大家不约而同地说："小平同志表态了，这就是对实践是检验真理的唯一标准的支持。"他本人则顺水推舟，默认。在同"凡是"派的斗争中，胡耀邦这个砝码，在政治天平上的分量显然不够。主张实践标准的人们，故意抬举邓小平，把他拉到自己这边来。

"凡是"派头面人物却并不认为邓小平的讲话是对真理标准讨论的支持。6月15日，汪东兴召开中央宣传部和中央直属新闻单位负责人的紧急会议，又一次挥舞"两个凡是"的大棒。他批评有人要为天安门事件翻案，说："明明是毛主席说的，天安门事件是反革命事件，他们不是反毛主席是反谁？"在那时，没有比"反毛主席"更大的罪名了。他还说："特约评论员，是谁？有些特约评论员的文章有问题。"谁都知道，这些特约评论员文章出自胡耀邦指导下的中央党校的《理论动态》。他多次点名批评胡耀邦，特别指责《人民日报》4月10日刊登的《一个老干部给青年的信》（胡耀邦撰写），说是"对青年起煽动作用，引导青年犯错误"。他还指责《人民日报》，为什么用"邓副主席精辟阐述毛主席实事求是光辉思想"作为标题。"难道华主席、叶副主席的讲话就没有精辟阐明毛主席思想吗？这样的标题不是有意的吗？"

## 胡耀邦"有点退却之意"

汪东兴讲话、张平化把关以后，胡耀邦的头上出现一股高压气团。

6月下旬，在胡乔木的恫吓之下，连胡耀邦都"有点退却之意"。胡乔木跑到胡耀邦家里，说这场争论是党校挑起来的，华主席已经不满意了，再争论下去会导致党的分裂。他不同意再争论，要立即停止。《理论动态》不要再发表可能引起争论的文章。胡耀邦同意"暂时冷却一下"。

胡乔木在别的场合又表现出另一副面孔。他在中国社会科学院的大会上讲：有人说中央在真理标准问题上有分歧，这是造谣！造谣！要分裂党中央。言者声色俱厉，闻者莫明所以。

还有一次，在人民大会堂召开的中央机关司局长以上干部会上，又发表同样的论调。他说：我可以负责地讲，中央在真理标准问题上是一致的。谁说中央内部有不同意见，就是分裂党中央。这是胡乔木的两面行为。他对发起和推动真理标准讨论的主导者胡耀邦说，争论会导致党的分裂；他在公众场合又指责别人造谣，谁说中央在真理标准问题上不一致是分裂党中央。造谣者和辟谣者都是他本人。他在胡耀邦面前造谣，是为了吓退真理标准的讨论；他在公众面前辟谣，是为了替"两个凡是"粉饰太平。合二为一，体现了胡乔木的一番唯华国锋为上的苦心。胡乔木是列宁所说的那种"卖淫文人"，从前献媚毛泽东，现在讨好华国锋，后来又巴结邓小平了。

吴江和孙长江针对实践是真理标准的反对意见，又写了一篇文章，题目是《马克思主义的一个最基本的原则》，以特约评论员的名义，发表在《解放军报》6 月 24 日；同一天《人民日报》和《光明日报》转载。这时胡耀邦受到压力，处境困难。幸而站出来一位大将罗瑞卿。这篇文章的写作和发表，得到军委秘书长罗瑞卿的鼓励和支持。

这两篇文章的缺点是，虽然主张用实践标准取代语录标准，但对实践标准的论证主要还是运用语录，没有用实践来论证实践标准。

真理标准的大讨论，打破了两个"凡是"的禁锢，极大地推动思想解放运动。《实践是检验真理的唯一标准》的写作，是孙长江对思想解放运动的重大贡献。

有一点遗憾，"实践是检验真理的唯一标准"的提法是不准确的。我对孙长江谈到，我的文章中的提法，或是"实践是检验理论的唯一标准"，或是"实践是真理的标准"。他说，你再写一篇文章进行补救。我说，那也不必了，现在"实践是检验真理的唯一标准"成了一面旗帜，不要使人产生疑虑。

问：停一停，我还是头一次听到反对两个"凡是"的人质疑"实践是检验真理的唯一标准"，您能不能讲得具体一点，为什么说提法是不准确的？

## 实践检验的对象是什么？

这是一个哲学问题，要说清楚，还得讲点哲学原理。

在"实践是检验真理的唯一标准"这一命题中，实践检验的对象是真理。这就是说，在实践检验之前已经成为真理，再由实践来检验。问题是作为检验对象的真理是怎样发现的？已经成为真理，也需要由实践来检验，命题中这一层意思是明白的。但实践检验之前发现的真理，标准是什么？这一层意思就不明白了。如果说标准还是实践，这一层意思并没有包含在命题之中。如果说是其他，问题就大了，至少有两个标准：一个是发现真理的标准，一个是检验真理的标准。命题中虽强调"唯一标准"，只是对"检验真理"而言，并不能排除发现真理另有标准。

《实践是检验真理的唯一标准》一文提出的问题是："怎样区别真理与谬误呢？"答案

应该指出区别真理与谬误的标准。可是接着却说:"马克思在创立新世界观时,就提出了检验真理的标准问题"。答非所问。通篇文章把"区别真理与谬误"的问题和"检验真理"的问题混为一谈。马克思究竟提出了什么呢?是"检验真理的标准"吗?文章摘引了《关于费尔巴哈的提纲》第二条:"人的思维是否具有客观的真理性,这并不是一个理论的问题而是一个实践的问题。人应该在实践中证明自己思维的真理性,即自己思维的现实性和力量,亦即自己思维的此岸性,关于离开实践的思维是否具有现实性的争论,是一个纯粹经院哲学的问题。"这一条恰恰不是说的"检验真理的标准"。马克思说的是如何证明"思维的真理性",或认识的真理性。实践是证明思维的真理性或认识的真理性的标准,简言之,实践是真理的标准,并非实践是"检验真理的标准"。

实践标准既是发现真理的标准,又是进一步检验真理的标准。"实践是检验真理的唯一标准"命题的不准确,就在于用"检验真理的标准"代替了"真理的标准",部分代替了整体。

真理与谬误,只有在实践中才能见高低、定分晓。实践检验的对象,可能是真理,可能是谬误;实践检验的结果,确证为真理或谬误。因此,实践检验的对象是认识(思想、理论)。认识来源于实践。认识的内容是对客观事物的反映。来源于实践的认识,反映究竟是否与客观事物相符合以及在何种程度上相符合,认识不可能自我确证,必须接受检验。检验的标准是什么?实践。来源于实践的认识,必须回到实践。在实践中得到证实的认识,是为真理;在实践中被证伪了的认识,是为谬误。同一认识,也可能由实践确证为部分真理、部分谬误。

胡耀邦指导撰写的、真理标准讨论中发表的第三篇重要文章,题为《一切主观世界的东西都要经受实践检验》(1978年9月10日刊登在《理论动态》上,25日《人民日报》以评论员的名义公开发表,次日《光明日报》和《解放军报》全文转载。)不仅弥补了理论上的漏洞,而且引向理论问题和实际工作的结合。实践不是专门去检验既成的真理,而是首先检验"一切主观世界的东西","也就是说,人们的思想、理论、纲领、路线、政策、计划、指示、意见、声明、检讨、诺言,等等,这一切的一切,是正确,还是错误,是真实的,还是虚伪的,归根到底,都要看实践的结果怎么样,通通都要经受实践的检验。"据文章的作者王聚武说,这篇文章是耀邦点题目、定调子、出思路的。耀邦说:"这篇文章是《实践是检验真理的唯一标准》的补充。那篇文章是检验真理而言,这篇文章是检验一切主观世界的东西而言。"但"实践是检验真理的唯一标准"这一不准确的命题已成了公共话语,一直贯彻真理标准讨论的始终。

正确的命题应当是:实践是检验认识是否为真理的标准,也可以说,实践是检验认识是否为谬误的标准。总之,实践是区分真理与谬误的标准;真理与谬误,位于实践这一分水岭的两边。简单明了的提法,实践是真理的标准;同时也蕴涵着相对的命题,实践是谬误的标准。实践的权威,既可以判定真理,也可以判定谬误。实践的成功证明了真理;实践的失败证明了谬误。因此,准确的命题是:实践的成功是真理的标准,实践的失败是谬误的标准。

认识（思想、理论）经过实践的检验，得到证实，确立为真理。一旦成为真理，并无终极的意义，也需要在不同的时间、空间条件下继续接受实践的检验。凡是真理，无论怎样检验，不会全部被抛弃，总有某些颗粒、某种成分保留下来，融入新的真理，汇成真理的长河。这就是真理的发展。所以，以真理作为实践检验的对象，是发展真理的问题。但首先要解决认识何以成为真理？以认识作为实践检验的对象，发现真理；以真理作为实践检验的对象，发展真理。两个方面合成一个命题：实践是真理的标准；既是发现真理的标准，也是发展真理的标准。

## 座谈讨论全面开花

北京和外地召开的一些讨论会，推动真理标准的大讨论走向高潮。

1978年6月20、21日，中国社会科学院所属哲学研究所和《哲学研究》编辑部召开真理标准问题座谈会，参加者为北京地区的理论工作者、新闻工作者和实际工作者六十多人。

7月21日至24日，哲学研究所和《哲学研究》编辑部又进一步召开全国性的真理标准问题讨论会，邀请二十九个省、市和解放军的理论工作者、新闻工作者和实际工作者一百六十多人参加。开幕式和闭幕式都有北京地区的一千多人列席。

我参加了这两个会议。

后一个会议在全国产生了广泛的影响。

时任中国社会科学院副院长的邓力群在开幕式上讲话。他特别针对在真理标准讨论中打棍子的人讲了一番话："喜欢打棍子的人，往往不是因为他怎么高明，而是因为他有些空虚，无非是不能以理服人，只好用帽子、棍子压人。这是不懂马克思主义、不做调查研究的表现。对这种离开马克思主义、不做调查研究的做法，我看用不着害怕。"大家都知道，他指的是汪东兴。邓力群的讲话受到与会者的赞扬。

问：邓力群不是"左王"吗？怎么会讲出一番开明的话？

邓力群成为"左王"那是后来的事。文革中，"批邓"的时候，他在国务院研究室，与挖空心思揭发邓小平的软骨文人胡乔木不同，邓力群是顽强抵制的。粉碎"四人帮"以后的一个时期，他也与胡乔木不同，对于两个"凡是"是坚决反对的。后来他与胡乔木走到一起去了，成了两个"左王"。变成保守分子的邓力群，也爱打棍子，那就是如他自己所说的"有些空虚"了。

讨论会的大部分时间是小组讨论，与会者有充分的时间畅所欲言，互相交流。大家认为，解决真理标准问题，在当前不但是带有根本性的理论问题，更是带有根本性的实际问题。讨论中，大大解放了思想，许多人自称说了过去想说而不敢说的话。

在小组讨论的基础上，光明日报的马沛文、人民日报的汪子嵩等几个人在大会上做专题发言。

在闭幕式上，时任中国社会科学院顾问的周扬又做长篇讲话。

他首先说明："我们邀请持不同意见的同志来参加讨论会，他们不来，这就成了没有对手的辩论。就像普列汉诺夫发出的没有地址的信。"坚持两个"凡是"的人们，没有发表过一篇像样的文章。他们暗中的活动频繁，却从来不在公开场合申述意见。他们只会使用权势的语言，不是讨论、对话，而是打压、恫吓。因而所有公开的讨论会都成了争论一方的隔空喊话。

周扬指出，坚持两个"凡是"、反对实践标准的实质，是林彪、"四人帮"的阴魂不散。他有一段后来常为人所引用的名言："它（阴魂）不仅附着在'四人帮'的帮派人物身上，也还附着在我们某些同志身上。我们要同林彪、'四人帮'的阴魂不散做斗争。现在我们开这个会就是做驱散林彪、'四人帮'阴魂的工作。"

周扬最早讲出"科学无禁区"的警句，这一次又详加阐述。他说："给科学设置禁区，那就是承认某些客观事物的领域是科学所不能接触、不能探索的，就是否定科学之所以为科学，就是扼杀科学，宣布科学的死亡。"周扬特别强调，对社会主义"我们应当把它当作一个头等重要的科学研究对象，……是不应当设置禁区的"。后来邓小平不顾周扬的预警，提出"坚持四项基本原则"，就是对社会主义的研究设置禁区。

周扬讲的一段话给人留下深刻印象："我读过一本书讲莱辛的故事。莱辛是为马克思、恩格斯所高度评价的一个德国伟大作家。他说如果上帝一手拿着真理，一手拿着寻找真理的能力，任凭你选择一个的话，莱辛讲，他宁要寻找真理的能力。当时资产阶级的伟大思想家还有一股锐气，他们要自己去寻求真理。我们怎么能躺在现成的真理马克思主义身上过日子？"会下，我向周扬询问这本书的书名。他说不记得了。我在北京大学传达周扬的讲话后，很多人对此感兴趣，请西语系的教师去找这本书。莱辛（1729—1781）是德国启蒙运动时期的伟大作家。书还是没有找到，但发现莱辛的另外两段警句："对真理的追求比对真理的占有更为可贵。""为寻求真理的努力所付出的代价，总是比不担风险地占有它要高昂得多。"与周扬所说的意思差不多。

对于真理标准讨论的意义，周扬比别人看得深刻、讲得清楚。他说："这个问题不单单是哲学问题，而且是个思想政治问题。这个问题的讨论关系到我们的思想路线、政治路线，也关系到我们党和国家的命运、前途。"

周扬的这些名言谠论大大地促进了思想解放。文革中，周扬在监狱里面壁九年，大彻大悟，浴火重生。昔日的"文艺沙皇"，粉碎"四人帮"后成为思想解放运动的旗手。

这次讨论会在全国范围内产生了巨大的影响。会议的参加者回到各地、各部门后，或是在相关的会议上传达，或是向领导机构汇报，推动一些领导人而后对真理标准讨论的表态。1978年下半年，中国在思想上、理论上非常活跃。各地和各界围绕真理标准问题召开的座谈会、讨论会，据二十三个省、市的报道就达六十八次，还有未见报道的讨论会和各种各样的报告会就无从统计了。

1978年下半年，关于真理标准讨论的新闻和评论也是各种报刊重大的、持久的主题。除了详细报道各种座谈会、讨论会之外，报刊上发表了大量的有关真理标准的评论、论文，据不完全统计，达六百多篇。

历来，思想运动都是自上而下发动，按照权力中心的指令，进行批判斗争，也可以说是权力压制真理。唯有这一次真理标准讨论，是自下而上兴起，瞄准当权者的两个"凡是"，也可以说是真理包围权力。

## 对真理标准问题的表态形成政治站队

真理标准问题上的分歧，本是思想理论方面的论战，因为论战的一方运用权力进行压制，于是演变为权力较量，表现为政治站队。

与华国锋的"不表态"、"不卷入"的方针相反，各地文武诸侯纷纷表态，支持真理的实践标准。1978年7月下旬，中共黑龙江省委第一个表态。在省委书记杨易辰主持下，召开省委扩大会议，将真理标准问题列入议事日程，进行讨论，并以此辨别文化大革命中的是非。最后，常委扩大会议做出一项决议要求县级以上干部认真学习中央报刊上关于真理标准问题的文章，展开讨论，分清是非，以期肃清林彪、"四人帮"的流毒，推动经济建设。

直到11月的中央工作会议之前，全国除了台湾的二十九个省市中的二十七个都表了态。只有安徽和北京没有在报纸上表态，没有表态的原因大不相同。安徽的省委书记是万里，他不但拥护真理标准的讨论，而且在实际工作中按照实践标准，进行"包产到户"的试验。所以他本人和别人都认为，安徽实际上已经用行动表了态。北京市委的负责人是吴德，他贯彻了华国锋的"不表态"、"不卷入"的方针，在全国显得十分孤立。

各省（区）、市委的表态，又影响了军队。1978年10月、11月，解放军十一个大军区、五个兵种、三个军委直属单位，或是以会议讨论的形式，或是以负责人发表谈话的形式，投入真理标准讨论。文化大革命中，毛泽东号召解放军"三支两军"（"支工"、"支农"、"支左"，"军管"、"军训"），深深地介入地方事务，将"派性"带到军队，又引起军队内部的严重矛盾。所以军队也迫切需要运用实践标准来清理旧案、澄清是非。

在1978年11月中央工作会议召开前夕，各路文武"诸侯"大部已表态，在实践标准和"两个凡是"的对立中，站在实践标准一边。"凡是"派的政治资源逐渐消蚀，大势已去，为即将召开的中央工作会议和接着召开的中共十一届三中全会准备了优越的条件。

## 第一次交锋也是最后一次交锋

1978年11月10日，中共中央召开中央工作会议，原定会期二十天，结果延长至三十六天。本来12月13日已经闭幕，还有话要说，又讨论了两天，12月15日才结束。胡耀邦说："会议的发言简报估计有一百五十多万字，相当于两部《红楼梦》，近三部《三国演义》。"在当时，一边开会一边看完两部《红楼梦》或三部《三国演义》，恐怕没有一个人能做到。会议留下了一笔值得研究的重要的历史资料，但至今没有充分利用。

会议的原定议题是农业问题和经济安排。当时邓小平正出国去东南亚访问，华国锋转述了邓小平的建议：在讨论这些问题之前，先讨论一下，从明年1月起，把全党的工作重点转移到社会主义现代化建设上来。看来，会议主持者华国锋、邓小平等人的意图，是"向前看"，对当时人们极为关注的思想路线、政治议题以及文化大革命所制造的严重的冤假错案，均不在他们的视野之内；结果是"向后看"。

讨论一开始就出轨。会议的参加者认为在实行工作重点转移之前，必须首先解决历史遗留问题，做到是非、功过、赏罚分明，否则，不可能出现安定团结的局面。会议的气氛一下子活跃起来，问题越提越多。文化大革命中的大案、要案、冤案都提了出来。

中央工作会议各组的讨论打乱了部署，文化大革命的遗留问题不解决，会议原定的程序就讨论不下去。华国锋有权无威，压不住台。11月25日，他不得不代表中共中央政治局宣布对一些重大政治事件、重要领导人案件重新审查的决定，包括为"天安门反革命事件"、"二月逆流"、"六十一人叛徒集团"平反，纠正对彭德怀、陶铸、杨尚昆等人所做的错误结论，撤销"批邓反击右倾翻案风"的文件，等等。另外，还决定对在文化大革命中劣迹斑斑的康生、谢富治进行揭发，材料交中央组织部审理。华国锋总共讲了十多个问题，这些都是原定的议程中所没有的，而按照两个"凡是"的方针，均属不应该提出、不应该讨论的问题。提出和讨论这些问题，以及言论的大胆、批评的尖锐，充分显示了真理的实践标准所显示的威力。华国锋的讲话对会议讨论中提出的问题都有所交待。这些问题，原本不是"毛主席的指示"就是"毛主席的决策"。通过讨论和解决历史遗留问题，"两个凡是"的制定者不得不违背自己的意志，在事实上推翻了两个"凡是"。

历史遗留问题的结论已经有了，制造问题和解决问题的两条思想路线方面的争论就成为不可避免。正当会议将转入华国锋宣布的议程时，"凡是"派翰林院（毛著编办）中的几位"翰林"，一齐上阵，挑起争论，大谈对真理标准讨论的不同看法。本来在讨论历史遗留问题时，他们是一直沉默的。

自真理标准讨论以来，争论的双方，一方是限制打压，一方是隔空喊话，思想上从未正面接触。直到中央工作会议，才发生第一次交锋。谁知"两个凡是"一触即溃，交锋的第一次就成了最后一次。

11月27日，毛著编办的一位副主任胡绳在东北组突然就真理标准问题发言，他说："有的同志在公开的演讲中宣布（也就不能不反映到报刊上），现在党内在这样的问题上存在着分歧，这种分歧不仅是思想问题，而且是政治问题，是路线问题，是关系国家前途命运的问题。我认为，这种宣布是过于轻率的，虽然其用语不过是八股老调，但在国内和国际引起了人们对安定团结的局面的疑虑，其影响是不好的。"他又说："现在报刊文章提出了一些新口号，例如，'来一个思想解放运动'、'反对现代迷信'等，我不认为这种说法完全不包含合理的内容，但如果把它们当作思想工作、宣传工作中的纲领性口号，那就要十分慎重。我不赞成在报刊上发表文章用旁敲侧击的方法，在实际上引导人们去议论毛主席的错误。"胡绳反对"八股老调"是针对周扬7月份在北京真理标准讨论会上的讲话。他反对报刊上发表"旁敲侧击"

的文章，一是针对郭罗基在《人民日报》1978年1月23日发表的《来一个思想大解放》，一是针对李洪林为《中国青年》复刊号所写的特约评论员文章《破除迷信，掌握科学》，其中第一次出现反对"现代迷信"的提法。

11月29日，吴冷西发言，重复了他在给胡绩伟的电话中反对《实践是检验真理的唯一标准》的基本观点。同一天，熊复发言，指责反对两个"凡是"、坚持实践标准的人们要对国外猜测的"非毛化"负责。

李鑫和张平化也就真理标准讨论问题发言，主要是对自己应负的责任进行一些辩解。

与会者对这几个人的发言很不满意，群起而攻之。胡绳发言的次日，四川省委第一书记赵紫阳在西南组立即做出反应。他说："现在外国人猜测我们党内有分歧，有争论。其中很大一个问题就是实践是检验真理的唯一标准问题。前一段，《人民日报》、《解放军报》、《光明日报》都发表了这方面的文章，而《红旗》没有登。《红旗》是我们党中央唯一的理论刊物，过去许多重要文章都登，这次不登，一下子把分歧公开出来了。中央宣传部也闭口不说话。下面问我们是怎么一回事，我们无可奉告。我认为这个问题很需要解决。因为它不仅是个理论常识问题，而且是一个现实问题。我们要搞现代化建设，要解放思想，要解决问题，你究竟是根据多年来实践检验的结果呢，还是先查一查毛主席对这个问题有没有说过、批示过？没有说过的就不能干？批示了的就不能改？"赵紫阳是一位引人注目的省委书记，他的意见产生很大的影响。

万里、习仲勋、邓颖超、徐向前等都在发言中批评"两个凡是"，支持真理的实践标准。

各组还有面对面的交锋，不同的组也通过简报进行交锋，对李鑫、张平化、吴冷西、熊复、胡绳都有所批评。

12月11日，吴冷西做书面发言，经批评帮助，他的态度有所转变。胡绳也有所转变。"凡是"派发动的挑战，以全线崩溃告终。

## 两个"凡是"收场，实践权威确立

中央工作会议上，无论是讨论历史遗留问题还是经济建设问题，自始至终贯穿了真理的实践标准。12月13日，中共中央主席、副主席在闭幕会上讲话，也就不能回避对真理标准讨论的态度。

主席华国锋首先对"两个凡是"的提出承担了责任，进行自我批评："我在去年3月中央工作会议上的讲话中，从当时刚刚粉碎'四人帮'的复杂情况出发，从国际共产主义运动历史上捍卫革命领袖旗帜的正反两方面的经验出发，专门讲了在同'四人帮'的斗争中，我们全党，尤其是党的高级干部，需要特别注意坚决捍卫毛主席伟大旗帜的问题。在这一指导思想下，我讲了'凡是毛主席做出的决策，都必须维护；凡是损害毛主席形象的言行，都必须制止'。当时的意图是，在放手发动群众，开展揭批'四人帮'的伟大斗争中，绝不能损害毛主席的伟大形象。这是刚粉碎'四人帮'的时候，我思想上一直考虑的一个重要问题。后来发现，第一句话说得绝对了，第二句话，确实是必须注意的，但如何制止也没有讲清楚。当时对这两句话考虑得不够周全，现在看来，不提'两个凡是'就好了。在这之前，2月7日中央两报一刊还发表过一篇题为《学好文件抓住纲》的社论。这篇社论的主题，是要动员全党全军全国各族人民认真学好有关文件掌握思想武器，深入揭批'四人帮'。但在我的上述思想指导下，这篇社论中也讲了'两个凡是'，即'凡是毛主席做出的决策，我们都坚决维护，凡是毛主席的指示，我们都始终不渝地遵循'。这两个凡是的提法就更加绝对，更为不妥。以上两处关于'两个凡是'的提法虽不尽相同，但在不同程度上束缚了大家的思想，不利于实事求是地落实党的政策，不利于活跃党内的思想。我的讲话和那篇社论，虽然分别经过政治局讨论和传阅同意，但责任主要由我承担。在这个问题上，我应该做自我批评，也欢迎同志们批评。"

华国锋的讲法不算深刻，还有所辩解，就勇于担当责任、进行自我批评来说，在中国共产党的领导人中已是难得的了，与会者表示欢迎。也表明真理标准讨论的理性精神说服了这位"两个凡是"的创始人。但他对"两个凡是"的实质缺乏认识，只说"不提两个凡是就好了"。不提就好了吗？好不了。问题在于不可能不提。他回避了思想路线、政治路线上的分歧。

华国锋还说："叶帅考虑到国务院务虚会议开得很好，提议把搞理论工作的同志召集到一起，也开个务虚会，大家把不同意见摆出来，在充分民主讨论的基础上，统一认识，把这个问题解决一下。中央常委同志都赞成这样办。由于我想等常委都在家时开会解决这个问题，因小平同志出访，在这次中央工作会议之前这个会没有来得及开。今年11月25日，中央常委接见北京市委和团中央主要负责同志，听取他们汇报天安门事件平反后群众的反映和北京市街头大字报的情况，联系谈到这个问题时说：'对一些具体问题，要实事求是地、按照实践是检验真理的唯一标准这个原则去解决。现在报刊上讨论真理的标准问题，讨论得很好，思想很活泼，不能说那些文章是对着毛主席的，那样人家就不好讲话了。但讲问题，要注意恰如其分，要注意后果，有些事情，不能提毛主席，也不宜提，提了不利。报纸要十分慎重。迈过一步，真理就变成谬误了。'这是中央常委的意见。"

关于与两个"凡是"相对立的实践标准，他引用了中央常委集体的表态。这个表态说："对一些具体问题"，要"按照实践是检验真理的唯一标准这个原则去解决。"实践标准只是解决"一些具体问题"的标准，华国锋和中央常委都不理解哲学问题所体现的思想路线的意义。因为回避了路线是非去解决"一些具体问题"，所以限定"有些事情，不能提毛主席"。

作为真理的主观标准——"两个凡是"被抛弃了，对提出"两个凡是"负有责任的华国锋承认了错误。但另一个真理的主观标准——"准确、完整"没有受到质疑和批评，提出"准确、完整"的邓小平也始终没有觉悟。

副主席叶剑英是积极支持真理标准讨论的，他的讲话着重强调发扬民主和加强法制。

副主席邓小平的讲话，由来比较曲折。中央工作会议的进程与原定的议程出入很大，会议的主持者是被形势推着走的，而这种形势是自下而上造成的。8、9月份，邓小平找中国社会科学院的于光远等人谈话，主要就是讲真理标准问题。他希望理论界在思想上沟通，找到办法来解决这场争论，不希望在中央工作会议上冒出来。事实是真理标准问题在中央工作会议上一开始就冒了出来，而且一直冒到底。足见邓小平对形势的预测不准。会议还没开，10月底，邓小平就让胡乔木起草讲话稿。然后他偕夫人出国到东南亚访问，11月14日才回到北京。会议的前五天，他没有参加，不知道发生了大事。16日，他还是按部就班找胡乔木修改讲话稿，19日完成。会议开了二十天，邓小平说这个讲话稿不能用了，而且还给了胡乔木一个评语："看来他不行了。"胡乔木是奉他的旨意起草、修改讲稿的，他只说胡乔木"不行了"，不说自己到底行不行。不管怎样，这时的邓小平尚能顺势而为，所以起了积极作用。12月2日，他急忙让胡耀邦、于光远找人重新起草发言稿，亲自写了一个提纲，提出七个问题：一，解放思想，开动机器；二，发扬民主，加强法制；三，向后看是为了向前看；四，克服官僚主义、人浮于事；五，允许一部分人先好起来；六，加强责任制，搞几定；七，新的问题。胡耀邦、于光远请国务院研究室的林涧青等人执笔。12月5日，邓小平又与起草者谈修改意见，确定四个问题的框架，将提纲中的四、五、六、七归纳为第四个问题"研究新情况，解决新问题"。12月9日以后，他多次与起草者讨论修改。13日下午四时，副主席邓小平正式抛了出来，题为《解放思想，开动机器，实事求是，团结一致向前看》（后来作为文件下发和收入《邓小平文选》，题目去掉"开动机器"四个字，文中的"开动机器"改为"开动脑筋"）。

邓小平的讲话从"解放思想"破题，认为不少人的思想"还处在僵化半僵化状态"；不打破思想僵化，四个现代化就没有希望。从而论说真理标准讨论的意义："目前进行的关于实践是检验真理的唯一标准问题的讨论，实际上也是要不要解放思想的争论。大家认为，进行这个争论很有必要，意义很大。从争论的情况来看，越看越重要。……关于真理标准问题的争论，的确是个思想路线问题，是个政治问题，是个关系到党和国家的前途和命运的问题。"他对真理标准讨论的意义是"越看越重要"，这就是说，原先并没有看得那么重要。但看了半年也没有看出新东西。关于真理标准讨论的结论性意见，他完全重复了半年以前周扬的说法。不管怎样，胡绳对周扬的"八股老调"的批评，算是被否定了。

邓小平大讲实事求是。中国的现实生活中违反实事求是的事情太多了，所以讲讲实事求是人们是欢迎的。但他说"实事求是，是无产阶级世界观的基础，是马克思主义的思想基础。"后来又说"实事求是是马克思主义的精髓"。这就把马克思主义讲歪了。不实事求是，是违反马克思主义的；但马克思主义具有无比丰富、深刻的内涵，不仅仅在于实事求是。"实事求是"语出《汉书·河间献王刘德传》："修学好古，实事求是。"实事求是至多是朴素唯物主义，不是辩证唯物主义。难道汉朝人就具备"马克思主义的思想基础"了？难道汉朝人就掌握"马克思主义的精髓"了？实事求是成了邓小平的招牌。但他在这个招牌下面把马克思主义浅薄化、庸俗化了。

会议的闭幕式，由讨论经济问题而变为全局性拨乱反正、工作重点转移的一个标志。邓小平摘了一个大"桃子"，他的讲话成了接着召开的十一届三中全会的主题报告。

副主席汪东兴提交了一份书面发言，似检讨非检讨。他说：我在"文化大革命"中说过错话，做过错事。粉碎"四人帮"以后，也说过错话，做过错事。关于真理标准讨论，他说，开始时没有引起重视，听到不同看法以后，对争论的积极意义估计不足。他认为最大的问题是：我负有领导责任，没有及时组织领导好这个讨论。与会者对他的发言表示"不满意"、甚至"极不满意"。有人说，汪东兴的问题不是"没有及时组织领导好这个讨论"，而是压制讨论、反对讨论。于光远、王惠德、杨西光的联合发言中说："事实证明，汪东兴同志的错误是严重的，就他目前的觉悟来说，要求他把这些问题现在就讲清楚，看来是不可能的。……我们建议中央敦促汪东兴同志做进一步的深刻检查。"西北组通过一份《十二点建议》，其中八点与汪东兴有关，或是质疑，或是削权。其他组也有类似的文件。

会上还印发了吴德的书面材料《我的初步检讨》。吴德说明了天安门事件的经过以及自己应负的责任，"表示检讨"。

中央工作会议的全过程是在起伏中前进的。先是坚持实践标准的人们讨伐"两个凡是"；继而坚持"两个凡是"的人们挑战实践标准；最后，来了个否定之否定，华国锋的检讨，邓小平的总结，宣告实践标准对"两个凡是"的决定性胜利。

## 十一届三中全会的最后论定

中央工作会议的结局，大大出乎人们的预料。人们虽然总是怀抱一定的动机进行历史活动的，实践的结果往往超出原先的动机。人们所怀抱的动机又是各不相同的，动机的实现形成历史的合力，恰如恩格斯所说的平行四边形的对角线。且不说在改革开放的起点上"总设计师"邓小平没有任何设计，即使有所设计，事件的进程也并非单独决定于邓小平的动机。

中央工作会议上临时起意，提议立即召开十一届三中全会，趁热打铁。12月15日，中央工作会议才结束，会议的成员，差不多一半是中共中央委员，散会后又召来其他委员，18日十一届三中全会即开始。十一届三中全会是中央工作会议的直接继续，与以往历次中央全会不同，会上没有报告，而是与会者阅读中央工作会议的文件。邓小平的讲话，被认为是中央工作会议的总结，又是十一届三中全会的主题报告。

由于在中央工作会议上，实践标准对"两个凡是"的决战取得了胜利，接着召开的十一届三中全会就以坚持真理的实践标准作为指导思想，检验是非和讨论工作。

12月22日，十一届三中全会闭幕。会议的公报写道："会议高度评价了关于实践是检验真理的唯一标准的讨论，认为这对于促进全党同志和全国人民解放思想，端正思想路线，具有深远的历史意义。"这个公报是胡乔木起草的。当他写下这段话的时候，不知是否还记得自己反对真理标准讨论时对胡耀邦的恫吓，不是说再讨论下去会引起"党的分裂"吗？像胡乔木这样的人，患有面部神经麻痹症，永远不会脸红。这时他换了主子，离开了华国锋，效忠于邓小平了。

这就是真理标准对抗"两个凡是"的最后结论。接着，公报重复了邓小平的一段话："一个党，一个国家，一个民族，如果一切从本本出发，思想僵化，迷信盛行，那它就不能前进，它的生机就停止了，就要亡党亡国。"如果坚持"两个凡是"，沿着老路走下去，"亡国"不至于，"亡党"很难免。以为"亡党"即"亡国"，这是共产党的偏见。

由于实践标准对"两个凡是"取得了决定性的胜利，在中共党史上被称作"十一届三中全会重新确立了党的马克思主义思想路线。"

由于端正了思想路线，追溯政治路线，十一届三中全会扭转了共产党自五十年代以来的左倾路线，也结束了粉碎"四人帮"以来的"两年徘徊"。十一届三中全会之所以大放光芒，是因为过去太黑暗；十一届三中全会之所以振聋发聩，是因为过去太荒唐。

由于从思想路线到政治路线的全面变革，十一届三中全会成为历史的转折。会议的公报虽然提到"全党工作着重点应该从1979年转移到社会主义现代化建设上来"，但这只是鉴于"全国范围的大规模的揭批林彪、四人帮的群众运动已经基本胜利完成"。邓小平提出讨论工作重点转移问题的思想基础是："揭批'四人帮'运动总有个底，总不能还搞三年五年吧！"这是工作上不同阶段的转移，是战役的转移。但后来回头一看，粉碎"四人帮"以后战略上的转移，确是始于十一届三中全会，以至事必从"十一届三中全会以来"说起，但在当时是缺乏这种自我意识的。历史活动的客观意义与人们主观上的认识往往并不一致。

问：在真理标准大讨论中，您做了什么？

我在真理标准大讨论中的姿态是比较积极的。除了参加各种座谈会、讨论会之外，主要的活动无非是发表演讲和发表文章。

## 论说争论的发生、问题的实质和讨论的意义

在真理标准大讨论中，光明日报理论部主任马沛文、人民日报理论部副主任汪子嵩，到处做报告，异常活跃。其次，大概就轮到我了。

哲学研究所召集的真理标准讨论会之后，我以传达讨论会的精神为名，在北大党委扩大会议上做了报告，题目是《真理标准讨论的发生及其现实意义》，内容是三个方面：一，争论的发生；二，问题的实质；三，讨论的意义。

我在北大的报告传出去以后，许多单位纷纷请我去做报告，其中有几个大单位，解放军总后干部大会，军事医学科学院干部大会，轻工业部干部大会，纺织工业部干部大会；还有外地来邀请的，天津市委请我在天津市干部大会上做了一次报告，江苏省委请我在江苏省干部学校做了一次报告。

问：在真理标准大讨论中，您写了什么文章？

我写了一篇《真高举和假高举》，发表在《光明日报》上。

问：这个题目有点费解，需要解释一下。

林彪、"四人帮"都是靠"高举"吃饭的。"高举"即"高举毛泽东思想的伟大红旗"。华国锋虽然抓了"四人帮",还是要继续"高举",抛出两个"凡是"就是为了"高举"。"凡是"派反对真理标准讨论的理由,就说提出真理标准是"砍旗",即砍掉"毛泽东思想的伟大红旗"。当时来说,"砍旗"罪莫大矣,一说"砍旗",把人吓着了。"高举"和"砍旗"成为争论的焦点。

1978年9月16日,邓小平在听取吉林省委常委汇报工作时,发表了一篇谈话,是批评两个"凡是"的。他说:"怎样高举毛泽东思想旗帜,是个大问题。""现在中央提出的方针、政策是真正的高举。……离开了这些是假的高举。"(《邓小平文选》〈1975-1982年〉第121-123页。)邓小平提出是"真正的高举"还是"假的高举",足以夺取"凡是"派占领的政治高地。只要证明"凡是"派的"高举"是假,就足以抛弃两个"凡是"。但何谓"真正的高举"?何以是"假的高举"?他没有论述。我即以《真高举和假高举》为题写文章响应。我把毛泽东的错误当作林彪、"四人帮"的"假高举",以高举毛主席的旗帜来克服毛主席的错误。这是不得已的曲笔。批评"假高举"实指"凡是"派,但只能以林彪、"四人帮"作为代名词。如果从根本上回答,应当指出,毛泽东思想本身就有问题,不成为旗帜;即使是正确的思想,也不需要"高举"。"高举"某种思想,究竟是实践第一,还是思想第一?以某种思想作为"旗帜",究竟是实现思想解放,还是构筑思想牢笼?但在当时不可能讲彻底,解放思想是艰巨的,只能逐步前进。即使是"真高举和假高举"这样不彻底的提法,还嫌刺激。当时华国锋、汪东兴的权势还是很厉害的。发表时,题目被编辑改为《毛主席的旗帜是革命的、科学的旗帜》,副标题是"反对林彪、'四人帮'的假高举"。原稿中还有两句话:"'凡是'论者动辄指责别人为'砍旗'。要说'砍旗'也可以,我们就是要砍迷信的旗、守旧的旗,树科学的旗、革命的旗。"更刺激了,也被删去。

我论"真高举和假高举",与邓小平有所不同。他以毛泽东思想为前提,认为反对真理的实践标准的人们,是违反了毛泽东思想的精髓——"实事求是"。我的文章以真理的实践标准为前提,只有经过实践检验的毛泽东思想,才能"高举",即"真高举"是高举正确的东西。

这篇文章值得注意的地方,我在十一届三中全会以前就鼓吹改革了。提到改革开放,人们都说始于中共十一届三中全会。实际上,胡乔木起草的十一届三中全会的公报,并没有改革的字样,相反,还强调"人民公社要坚决实行三级所有,队为基础的制度,稳定不变"。邓小平在十一届三中全会的主题报告《解放思想,实事求是,团结一致向前看》中,虽然有两句话提到"改革",但不是经济体制改革,更不是政治体制改革。他说:"我们的经济管理工作,机构臃肿,层次重迭,手续繁杂效率极低。……责任在于我们过去没有及时提出改革。但是如果现在再不实行改革,我们的现代化事业和社会主义事业就会被葬送。"(《邓小平文选》〈1975-1982年〉第140页)被捧为"改革开放的总设计师"的邓小平,最初设计的"改革"不过改进经济管理工作的效率。我的这篇文章是1978年10月26日发表的,十一届三中全会召开前的两个月。我鼓吹的"一系列的改革",是为了"提出新的方针、政策、口号"。"一系列的改革"虽然还是笼统的概念,但比邓小平的"改革"概念开阔多了。

这篇文章里还出现了两个新概念：一个是"语录裁判所"，一个是"造神运动"。

欧洲黑暗的中世纪有宗教裁判所，以圣经的词句代替法律，任意判决，残害人民。在文革中，引证毛主席语录就可以置人于死地。语录裁判所代替了宗教裁判所。

林彪、"四人帮"制造对领袖的迷信，搞了十年造神运动。迷信盛行的地方，就不会有政治民主、科学发达和文化繁荣。我们要用思想解放运动来代替造神运动。我觉得论说造神运动意犹未尽，后来又写了一篇长文批判造神运动。"造神"的概念，起自十九世纪初俄国的造神派；以"造神运动"指称对毛泽东的崇拜，则始于我的这篇文章。但这篇文章的影响不大，《红旗》1979年3月发表的《思想要解放，理论要彻底》批判造神运动，影响就大了，于是针对毛泽东的造神运动的说法广为流行。

# 第四十四章　西单民主墙

上世纪七十年代末，有两件大事，推动了中国的思想解放运动：一件是真理标准讨论；一件是西单民主墙。

我写过一篇《一场伟大而又短暂的思想解放运动——纪念真理标准讨论三十周年》，有十多万字，收入《新启蒙——历史的见证与省思》（香港晨钟书局，2010年），可以看作真理标准讨论简史。我还想写一篇《西单民主墙列传》，因资料不足，迟迟未能动笔。

问：有没有西单民主墙史这一类的著作？

没有见到。由于当权者的压制，西单民主墙这一重要的事件，没有留下完整的历史叙述。理论务虚会上，人民日报评论部主任范永康和政策研究室主任余焕椿做了一个联合发言，题目是《西单民主墙剖析》，他们利用人民日报记者所写的"内参"，提供了一些宝贵的资料。我想，根据已有的资料将西单民主墙在历史上记录在案。

## 民主墙倡议书

西单民主墙是纪念四五运动两周年时诞生的。起初，活动的中心还是在四五运动的现场——天安门广场，后来转移到西单。

粉碎"四人帮"以后的1977年清明节，人们以胜利者的姿态，奔向天安门广场，纪念四五运动一周年。但当时的天安门广场是毛主席纪念堂的建筑工地，不便开展活动，只能在建筑工地的挡板上贴一些大字报、小字报。李冬民、李盛平等贴出要求为天安门事件平反、呼吁邓小平出来工作的大字报，陈子明贴出《四五运动亲历记》的长篇小字报。1978年清明节，人们又来了。4月6日出现一份署名霍华、尹明的大字报，十分引人注意：

各位花圈挽联的敬献者，诗词文章的作者，所有来到纪念碑前悼念先烈的人们：

你们的行动表明了对先烈的景仰，对理想的坚持，对权利的珍重。你们显示了人民的意志和力量。你们继丙辰清明之后，又在丁巳清明和今年清明把天安门广场作为人民的论坛、人民的会场、人民的阵地。你们继承了1919年"五四"的光荣传统，发扬了1976年"四五"的壮烈精神。你们宣扬了真理、伸张了正义，给敌人以沉重打击，给人民以热情鼓舞。这种作用是无比巨大的。但是我们又应当看到，就这种作用而言，已经做的还太少，必须做的还很多。

清明时节就要过去了，我们不应该随之而缄默、停顿。我们还有很多激情要抒发，还有很多思想要阐述，还有很多很多事情要做。既然先烈们在"四人帮"的淫威下用鲜血和生命夺取了这块地方，既然华主席为首的党中央通过国家宪法的有关条款宣布了我们对于这块地方的权利，既然我们认识到人民需要这块地方，既然我们已经看到这块地方所起的作用，那么，我们就绝不应该放弃这块地方。

我们应该把这块地方作为不中断的论坛、不闭幕的会场、不休战的阵地，随时把我们的思想言论写出来，在这里"百花齐放，百家争鸣"。我们的目的是批判谬误、宣扬真理、伸张正义、促进革命、进行启蒙、教育人民（当然，我们也在人民之中），对反人民、反科学、反进步、反革命的思想和行为进行人民战争，给华主席和党中央的工作以最广泛最强大的拥护和支持。

在这里，每一个人都可以作为政治家、思想家、科学家、艺术家、理论家、作家，同时又是读者、听众、观众、批评家。在这里，每一个人都是社会的主人。

这是中国人民的创举。

我们想不出有什么人能以什么理由表示反对，谁也不能反对！我们确信，很多人都会认识到这一创举的深远作用和重大意义。既然如此，就让我们和越来越多的人把"五四"以来、"四五"以来、并在这次清明节又恢复了的创举永远不断地继续下去吧！

为此，我们呼吁各位，并通过你们请尽可能多的人经常到这里来，经常在这里发表议论，经常在这里交流思想，经常在这里展现作品。

这份大字报被视为民主墙倡议书，表达了人们的共同愿望，推动大字报运动的经常化。这是一篇精彩的政论，从中很难发现有什么邪恶的意图。天真的作者"想不出有什么人以什么理由表示反对"，中国还是有人想出了反对的理由。民主墙已是湮没了的历史，因此这份倡议书就成为研究民主墙的历史文献了。

问：这篇大字报没有提到民主墙呀！

民主墙马上就要出来了。

## 《中国青年》事件

1978 年 11 月，天安门事件平反以后，被压抑的能量一下子释放了出来。人们在寻找一个能够经常贴大字报的合适的场所。

这时发生了一件事。1978 年 9 月，《中国青年》复刊，已经发行了四万多份，主管宣传工作的党中央副主席汪东兴下令停止出售，已经出售的统统收回。他的理由是：一，没有毛主席诗词；二，没有华主席题词；三，刊登了 1976 年的天安门诗抄，为"天安门反革命事件"鸣冤叫屈；四，特约评论员文章《破除迷信，掌握科学》（作者李洪林，经胡耀邦修改）提出"破除现代迷信"的口号，矛头指向毛主席。在"凡是"派看来，简直是弥天大罪。汪东兴的蛮横无理的决定，引起青年读者的愤慨。有人将这一期的《中国青年》分页贴在西单十字路口东北面的一堵矮墙上，让大家来评评理。随即出现《救救〈中国青年〉!》的大字报，这是西单墙上的第一篇评论。还有更多的批评汪东兴的大字报，反对"不准发行"。

这是电报大楼西面的一堵灰墙，约一百多米长，由于地处闹市，人来人往十分频繁，许多人在这里驻足阅读，产生了轰动效应。

迫于群众的压力，汪东兴收回成命，《中国青年》发行量猛增。这里，体现了民主的实质。民主不是当权者恩赐人民讲话的利权，而是当权者不得不顺从人民的意志、倾听群众的呼声。《中国青年》事件实现了民主的一个重要功能，以自下而上的监督纠正了自上而下的错误决策。有人指责，这是文化大革命的"大民主"。其实，两者根本不同。文化大革命中的"大民主"是根据权威的意志"打倒XXX"、"砸烂XXX的狗头"，结果更加巩固了自上而下的错误决策。所以，文化大革命不是"大民主"，而是"大不民主"。

## 西单墙转为民主墙

11月19日，西单墙上出现了一份《科学、民主与法治》的大字报，这是越出《中国青年》事件的第一份大字报。次日，又出现署名吴文的《民主审判独裁》的大字报。从此一发不可收拾，许多大字报分析文化大革命的后果，展望中国的未来，要求为各种各样的冤、假、错案平反。天安门广场的大字报、小字报转移了阵地，集中到西单。群众命名为"西单民主墙"。"民主墙"一词，起源于1957年的北京大学，当时有人提议将大饭厅东墙命名为"民主墙"。北大的民主墙被镇压了，二十年后又在西单冒出来了。不少大字报，以优美的笔调、活跃的思想一扫文化大革命中"大批判"、"大辩论"文章的陈词滥调，令人耳目一新。也有一些冤民上访的诉状，甚为动人。西单民主墙成为民主的窗口，吸引了全中国、乃至全世界的注意力。北京的11月，已入初冬，民主墙前却春意盎然，故人称"北京之春"。

西单民主墙出现了许多要求为1976年"天安门事件"平反的大字报，并批评在镇压时发表广播演说而现仍为北京市负责人的吴德。当时数学家陈景润解哥德巴赫猜想是热门话题。有一张大字报："求解'吴德巴赫猜想'，'吴德巴赫猜想'：左倒+右倒=不倒，谁能证明？"根据这张大字报，又编出一首顺口溜："轴承脖子弹簧腰，头上装个风向标。转来转去转得快，左倒右倒倒不了。"吴德在北京市还是倒了，被"调到中央工作"。1978年11月14日，经中共中央政治局常委批准，中共北京市委宣布："1976年清明节，广大群众到天安门广场沉痛悼念敬爱的周总理，愤怒声讨'四人帮'，完全是革命行动。对于因悼念周总理、反对'四人帮'而受到迫害的同志，一律平反，恢复名誉。"因参加天安门事件而被捕的338人，都摘了"反革命"的帽子，立即释放。推动天安门事件平反，民主墙起了巨大的作用。

民主墙又进一步提出为彭德怀、陶铸等人平反，同时也批评了毛泽东的错误。

西单民主墙上有许多议论民主的大字报，影响较大的是：

《民主、科学与法治》（佚名）
《民主审判独裁》（吴文）
《论民主与建国》（《民主与时代》编辑部）

西单民主墙。《捂得捂不得》是批评中共北京市委书记吴德的。

《法律与民主》（孺子牛）

《对民主运动横加指责实质上是不要民主》（良药）

《谈谈经济管理民主与政治民主》（韩志雄）

《橱窗下的民主》（鸣镝）

《民主与刑法》（齐云）

民主墙的突出贡献是将民主与人权联系起来，在中国共产党取得政权后第一次响亮地提出人权问题。将民主的理念通向人权，这是超越"五四"时代的新思潮。"五四"时代所追求的民主只是为了救国、爱国，没有进一步提出救国的根本是救人、爱国的根本是爱人。以至后来代表国的政治权力上升到至高无上的地位，以国的名义压人。经过文化大革命这一忽视人、歧视人、藐视人、仇视人的疯狂年代之后，民主墙发出了人的觉醒的呼喊。民主是人的应有利权。民主墙就是用人的行动来实践民主，而不是等待党和政府"发扬"民主。民主不再附丽于民族救亡，也不再寄希望于新老救世主，而是萌发于中国古老社会结构深层变革的需要。

有一份长篇大字报，题为《社会主义民主与人权》（溧希）。大字报中说："去年12月26日，美国总统国家安全助理布热津斯基在白宫举行的《世界人权宣言》发表三十周年纪念会议上'发现'并'注意'到，'像中国这样一个与世隔绝几十年的国家里，在北京中心广场出现的政治言论中，一个响亮的呼声就是要社会主义民主，要言论自由，实际上就是要人权。'"溧希的大字报考察了人权观念产生的历史，并指出"四人帮"用封建主义批判资本主义，搞封建法西斯专政，使中国人民丧失了起码的民主和人权。大字报的结论说："我们争取的是社会主义民主，自然要树立起鲜明的人权观。中国人民应享有优于资本主义的民主，但这种民主的内容和形式以及实现的具体途径，仍然是摆在我国人民面前的崭新课题，每一个人都应为之奋斗。"文革之前，大批人道主义，认为人道主义是修正主义的思想根源。批人道主义的结果，在文革中导致对领袖的神道主义和对人民的兽道主义。文革之后，唤起了人的觉醒，要求尊重人、关怀人、爱护人。当时，在官方的眼里，提出"人权"还是政治不正确。《北京日报》发表了一篇评论，题目是《"人权"是资产阶级的口号》。邓小平说，人权是"耸人听闻的口号"。

西单民主墙上也有一些荒谬的、无聊的大字报，还有坚持"凡是"派观点的大字报。在各种思潮的交锋中，真理和正义占了上风。有人贴出给美国总统吉米·卡特的信，请求"给予帮助"，立即遭到批评："中国的事情应由中国人民自己来解决，不允许美国人插手。"

## 邓小平的表态

11月26日，邓小平会见日本民社党第二次访华团佐佐木委员长，11月27日，邓小平会见美国《华盛顿邮报》专栏作家罗伯特·诺瓦克。新华社报道，邓副总理说："我们国家的政治生活要生动活泼、心情舒畅。""有关群众贴大字报问题，邓小平副总理指出，这是正常现象，是我国形势稳定的一种表现。他说，写大字报是我国宪法允许的，我们没有权力否定或批判群众发扬民主，贴大字报，群众有气要让他们出气。"《参考消息》上刊登的日本共同社报道的邓小平的谈话是："党中央不压制、不否定人民群众发表意见、贴大字报的权利。有时还必须用这种方法来促进群众运动。由于有大字报，外国人慌了，可是我们坐得住。"其实，真正"慌了"的，不是外国人，而是维护毛泽东晚年错误的中国人。

当时正在召开中央工作会议和十一届三中全会。中央工作会议从11月10日到12月15日，开了三十六天；接着召开十一届三中全会。有人对民主墙的言论颇为担心。对此，邓小平在中央工作会议上说："群众提了些意见应该允许，即使有个别心怀不满的人，想利用民主闹一点事，也没有什么可怕，要处理得当，要相信绝大多数群众有判断是非的能力。"有一句话人们认为说得特别好："一个革命政党，就怕听不到人民的声音，最可怕的是鸦雀无声。"（《邓小平文选》〈1975-1982〉第134页）西单民主墙的吼声震慑了"凡是"派，同时也使另外一些人看到民心可用。陈云指示人民日报派记者深入到人群中去收集动态，反映情况。人民日报派了国内政治部编辑王永安去执行这个任务，他写了不少"内参"。

陈云与西单民主墙相呼应，在中央工作会议上发言，要求解决"文化大革命中遗留的一批重大问题和一些重要领导人的功过是非问题"，得到与会者热烈响应。胡耀邦选择两个突破口：平反冤假错案和真理标准讨论。作为组织部长，他提供了彭德怀案、陶铸案、六十一人叛徒集团案的复查材料以及康生诬陷六百零三人的材料。讨论的结果，出乎意料。会议的消息透露出来，又鼓舞了西单民主墙的群众。新华社12月7日报道："这些天来，首都人民意气风发，呈现出一派生动活泼的政治局面。"

1978年12月13日，叶剑英在中央工作会议闭幕时的讲话，说："中央工作会议是党内民主的典范，西单民主墙是人民民主的典范。"可惜这两种"民主的典范"没有结成联盟。这两句话在文件中被胡乔木删去。

问：胡乔木怎么能够删叶剑英的讲话？

党中央赋予胡乔木负有对中央文件"文字上把关"之责，他滥用了这一职责。

另外还有一些中央领导人说，"民主墙是社会主义民主的新阶段"，"共产党员不得不看"。

邓小平在中央工作会议上的讲话、后来成为十一届三中全会的主题报告，提出解放思想的方针。首先是因为出现了由真理标准讨论和西单民主墙造成的解放思想的现实；没有现实基础的方针，不可能提出，即使提出了也不可能发挥作用。

没有十一届三中全会，1978年以后中国形势的发展不可能如此之快；而没有真理标准的讨论和西单民主墙也不可能出现里程碑式的十一届三中全会。

我是那些街头理论家、广场批评家、露天演说家的热心的观众、听众，特别是1979年1月至3月，在京西宾馆出席理论务虚会期间，我常常在晚饭后乘1路公共汽车，从京西宾馆去西单，有时是每晚必到，在现场观察、思考、研究。

## 驳"破坏安定团结"

现在人们一开口总是说"自从十一届三中全会以来"如何如何，好像谁都拥护十一届三中全会似的。当时可不是这样，有人公然非议思想解放运动是"逆风千里"、"江河泛滥"。西单民主墙上也有不同意见。一份署名"工向东"（意为"工人阶级心向毛泽东"）的大字报攻击三中全会"践踏了毛主席的革命路线"、"蚕食了毛主席的革命事业"。有人反对邓小平的讲话，虽然他们自己也写了大字报往墙上贴，还是断言大字报不是"生动活泼"，而是"破坏安定团结"。有人说："现在要的是安定团结，不是瞎胡闹。"有一份大字报代替邓小平回答了这些责难：

依这些公民看来，凡写大字报、小字报议论国家经济、政治，争说改革、改进，一句话，凡事先未接到党组织和政府机关的正式命令而进行的群众活动，一概是"破坏安定团结"；就是说，只应对国家事务毫无个人意见，对社会进步绝不用心思考，只待上级领导一声令下，不论对错，跳将起来，浑身大动，然后美其名曰："相信党中央！"

可怜的公民，如此糊涂，实在是不懂得：现时代的社会主义民主政治、社会管理，决不是封建时代君主贵族专制了。二十世纪的中国，若要迅速成为一个生产、生活高度现代化的国家，非要有大多数乃至全体人民的积极主动的创造精神不可。请问，党中央、人民政府的正确领导从何而来？是不是必须从搜集、听取、分析、归纳全中国老百姓的各种意见、建议中来？如果一听"安定团结"就噤若寒蝉，一无声息，老实得像刚买来的哑巴奴隶，那还会有什么党中央、人民政府的正确领导？

中国若要以更快的速度走上现代化的大道，则不但绝不能再保留那些在野蛮专制压迫下所形成的可悲的生活习惯（诸如：广大人民视国家、社会、经济、政治、文化改革为畏途，话不敢说，意见不敢讲，争论不敢有，只敢"相信党中央"。）而且必须找到一种比现代发达资本主义国家更民主、更自由、更能全面焕发全体人民的热情和创造性的更高级的生活方式。这才是真正的安定团结。真正的安定团结不需要乱抡大棒。现在高喊"安定团结"去反对别人的公民们，实际上正是自己在"破坏安定团结"。劝君一句话："公民，你又不懂安定团结，偏要憋足力气大打出手，这正是'瞎胡闹'！"

谁能知道，此刻为邓小平辩护的人后来却受到邓小平的斥责，而邓小平又和反对他的人观点一致了。他所需要的恰恰就是"乱抡大棒"的"安定团结"。

## 民主讨论会

民主墙前看大字报、抄大字报的人通宵达旦，有本地人，也有外地人，有中国人，也有外国人。11月25日下午，民主墙前涌动着数千人。忽然有人站出来，宣布举行"民主讨论会"，他宣布了三条：

一，以实际行动实践宪法赋予的"公民有言论、集会的自由"。

二，探讨产生"四人帮"的根源，要求社会主义民主，在安定团结的局面下逐步实现巴黎公社原则。

三，破除迷信，解放思想，为实现四个现代化扫除思想障碍，做科学与民主的先锋。

但发言者漫无中心。

有一个人自称"我是刚摘帽的右派",他谈了国家体制问题,说:"立法、执法、监察机关都应该是独立的,互相制约。……"

有人说:"我们开会总是先唱《东方红》,最后又唱《国际歌》。不知大家留神没有,《东方红》里有一句'他是人民大救星',《国际歌》里有一句'从来就没有什么救世主'。这里有没有懂外语的同志?不知道'大救星'和'救世主'有什么区别?据我所知是一样的。"

有人说:"文化大革命要横扫一切污泥浊水,可是最肮脏的东西就在它的中心。"

民主讨论会一连举行了几天。

11月26日晚上,美国记者罗伯特·诺瓦克来到西单民主墙人群中征求意见:"明天上午我要拜会邓小平副总理,你们有什么问题要我带给邓小平?后天的这个时候,我向你们传达他的回答。"

11月27日晚上,民主讨论会继续举行,而且规模更大了。组织者把人群带到天安门广场。数千人的队伍,手挽手,行进在长安街上,还高呼口号:"要民主!""要自由!"高唱《国际歌》、《团结就是力量》。不断有人参加进来,到达纪念碑下,众至上万人。主持者和发言者站在纪念碑的台阶上慷慨陈词,话题涉及自由、民主、人权、法治,激烈地谴责文革中的迫害罪行,要求重新评价毛泽东。

11月28日晚上,西单民主墙前又聚集了几千人。民主讨论会的主持人在用半导体喇叭领唱《国际歌》。群情激昂,人越来越多,多达万人。一个主持人手执半导体喇叭讲话:美国记者诺瓦克把大家的一些问题转达给邓副总理,今天他来答复我们了,我来念。这是个大意。邓副总理说,民主墙是个好东西,人民有自由。但有的提法我不同意,如对毛主席三七开。毛主席比三七开强得多。邓副总理也不赞成在街头议论毛主席。当天,西单民主墙上贴出《公告》,宣称结束街头大辩论:"我们在11月25、26、27日连续三天在西单民主墙和天安门广场发起民主聚会。聚会的规模越来越大,为了不影响抓革命、促生产,不被个别坏人利用来破坏安定团结的局面,我们不再采取大型聚会的方式,大家可以回到各自的单位去继续讨论。"可见他们是听"招呼"的,好引导的。这是邓小平完全可以驾驭、可以依靠的力量。汉武帝在《求贤诏》中说:"夫泛驾之马,跅弛之士(按现在的说法就是"麻烦制造者"),亦在御之而已。"不可御而御之,遂成汉武帝之功业;可御而不御,是为邓小平之缺失。

## 人民办报

西单民主墙前,大字报的作者互相寻找、逐渐联合,办起了"民间刊物"。"民间刊物"的出现,是民主墙的延伸。经不断地讨论,很多人主张"人民办报"。有一份署名"百全"的长篇大字报,题目是《论人民办报——学习新宪法的一点体会》,讲了理由:

人民早已吃尽了没有舆论工具的苦头!

在林彪、"四人帮"横行之时，国民经济已经到了崩溃的边缘，可是所有的报纸都在叫喊"莺歌燕舞，形势大好"。报纸成了蒙骗人民的工具，成了篡党夺权的阵地，成了政治投机的赌场！

"看报看标题"，这是当时的普遍现象。因为这样的报纸在人民大众的心目中是"假话"的代名词。这就是所谓的"党报"，具有至高无上的尊严；"反党"的大帽子不允许你提出非议。于是人们只好跟着报纸说假话。青年人不说真话，是为了前途出路；中年人不说真话，是为了妻室儿女；老年人不说真话，是为了安度晚年。人人都有两副嘴脸。人们的思路被报纸上的八股引入了死胡同。文学中的骈文灭绝了，可是政治上的"骈文"却兴盛起来。

林彪、"四人帮"之所以能够上台，他们的信条是："不说假话办不成大事。"只有在中国这块土地上才会发生这样的怪事。那么，说真话的人都跑到哪儿去了？贺老总站在荒坡上，望着远方，呆呆地出神。彭老总被关在地下室，忍受鞭子的抽打。这些顶天立地的元帅似乎成了"沉默的人"。是他们没有什么可说吗？不；是他们不想说吗？不。因为没有说话的地方。史学家听惯了"儒法斗争"的奇谈，他们不信；文学家听惯了"三突出"、"高大全"之类的滥调，他们不满；社会学家、经济学家听惯了"宁要社会主义的草，不要资本主义的苗"，他们愤怒！难道他们都不想站起来说句真话吗？说了真话谁给他们发表？因此，他们也许立在"鬼见愁"（注："鬼见愁"是北京西山的最高峰）之上，"我欲乘风归去"；也许"一生大笑能几回，斗酒相逢须醉倒"；也许"躲进小楼成一统，管他春夏与秋冬"。但是，最后他们都走进了"四五"的天安门广场。我们相信，如果有可供说话的报纸，有话就可以说上几句，也许就不会到天安门广场去大鸣大放了吧？

今天，人民胜利了，这种局面应该彻底改变了！我们国家，具有十几亿经过各种考验的英雄人民，具有众至三千万党员的强大的共产党，不让人民和党员讲话，事情是办不好的。但是报纸只有一张。因为官方的报纸再多，都是一个腔调。如果要听到不同的声音，就应当允许办非官方的报纸。人民办报，一利于发扬民主；二利于党和政府改进工作；三利于人民自我教育。何乐而不为？

一时之间，冒出了许多油印的"民间刊物"。我所见到的有：《北京之春》、《四五论坛》、《沃土》、《探索》、《科学与民主》、《民主与法制》、《今天》。《北京之春》还出了一期铅印的。它们的宗旨，有的写明"本刊以拥护华主席为首的党中央为政治前提"，有的则是"坚决拥护中国共产党，坚决拥护社会主义制度"，有的声称"马克思主义是我们的基本指导思想"。《四五论坛》的发刊词写道：

《四五论坛》的宗旨，就是为在我国造成生动活泼的政治局面，尽一点微薄的力量。安定团结不是一潭死水，不是不让人讲话，尤其不是不让人民讲真话。人人有话敢讲，社会就没有藏污纳垢之地。人民的意志决定事件的命运，这才是真正的人民民主。一言以蔽之，《四五论坛》就是要行使宪法赋予人民的管理和监督的权利，使宪法由一纸空文变为我国社会存在和发展的基础。那些习惯于一种调子一统天下的同志们，也应该慢慢地习惯于在多元化的比较、斗争中，抉择出一条最科学的、通往进步和光明的捷径，尽早实现四个现代化，这才符合世界的潮流。

《北京之春》的主编周为民是清华大学学生，共产党员，团中央委员；副主编王军涛是北京大学学生，团中央候补委员。周为民就《北京之春》的活动，向清华大学党组织写了一篇汇报。这是一份了解"民间刊物"的重要文件。

前一个时期，我参加了群众自办的刊物《北京之春》的编辑工作。现将这一时期的工作情况以及我本人的认识向党组织做个汇报，期望能得到组织的帮助和指示。

一，我是怎样参加《北京之春》的

去年11月，民主墙运动兴起，我和我的同学们（都是1976年因"白花事件"被迟群一伙打成"反革命"、现在重返学校补习的）也在民主墙贴了一份题为《呼吁》的大字报。我们呼吁紧密地团结在华主席为首的党中央周围，珍惜安定团结的大好形势，正确地使用民主武器，防止别有用心的人钻空子。

大字报贴出去后，反响较大，评价不一。有的支持我们，有的斥责我们。也有认真地对大字报进行分析，指出我们的基本观点是正确的，但对什么是民主运动缺乏认识，没有肯定民主墙的主流。

为了使自己对民主墙运动能有更深入的认识，我当时经常到民主墙去看、去听，也找一些同志征求意见。我逐渐认识到：民主墙运动的实质是人民关心政治、热心四化的政治热情，也是生动活泼、安定团结的政治局面的体现。正是党坚持真理、勇于纠正错误，恢复和发扬了党的优良传统作风，才可能出现这样的局面。虽然有些人说了"没有深思熟虑"的话，还有个别人企图制造混乱，但广大群众并不支持。这部分大字报就其数量来说，也很少。大部分大字报是好的，它是群众思想解放的表现，它是"四五"革命精神的发扬。

12月5日，我遇到王雷等人。王雷是北京冶金粉末研究所的职工，1976年清明参加悼念周总理的活动，写诗文批"四人帮"，因而被抓进监狱。我与他是同时出狱的，曾有交往。以后，他到《中国青年》杂志社协助工作，曾陪记者采访过我们，以后就更熟悉了。我们交换了对民主墙运动的看法，认识基本是一致的。他和其他几个参加"四五"运动的青年准备搞一个刊物，专门选载民主墙的诗文，扩大影响。他邀我参加，我欣然同意了。

二，组建《北京之春》编辑部

12月中旬，我去参加第一次会议，主要是讨论办刊的有关事宜。以后又开了两次同样内容的会议，将办刊的宗旨、指导思想、组织形式以及第一期的内容定下来了。

开始人很乱，大部分我都不认识，以后逐渐熟悉。经常出席会议的大约十四、五人，大部分是参加"四五"运动、又遭受迫害坐过牢的青年，最大的三十二岁，最小的还不满十八岁。干部子弟多，还有几个工人和其他劳动人民子弟，因为曾一起参加过"四五"运动，又曾一起患难与共，大家很亲切，不仅有对"四人帮"的强烈仇恨，而且更珍惜来之不易的胜利成果，有为保卫人民的胜利牺牲一切的精神。经过协商，大家推选了七位同志为常务编委，我是其中之一。我是唯一的党员，因此让我当主编。

由于我们力量的增强，大家决定将刊物办成一个综合性刊物，不仅选登民主墙的诗文，而且刊登探讨性文章、时事评论。刊名定为《北京之春》，寓意本刊贯彻百花齐放的方针，迎接更加光辉灿烂的四个现代化的春天。

我们就刊物的宗旨、原则和指导思想迅速地取得一致意见，明确表示："本刊以马克思主义、列宁主义为指导，拥护中国共产党领导，坚持社会主义道路，贯彻毛主席的'百花齐放、百家争鸣'的方针。本刊是综合性群众刊物，充分运用宪法规定的言论、出版等各项民主权利，将刊登人民的呼声和各种探索性的作品，为争取民主、促进安定团结和实现四个现代化贡献微薄的力量。"

为纪念敬爱的周总理逝世三周年，1979年1月8日，《北京之春》第一期发刊。

三，创刊后进行的工作

创刊后的主要工作是编辑稿件、印刷、发行。1月27日发第二期，2月17日发第三期，3月5日发铅印第一期（主要内容由第一、二期选编而成），4月5日发第四期，5月16日发第五期。

工作是在业余、休息日的时间进行的。开始很艰苦，一无所有。后来从委托商行买了一台旧油印机，修理了一下，就干开了。从印刷到装订都是手工劳动。

自从我们发刊后，在群众中引起的反响较大。每次发售，我们预先在民主墙张贴海报，每次一抢而光，供不应求。在发售前总有群众在排队等候。3月8日，在西单发售时，还未开始，就有四百多人排队。也有外国记者购买，我们一视同仁，让他们排队，付一样的钱。

我们发的文章使知识界较为感兴趣的有：

《逐步废除官僚体制和建立巴黎公社式的民主制度》，从理论上探讨了马克思的社会主义国家学说，分析了从上而下的等级授权制是根本上违背巴黎公社原则的，并说明了逐步改革这种体制的重要意义。

《试论左倾机会主义的阶级斗争理论》，对"四人帮"的左倾阶级斗争理论进行了批判。

《难以割断的历史》，分析了十七年与文化大革命的关系，指出文化大革命的起因不是个人原因、偶然原因，而是十七年中蕴藏着的必然原因。

《"四五"战士谈民主》，是首都各界参加"四五"运动的人士谈发扬民主、健全法制问题的谈话节录。

中国社会科学院办的《国内哲学动态》转载了《逐步废除官僚体制和建立巴黎公社式的民主制度》一文。

引起社会上广泛注意的文章还有：

《应当重新评价少奇同志》、《彭大脖子的遭遇》（彭大脖子即彭真）、《李一哲无罪》、《康生是鬼，不是人》、《汪东兴——今日魏忠贤？》等文章。这些文章所涉及的问题，都是群众非常关心、经常私下议论的问题。

社会上其他民办刊物也与我们有联系，有北京、广州、上海、武汉、杭州、乌鲁木齐、南京等地的。我们和他们只保持交换刊物的联系，没有其他形式的联系。

四，我的认识（节录）

我特别感到，青年问题非常重要。今天的青年人很关心民主、法制等重大问题，都在进行认真的探讨、研究。有的青年说："《北京之春》比《红旗》有看头。"这不仅是指文章的质量，而是反映了党的政治宣传总不脱教条，空洞的口号多于实际内容，使青年们厌烦了。对于青年中容易犯的错误，不能用"堵"的方法。"堵"是能"堵"住的，但只是一时的，表面的平静孕育着更大的危险。大禹的父亲治水用"堵"，结果失败了。大禹治水用"引"，结果成功了。这个典故的意义，对于今天怎样对待民主运动是发人深省的。

最后，我向党保证，我将永远捍卫党和人民的利益，服从党的决定，遵守党的纪律，做一个真正的共产主义战士。我的一切是属于党的。

此致

崇高的敬礼

中共党员 周为民

1979年5月18日

（摘自《青年研究》第2期，共青团中央研究室编，1979年8月30日）

大多数刊物是严肃的。不严肃的也有，例如《群众参考消息》。这是一个署名"北大夏训健"（此人不是北大的师生员工，而是暂时寄居北大的外地人）的唱独角戏，自编自卖，自吹自擂。由于受群众唾弃，办了三期就办不下去了。

优胜劣汰的自然规律，在社会生活中也是起作用的。如果尊重这个规律，按照它来办事就好了。官方的力量常常扭曲这个规律。1980年调查，《红旗》杂志在北京市有十几万订户，只有三户是自费订阅的。大量的杂志从印刷厂出来就进了造纸厂回炉。但《红旗》照样能办下去。那些"民间刊物"所拥有的读者比《红旗》的实际读者要多得多，他们的命运如何呢？"楚虽三户，亡秦必楚。"别小看三户，拥有三户自费读者的《红旗》，却把拥有大量读者的"民间刊物"灭了。

团中央曾对《北京之春》、《四五论坛》、《沃土》、《今天》四个刊物进行调查。调查者说：

我们在与这些年轻人的接触中，不曾见到阿飞头、喇叭裤，也没有听到他们议论过吃穿，或是对社会的抱怨、叹气、丧失信心等消极情绪，而是严肃认真、顽强的工作态度和慷慨激昂的情绪。

《北京之春》的十三名编委中，因反林彪、"四人帮"而被捕入狱的就有九人。其他刊物的骨干中也都有一番不平常的经历。他们说："一种共同的政治责任感把我们集合在一起，十几年来的政治动荡，使我们每个人都和国家利益联系起来了。"强烈的使命感产生了忘我的工作精神。他们挤在小屋子里推油印机，常常彻夜不眠。他们说："邓副主席在法国的时候人称'印刷大王'，现在我们就是继承他的传统，也要把自己锻炼成为'印刷大王'。"

谁知二十年代的"印刷大王"不允许七、八十年代再出"印刷大王"了。

调查者也指出他们的缺点。

最后的结论是：

建议团组织和理论界多与他们接触，倾听他们的呼声，给他们以辅导，为他们创造学习和探讨的条件。应该指出，目前不少同志公务太忙，深入下去少了，同群众谈心少了。他们接近的老是那么几个人，听到的都是好话、老话、套话，不能开眼界、长见识。根本不了解青年在想什么，怎样引导青年前进呢？（出处同上）

说得很好。所谓"不少同志"，必有所指。我想，根本不了解青年而又想指导青年的，邓小平就是一个。

## 自由结社

在办民刊、争取新闻自由的同时，也是争取结社自由。民刊的编辑部以及围绕编辑部的义工们实际上就是一个社团。在西单民主墙前聚集的人们，还成立了中国人权同盟，北京启蒙社等等。

任畹町发起的中国人权同盟，发展迅速，一个月内即拥有百来个成员。中国人权同盟发表了一个《中国人权宣言十九条》，全文如下：

中国人权同盟于1979年1月1日在北京宣告成立。同盟讨论并通过了人权宣言。

1976年爆发的天安门广场事件，归根结底是一场人权运动。人权的意义比其他意义广泛得多、深刻得多、持久得多，这是中国人民政治觉醒的新标志，这是当代真正的历史必然性。今年我国人权运动又以其崭新的内容和独创的精神赢得了全世界的支持和赞赏，加速和推进了中美政府的建交。为推动我国社会生产力的发展和促进世界和平与进步事业，我们提出以下十九条：

1，公民要求实现思想言论自由，释放思想言论犯。把个人思想写进宪法和把接班人写进党章是同样荒谬的，是违背思想言论自由原则的，是全国人民深恶痛疾的。世界上没有什么神圣的一成不变和不可侵犯的东西。公民要求彻底铲除神化迷信和偶像崇拜。搬掉水晶棺，改为纪念馆。兴建周总理纪念馆。每年隆重纪念"四五"运动。

2，公民要求宪法切实保障批评和评价党和国家领导人的权利，为免除当代和后代的苦难，为保护真理和正义，公民要求永远废除仍在实行的反对"个人"就是"反革命"的封建皇权标准，把我国社会建立在真正的人民民主的原则基础上。

3，给予少数民族以充分的自治权。我国不但是一个多民族的国家，而且是一个多党派的国家。我国的社会主义的发展，应当正视多民族、多党派存在的事实。各党派应以党派资格进入全国人民代表大会。以党代政和党政不分是和民主集中制背道而驰的，其结果必将导致官僚主义的发展。我国公民不要"看样子"的宪法。

4，公民要求在全国实行普遍的公民直接投票，选举国家领导人和地方各级领导人。第四届、第五届全国人民代表大会代表都没有经过全民普遍选举，这不仅是对我国社会主义民主的极大讽刺，也是对九亿七千万公民人权的愚弄。公民要求组成由全体公民直接选举产生的"公民委员会"或"公民院"作为人代会的常设机构，参加议政和表决，对政府实行监督。公民要求国家用法律制裁违法的党和国家领导人，并且用法律监督党和国家领导人。

5，作为中华人民共和国的每一个公民有权利要求：公开国家预算、决算和国民总收入，工农业总产值；公开军费开支，国家行政开支，科研开支，基建投资和国家税收总额、利润总额；公开国家职工总数，工资总额，兵员总额，失业人数；公开职工劳保福利和社会救济金额和物价零售指数；公开外贸进出口总额和对外经、军援助（包括在野党和进行武装斗争的党）；公开国民经济各部门的生产完成情况；公开人口和人口增长情况，职工因公死伤情况；公开各种外交协定；公开财政、赤字、内债和外债。

6，人代会再也不得秘密召开。公民要求自由出入会场旁听人代会和常委会及预备会。

7，逐步取消生产资料的国家所有制，向全社会所有制过渡，生产的社会化要求占有的社会化与之相适应。公民要求监督国家对全体公民剩余劳动的占有和分配，使全体公民的劳动果实不再被林彪、四人帮这类封建社会主义的骗子们所任意侵夺，使全体公民不再一年又一年的承受"反击右派"、"比例失调"、"撕毁协议"、"全面内战"、"经济停滞"、"频于崩溃"所带来的无止境的灾难。公民要求讨论规定国家对工、农、商、财、贸的纳税率和纳税额；以及工业上交国家的利润率和利润额。

8，中国党对铁托同志及其南斯拉夫社会主义的理论和实践的认识已经得到修正。落后的理论必定适应于落后的生产力。正是从所谓"变修"的理论出发，我国社会各阶层人民经历了整整十年的悲剧和喜剧，使国民经济频于崩溃。张、姚所谓民主派向走资派演变和苏联变修是出自同一条理论根据，近年来我国内外政策和路线的重大变化，已经充分证明"变修"在理论上和实践上的破产。中、苏在意识形态方面的分歧和争论，已经完全失去其存在的客观基础，公民要求缓和。苏联人民是伟大的人民。中美两国人民要世代友好，中日两国人民要世代友好，中苏两国人民也要世代友好。

9，公民要求实现马克思主义关于社会主义是一切人自由发展的学说，社会主义国家的政体形式都是对资本主义传统形式的继承。社会主义的民主和自由如果离开了资本主义的物质文明就不能生存，这个经典学说的基本思想，也是中国人民经过二十多年徘徊取得的重要教训。我们不但要借鉴西方的科技，而且要借鉴西方的传统、民主和文化。公民要求国家继续打开封闭的大门，让思想冲破牢笼，让自由吹遍天下。让智慧的中国人民分享全人类的宝藏，让苦难的一代享受自由，让年轻的一代免除苦难，根除阶级偏见，取缔欺骗宣传。

10，公民有出入外国使馆索取宣传品和招待外国记者的自由，有向国外发表作品的自由。开放所有的"内部读物"和"内部电影"，在欣赏文化方面人人平等。公民有订阅外国报刊杂志和收看、收听外国电视、电台的自由，公民要求国家切实给予出版印刷权，以兑现宪法。

11，坚决废除公民所在单位的终身委任制，公民要求职业自由、穿戴自由、迁徙自由。取消夫妇分居两地的规定和制度。干部要求对调自由。保密工作人员有恋爱、婚姻自由。中学毕业生有不插队的自由。反对用行政手段强制推行计划生育和其他号召。失业公民要求享有国家救济的权利。

12，公民要求国家保证农民的基本口粮，消灭乞丐。

13，国营农场知青应享有再分配的权利，农村知青要求国家取消非人待遇。政治平等，改善生活，提高工资。

14，公民要求国家禁止在招收各种人员时采取欺骗手段，法律要制裁进行欺骗的干部和单位。法律要制裁行贿和受贿行为。

15，一心一意搞现代化，还要一心一意落实政策。假案、冤案、错案，受害者要求国家改革上访制度，给予上访机构以直接处理权。国家法律要制裁诬陷者。公民要求国家兑现解放初期对国民党起义官兵及其家属的政策。

16，秘密警察和单位党委无权拘捕公民和对公民进行审查，无权对无辜的公民使用侦察手段，无权充当旁证。秘密警察制度与社会主义民主是极不相容的，公民要求取消秘密警察。

17，取消贫民窟，取消三代同堂，取消大儿大女同室。取消有组织发票，一切内外展览自由参观。取消检查制度，创作自由，新闻自由。高考取消政审，在分数面前人人平等。

18，我们是"世界公民"，公民要求边境开放，活跃贸易，交流文化，出口劳动力。公民要求有出国勤工俭学的自由，谋生和旅游的自由。

19，本同盟呼吁世界各国政府、人权组织及公众给予支持。

中国人权同盟<br>1979 年 1 月 17 日修订于北京

这个《人权宣言》是大杂烩，但它具有时代的烙印，是值得研究的。

北京启蒙社是步贵州启蒙社之后尘。贵州启蒙社是最早的公开结社。还在西单民主墙诞生之前，贵州启蒙社的黄翔、李家华、方家华、莫建刚，带着写好的大字报，从贵阳来到北京，在天安门广场和王府井张贴。黄翔还在天安门广场刷了两条大标语："毛泽东必须三七开"，"文化大革命必须重新评价"。他又在王府井朗诵《火神交响诗》。贵州启蒙社在北京打了一个响雷。但人们为他们的命运担心。贵州启蒙社惊动了胡耀邦，他要人民日报派人去调查。胡绩伟派评论员周修强到贵阳。调查回来，胡耀邦听取了周修强的汇报，没有说要采取什么措施。

这些追求民主的人们，还没有学会用民主的方式处理内部的矛盾，往往由意见分歧导致组织分裂。中国人权同盟分裂为以任畹町为首的一支，继续出《中国人权》，以陈旅为首的一支，出《中国人权报》。贵州启蒙社分裂出一个以李家华为首的解冻社。

## 民主力量的层次

毛泽东逝世，"四人帮"垮台，中国的民主力量活跃起来，形成了三个层次。西单民主墙是下层的民主力量，由下乡回城的知识青年、青年工人、大学生等组成；进行独立思考的知识分子和共产党内历来被称作"右倾"的一部分干部鼓吹思想解放，是中层的民主力量；胡耀邦是上层的民主力量的代表。论态度的坚决，以下层为最，中层次之，上层不仅势力不大，胡耀邦本人也比较软弱。论斗争的智慧，次序就颠倒过来了，以上层为最，中层次之，西单民主墙人物有勇无谋。以后来的遭遇来说，首先是西单民主墙人物陷入厄运，而后是思想解放派中箭落马，最后，失去了社会基础的胡耀邦也被迫下台。这三种次序，值得深长思之。

当时，民主运动的缺点是三个层次的民主力量没有互相贯通、互相配合，形成联合战线。上层和中层还有所联系，上层、中层和下层是脱节的。1978年上半年，在胡耀邦的支持和指导下，思想解放派发动了真理标准的讨论，反对两个"凡是"，也就是反对华国锋所继承的毛泽东的"无产阶级专政下的继续革命"。1979年1月至3月，在胡耀邦主持的理论工作务虚会上，思想解放派大获全胜，"凡是"派纷纷检讨，溃不成军。理论务虚会与西单民主墙有共同的话题，在思想上是互相呼应的，但理论务虚会的成员大多与西单民主墙人士不愿接触；与之有联系的只有三个人：王若水、严家祺、郭罗基。这三个人都受到惩罚，王若水被撤销职务，严家祺被延长预备党员的预备期，郭罗基被轰出北京发配南京。在打击西单民主墙的时候，思想解放派没有采取有力的行动予以声援；在打击思想解放派的时候，胡耀邦也一味退让，未曾有效地保护；而逼迫胡耀邦下台的时候，民主运动已难以显示力量了。粉碎"四人帮"以后生长起来的民主力量终于被各个击破，结束了民主运动的一个周期。直到胡耀邦逝世以后爆发的八九民运，又开始了一个新的周期。

西单民主墙除了不能与中层、上层的民主力量沟通外，在内部也是比较松散的联合。虽然有过一个"民主墙联席会议"，参加者只有七个组织和刊物，召集人是刘青，开会的地点在刘青的弟弟刘念春家。联席会议的作用有限，难以控制局面。据刘青的分析，西单民主墙人物分为三派：激进的人权民主派、温和的人权民主派和支持体制内改革派。（刘青《联席会议：民主墙抗争的大旗》〈之一〉，《北京之春》1994年5月号。）

## 魏京生和西单民主墙

魏京生出身于一个革命家庭。他本人"生在新中国，长在红旗下"。文化大革命发动之初，他才十六岁，加入红卫兵组织起来造反，自称是"狂热的毛主义分子"。他们这一派红卫兵叫做"联动"（首都红卫兵联合行动委员会）。"联动"有一个口号："老子英雄儿好汉，老子反动儿混蛋"。他们都有"英雄"的老子，以"好汉"自居。这是一批具有特殊优越感的共产党"八旗子弟"。遇罗克为反对那两句口号而发表《出身论》，结果遭杀身之祸。"联动"们的"英雄"老子也先后成了"走资派",他们对"旗手"江青发生了怀疑,于是就被揪斗、被关押。

魏京生和那一代青年的许多人一样,有一番不平常的经历,下过乡,当过兵,后来当了工人,是北京动物园的电工。

魏京生于12月5日以金生的化名贴出《第五个现代化——民主及其他》的小字报,后来载于1979年1月8日的《探索》创刊号,又两次发表续篇。人们觉得喊出"第五个现代化"很新鲜,有点俏皮劲。你说"四个现代化",我这里还有"第五个"。但"第五个现代化"的提法是不科学的。我在《论"依法治国"》这本书中批评了这种说法(民主亚洲基金会出版,2004年,第8页)。在中国,向往现代化,却不知现代化为何事。现代化是历史的总体运动,是社会的综合发展。把一个完整的现代化,"化"为"四个现代化",虽然从一个变成了四个,在现代化中被忽略了的东西更多。"四个现代化"中就没有政治现代化、经济现代化、文化现代化、观念现代化、生活方式现代化、人际关系现代化等等。政治现代化即民主化,魏京生对"四个现代化"做了一个重要的补充。但将民主定义为"第五个现代化"也未必恰当,还是共产党思维方式"四个现代化"的延伸。"民主化"为什么不是第一个而是"第五个现代化"?是论重要性还是论实现的次序?第六个、第七个、第八个……现代化又是什么?"现代化"是不可数名词,不能罗列为几个。但魏京生文中强调"中国人民要现代化,首先必须实行民主,把中国的社会制度现代化",这一观点,具有现实意义。小字报中写道:"为民主而斗争是中国人民的目标。文化大革命是他们第一次显示自己的力量,一切反动势力都在它的面前发抖了。"西单民主墙思潮的主流是否定文化大革命,追求民主。魏京生却是肯定文化大革命,追求民主。他的思想是混乱的。

魏京生的《第五个现代化——民主及其他》贴出后,杨光、路林等人找上门来,办了一个油印刊物《探索》,1979年1月8日出了第一期。以魏京生为代表的《探索》等两三个刊物、组织属于激进的派别,其他的大多数属于非激进的派别。《今天》的一位诗人芒克针对《探索》的成员的演讲说道:"这叫'探索'吗?纯粹是'探雷'!"与任何运动一样,多数非激进的派别不能制约少数激进的派别,而激进的派别招致的后果却要全体承担。

魏京生具有挑战的勇气,但他并不代表西单民主墙的主流。3月20日前后,魏京生在联席会议上提议:"举行大规模的抗议集会,发表联合声明,旗帜鲜明地针对邓小平,戳穿这个忘恩负义的新独裁者。"经过激烈的争论,联席会议否决了这一提议。魏京生以《探索》的名义单独发表《要民主还是要新的独裁?》,其他刊物的伙伴们曾加以劝阻。他坚持己见,说:"愿为自己的行为负责。"(刘青《我与魏京生》,《探索》〈纽约〉1992年9月号。)由此招致的后果,他能负责吗?

1979年3月25日,魏京生一意孤行贴出《要民主还是要新的独裁?》。大字报中说:"人民必须警惕邓小平蜕化为独裁者。""他正在走的是一条骗取人民信任后实行独裁的道路。"

## 魏京生遭逮捕，西单民主墙被封杀

3月29日，北京市革命委员会发布《通告》，禁止张贴一切反社会主义、反无产阶级专政、反共产党领导、反马列主义和毛泽东思想的大字报和书刊图片等。"四个坚持"比邓小平的报告提前一天出笼了。同日，魏京生以"反革命"罪被捕。抓魏京生是打击西单民主墙的信号。

本来人们在非议魏京生的大字报。一抓魏京生，舆论转向，变为反对抓人，同情和营救魏京生。

《探索》的其他成员立即散发传单，抗议以"反革命"罪逮捕魏京生，指出："没有批评当朝政治的自由是最大的不自由！""今天抓自由探索的魏京生，下一个将就是每一个愿意自由探索的中国公民了！"魏京生被捕后，民主墙的各派都联合起来，开展救援活动。即使本来不赞同魏京生的观点的人，也以各种方式表示参与。《北京之春》第7期转载了《探索》第3期魏京生写的《二十世纪的巴士底狱——秦城一号监狱》，虽然删去了一些激烈的词句，但支持魏京生的态度十分鲜明。魏京生被判刑后的第一个星期日——10月21日，政治色彩平淡的民间刊物《今天》在北京八一湖畔举行诗歌朗诵会，有三百多人参加，表达了对审理魏京生案不公的愤慨。在外地也是如此。例如广州的刘国凯说：魏京生的被捕"其实原因是批评了邓小平。我跟不少民运参加者一样，都觉得当时对邓进行批评，似乎为时尚早，亦欠策略。"但魏京生被捕后，他们就和北京的民运人士相呼应，投入抗议活动。（刘国凯《压力下的抗争——广州七九民运的回忆与思考》（之二），《北京之春》1995年1月号。）

魏京生的被捕，决不是他个人的事，而是成了打击西单民主墙的信号。《四五论坛》事先与魏京生约定，将发表观点不同的文章，结果也不能幸免。魏京生的被捕是不是不可避免的？魏京生的做法是不是无可选择的？当然不是。

魏京生把矛头指向邓小平，在当时是不恰当的。粉碎"四人帮"以后，通向民主政治的主要障碍是以华国锋、汪东兴为首的"凡是"派。邓小平是反对"凡是"派的实力人物，思想解放派在发动真理标准讨论时还故意抬举邓小平。如果按照魏京生的愿望把邓小平打倒，只能有利于"凡是"派，推迟改革的进程，中国的局面会更糟。

问：可是后来邓小平不是果真成为独裁者了吗？

当时邓小平只是具有潜在的实行独裁的可能。历史的前进只能一步一步实现，还没有走完第一步，就不能跨出第二步；不能跳过今天的对手预先向明天的对手发出挑战。邓小平利用了西单民主墙的力量向"凡是"派施加压力；西单民主墙却不善于利用邓小平的力量来扫除民主的阻力。

魏京生的《探索》不允许邓小平探索民主，不断向他开火，刺激他走向反面。当邓小平动手镇压民主墙的时候，"凡是"派正中下怀，再没有其他力量可以牵制了。

## 怎样扮演民主反对派？

魏京生反对独裁、追求民主没有错，但在中国怎样扮演民主反对派的角色？他的姿态基本是对抗，他的工作主要是谴责，而且不无"大批判"的笔调。没有反对派，不可能有民主政治；有了反对派，只会拆台、翻天，也不可能有民主政治。民主政治就是讨价还价、你来我往，不是誓不两立、推倒重来。1979年西单民主墙运动失败以后，1989年天安门运动失败以后，直到1995年，陈子明在保外就医期间提出民运人士应充当"建设性的反对派"，这是中国大陆民主运动走向成熟的标志。目前的中国，一方面是共产党不允许出现反对派；另一方面是民运人士还没有学会当反对派。出路何在？不可能靠共产党开恩，只有一个强大而机智的反对派的出现迫使共产党不得不承认其合法存在。在台湾，也不是先由国民党宣布开放党禁，然后才有民进党；而是先有民进党，国民党无法再镇压，然后才不得不接受现实。

言论的激进，往往掩盖行动的停滞。刘青说："对于我们，当年的首要事情，就是争取民主墙的生存和发展，并使民主墙的存在得到事实的认可，甚至法律的承认。"（刘青《联席会议：民主墙抗争的大旗》〈之二〉，《北京之春》1995年1月号。）对于这一"首要事情"，没有步步进取，反而坐失良机。当时思想解放派胡绩伟、王若水掌权的《人民日报》曾考虑转载《北京之春》的文章，对于民间刊物的合法化将是重大突破。但《探索》的激进言论一出，便成泡影。官方还曾派人与民主墙联席会议进行不公开的沟通、磋商。有关方面派两个"小唐"——唐欣和唐若昕，和民主墙人士接触。一次，来人提议民主墙运动中的有影响人物到团中央去工作，以便对民主墙进行辅导和协调。民主墙联席会议认为这是"招安"，予以拒绝。在镇压之前，官方试图加以"引导"。民主墙丧失了一次保护自己、避免镇压的机会。又一次，来人提议民主墙迁离西单这一交通要道，另选一处，例如月坛公园，可以搞成"海德公园"。联席会议讨论时，魏京生、任畹町表示"绝对不接受"。经过激烈的争论，此种意见占了上风。（见刘青《联席会议：民主墙抗争的大旗》〈之三〉，《北京之春》1995年2月号。）没有商量的余地，结果十个月后西单民主墙被强行迁徙到月坛公园，完全失去了讨价还价的资格。因为事先没有考虑对策，民主墙迁到偏僻的月坛公园后便无疾而终。

6月人大常委会讨论取缔"西单民主墙"。胡绩伟曾提出不同意见，认为应加以管理和扶持，主张以民主公园代替民主墙。他说："英国资产阶级政府有胆量搞海德公园，我们无产阶级的人民政府难道反而不如他们、不敢搞民主公园吗？实行民主的方法很多，民主公园是个好方法，通过这一方法听取群众意见，调动一切积极因素为社会主义服务，有什么不好呢？"（胡绩伟《胡耀邦与西单民主墙》，原载于北京社会经济科学研究所网站，2004年2月23日见于新世纪新闻网。）胡绩伟向胡耀邦建议，将劳动人民文化宫开辟为民主公园，代替西单民主墙。胡耀邦赞成，让他与北京市商量。北京市坚持以月坛公园代替西单墙。

12月6日，北京市革命委员会发出通告，禁止在西单墙张贴大字报。热闹的民主墙成了冷落的"鬼打墙"。在法国，巴黎公社被镇压后，拉雪兹公墓还留下一堵"公社社员墙"；而在中国，西单民主墙运动被镇压后，竟容不得一堵墙，曾经映照无数情绪激动的面孔的那堵西单墙最后也被讨厌民主的人们推倒、铲平了。

1980年9月10日,五届人大第三次会议修改宪法,取消了第四十五条规定的公民"有运用大鸣、大放、大辩论、大字报的权利"。之后,贴大字报被视为"违法"(不受宪法保护不等于违法)。

刘青写下了对西单民主墙的沉痛思考:激进派往往独冲直闯,认为这种勇敢可以激励大众跟上,实际的效果是将大众吓得远远躲开。这种危险的思想只会伤害民主墙,最终是毁掉了民主墙这样极难形成的历史契机。一场镇压过后,中国又归于沉寂。像民主墙、八九民运这样的历史契机,需要许多年的等待,在经受过大量的灾难和痛苦之后,才会以突然爆发的方式出现。一旦人权民主事业出现历史性的有利机会,最糟糕的就是没有明确的目的,却有无克制的激动和激烈;最需要的是头脑清楚明白,稳扎稳打,不把力量和时间花费在向政府发泄愤怒或较劲争面子上。否则,中国就没有办法避免这样的悲剧反复上演。(见刘青《联席会议:民主墙抗争的大旗》〈之三〉,《北京之春》1995年2月号。)

## 二十年后的反思

1998年10月11日,在美国纽约举行了"民主墙运动二十周年纪念大会",召集人是当年在北京活跃一时的贵州启蒙社的负责人黄翔。我受到邀请,但不克前往。我写了一封信,提出一些重大问题,希望讨论。

黄翔先生:

承蒙邀请参加"民主墙运动二十周年纪念大会",因忙于教学,无法分身,不克前往,谨致歉意。

我对于大会讨论的主题极为关注。

西单民主墙一度成为中国民主运动的橱窗,吸引了全中国乃至全世界的注意力。中共内部的开明派、改革派曾经与民主墙结成思想上的联盟,并借用民主墙的力量向保守派施加压力,取得了十一届三中全会的胜利。但后来联盟破裂,民主墙遭到镇压。

这种结果是不是必然的?

民运人士为什么不能维护民主墙的存在、守住民主的阵地?

魏京生的大字报《要民主还是要新的独裁?》在民主墙的发展中起了什么作用?

七九民运、八九民运都是轰轰烈烈、昙花一现,民主运动必须在经过长久的沉寂以后重新出发,而且缺乏连续性。今后,如何吸取历史的教训,进行持久的民主运动?

民主运动的参加者应具有何种素质?

民主运动如何在中国表现出民主的风范?

如此等等,有关民主运动的一系列历史和现实的重大问题,还有待于我们去回答。

但愿这次"纪念大会"不仅仅是仪式,希望能够取得思想成果,有助于提高民运的水平。

大会的论文、书面发言和讨论记录等等,请寄我一份,以资研究。

祝大会成功!

郭罗基于哈佛大学
1998年10月8日

黄翔的开幕词中说:"这次会议是回顾历史、展望未来。今后中国民主运动的拓展和推动,期盼涌现出更多的成熟的民主活动家。"他还说:"时至今日,民主运动不仅要求改变策略,也要求我们更新思维。"

与会的民主墙运动参加者,回首往事,既感到骄傲,又感到遗憾。有人提出,要发扬光大西单民主墙所表现出来的"和平理性精神"、"百折不挠的奋斗精神"、"无所畏惧的献身精神"、"相互协作的团队精神"和"不为名利的无私奉献精神"。

有人指出:二十年过去了,当年民主墙下的年轻人已不再年轻,但我们追求的民主事业没有进展,以至纪念民主墙的活动不能在当地而只能在海外举行。在信念上,我们应当无怨无悔;从行为的后果来说,不是无所悔恨。如果二十年之后,我们还不能找出当初的失策之处,岂不是辜负了二十年的宝贵时光?

会议的主持人之一刘国凯的长篇发言,总结了民运的经验教训,批评"左派幼稚病"。

问:"左派幼稚病"不是列宁的题目吗?

列宁的题目是《论共产主义运动中的"左派"幼稚病》。刘国凯论说的是"民主运动中的'左派幼稚病'",两者不同。

刘国凯首先提出问题:一代又一代的民主战士的奋斗,一次又一次地受挫折,为什么民主理念的实现如此艰难?我们可以从不同的角度多方面地进行探讨。民主运动自身的缺失是一个方面。就民主运动自身的缺失来探讨,也是多方面的。其中的一个重要方面就是策略的运用是否得当?行动方式是否合适?

刘国凯的探讨集中在:魏京生在 1979 年初就把批判的锋芒指向邓小平,在斗争策略上是个失误。这个失误既导致魏京生本人深陷十几年的牢狱之灾,也给民运带来了损失。

刘国凯的探讨是层层展开的:

一,就当时的环境而言,抨击邓小平是否是首要任务?

当时民间民主力量较为策略的方式是借批"凡是"派的旗号,逐步地提出一些民主诉求。北京和一些城市的民主墙、民刊,当局采取不置可否的态度,实际上是默许了它的存在。而我们应尽力去维护这个"存在","存在"本身就是胜利,就是希望。究竟是讲太激烈的话,导致"存在"不存在,还是讲不太激烈的话,使"存在"继续存在更有意义呢?

二,在当时的情势下,抨击邓小平是否能得到民众的支持?

"凡是"派失势,翻案势力逐渐当政,邓小平是翻案势力的代表人物。翻案势力在相当短的时间内做了许多工作,邓小平等人得到人民的好感和拥护。在这种情势下,把抨击的矛头指向邓小平是否能得到人民群众的认同?1979 年初,魏京生过于匆忙地把抨击的矛头指向邓小平,这就脱离了广大群众。

三,当时抨击邓小平能否达到目的?

魏京生指出:"人民必须警惕邓小平蜕化为独裁者。""他正在走的是一条骗取人民信任后实行独裁的道路。"这些话表明，即使是激进的魏京生也认为邓小平尚未完全成为独裁者。那么提前指出这种可能性是否有必要？

有人认为，这是魏京生的预见。

如果说是预见，也有两种处理方法：一是公开揭露，二是不公开揭露，但在民运内部讨论。魏京生选择了前一种。

公开揭露的目的，在于及时清除隐患。然而，在邓小平还未坐大成为新的独裁者之前，动员中共党内的开明人士和人民群众把邓小平从权力的高位上拉下来，能办得到吗？只要不是钻进了象牙塔，持正常思维的人都会明了，在那时是办不到的。在邓小平尚未成为独裁者就对他进行抨击，而对目的和后果又没有规划，那就流为匹夫之勇，不是成熟的民主战士之所为。事实上魏京生的抨击倒可能成为邓小平迅速走向独裁的催化剂。

邓小平对"凡是"派虽初战告捷，毕竟脚跟未稳，不能容忍对他的抨击，除了把魏京生打下去之外，别无选择。而这一做法向党内的保守派显示其坚定性，获得喝彩，又反过来加强了邓小平在党内的地位，使他有了更多的走向独裁的资本。

1979年初的邓小平正在充好人、当改革者，最好是促使他当下去，不要给他翻脸的机会。魏京生的尖锐抨击，正好给了他翻脸的口实。而一旦他翻了脸，我们又根本没有力量去制约他。这不能不是斗争策略上的失误。

四，直接抨击邓小平对七九民运有何影响？

全国各地七九民运的参加者对魏京生直接抨击邓小平的做法大多采取不赞同的态度。但一旦邓小平把魏京生投入监狱，大家又不约而同地对邓小平产生愤慨。魏京生抨击邓小平是策略上的失当，而邓小平抓捕魏京生则是政治上的反动。

我们是否可以换一个角度去考量。如果魏京生当时听取了朋友们的劝告，不要把矛头指向邓小平，那么七九民运的历史至少可以部分改写。

五，从80-89这九年的情况来分析七九民运的可能结局

魏京生1979年3月29日被捕，10月16日判刑，而当局对七九民运的全面镇压则迟至1981年4月。这中间隔了两年的时间，这是值得研究的。想必中共党内是有分歧的。

倘若七九民运以稳健的步伐进行，即使民刊被禁止，少数人受到压制，民主力量中的多数人仍可保存下来。有人会说，这太不带劲了，没有轰轰烈烈，没有悲壮，没有英雄。像现在这样多好，魏京生成了国际级的民主斗士，周游世界，到处演讲，备受推崇，这难道不是中国民主运动的荣誉？这当然是中国民主运动的荣誉。可是我们还要问：二十年了，几乎是一代人的时间，中国的民主事业有多少进展？1979年全国有几十家民刊，现在有吗？二十年前，我们已在刊物上公开批判官僚体制，提倡民主选举，现在有吗？我们应当承认一个道理：民主事业取得实际的成效比产生个别的英雄人物更有意义。

在八十年代，反动势力与进步力量进行了多次较量，一次又一次的"清除精神污染"和"反自由化"运动，在知识界的进步力量和党内开明派的抵制下，大多虎头蛇尾。民主力量在积聚中，直到引发声势浩大的八九民运。这也说明，七九民运并非注定会遭受如此结局。

如果七九民运的有生力量得以保存，并不断锤炼，本可以在八九民运中发挥更大的作用。

六，"左派幼稚病"一直困扰中国的民主运动

刘国凯说："我深感"左派幼稚病"对中国民主运动的负面影响。"

八九民运是中国当代史上最大规模的民主运动，它是那样群情激昂、波涛汹涌，却又和平理性，在历史上留下了光辉的一页。但它失败了，本来是可以取得成功，改写历史的。为什么不去与党内改革派联手？如果说那时年轻，不听进言，那么经过了九年，现在总会有些心得了吧？时至今日，中国民运队伍里的许多人仍未能从"左派幼稚病"中解脱出来。有的朋友还在慷慨激昂高呼"打倒共产党"。"打倒"一词，有太浓厚的共产党文化的痕迹。从现实上做严肃认真的考量，中共的一党专政可能是被终结，而不是被"打倒"。

我和一些朋友提出推荐赵紫阳获诺贝尔和平奖，遭到另一些朋友的反对。他们的理由是："赵紫阳不过是一个失意的政客"，"赵紫阳作为中共高干在以往几十年中也做过许多对不起人民的事"，"赵紫阳在八九的表现只是政治投机"……。我不可能对这些论点一一商榷。我深感忧虑的是，如果这些观点仍然是民运的主流思想的话，实在不幸。按照这些观点，中国永远不会出戈尔巴乔夫。于是建立中国民主政治的重任只能由中国民主运动独立承担了。然而，承担得了吗？

"左派幼稚病"不仅表现在一些大的原则问题上，还表现于许多具体行动中。例如，在某些集会上焚烧五星红旗。我们必须考虑到一般民众的认识水平，焚烧五星红旗很容易被大量的中间群众所误解，被骂为"汉奸"、"卖国贼"，而我们一时难以解释清楚，使自己处于不利的境地。

不但烧五星红旗不妥，即便烧中共党旗也大可不必。中共一党专政结束后，负有刑事罪责者应绳之以法，但放弃了一党专政的党组织应让其合法存在，它也有与其他政党公平竞选的权利。这才符合民主政治的原则。

冲破中共一党专政的高墙，既有正面强攻，也有"穿插"、"迂回"、"侧击"。在"左派幼稚病"患者看来，只有正面强攻才有意义，其他则一概不理。

刘国凯说："我对民运中的一些问题提出了批评，如果有人视为民运内斗，则大谬不然。"对于那些善意的担心，应进行解释。对于那些蓄意抹黑，把正常的探讨都危言耸听地说成"内斗"，则应予驳斥。这些人以"内斗"来诋毁民运，力图造成这样一种状况，因为怕被加上"内斗"的罪名而放弃应有的思想上、理论上的检讨和辩论。

刘国凯的发言，刊登于《中国之春》1998年总第182期，产生了广泛的影响。

七九民运的"左派幼稚病"，八九民运又一次发作。下一次民运高潮来临时能否避免？

民运的"左派幼稚病"是有历史根源的。一百多年以来的中国社会运动、变革运动，都是采取激进路线。戊戌变法是改良，不是革命，但，是激进的改良。光绪皇帝的变法诏书一日数下，前一诏书还未到达地方，后一诏书又快马加鞭追了上来。即使没有慈禧太后的镇压，变法也会自乱阵脚。共产党领导的革命，发生三次左倾路线，几乎导致全军覆没。反左倾起

家的毛泽东，在他掌权以后，又成为左倾的代表。所以清算民运的"左派幼稚病"要深挖激进、左倾的历史根源。

## 西单民主墙的历史意义

"六四"以后，有一篇大批判文章说，胡绩伟"创立民主理论，推进民主政治"的目的，主张"新启蒙"，"就是要在中国形成新的资本主义经济力量、政治力量和文化力量，来反对中国共产党的领导和社会主义制度，建立起一个资产阶级共和国。其实，这有什么新鲜！十多年前曾经出现过的'西单墙'，不就是这种调子吗？"（陈延《他们宣扬了什么？——评胡绩伟主编<猛醒的时刻>》，《求是》，1990年第7期。）这一段愚蠢的论说，除了表现出对民主的恐惧和对理性的无礼以外，无意中道出了一个真理：十多年来，"西单民主墙"的"调子"始终不绝于耳。有形的"西单民主墙"被取缔了，无形的心头"民主墙"依然存在。

西单民主墙的历史意义在于：

第一点，论说民主的理念，超越了五四运动。"五四"时代高扬"民主与科学"的旗帜，对后世产生了巨大的影响。但追求民主只是出于救国之所需。西单民主墙将民主归结为人权，七九民运是一场人权民主运动。

问：五四运动是爱国民主运动。人权民主运动与爱国民主运动有什么不同的意义？

民主与爱国没有什么必然联系，爱国可以要求民主，爱国也可以导致不民主。希特勒的爱国主义就是法西斯主义。自由、民主都是源于人权。"五四"将民主从属于爱国，是观念上的误导；观念上的误导，是现实中不能实现民主的重要原因。令人惊诧的是，八九民运天安门广场上的人们还是自称"爱国民主运动"，这就跳过七九民运倒退到五四运动。

再说第二点，以实际行动冲击了言论自由、集会自由、出版自由和结社自由。从大字报发展到民办刊物，扩大了言论自由的阵地。据统计，北京有民办刊物55种，全国26个城市有民办刊物127种（朱立《大陆民运回顾与展望》，《民主中国》月刊，1990年6月号。）在1957年，提出"同仁刊物"的主张就成了"资产阶级右派分子"，更谈不上办刊物了。文化大革命中流行的各种小报，是迎合当时的需要为当权者所允许的。作为西单民主墙的延伸的民办刊物，完全是独立于官方意志之外的。民办刊物如能继续发展，最终必将冲破报禁。

第三点，锻炼出一批街头理论家、广场批评家、露天演说家，而后成为人权运动、民主运动的积极斗士。文化大革命中反叛的个人、三三两两的小圈子，在民主墙的活动中联合起来，北京的又和全国各地的联合起来，形成了不可忽视的力量。他们中的大多数不仅富有理想，而且意志坚强、人品高尚，不惜蒙受冤屈、陷于贫困、遭受牢狱之苦、乃至流血牺牲，几十年来始终坚持不懈。

# 第四十五章　理论务虚会

十一届三中全会上，胡耀邦被选为政治局委员，并从中共中央组织部长改任为中共中央秘书长兼宣传部长。他在中共中央主要部门之间历练了一遍，为担任总书记做好了准备。1978年12月28日到职，12月31日胡耀邦发表就职讲话，说：要把宣传部从"钳制思想部"变为"解放思想部"。"解放思想部"的新官上任的第一把火就是召开理论务虚会。

问："理论务虚会"这个名称以前没有见过，以后也不再出现，是何来历？

## 理论务虚会的缘起

这个名称和这个会议都是特殊历史条件的产物。

"务虚"和"务实"是1958年流行的概念。"务实"是从事具体，"务虚"是议论抽象。离开具体事务，漫谈抽象原则，以端正指导思想，是为"务虚"。务虚开成会议，务虚会则是1978年的产物。

在真理标准大讨论中，中共中央的机关刊物《红旗》杂志，秉承华国锋、汪东兴的旨意，执行"不表态"、"不介入"的方针。在各方面批评的压力下，1978年9月《红旗》编辑部写了一篇貌似表态、实为反击的长文，题为《重温〈实践论〉》，接着吴冷西的调子，大批不可知论、怀疑论，并借批"海外奇谈"反对"非毛化"。文章送政治局常委审阅。叶剑英看了以后建议，召开一次理论务虚会，来解决思想理论方面的分歧。此前，7月到9月国务院开了一次经济务虚会，不谈具体工作，漫谈指导思想，对于纠正"洋跃进"的错误起了良好的作用。故叶剑英有此建议。《红旗》的文章没有发表，却引出一个重大的历史事件。但叶本人的说法无据可查，唯邓小平、华国锋、胡耀邦先后均有转述。

问：公开的报道是"理论工作务虚会"。"理论务虚会"和"理论工作务虚会"有区别吗？

叶剑英的原话是"理论务虚会"，相对于"经济务虚会"。后来有人说理论本来就是虚的，怎么还要务虚？因而加了"工作"两个字，变成"理论工作务虚会"。其实，务"理论"之虚与务"理论工作"之虚是不同性质的两回事，这个会议是务"理论"之虚，不是务"理论工作"之虚，即不是探讨怎样做好理论工作。故还是"理论务虚会"的名称比较恰当。

叶剑英建议的理论务虚会本来应在中央工作会议之前召开，因故没开成。在中央工作会议上，坚持两个"凡是"的人们向坚持真理的实践标准的人们提出挑战。可见，这种争论无法避免。华国锋说，中央工作会议不可能用很多时间讨论理论问题，还是按照叶帅的建议，在十一届三中全会之后召开一次理论务虚会。

1978年12月22日，十一届三中全会闭幕。不到一个月，1979年1月18日，理论务虚会就开幕了。

## 理论务虚会的成员是怎样确定的？

问：谁能参加理论务虚会？

参加理论务虚会的成员的确定，与以往的共产党重要会议都不同，不是凭职务，也不论级别，而是由人民日报、光明日报、中央党校三家分别提名粉碎"四人帮"以后理论战线上的活跃分子，最后由中宣部决定，包括理论、新闻、宣传、出版、教育、文学、艺术、经济、国防、外交等各方面人士。北大获提名参加的有三个人：郭罗基、张显扬、王贵秀；还有两个大学，中国人民大学、北京师范大学，都是一二人。有一些共产党内长期做思想理论工作的老人（北大有冯定），应邀出席。但他们是自由参加，实际上没有参加过一次讨论。

理论务虚会的参加者大多已作古，抢救这个会议的历史资料是非常紧迫的了。所以我要详细说说。由于恐惧理论务虚会的震撼作用，邓小平以后的历代党国领导人都加以封杀，所以我更要大声说说。

开会的地点是在京西宾馆。这个地方一连开了三个体现历史转折的重要会议：中央工作会议、十一届三中全会、理论务虚会。

## 胡耀邦的《引言》

1979年1月18日，理论务虚会开幕。胡耀邦做《引言》报告。唯有这一天的会议是在北京西郊的科学会堂举行的。

胡耀邦称之为"党的理论工作务虚会"，这是共产党内部的会议。他提出理论工作务虚会的目的是两个："第一，要总结理论宣传战线的基本经验教训。总结经验，可以总结两年，也可以总结十来年、三十年。第二，要研究全党工作重心转移之后理论宣传工作的基本任务。"这样两个目的确是务理论工作之虚，但会议的实际进程是务理论之虚。"基本经验教训"没谈多少，"基本任务"基本没谈。人们习惯称之为"理论务虚会"，这才名副其实。正像中央工作会议主持者最初提出的议题和最后出现的结果不一致，理论务虚会没有实现胡耀邦所提出的两个"目的"，而是被客观形势所推动，主要讨论了两方面的问题：第一，清算两个"凡是"所体现的思想路线；第二，运用实践标准广泛地检验历史和现实中的是非。

胡耀邦评价近两年的理论工作是中共历史上最出色的时期。他特别讲了一番话，赞扬活跃在思想解放运动中的理论工作者：

> 特别令人高兴的，是在揭批林彪、"四人帮"的伟大斗争中，涌现了一大批理论联系实际、密切联系群众、善于思考问题、敢于发表创见的闯将。应该看到，这两年的思想理论战线并不平静，有过那么几次风浪。这些同志冲锋在前，不愧为思想理论战线的前卫战士。他们敢于实事求是，破除迷信，顶住种种非难和指责，不怕飞来的帽子和棍子。他们旗帜鲜明，立场坚定，抓住真理，所向披靡，敢说敢想

敢闯。这样无所畏惧的彻底唯物主义精神是非常可贵的。这一批优秀闯将的出现，增强了我们马克思主义理论队伍的力量，是一个了不起的收获。（张显扬等编撰《胡耀邦年谱长编》中册第681页，世界科学教育出版社，2005年。）

谁能料到，被胡耀邦高度评价的理论战线上的"闯将"，后来邓小平称之为"自由化分子"，一个个都遭到灭顶之灾。胡本人也落得个纵容包庇的罪名。

胡耀邦的《引言》第一次披露了毛泽东的两段话。1965年底，彭德怀到"三线"当副总指挥，毛请他吃饭，讲了三句话："你要向前看。你的问题由历史做结论吧。也许真理是在你这一边。"1968年10月14日，八届十二中全会上，这次会议决定把刘少奇"永远开除出党"。毛问："同志们，你们对文化大革命怎么看？"下面鸦雀无声。他自问自答："我看五十年、一百年之后，可能我们这一段是历史上的一个小插曲。"胡耀邦说，他听了这段话，一夜没睡着。他还说："这两段话我听了很感动，有很多想法。"胡耀邦究竟有什么想法？没有详谈，引而不发。听众也有很多想法。

问：这两段话，好像与理论务虚会关系不大。

是的。但，却比《引言》的其他内容留给人们的印象更为深刻，因为从中可以窥探毛的内心世界，以及破除对毛的迷信。看来毛本人都不大自信，别人有什么理由坚持两个"凡是"。

耀邦是个容易动情的人。讲到愤慨之处，他挥舞着拳头：

……冲破一切"禁区"，打碎一切精神枷锁，彻底肃清林彪、"四人帮"的理论专制主义、理论恶霸作风。（同上）

"理论专制主义"、"理论恶霸作风"，这是胡耀邦的创造性提法。最早，他是在一次中宣部的会议上提出的，《人民日报》把他的话写进了社论："我们党内曾有那么一些'理论棍子'，动不动就打人，是恶棍。我们要坚决反对这种恶棍作风，反对文化专制主义。"（《伟大的转变和宣传工作的根本任务》，《人民日报》社论，1979年1月16日。）文化战线、理论战线上确有专制主义、恶棍作风和恶霸作风，但专制主义、恶棍作风和恶霸作风当然不限于文化战线、理论战线。结果，这位率领理论战线上的"闯将"冲锋陷阵的少帅，也被专制主义、恶霸作风所吞噬了。

耀邦讲完最后一句话"希望大家踊跃发表意见，努力把这一次在伟大转变中召集的理论工作务虚会开好"，就请坐在主席台上的人们讲话。他特别向一位白发苍苍的老人打招呼："老部长，请你讲讲。"我仔细一看，那不是陆定一吗？确实就是文化大革命前坐镇中共中央宣传部二十多年的"老部长"。他那呆呆的模样，和文化大革命前的一头黑发、精明强干大不相同，几乎认不出来了。陆拱拱手，表示不讲了。我和陆定一以及他的夫人严慰冰是无锡老乡。后来严慰冰写信告诉我："那时定一从监牢里放出来没几天。刚回到家里，脚上袜子都没有。在里面，被吊起来打……"她是发动文化大革命之初，第一个被抓起来的"反革命分子"，也度过了十多年漫长的牢狱生活。她在给我的信中引用韩愈的几句话来形容自己："发苍苍，视茫茫，齿牙动摇。"这些老共产党员决没有想到会坐共产党的监牢，更没有想到共产党的监牢如此厉害。共产党员见证了共产党的专制主义、恶霸作风！

## 会议的开法

胡耀邦的设想，会议分作两段，第一段，由中宣部和中国社会科学院联合召开，邀请中央和北京的理论宣传单位的一百多人参加，每个省市派一位联络员，开到2月22日左右，春节休息五天。三月份进入会议的第二段，以中共中央的名义召开，邀请各省市的同志参加，扩大到四五百人，再开十天左右。第一段以小组会为主，第二段以大会为主。最后请党中央主席、副主席做报告。

会议的实际进程，精彩的是第一段，第二段草草了事。

第一段参加者为一百六十五人，分五个组，每组三十多人。我在第三组，我们组的召集人是周扬（中国社会科学院顾问）和王惠德（编译局局长）。

会议的开法很特别，主要是小组会，大会只开过四次：1月18日开幕式，胡耀邦做《引言》报告；3月28日第二阶段会议开始，胡耀邦讲会议的议程；3月30日邓小平讲话；4月3日胡耀邦做"结束"讲话。小组会没有共同的题目，爱务什么虚就务什么虚。除了一开始不约而同地清算两个"凡是"的思想路线外，以后各组讨论的问题四面开花，各不相同，没有规定动作，都是自选动作。也无须贯彻领导意图。

于光远是个吸引人的角色，每天晚上，各组的人都到他的房间里"串联"。他的主意极多。在他的建议下，晚上常常举行跨组的专题讨论会。他还建议贴大字报，因京西宾馆内找不到合适的地方，作罢。

每天上、下午进行小组讨论，晚上不开专题讨论会的话，不是准备发言就是进行串联。深更半夜，京西宾馆仍是灯火通明。讨论的内容以简报交流，登简报的发言，由自己定稿，无人审查，也不做删改。简报工作人员效率很高，上午的发言，晚上就能拿到简报，下午的发言，第二天上午就能拿到简报。有一期简报被收回了，当时不知何故。后来听说，该期简报刊登了一个发言，批评1959年《红旗》发表的康生《共产党员应当是马克思列宁主义者，不应当是党的同路人》。邓力群给务虚会写了一封信，说这篇文章的实际作者是他。这一点为什么构成收回的理由？还是不清楚。于光远向会议提供了一份《国家消亡问题笔记》（不是发言）。我还没有看，简报就被收回了。简报被收回只有这两起。我问于光远本人，什么内容？为什么要写这个笔记？他说，他是为了批评对国家的迷信。他引经据典，严格按照马克思主义的国家学说，论证国家的消亡。现在天天喊加强无产阶级专政，强化国家机器，与国家消亡的理论是背道而驰的。马克思说，无产阶级专政是以最人道的方法消灭阶级。中国的无产阶级专政是"以阶级斗争为纲"，天天讲，月月讲，年年讲。讲到何时？怎样才能消灭阶级？不料这个简报触犯了胡乔木的神经，说于光远主张要"消亡"无产阶级专政，作为"严重错误"向上报告,还下令收回简报。胡乔木为邓小平起草的《坚持四项基本原则》(十一届三中全会上被邓小平看作"不行了"的胡乔木又行了)的报告里,有这样一段话:在新形势下,对四项基本原则进行新的论证,"这决不是改头换面地抄袭旧书本所能完成的工作,而是要费尽革命思想家心血的崇高的创造性的科学工作。"这是针对于光远的《笔记》而发的。于光远搬出马克思主义的经典,批评对国家的迷信,被指责为"改头换面地抄袭旧书本"。邓小平的报告中有"坚持马克思主义"这一项原则,而马克思主义著作已经成了"旧书本",可见他们所坚持的并非原来意义上的马克思主义。邓小平的报告中还有"坚持无产阶级专政"这一项原则,也是与国家的消亡背道而驰的反马克思主义的无产阶级专政。

简报出了266期之多,摞起来达一尺多高。规定是内部会议,简报不得外传,实际上经常走漏消息,传得很广,还有手抄本。许多地方同时举行本省市的理论务虚会,有山东、上海、福建、广东、辽宁、湖南、江苏、青海、云南、贵州等,参加人数一般为五六十人,上海达三百人。各省市的联络员向家里寄简报都来不及了,常常打来长途电话,询问北京当天讨论的情况。会议结束的时候,气候已经变了,简报被全部收回,还要"以党性保证",不留一份。

会议期间,到钓鱼台看了一些内部电影。当时看内部电影是一种政治待遇。我们看了苏联电影《这里的黎明静悄悄》、日本电影《幸福的黄手绢》,还有李小龙主演的《精武门》等等。封闭得太久了,看内部电影打开了一扇观察外部世界的窗口。

## 邓小平的期待

会议刚开始,周扬从邓小平家赶到会场,传达了邓对务虚会的指示:"不要设禁区,不要下禁令。"

1月27日,邓小平出访美国前夕,胡耀邦向他汇报务虚会讨论情况。胡耀邦向我们传达了他的一番讲话:

理论务虚会简报——郭罗基同志2月3日在小组会上的发言。

十月革命后六十多年,民主没有搞好。今年上半年要写出一篇两三万字的大文章,"五四"发表,从世界历史发展与人类社会的趋势讲清楚民主的发生和发展。资产阶级靠民主起家,反对封建专制,搞民主超过历史上存在过的一切剥削阶级;我们无产阶级民主要超过资产阶级民主,资产阶级民主的好东西要大大发扬。要讲巴黎公社原则,一条选举,一条工资制度,我不赞成只讲这两条,最主要的是把官吏从社会主人变成社会公仆。前两条是派生的,还可能有三条、四条。要人民当家做主,要有一套办法,使人民感觉到自己是主人。资产阶级有一套使自己成为主人的东西,选举、立法,可以支配政府。我们要想办法使人民感觉到自己是国家的主人。今天我讲不清楚，组织二、三十人专门写文章。"（张显扬等编撰《胡耀邦年谱长编》中册第 691-692 页）

  胡耀邦说，邓小平这次讲民主的观点比较彻底，非常重要。
  在邓小平的鼓舞下，会议大谈民主和法制。
  与会者认为，没有解决民主问题是社会主义国家的重大失误。中国有三次反民主的运动，一次是 1957 年的反右派，一次是 1959 年的反右倾机会主义，最严重的一次就是文化大革命。如果我们不能实行民主，人们就会羡慕资产阶级民主。
  有人批评毛泽东"要人治，不要法治"的观点。
  有人分析毛泽东的民主观。他认为民主是手段，不是目的。使用这个手段，发扬民主就是让人讲话。有权让人讲话，也有权不让人讲话，不是人民当家做主。所以让人讲话不过是开明专制，不是民主。
  理论务虚会是在邓小平的鼓舞下前进的，但前进的结果他却不能接受。后来他变了，再也不提关于民主的两三万字大文章了。

## 清算两个"凡是"的思想路线

  理论务虚会在中央工作会议之前召开和之后召开大不一样。之前召开是进行两个"凡是"和真理标准的对决。理论务虚会在十一届三中全会之后召开，应是在争论已有结论的基础上再前进，必须在两方面前进：一方面，两个"凡是"虽已败下阵来，还需要清算两个"凡是"所体现的思想路线；另一方面，实践标准虽已确立权威，还需要运用实践标准广泛地检验是非。
  胡耀邦的《引言》从头到尾没有提到两个"凡是"。主观上可能是出于宽容，但也是政治上的天真，后来胡耀邦就吃了这种天真的苦头。会议的参加者并没有受胡耀邦的影响，一开始就炮轰两个"凡是"。小组会的第一天，胡绩伟（《人民日报》总编辑）、杨西光（《光明日报》总编辑）、华楠（《解放军报》总编辑）、曾涛（新华社社长）、王惠德（编译局局长）、于光远（中国社会科学院副院长）六人联合发言，分别在四个组宣读。我们第三组是王惠德宣读的。第二组没有他们的人，第二天宣读简报。联合发言的题目很平淡《关于真理标准讨论的情况》，但内容很尖锐。联合发言达两万余言，整整讲了一天。
  联合发言分两部分，第一部分是《关于两个"凡是"争论的由来》，系统叙述从两个"凡是"的提出到真理标准讨论的历史过程。第二部分是《推行两个"凡是"是关系党和国家前途和命运的问题》，列举了十个方面的事实，说明实践标准和两个"凡是"的对立及其政治意义。联合发言指名道姓地批评了汪东兴（中共中央副主席）、吴德（政治局委员、北京市委书记）、张平化（中宣部长）、李鑫、胡绳、吴冷西、熊复（以上四人均为毛著编办副主任）、王殊（前《红旗》主编）等人，希望他们坦率地讲出自己的不同意见，充分讨论，弄清是非。对一个现任的中共中央副主席的批评是少有的。在他们的背后还有华国锋，虽然与会者故意回避提及，矛头所向心照不宣。

胡耀邦是有民主风度的。与实践标准和两个"凡是"对立的有关人员都参加了理论务虚会，由十一人组成的会议领导小组也包括坚持两个"凡是"的代表人物。胡耀邦还一再强调务虚会不是批判会，不要强迫别人做检讨。尽管如此，六人联合发言后，群情激愤。每个组都与"凡是"派人物短兵相接，特别要求汪东兴到会上来"说清楚"。"说清楚"是当时的术语，意思是交待问题。但务虚会没有开成像以往那样的批斗会，始终坚持摆事实、讲道理，对"凡是"派的成员也没有以牙还牙，一改过去那种"大批判"的会风。李鑫有心脏病，非但没有强迫他检讨，还特别照顾，可以自由参加会议。

我们第三组有一个引人注意的人物——郑必坚。他是抛出两个"凡是"的社论的起草人之一，另一个人是龚育之。我们料想，郑必坚会谈谈与两个"凡是"的关系和如今的认识，然而他不谈。我们遵照胡耀邦的意见，也不强迫他做检讨。不过看他样子很难受，愁容满面，像得了忧郁症。他没有做过像样的发言，只是对别人的发言附和几句。他原是华国锋的秘书，胡耀邦取代华国锋以后，接收了他的班底，郑必坚又成为胡耀邦的秘书。胡耀邦是宽宏大量的，照样用他。

与中央工作会议上的遭遇战不同，六人联合发言奠定了讨论的较高的起点。理论务虚会比起中央工作会议，对于两条思想路线的比较和分析更加深入。

由于揭发了一些不为人所知的事实，也由于有些人的检讨躲躲闪闪，经过追问，发现毛著编办内部、毛著编办和《红旗》之间、以及毛著编办、《红旗》和汪东兴之间还有幕后活动。1978年7月3日，熊复在《红旗》杂志社的全体大会上说："我们要随时准备用无产阶级文化大革命大民主的方法，对付重新出现的像刘少奇、林彪、'四人帮'那样的死不改悔的走资派，跟着华主席造他们的反。"完全是文化大革命中红卫兵的腔调。所谓"像刘少奇、林彪、'四人帮'那样的死不改悔的走资派"，几乎把邓小平的名点出来了。这是与汪东兴的"哪个中央"的说法相呼应的。他们是不是还想重演"炮打司令部"？第二组全体成员联名要求改组毛著编办和《红旗》杂志编辑部（连吴冷西都签了名）。正当此时，胡耀邦阻止追问幕后问题，要求大家集中注意讨论思想理论问题。胡耀邦的好心并没有得到好报。后来这些人成了反自由化的干将，熊复的表现尤其恶劣。他们却并不认为胡耀邦的所谓"反自由化不力"以及"纵容自由化分子"仅仅是思想认识问题，而是要"消灭这股势力"（见阮铭《邓小平帝国》第207页）。按理说，胡耀邦所提倡的是新思维、新风气，但在中国的政治环境中却反受其害。在当时，到底怎样才是正确的？这是令人困惑的问题。

中央工作会议、十一届三中全会和理论务虚会这三个会议是实践标准和"两个凡是"的决战。实践标准在决战中取胜，破思想禁锢，解思想僵化，把两个"凡是"送进了历史博物馆。思想上、理论上的胜利，自然而然地引向实践，那就是必须进行各方面的改革。虽然十一届三中全会并没有讨论改革开放，会议公报也没有提到改革开放，实际上这三个会议是改革开放的源头。邓小平被吹捧为"改革开放的总设计师"。作为改革开放的源头的这三个会议，没有一个是邓小平设计出来的。十一届三中全会之前的中央工作会议应是这位"总设计师"

的第一道设计吧？事实上，会前邓小平和华国锋的意图和会议的结果大有出入，这个会议非但不是任何人所设计，而邓小平本人扮演的角色倒是被会议发展的形势设计出来的。

**以实践标准检验历史和现实中的是非**

思想解放是针对思想禁锢和思想僵化。思想禁锢是外在的，强加于人的；思想僵化是内在的，自愿就范的。外在的思想禁锢，长期作用，逐渐内化，才形成思想僵化。思想解放运动首先必须破思想禁锢，才能解思想僵化。

理论务虚会在清算了两个"凡是"之后，以实践标准检验历史和现实中的是非，冲破了一系列的思想禁锢。

第一，重大的成果是冲破对神化毛泽东的思想禁锢。

文化大革命中，谁说毛泽东和毛泽东思想可以一分为二，议论毛泽东和毛泽东思想的错误，统统是"反革命"，抓起来坐牢、杀头。理论务虚会上有两个长篇发言：王若水的《文化大革命的重要教训是必须反对个人崇拜》和李洪林的《领袖和人民》。我写了一篇《思想要解放，理论要彻底——批判造神运动》，因《红旗》决定要发表，我在会上没有宣讲。我的文章给别人看了，别人为我宣传了批判"造神运动"的论点。会上一致认为领袖是人不是神，对毛泽东的造神运动应当收场。领袖和人民的关系，应是领袖忠于人民，而不是人民忠于领袖。又进一步引申，领袖应由人民认定和权力机关选定，必须废除领袖人物事实上的终身制，同时也要废除由领袖人物指定"接班人"的继承制。社会上有人借用西方的语言认为批毛就是"非毛化"。会上响亮地回答：我们不是非毛化，而是非神化。

有人把《国际歌》和《东方红》做了对比。《国际歌》唱道："从来就没有什么救世主"；《东方红》却唱："中国出了个毛泽东，他是人民大救星。"《国际歌》是无产阶级的战歌；《东方红》是个人崇拜的颂歌。

会上，批判了毛泽东的唯意志论。经济学家许涤新说："三大改造后，对于如何搞社会主义，毛泽东同志和党内许多领导人的思想是不一致的。看来，毛主席他老人家在三大改造后认为在他的坚强意志之下，中国是可以很快进入共产主义的。于是就来了个大跃进，大炼钢铁，吃饭不要钱，等等。但是国民经济却因此出现了极大的困难。在大跃进失败之后，毛主席就认为许多老干部、老党员不能适应他的很快进入共产主义的思想，认为这些老家伙是修正主义，因此，反右倾，搞四清，特别是文化大革命，接踵而来。是不是可以这样说，十年文化大革命的破坏，是主席他老人家唯意志论发展下来的结果。既然唯意志论成了指导思想，那么还讲什么客观规律呢？"

对于个人崇拜的种种表现，一路扫荡过去，什么早请示、晚汇报，语录歌、忠字舞，句句是真理，马克思主义顶峰，几百年出一个，一句顶一万句，两论（《实践论》、《矛盾论》）起家，三个里程碑，四个伟大，等等，等等，批得痛快淋漓。

批判对毛泽东的个人崇拜，又延伸到对华国锋的个人崇拜。张显扬有个发言，题目是《从〈东方红〉到〈交城山〉》。《交城山》本是山西的一首民歌，改了词，变成对华国锋的颂歌，与《东方红》媲美。

一位与会者说，粉碎"四人帮"以后，他在某省城（应是长沙）遇到这样一件怪事：有一天，省城出现了游行队伍，锣鼓喧天，十分热闹。上街一看，原来是各单位到省委去迎请新发行的华主席画像。据说，华主席的画像由飞机运到省城，省委领导人已从机场迎回。各单位再从省委迎回。各单位领导人抱着空镜框走在队伍的最前面，回来时把华主席画像放在镜框里，抱着率队归来。一时之间，满城都是迎请画像的队伍。这位同志慨叹道：想不到我们党竟沦落到如此地步，连某些迷信团体也做不出来的事情我们却公然做出来了！

但对于产生盛行个人崇拜的体制根源，讨论得不够。

理论务虚会批判个人崇拜、神化毛泽东的简报传到辽宁，推动了张志新冤案的平反。人们议论："如果张志新是反革命，理论务虚会更应该是反革命。""张志新有什么错？不过是讲得早了。""张志新是思想解放的先锋！"3月底，邓小平以《坚持四项基本原则》吹冷风之际，在省委书记、思想解放派人物任仲夷的主持下，张志新的反革命案得以平反，并追认为烈士。张志新的平反又在全国范围进一步打开了思想解放的闸门。

第二，冲破文化大革命的思想禁锢。

毛泽东晚年所忧虑的，唯恐文化大革命遭否定。故他的继承人华国锋，极力维护文化大革命。理论务虚会批判了《五一六通知》，这是发动文化大革命的纲领性文件。王若水说："文化大革命是用错误的方法、针对错误的对象进行的一场错误的革命。"

文化大革命是"无产阶级专政下继续革命"理论的实践。在两个"凡是"和实践标准的争论告一段落之后，周扬又进一步提出："'无产阶级专政下继续革命'的理论是否存在着问题？这个问题不搞清楚，'两个凡是'的问题也就不能彻底搞清楚"。"'无产阶级专政下继续革命'是个根本问题，这个问题涉及到毛泽东同志，只有这个问题解决了，'文化大革命'的定性问题才能解决。随着，'两个凡是'的问题也不必争论就可以得到解决。"

"无产阶级专政下继续革命"是革命胜利之后还要继续革命，即林彪所说的"革革过命的人的命"。革命已经打倒了敌人，还要继续革命，只能到革命队伍中去寻找敌人了。"无产阶级专政下继续革命"一路狂奔，到"文化大革命"出现了高潮，"全面内战，打倒一切"。确实如周扬所说，"无产阶级专政下继续革命"是个根本问题。这是毛泽东越来越左倾达于极左以至发动文化大革命的根本问题，也是华国锋的"两个凡是"所维护的根本问题。

1977年8月18日十一大通过的党章和1978年3月5日四届人大通过的宪法，都写上了这一"伟大理论"。真理标准讨论的发端之作，继《实践是检验真理的唯一标准》之后的《马克思主义的一个最基本的原则》（署名《解放军报》特约评论员，吴江、孙长江写作，罗瑞卿审稿），还有"发展无产阶级专政下继续革命理论"之说，没有看到两个"凡是"和"无产阶级专政下继续革命"的内在联系。反对两个"凡是"是第一级真理，而否定"无产阶级专政下继续革命"是更高的第二级真理。接受第一级真理的人们，有人在第二级真理面前停步了。

周扬是不断思考、不断前进的。他不仅在反对两个"凡是"时言人所未言,而且将反对两个"凡是"引向否定"无产阶级专政下继续革命"这一更高级的真理,在思想解放派的队伍中显示出水平之高下。

理论务虚会期间,在于光远的建议下,张显扬、王贵秀发起跨组的串联会,专题讨论"无产阶级专政下继续革命"理论。起初有人认为,"无产阶级专政下继续革命"的提法还可以保留,只要改正革命的对象和革命的方法。经讨论,理论务虚会的成员大多倾向于否定这一理论。

邓小平直到3月30日所做的在理论务虚会上的讲话《坚持四项基本原则》,还以暧昧的口气说,无产阶级专政下继续革命,"至于做出新的解释,可以在党内继续研究",显示出邓小平与周扬以及理论务虚会多数成员的思想上的差距。

时间是威严的法官。不消几年,"无产阶级专政下继续革命"的理论,不是"继续研究",而是遭到判决而退出历史舞台了。

第三,冲破左倾路线的思想禁锢。

从清算文化大革命,到追究几十年的左倾。

我们组的王惠德语重心长地说:"建国快要三十年了,现在还有两亿人吃不饱饭。面对这种情况,全党全民都在思考:我们一定在哪里出了毛病。"经过讨论,大家认为,是路线上出了毛病。

五十年代以后,口号是不断反右,脚步却是不断向左;只能反右,不许反左,实际上是一贯左倾。华国锋反"四人帮"的极右,继续左倾。毛泽东的左倾理论,诸如继续革命、全面专政、以阶级斗争为纲等等,以往被说成"马克思主义第三个里程碑"的,都受到了批判。进一步研究左倾路线的形成。一般人认为,文化大革命前的17年,路线是正确的,左倾路线是从文化大革命开始的。理论务虚会上的讨论比较深入,多数人认为,文化大革命是左倾路线趋向极端,不是左倾路线的开始。左倾路线是从1957年反右派开始的,1958年的大跃进,1959年的反右倾机会主义运动,越来越左。所谓"三年困难时期"是对左倾路线的惩罚,消停了一个时期。1963年经济有所恢复,又来折腾了,祭出"以阶级斗争为纲",至文化大革命而达于极左。左倾路线的代表人物是谁?我在一次发言中说:"林彪、'四人帮'还不能说是左倾机会主义路线的代表,他们是一伙坏蛋,利用这条路线捣乱。这条左倾机会主义路线的代表人物是毛泽东同志。"所谓"毛主席的革命路线"就是一条左倾路线。我还认为,1956年左倾路线就开始了。"1956年的八大是一个标志。宣布'社会主义的社会制度在我国已经基本上建立起来',这是全面左倾的开始。"

问:您是走得最远的吧?

后来我走得更远。我进一步地思考,1956年宣布"社会主义制度在我国已经基本建立起来",是一个过程的结果,而不是过程的开始。1953年,提出"向社会主义过渡的总路线"才是过程的开始。1953年6月，毛泽东在一个会议上即席发言，说："党在过渡时期的总路线和总任务，是要在十年到十五年或者更多一些时间内，基本上完成国家工业化和对农业、手工业、资本主义工商业的社会主义改造"。他还说："走得太快，'左'了；不走，太右了。要反'左'反右，逐步过渡，最后全部过渡完。"当时将这条向社会主义过渡的总路线简化为"一化三改"，还有一个比喻，"一化"——国家工业化是鸟的主体，"三改"——对农业、手工业和资本主义工商业的社会主义改造是鸟的两翼。工业化还没有完成，三大改造却提前完成了。离开了鸟的主体，两翼擅自起飞了。本来说是"要在十年到十五年或者更多一些时间内"完成过渡，结果不到三年就过渡完了。按毛泽东自定的标准也"走得太快"了，还不是"左"了。这条总路线是在没有条件搞社会主义的地点和时间强制向社会主义过渡，所以这条路线是左倾路线，在左倾路线指导下搞出来的社会主义只能主观社会主义。主观社会主义的计划经济虽然控制了经济，因为经济手段不足，只好以阶级斗争的手段加强政治控制和思想控制。在客观条件不具备的情况下向社会主义过渡，不是历史的前进，而是倒退，倒退到控制经济、控制政治、控制思想的专制主义。人民在严密的控制下失去了自由，必有反弹。这是尔后一切社会动荡和动乱的根源。

问：您的这种看法发表在什么地方？

最早，写在一本书里，以后在单篇文章中引用。这本书的书名是《历史的漩涡——1957》（香港明报出版社出版，2007年），书中专门有一节《祸起总路线》，谈这个问题。

继续谈理论务虚会冲破的思想禁锢。

第四，冲破"以阶级斗争"为纲的思想禁锢。

社会主义就是消灭阶级。无产阶级专政是从阶级社会到无阶级社会的过渡。这些是马克思主义的经典定义。按照毛泽东的"以阶级斗争"为纲的理论，阶级斗争永无止息，阶级成为消灭不了的东西了。阶级斗争，从无产阶级解放人类的学说变成驾驭民众的缰绳。

与会者在理论上批判了所谓"在社会主义历史阶段始终存在阶级和阶级斗争"的观点。

在现实中，经过真理标准讨论，解放思想的结果，经营了几十年的"以阶级斗争为纲"的牢笼，土崩瓦解。1978年4月，已经为尚未摘帽的十多万右派分子摘帽。摘了帽的右派习惯上还叫"摘帽右派"。1979年9月，进一步为右派分子改正，这就是说连"摘帽右派"的帽子也摘了。1979年，为地主、富农分子摘帽，农村中的阶级敌人没有了。1979年，又落实了对原工商业者的政策。同年，还落实对四十五万国民党起义、投诚人员的政策，摘了许多人的"历史反革命"的帽子。在押的国民党党、政、军、特人员统统释放。

第五，冲破社会主义固定模式的思想禁锢。

究竟什么是社会主义？理论务虚会上，许多人提出必须重新认识和探讨。苏联和中国的现实社会主义与马克思主义的理论社会主义不是一回事。中国社会主义模式的形成，是以中央集权的历史传统为背景，引进苏联经验，再加在解放区实行的"土八路"的土政策。王惠德有一说，得到大家的赞同。他说，中国的社会主义是"早产儿"，要补资本主义发展不足的课。其实，说"早产儿"还是客气的，应当说根本没有领到"出生证"。有人认为，改革的方向是退回到新民主主义，纠正在历史发展阶段上的超前行为。也有人认为，可以不放弃社会主义的旗帜，应当重新解释。中国可以叫做社会主义国家，还不是社会主义社会。之所以叫做社会主义国家，是因为走在社会主义道路上，向着社会主义社会前进。因此，有人认为当今中国社会实际上是处于过渡时期，向着社会主义社会过渡。向社会主义过渡与新民主主义实质上是一致的。苏绍智和冯兰瑞有一个联合发言，讲到这方面的内容，很引人注意。在后来的反自由化运动中，向社会主义过渡的理论，被说成"自由化"而遭到批判。官方提出的"社会主义初级阶段"的理论，它的内容，实际上就是补资本主义的课、向社会主义过渡的理论。邓小平的许多说法，都是偷用了自由化的理论而又标榜自己"反自由化最坚决"。

会上还讨论了现行社会主义模式下的政治体制改革，与政治体制改革相联系，倡导自由、民主、人权、法治等普世价值。三中全会的公报和邓小平的讲话，提到的"改革"，都是行政管理的"改革"。

第六，冲破计划经济的思想禁锢。

理论务虚会上讨论了社会主义国家计划经济的通病，一方面仓库里的产品大量积压，另一方面，人们需要的产品又严重匮乏。从实践标准的讨论引出生产目的的讨论。生产的目的究竟是什么？是为了完成计划还是满足人的需要？理论务虚会之后，开展生产目的的大讨论，冲击了计划经济的指导思想。但走向市场经济的思想解放过程，仍然是很艰难的。1979年的中央工作会议上，提法有所改变："以计划经济为主，同时充分重视市场的调节作用。"计划经济被打开一个小小的缺口。这是五十年代以来首次强调市场的作用。以此为起点，继续前进，从"计划经济为主，市场经济为辅"到"有计划的商品经济"、"国家调控市场，市场引导企业"以至"社会主义市场经济"。

"有计划的商品经济"是一个矛盾概念。商品经济本是由价值规律调节的无计划经济。"有计划的商品经济"等于说"有计划的无计划经济"，根本不通。但重要的是突破了"产品经济"的体制，代之以"商品经济"，那个"有计划"的定语，不过是从旧体制脱胎出来的瘢痕。

"国家调控市场，市场引导企业"又前进了一步，取消了计划的作用。

之后，停留在"社会主义市场经济"的提法。市场经济就是市场经济，是否还有与"社会主义市场"对立的"资本主义市场"？中国加入的WTO是"社会主义市场"还是"资本主义市场"？给市场经济戴上"社会主义"的帽子是不合理的，总有一天要甩掉。

冲破计划经济的思想禁锢，走向市场经济，像金蝉脱壳，是在一次又一次的蜕皮中生长的。实行市场经济，必须向国际市场开放。

第七，冲破"资本主义复辟"的思想禁锢。

农业合作化、农村公社化以后，一直在防止"资本主义复辟"、"割资本主义尾巴"。十一届三中全会通过的农业文件，还在下禁令："不要包产到户"，"不许分田单干"。理论务虚会上有人指出:"人民公社妨碍了生产力的发展。"安徽实行"包产到户",对于"走资本主义道路"的指责,省委书记万里理直气壮地回答:"实践检验!"在中国,"防止资本主义复辟"是个虚假命题,因为中国从来不曾有过像样的资本主义,不可能复辟历史上没有的东西。"防止资本主义复辟"的实质是为封建主义招魂。中国需要的不是反资本主义,而是反封建主义。

第八,冲破"工业以钢为纲"、"农业以粮为纲"的思想禁锢,以及"工业学大庆"、"农业学大寨"的思想禁锢。

第九, 冲破蔑视知识分子为"臭老九"的思想禁锢。

第十,冲破"反修防修"的思想禁锢。

五十年代,国内的左倾思潮,通过国际反修斗争进一步发展,在"九评苏共中央公开信"中得到系统化。而在国际反修斗争中系统化的左倾思潮,又返回国内,成为文化大革命的理论准备。第一个触动这个禁区的是国际问题专家宦乡。他说:"国内左倾思想的发展,同一定的国际条件有关,特别表现在国际共运的论战中。当时的论战大大加强了国内左倾思想的发展。尤其是因为苏联批评我们的大跃进,我们就更发誓要比苏联更早进入共产主义。'九评'所提出的观点,有的已经'左'得不能再'左'了。'九评'对国际、国内都有比较大的影响。对国内来说,从'九评'可以看到提出'走资派'的由来和发展,可以看到我们是如何从批判苏联的'奖金挂帅'和南斯拉夫的'市场经济'中发展我们的'政治挂帅'、忽视经济规律、忽视发展生产力的,也可以看到我们是如何从支持赫鲁晓夫批判斯大林搞个人迷信而又转到提倡个人迷信的。林彪、康生、'四人帮'利用这一点大售其奸;两个'凡是'实际上就是去鼓励继续搞个人迷信。"

理论务虚会上很多人指出,"反修防修"不是马克思主义的口号,而是左倾和极左的旗帜。以为文化大革命的出发点是"反修防修",因而理由正当、动机良好,应予否定。理论务虚会特别探讨了究竟什么是马克思主义?什么是修正主义?马克思主义之后的列宁主义、斯大林主义、毛泽东思想是不是马克思主义的合理延伸?还分析了所谓"马克思主义的危机",实质上不是马克思主义本身的危机,而是在苏联和中国马克思主义陷入僵化所发生的危机。当然,马克思主义本身也需要克服十九世纪的历史局限性,在新时代的实践中继续前进。

以上这些,不过是主要方面。理论务虚会在各个领域都提出了一系列拨乱反正的意见,据马沛文统计,会上关注和讨论的问题大大小小有六十四个之多。但唯独没有提出为刘少奇平反,此前的中央工作会议和十一届三中全会也没有提出为刘少奇平反。我没有想清楚为什么,好像不是缺少勇气。这是一个换脑筋、改思想、变风气的时代。有许多现今听起来理所当然、习以为常的说法,在当年是经历了严重的斗争才被人们接受的。

由于简报被收回,我只能根据记忆叙述,也参考了别人的回忆文章。

问:您在理论务虚会上有什么重头的发言?

我在理论务虚会上没有长篇大论的发言，有一篇批判造神运动的长文，但在会上没有宣讲。我的脾气是这样的，如果没人敢讲，我就要跳出来了；如果大家抢着讲，我就少讲或不讲，把机会让给别人。倒是务虚会之后，在批判"与党分道扬镳"的人们的时候，我跳得很高。

**周扬揭秘"在劫难逃"**

理论务虚会期间，周扬透露了1957年文艺界反右派的一些重要情节，令人吃惊。

当时他已年逾古稀，而且因患肺癌动过大手术，但主持会议，带头发言，未尝懈怠。有一天，他没有来。次日，问以故，他说参加（冯）雪峰的追悼会去了。（他弄错了，不是追悼会。后来了解，是中组部举行的一个仪式，宣布为冯雪峰的右派问题改正，恢复党籍。追悼会是在这之后举行的。）他一见雪峰的照片，深感"愧对故人"，痛哭流涕。

1975年，周扬刚从牢里放出来，独自一人，坐公交车从西到东、横跨北京城去看望癌症晚期的冯雪峰。看到雪峰穷困潦倒，周扬返回家中，向夫人苏灵扬要了三百元钱，再次送去。雪峰十分感动，写了一篇寓言《两只锦鸡》，说：两只锦鸡各自拔出一根最美丽的羽毛，送给对方。雪峰行将就木，唯念党籍尚未恢复。周扬回家后连夜给毛主席写信，代诉衷情。而这时他本人的党籍也尚未恢复。

我们小组有人直率地问："当年你怎么下得了手呢？"

周扬这才说出："抓右派之前，主席给我一个名单，名单上的人都要一一戴上帽子，而且要我每天汇报'战果'。我说，有的人鸣放期间不讲话，没有材料，怎么办？主席说，翻延安的老账！我当时常常说'在劫难逃，在劫难逃'，许多人听不懂。"不知内情，谁能听得懂？

冯雪峰被戴上右派分子帽子就是"在劫难逃"。1957年8月27日，《人民日报》在头版以大字标题宣布："冯雪峰是文艺界的反党反社会主义分子"。第二天，冯雪峰所在的人民文学出版社收到文化部的通知："你处报来的冯雪峰的材料，经文化部整风领导小组审核后，决定：列为右派骨干分子。"此前，人民文学出版社根本没有上报冯雪峰的材料，而是四个月以后补报的。

名单上的人，有的周扬也想保护，例如漫画家华君武。他说：华君武出身贫苦，到过延安，言论有错，还不是右派。遭毛严厉斥责："华君武不是右派，你周扬就是右派！"

周扬是有自我批评精神的，他倒并没有完全归罪于这个名单，说："在中宣部，陆定一和我都'左'的不得了。即使没有主席的这个名单，恐怕也好不了多少。"陆定一曾自责："中宣部的任务无非就是整人，今天整了这个，明天整那个。"周扬和陆定一，是老干部中文革之后的大彻大悟者，我对他们二位恭敬有加。1996年5月，陆定一逝世后，我特地发一传真，以示悼念。

《人民日报》社：

　　读五月十日《人民日报》海外版，惊悉陆定一同志逝世，不胜哀戚，请向治丧委员会和定一同志子女以及严昭同志转致悼念之情。

　　我和陆定一、严慰冰夫妇是无锡同乡，深知其为人。他们都是耿介之士，宁折不弯。"文化大革命"中双双入狱，历尽苦辛。粉碎"四人帮"以后一年多，迟至一九七八年底，定一同志才出狱。但他并无怨艾，却反躬自省，坦陈"文化大革命"前的左倾错误，总结共产党执政的教训。陆定一是老干部中为数不多的大彻大悟者。他的心路历程对人具有极大的启示。但愿今人和后人不要忽视他的思想遗产。

郭罗基 于美国
一九九六年五月十二日

　　以前只知道凑"指标"、按"百分比"抓右派，居然还有按实实在在的预定的"名单"抓右派！而且，没有材料就翻老账。后来的文化大革命更是大规模的翻老账运动。

　　有人问："这个名单是哪里来的？"周扬说不知道。

　　有几位自作聪明的朋友说："一定是江青那个坏女人提供的。"

　　我说："不一定。江青不过是看家狗一条！"后来审判"四人帮"时，江青果然说："我是毛主席的一条狗，叫我咬谁就咬谁。"

　　名单上的人，大多是文艺界的名人，被打成右派，往往令人吃惊，所以隔三差五便有轰动效应。后来文艺界对周扬自然是怨言声声、怒气冲冲。周扬在思想解放运动中大声呼喊，为平反冤、假、错案也出力甚多。但有些当年的"右派分子"对他在1957年的所作所为仍不能释怀。七十年代，"右派"丁玲等人变成了"左派"，而八十年代的周扬在反自由化运动中却变成了"右派"，前者对后者依然耿耿于怀。"胡风分子"贾植芳有言："如果丁玲、陈企霞当权，可能比周扬还周扬。"

　　问：这可是大事，周扬有没有提供证据？

　　我也有和你同样的想法，所说的这件事没有证据。我私下对周扬说："这叫死无对证。"

意思是提醒他，可能有人会怀疑他推卸责任。

他说："你去看看1958年1月份的《文艺报》。"

我有印象，说："好像专门登了几位作家在延安时代的作品。"

"那就是为了翻老账。你再仔细看看'编者按语'，是不是主席的话？"

我把1958年1月26日出的《文艺报》第2期找了出来，"编者按语"的题目叫做《再批判》。确实，那口气非毛莫属，印证了周扬所说的情节。

后来我又从中共中央文献出版社出版的《建国以来毛泽东文稿》（内部发行）第7册找到了这个"编者按语"，那就是铁证了。注解中说："根据毛泽东的指示，《文艺报》准备在第2期出一个特辑。《文艺报》拟的按语，毛泽东不甚满意，改写和加写了许多段落。"

《再批判》的全文如下（[……]中的文字就是毛泽东改写或加写的段落）：

[再批判什么呢？王实味的《野百合花》，丁玲的《三八节有感》，萧军的《论同志之"爱"与"耐"》，罗烽的《还是杂文的时代》，艾青的《了解作家，尊重作家》，还有别的几篇。上举各篇都发表在延安《解放日报》的文艺副刊上。主持这个副刊的，是丁玲、陈企霞。]丁玲的小说《在医院中时》，是1941年发表在延安的文艺刊物《谷雨》上的，次年改题为《在医院中》，在重庆的《文艺阵地》上重新发表。

在延安时，两位武夫贺龙、王震曾狠狠地批评丁玲。周扬说，当时毛主席保了丁玲。而萧军的《论同志之"爱"与"耐"》还是经他老人家修改、润色的。

《再批判》继续写道：

王实味、丁玲、萧军的文章，当时曾被国民党特务机关当作反共宣传的材料，在白区大量印发。萧军、罗烽等人，当时和丁玲、陈企霞勾结在一起，从事反党活动。丁玲、陈企霞等人在此后的若干年中进行了一系列的反党活动，成为屡教不改的反党分子。

[丁玲、陈企霞、罗烽、艾青是党员。丁玲在南京写过自首书，向蒋介石出卖了无产阶级和共产党。她隐瞒起来，骗得了党的信任，她当了延安《解放日报》文艺副刊的主编，陈企霞是她的助手。]罗烽、艾青在敌人监狱里也有过自首行为。

[这些文章是反党反人民的。1942年，抗日战争处于艰苦的时期，国民党又起劲地反共反人民。丁玲、王实味等人的文章，帮助了日本帝国主义和蒋介石反动派。]

上述文章在延安发表以后，立即引起普遍的义愤。延安的文化界和文艺界，针对这些反党言论展开了严正的批判。十五年前的那一场斗争，当时在延安的人想必是记忆犹新的。去年下半年，文艺界展开了对丁玲、陈企霞反党集团的斗争和批判。许多同志的文章和发言，重新提起了他们十五年前发表出来的这一批毒草。

[1957年，《人民日报》重新发表了丁玲的《三八节有感》。其他文章没有重载。"奇文共欣赏，疑义相与析"，许多人想重读这一批"奇文"。我们把这些东西搜集起来全部重读一遍，果然有些奇处。奇就奇在以革命者的姿态写反革命的文章。鼻子灵的一眼就能识破，其他的人往往受骗。外国知道丁玲、艾青名字的人也许想要了解这件事的究竟。因此我们重新全部发表了这一批文章。]

"奇文共欣赏，疑义相与析"，这两句陶渊明的《移居》诗，从此就有了新的含义。如果哪篇文章成了"奇文共欣赏"，经批判家们"疑义相与析"，必定是"毒草"，对作者则发出"打倒"的信号。故流行的成语词典都要特别注明："现常用于贬义"。隐逸世外的陶渊明，决没有想到他的诗句会成为毛泽东进行阶级斗争的武器。请继续看《再批判》：

[谢谢丁玲、王实味等人的劳作，毒草成了肥料。他们成了我国广大人民的教员。他们确能教育人民懂得我们的敌人是如何工作的。鼻子塞了的开通起来，天真烂漫、世事不知的青年人或老年人迅速知道了许多世事。]

为了帮助读者理解这些文章对于我们有些什么教育作用，毒草何以变成肥料，我们发表了林默涵、王子野、张光年、马铁丁、严文井、冯至同志的六篇文章，而把每一个批判对象的原文附在批判文章的后面。当然，这个批判还是不够的。我们希望文艺界利用这个材料，在各地的文艺刊物上发表深刻的批判文章，给读者以更多的帮助。

马铁丁是郭小川。上述六位批判别人的人，后来也遭到批判，有的被打倒甚至受迫害至死。

丁玲、陈企霞早在反右派之前已被打成"反党集团"，大鸣大放中噤若寒蝉，为什么还要戴上"右派分子"帽子？就因为又一次被列入毛给周扬的名单，故"在劫难逃"。由此可见周扬所言非虚。

丁玲等人，政治上一点不"右"，反右运动把"左派"打成"右派"，确实是搞错了。坏就坏在他们常常向党"翘尾巴"，故打成"反党集团"之后仍不罢休，没有"右派言论"也要戴上"右派分子"帽子。"右派分子"帽子一戴，就像套上了紧箍咒，不翘"尾巴"了；摘了"右派分子"帽子，非但不翘"尾巴"，对党感恩戴德了，于是以"优秀共产党员"告终。不是说丁玲写过"自首书"吗？那也一笔勾销了。

从毛泽东在"编者按语"中所写的可以看出，要"翻延安的老账"完全发自内心，决非"坏女人"江青唆使。毛泽东交给周扬的那个名单，其中一批老作家从延安时代起就是属于"翘尾巴"的一族。

诗人邵燕祥看了我回忆周扬的文章讲到1957年按名单抓右派，感慨道："真没有想到！也许我就在这个名单上。"

## 理论务虚会的光辉

胡耀邦号召大家"冲破一切禁区，打碎一切精神枷锁"。参加会议的，如胡耀邦所说的一大批理论战线上的"闯将"，是打败两个"凡是"的胜利之师，眼里根本没有"禁区"。理论务虚会成员马沛文的事后回顾中说："会议是对各种禁区的大冲击，是对两个'凡是'的大扫荡。"理论务虚会形成解放思想的核爆炸，震动京师，远播四方。从真理标准的讨论到中央工作会议和十一届三中全会，再到理论务虚会，思想解放运动步步升、节节高。理论务虚会是思想解放运动的顶峰。

还有一个意外的收获。本来这些理论战线上的"闯将"们分散在各部门、各单位人自为战，是中宣部把大家召集在一起，经过两个多月的讨论，互相启发，互相鼓舞，形成了一个团结战斗的思想解放派群体。所以，后来邓小平对"自由化分子"的处置，采取各个击破、调离北京、发配外地的办法。

  理论务虚会成员李洪林评价道："当代中国历史上，理论工作从来没有这样活跃过。就思想生活而言，对当代中国历史进程的影响，没有任何事件可以与这次务虚会相比。"在中国共产党的历史上，也可以说在国际共产主义运动的历史上，如此大规模、长时间地集合，进行思想理论的自由讨论，从来没有过。在中国和世界历史上倒是有过，那就是稷下学宫和柏拉图学园。公元前四世纪的战国时期，齐国在都城临淄稷门设立学宫，招揽儒、法、墨、道、名、兵、农、阴阳、纵横各家学派，齐集一堂，"不治而议论"。稷下学宫鼎盛时期达"数百千人"，世称"百家争鸣"。在百家争鸣中产生了一大批思想家，如孟子、荀子、邹衍、慎到、田骈、接子、环渊，淳于髡等，留下了大量的著作。公元前三百多年，柏拉图在雅典创办的学园（Academy）也是思想活跃、自由讨论的场所。稷下学宫存在了一百五十年，柏拉图学园绵延长达九百年。真可惜，二十世纪中国的理论务虚会不过是昙花一现。

# 第四十六章　批判造神运动

理论务虚会期间，我完成了一篇批判造神运动的长文。1978年10月，瞄准对毛泽东的个人崇拜，我在《光明日报》上发表的文章中提出"造神运动"的概念。两三个月，这一概念已经很流行。

## 人怎样变成了神？

粉碎"四人帮"不久，魏纪文和丁始琪来我们家聊天。我说，我要写一本书，书名是《人怎样变成了神？》，这是我思考了十多年的一个题目。他们心领神会。丁始琪说："你趁早别写了，写了也没有人给你出版，弄不好还要当反革命。"

我说："没有人给我出版，我可以留给儿子，儿子还有儿子，我相信总有一天会出版。"

1977年3、4月间，丁始琪跑到我家，神色慌张，说："你的书千万别写了，免得惹是生非。现在抓'恶毒攻击'的反革命，风声很紧，听说了吗？"

问：什么是"恶毒攻击"的反革命？

"恶毒攻击"出于文革中的《公安六条》，全称是《中共中央、国务院关于无产阶级文化大革命中加强公安工作的若干规定》，内容有六条，故简称《公安六条》。《公安六条》的规定："恶毒攻击伟大领袖毛主席和他的亲密战友林副主席的，都是现行反革命"，简称"恶攻罪"。这是违反立法程序的非法的法。多少人屈死于这个非法的法的枪口之下。粉碎"四人帮"以后，两个"凡是"继续维护这个非法的法。1977年2月8日，即公示两个"凡是"的社论发表的次日，作为主席的华国锋签发了中共中央五号文件；3月28日，作为总理的华国锋又签发了国务院三十号文件。这两个文件都要严厉追查"恶毒攻击"的现行反革命。文件规定，对这些现行反革命"要坚决逮捕法办，对极少数罪大恶极、不杀不足以平民愤的，要坚决杀掉。"在这两个文件之后，又抓人又杀人，全国出现一片恐怖。据传，被杀的受害者达44人之多。各地都有一些张志新式的优秀人物惨遭杀害。上海的青年马克思主义者王申酉，逃过了"四人帮"的一劫，却又死在两个"凡是"的枪下。两个"凡是"也是欠了血债的。1980年11月，在批评华国锋的错误的政治局会议上，胡耀邦指出，在粉碎"四人帮"以后的半年多，可以说是"阴风习习，杀气腾腾"。

我对丁始琪说："抓'恶毒攻击'的反革命，我都听说了。书，我还是要写的，要把我当反革命来抓，也没那么容易。"

仅仅过了一年，1978年11月，中央工作会议期间，传出来会上已经为彭德怀平反了。彭德怀是正确的，那就是说反对彭德怀的毛泽东是不正确的。我不必写了书留给儿子了，而且写书都来不及了，我赶紧提起笔来批毛泽东，先写一篇文章。

## 一点一点往前拱

文章正在写作中，《中国青年》来约稿，要我提供一篇点名批毛的文章。他们看到我在《光明日报》上发表的文章中提出"造神运动"的概念，派来编辑程祖旋与我长谈。当时思想解放派有一个策略，叫做"一点一点往前拱"，不能得寸进尺，得寸进寸总可以吧。程祖旋说，现在李洪林已经拱到"现代迷信"，你已经拱到"造神运动"；"现代迷信"、"造神运动"都是新鲜概念。能不能再往前拱一拱，"现代迷信"的对象是谁？"造神运动"的神是谁？我说，可以呀，我正在写这方面的文章。他们给我出的题目是《正确对待领袖》。点名，要想一个巧妙的办法，尽量不让抓到把柄。

我从坚持实践标准出发，提出对毛主席的态度问题。毛主席语录不是真理标准，这个问题已经解决了；但毛主席本人还是批评不得的。我想出来的办法是"以子之矛，攻子之盾"。毛泽东说："事物都是一分为二的。"这是毛泽东思想的辩证法。毛泽东思想的辩证法是否适用于毛泽东本人？马克思说："理论只要彻底，就能说服人。"如果说毛泽东思想的辩证法不适用于毛泽东本人，这样的理论就不彻底了，因而也就不能说服人。如果"一分为二"的辩证法同样适用于毛泽东本人，那就不能禁止议论毛泽东的缺点和错误。所以我说要用毛泽东思想来对待毛泽东。实践标准不能用到毛泽东身上，是思想不解放；毛泽东的理论不能用之于毛泽东本人，是理论不彻底。所以我的题目是《思想要解放，理论要彻底》。

文章写好后，《中国青年》又不敢发表了，说还是太冒险。

## 轰动蜀中

1978年12月，四川省社会科学院举办毛泽东思想研讨会，我应邀参加。我在会上的发言，就是文章的内容。外地和北京，在思想解放的程度上，差距还是很大的。他们认为我讲的很新鲜，也很吃惊。在座的一位女共产党员，是小说《红岩》中孙明霞的原型，解放前出生入死，"文化大革命"中却被打断了腿，百感交集，流下了眼泪。我的讲话传开以后，在成都地区很轰动。四川大学请我去演讲。我在网上看到川大的学生几十年后忆当年的文章：

全国掀起真理标准大讨论热潮，思想开始解冻。思想松动之后的川大，历史给我们呈现了这样几个镜头：1979年初，北大的郭罗基到川大演讲，他慷慨激昂，台下学生掌声雷动，有的甚至热泪盈眶。同时，也有学生大喊："滚下来，不许你在这儿放毒！"（《〈锦江〉：一本民间刊物的光荣与梦想》，作者：埂上插秧 香港中文大学中国研究服务中心主办《民间历史》，www.mjlsh.org/Book.aspx?cid=4&tid=707）

有一篇回忆文章的叙述非常生动：

记不清是大二还是大三，郭罗基，中国社科院哲学所研究员（误），来川大讲演，我们挤在大礼堂里，那个时候这些语言，对我们，真是振聋发聩，醍醐灌顶，好像在黑暗中摸索，终于见到一丝烛火。记得整个礼堂可能静默了一秒钟，转瞬便掌声雷动，我们兴奋得从椅子上站起来，使劲鼓掌，大叫'一针见血！''太精辟了！'好多同学还嫌不够表达，使劲儿地拍打椅背，热血沸腾，有人还唱起了国歌：'中华民族到了最危险的时候'！好多人和我一样，激动得流下了眼泪。与此同时，也有一些反对的人，包括我们班上几个同学，他们也站起来，也拍着椅背，对着郭罗基大喊：'你反对两个凡是！是路线错误！''不许你在这里放毒！'。他们也很群情激昂，大声呐喊。可以想见，那是一个怎样的剧烈变革的时代！怎样一个思想交锋激烈的时代！很多昨天还道貌岸然的东西，今天便成了狗屎，以前认为大逆不道的观念，一觉醒来可能就变成了时髦。（《八十年代的血液和光芒》，作者：浓玛 提交，日期：2009-4-9 11:32:00 *LTLT56.blog.tianya.cn*）

我演讲时，川大礼堂挤满了人，连窗台上都坐上了人。据说从来没有过。我演讲的过程中，支持的和反对的，两方面确实都很"群情激昂"。主席台上的学校领导人却呆若木鸡。结束时，主持人副校长说："郭罗基同志讲完了，他讲的内容我们回去再研究研究。散会。"礼节性的客套话都没有。大学生们围住了我，有的说："郭老师，你不要在意。我们这里的领导和群众就是尖锐对立。"有的说："从来没有听过这样的报告，希望你多讲几次。"多少年后，有人还对我讲起这次报告的启蒙作用。事后了解，有人还到派出所报告："川大礼堂有人在发表反革命演说。"在那个年代，我们这些思想解放派处在冰炭两重天的夹缝之中，一边是热烈赞扬，一边是冷酷谴责。

四川师范大学又请我去讲了一次。

研讨会结束后，我到了重庆，在重庆市委党校讲了一次。

然后，乘江轮，顺流而下，出夔门，过三峡，到武汉。

## 顺流而下到武汉

我到武汉是为了一件私事。

刘渝宜的父亲、我的岳父刘绶松是武汉大学的著名教授，出版了第一本中国现代文学史。

六十年代，刘绶松参加了文科教材会议，受到周扬的器重，委托他编写文科的中国现代文学史教材。文化大革命一来，刘绶松就作为"反动学术权威"被打倒，挂着"周扬的走狗——修正主义分子刘绶松"的大牌子，在武汉三镇游街，经受没完没了的批斗。他还被他的研究生陆耀东打了一记耳光。根据以往的经验，他期望"运动后期落实政策"。所以，他咬着牙，忍受苦难和屈辱挺住了。军宣队进校后，在清理阶级队伍中，刘绶松头上的帽子非但没有抖落，仍然定为"文艺黑线人物"，又加了一顶"假党员"，因为他是"反革命修正主义分子"王任重发展入党的。而且扬言因"态度恶劣"，将作为从严的典型。刘绶松的妻子、刘渝宜的继母张际芳，年轻时参加过三青团，被戴上"历史反革命"的帽子。按《惩治反革命条例》三青团的区队长以上才是"历史反革命"，一般的三青团员是不予追究的。军宣队完全是乱来。老两口以为这就是"运动后期落实政策"，不得翻身了。他们双双上吊自尽。刘渝宜的五个未成年的弟弟立即被扫地出门，赶到农村。几个男孩还要照顾一位八十多岁的姥姥。姥姥经不起折腾，死在转辗的途中，真是死无葬身之地。刘家顿时家破人亡。

粉碎"四人帮"以后，武汉大学迟迟不给刘绶松夫妇落实政策。周扬已经恢复工作，任中国社会科学院顾问。挂在周扬名下的"文艺黑线人物"刘绶松却不予平反。我和刘渝宜到社科院找周扬。我说："你周扬已经平反了，而'周扬的走狗'刘绶松却不得平反。"渝宜讲起父母和家庭的悲惨遭遇，伤心落泪。周扬也满脸哀戚，说："想不到我连累了你的父母，真是对不起！"相对无语良久，周扬说："武汉大学不落实政策，我们来想别的办法。"他想出来的办法是给湖北文联主席兼作家协会主席骆文写一封信，请他们在文艺界为湖北作家协会副主席刘绶松恢复名誉，推动武汉大学平反。这一着果然有效。1978年8月26日，武汉大学在体育馆举行了刘绶松追悼会，那时，开追悼会就是落实政策的标志。在追悼会上，刘渝宜因对父母双亡的悲痛和对武汉大学的气愤，当场晕倒。刘绶松虽然落实政策了，因株连而下农村的五个儿子尚未落实政策。我到武汉大学找到党委书记庄果，要求将五个儿子调回几个。庄果是个保守分子，他打官腔，说："我们等武汉市和湖北省的统一安排，武汉大学不好单独行动。"

武汉大学的学生听说我在四川大学的演讲很轰动，他们要求党委也请我讲一次。演讲以后，情形和川大差不多，反应两极化。党委书记庄果说："上当了，不知道他讲这些内容，早知道我们就不请他了。"

在湖北省社联的报告会上又讲了一次。

回到北京，参加理论务虚会。

## 胡耀邦为我改文章

四川省社会科学院将我的演讲整理成文，寄给我过目，说是要登内部刊物。我花了时间进行修改、补充，点出文章的主旨："问题集中到一点：到底怎样才是正确对待伟大领袖毛主席？到底怎样才是真正高举毛泽东思想伟大红旗？这就逼得我们非要思考、研究、探讨和回答不可。这个问题不解决，实践标准就不能贯彻到底，解放思想也只能停留在半路上。"

文章分三个部分：

第一部分，为什么对毛主席的态度问题会成为解放思想的障碍？

回答三个问题：林彪、"四人帮"怎样把人变成了神？林彪、"四人帮"为什么能把人变成神？在中华人民共和国的历史上，一定时期出现"造神运动"并且给人民带来了大灾难，是不是必然的？

第二部分，取消神学的权威，才能恢复实践的权威。

也回答三个问题：为什么要有领袖？领袖是怎样产生的？领袖产生以后起什么作用？

第三部分，人民群众是历史的主人，热爱领袖应当以尊重群众作为前提。

张显扬、王贵秀看了这篇文章后说："登内部刊物太可惜了。"他们出主意，叫我把它交给《红旗》发表。《红旗》是"凡是"派把持的阵地，一直抵制真理标准的讨论。理论务虚会上，"凡是"派都在检讨。张、王的意思是拿这篇文章试探一下，看他们是真认错还是假检讨。

《红旗》主编熊复收到了稿件既不说"发表"也不说"不发表",把球踢给了中央宣传部长胡耀邦——"送审"。熊复是想借胡耀邦之手来扼杀这篇文章。根据以往的经验,文章"送审"总是凶多吉少,大家都担心会被"枪毙"。

不料,过了几天,传来耀邦的意见,他说这篇文章写得很好,同意发表。我们几个难兄难弟喜出望外。他看了三遍,亲自做了修改。在中国的领导人中,往往是自己的文章叫别人来动笔;像耀邦那样自己动笔修改别人的文章,确实不多见。他还请朱穆之(中宣部常务副部长)再看一遍,可见处事之慎重。朱提的意见都是细枝末节,交我本人修改。文章发表在《红旗》1979年第3期上。这是粉碎"四人帮"以后第一篇公开发表的指名批评毛泽东的文章,从此"造神运动"的提法广为传播。人们注意到这篇文章和《红旗》历来的调子不同。《北京之春》的王磊将它分页贴在民主墙上,旁有批语,什么"写得好!""逻辑性很强"之类。香港《大公报》以《〈红旗〉找到了真理标准——第三期载文论述正确对待毛主席问题》为题,发表了一篇"本报特稿"。其实,这是胡耀邦的决定,并非《红旗》的本意。《红旗》直到1986年第6期寿终正寝,一直没有找到真理标准。

我的老同学贺捷生(贺龙和蹇先任之女)住在京西宾馆附近,有一天她请我吃饭,胡德平作陪。德平是耀邦的长子。他告诉我:"您这篇文章提出了一个重大的问题,父亲说他考虑了很久才决定发表。"德平在北京大学历史系学习的时候,我给他们年级讲过哲学。他和李讷等是少数几个没有傲慢态度的高干子弟。后来,虽然他当了大官,见了面还是恭而敬之地喊我:"老师!"

## 三株大毒草

文章发表后,有人叫好,有人惶恐。结果还是成了"大毒草"。

问:不是说十一届三中全会以后不搞运动、不搞大批判了吗?

是的。十一届三中全会的公报说:"在人民内部的思想政治生活中,只能实行民主的方法,不能采取压制、打击手段。要重申不抓辫子、不扣帽子、不打棍子的'三不主义'。"刚刚讲过,帽子、棍子就来了。邓小平3月30日的讲话以后,风云突变。北京盛传"有三篇文章是大毒草"。一篇是《人民日报》、《光明日报》3月8日同时发表的陆定一的《怀念人民的好总理——周恩来同志》。文中有这样两句话:"彭德怀同志在1959年庐山会议上的'意见书'是正确的。错误的不是彭德怀同志,而是反对彭德怀同志的人。"据说,只能讲彭德怀是正确的,不能讲反对彭德怀的人是错误的。陆定一这样讲了,就是"矛头指向毛主席"。这也不难解释,因为反对彭德怀的人除了毛泽东以外,大多健在。但是,要说成"彭德怀是正确的,反对彭德怀的人也是正确的",说得通吗?这就必须推翻逻辑学,否则难以成立。另一篇是《人民日报》3月9日发表的短评《关于"抓革命,促生产"的提法》。据说,因为"抓革命,促生产"的提法是毛主席讲的,不能妄加非议。还有一篇就是3月5日《红旗》发表的郭罗基的《思想要解放，理论要彻底》。据说，这篇文章讲的"理论要彻底"就是彻底否定毛主席。有的省，在省委扩大会议上点名批评这"三株大毒草"。

文化大革命中，谁说毛泽东或毛泽东思想可以一分为二，就会被打成"反革命"，甚至掉脑袋。我的这篇文章打破了禁忌。虽然免当"反革命"了，但还是"大毒草"。没有经历过那个时代的人们，很难想象冲决思想罗网之艰难。

## 胡耀邦的无奈

在一次新闻工作会议上，耀邦也说这三篇文章有问题，还说："理论要彻底，难道就要彻底否定毛主席呀？"。

问：你的文章不是胡耀邦修改后同意发表的吗？怎么他又说"有问题"？

是啊，这就怪了。

胡绩伟是耿介直言之士，马上顶撞他："陆定一的文章是我和杨西光（《光明日报》总编）做主，没有通过你。另外两篇文章都是你看过的。郭罗基的文章你亲自做了修改，还说写得好。如果这三篇文章有问题，我和杨西光两个人负责一篇，你一个人要负责两篇。"耀邦笑笑呵呵，无话可说。只有像耀邦这样具有民主风度的上级才经得起顶撞；也只有像胡绩伟这样忠诚正直的下级才敢于顶撞。"四人帮"时期，胡绩伟和王若水因为讲了真话被打成"人民日报反动势力的代表人物"。胡绩伟调离《人民日报》，王若水下放到大兴县当农民。在耀邦手下工作，胡绩伟经常大胆放言。一个是中宣部长，一个是《人民日报》总编，他们配合默契，以至人们调侃说他们是"拉二胡"。我敬佩胡绩伟的直率，不过在这一点上他缺乏深思。耀邦自己同意发表的文章为什么又加以否定？第一，不至于如此健忘；第二，又并非嫁祸于人；第三，必有难言之隐。从这件事情开始，我注意观察耀邦，我认为有时他的嗓门里发出来的是别人的声音。果然，后来得知，3月16日邓小平在在人民大会堂召开的部长以上干部会上说："我们必须坚决地维护毛主席这面伟大旗帜。""我们写文章，一定要注意维护毛主席这面伟大旗帜，决不能用这样那样的方式伤害这面旗帜。否定毛主席，就是否定了中华人民共和国，否定了整个这一段历史。"按邓小平的标准，这"三株大毒草"就是"写文章""用这样那样的方式伤害"了"毛主席这面伟大旗帜"。他还批评耀邦"在毛主席问题上是不慎重的"。所以耀邦不得不有所表示。胡绩伟顶撞了胡耀邦倒是无所谓，他那里知道要命的是顶撞了背后的邓小平。

## 世有后来者

把毛泽东请下神坛，是艰巨的而且是冒险的事业，我只是开了一个头。三十多年后，茅于轼为辛子陵的《红太阳的陨落》写了一篇序言，还在呼吁"把毛泽东从神还原为人"。想不到，竟遭激烈的攻击。2011年5月24日，毛派网站"乌有之乡"发表了马宾等五十一人的"公诉书"，指控茅于轼犯了"颠覆国家政权"罪，要求法院对茅于轼、辛子陵二人进行审判，声称已有上万人签名联署。看来，造神和反造神的斗争还将持续下去。

## 第四十七章　邓小平的转向和理论务虚会的腰斩

虽然胡耀邦规定理论务虚会是党的会议，只在内部讨论问题，由于简报散发得很广，也由于当时的社会风气人们关心思想、理论、政治问题，不像现在的人们热衷于股票、房价，胡耀邦说，不到十天，恐怕有一千万人知道这个事了。他认为这样不好，对抓紧解决当前的问题不利。果然如此。理论务虚会上的离经叛道、惊世骇俗之论，在社会上引起了震动。按文化大革命中流行的标准，许多说法都是"反革命言论"。在这个时期，精英和大众在认识上的差距是很大的。因此，理论务虚会一方面引起深层的共鸣，同时也遭到世俗的非议。由于一时挣脱禁锢，社会上的各种力量都很活跃，局部地区发生了"闹事"。2月8日，胡耀邦将上海、浙江、山西等地"闹事"的材料印发给与会者，批了一句话："请同志们想想这个问题。"党内的保守势力认为，当时的形势是"江河泛滥"，"逆风千里"。他们将此归罪于十一届三中全会和理论务虚会。胡耀邦认为，这是搞民主的副产品，两三个月就会平静下来。共产党的最高当局有点惊惶失措，再加西单民主墙上魏京生大字报的刺激，邓小平在十一届三中全会后态度发生了变化，而理论务虚会也随之生变。

### 邓小平向"左"转

起初，西单民主墙的呼声配合了中央工作会议，共产党领导人曾经加以肯定和支持。邓小平曾说："西单墙，可有劲！"在起草那个三中全会的主题报告时，邓小平对于光远说："关于西单墙，你给我写几百字，加进去。"官方和民间、上层和下层形成良性互动。但事情起了变化。1979年2月，邓小平发动的"惩罚越南"的战争，打得并不顺利，损失很大。民主墙的大字报有所批评。魏京生在《要民主还是要新的独裁？》的大字报中甚至说"必须警惕邓小平蜕化为独裁者"。正在运筹帷幄向"凡是"派争夺最高权力的邓小平，不能容忍腹背受敌，陡然改变了对西单民主墙的态度。

魏京生空谈民主，不懂得现实政治。他所空谈的民主，也不见得比不久前邓小平在中央工作会议上谈得好。当时的中国，前进的主要障碍是"凡是"派，而不是邓小平；相反，邓小平还是反对"凡是"派的实力人物。如果按照魏京生的意见，将邓小平作为"新的独裁者"打倒，中国的形势必将出现倒退。

魏京生的意见并不代表民主墙的主流，而且他不顾民主墙人士的劝阻，一意孤行。但邓小平决定抓人，错误更大。务虚会成员李洪林、阮铭，找胡耀邦，说不应该抓人。胡耀邦说："是彭真，越过我，把报告送到小平同志那里。现在已经无法挽回了。"如果不抓，魏京生的言论必将自生自灭；一抓，反而扩大了影响，遂使竖子成名。魏京生要的就是轰动，邓小平却使他更为轰动。邓小平正在寻找从反"左"转向反右的根据，魏京生向他提供了口实。他们互相满足了需要。

### 理论务虚会被腰斩

理论务虚会第一段结束时，确定六个专题，每个专题由三个人准备，作为下一段的大会发言。我和汪子嵩、邢贲思承担的专题是《理论工作的经验和教训》。3月下旬，各省市的人陆续都来了，将近五百人，会议名称改为"全国理论工作务虚会"。各省市新来的人，身份与第一阶段的成员不同，他们都是党组织指派的，故称"代表"，报到后入住京西宾馆；原参加理论务虚会的人，迁往友谊宾馆。参加同一个会议的两部分人，分居两处，相距遥远，从不照面。有人认为，这样的安排是为了防止各省市新来的人受原理论务虚会成员的影响。除了第一阶段的五个组，增加军队三个组和地方六个组（华北、东北、西北、华东、中南、西南）。会议变更了议程，大会不开了，六个专题发言取消，原参加理论务虚会的和各省市新来的，从3月28日起分别开小组会。要求原理论务虚会的五个小组讨论对理论务虚会的评价问题，因为社会上发生了对理论务虚会的不同评价。而各省市新来的则讨论当前形势，因为社会上对当前形势是好是坏议论纷纷。

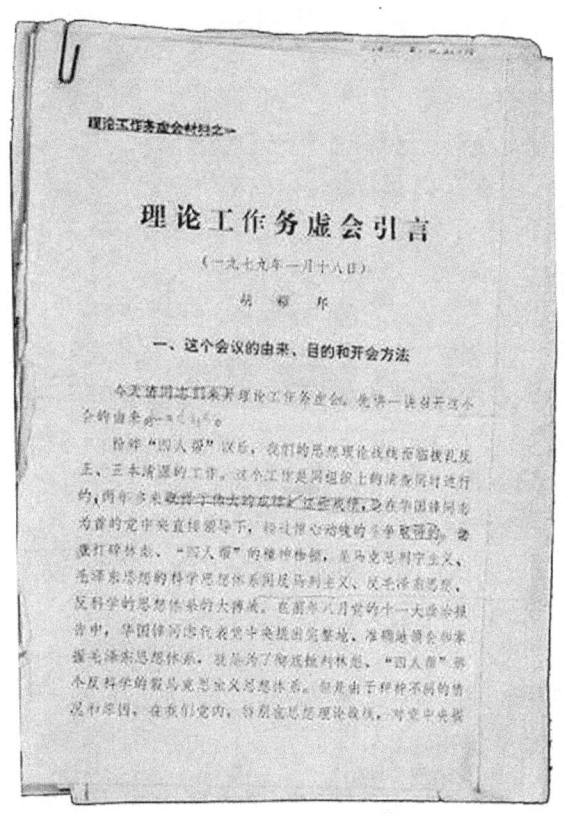

1月6日，华国锋在审阅胡耀邦的《理论工作务虚会引言》后，表示赞同，并已答应在会议结束时讲话。华让胡准备讲稿。胡嘱意李洪林起草。讲稿早已写好，但华国锋不讲了。最后由副主席邓小平讲话。有人分析，这是华国锋表示不满，解放思想惹的祸，让你邓小平去收拾。邓讲话后，又开了三天小组会，"领会"邓的讲话。原理论务虚会的五个小组，大多消极怠工，讨论很不景气。理论务虚会虎头蛇尾，于4月3日草草收场。

### 四个"凡是"取代两个"凡是"

3月30日，邓小平做《坚持四项基本原则》的报告，名曰"在党的理论工作务虚会上的讲话"，实际上是在人民大会堂的万人大会上发表的国策宣言。会议由中共中央副主席李先念主持，主席台上坐着"党和国家领导人"，党外人士宋庆龄就坐在邓小平的旁边，显然已经不是党的会议。这个讲话提出的"坚持四项基本原则"，既不是中共中央的决议，也没经全国人大的讨论，却成了政治生活的指导方针。中央机关和北京市的干部占据了大厅，理论务虚会的成员被挤到楼上，喧宾夺主。

邓小平的这个讲话是为了安抚党内气势汹汹的保守势力。讲话稿由胡乔木起草。在中央工作会议期间，根据胡乔木起草的讲话稿，邓小平认为"他不行了"。现在他又"行了"？是的。要反"左"，胡乔木不行了；要反右，胡乔木又行了。至于邓小平本人，反"左"反右都行。

本来邓小平对西单民主墙、理论务虚会都是叫好的，忽然变脸了。1月27日，胡耀邦向理论务虚会成员传达了邓小平在出访美国前夕听取会议讨论汇报时的讲话。邓小平对会议表示满意，并要求进一步讨论民主问题，写出"大文章"来。

从一开始的"不要设禁区，不要下禁令"，到要求写出民主问题的"大文章"，理论务虚会的成员是在他的鼓舞下前进的。不过事隔一个多月，邓小平的腔调变了。"坚持四项基本原则"是对思想解放下了一道戒严令。

要感谢邓力群提供的邓小平和胡乔木的私房话，否则我们还不知道。邓力群在《十二个春秋》中写道："会议开的时间愈长，发言的人愈多，离谱的东西也就愈多。最突出的是王若水，他否定毛泽东思想和毛泽东本人，从毛泽东的个人品质上，要连根拔掉毛泽东和毛泽东思想。"我说过，他们好像采取打篮球的人盯人的战术，邓力群就是紧盯王若水的。邓小平说："看理论工作务虚会的简报，越看越看不下去。"胡乔木也说："这个会越开越不像样，这个也否定，那个也否定，归纳起来是五个否定，即否定社会主义、无产阶级专政、党的领导、马列主义和毛泽东。"（邓力群《十二个春秋》第135-136页，香港博智出版社，2005年。）所以他们要腰斩理论务虚会。邓小平与胡乔木合谋，将"五个否定"改造制作为"四个坚持"（否定毛泽东改为否定毛泽东思想，与否定马列主义合为一条）。

所谓"坚持四项基本原则"是：坚持社会主义道路；坚持无产阶级专政；坚持共产党的领导；坚持马列主义、毛泽东思想。

十年以后，胡乔木却说："四项基本原则站不住！将来总要从宪法中拿掉！"（见鲍彤《胡乔木说四项基本原则站不住》，《开放》2008年4月号。先是胡乔木对赵紫阳说，赵告知鲍彤；胡乔木对鲍彤又说了一遍。）胡乔木在起草的时候，是否认为"四项基本原则站不住"？如果自己不相信，编出一套来叫别人相信，那就是希特勒的宣传部长戈培尔。如果当时认为"四项基本原则"是站得住的，后来"笑嘻嘻"地说站不住而不做一点反省，那就是"墨索里尼，常有理"。反正胡乔木是这两个角色中的一个。他这个人是多面体，不同的时期、不同的场合可以扮演不同的角色。多面体的内囊究竟包藏着一个什么样的灵魂？有兴趣的不妨探究一番。邓小平常常说："四项基本原则是上了宪法的。"这是唬人的。现行宪法提到的中国共产党的领导等等，是序言中的历史性叙述，不是宪法的条文，没有法律效力。当然，即使是历史性的叙述，将来也要从宪法序言中拿掉。

邓小平的《坚持四项基本原则》的讲话中说，理论务虚会"总的说来开得是有成绩的。"这个评价，从正面的意义上说，低得不能再低了；再低，没有成绩，成负面意义了。当时，还听到他讲了一段话，大意是：党中央对理论界抱有很大的希望，现在感到失望。会后作为文件下发以及编入《邓小平文选》时，删掉了。整个讲话给人的印象，之所以强调"坚持四项基本原则"，是针对理论务虚会背离"四项基本原则"而发。

邓小平讲话时，明确提出"右倾是主要危险"，"要把党的主要精力放在反对右倾的斗争上"。这种提法遭到务虚会成员的反对，认为与刚闭幕的十一届三中全会的精神不一致。邓小平的讲话正式见报时改为："我想着重对从右面来怀疑或反对四项基本原则的思潮进行一些批判"。中央工作会议和十一届三中全会以反"左"树立了历史的界碑。仅仅过了三个月，难道"左"的路线就完全纠正、"左"的影响就彻底清除了吗？十三年之后，同一个邓小平在南巡讲话中又说："根深蒂固的还是'左'的东西"，"中国要警惕右，但主要是防止'左'。"那么，1979年3月根深蒂固的"'左'的东西"清除了吗？从"反'左'"到"反右"的转向是正确的吗？

经过十年动乱，中国社会的正常秩序十分脆弱。拨乱反正不得不用猛药，但体虚神迷的社会又经不起猛药。十一届三中全会引导历史转轨以后出现的不良反应，是难以避免的。政治家应当谨慎从事，进行调适。邓小平又轻车熟路从反"左"转向反右，掌错了舵。从此不提那两三万字的讲民主的"大文章"了。事实证明，邓小平讲话之后，社会上出现了极左的回潮。

邓小平的讲话在回顾粉碎"四人帮"以来的形势时，根本不提真理标准讨论。于是，为"两个凡是"辩护的论调也放出来了。理论务虚会第二阶段新来的、北京大学党委副书记王孝庭（后改名王效挺）在发言中说："前面概括成'两个凡是'派，就有点不实事求是，有点形而上学，难道以后就不能说'凡是'了吗？对于说某某思想僵化、半僵化，我也有点想法。我认为，考虑大局，考虑有些问题，什么时候该讲，什么时候不该讲，不叫思想僵化、半僵化。不到外面贴大字报，也不叫思想不解放。如果一些大的问题不弄清楚，就批这批那是不行的。有些东西是写在党章宪法上的。不要党章、不要宪法的任凭怎么彻底的理论（针对郭罗基刚发表的文章《思想要解放，理论要彻底》），我还是不敢苟同。现在理论上还有多少禁区？没有多少了，连主席问题都可以议论了，难道还算有禁区吗？"他反对邓小平在中央工作会议批评"不少人思想僵化、半僵化"的说法，不无道理。因为首先是邓小平自己反对自己，又回到了"坚持四项基本原则"的思想僵化的立场。

## 为难了胡耀邦

原理论务虚会的成员对邓小平的转向没有思想准备。听了他的讲话，既不愿表示赞成，又不好表示反对，心情非常郁闷，希望胡耀邦出来讲一讲。4月3日，最后一天，胡耀邦讲话，一开头就说："我们的会今天算结束了。我本来没有什么讲的了，因为邓副主席都讲过了。大家要我讲给我出了难题。"胡耀邦善与人同，明知是"难题"，却勉为其难；虽说没有什么讲的了，还讲了一小时又二十分钟。他尽量说服大家，对邓小平的报告不要抵触。他针对人们的疑问做解释，实际上也是对邓小平的提醒："现在有些人说：是不是要'收'了，要'反右'了？如果普通群众讲这话，还可以理解；如果干部讲这话，那就非常幼稚。我们党两年多来总结了历史经验，还把错划的右派加以改正，哪能糊里糊涂、冒冒失失地又来个反右斗争？"他的结论是："大家希望对这次会议做个评价，我想还是将来让历史来做结论吧，"他对未来充满信心，但当下何其无奈，有话不说了，交给实践去检验、让历史来做结论吧。

胡耀邦的这个讲话并没有说出自己的真实想法。赵紫阳说："1979年邓（小平）在理论务虚会上做了坚持四项基本原则的报告。从那个时候开始，胡和邓对自由化问题就开始暴露出有分歧，以后几年越来越明显，越来越大。"（《改革历程》第182页，新世纪出版社，2009年。）胡耀邦也像周恩来一样，为了维护共产党的团结和党中央的权威，常有违心之论。

## 对理论务虚会的评价

对理论务虚会的评价，是一个争论不休的话题，有人认为是"思想解放的核爆炸"，有人认为是"自由化之源"。理论务虚会提出的问题和阐明的观点，大多成为《关于建国以来党的若干历史问题的决议》的内容，如今已融入一般的舆论，这就是历史的结论。但官方社会始终把理论务虚会看作洪水猛兽。

理论务虚会的成员发生了分化。有人低眉婉转吟唱"坚持四项基本原则"的流行歌曲。他们认为，必须在坚持"四项基本原则"的前提下解放思想。恰如陈云所说的"鸟笼经济"，只能在"四项基本原则"的鸟笼里解放思想。另外一些人对邓小平的讲话始终不认同，在自己的文章中或明或暗地唱反调，最突出的是李洪林针对"四项基本原则"发表了《我们坚持什么样的社会主义？》、《我们坚持什么样的无产阶级专政？》、《我们坚持什么样的党的领导？》等四篇文章。这些理论家认为，必须在解放思想的前提下坚持原则。坚持什么样的原则，要经过实践的检验。邓小平只要原则，不要检验。胡乔木、邓力群说，这些理论家"与党分道扬镳了"。这些理论家之所以"与党分道扬镳"，是因为以邓小平为代表的"党"与实践标准分道扬镳了。后来，这些理论家被称作"自由化分子"，一一遭受打击，清洗出党。自由化分子的理论实际上成了改革开放的指导思想，但只要在某个时期不能"与党中央保持一致"（不管真理在谁手里）就是终生罪孽，永世不得翻身。

邓小平的这个讲话并没有经过一定会议的讨论，不具有党的决议的效力，更不具有国家法律的效力。邓小平在十一届三中全会刚讲过，要使民主制度化、法律化，"不因领导人的看法和注意力的改变而改变"。结果自食其言，从反"左"到反右，还是因他自己的看法和注意力的改变而改变了。全部的决策过程都是在他的脑袋里完成的，说变就变。后来"四项基本原则"却成了"立国之本"，又是"党的基本路线"。邓小平讲话后，引发"说三道四"的斗争。有人"说三"，说三中全会的精神；有人"道四"，道四项基本原则。李洪林的文章是用三中全会的精神来解释四项基本原则。理论家们正题反做，力图抵消"四项基本原则"的消极作用。除了李洪林的《我们坚持什么样的社会主义？》等四篇文章外，中央党校的《理论动态》发表了《分清两条思想路线，坚持四项基本原则》（孙长江执笔，《光明日报》1979年5月11日以特约评论员的名义发表。）意在用"分清两条思想路线"制约"坚持四项基本原则"。但效果并不明显。

赵紫阳提出"一个中心，两个基本点"，成为中共十三大的基本路线。"一个中心"是经济建设；"两个基本点"：一个基本点是改革开放，另一个基本点是坚持四项基本原则。在邓小平那里，问题是这样提出的："我们要在中国实现四个现代化，必须在思想政治上坚持四项基本原则。这是实现四个现代化的根本前提。""四项基本原则"不是两个基本点之一，而是高于"基本点"、高于"中心"、高于"现代化"的"根本前提"。赵紫阳巧妙地降低了"四项基本原则"的地位。他还对"社会主义初级阶段"的说法进行包装，将一些自由化的观点列入其中，作为实行"一个中心，两个基本点"的理论依据。邓小平居然很赞赏，多次说"一个中心，两个基本点"讲得好。赵紫阳和胸无城府的胡耀邦不同，他比较会玩邓小平。改革中遇到了阻力，他就找邓小平；说服了邓小平，于是"挟天子以令诸侯"。到了1989年的政治风波，玩不转了，只好公然决裂。尽管赵紫阳费尽心机，"两个基本点"还是熊掌与鱼。改革开放要反"左"，坚持四项基本原则要反右；一个轮子向右，一个轮子向左，车子如何前进？这就是改革开放、特别是政治改革受到掣肘的根本原因。赵紫阳下台以后讲了心里话。宗凤鸣的《赵紫阳软禁中的谈话》中多次记载："赵紫阳深有感触地说：中国保守势力大，又是'老人政治'，改革难度大。四项基本原则和改革开放是有矛盾的，使改革深入不下去。（《赵紫阳软禁中的谈话》第2页，开放出版社，2007年。）

由于把理论务虚会说成"自由化之源"，开启了反自由化运动。到了1989年出动军队，反自由化，批判的武器不灵，就进行武器的批判。反自由化，导致两任坚持改革开放的总书记下台。所以，否定理论务虚会之因，引出一系列历史事件之果。

### "四项基本原则"成了四根棍子

邓小平的"四项基本原则"是从来正确、永远正确的，不需要实践检验的。这就推翻了真理标准讨论的成果，又回到从原则出发。从原则出发就不是"从实际出发"，也违反了他本人一再宣扬的信条。理论务虚会开始的时候，邓小平说："不要设禁区，不要下禁令"。理论务虚会结束的时候，正是他本人以颁布"四项基本原则"设了禁区、下了禁令。邓小平自己说："大家知道，这四项基本原则并不是新的东西，是我们党长期以来所一贯坚持的。"确实，都是陈旧的语言、陈旧的思想，在林彪、"四人帮"那里一项也不缺，"四项基本原则"差不多就是林彪的四个"念念不忘"。既然过去一贯坚持"四项基本原则"，就照两个"凡是"坚持下去好了，十一届三中全会何必要来一个转折？既然发生了转折，又回过头去坚持"并不是新的东西"的"四项基本原则"，不是倒退、复旧吗？但邓小平老调新弹，新就新在把"并不是新的东西"归纳成"四项基本原则"。"坚持四项基本原则"成了一个政治口号，"违反四项基本原则"成了一种整人手段。实际上是用邓小平的"四个凡是"代替了华国锋的"两个凡是"。看来，极权体制不变，搞"凡是"是不可避免的，打破了一种"凡是"，又会确立另一种"凡是"。"四项基本原则"成了镇压思想解放运动的四根棍子。真理标准讨论就此中止。有人说：粉碎"四人帮"以后两年多的解冻时期结束了，冰河期又回来了！张显扬有一个有趣的说法，"坚持四项基本原则"由"盾"变成"矛"，"邓"也变成"毛"了。邓小平提出"坚持四项基本原则"，为了纠理论务虚会之偏，出于防御，是"盾"；后来变成整人的武器，那就是"矛"了，与此同时，邓小平也成毛泽东了。

邓小平的四项基本原则不过就是帽子和棍子。1984年后，他多次发表诸如此类的言论："社会主义是什么，马克思主义是什么，过去我们并没有完全搞清楚。""并没有完全搞清楚"的原则如何坚持？1979年坚持的社会主义是计划经济，1992年的社会主义就是市场经济了，连他自己都无法坚持。到后来只剩一条基本原则，那就是"必须坚持共产党的领导"。正是在这里，更需要问一问：究竟什么是"共产党的领导"？"共产党的领导"就是国民党的"一党专政"吗？

理论务虚会从反对两个"凡是"开始，到坚持四个"凡是"告终；从反"左"开场，到反右收场。这有点像1959年庐山会议的进行逻辑。流行的说法，"左"是方法问题，右是立场问题。反对方法问题，弄不好就成立场问题。所以，"左"是共产党的原罪，反不了的。

## 围攻理论务虚会的成员

由于风向变了，理论务虚会的成员受到围攻，在北京大学尤其突出。

我在2月3日第三组小组会上的发言批评了北京市。全国二十九个省市，关于真理标准的讨论没有表态的只有北京市。吴德同志也是两个"凡是"的炮制者之一，他对这场讨论采取抵制的态度是并不奇怪的。在他主持北京市委工作期间，一直是不学习、不讨论、不表态。在北京市委的影响下，北京市的各级组织，大多按兵不动。人民大学、北京大学是思想理论阵地，这两校的党委也是不学习、不讨论、不表态。特别是我们北大，非但不表态，还压制别人宣传。去年7月，我参加了中国社会科学院哲学研究所召开的关于真理标准的讨论会。8月中，我在北大校党委扩大会上介绍了这次讨论会的情况。当时各系都要求我去讲一讲，大家商定文理科分两次讲，谁知临讲之前党委来了一个通知："原定今天和明天的报告取消，以后讲不讲，谁来讲，听党委决定。"（周扬同志插话：为什么不让你讲？你贴大字报嘛！）校一级的报告被取消，我们就想以哲学系的名义举办哲学讲座，贴了海报。党委又派了一个工作组到哲学系搞"整顿"，把哲学讲座也冲掉了。后来我去海淀区讲了一次，录了音。北大有的单位要听这个报告，还要到海淀去借录音。在北大，宣传真理标准问题就这么艰难。

北大党委召开了八次党委常委扩大会议，对我进行批驳。

3月29日下午理论务虚会第三组的讨论会上，我介绍了有关情况。

北大党委从冯定同志那里拿了《理论工作务虚会简报》，由党委宣传部副部长刘文兰归纳成七个问题，在干部会上进行"传达"，后来在党员教师会上又一次进行"传达"，还印发了书面材料。这些"传达"工作都是由没有参加理论工作务虚会的同志来进行的。听了这种"传达"之后，有人说："理论务虚会是胡闹！"有人说："理论务虚会是以形而上学反对形而上学。"另外一些同志对这种"传达"很有意见，认为只是堆积一些简单的结论，似乎七个方面都是"棍子"，给人的印象是理论务虚会不讲道理。

2月27日、28日召开了一百多人参加的党委常委扩大会，先是传达中央十二号文件，说是要讨论贯彻安定团结的精神。党委副书记王孝庭做了长篇大论的讲话，话锋一转就针对郭罗基在理论务虚会上的发言，认为他的发言是不安定团结的因素。对郭罗基进行指责时，本人不在场。群众说，"这是缺席裁判"。而且还说要形成决议，送中宣部；由于有的同志坚决反对，后来以党委宣传部的名义送出了一个书面材料。2月28日以后开了几次常委会。3月21日又开常委扩大会，党委书记周林做了总结。北大党委召开的这些会议上，利用郭罗基的发言大做文章。根据会议记录，归纳如下：

一，对理论务虚会和中宣部的看法

会上有人说："有些人在'四人帮'时期调子很高，现在摇身一变，又参加理论务虚会。""中宣部要把把关，究竟让什么人去参加？不能让败坏党风的人去参加。你们写文章我就不看。""过去紧跟'四人帮'的，现在又去参加理论务虚会。你理论务虚会究竟依靠什么人？为什么北大二十多年的实践有人就看不见？理论界有一种舆论，说北大算历史的旧账，屁话！"

还有人说："理论务虚会是讨论思想理论问题，不能从上而下夺权或变相夺权。""关于实践是检验真理的唯一标准问题，不能认为谁先认识就算革命，晚一点就成为问题了。大家都要接受检验，你宣传更要接受检验。要吸取教训，不要以为又要夺权了。下面颠覆领导，上面整群众，1963年以来就是这样干的。"

二，在郭罗基、王贵秀、张显扬如何参加理论务虚会的问题上制造混乱

有人说，他们参加理论务虚会"没有经过党委"，还说"中宣部直接找人是不合适的"。这些说法完全不符合事实。北大党委的《值班记录》中明明记载着："中宣部 79年1月16日上午 洪禹同志来电：召开理论务虚会，请北大去人参加，指名冯定、郭罗基、王贵秀、张显扬，征求党委意见。汪小川同志（党委副书记）答复：冯定同志在上海养病。其他三位可以。由部里直接通知。"

2月初，洪禹同志听说北大党委有意见，再次征求意见。周林同志的秘书转告说：希望增加两个名额，对现有的四位同志没有意见。当常委扩大会上有人说"没有经过党委"时，周林、汪小川同志都在场，不予澄清。北大党委办公室副主任郝克明还打电话给中宣部办公室主任戴云，说"这三个人根本不行，不能代表北大"。

会上有人指责郭罗基、王贵秀、张显扬三同志"借口没有传达任务，进行封锁"。

"没有传达任务"是理论务虚会领导小组的规定，执行了这个规定是否就是以此为"借口"、"进行封锁"？郭罗基等三同志在理论务虚会休会期间仍留下来承担一定的写作任务，一直没有回校。后来他们主动向党委常委做了汇报。党委常委也从来没有提出要他们进行传达的问题，怎么能说"进行封锁"？事实上倒是党委指定了另外没有参加理论务虚会的同志

进行了"传达"。

三，指责郭罗基同志在理论务虚会上的发言是不正常的

党委常委扩大会上，有人说：郭罗基"在会上发言是不对的，那样搞法不正常。"

有人说：郭罗基的发言"把北大打成'凡是派'了"。

有人说：郭罗基"在务虚会上捅了漏子"。

有人说："对党委有意见拿到会上来讲，为什么到外边去散布？"

有人说："郭罗基的问题不是党内民主问题，已经超出范围了。"

某一党委负责同志还说要给他一个处分。

四，批驳郭罗基同志的发言中批评北大党委的那几句话

党委常委扩大会上，有人解释，取消郭罗基同志关于真理标准问题的报告是因为要放邓力群同志的录音，认为这样的安排"更加符合群众的愿望"，还说："郭罗基做报告我就不听。"

郭罗基在理论务虚会上的发言中说，在实践是真理的唯一标准问题上，北大党委"不学习、不讨论、不表态"。有人指责他"说假话"，说周林同志的讲话已经表过态了。

北大党委本身究竟学习了什么？讨论了几次？经过讨论怎样表的态？并没有举出事实来，因为根本没有这样的事实。即使周林同志在某次讲话中提到了，等于北大党委表态吗？反过来说，既然周林同志自称对实践是真理的唯一标准问题是重视的，是表了态的，为什么在北大党委会上一次都不讨论？如何引导北大文科投入重大的理论斗争，为什么在党委会上也是一次都不讨论？

我说，我的发言中所揭发的事实还很不充分，至少可以做如下几点补充：

1，北大党委宣传部1978年9月3日发出的《北京大学九至十二月政治学习计划》（发至党支部），其中列了四个专题，没有一个专题是学习关于实践是真理的唯一标准问题。

2，北京大学学报（哲学社会科学版）从去年到今年没有登过一篇关于实践是真理的唯一标准问题的文章（1978年第3期有一篇八百字的消息报道）。责任不在做具体编辑工作的同志，学报是由党委直接领导的，两位副书记汪小川、马石江同志是正副主编。据北大哲学系的索引，全国二十九种大学学报（哲学社会科学版），唯一没有登这方面文章的就是北大学报。前一段理论务虚会上有人揭发，云南大学党委书记曾经压制发表关于实践是真理的唯一标准的文章，后来已经改正。云南大学学报《思想战线》1978年第6期发表了四篇这方面的文章。从全国的报刊来说，1978年内还有一家不登这方面文章的，那就是《红旗》。但《红旗》的文章中还有"实践是检验真理的唯一标准"这样的话，北大学报的文章中连这样的话都没有。这到底是为什么？

3，至于说到周林同志的表态，他在1978年12月9日的全校大会上是这样讲的："在我们提出（究竟是谁提出的？）实践是检验真理的唯一标准后，他们（又是指谁？）欺世盗名，大讲特讲，但一联系实际，联系北大的历史问题，他就现出理论脱离实际的原形。我们能干这种空头理论家的事吗？社教问题为什么批不得？"这里，由于对北大历史问题有不同的看法，攻击在实践是真理的唯一标准问题上写文章、做报告的同志是"欺世盗名，大讲特讲"。这算什么表态？

在一次常委扩大会上，党委副书记汪小川同志、王孝庭同志说，他们找了胡耀邦同志，还传达了胡耀邦同志关于周林同志调动工作的辟谣的谈话。他们说："胡耀邦同志讲，周林同志是好人，好人，好人！"近来北大还盛传："胡耀邦已经批了郭罗基。"

现在，"缺席裁判"似乎告一段落了，但事情没有完。哲学系原已通过郭罗基越级提升为副教授，最近被党委否定。理由中重要的一条就是郭罗基在理论务虚会上的发言是"说假话"，"学风不正"。

第三小组的同志们听了我的发言，进行了讨论，大家认为要切实保障参加理论务虚会的同志们的民主权利，真正实行"三不主义"，决不允许发生打击报复的现象。有的同志建议：耀邦同志做总结时，讲一讲在党的会议上发表意见的民主权利问题。第三组就此发了一份简报，题目是《值得注意的情况》，《全国理论工作务虚会简报》，友谊，总23，第三组（5），1979年4月2日。（"友谊"即住在友谊宾馆的部分成员，另外注明"京西"的即住在京西宾馆的部分成员。）

全国理论工作务虚会简报
《值得注意的情况》

我在钱理群的一篇文章中看到，北大百年校庆时，贵州安顺的一份地方小报发表一篇文章，对北大的现状表示失望，提出质问："在历史关头举起'五四'大旗的北大，为什么在真理标准大讨论的历史时刻，你就没有登高一呼的再度辉煌？你是没有准备好，还是最为珍贵的传统已经流失得太多？十一届三中全会以来的思想解放运动，为什么你一次又一次地错过了表现自己的机会？被北大人一再提起的辉煌，为什么总是集中在蔡元培时代的北大？"（钱理群《不能遗忘的思想——1980年中国校园民主运动述评》，《当代中国研究》2008年第1期。引文出自景风《圣坛上的北大》，《贵州广播电视报·安顺版》副刊《小世界》第23期，1998年6月15日。）这几问，问得好！一般人都不知道，钱理群在安顺这个地方待了十八年，注意到了。局外人有所不知，在北大，真理标准大讨论中，有人积极投入还遭打压；在思想解放运动中，有人活跃一时反而受批判；有人宣扬蔡元培在北大的辉煌，竟被赶出北大。

问：这个人是谁？

这个人，不是别人，正是本人。故事还在后面。

## 第四十八章　马克思主义是可以怀疑、可以批评的

邓小平的四个"凡是"比华国锋的两个"凡是"更厉害，压得人透不过气来。到处贴《通告》，说"怀疑四项基本原则是违宪的"，于是就抓人，收容。李洪林从第一个坚持开始唱反调。我则从第四个坚持开始唱反调。

### 从怀疑的一般意义讲到怀疑马克思主义

粉碎"四人帮"以后，青年人中产生了各种各样的怀疑。有人认为这是思想解放，有人认为这是思想混乱。《中国青年》约我写篇文章，谈谈怀疑究竟是好事还是坏事？我写了一篇《谈怀疑》，发表在《中国青年》1979年第13期。编者对我的手稿做了删改，加了一些套话。中国的报刊常常不经本人同意擅自改动文章，缺乏对人的尊重，许多作者都有这种不愉快的经历。我对这篇被动了手术的文章很不满意。

我首先肯定，探索自然和社会的真理必须从怀疑开始。但怀疑有两种：正确的怀疑和错误的怀疑。文艺复兴时代有一批哲学家，怀疑论是他们从经院哲学内部杀出来的武器。另外，还有一些怀疑论哲学家，认为我们所知道的只是自己的感觉和经验，除此之外，一切都要怀疑。连客观世界是否存在，都认为无法回答，只能存疑。这种怀疑论和上面那种怀疑论恰恰相反：不是解放思想，而是禁锢思想；不是引导人们去探索真理，而是使人堕入神秘主义、蒙昧主义的迷雾。

正确的怀疑和错误的怀疑决定于两条不同的思想路线：从客观到主观，还是从主观到客观。林彪、"四人帮"的"怀疑一切"就是唯心主义的思想路线。

怀疑一切和不许怀疑都是思想僵化。

怀疑是解放思想的起点，但解放思想又不能停留在怀疑。

最后，我指出马克思主义是可以怀疑、可以批评的：

马克思主义、毛泽东思想是我们国家的指导思想，但不能强迫人们信仰。毛泽东说过，马克思主义是可以批评、不怕批评的。（《毛泽东选集》第5卷，第391页。）同样的道理，马克思主义也是可以怀疑、不怕怀疑的。马克思主义是在实践中发展的。在历史条件改变以后，有些旧的结论会被新的结论所代替，首先应当允许对旧的结论提出怀疑，然后才有可能以新的结论代替。学习马克思主义、毛泽东思想，同学习任何科学一样，求知的过程需要有勇于发问、大胆怀疑的精神。

对马克思主义的怀疑，也有正确的怀疑和错误的怀疑，无论怎样都是思想问题。我又进一步指出，不能因为发表了怀疑马克思主义、批评马克思主义的言论而加以治罪：

思想上的信仰只能靠真理的光辉来吸引，不能用政权的力量来征服。批评马克思主义，我们可以反批评；怀疑马克思主义，我们可以进行辩论。不能因为发表了批评马克思主义、怀疑马克思主义的

言论而加以治罪。思想上的怀疑与行为上的反动要加以区别。对于极少数有破坏行为的反社会主义分子，必须实行专政。解决思想问题要实行"放"的方针，放手让大家发表意见，进行自由讨论，开展批评和反批评。对于有错误思想的人，只能说服，不能压服，归跟到底要让实践来教育他，不能用法律（也没有这样的法律）来惩办他。

后来我成为"自由化冒尖人物"，这篇文章常常被提揪出来示众。我被说成"鼓吹怀疑马克思主义"而受到批判，历时数年。其实，我本人是虔诚的马克思主义者，但我反对强迫别人信奉马克思主义。那些不许怀疑的"马克思主义者"恰恰是帮倒忙，使人败坏胃口，厌弃马克思主义。

## 马克思主义、列宁主义、毛泽东思想研究规划会议

1979年5月底6月初，由于光远主持，在大连棒槌岛宾馆召开了一次马克思主义、列宁主义、毛泽东思想研究规划会议，与会者六十多人。

棒槌岛宾馆三面环山，一面临海，风景幽美。海中矗立一块大石头，如棒槌，故名。这是一个封闭的建筑群，其中的五号楼，高厅大屋，是为毛主席准备的，但毛从未来过。周恩来曾陪西哈努克来住过，工作人员安排他住五号楼，当他得知五号楼的来历，坚决不住。这个建筑群常年闲置，粉碎"四人帮"后才开放，接待内部会议。

会上的发言很踊跃。6月3日，我做了一个长篇发言。我首先指出：

我们这个会议是讨论马克思主义、列宁主义、毛泽东思想的研究规划。首先要讨论，对马克思主义、列宁主义、毛泽东思想能不能进行研究？以马克思主义、列宁主义、毛泽东思想的观点，研究具体科学、研究历史、研究现状，没有问题，问题在于：马克思主义、列宁主义、毛泽东思想本身是不是可以作为研究的对象？恩格斯说，自从社会主义变为科学以来，就要求人们把它当作科学来对待，就是说，要求人们对它进行研究。社会主义作为研究的对象，才是科学。任何科学都是经得起研究的。相信科学，是研究的结果，是被研究的结论所说服的结果。所以马克思说，不是我掌握了真理，而是真理掌握了我。不许研究而要求人们信仰，那就是迷信。马克思主义、列宁主义、毛泽东思想既然是科学，理应成为研究的对象。但在文化大革命中，对待毛泽东思想只能信仰，而且还要"无限信仰"，只能"三忠于"、"四无限"，不能研究，不能讨论。

既然是研究，就是可以怀疑、可以批评的，得出的结论可以是正面的，也可以是负面的。只是一味颂扬，注释经典，那不叫研究。理论工作者不仅要讨论规划，更重要的是，首先为争取研究马克思主义、列宁主义、毛泽东思想的权利而斗争。

我用实际行动来争取研究的权利。我说：

为了实践我的主张，我做一点研究的尝试。

例如，《实践论》的第一段话就值得研究。毛泽东说："马克思以前的唯物论，离开人的社会性，离开人的历史发展，去观察认识问题，因此不能了解认识对实践的依赖关系，即认识对生产和阶级斗争的依赖关系。"这里讲的道理与马克思在《关于费尔巴哈的提纲》中讲的道理是颠倒的。

马克思首先指出，从前的唯物主义的主要缺点是：对事物只是从客体的或者直观的形式去理解，而不是把它们当作人的感性活动，当作实践去理解。不理解实践是因为没有把人的活动理解为客观的物质的活动。他们把人看作孤立的个人，许多孤立的个人的共同性就是"类"。"类"是纯粹自然地联系起来的。因而他们不理解人的本质，即不理解人的社会历史性。马克思是从实践出发来说明人的社会历史性的，而不是相反，从人的社会历史性出发来说明实践。

按照毛泽东的说法，如果费尔巴哈不了解认识对实践的依赖关系是因为不懂得人的社会性和历史发展、马克思能够了解认识对实践的依赖关系是因为懂得人的社会性和历史发展，那么，进一步追问，为什么费尔巴哈不懂得人的社会性和历史发展而马克思却能懂得呢？只能归结为认识不同。这是一种潜在的循环论证：虽然肯定了认识依赖于实践，而对实践的了解又依赖于某种认识。那么，马克思为什么会有与费尔巴哈不同的认识呢？只能归结为马克思的"脑子特别灵"。所以说，《实践论》在谈论实践问题时一开始就脱离了实践，采取了非实践观点。马克思之所以能够了解实践，因为他投身于实践，他是实践的哲学家。从前的哲学都是书斋哲学。费尔巴哈的唯物主义曾经影响了一代人。但他终究还是脱离实践的，最后跑到乡村隐居去了，所以他不能了解实践。实践观点的确立只能用实践本身来解释，不能再用认识来解释。这才是彻底的实践观点。

如果承认毛泽东著作是研究的对象，从这里提出的问题，就可以引导人们进一步研究马克思、恩格斯创立马克思主义哲学的思想发展的真实过程，研究辩证唯物主义认识论和辩证唯物主义历史观的内在联系。

现在，我就是用实际行动来争取研究的权利。不知是否又会被打成"反毛泽东思想"？

问：究竟会不会？

怎么不会？后来我果然被打成"反毛泽东思想"。

当时社会上流行"信仰危机"的说法，就是对马克思主义、列宁主义、毛泽东思想的信仰发生了危机。会上，很多人的发言讨论了"信仰危机"。我在发言中指出："为什么会发生'信仰危机'？就是因为没有把马克思主义、列宁主义、毛泽东思想当作研究的对象，当作独立思考的对象，而是当作信仰的对象，当作盲从的对象。当作信仰的对象必然会发生'信仰危机'，当作研究的对象就不会发生危机了。"我将十九世纪的马克思主义和二十世纪的马克思主义的命运做了对比：

十九世纪的马克思主义并没有免于怀疑、批评、反对的特权，马克思主义正是在怀疑、批评、反对的声浪中传播和发展的。只有在共产党取得了政权的地方，马克思主义能不能怀疑、能不能批评、能不能反对，成了问题。正是因为不许怀疑、不许批评、不许反对，才发生了危机。十九世纪，马克思主义产生以后，完全是靠真理的光辉来赢得人心，传遍世界。后来，总是企图用政权的压力来代替真理的引力。毛病就出在这里！无产阶级取得政权以后，如何对待意识形态领域的问题，还没有多少成功的经验。抓"言论犯"、"思想犯"，甚至还有"情绪犯"，动用刑罚，大开杀戒，制造了多少冤、假、错案！现在是否吸取了足够的教训？对马克思主义不许怀疑、不许批评、不许反对，不是理论本身的要求。既然马克思主义是可以批评、不怕批评的，当然，也是可以怀疑、不怕怀疑的。允许怀疑、允许批评，不等于鼓励怀疑、鼓励批评。人们已经产生了怀疑，采取宽容的态度，正是为了便于消除怀疑。不信科学，违背真理，会受到惩罚。这只能由客观规律来惩罚，由实践来执行，不能由法律来惩罚，由警察来执行。

最后，我讲了几句动情的话语：

谈起中国的现状、理论的命运，多少人摇头叹息。人们都说，研究马克思主义、列宁主义、毛泽东思想是有风险的。追求真理、传播真理往往要冒风险；唯其有风险，才显得真理能震撼人心。不要幻想在得到没有风险的保证的条件下来进行研究。根绝一切怯懦，停止无谓叹息，面向未来，努力奋斗，马克思主义的研究是大有希望的。现在，我们在海边开会。你看大海，在退潮以后，总是重新积聚力量，卷起巨澜，滚滚而来，再一次向着顽石冲击。我们要向大海学习！

会议的成果，除了提出一个《研究规划》（草案）外，还成立了"马克思主义、列宁主义、毛泽东思想研究会"（简称马列主义研究会），于光远为会长，王惠德等几个人为副会长。我被选为"驻会干事"。于光远别出心裁，把"常务干事"叫做"驻会干事"。

## 第二次年会

1980年12月，马列主义研究会举行了第二次年会。这一次年会，讨论了什么问题印象不深，但对开会的地点却印象深刻。

开会的地点是在广州的南湖宾馆。我去报到晚了一天，机场的接待站已撤销。南湖在什么地方？我到处打听，广州人都说不知道。我想，邮局应该知道；问邮局，也说不知道，没有邮编。我找了一个朋友，是老广州，开摩托，我坐在后面，兜圈子。终于找到南湖，在两山之间只有一条通道，有解放军站岗。我持会议的通知，还不让进。他打电话让里面的人出来，领我进去，而我的朋友又不让进。

这里也像大连的棒棰岛宾馆一样，是一个封闭的小区。南湖是群山之间的一个湖泊，湖滨的建筑都是为首长准备的，而且是个性化的。

毛主席的房子也是高厅大屋，会客室30平米，办公室30平米，卧室30平米，卫生间15平米。据说，毛主席大便喜欢蹲坑，所以卫生间里有马桶，也有蹲坑。我见了一样新奇的东西，不晓得做什么用。问了工作人员才知道，那是大便以后冲洗肛门的。后来我到美国，在五星级宾馆也没见有此设备。卧室里的一张硬板床，长3米，宽2米。当时有一个篮球运动员，名穆铁柱，身高2米20多。大家说，这床是为穆铁柱准备的。于光远在这房子里住了一晚，第二天说："没有优越性。夜里上厕所要走很长一段路，差一点感冒。"他坚决要求换房子。

郭罗基和阮铭于广州南湖宾馆

王洪文爱钓鱼，所以他的房子有一个突出在水面的钓鱼台。

江青爱音乐，所以她的房子里有流水叮咚。

汪东兴随员众多，所以他的房子里有许多间工作室。我就住在汪东兴大楼的工作室里。

这个小区是文革中修建的，没人敢住，闲置多年。粉碎"四人帮"以后才开放，供内部会议之用。

以后马列主义研究会没有举行过第三次年会。

## 以什么主义为"指导"是实行思想控制

这个时期，我的文章中还有"以马克思主义为指导"的说法。1978年，我和周培源合作的一篇文章，题目就是《以马克思主义哲学为指导，加速发展我国的科学技术》。这是流行的说法，我不假思索地采用了。经过反思，发现这个说法与我的基本思想是矛盾的。

问：您不是马克思主义者吗？"以马克思主义为指导"怎么会与你的基本思想有矛盾呢？

我是马克思主义者，但我反对"以马克思主义为指导"，因为"以马克思主义为指导"恰恰是违反马克思主义的。

毛泽东说："领导我们事业的核心力量是中国共产党，指导我们思想的理论基础是马克思列宁主义。"前一句话是政治控制，后一句话是思想控制。

邓小平说："我们讲解放思想，是指在马克思主义指导下打破习惯势力和主观偏见的束缚，研究新情况，解决新问题。"（《邓小平文选》第2卷，第279页。）在马克思主义指导下解放思想，等于说在控制思想的条件下解放思想，是自相矛盾。

历史上，思想解放运动都是在某种主义指导下进行的吗？文艺复兴、启蒙运动这些伟大的思想解放运动以什么主义为指导？这些伟大的思想解放运动登上历史舞台的时候，马克思主义还没有产生；马克思主义产生后，以它为指导的思想解放运动也没有先例。中国的五四运动是在思想解放中找到了马克思主义，而不是在马克思主义指导下进行思想解放。

在马克思主义指导下进行思想解放，如何操作？是不是说，所有投入思想解放运动的人首先必须掌握马克思主义，以此为指导？如果说马克思主义是真理，只有在思想解放之后才能掌握真理；要求所有的人在思想解放之前掌握真理，是不可操作的。那么，只能这样来操作，一部分人掌握了马克思主义，进行指导；另一部分人在他们掌握的马克思主义指导下，进行思想解放。事情就很清楚了，在马克思主义指导下解放思想的实质是控制思想、统一思想，不是解放思想。马克思主义的指导地位，不是在思想与思想的关系中确立的，而是权力对思想的强制。

我后来在著作中写下了如下两段话：

人们可以选择马克思主义，可以相信马克思主义，可以遵循马克思主义，但不能以强权定于一尊，以它为"指导"。思想禁锢正是由此而来。即使马克思主义是真理，成为外在的强制，而不是自愿的追求，它就走向反面。选择马克思主义，相信马克思主义，遵循马克思主义，应当在思想自由的前提下实行。学习马克思主义可以提倡，可以鼓励，不可强求，不可命令。

马克思主义的创始人之一恩格斯说："我们不知道有任何一种权力能够强制那处于健康而清醒状态中的每一个人接受某种思想。"（《马克思恩格斯选集》第3卷，第125页。）马克思主义当然也是不能运用权力强制别人接受的；运用权力强制别人接受的思想，那就不是马克思主义。恩格斯没有料到，在他身后居然有一种权力，而且还是打着"马克思主义"旗号的权力，强制别人接受某种思想，这种思想也是叫做"马克思主义"。"以马克思主义为指导"决非马克思主义本身的要求，所以，坚持"以马克思主义为指导"的人，决不是马克思主义者。（《新启蒙——历史的见证与省思》第238页，晨钟书局，2010年。）

## 第四十九章　从"伤痕文学"到"问罪哲学"

粉碎"四人帮"以后，兴起"伤痕文学"。这是文学领域的历史性转折。文革时期流行的是"三突出"。

问：什么叫"三突出"？

所谓"三突出"，就是：在所有人物中突出正面人物；在正面人物中突出英雄人物；在英雄人物中突出杰出人物。按照"三突出"创作出来的人物，都是概念化的。例如，浩然的小说《金光大道》中的主人公，名字就叫"高大泉"（即高、大、全）。文革中，除了写"三突出"的浩然，其他作家都被打倒了，故有"天下作家一浩然"之叹。

从虚幻的"三突出"到面向现实，发出从噩梦中惊醒，逃离苦难的呼声，"伤痕文学"给人感性的震撼，但缺乏理性的深思。具有代表性的《伤痕》这篇小说的结论是："妈妈，亲爱的妈妈，你放心吧，女儿永远也不会忘记您和我心上的伤痛是谁戳下的。我一定不忘党的恩情，紧跟党中央，为党的事业贡献自己毕生的力量！"虽说永远不会忘记心上的伤痛是谁戳下的，其实并不真正理解心上的伤痛究竟是谁戳下的。他们谴责坏人做坏事，没有深究产生坏人的一个时代。我在求索，意欲将"伤痕文学"推向"问罪哲学"，从伤感的叹息转为正义的抗争，厉行哲学的神圣职责，不仅仅说明世界，更重要的是改变世界。在热议张志新事件之际，我趁机发出"谁之罪？"的天问。刘宾雁对我说："你的《谁之罪？》开问罪哲学之先河。'伤痕文学'是消极的感慨，'问罪哲学'才是积极的抗议。我也要向你看齐，写问罪文学。"他想把张志新的事迹写成报告文学，于是打起背包去沈阳。然而，"伤痕文学"还允许存在，"问罪哲学"、"问罪文学"则未成气候，而且我这个开先河者成了挨枪打的"出头鸟"。

问：您好像不是第一个用"谁之罪？"这个题目做文章。

是的。

## 什么人用了《谁之罪？》这个题目做文章？

1845年，俄国革命民主主义者赫尔岑创作了一部小说《谁之罪？》，讲的是平凡人的平凡故事。三个青年，人生交织，在时代中走过，最后得到的是"被毁灭的幸福和被牺牲的爱情"。他们的遭遇是值得同情的。赫尔岑提出一个重大的追问"谁之罪？"显然不能从他们个人身上寻找悲剧的原因。赫尔岑揭示了专制制度之罪、畸形社会之罪。

1969年，无产阶级专政的囚徒张志新，在牢狱中创作了一首悲愤的歌，提出专制社会中赫尔岑式的问难《谁之罪？》。她沉痛地唱道："今天来问罪，谁应是领罪的人？今天来问罪，我是无罪的人！"但无罪的张志新被做出有罪判决，并处以死刑。

1979年，张志新的后继者写了一篇政论《谁之罪？》，为她寻求答案。这个人就是我。张志新是无罪的人，谁是真正的历史罪人？我要谴责颠倒有罪与无罪这种一个时代的荒唐。我还要喊出改造那把无罪的人搞成罪犯的社会环境。

虽然1978年底的中共十一届三中全会声称实现了历史性的转折，"伤痕文学"还能出世，而"问罪哲学"则不能容忍了。

赫尔岑提问"谁之罪？"，他的下场是被迫离开祖国，流亡国外，至死未归。

张志新发问"谁之罪？"，得到的回答是被割断喉管，押赴刑场。

我以为，我是在不同的历史条件下质问"谁之罪？"，谁知《谁之罪？》还是问不得的，从此我反而有罪，罪莫大焉。结果，我被剥夺了免于恐惧的自由，谪贬京师，流放海外。二十、二十一世纪中国的郭罗基与十九世纪俄国的赫尔岑还是处于同样的时代。

## 初闻张志新

1979年5月，在北京举行纪念五四运动六十周年的学术讨论会，热烈地论说"科学和民主"。5月9日《光明日报》副总编马沛文有一个发言，题为《以张志新烈士为榜样，坚持不懈地解放思想》，手里拿着一份辽宁出版的《共产党员》半月刊，介绍了张志新的事迹。

与会者绝大多数还是第一次听说张志新其人其事。张志新因独立思考、追求真理，发表对文化大革命及其发动者的看法，在1969年被逮捕，先是判无期徒刑。1975年4月3日，加判死刑。办案人员问她："你犯的什么罪？"她镇静地回答："没有罪。"又问："你还有什么话要说？"张志新说："需要对这个判决书认真看一下，再回答。"办案人员不给看。张志新说："不给看，无法回答。不要问了，我的观点不变。"张志新已经精神失常，但在大是大非面前却极为清醒，她留在历史

《共产党员》杂志1979年第4期封面

上的最后一句话，就是"我的观点不变"！4月4日，行刑前对张志新采取所谓"执行前的安全防范措施"。早晨，把张志新押到沈阳监狱四大队二楼一间办公室，四个大汉把张志新按倒在地，压住头颅和手脚，强制用刀切开喉头的气管。开始，张志新极力挣扎呼叫，气管被切开后，再也发不出声了。接着，他们把一根特制的不锈钢管插入刀口，缝在刀口两边的肉上，拉到刑场。只见张志新面不改色，双目怒视。十时二十分，在罪恶的枪声中，张志新英勇牺牲，年仅四十五岁。马沛文讲到这里，全场屏息静气，有几个女士在抹眼泪，一个年轻人居然喊出："打倒法西斯！"

此前，中共辽宁省委出版的《共产党员》杂志（32开）1979年第4期发表了《为真理而

奋斗，誓死捍卫党——优秀共产党员张志新同林彪、"四人帮"进行殊死斗争的事迹》。马沛文送给我一份杂志。杂志的封面是张志新的一张照片。她那端庄秀丽的面容，令人过目难忘。怎么能想象有人竟在这副端庄秀丽的面容下操刀割喉？这位美丽的真理女神被糟蹋得不像人样，想象中的被割断喉管的画面在我心头挥之不去。我一闭眼，就看见喉头滴血的张志新站在面前，刻骨铭心！有一个星期之久，我吃不下饭、睡不好觉。

关于张志新的报道，登在地方刊物上，毕竟影响不大。人们鼓动《人民日报》予以转载。《人民日报》请示中宣部。中央宣传部的副部长们都表示反对，理由无非是什么"给党抹黑"之类。干了卑鄙龌龊的事情没有关系，但不能说、不能写；好像本来不"黑"，一揭露就抹上"黑"了。《人民日报》决定转载，将清样送胡乔木审查，压了一个多月，不回答。胡乔木说，这事太惨，地方上登了就行了，《人民日报》一登，影响很大，对党的形象损害太大。《人民日报》不甘心，请示胡耀邦。胡耀邦力排众议，支持《人民日报》转载，还说："张志新是当之无愧的刘胡兰式的英雄人物！"

5月25日，《人民日报》以《国际歌》的歌词"要为真理而斗争"做标题，转载了《共产党员》杂志的报道。在按语中，把褒扬刘胡兰的"生的伟大，死的光荣"移用到张志新身上。

果然，《人民日报》转载后，全国哗然，共产党残害忠良，遭到一片谴责。刘胡兰是被国民党反动派杀害的，刘胡兰式的英雄人物张志新是被共产党反动派杀害的；共产党打倒了国民党又干了国民党同样的事情，革命，革命，何为乎来哉？近百年来，中国所上演的戏剧，不断变换脸谱，但老是重复同样的情节。只是苦了人民！

《光明日报》又准备了一篇关于遇罗克的长篇报道。遇罗克是又一个张志新式的人物。文化大革命中流行两句口号："老子英雄儿好汉，老子反动儿混蛋。"遇罗克为反对这两句口号而写了《出身论》，并批判地分析文化大革命中流行的思潮。他因此而遭杀身之祸。遇罗克持有的"乾坤特重我头轻"的献身精神。思想解放派还想通过遇罗克冤案的揭露再掀起一个高潮。这一回连胡耀邦都招架不住了，说："缓一缓，缓一缓。"

## 写作政论《谁之罪？》

各地报刊发表了关于张志新事件的大量评论。马沛文约我写一篇，我满口答应。在大连棒槌岛会议期间，老马催稿，我说题目和框架都已想好，回北京就动笔。

那个时候，理论界的活动很多、北大的事情很烦，我极其忙碌，迟迟未能交稿。6月18日，老马来电话，说："限你明天交稿。"我说："明天交稿不可能，我就明天动笔吧。"

19日，我把自己锁在家里，电话不接，敲门不开，静下心来写作。

题目《谁之罪？》，好像是论辩式的，但我想不会有人为割喉的刽子手辩护（没想到后来还真有），不要写成驳论，应当写成檄文。梁启超回忆早年的文章，自称"笔锋常带感情"。我想向梁启超学习，笔端也能带出感情来。文章的论点早就想好了，为了笔端带感情，需要酝酿情绪。白天，我浏览了《古文观止》中的祭文，以感染悲壮气氛；又阅读了青年马克思在《莱茵报》时期的政论，以鼓舞战斗精神。李劼在《枭雄与士林》中说："无论是在思想解放运动中拔了头筹的郭罗基，还是声称民主不能指望恩赐、只能靠自己争取的方励之，其人文根底几乎都没有超过青年马克思。"（《枭雄与士林——二十世纪中国政治演变和文化沧桑》，*https://github.com/wgzhao/ebooks/blob/master/*枭雄与士林.text）我之所以重温青年马克思的论文，因为青年马克思的民主主义感情非常强烈，正是我当时批判专制主义需要借鉴的。从思想的深度来说，我当然更为推崇中年马克思、老年马克思，特别推崇晚年恩格斯。至于我的朋友方励之，虽然当了多年共产党员，他是不学马克思的，青年马克思、老年马克思一概不学，后来还是反马克思的。他分不清本来面目的马克思和在苏联、中国被乔装改扮的马克思。

吃过晚饭，开始动笔。那时，我们大人、小孩四口之家只住一间房。为了求得安静，我催孩子们"快上床，快上床"；他们上了床，矛盾就转移到我身上，他们又催我"快关灯，快关灯"。我只好转移阵地，拿了纸笔和夹板，跑到厕所坐在马桶上先干起来，等他们睡着了再蹑手蹑脚回到房间里的书桌上。莎士比亚的一些不朽作品，是躲在一个剧场的后台写出来的。谁能想到，过了几个世纪，在全球现代化的年代，中国的知识分子还有蹲在厕所里写作的。写到凌晨五点，搁笔，不到五千字。忽然听到有两位邻居在走道里吵架，二楼的中文系的张仲纯不知干什么，手脚太重，搅了一楼的历史系陈仲甫的清梦，两人大吵。我出去把他们劝回各自的房间。这篇文章后来被一些朋友称作"名文"，但恐怕谁也没有想到起承转合始于马桶而终于劝架。可叹中国知识分子的工作条件！

问：能不能说说文章的主要内容？

文章一开头，有几句动感情的话：

张志新，可敬可爱的张志新，可歌可泣的张志新，你是无产阶级之花，你是中华民族之花！
"疾风知劲草"。张志新就是在文化大革命的"疾风"中傲然挺立的"劲草"。
"烈火见真金"。张志新就是在文化大革命的"烈火"中光彩夺目的"真金"。

文章的主体是三部分。
第一部分：张志新犯了什么罪？
当时张志新被定为犯了"恶毒攻击"无产阶级司令部的"现行反革命"罪。定罪的依据是在宪法之外颁布的《公安六条》。我指出《公安六条》是非法的法，进行了批判。张志新之所以被定为犯了"恶毒攻击"罪，就是因为人民丧失了向无产阶级司令部提意见的权利。
小结：张志新是无罪的人。扼杀人民民主和党内民主，制定非法的法，对张志新进行镇压的人，才是不可饶恕的历史罪人。
第二部分：张志新有什么行为构成犯罪？

构成张志新犯罪的根据，就是她的思想、她的言论！以言治罪，镇压"思想犯"，这是政府对待人民的反动政策。

小结：张志新是无罪的人。非法地剥夺人民的言论自由，对张志新实行"以言治罪"的人，才是不可饶恕的历史罪人。

第三部分：张志新无罪，是迫害张志新的人有罪。

张志新没有罪，却被别人当作罪犯；张志新没有构成犯罪的行为，却被别人用犯罪行为来对待。有一段话感动了许多人，被反复引用：

法国资产阶级大革命时代的革命者米拉波，在专制制度的监狱里受到了锻炼，成为著名的演说家。坚强的共产党员张志新，同样也在挂着"无产阶级专政"招牌的专制制度的监狱里受到了锻炼，可是，这里非但不允许她成为演说家，而且被堵上嘴巴、被割断喉管、被剥夺了说话的权利。二十世纪七十年代的中国所发生的事情，竟低于十八世纪法国的历史水平，却胜过中国历史上反动派镇压革命者的残忍。在反动派的刑场上，共产党员还可以唱《国际歌》、喊"共产党万岁！"披着"共产党员"外衣的刽子手们更加害怕真正的共产党员所发出的真理的声音。

小结：张志新是无罪的人。惨无人道地虐待、凌辱、杀害张志新的人才是不可饶恕的历史罪人。

最后的结论：改造那追求真理以流血牺牲为代价的环境。

人们常常说："我们要学习张志新的'五不怕'精神。""五不怕"是毛泽东提倡的，所谓"五不怕"，是不怕撤职、不怕开除党籍、不怕老婆离婚、不怕坐牢、不怕杀头。我批评了"五不怕"。毛泽东就是制造"五怕"的人，却号召别人"五不怕"，不是嘲弄众生吗？我发问：革命先烈为真理而斗争，不怕坐牢、不怕杀头，以流血牺牲为代价迎来了新中国；在新中国，为真理而斗争为什么还要不怕坐牢、不怕杀头？难道这是合理的现实吗？所以，我的结论就是：我们正是要改造那追求真理以流血牺牲为代价的环境，这才触及到问题的本质。

上床以后，一觉睡到八点。在梦里，我还在继续写。最后的三句话是：

既然张志新是无罪的人，那就一定要谴责、惩罚真正的历史罪人；既然张志新是无罪的人，那就一定要改造把无罪的人变成罪犯的社会环境；既然张志新是无罪的人，那就一定不要再让无罪的人成为惨死的张志新。

醒来一想，呀，这三句话是稿纸上没有的，先来两个"一定要"如何如何，一转，再来一个"一定不要"如何，好精彩。原来的结尾是："……这才触及到问题的本质。"我以为，既然已经"触及到问题的本质"，话就说完了。其实，从文章的气势来说确是没有一竿子插到底，这三句话才是最后的画龙点睛。以前也曾有过，梦里爆发思想的火花，醒来就不记得了。这一次，我脸不洗、牙不刷，赶紧把这三句话写下来。我谈起这个奇迹，王若水说他也有同样的经历，有时白天写文章，思路搁浅了，晚上在梦里会接续。可能是某些思考在大脑皮层留下了深深的痕迹，以致在不自觉的状态下逻辑运动还在照常进行。可见，人的思维运动确实是有规律的，有时在缺乏自主意识的条件下，客观意义上思维运动还在继续。这些实例可供研究脑科学和思维科学的朋友们参考。

问：真有意思，这三句精彩的话竟是在梦里写出来的！

20日上午，老马又来电话，问文章写好了没有？他抓得很紧。我说写好了。他说，交收发室送达，明天才能拿到。现在张义德就在你们哲学系办事，你让他带回来，下午就能拿到了。张义德是《光明日报》的编辑，也是我们北大哲学系的校友。我在哲学系找到张义德，请他把稿子带回去。

第二天是星期六。老马来电话，说："稿子已排出清样，交收发室一去二来又会耽误三四天。你到报社来一趟，看一遍，今天就可以定稿。"

稿子没有什么大的改动。《公安六条》当时还不能公开点名，改成"一个公安文件"。删去了几句无关紧要的话，我不予计较，但下面一段话不忍割爱："公仆自命为太阳，要求主人围绕着它旋转。张志新立志要做'二十世纪七十年代的哥白尼'。哥白尼发现了自然界的真理：不是太阳围绕地球旋转，而是地球围绕太阳旋转。张志新要大家相信社会界的真理：不是主人围绕公仆旋转，应是公仆围绕主人旋转。人民才是太阳！"马沛文说："话是很精彩。发表出去，有人会抓住这几句话否定整篇文章。你这不是反对伟大领袖毛主席吗？暂时不说，等你将来出文集的时候再补上。"只好几十年后再补上了。马沛文加上了几句华丽的骈文："她那为革命而牺牲的耿耿丹心，她那为真理而献身的铮铮铁骨，她那在狂风暴雨中反潮流的勇气，她那破除现代迷信的胆略，光华如日月丽天，气势似江河泻地，将永远令人景仰，使人感奋，促人觉醒！""令人景仰，使人感奋，促人觉醒"成为一时的警句，被人重复应用。我写到"中共辽宁省委做出了为张志新彻底平反昭雪、追认她为烈士，号召全省共产党员和广大干部向她学习的决定。这是一个破除迷信、解放思想的大胆决定"，马沛文加上一句："做出这个决定的时间，正是国内掀起一股否定十一届三中全会路线的极左思潮的3月底，这就更加难能可贵。"这句话却招来了麻烦，后来批判我的自由化时，说这句话是"矛头指向小平同志"。不知马沛文的用意是什么，我同意写上这句话不一定是针对邓小平。真正针对邓小平的地方倒没有看出来。当时西单民主墙提出"要人权"的口号。《北京日报》发表一篇评论，题目是《"要人权"是资产阶级的口号》。邓小平也批评"要人权"是"耸人听闻的口号"。我在文章中写道："受到林彪、'四人帮'非人待遇的人们，要求最起码的做人的权利，不是完全可以理解的吗？"

马沛文告诉我，他认为这是一篇重要文章，请总编辑杨西光把关。

"杨西光有什么意见？"

老马说："我问他，是不是太尖锐？他说：'一般。'"老马狡黠地一笑："嘿嘿，'一般'，你看吧！"他用浓重的陕北口音、咬文嚼字地说出"一般"两个字，似乎他的意思是"不一般"，笑杨西光没有看出机关。我本人也认为是"一般"。

老马说，明天是星期日，休息，星期一排版，星期二见报。

那几天，由于写得太用心了，这篇文章老是在我脑海里翻滚，一遍又一遍地默诵。23日晚上睡在床上，忽然发现有一点不妥。题目是问罪，谁之罪？罪不在张志新，而是别人。结论中的第二句："既然张志新是无罪的人，那就一定要改造把无罪的人变成罪犯的社会环境""把无罪的人变成罪犯"不适用于张志新。张志新没有"变成罪犯"，而是别人把她搞成"罪犯"。所以，"变成"应当改成"搞成"。已经十二点了，起来打电话给《光明日报》夜班编辑，就为了改一个字。

那时还没有发明电子计算机排版，开印前改一个字非常麻烦。夜班编辑说，意思差不多，能否不改？我说，意思差很多。"变成"，用哲学的术语来说是自己运动；"搞成"是外部强制。无罪的人成了罪犯，不是自己变成的，而是别人强加的，所以一定要改（我暗自念叨，睡梦中写作，毕竟头脑不够清醒）。由于我的坚持，他答应修改。我这个人是完美主义者，如果这一个字不改，心里不知会有多难受。但我只要求他改一个字，他却顺手在别处多改了几个字，改错了。原文："张志新没有罪，却被别人当作罪犯；张志新没有构成犯罪的行为，却被别人用犯罪行为来对待。"这是和上文两个段落呼应的。这个马克思的句式，他没有看明白，乱改，改成："张志新没有罪，却被别人当作罪犯；张志新没有构成犯罪的行为，却被别人当作罪犯来对待。"他这么一改，分号后面的话与分号前面的话意思一样，成了多余的话。

问：这篇文章发表后很轰动，您自己估计到没有？

没有，出乎意外。

## 轰动效应

1979年6月24日，我的文章《谁之罪？》和张志新的三首歌曲，几乎占了《光明日报》第三版的整个版面。

尽管对张志新事件的评论已有一个多月，我的文章一出，被目为"冒尖"。大多数文章只是要求追究残害人的凶手。我的文章提出，"要改造那追求真理以流血牺牲为代价的环境"，"要改造那把无罪的人搞成罪犯的环境"。反响之强烈，出乎马沛文和我的意外。有人说好得很，有人说糟透了。

第一位读者反馈，来自宗白华老先生。

宗先生住在我们楼下。我下楼取报时，遇见宗先生。他对我说："我已经读过你的文章了，写得好啊！此是人人心中所有，而又人人笔下所无。"这两句是黄遵宪赞扬梁启超的话，原话是："人人笔下所无，却为人人意中所有"。真巧，我想学梁启超笔端带感情，有人就把赞扬梁启超的话转移到我头上。历次运动中，我是老"运动员"，听惯了批评，偶闻表扬，往往心生疑虑。唯有宗白华老先生所说，我听了怦然心动。

宗白华是一位奇异的老人。在学术上，他独树一帜，是中国美学的一代宗师。更奇的是，1949年以后居然没有受过大难。他对人事、世事不持褒贬，历次运动既不揭发别人、也不检讨自己，就这样蹭过来了。平时总是呵呵一笑，与世无争。别人也不会揭发他，因为他甘于寂寞，不求闻达，对谁都碍不着。所以未遭大难，得以享其天年。

宗白华（1897—1986）他的书桌上有一个佛头，是心爱之物。所以他也被人称为"佛头宗"。

"五四"时代，他参加了少年中国学会，是全国四大副刊之一的《学灯》主持人。《学灯》提携、培养了诗人郭沫若。宗白华和郭沫若、叶圣陶合出过一本诗集《三叶集》。后留学德国，专攻美学。1949年以后，郭沫若、叶圣陶都是政坛名人，宗白华也不去攀高枝，而且往事不屑一提。他徜徉于园林山水之间，在散步中领悟美学（著有《美学的散步》）。他买一张月票，几乎天天出门，一手策杖，一手拎个布袋，好像朝山进香的老者。他从不流露真情，不谈看法，别人想揭发也没有什么可揭发。我们在哲学系共事多年，我还是第一次见他流露真情、谈出看法，想必我的文章中确有什么东西触动了他。

我的妻子刘渝宜，在清华园中学教外语。中午回家，她说："我们教师办公室一上午都在议论你的文章，大家都说写得好。政治课老师把它作为补充教材，要求学生阅读；语文课老师把它作为范文，在课堂上分析。他们还问我：'你们家老头是怎么写出这篇文章来的？'"

"你怎么回答？"

"我说是开夜车写出来的！"

我笑了："人家问的恐怕不是这个意思。"

"那叫我怎么回答？"

下午骑车出门。一路上多次被叫停。北大的熟人很多，见了都要拉住说几句。说的意思差不多一样，两点：一是说《谁之罪？》代表他们讲了心里话，他们想讲也讲不出来，为大家出了一口气；二是问我："这篇文章你是怎么写出来的？"我说，这是酝酿了十年才写出来的，是对文化大革命不断思考的结果。有的话，早就想说，比如"挂着无产阶级专政招牌的专制制度"。我在寻找机会。如果赤裸裸地写出来，即使我敢写，也没人敢发。趁着大家议论张志新，我再加一把柴火，终于讲出了多年想讲而没有讲的话。这两点归结为一点，《谁之罪？》是用我的笔写出了人们在文革中的共同感受、共同思考和共同抗议。

《光明日报》驻昆明记者站站长王茂修对我说："洛阳纸贵，洛阳纸贵，边城都轰动了。"1980年1月，我去昆明参加学术活动，与云南大学和云南师范学院的教师座谈，他们还在问：

"这篇文章是怎么写出来的？"

中国青年艺术剧院的演员周正，在中山公园音乐堂举行的"纪念张志新演出晚会"上，把我的政论当作诗歌一样朗诵，博得阵阵掌声。演员是一种再创造，即使我作者本人听了他的朗诵也觉得很震撼。电台又多次回放。有时走在路上，还能听到大喇叭的广播里发出义正词严吼声："谁之罪？"

朱学渊说到中科院研究生院的言论自由之风时写道："北大郭罗基先生在《光明日报》上发表了一篇题为《谁之罪？》的轰动文章，在阅览室里的那张报纸上，批满了骂毛泽东的文字，院方也睁眼不管，让它挂了许多日子。"（《中科院八百研究生首批自费留学记》，《开放》2002年1月号。）

我原来不知道，文革中从人民大学调来北大哲学系的陈树平，是张志新的妹妹张志惠的丈夫。张志新的母亲郝玉芝老人和他们住在一起。陈树平代表郝玉芝老人请我到他们家吃饭。席间，老人对我说："你的文章写得真好，有关张志新的文章这篇最好，我代表我们全家向你表示感谢！"

《谁之罪？》的文风也产生了影响。我在文中写道："她的慧眼终于识破了在文化大革命的浊浪中浮沉的一些'大人物'。""慧眼"一词是佛家用语，文化大革命中批判："什么佛经，都是放屁。"故人们不会引用屁话。而且，只有"伟大领袖"才能"洞察一切"，谁敢说别人具有"慧眼"？我用了"慧眼"一词，以后慧眼就多起来了，东一只慧眼，西一只慧眼。有意思的是，这篇文章还被写进文学教科书，《文学概论新编》中写道："这种思想、概念，一旦用说理和论证的语言表述出来，便是像郭罗基的《谁之罪》这样逻辑严谨、意味深刻的政论。"（*https://max.book118.com/html/2019/0119/6030023213002002.shtm*）

在海外也有反响，澳大利亚的冯崇义写道："七十年代末中共改革派理论骨干在公开宣传自由主义思想方面走得最远的，当算郭罗基。在反思女中豪杰张志新在狱中遭受性凌辱并在行刑前被割断喉管这一令神人共愤的个案时，作为一位共产党人的郭罗基追问这种惨剧的制度根源，追问为什么在共产党所创造的制度下，人们追求真理往往要以坐牢杀头、流血牺牲为代价。为了避免悲剧重演，郭罗基要求彻底改变以言治罪的制度，建立保障言论自由的制度。"（冯崇义《中共党内的自由主义》，明镜出版社。）

《谁之罪？》反响之强烈，出乎我的意外；但对文章抨击之尖锐，也出乎我的意外。有人说，就凭这篇文章可以把我打成现行反革命。哲学系的学生告诉我，这一天公共报栏里的《光明日报》都不翼而飞了，被人收藏起来。有人把《谁之罪？》当作宝文，以便日后再读。有人说，等着郭罗基当反革命，到时候可以拿出来批判。

《光明日报》和我收到大量的人民来信。马沛文和我差不多每天打电话，通报人民来信中的精彩段落。《光明日报》为了表示对我的支持，马沛文从两千多封读者来信中选出若干，以《广大读者支持〈谁之罪？〉》为大标题，7月4日和17日两次在第二版登了半版。北大经济系的讲师萧灼基（当时尚未成名）给我的信中说："如果追究《谁之罪？》的作者，我甘愿陪绑！"马沛文可能认为"陪绑"太刺激，改为"奉陪"。发表后，天津煤气事业处刘炳新的来信也说："如果追究《谁之罪？》，我想甘愿奉陪的不但是萧灼基同志，而是亿万人民，我就是亿万人民的一员。"后来，我被发配南京，许多朋友都来话别、送行，不见萧灼基的人影。

除了来信还有来访。陶渊明家，"门虽设而常关"。那时的北大很开放，与陶渊明家相反，"门虽设而常开"，自由出入。常有人不期而至，来到我的办公室。虽然干扰了我的工作，我总是耐心接待。这些人都是有话没处讲，找我来诉说，有时甚至是血泪控诉。这些谈话，简直就是不出门的社会调查。我听了，心情很沉重，更坚定了我的意志，决心为老百姓讲话。也有人来求我，帮助解决具体问题。最可笑的是陈一咨的前妻吴琰，跑来找我，说，陈一咨在河南农村当公社党委书记，让我把他调到北京来。我管得着吗？

有一封署名徐文立的来信，与我约谈。信很短："我是《四五论坛》的负责人。我和我的同志们对你所写的《谁之罪？》一文表示赞赏。我希望能与你面谈一次。"我看了这封信，感觉并不舒服，似乎此人态度有点傲慢。但我愿意同各种人交往，还是回了一信，约定时间来北大找我。1979 年 7 月的一天下午，徐文立来到我的办公室，谈吐谦恭，与我原先的估计不大一样。他是北京铁路分局建筑段的电工，工作地点在丰台。他向我讲述了自己的经历，表示渴望学习，请求我的帮助。以后又来过几次，背包里装着不少书，与我探讨政治理论问题。我给他介绍狄慈根，讲怎样学理论、怎样写文章，鼓励他成为工人理论家。与徐文立的来往后来成了大麻烦。1982 年的批判把它说成与"地下刊物"有联系，是"政治错误"。

问：有没有人追究《谁之罪？》？

## 还真有追究的

马沛文告诉我，中宣部的部务会议上，戴云（办公厅主任），对《谁之罪？》罗列了三条罪状：第一，否定文化大革命；第二，否定伟大领袖毛主席；第三，否定社会主义制度。他把我文章中蕴涵的玄机都说破了，倒是没有错。但在当时的中国，这三条中的任何一条都是弥天大罪。我早已想好对策。文化大革命中，我取得了经验。有人抓住我影射毛泽东的话，指责我"反对伟大领袖毛主席"。我说："我的话可以做不同的理解，这是你们的理解。"戴云举不出文中哪句话是"否定……"，我也可以说"这是你的理解"。这是当时我们思想解放派写文章的技巧，反对了你，叫你说不出是怎样反对的。

北京对付我们这些"与党分道扬镳"的自由化分子，好像采用打篮球的"人盯人"战术。这个戴云就是专门盯住我和李洪林的，他总是密切注意我们两人的动态。他得了鼻咽癌，发现后不到一个星期就死了。朋友们为我和李洪林庆幸，其实不值得高兴。戴云死了，又会有张云、李云，反正都是一帮人云亦云。

耀邦听完戴云的起诉，只说了一句："有那么严重吗？"嘻嘻哈哈轻描淡写地把他的三个"否定"都给否定了。我在《谁之罪？》这篇文章中对毛泽东的批评，确实要比《思想要解放，理论要彻底》更为激烈。耀邦否定了戴云的追究，实际上也否定了他自己不久前说我"彻底否定毛主席"的批评。可见，耀邦对《思想要解放，理论要彻底》那篇文章的批评决非他的本意。

戴云的追究被胡耀邦否定了，但后来还有人追究，说我这篇文章是反邓小平的。

《谁之罪？》中确有针对邓小平的说法。西单民主墙代表文化大革命中受迫害、被污辱、遭蹂躏的人们，发出"要人权"的呼声。邓小平说是"耸人听闻的口号"。我写道："专制制度的唯一原则'就是轻视人、蔑视人、使人不成其为人'（马克思语）。受到林彪、'四人帮'非人待遇的人们，要求最起码的做人的权利，不是完全可以理解的吗？"监狱里的黑暗是专制主义最集中的表现。张志新事件可说是把人不当人的典型。但这一点倒并没有被抓住。反对邓小平的论据是文章中讲到"3月底"的极左思潮，认为攻击了《坚持四项基本原则》。三年以后，还要清算。

马沛文在一篇文章中说："对《谁之罪？》一文，有人是不赞成的。一位在意识形态部门工作、而且负有一定责任的人，就曾反对改造社会环境的观点。他认为，改造社会环境，不就是改变我们的社会主义制度吗？"马沛文没有透露这位"负有一定责任的人"是谁，不过，在意识形态部门"负有一定责任"的两三个人，除了胡耀邦还有谁？不难猜出。他反驳道："其实，我们从十一届三中全会以来的改革，本质上不就是改革我们社会主义的许多具体制度吗？经济制度、政治制度以及文化制度不都在进行改革吗？不然的话，怎么能把这种改革叫做'第二次革命'呢？如果不改革这些严重阻碍社会发展和社会进步的制度，不仅不可能建立商品经济的新秩序，也不可能改变造成张志新惨死的坏环境。"（《回顾关于张志新烈士的宣传报道》，《光明日报四十年》，光明日报出版社，1989年5月。）

## 第五十章 真理标准讨论的补课

实践标准对两个"凡是"的论战已经取胜，对立面不存在了，邓小平收起了法宝。真理标准讨论被邓小平提前下课了，实际上又完不了，只好补课。

问：补课是邓小平提出的吗？

不是。邓小平又一次利用了形势的发展。

### "补课"的提出

1979年3月30日，邓小平做《坚持四项基本原则》的报告后，真理标准的讨论偃旗息鼓了。1979年5月21日，《解放军报》发表题为《坚定不移地继续贯彻三中全会精神》的评论员文章，其中指出："我们军队的同志们要抓紧补上实践是检验真理的唯一标准这一课"。首次出现"补课"的提法。因为真理标准的讨论已经中断，所以不是"继续"，而是"补课"，提法十分恰当。第二天，《人民日报》转载了这篇文章，标题改为《重新学习三中全会文件，补上真理标准问题一课》。这个标题是寓有深意的，它强调了两点：第一，"重新学习三中全会文件"。三中全会的精神被邓小平的"坚持四项基本原则"掩盖了，所以不是如《解放军报》的标题所说的"继续贯彻"，因为无法"继续贯彻"了。《人民日报》就《解放军报》行文中"重新学习三中全会文件"的提法上升为标题。第二，突出真理标准讨论的"补课"，从军队到全民，成为一般性的号召，意在再次掀起思想解放运动的高潮。

邓小平抛出"坚持四项基本原则"以后，拥护两个"凡是"的人们活跃起来了。华国锋到军队视察，受到热烈欢迎。邓小平一看苗头不对，军队到底听谁的指挥、跟谁走？他也到华国锋视察过的军队去转了一趟。在海军党委常委扩大会议上的讲话中，他说：真理标准的讨论，"这个争论还没有完，海军现在考虑补课，这很重要。"为了对付华国锋，他也赞成真理标准讨论的"补课"了。为什么不是"继续"而是"补课"？责任就在于他自己。真理标准讨论的中断有理，真理标准讨论的补课也有理。他总是白猫、黑猫轮番上场。

### 重新唤起热情

新闻界、理论界以"补课"为名，重新唤起了热情。

胡绩伟、王若水当政时期是《人民日报》历史上的黄金时代，发行量增至1200万份，执舆论界之牛耳。在真理标准讨论补课时期，发表一系列的报导和评论，在全国范围起了指导作用：

《把真理标准问题的讨论推广到基层去》，6月17日第一版；

《补好真理标准讨论这一课》，6月23日第一版；
《沈阳冶炼厂职工开展真理标准讨论》，6月24日头版头条；
《开展真理标准讨论很有必要大有好处》，6月25日头版头条；
《认真开展真理标准讨论促进思想解放》，7月6日第一版；
《基层联系实际讨论真理标准大有好处》，7月12日第二版；
《开展真理标准讨论打开思想解放大门》，7月13日第一版；
《认真补好真理标准讨论这一课》，8月3日第一版。

从这些标题可以看出，《人民日报》不仅强调补课的必要，而且指出补课的方向：面向基层，联系实际。

问：您在真理标准讨论补课中做了什么？

1979年8月到10月，我以《真理标准的讨论要补课》为题，做了多次报告。我特别强调真理标准的讨论要继续深入。怎样深入？谈了三点意见：

第一，把讨论从上层下移，推广到基层，渗透到实际工作中去。

过去一年多，主要是解决中央的思想路线的分歧，中层和基层还没有很好地开展讨论。耀邦同志有一个说法，火车头修好了，整个列车还没有开动。林彪、"四人帮"的极左思潮的流毒，两个"凡是"的影响，在全国范围内尚未肃清。如果不能把真理标准的讨论深入下去，就会发生上下脱节，半身不遂，即使上面有了正确的路线、方针、政策，下面也不得动弹。

第二，以讨论促进改革。

揭批林彪、"四人帮"，澄清是非，还要继续进行。下一步，前进的方向是什么？拨乱反正不是回到文化大革命前的局面。复旧是没有出路的，出路在于革新。我们要立志改革。经济不发展，生活不改善，人民就会不满。解决经济问题，首先要进行改革。改革就是要改掉以行政的方法管理经济，变为按经济规律管理经济，改掉把企业卡得很死的指令性计划，变为企业具有自主权。对于过去的种种做法，应当以实践标准来衡量，判定是非得失。对于今后的改革同样应当坚持实践标准，闯出一条新路。（我虽然提出要改掉指令性计划，当时还没有市场经济的提法。）

第三，在讨论中探索一条中国式的道路，为建设现代化的社会主义而奋斗。

实现现代化的目标虽然提出来了，但达到这个目标的具体道路还没有找到。真理标准讨论的深入，必须引导人们重新认识中国的国情，探索一条从中国的实际出发走向现代化的具体道路。依靠中国人民的实践，经过反复实践、反复检验，这样的道路一定能找到，现代化的目标一定能实现！

各地省、市委书记又一轮纷纷谈论真理标准问题，与前一轮的表态不同，这一轮是部署补课。显然也是没有中央红头文件，而是在社会舆论支配下所采取的自主行动。

### 推翻了"两个凡是"以后的矛盾

真理标准讨论补课中发生的争论，主要不再是在"两个凡是"和实践标准之间，而是在反对"两个凡是"的人们之间。如何以实践标准检验历史和现实中的是非，研究新情况，解决新问题，推动改革？这是更为深刻的矛盾。

反对两个"凡是"的人们，又分为三派：

一派，主张消除文化大革命的后果，回到文化大革命之前。这一派的代表人物是陈云。他认为第一个五年计划是样板，"鸟笼经济"是规范。财政经济方面的支持者是李先念、姚依林等人。教育部长蒋南翔则大力推行文化大革命前十七年的经验，要求"在'十七年'的基础上继续前进"。这一派被人叫做"十七年"派。他们的主张实际上是开历史的倒车。"在十七年的基础上继续前进"，不是还会前进到"文化大革命"吗？

另一派是"向前看"派，区别于"十七年"派的向后看，主张对待过去"宜粗不宜细"，急于告别过去，走向未来。他们认为改革开放是为了走向现代化，但坚持用共产党传统的压制人民的办法来进行改革开放。这是改革开放中的专政派，代表人物就是邓小平。

还有一派认为不但改革开放的目标是现代化，改革开放的进行也必须采取现代的方式，走向现代化的同时必须实行民主化。这就是改革开放中的民主派。这一派的主要力量是共产党的中下层，上层只有一个不充分、不坚定的代表——胡耀邦。

在改革开放的长时期中，以陈云为代表的是反改革的保守派。以胡耀邦为代表的民主派是真正的改革派。邓小平所代表的是中间派。邓小平被人们误认为改革派，他自己并不这样认为。他在会见美国前国务卿舒尔茨时就说："我是改革派，不错；……我又是保守派。所以，比较正确地说，我是实事求是派。"他既是改革派，又是保守派；也可以说，他既不是改革派，又不是保守派。所以，他是在改革派和保守派之间调和折衷的中间派，但他凌驾于两派之上，又是主流派。从目标来说，他与改革派一致，追求现代化是热心的；从做法来说，他又与保守派一致，依然是毛式思维，要求人民听话，不听话就镇压。他的口号是"有'左'反'左'，有右反右"。实际上是既反"左"、又反右，时"左"时右，左右逢源。他的所谓"实事求是"就是实用主义，用来平衡左右。但是，他的反"左"与反右总是不平衡。反"左"的时候，轻描淡写，好言相劝；反右的时候，则雷厉风行，棍棒交加。而且，"左"与"右"在中国完全被搞乱了。主张自由化、民主化，要求进取，推动变革的派别，应是左派；在中国却被叫做"右派"。主张保持现状，固步自封，反对改革的派别，应是右派；在中国却被叫做"左派"。

问：您对推翻两个"凡是"以后的派别和邓小平所扮演的角色的分析，有独到的见解，我还没有听别人这样讲过。

### 八十年代第一春

实践标准和两个"凡是"的对立，严重的斗争发生在1978年。但就思想解放来说，那时只是浑沌初开。1979年以后的真理标准讨论补课，已经不具有论战性，但思想解放则天下滔滔。1980年，解放思想势如破竹。报纸上发表了大量的文章，针对毛泽东发布的金科玉律，进行质疑和批判。如：

《"团结两个百分之九十五"的口号不对》，《北京晚报》1980年9月2日。文章说，现在我们有1800万干部，"团结百分之九十五"，那剩下的90万呢？我国有九亿人口，剩下百分之五就是4500万，难道都是坏人？

《党领导一切的提法不科学》，《黑龙江日报》1980年10月29日。文章说，提法不合逻辑，党就不能领导刮风、下雨。

《"集中指导下的民主"的提法是否科学？》，《人民日报》，10月30日。文章说，这个提法意味着在民主之上还有一个集中，而且高于民主，因而有资格指导民主。

《经济工作的生命线是什么？》，《解放日报》1980年11月5日。文章说，经济工作的生命线是按客观经济规律办事，而不是政治工作。

《权力不能过分集中》，《人民日报》1980年11月14日。文章批评毛泽东"大权独揽"的口号，说它造成个人专断。

《书记不等于班长》，《广西日报》1980年11月17日。文章批评毛泽东把书记比作班长。"班长和战士是上下级关系，而书记和委员是少数服从多数的关系。"

《"外行领导内行"的提法是有害的》，《北京日报》1980年12月5日。文章说，这个提法使人甘当外行，成了官僚主义的一种借口，容易造成瞎指挥。

此外，还有一些文章，一看题目就知道是批毛的：

《"防止资本主义复辟"的口号应该摒弃》，《"政治和思想战线上的社会主义革命"提法是错误的》，《"反潮流"的口号是错误的》，《"全民大办"是反科学的口号》等等。

思想解放，形势大好，八十年代出现一片新气象。

第一，政治体制改革的呼声甚嚣尘上，1980年8月18日，邓小平在政治局扩大会议做《党和国家领导制度的改革》的讲话。这一讲话，在共产党一党专权的条件下第一次提出政治体制的改革，其思想深度超过十一届三中全会的主题报告。

第二，由于提出政治体制的改革，党内外的改革派、民主派活跃起来了。在第五届全国人民代表大会第三次会议上，人民代表对政府工作提出质询、问责和批评，政府部门的负责人到会回答问题和听取意见，气氛异常热烈，成为人民代表大会历史上一次空前的"民主的大会，改革的大会"。

第三，农村的改革，从生产队联产承包责任制发展到家庭联产承包责任制，即"包产到户"，取得了突破性的进展。自毛泽东强制推行"农业合作化高潮"以后，"包产到组"、"包产到户"的尝试一直连绵不断，但均被作为"资本主义倾向"遭到阻止和扼杀。全国农村的人民公社三级所有制变为农户的联产责任制，即"包产到户"，是一场涉及几亿人的大变动，从1980年开始，不到三年就顺利完成了。

第四，与农村改革的同时，城市改革也已起步。1980年，为了安排1000多万下乡回城知识青年的工作，允许"自愿组织起来就业和自谋职业"。为此，扶植各种类型的自负盈亏的合作经济和鼓励个体经济的发展。最初以发展个体经济作为解决就业的手段，发展到承认私营经济是"社会主义市场经济的重要组成部分"。

第五，创办经济特区。1979年，在深圳、珠海、汕头、厦门划出一块地方试办"出口特区"。1980年5月，中共中央和国务院召开广东、福建两省会议，正式定名为"经济特区"，并扩大了面积。在缺少对外经济交往经验、国内法律体系不健全的条件下，经济特区成为探索改革开放、引进资金、学习外国的试验基地，在全国起了示范作用。

第六，及时纠正了经济建设中的急躁冒进。粉碎"四人帮"以后，追求国民经济发展的高指标、高速度，大量进口成套设备，扩大基本建设投资规模，结果加剧了国民经济比例失调。引进的大型成套项目达二十二个之多，全国基建投资竟相当于过去二十八年的总和。与1958年的大跃进不同，这一次是依赖外国的资金和技术，故曰"洋跃进"。更为不同的是，没有撞南墙就及时回头。由于实践标准的提倡和应用，1979年即发现国民经济比例严重失调的问题。1980年3月，中共中央政治局提出"调整、巩固、整顿、提高"的八字方针，计划用三年时间调整国民经济。

第七，中共十一届五中全会通过了胡耀邦主持制定的《关于党内政治生活的若干准则》，大力整顿党风。是年9月，总书记胡耀邦在中央纪律检查委员会的有关会议上讲话，指出：贯彻《准则》必须继续肃清林彪、"四人帮"的流毒，特别要扫除封建意识。封建意识不清除，党的优良作风难以恢复和发扬，社会风气也难以带好。这是对共产党进行的改革。

第八，出现了"文化热"。反思文化大革命的愚昧，接续"五四"的启蒙传统，提出新启蒙。出版了"走向未来丛书"、"中国与世界丛书"、"中国文化书院丛书"等系列著作。

第九，在基层的人民代表选举中实行差额选举，选民可以联名提候选人。在基层的人民代表的选举中，许多大学生中的优秀分子，纷纷站出来竞选，反对指定候选人，表现了青年知识分子的参政热情。

第十，承续北京西单民主墙的民办刊物在全国到处开花。1979年12月6日，民主墙被北京市革命委员会强行从西单迁至偏僻的月坛公园，名存实亡。作为西单民主墙的延伸，从大字报发展为民办刊物，反而扩大了言论自由的阵地。据统计，北京有民办刊物55种，全国26个城市有民办刊物127种（朱立《大陆民运回顾与展望》，《民主中国》月刊，1990年6月号。）八十年代初的民办刊物，完全是独立于官方意志之外的。这种趋势如能进一步发展，最终必将冲破报禁。

上述第九、第十点，是民间力量活跃的开始，正在构造公民社会，建筑民主政治的基础。

1980年，全国人民看到了改革的希望，对中国的前途出现一片乐观情绪。八十年代第一春是令人怀念的。

三联书店拟恢复邹韬奋办的《生活》杂志，为此开了一次座谈会，出席者都是思想解放派人物，有：于光远、刘宾雁、方励之、马沛文、阮铭、何匡、唐弢、萧乾、廖沫沙、曾彦修、李洪林、项南、严家祺、郭罗基等。会上有许多精彩的妙论。我一直记得项南的一番言论，他说：我们生活中的弊病是，上面一言堂，贯彻下来一刀切，到了下面一边倒，上下一股风。我在会上说："思想解放，政治民主，经济改革，是新时期的生活进行曲，也应当成为《生活》的主题歌。"我就是歌唱"思想解放，政治民主，经济改革"这一新时期进行曲的男高音。但《生活》杂志只出了一期试刊就被扼杀了。

好景不长。邓小平做了尝试进行政治体制改革的《党和国家领导制度的改革》的讲话之后，不到半年，却立定转身，走向反面。1980年12月，邓小平在文化大革命后重提反自由化。反自由化运动即反思想解放运动。真理标准讨论告终，反自由化运动登场。

## 反"不正之风"

八十年代初期，腐败不叫腐败，叫做"不正之风"。从现在的眼光看来，"不正之风"不算严重，但反"不正之风"的舆论却很强烈。我积极投入了反"不正之风"的斗争。

中央电视台播出一个节目："百货大楼见闻"。星期日，北京王府井百货大楼门口，小汽车川流不息。在我们国家，那时还没有私人小汽车，百货大楼也不是上班的地方，再说又是星期日，那么多小汽车开来干什么？只见首长们带着老婆、孩子，前呼后拥，乘兴而来；又提了大包小包，塞进汽车，满载而归。电视记者批评了这种搞特殊化的恶劣作风，得到群众的热烈赞扬。

电视观众当场就有议论：

"你们看那得意的样子，真恶心！"

"真该！叫他们在电视里示众！"

"不解决问题，要……"

"要怎么样？"

一时大家想不出究竟"要怎么样"，只是要求电视台再重播一次。

我写了一篇《公仆，请与主人同甘共苦！》，发表在北京出版社出版的《新时期》杂志。

问：这个题目是辛辣的讽刺。公仆本来是为主人服务的，现在反过来主人要求公仆同甘共苦！

我在文章中说"只有同甘共苦才能同心同德"：

领导干部经常号召大家："同心同德搞四化！"不错，实现四个现代化是国家的希望、人民的心愿，确实必须同心同德。但是，搞特殊化的人和反对搞特殊化的人，能同心同德吗？只有同甘共苦才能同心同德！

我提出"一个深刻的历史课题"：

在革命战争年代，由于我们和群众同甘共苦，打成一片，才能克服困难，战胜强敌，取得全国政权。我们党成为执政党以后，为什么有一些人不能继续和群众同甘共苦、打成一片了呢？为什么艰苦奋斗的传统在他们身上消失，无论别人怎样向他唤起对过去的回忆也不灵了呢？这不是个别人的作风问题，而是一个深刻的历史课题。

我抨击公仆变成了老爷：

马克思在总结巴黎公社的经验时指出，无产阶级取得政权以后，国家公职人员必须是"社会的负责的公仆"。在我们这里，由于没有充分的社会主义民主，果然出现了"脱离群众、站在群众头上的特权者"。在那些爱好特殊化作风的人们中间，有一部分人已经成为披着共产党员外衣的官僚，就是利用人民交给的权力谋取私利的特权者。

这些特权者虽然还没有取得生产资料的所有权，但他们有支配权，可以利用职权掠夺国库，侵吞公物，霸占园林，修建别墅，有的深宅大院简直就是一座城堡。他们过着挥霍无度的生活，绝大部分的享受根本不必用工资去开支，而是以各种理由实报实销。一些人少劳多获甚至不劳而获，必然就是另外一些人多劳少获，甚至劳而不获。无偿地占有别人的劳动，不是剥削是什么？

这些特权者在政治上作威作福，欺压百姓，维护现代迷信，目无党纪国法，俨然是一方的"红衣主教"。他们弄虚作假，谎报成绩，压制民主，打击报复，人民有话无法讲、有冤无处诉。搞得乱七八糟实在混不下去了，换个地方或换把交椅照样当官，人民还是无可奈何。特权者就是骑在人民头上的老爷。

我的批判的锋芒指向制度，同时也指出：

违反制度非法地搞特权固然要反对，按照制度合法地搞特权也不行。现有的一些制度本身就不合理，需要改革。强占民房是非法的，但有些领导干部按规定住几十间豪华住宅，只是象征性地付一点微不足道的房租，还是合法的，难道合理吗？为了限制和取消特权，防止社会的公仆变为人民的老爷，必须制定一套规章制度，特别是各级干部在物质待遇方面的规章制度，不允许有成文的和不成文的维护特权的法规。真正做到像列宁所说的，使国家机关的职务成为"无利可图但是'光荣的'位置"。

有了限制和取消特权的制度，还必须要有人民群众自下而上的监督来保证执行。监督不能仅限于口头上的批评，应当赋予某种实权。

1980年10月16日，《中国青年报》发表《敢于向特权挑战的人》，报道了青年厨师陈爱武揭发商业部长王磊在丰泽园饭庄吃喝不付钱、少付钱的丑闻。

因为我的《公仆，请与主人同甘共苦！》获得好评，《新时期》杂志又约我就此发表评论。我写了一篇《批评部长以后》。我从《中国青年报》发表报道以后的反响说起：

无数的电话、电报、信件涌向报社。他们说，听到广播、看了报纸后，满心喜悦。在人民大会堂、新华门、丰泽园一带值勤的交通警说，对于那些出入饭店、享受特权的人们"早就看不惯了"。一些服务员说，"早就憋了一肚子气"。更多的人则说，"长期以来，广大群众对干部利用职权搞特殊化的歪风早已看在眼里、恨在心里，……"总之，批评者已经骂出声来了，被批评者的耳根还是很清净，因为他们什么也没听见。这次，报纸公布了陈爱武对商业部长王磊的批评，恰似一阵和风，吹得醺醺醺的人们稍为清醒了一些。那些同样吃"客饭"的副部长、副市长、局长、经理们，也纷纷到饭店查账交钱。公开批评部长以后，立奏奇效，使得玩世不恭者目瞪口呆，看破红尘者急起直追，立志改革者奋发有为。

但不以为然者还是大有人在。我特别举出一种说法进行批驳："批评一个部长，为什么不向国务院、书记处打招呼？是谁批准的？"

有哪条法律规定批评干部必须事先按级别职位呈报上级领导机关批准？难道王磊享受特权是经国务院、书记处批准的吗？否则，反对特权要经国务院、书记处批准作何解释？

我又从监督和被监督的关系指明这种说法的谬误：

对公仆进行监督是人民的神圣权利。监督者的权利是不能以被监督者的意志为转移的。如果批评某一级的干部事先要报上一级领导机关批准，那么，领导机关不批准的话，不就等于取消了人民监督的权利了吗？领导机关不是仲裁人，它本身也是被监督者，监督者的权利难道还得由被监督者来支配吗？人民监督干部需要逐级批准，那么，最高领导之上没有地方可批，也就是谁也无法监督。另外，过去还有一种做法，人民批评监督某些干部，只要不认为是路线问题，还没有变成敌我矛盾，中央领导人往往出面来"保"。像原北京市某领导人，北京市以至全国人民意见很多，因为有人"保"他，所有的批评监督都不起作用。因为有免受监督的领导人，所以在免受监督的领导人的保护伞下也可以免受监督。事实上，凡是需要"保"的干部，总是"保"不住的。人民的权利可以一时得不到尊重，但人民的意志最终还是会曲折地表现出来，不可抗拒地发生作用。因为历史的是非毕竟是由人民来定的。

报纸是党的喉舌，确切地说，是党的各级领导机关的喉舌，只是表达领导者即被监督者的意志。表达监督者即被领导者的意志的舆论工具何在？党的喉舌当然要发出党的声音，即领导者的声音或领导者愿意听到的声音。有人说，党的声音就是人民的声音。很好。那么，只要听听自己的声音就够了。把自己的声音或自己授意发出的声音当作人民的声音，所以总是陶醉于自我欺骗之中。还有什么必要谈论人民对党的监督呢？为什么只能发出经过批准的人民的声音？没有批准的人民的声音到哪里去发表？选举和罢免只能发生在一定时刻，而监督是经常起作用的；况且，没有充分的监督，也不会有真正表达民意的选举和罢免。在一切监督之中，舆论监督是普照之光。我们这里恰恰没有提供人民和党员进行舆论监督的有效手段。

"不正之风"除了特殊化，还有严重的官僚主义。

石油部海洋石油勘探局领导不讲科学、违章指挥，致使"渤海2号"钻井船翻沉，死亡72人之多，损失数千万元之巨。他们既不引咎自责，也不接受教训，反而轻松地说：要交学费嘛！这是他们第一次"交学费"吗？不是吧，据不完全的统计，从1975年至1979年，该局发生各类事故竟达一千多起，其中重大事故三十多起，造成105人死亡，114重伤，经济损失十分惊人。他们就是这样用国家的财产和人民的生命不断地在"交学费"！

《光明日报》约我写一篇评论，我写了一篇短评《评"交学费"》，发表在《光明日报》1980年7月29日。我在文中写道：

列宁指出"要无情地反对貌似激进实则是不学无术的自负"。说得好极了。在石油部海洋石油勘探局那种地方，就有一群"貌似激进实则是不学无术的自负"的领导人，似乎还很有权势。他们蔑视科学，践踏民主，已经屡受惩罚还不肯回头。现代化建设事业让一些愚昧而又高傲、无能而又专横的人来指挥，人们除了提心吊胆地时刻准备着他们那种可怕的"交学费"之外，还能指望什么呢？

我还指出"交学费"的历史根源：

"交学费"之说并非自今日始。1958年盛行瞎指挥、浮夸风和共产党风，对于持异议者后来又开展了反对所谓右倾机会主义的斗争。接着，出现了严重的经济困难。当时，有一种说法，认为那些挫折和损失是为了学习社会主义建设而交的"学费"。听起来颇合乎辩证法。其实，如果能倾听一下被指斥为"右倾机会主义"的意见，本来是用不着交这样高昂的"学费"的。从那时以来，实际工作中有什么毛病，就会有一种相应的理论来加以解释。譬如，你说某个方面或某个地区的问题严重，有人就会向你讲"九个指头与一个指头"的道理，只要说明那是"一个指头"的问题，于是就心安理得了。你说国民经济计划比例严重失调，有人就会向你讲"平衡是相对的，不平衡是绝对的"的道理，只要说明比例失调是不平衡的绝对性，于是就高枕无忧了。这都是在解释既成事物上下功夫，似乎改变一种说法就能改变事物本身。搬用马克思主义的词句来为错误与失败辩护，结果，实践和理论受到双重损失。现实被歪曲了，错误得不到彻底纠正；理论被滥用了，自然也失去了威信。有些同类性质的错误，所以长期地、反复地犯，这是一个重要原因。

这一篇一千五百字的小文，产生了意想不到的影响。《光明日报》发表的次日，《人民日报》在头版转载。美国CIA刊物FBIS（Foreign Broadcast Information Service）全文译载, Guangming Ribao Condemns Bohai NO 2 OIL,*Big Accident,Comment in Paying Tuition*，FBIS-CHI-80-158，13 August 1980，CIA。

全国总工会机关报《工人日报》非但全文转载，还约请我再写一篇评论员文章《反对唯意志论，坚持唯条件论》（《工人日报》评论员，1980年8月27日）。

## 爱护青年

随着思想解放运动的展开，人们思想中的困惑和疑难也释放了出来，尤其是青年，对人生和社会有许多提问。

八十年代的两场讨论，表达了对青年的爱护。

1980年5月，发行量超过二百万册的《中国青年》杂志发表了一篇潘晓的来信，题为《人生的路啊，怎么越走越窄？》

问：这样负面的东西怎么能发表出来？

是啊，要是在过去，这是批判的对象，只能拿出来示众。在八十年代，却引发一场平等、友好的讨论，有六万多人参与，持续了一年。在讨论中，年轻人抒发了郁积的苦闷，放下了思想上的包袱。这个事件后来被称之为"整整一代中国青年的精神初恋"。什么叫"初恋"？谁和谁的"初恋"？意思并不十分明白。说的大概是"热爱人生的最初萌动"。总之，影响了"整整一代中国青年"。

1980年7月11日，《中国青年报》刊登了长篇通讯《两个好姑娘为什么走上绝路？》报道了无锡市两位二十多岁的女青年周小玲、王萍不堪流言，双双服毒自杀的消息。不是讳言自杀，也不是谴责自杀者，而是将自杀作为一个社会问题提出来讨论，这在中华人民共和国的报刊史上还是第一次。

《中国青年》的讨论是生活为什么会绝望？《中国青年报》的讨论更进了一步，为什么会从绝望走上绝路？

最后，《中国青年报》约我写一篇总结，我写了一篇《珍视人的生命——论自杀》。

我首先说明自杀是人的社会存在对自然存在的否定：

一个生物有机体，自己毁灭自己的生命，这是自然界的悖论。动物都有求生的本能，在受到伤害时有自卫的本能；人，在这种本能的基础上发展出改造环境的能力，能动地创造自己的生存条件。人既是自然存在物，又是社会存在物。自杀是人的社会存在和自然存在的矛盾。按照自然本性，人应当活下去；出于社会原因，有人感到活不下去。尤其是青年，正当生命的旺盛时期，为什么要自己毁灭自己的生命？这是人的社会存在对自然存在的否定。人与人的互相残杀，同样，人的自杀，都是人类的不幸、社会的弊病。

然后说明"自杀是社会弊病的一种症状"，同时也说明"自杀是人生矛盾的错误解决"，结论是"克服自身的软弱，矫治社会的弊病"：

对于自杀进行全面的考察，可以看到两个方面，一方面是社会的弊病，一方面是自身的软弱。由社会的弊病所产生的对人的蹂躏，落在弱者的身上就酿成悲剧；对于强者来说，他们的回答是抗争。自杀是软弱的个人为社会的弊病所做的牺牲。青年人对世界、对社会、对人生了解得太少，往往把细小的绊脚石看成不可逾越的障碍，偶尔摔倒便认为终生不起。这种弱点，有时会铸成大错。

周小玲、王萍的自杀，也与这种弱点有关。我们要说服弱者转向斗争，尽量减少无谓的牺牲。

最后，我号召：

我们要在改造社会的同时，鼓舞那些在自杀的阴影笼罩下的人振作精神。让我们呼唤那些在选择生与死的边缘上徘徊的人，来吧，朋友，同大家在一起，冲破艰难险阻，奔向未来。大家都来矫治社会的弊病——提倡爱人；大家都要重视人生的价值——提倡自爱。爱人与自爱的交织，就是人类的幸福。（《中国青年报》1980年11月18日，署名郭珂）

问："爱人与自爱的交织，就是人类的幸福。"说得很好，这是你的文章的落脚点，可惜没有充分发挥。

是的。我本来想另外写文章发挥的,后来因为陷于批判和调动,没有机会再回到这个题目上来。

这篇文章是互联网时代之前发表的,现在却能在网上找到,这是因为有人欣赏,把它录入上网了。见 *https://www.fx361.com/page/1981/0101/3957638.shtml*

## 思想解放运动没有抓住根本

从1978年1月提出"来一个思想大解放",到1980年12月邓小平重提"反自由化",历时整整三年。三年,在历史上不过是一瞬间。思想解放运动还没有进入主题,就夭折了。

问:什么是思想解放运动的主题?

粉碎"四人帮"以后的真理标准讨论,应该说,这仅仅是思想解放运动的破题,还不是主题。这一思想解放运动的重大缺失,就是停留在起点,没有在进一步发展中抓住根本。

什么是思想解放运动的根本?思想解放运动是解放人的思想,通过解放思想来解放人。人的根本就是人本身。在世界近代史上,开辟一个新时代的思想解放运动,它的主题是人,是人的觉醒;反对奴役,破除迷信,摆脱愚昧,追求人的价值,推崇人格独立,赞美个人尊严,提倡个性解放,引导人从黑暗的中世纪走向光明的新世纪。思想解放运动以光明驱逐黑暗、以理性取代蒙昧,所以,也可以叫做"启蒙运动"。文化大革命这个黑暗时代的根本就是对人的轻蔑、糟蹋、残害;颠倒是非和错乱是非标准,不过是残害人的手段。真理标准讨论就只是针对手段。走出文化大革命这个黑暗时代的启蒙,应当高扬尊重人、爱护人的旗帜。

中国具有几千年专制主义的传统。专制主义的唯一原则就是蔑视人,把人不当人。近代以来,中国历史上一再提出启蒙任务。但始终没有抓住根本,即不以人为主题。"五四"时代的启蒙运动,以民主反对专制、以科学反对愚昧,主题是国;不是启人之蒙,而是启国之蒙,一切都归结为救国、爱国。北伐战争之前、抗日战争之初也出现过启蒙呼喊,主题依然是国。代表国(以及后面的党)的政治权力上升到至高无上的地位,形成人对党国的依附关系,反而导致人的尊严之丧失。

以真理标准问题为思想解放运动的主题,并不是出于什么人的设计,而是形势使然。在真理标准讨论中,胡耀邦提出"生产目的"的讨论,认为这是比真理标准讨论更为重要的论题。社会主义国家计划经济的通病是,一方面仓库里大量积压,另一方面市场上商品匮乏。实践提出了问题:生产的目的究竟是为国还是为人?是为了完成国家的指标还是为了满足人的需要?这个讨论如能深入下去,中国从计划经济向市场经济的转变将提前十年。"全国工业学大庆"的大庆经验中有一条:"先生产,后生活。""全国农业学大寨"的大寨经验中也有一条:"先治坡,后治窝。" 总之,生产与生活是脱节的。于光远的思考更加深入,他认为满足人的需要必须落实到个人,要以个人所享有的使用价值作为社会经济效益的基础。计划经济的前提就是党和政府声称代表"社会的需要"、"人民的需要"。后来共产党还自称

"三个代表",一切都被共产党代表了,人民自身所剩几何?

《人民日报》发表文章批评大庆"先生产,后生活"的口号,文章指出应该把生产的目的搞清楚,生产是为了人,满足人的消费、满足人的需要。这是引起"生产目的"讨论的第一篇文章。计委主任余秋里叫人用"石由"的化名(即石油工业部)写文章反驳,火气很大。胡耀邦坚持要讨论,胡乔木叫停,说是会引起党内纷争。他找了华国锋,又找邓小平,以他们的名义,压胡耀邦,要求停止讨论。

生产究竟是为了完成计划,还是满足人的需要?这一讨论本可以从真理标准前进到生产力标准,进一步还可以引向人的标准。实践是判定认识之正误的标准,生产力是判定改革之成败的标准,人是判定一切活动之价值的标准。确立人的标准,才是抓住思想解放运动的根本。但由于胡乔木等人的阻挠,讨论紧急刹车陷于停顿。至今,中国没有确立人的标准,只有权力标准。

我觉察到这一点的时候,按照我粉碎"四人帮"以后的思路,也想写文章。但陷于对《政治问题是可以讨论的》的责难和教育部的批判,忙于答辩,错失时机。

真理标准讨论告终后,八十年代出现"文化热",宣扬人文主义,文学作品中发出"人啊,人!"的呼喊,表明以真理为主题的思想解放运动向着以人为主题的思想解放运动发展的趋向。1980年北京大学学生的竞选运动,响亮地喊出:"一切为了人"。特别是1983年纪念马克思逝世一百周年之际,周扬发表的《关于马克思主义的几个理论问题的探讨》,宣扬人道主义,力图从思想解放通向人的解放。但人文主义和人道主义的宣扬又被反自由化的浪潮所淹没。

五四运动以及六十年后的思想解放运动都没有完成对人的启蒙。历史规定的课题终究必须面对。

问:这一点,您讲得很深刻。现在只看到对真理标准讨论的颂扬,没有人指出它的局限。

# 第五十一章　冒犯了教育部长

在真理标准讨论补课中，我出了大事一桩。因一篇文章冒犯了教育部长蒋南翔，被批判了三个月。

## 《教育研究》约稿

《教育研究》是教育部所属中央教育研究所办的学术性刊物，编辑李冠英是熟人，1979年7月底，他给我一信，约请为"国庆三十周年笔谈会"写一短文。我于8月中旬写了一篇题为《教育战线要补上真理标准讨论这一课》的千字左右短文。8月21日，主管《教育研究》的教育部党组成员张健在原稿上写了一句批语："问题很重要，说得太简单，请作者再补充一些内容。"我于8月28日写了一篇五千字的署名文章，题目是《关于真理标准的讨论教育战线要认真补课》。编辑部看了以后，认为文章写得很好。李冠英告诉我，张健拍着大腿说："好哇，《教育研究》创刊以来还没有发表过这样的好文章！"为了加重分量，他们希望以"特约评论员"的名义发表，相应地把题目改成号召式的："补好真理标准讨论这一课，教育问题要来一次大讨论"。问我同意不同意？我都同意了。《教育研究》编辑部在9月份即预先将特约评论员文章打印出来，分发各地，组织文章，以切实掀起"大讨论"。《教育研究》编辑部又向《光明日报》推荐，《光明日报》在头版予以转载。《新华月报》（文献版）也收录了。一时之间，舆论认为这是一篇好文章。因为它遭到教育部和部长蒋南翔的批判，我要把它全文引述在这里，以便与批判对照。

### 补好真理标准讨论这一课　教育问题要来一次大讨论
《教育研究》特约评论员

#### 拨乱反正的最大阻力来自两个"凡是"

真理的标准是实践，这个命题在理论上马克思早就解决了。关于真理标准讨论中所发生的争论，本身不是理论问题，而是实践问题；也就是说，在理论上解决了，在实际生活中并没有解决。按照马克思主义的理论，实践是真理的唯一标准，但在我们的实际生活中却采用了另外的标准。过去十多年，林彪、"四人帮"之所以唯心主义横行、形而上学猖獗，从根本上来说，就是因为一脚踢开了是非标准，或者说在真理标准问题上抛弃了客观标准，采用了主观标准，即以语录标准、权力标准取代了实践标准。粉碎"四人帮"以后，拨乱反正、澄清是非的过程常常遇到阻力，也是因为这些主观标准还在继续起作用。

最大的阻力来自两个"凡是"：不管是否符合客观实际，凡是毛主席说的必须完全照办，凡是毛主席定的必须坚决执行；反之，凡是毛主席没有说的就不能办，凡是毛主席没有定的就不能行。结果，非但毛主席写的、说的"一个字也不能动"，连错别字也不能改，而且毛主席看过的、圈过的也一概不能动。两个"凡是"束缚了人们的头脑，对教育战线影响很大，后果严重。比如，"两个估计"（1971年4月15日至7月31日，在北京召开的全国教育工作会议，通过了《全国教育工作会议纪要》。其中提出"两个估计",即:"教育战线是资产阶级专了无产阶级的政,是'黑线专政'";"知识分子的大多数世界观基本上是资产阶级的,是资产阶级知识分子"。)明明是不符合实际的,在它出笼的时候就遭到人们的反对。粉碎"四人帮"以后教育战线的广大群众强烈要求推翻这"两个估计"。但在相当长的时期里不能解决问题。因为提出"两个估计"的全国教育工作会议文件是毛主席看过的,"两个估计"的内容又是以毛主席的"资产阶级知识分子统治我们的学校"的论断作为依据的。再如,招生制度的改革势在必行,但在有些人看来,因为毛主席没有讲过,就是不行。

### 在语录标准的范围内拨乱反正是不彻底的

由于两个"凡是"的束缚,粉碎"四人帮"以后的一个时期,拨乱反正、澄清是非的步履十分艰难。起初,揭批林彪、"四人帮"总是说"背着毛主席另搞一套"。有些问题实在不好说"背着",就采取重新解释语录的办法。如对于资产阶级就在共产党内的说法,做了符合当前需要的解释,从而否定了"党内资产阶级"的概念。还有些问题没有重新解释的余地,如"两个估计",又用语录来对付语录。由于在迟群的笔记本上找到了毛主席的另外的说法(迟群的笔记本上记录了毛的一次谈话,说是"对知识分子的估计不要过分"云云。),据此,"两个估计"就算宣布作废。否定"党内资产阶级"、推翻"两个估计"等等符合广大群众的意愿,起了很好的作用。但是这些做法还是局限在语录标准的范围内来澄清是非,没有从根本上触动两个"凡是"所代表的错误的思想路线。如果没有迟群笔记本上的语录,难道"两个估计"就永远不能推翻吗?还有大量的是非需要澄清,又到哪里去找语录?而且,用同样的办法,可以澄清是非,也可以再一次混清是非。假如有一个权力很大的人,根据自己的需要,又对语录做另外一番解释,或者从别的什么人的笔记本上找出几段语录,不是还可以回到"党内资产阶级"、"两个估计"那里去吗?

这样,迫使人们做彻底的思考,非要从根本上解决:判定一切是非的标准究竟是什么?马克思主义宝库中有现成的武器——实践是真理的标准。关于真理标准问题引起的热烈讨论以及这一讨论牵动了大局,这是粉碎"四人帮"以后形势发展的必然。实质上,这是两条思想路线的大论战。坚持两个"凡是",就是坚持林彪的"句句是真理,一句顶一万句"、"四人帮"的"永远按毛主席的既定方针办",就是坚持唯心主义、形而上学的思想路线;坚持实践是真理的唯一标准,就是坚持唯物主义、辩证法的思想路线。

### 真理标准的讨论正在深入

一年多来,关于真理标准的讨论冲破了很多禁区,大大解放了思想。思想路线端正了,为贯彻执行正确的政治路线和一系列方针政策铺平了道路,从而顺利地解决了大量的历史遗留问题,促进了安定团结的局面。事实证明,提出实践是真理的唯一标准问题,不像有些人所认为的那样,是什么"砍旗",而恰恰是体现了毛泽东思想的科学性,从而真正高举毛泽东思想的伟大旗帜;也不像有些人所认为的那样,是什么"致乱之源",而恰恰是"治乱之本"。这一讨论越来越显示出它的重大意义和深远影响。现在,讨论正在引向深入,深入的标志是两个:

一,把讨论推广到基层,渗透到实际工作中去,许多厂矿企业、人民公社、解放军连队都讨论起来了;

二,推动现代化的进程,根据实践的检验,认识新情况,解决新问题。

在教育战线上,关于实践是真理的唯一标准问题,还没有很好开展讨论,更谈不上深入,必须认真补上这一课。

### 以实践标准检验教育战线上的是非得失

粉碎"四人帮"以后,教育战线澄清了许多是非,但没有打中林彪、"四人帮"的思想路线这个要害。其实，招生制度的改革之所以能实行，"两个估计"之所以能推翻，正是实践检验的结果。拨乱反正的措施为什么多数人能接受？因为实践的呼声已经把多数人唤醒。所以，不管讲出什么理由，只要抛弃那些在实际生活中有害的结论，人们总是高兴的。但是以建立在语录标准基础上的理由去抛弃那些结论，还是不科学的。现在，必须以实践标准为根据，对于抛弃那些有害结论的理由进一步做出马克思主义的说明。

已经澄清的是非需要做科学的论证，从这个意义上说，真理标准的讨论教育战线必须补课。尤其重要的是，还有许多是非没有得到澄清，这就更加需要补课。

只有弄清楚三十年来教育战线上的是非得失，认识教育规律，才能改革教育，适应现代化的要求。三十年教育事业虽有很大成绩，但是有两件事是谁也不能否认的：

第一，没有普及初等教育，老年人的扫盲尚未完成，在青壮年中又出现了不少新文盲；

第二，普遍感到人才短缺，各条战线都是缺了一代人，亏了几代人，出现了人才危机。

这两件事是具有代表性的，足以说明一个国家的教育状况。出现这种结果同整个国家的政治、经济状况是分不开的，但也不可避免地要向教育部门尖锐地提出：三十年来，关于教育的理论、方针、政策、方法究竟有没有问题？有什么问题？在教育问题上，思想僵化、半僵化的大有人在。

## 回到文化大革命之前不是出路

有些人认为，过去都是照着本本和文件做的，有语录为凭，因而都是正确的。如果一切都是正确的，为什么会出现这种令人叹息的结果？

还有些人认为，林彪、"四人帮"干扰破坏的那一段不正确，只要恢复文化大革命前的一套就万事大吉了。

"同十七年对着干"，否定一切，这是恶劣的形而上学。有人在反对否定一切的同时又走向肯定一切，还是没有摆脱形而上学。他们把十七年当作理想境界，文化大革命前的说法就是经典定义。这是变相的语录标准。回到文化大革命之前就是出路吗？文化大革命前的一套同文化大革命中的一套不是毫无联系的。左倾思潮由来已久，到了文化大革命就泛滥成灾。林彪、"四人帮"不是真诚的左倾机会主义者，他们是投机家、阴谋家、野心家，不过利用我们所犯的左倾错误，推波助澜，火上加油，进行破坏捣乱。文化大革命首先在教育战线发难，不是没有原因的。文化大革命前教育战线上"左"的东西就不少。要弄清三十年教育问题上的是非，必须坚持实践标准；要坚持实践标准，必须分析全部实践经验，不能拘守一时一地一校的得失。

## 至今没有教育学理论

要以实践来检验教育方面的理论，那么首先要问：教育理论情况怎么样呢？我们不能不承认，至今还没有自成体系的教育学。有人认为这种说法大谬不然，他们总是引证一些马克思主义经典作家片段的论述，声言那就是马克思主义的教育学。马克思主义不是包罗万象的科学的科学。正像马克思主义可以指导具体的自然科学的研究，但没有也不能代替或包括物理学、化学、生物学一样，马克思主义也只能指导具体的社会科学、人文科学的研究，同样也不能代替或包括法学、政治学、经济学、伦理学、教育学等等。马克思主义提供了科学的世界观、方法论以及某些教育方面的一般性原理，至于教育科学的理论体系还需要在教育实践中进行探索和总结。

三十年中很少在实践的基础上独立地进行教育学的理论研究，大多是对本本的注释或首长指示和政策条例的汇编。有的只是一些判断，没有科学的论证。例如"学制要缩短"，制定学制的根据是什么？短到什么程度才算合适？缺乏科学的理论做指导，必然陷入盲目性。所以，教育战线上乱提口号、赶时髦之风特盛，摇摆、反复、动荡历时最久。

## 经实践的检验追究教育思想

没有系统的教育学理论，不等于没有教育思想。在对语录注解时，实际是用"我注六经，六经注我"的办法，发挥了一系列教育思想。我们面对着三十年教育事业的结果，不能不分析、研究、检验造成这种结果的指导思想。

为什么会出现不出人才、少出人才的局面？这是因为长期以来在教育方面、在培养人才的问题上同样也有平均主义的思想。林彪、"四人帮"把它推向极端，凡是名家都打倒，还鼓吹什么"划等号"，把知识多的人与知识少的人、有知识的人与无知识的人，统统扯平。社会上形成一种舆论，当专家就是"个人奋斗"，就是"白专道路"，就是"精神贵族"；另一方面，护士代替医生，工人代替技术人员，小学生上大学等等都被认为是"革命"。在这样的环境中，谁钻研业务、谁在业务上拔尖谁就倒霉，怎么还能出人才？

资本主义社会是通过建立在资本主义生产关系基础上的人与人的竞争来选拔人才的，一些人的发展是以另一些人的淘汰作为条件的。社会主义消灭了资本主义的竞争，应当大面积地出人才。消灭了竞争，不是搞平均主义，社会主义需要同志式的竞赛。马克思、恩格斯在《共产党宣言》中预言，代替资产阶级旧社会的新社会，"在那里，每个人的自由发展是一切人的自由发展的条件。"（《马克思恩格斯选集》第1卷第273页）在我们现实的社会条件下，还很难完全做到这一点，但应当朝这个方向努力。从理论上说，社会主义消灭了贫穷和富裕的对立，在经济上存在着富裕程度的不同，与此相应，在人的才能方面也应当承认有发展程度的不同。只有首先保证每个人的自由发展，才能实现全社会一切人的自由发展。

在我们这里，"各尽所能，按劳分配"的社会主义原则受到了歪曲，不仅在"按劳分配"方面存在着平均主义，在"各尽所能"方面同样也存在着平均主义。在培养人的问题上，不是因材施教，各得其所，鼓励在才能方面具有发展程度不同的每一个人都能得到自由发展，而总是抹煞差异，要求齐头并进地发展。这样的教育思想是不可能造就出人才来的。在教育思想方面，以三十年实践的结果来检验，还有很多问题值得提出来研究。教育问题也应当像农业问题那样，来一次大讨论。

## 在教育战线上树立实践的权威

三十年教育也有许多正确的东西和好的经验。但是，即使在当时条件下是正确的东西和好的经验，在新的历史条件下还要继续接受实践的检验，进行修正、补充、发展。社会实践是发展的，人们的认识也要在实践中发展。如果一旦形成正确的认识就不再继续接受实践的检验，叫做故步自封，抱残守缺。科学史上常有这样的事，有些重大的发现也只是解释了事物的本质或规律的一个侧面，需要继续在实践中检验、在实践中探索，才能达到全面的认识。如在一定的实验条件下证明了光的波动性，在另外的实验条件下又证明了光的微粒性，在更完善的条件下证明了光是波动性和微粒性的统一。认识教育规律也会有类似的情形。如有了分散识字的经验，不能说就一定不许再创造集中识字的经验；分别创造了分散识字和集中识字的经验，也不能说从此就不要再实验了，很可能完善的经验是两者的综合。

三十年教育战线上的是和非，并不是说只有到了今天才能搞清楚。过去，经过实践的检验已经回答了一些问题。有的做法，实践证明是错误的，如1958年提出的"以战斗任务带动教学"之类。后来，林彪、"四人帮"又重新拣起来，大肆鼓吹，恶性发展。有些人把1958年的教训忘得一干二净，照样跟着跑。这说明在教育战线上没有树立实践的权威，特别容易受骗子的愚弄和摆布。通过真理标准讨论的补课，不仅要弄清具体的是非，更重要的是教育人们相信实践的检验，为真理而斗争，敢于抵制和反对错误倾向。

**领导机关和领导干部尤其要补课**

关于真理标准的讨论，教育战线上上下下都要补课，领导机关和领导干部尤其要补好这一课。领导者的思想路线是否端正，对于全局关系重大。领导机关要带头展开讨论，领导干部要率先端正思想路线，站在思想解放运动的前列。在实际工作中贯彻实践是真理的唯一标准，又是医治领导者的官僚主义的良药，同时也是给了群众抵制官僚主义的武器。通过讨论，上上下下都要发扬深入实践、追求真理的精神，在教育战线上真正贯彻实事求是、一切从实际出发、理论和实践相结合这一马克思主义的基本原则。教育战线遭到林彪、"四人帮"的极大破坏，又受两个"凡是"的严重束缚，迫切需要补上实践是真理的唯一标准这一课，树立实践的权威，解放思想，立志改革。工业、农业、国防、科学技术等等方面的现代化，都要有现代化的人去搞，因此培养人的事业首先要走上现代化的轨道。

1979 年 8 月 28 日<br>《教育研究》1979 年第 4 期

## 蒋南翔勃然大怒

蒋南翔在国家科委时，邓小平要方毅和蒋南翔协助他抓北大。那时，蒋南翔是支持周培源和我的。回到教育部当部长，他又走上文化大革命前的老路。从周老对他的称呼的变化也反映出关系的变化。蒋南翔在清华时是周老的学生。起初周老亲切地称他"南翔"。他到了教育部，思想不对头了，周老称他"蒋部长"。后来有了矛盾，周老直呼其名"蒋南翔"。

1979 年 10 月，蒋南翔出国访问回来，听说《教育研究》特约评论员的文章影响很大。找来一看，勃然大怒。

问：蒋南翔为什么发火？

因为触到了他的痛处。他是顽固的"十七年派"。特约评论员文章中指出："有些人认为，林彪、"四人帮"干扰破坏的那一段不正确，只要恢复文化大革命前的一套就万事大吉了。""他们把十七年当作理想境界，文化大革命前的说法就是经典定义。"说的就是他。"要坚持实践标准，必须分析全部实践经验，不能拘守一时一地一校的得失。"说的也是他。他把当过校长的清华大学的经验当样板。

问：这些针对蒋南翔的说法，您写作的时候，是有意的还是无意的？

是有意的。我是反对"十七年派"的。他以我为论战对象没错，错在运用权力，进行打压，而不是平等的讨论和辩论。我的说法还是比较缓和的，方励之很激进，他说："文化大革命结束后，教育界有场很激烈的争论：文化大革命之前的十七年（1949-1966），教育工作是不是失败的？错误的？我和我的许多同事是十七年的否定派，教育部则是肯定派。"（《方励之自传》第 338 页，天下远见出版股份有限公司出版，2013 年。）

蒋南翔在一系列会议上组织对我的批判和围攻，教育部党组会议、党组扩大会议、教育部部机关大会、省市教育厅局长会议、教材会议、教育刊物会议以至 1980 年 1 月召开的全国教育工作会议，总之逢会必批，批了三个月。但《教育研究》编辑部成员和文章作者都不得参加。所以，我被剥夺了答辩的利权。

教育部党组成员、教育部政策研究室主任彭佩芸亲自出马，组织"教育部政策研究室的同志与清华大学、北京大学、北京师范大学、北京市教育局、海淀区教育局的同志共同进行了座谈"。而后北京市流传一份名为《对〈教育研究〉第4期特约评论员文章的反映》的打印材料。这个材料既不说明什么人参加了座谈，也不说明是谁的意见，而是声称"学校的同志一致反映"、"与会的同志认为"、"大家认为"。事实上，北大和清华都有不少人反对他们的做法和看法。这个所谓《反映》，把教育部官方意见和少数人的意见搞成似乎是这几个单位的"联合公报"。这是强奸民意，欺世盗名。接着，他们又将这个《反映》略加修改，刊登教育部编的《教育通讯》试刊9，向全国广为散发。

这个《反映》实际上是一篇大批判文章，分三个部分：

第一部分，说"与会同志认为，《大讨论》的观点绝不是作者一个人的思想，而是代表着少数人的一种思潮。有些人总觉得对三十年的成就否定得越彻底越革命，对毛泽东同志的功绩否定得越多思想越解放，这是十分有害的。"这是和"凡是"派攻击真理标准讨论是"砍旗"的说法差不多。说"《大讨论》的观点……代表着少数人的一种思潮。"这也类似当年汪东兴的说法。立论很明确，他们要反对的是真理标准讨论中出现的"一种思潮"。

第二部分，说"《大讨论》的作者说文化大革命前十七年的教育工作一贯'左倾'，……这种说法是'四人帮'炮制的全教会《纪要》的翻版。"全教会《纪要》是批判十七年教育的"右"，修正主义的统治；指出十七年教育的左倾，怎么会是全教会《纪要》的"翻版"呢？完全是颠倒是非。《反映》还说："作者以一种新的手法完全否定了十七年，肯定了所谓'全国第一张马列主义大字报'首先从教育阵地发难是正确的，这就从根本上颠倒了路线是非。"文章中有哪一句话"肯定了所谓'全国第一张马列主义大字报'首先从教育阵地发难是正确的"？完全是无中生有。所以，我把特约评论员文章全文引述是必要的，便于人们对照阅读。

第三部分，说"与会的同志认为，《大讨论》的作者全部否定三十年来我国教育事业的理论、路线、和工作的成绩，……其目的在于为我国的教育事业设计另外一条道路，这条道路的核心就是"首先保证每个人的自由发展"。这是一条什么样的道路呢？《反映》说"作者所说的那条道路现在还行不通，也不可能走，实际上那是一条全盘西化的道路。"特约评论员文章中写道"马克思、恩格斯在《共产党宣言》中预言，代替资产阶级旧社会的新社会，'在那里，每个人的自由发展是一切人的自由发展的条件。'"同时也指出"在我们现实的社会条件下，还很难完全做到这一点，但应当朝这个方向努力。"朝未来新社会的方向努力，在《反映》的炮制者看来"实际上那是一条全盘西化的道路"。

《反映》广为散发，但我仍然无法答辩。

根据《反映》的观点，又写成《要继续肃清"两个估计"的流毒——评〈教育研究〉1979年第4期特约评论员文章》。经教育部党组成员批准，以"北京大学党委研究室陈实"的名义，发表于《教育研究》1980年第1期。他们意欲在北大找一个人与郭罗基唱对台戏。很遗憾，在两千多教师中居然找不出一个。陈实原名陈学飞，是留校的工农兵学员，现为党委办公室的办事员。北京大学根本没有一个"党委研究室",这个单位是虚构的。教育部和北京大学上下共同弄虚作假。这篇文章的发表,自称是为了"以利于'大讨论'的开展"。好吧,我就可以答辩了。我问李冠英,我要写答辩文章,《教育研究》能不能发表?他说不能。在这以前《教育研究》编辑部收到许多赞扬和支持特约评论员文章的来信、来稿,陈实的文章发表后,又收到批评和反驳的来信、来稿,根据教育部党组的指示,一律不予发表。不许发表不同意见,怎么能"以利于'大讨论'的开展"?

有一位读者米桂山(北京市第二中学党支部书记)写了一篇评论,批评陈实的文章,投给《教育研究》。不予发表,他就将底稿寄给了我。米桂山的题目是《坚持双百方针,反对乱打棍子——关于<评《教育研究》1979年第四期特约评论员文章>的评论》。米文中首先指出:

> 在进行批评时的绝对要求是:你所批评的东西确实是被批评者自己的东西,即要有真凭实据;决不允许运用改头换面、断章取义、引申夸大、主观臆断、无限上纲等方法把本来不是原著的观点强加于人,然后再煞有介事地加以"批判"。大家都知道这是林彪、"四人帮"惯用的手法,且早已为人们所深恶痛绝。不幸的是在陈实同志评论《大讨论》的文章中,我们又看到大量的这种情况。

米文接着指出:

> 陈实同志指责《大讨论》是"对十七年全部教育实践的再否定",《大讨论》和"四人帮"炮制的全教会《纪要》是一路货色。不仅如此,还说《大讨论》否定了近三年的教育工作,这又是《纪要》所莫及的了。果真如此,问题当然是严重的。但是罪证确凿吗?经查对,否。

米文特别指出陈实文章中的荒谬可笑之处:

> 陈文写道:《大讨论》认为"十七年中,关于教育的理论、方针、政策、方法'有问题',路线是错误的。"一查,又不对了。《大讨论》这一句话的原文是:"三十年来,关于教育的理论、方针、政策、方法究竟有没有问题?"这句话有什么错?但是陈实同志根据某种需要把原文中的"三十年"换成"十七年",把"究竟有没有问题?"的疑问句改成"有问题"的肯定句。"路线是错误的"一句则完全是陈实同志自己加上去的。把别人的原话施以换头、腰斩、接上"人工足"的大手术之后,再给人家钉上"否定十七年"的罪名,未免太不严肃了吧!
>
> 那么,说《大讨论》"肯定了所谓'全国第一张马列主义大字报'首先从教育阵地发难是正确的",总是要和《纪要》的观点一致吧?其实,这更是颠倒黑白。原文是:"文化大革命首先在教育战线发难,也不是没有原因的。"原因是什么?接下去一句做了说明。"文化大革命前教育战线上'左'的东西就不少"。很明显,《大讨论》的原意是,由于文化大革命前教育战线上"左"的东西不少,所以文化大革命首先在教育战线发难。作者对这些都是持否定的态度。而《纪要》的观点是"文化大革命从教育阵地开刀是完全必要的",则是对"左"的东西完全持肯定的态度。由此可见,《大讨论》的观点和《纪要》是根本对立的。正是经过陈实同志把原文的"也不是没有原因的",悄悄地改为"从教育阵地发难是正确的",才使《大讨论》和《纪要》的观点"统一"了。
>
> 由此可见,陈实同志指责《大讨论》否定十七年和近三年教育工作的论据都不是原文固有的,而是经过改造制作面目全非的"再生品"。

我的文章以特约评论员的名义在《教育研究》上发表，是教育部党组成员张健提议，征求我的意见，经我同意的。《教育研究》第4期开印之前，编辑部就将特约评论员文章清样，附有张健亲笔签名的推荐信，送《光明日报》。所以《光明日报》才有可能在《教育研究》第4期发行之前首先见报。后来，在蒋南翔的压力之下，张健到处检讨；还写了一篇针对《教育研究》第4期特约评论员文章的批判文章，要以《教育研究》"本刊评论员"的名义发表，由于编辑部的抵制，未发。短短的几天之内，在张健的头脑中，是非好坏就完全颠倒了。这除了说明张健本人不能坚持原则以外，也说明蒋南翔领导的教育部党组内部没有什么民主可言。

《教育研究》第4期特约评论员文章遭到批判时，上海苏步青等六位大学校长、党委书记，在《人民日报》上发表文章，呼吁扩大大学的自主权。蒋南翔也视之为异端。1980年1月，复旦大学校长苏步青来京参加全国教育工作会议时，对北京大学校长周培源说："我在上海时，许多人劝我不要来参加会议，我还是来了。我是准备来挨棍子的。"由此可见，连大学校长都不能发表不同意见。在蒋南翔的领导下，不但教育部党组内部，整个教育战线也没有什么民主可言。

## 一片尴尬

蒋南翔起劲地批判《教育研究》特约评论员文章"否认十七年"的声浪中，教育部党组扩大会议上，有人念了《人民教育》本刊评论员文章中的一段话，蒋南翔和党组成员顿时陷入一片尴尬。

蒋南翔声称，《教育研究》特约评论员文章不能代表教育部。这是多余的，《教育研究》本来只是学术性刊物。而《人民教育》是教育部的机关刊物，"本刊评论员"文章应该是代表教育部的官方言论。正好与《教育研究》第四期发表的特约评论员文章同时，《人民教育》1979年第10期发表本刊评论员文章，题目是《认真开展真理标准的讨论，端正教育工作的思想路线》，据说是彭佩芸当主任的教育部政策研究室撰写的。党组扩大会议上有人揭发的那段话，是这样的："长期以来，在教育战线上存在着一条极左的路线，认为'左'比右好，'左'是方法问题，右是立场问题，宁'左'勿右，把知识分子当作专政的对象进行打击陷害，搞得人人自危，不安心教育工作。粉碎'四人帮'以前的二十多年，多次政治运动，知识分子都是挨整的对象，反右派从学校开刀，文化大革命从学校开刀，'反击右倾翻案风'又是从学校开刀，在知识分子队伍中造成一大批冤假错案，严重地挫伤了广大知识分子的积极性。"这才真正是把文化大革命前的问题和文化大革命中的问题"一锅煮"。照它说，"长期以来，在教育战线上存在着一条极左的路线"，有多长？下面回答："粉碎'四人帮'以前的二十多年，……"那么，至少1956年以后在教育战线上就"存在着一条极左的路线"。按照蒋南翔的观点，这才是真正"否认十七年"。抡起棍子打别人，结果落在自己的屁股上。

其实，说"长期以来，在教育战线上存在着一条极左的路线"，没有错。我说"文化大革命前教育战线上'左'的东西就不少"是留有余地的，更没有错。问题是，蒋南翔兴师动众批判我"否认了十七年"，不是更应该批判《人民教育》本刊评论员文章吗？

且看他们如何动作。1979年11月8日，《光明日报》刊登了一篇报道：《教育部党组召开扩大会议，联系实际讨论真理标准问题》。这篇报道基本上就是《人民教育》本刊评论员文章。报道删去了原文中的一些老话、空话，但主要之点是删掉了粉碎"四人帮"以前二十多年教育战线上存在着一条极左路线的说法。我问过《光明日报》负责人，这篇报道是教育部党组供的稿，报社并不知道其中搞的鬼。欲盖弥彰，正好表明"本刊评论员"就是教育部党组的代言人。既然要批否定十七年的论调，为什么从《人民教育》本刊评论员文章中轻轻抹掉？又为什么栽到《教育研究》特约评论员文章头上？这不是蓄意抓辫子、胡乱打棍子又是什么？而且，教育部党组扩大会议召开之前公开发表的文章，忽而又变成对会议的报道。这里，蒋南翔为首的教育部党组采取了弄虚作假、文过饰非、嫁祸于人的极不正派的做法。

## 辩护的机会来了

蒋南翔的教育部把《教育研究》特约评论员文章批了几个月，闹得满城风雨，大家都知道批的是郭罗基，但叫你无法还手。终于机会来了。1980年2月，北大党委召开常委扩大会议，放了蒋南翔在全国教育工作会议上的讲话录音。其中几次提到《教育研究》特约评论员的文章，进行批评。2月8日，我在会上发言，指出这些批评是不讲道理的。

"那篇特约评论员文章是我写的。既然以特约评论员的名义发表，那就不仅是我个人的观点，但我首先要对它负责。我写的文章，欢迎批评。不过，总希望能讲出一点道理来。"

我把蒋南翔挖苦了一番。蒋部长的报告中说："《光明日报》上有一篇特约评论员文章，按它的说法，理论上实践上什么也没有，否认了十七年，也否认了近三年，只能引起思想混乱。""否认"应是"否定"吧？建议蒋部长，是不是可以考虑到北大来选一门语法修辞课？以免在重大场合讲话词不达意。"

我接着说："明明是教育部自己的刊物《教育研究》上的特约评论员文章，《光明日报》是根据教育部党组某人的要求转载的，可是蒋部长一开头就说《光明日报》上有一篇特约评论员文章"，似乎想把责任转嫁到《光明日报》。是不是要引导人们去非议《光明日报》？这一点首先就不讲道理。"

我又说："对文章的内容的指责也是不讲道理的。究竟文章中有哪些说法是'否认了十七年，也否认了近三年'？在总结发言中，蒋部长总算改正了，又做了一点辩解：'为什么会上印发《教育研究》特评论员的文章？并不是揪住不放，而是通过分析帮助大家正确认识形势。'蒋部长恰恰没有什么分析，只有断语。如果文章确实有错误，'揪住不放'也没有关系。从去年10月到今年1月，教育部召开了各种大大小小的会议，来批判《教育研究》特约评论员文章。要是这还不算'揪住不放'，那么，可以继续揪。但是，我认为问题是在于什么也没有揪住。因为已经批了三个月，了无新意，会上有人认为这是'揪住不放'，故蒋部长要做一番表白。如果还要批判，我希望能讲出一点像样的道理来。"

我的发言，按会议记录有九千多字。

会议结束后，我将我的发言写成书面材料，请北大党委转教育部党组。

北大党委转教育部党组：

此次党委常委扩大会会上，传达了蒋南翔同志在全教会上的两次讲话，党委书记韩天石同志说："对中央和教育部有什么意见也可以在会上谈，党委负责向上反映。"我在会上就蒋南翔同志讲话中的有关问题提了一点意见，现在，写成书面材料，呈上。

蒋南翔同志的讲话几次提到《教育研究》特约评论员的文章，并进行了批评。这篇文章是我写的。虽然以特约评论员的名义发表那就不仅是我个人的观点，但我首先要对它负责。我写的所有文章，欢迎批评，欢迎来自各方面的批评。传说，教育部对于我写的《教育研究》特约评论员文章已经批了几个月；因为没有人向我正式传达，我一直不敢相信。这次听了蒋南翔同志的讲话的传达，才得到证实，而且得知全国教育工作会上还印发和讨论了这篇文章。一篇水平不高的文章，引起领导机关如此重视，诚始料所不及。

蒋南翔同志说："《光明日报》上有一篇特约评论员文章，按它的说法。理论上实践上什么也没有；否认了十七年，也否认了近三年，只能引起思想混乱。""否认"应是"否定"吧？否则意义不明。向蒋南翔同志建议：是否可以考虑到北大来选一门语法修辞课？以免在重大的场合讲词不达意。

明明是教育部所属《教育研究》特约评论员文章，《光明日报》是根据教育部党组某人的要求予以转载的，可是蒋南翔同志一开头就说《光明日报》上有一篇特约评论员文章"，这样讲，是不是有意着重强调《光明日报》的责任？这是不尊重起码的事实。《光明日报》记者提了意见，后来蒋南翔同志有所纠正，这就对了。做了一点解释："为什么会上印发《教育研究》特约评论员的文章？并不是揪住不放，而是通过分析帮助大家正确认识形势。"

文章中究竟有哪些说法是"否认了十七年，也否认了近三年"？蒋南翔同志说要"通过分析帮助大家……"。这里，恰恰没有什么分析，只有批评者自己的断语。社会上否定十七年的说法确实是有的。蒋南翔同志不知有没有注意到教育部机关刊物《人民教育》1979年第10期本刊评论员文章？其中说："长期以来；在教育战线上存在着一条极左的路线，认为'左'比右好，'左'是方法问题，右是立场问题，宁'左'勿右，把知识分子当作专政的对象进行打击陷害，搞得人人自危，不安心教育工作。粉碎'四人帮'以前的二十多年，多次政治运动，知识分子都是挨整的对象，反右派从学校开刀，文化大革命从学校开刀，'反击右倾翻案风'又是从学校开刀，在知识分子队伍中造成一大批冤假错案，严重地挫伤了广大知识分子的积极性。"这才真正是把文化大革命前的问题和文化大革命中的问题"一锅煮"。按它的说法，"粉碎'四人帮'以前的二十多年…"，那么，至少1956年以后在教育战线上就"存在着一条极左的路线"，《教育研究》特约评论员文章，只是说"文化大革命前的一套同文化大革命中的一套不是毫无联系的"，并没有像《人民教育》本刊评论员的文章那样，把粉碎"四人帮"以前，文化大革命中和文化大革命前的问题混为一谈；只是说"文化大革命前教育战线上'左'的东西就不少"，并没有像《人民教育》本刊评论员文章那样，把这些"左"的东西说成是"一条极左的路线"。所以，蒋南翔同志把《教育研究》特约评论员文章作为否定十七年的代表性言论来加以批判，似乎选错了批判对象；选错了对象，还硬要批判，这是注定不能讲出像样的道理来的。

《人民教育》本刊评论员文章和《教育研究》特约评论员文章，是同一个月发表的。《新华月报》文献版收进了《教育研究》特约评论员文章，而没有收《人民教育》本刊评论员文章。这多少能说明社会舆论对这两篇文章的评价吧。教育部负责人一再声明，《教育研究》特约评论员文章并不代表教育部。其实，这是多余的。《教育研究》是学术性刊物。我作为文章的作者，从来没有想过也根本不愿代教育部立言。不过，教育部负责人的声明倒是提醒人们注意：《人民教育》本刊评论员文章是代表教育部的。1979年11月8日，《光明日报》刊登的《教育部党组召开扩大会议，联系实际讨论真理标准问题》的报道，基本上就是《人民教育》本刊评论员文章，但删掉了粉碎"四人帮"以前二十多年教育战线上存在着一条极左路线的说法。这种奇怪的做法，外人不知内情。仅从表面现象出发，人们可以提出这样的问题：既然要批判否定十七年的论调，为什么从《人民教育》本刊评论员文章中轻轻抹掉？为什么又栽到《教育研究》特约评论员文章的头上？这就是近来在教育部上演的颇为热闹的一出好戏。

我在文章中明确写道："'同十七年对着干'，否定一切；这是恶劣的形而上学。有人在反对否定一切的同时又走向肯定一切，还是没有摆脱形而上学"。如果不赞成这种观点，就应当提出与之相对立的观点。可是蒋南翔同志的讲话也是表明不赞成一笔抹杀或一概肯定，那么，这对于我的观点究竟有什么批判意义？

蒋南翔同志还说："类似这篇文章（即《教育研究》特约评论员文章）对形势的歪曲估计，不利于安定团结。"文章中对形势的估计是这样写的："关于真理标准问题引起热烈的讨论以及这一讨论牵动了大局，这是粉碎'四人帮'以后形势发展的必然。实质上，这是两条思想路线的大论战。坚持两个'凡是'，就是坚持林彪、'四人帮'的'句句是真理'、'永远按既定方针办'，就是坚持唯心主义、形而上学的思想路线；坚持实践是真理的唯一标准，就是坚持辩证唯物主义的思想路线。""一年多来，关于真理标准的讨论冲破了很多禁区，大大解放了思想。思想路线端正了，为贯彻执行正确的政治路线和一系列方针政策铺平了道路，从而顺利地解决了大量的历史遗留问题，促进了安定团结的局面。"为什么说这是"对形势的歪曲估计"？为什么说这是"否认了近三年"？如果不歪曲、不否认又该怎样估计？难道真理标准的讨论不是粉碎"四人帮"以后形势发展的必然而是偶然事件吗？难道真理标准的讨论实质上不是两条思想路线的大论战吗？难道真理标准的讨论没有冲破很多禁区、没有大大解放思想吗？我说，真理标准的讨论促进了安定团结的局面，为什么这种估计反而"不利于安定团结"？

听说，三个多月来，教育部在批判《教育研究》特约评论员文章时，联系到它的作者发了许多议论。向我提供情况的同志害怕打击报复，希望我不要透露他的姓名。他说，《光明日报》的记者有几次在场，可向《光明日报》记者调查证实。

在教育部党组扩大会上，有人说我写这篇文章是为了"出风头"。本来，人们不知道这篇特约评论员文章是我写的。如果能使我"出风头"的话，那是由于教育部的大张旗鼓的批判。还有人说我是"聂元梓第二"。文化大革命中，在北大反对聂元梓、形成反对派的第一张大字报就是我写的，这是尽人皆知的事实、不可涂抹的历史。如果要对我采取什么措施，可以直截了当地提出，不必扯到聂元梓，那样反而节外生枝。诸如此类的说法，在社会上流传很广，我想很可能是传闻失实。但愿如此。我是教育部属下的一名普通教员，关于我写文章的动机以及我过去的经历，有什么必要在领导机关的会议上大谈特谈？批评是为了教育被批评者，领导机关批评一个普通教员何必背着被批评者？教育问题上持不同意见者甚多，如果一听到不同意见就兴师动众、旷日持久地搞批判，教育部还能坚持正常工作吗？

我的缺点很多，写的文章毛病也不少，希望能经常得到领导部门当面的批评教育。

此致

敬礼

郭罗基
1980年2月12日

问：教育部党组和蒋南翔答复了吗？

没有。三个月没有答复，我又写了一信。

北大党委转教育部党组：

2月12日送上一信，对于全国教育工作会议上"印发讨论"《教育研究》1979年第4期特约评论员文章的做法，以及蒋南翔同志在会上的两次讲话中的有关说法，提出了我的不同意见。至今，未见答复。

最近，我在《教育通讯》（试刊17）上看到了《蒋南翔同志在教育工作会议上的总结发言》，编者特地注明：这个发言"这次刊登时，经过本人审阅修改。"其中还是这样写："为什么在这次会议上印发讨论《教育研究》第4期特约评论员文章？就是因为这篇文章对客观形势做了歪曲的估计，颠倒了是非，在教育战线上引起了某些思想混乱，不利于同心同德，团结战斗。"这段话，在词句上是经过斟酌、重新编排的，在语气上又加重了。这些说法，我已在2月12日的信中分析过了。如果认为我的意见不对，可以批驳；如果无法批驳，就应当改正自己的说法。现在，你们既不批驳，又不改正，此举作何解释？请予答复。

此致

敬礼

郭罗基
1980年5月10日

又是将近三个月过去了，还是没有答复，我发出第三封信。

北大党委转教育部党组：

2月12日送上一信，对于全国教育工作会议上"印发讨论"《教育研究》1979年第4期特约评论员文章的做法，以及蒋南翔同志在会上的两次讲话中的有关说法，提出了我的不同意见。三个月未见答复。5月10日，在我看到《教育通讯》（试刊17）上刊登的《蒋南翔同志在教育工作会议上的总结发言》之后，又写了一信，提出我的意见，并要求给予答复。至今又两个月零十天过去了，毫无反应。不知何故？特此再次催问。

《关于党内政治生活的若干准则》中规定："党组织对党员的声明、申诉、控告和辩护必须及时处理或转递，不得扣压，承办单位不得推诿"。你们对我的申诉处理得太不及时了，或许根本就不想处理吧？《中国共产党章程》（1980年4月修改草案）第4条规定党员有这样的权利："向党的任何一级组织直至党的中央委员会提出问题、请求、声明、申诉和控告，并要求有关组织及时给以负责的答复"。我一再请求，你们不理不睬，更谈不上"负责的答复"了。或许你们根本就不赞成这种条款吧？好在这是一个草案，你们可以提出不同意见，要求党的十二大在正式通过时删去这一条。中共中央文件中发〈1980〉29号提出"中央要求"："各级党组织和每个党员要按照五中全会讨论通过的党章修改草案的基本内容，以及《关于党内政治生活的若干准则》的规定，对照、检查自己的工作、思想和作风"。"县和相当县级以上的党委常委（或党组成员），要安排一定的时间，进行学习和讨论，并将对党章草案的修改意见和学习讨论的主要情况报告上级党委"。不知你们讨论了没有？我想，教育战线的广大党员和群众对于你们讨论的结果是颇为关心的，因为今后在教育问题上能不能发表不同意见，发表了不同意见能不能切实保障不抓辫子、不打棍子、不戴帽子、不穿小鞋、不搞打击报复，同你们的认识是大有关系的。

再次要求，此信连同以前二信及时给以负责的答复。

此致

敬礼

郭罗基
1980年7月20日

过了一个月，我又发信催办，这是第四封信。

北大党委转教育部党组：
    7月20日给你们一信，催问对于2月12日和5月10日的信件的答复。至今又一个月过去了，杳无音信。特此再次催问，请对于前三次信件给以负责的答复。
    此致
敬礼

郭罗基<br>1980年8月20日

## 来了一纸调令

    教育部党组对于我的信件没有答复，却来了一纸调令，调我去南京大学当教师。3月26日发出调令，限我4月15日到南京大学报到。教育部调动一个普通教师是反常的。按条例，教育部只能任命和调动重点大学的校长，非重点大学的校长还不在其范围内。我被剥夺了一个普通党员的权利，却享受到重点大学校长的待遇。按中国的传统，"京官外放"是一种惩罚。我本人和周围的人都认为这是蒋南翔利用职权，打击报复。我想进行控告，但中国的国家机关没有监督机制。好在还有一个中共中央纪律检查委员会。这是一个党的机构，不能受理行政机关的案件，所以我以教育部党组和党组书记蒋南翔为控告对象。

    控告应以法纪为根据。1980年9月9日，我向中共中央纪律检查委员会控告教育部党组和党组书记蒋南翔违反《关于党内政治生活的若干准则》。

    我的控告将近两万字，分为七个部分，还有十四个附件。

    一，蒋南翔和教育部党组违反《准则》的规定，对于思想上理论上的不同认识，不是采取民主的办法，而是采取压服的办法。由于他们压制党内外不同意见的发表，在一个时期内扼杀了关于教育问题的讨论。

    二，蒋南翔违反《准则》的规定，实行抓辫子、扣帽子、打棍子，罗织罪状，无限上纲，以达到打击持不同意见者的目的。

    三，《准则》指出："把思想认识问题任意扣上'砍旗'、'毒草'、'资产阶级'、'修正主义'种种政治帽子，任意说成是敌我性质的问题，不仅破坏党内正常的政治生活，造成思想僵化，而且易于被反党野心家所利用，破坏社会主义国家的民主秩序。这种做法必须制止。"这种必须制止的做法，教育部党组和蒋南翔却还在继续采用，有时换了一些说法。

    四，《准则》规定："对于任何党员提出的批评和意见，只要是正确的，都应采纳和接受。如果确有错误，只能实事求是地指出来，不允许追查所谓动机和背景。"蒋南翔违反这一规定，在教育部党组扩大会议上追究我写文章的动机和背景，并妄下断语。

    五，《准则》规定："对诬陷他人者，要按党纪国法严肃处理。"教育部党组以不实之词对我提出指控，并造成一定影响，已构成对他人的诬陷。

六，《准则》规定："党员对党组织关于他本人或其他人的处理，有权在党的会议上、或向上级组织直至中央提出声明、申诉、控告和辩护。党组织对党员的声明、申诉、控告和辩护必须及时处理或转递，不得扣压，承办单位不得推诿。"蒋南翔和教育部党组违反这一规定，他们对于党员的申诉和辩护不闻不问，置之不理。

七，《准则》指出："领导干部利用职权对同志挟嫌报复、打击陷害，用'穿小鞋'、'装材料'的办法和任意加上'反党'、'反领导'、'恶毒攻击'、'犯路线错误'等罪名整人，是违反党内民主制度和违反革命道德质量的行为。"教育部党组、尤其是蒋南翔，利用职权，采取组织措施，用调动工作的办法整人，从而构成违反党内民主制度和违反革命道德品质的行为。

我给教育部党组的申诉信石沉大海，而我向中共中央纪律检查委员会对教育部党组的控告也是置之不理。群众发生闹事的时候，中国领导人常说："有问题通过正常途径解决。"通过正常途径不解决问题怎么办？毫无办法！

## 舆论上的支持和书记处的讨论

社会舆论很关注教育部的批判，对《教育研究》第四期特约评论员文章表示支持。

《人民日报》发表了一篇署名"舒维"的文章，题为《教育需要有一个大改革》，开宗明义指出："教育需要不需要有一个大的改革，仅仅恢复十七年的教育体制，能不能适应国民经济发展的需要，这是一个很值得研究的问题。"这就是针对教育部对《教育研究》第四期特约评论员文章的批判而发。文章赞同特约评论员文章的论点："第一流科学家、工程技术人员严重不足，文盲始终未能扫除，也与十七年的教育工作有关。"最后，向教育部的领导喊话："现在，社会上各行各业的同志对教育都很关心。我们热切希望教育领导部门能够善于听取来自各方面的意见和建议，希望教育战线能像经济战线一样，开展一次全面的深入的大讨论"。（《人民日报》1980年10月14日）

这篇文章的针对性很明显，但没有点名。《文汇报》有一篇文章是点了名的，题目是《用实践标准看教育工作三十年》。

这篇文章首先点明：

怎样评价我国三十年来的教育工作，教育界的分歧很大。《教育研究》去年第4期发表了该刊特约评论员文章《补好真理标准讨论这一课，教育问题要来一个大讨论》（以下简称《大讨论》）。《教育研究》今年第1期又发表了陈实同志《要继续肃清"两个估计"的流毒》一文，对《大讨论》开展了批评。现试用党的实事求是的思想路线，围绕对三十年教育工作的看法，以及真理标准讨论的问题，来分析这两篇文章，提出以下一些看法。

作者贺师礼，是上海市徐汇区教育局局长。看来，他是了解教育部"批判"的内情的，虽然点名的是陈实的文章，也是针对教育部的"批判"，特别是指向蒋南翔的讲话。

文章有四个小标题："重大成就与理想境界"、"十年浩劫与历史联系"、"语录标准与实践标准"、"科学讨论与实事求是"，概括了分歧的要点。

作者总的评论："《大讨论》一文的基本精神是好的，是积极的。"同时也指出："缺点在于没有把三十年中的各个历史阶段，加以区别情况，进行具体分析。但不能由此得出结论，它是否定了十七年的成绩。"没有把三十年中的各个历史阶段进行具体分析，是个缺点。但《教育研究》约稿的论题一开始就是"座谈三十年"，所以我只是着眼于三十年。

文章对陈实的文章有所批评："我们的确不能把文化大革命前的十七年当作理想境界。""《要继续肃清'两个估计'的流毒》的作者把这样的看法与'两个估计'等同起来，是没有事实根据的。"

最后作者批评了一种态度："我还认为对一篇文章的评论，应该从文章的实际出发，实事求是地弄清文章的全部观点，从它本来的意思，而不是从外加给它的观点出发，来进行讨论。"

作者为了坚持真理，不惜冒犯顶头上司。《文汇报》编辑部与我有沟通。为了保护作者，将文章刊登内部刊物《理论探讨》第20期，1980年9月。

1980年5月，中共中央书记处讨论了教育问题。胡耀邦说：

普及小学教育，事实上，我们三十年来没有做到。我们在五十年代、六十年代也没有做到过。

他还说：

长期以来，由于把教育事业视为单纯的消费事业，不重视人才的培养。

根据教育战线存在的这些问题，他提出：

奋斗目标有两个，一个是为四化建设培养能独立解决中国科技问题的专家队伍。现在，我国还不能完全独立解决科技问题，还要依靠外国专家。科技不独立，经济也不可能完全独立。二是普及小学教育，提高人民的科学文化水平，这也是发展生产的需要。

我在八、九个月之前写的那些话，岂不和中央书记处对教育工作的指示精神是一致的吗？按教育部党组的说法，中央书记处对教育工作的指示精神岂不也是"为林彪、'四人帮'开脱了罪责"吗？

教育部印发了《关于中央书记处对教育工作的指示精神传达要点》。1980年5月27日，教育部在一个通知中说："对中央书记处的指示精神，教育部正在学习讨论，并力求在拟定教育事业发展规划和今后实际工作中认真贯彻执行。"不久以前，指出"没有普及初等教育"和"普遍感到人才短缺"还被认为是"说三十年的教育……一无所有"，是"为林彪、'四人帮'开脱了罪责"，而痛加批判，如果教育部党组对中央书记处的指示精神确实要"认真贯彻执行"，那么，就应当清理自己的思想，承认这种批判是错误的。然而，教育部党组并没有这样做。在原有的思想基础上能"认真贯彻执行"中央书记处的指示精神吗？所以，教育部党组对中央书记处的指示精神实际上在那里抵触、抵制、抵抗不是很自然的吗？

1983年5月，蒋南翔已经调离教育部，任中共中央党校副校长，他在中国高等教育学会成立大会上的讲话中说："有人曾经说，建国以来大学没有培养出人才，特别是没有出优秀人才，造成了所谓'人才危机'。在某些人看来，新中国教育一无是处，只落得'令人叹息的结果'。这种说法是不符合事实的。"他的讲话中，中共中央书记处讨论教育的精神了无影踪，而对《教育研究》第四期特约评论员文章却念念不忘。在他临死前一年，将这篇讲话以《在马克思主义指导下实事求是地总结高等教育的经验》为题，同时发表于《人民日报》和《中国教育报》（1987年4月23日），真可谓没齿难忘矣！

## 钱学森之问

钱学森之问："为什么我们的学校总是培养不出大师？"这是哪一年提出的？

问：是2005年吧。

对。我早在1979年就提出来了，而且提供了答案。

为什么会出现不出人才、少出人才的局面？这是因为长期以来在教育方面、在培养人才的问题上同样也有平均主义的思想。林彪、"四人帮"把它推向极端，凡是名家都打倒，还鼓吹什么"划等号"，把知识多的人与知识少的人、有知识的人与无知识的人，统统扯平。社会上形成一种舆论，当专家就是"个人奋斗"，就是"白专道路"，就是"精神贵族"；另一方面，护士代替医生，工人代替技术人员，小学生上大学等等都被认为是"革命"。在这样的环境中，谁钻研业务、谁在业务上拔尖谁就倒霉，怎么还能出人才？

在培养人的问题上，不是因材施教，各得其所，鼓励在才能方面具有发展程度不同的每一个人都能得到自由发展，而总是抹煞差异，要求齐头并进地发展。这样的教育思想是不可能造就出人才来的。

我强调人的自由发展的道路，被教育部批判为"实际上是一条全盘西化的道路"。他们的主张是培养千篇一律的"螺丝钉"，怎么能出人才？

我在1979年提出的"郭罗基之问"连同"郭罗基之答"，非但没有使教育部门的负责人惊醒，反而遭到批判，以致今日之中国教育已经不是"令人叹息"，而是令人愤慨！蒋南翔、彭佩芸以及后来的何东昌等人，是中国教育的罪人！

## 第五十二章  政治问题为什么不能讨论？

在真理标准讨论中，"凡是"派成员吴冷西对胡绩伟的指责，一个重要的论点是："这是政治问题，不能讨论，根本不应该提出这个问题。"坚持实践是真理的唯一标准的人们回答说："这是哲学问题，为什么不能讨论？"我对这样的驳论很不满意。这是默认了政治问题不能讨论，强调作为哲学问题来进行讨论。真理标准问题，本来是哲学问题，但在一定条件下，同时也是政治问题。我认为，应当追问："政治问题为什么不能讨论？"思想解放派虽然反击了"凡是"派，却默认了政治问题是不能讨论的。在这一点上，思想解放派的思想还是不够解放的。我痛感在政治问题上缺乏言论自由之专横，祸害弥久；自己为之吃过多少苦头，看到别人遭受多少冤屈！我早就想对这一点公开发表意见，但在共产党内当反对派的经验告诉我，触及这类"敏感问题"不能单刀直入，需要考虑合适的表达方式，而且必须寻找机会。1978年下半年以来，这个问题一直在我脑子里酝酿发酵。我想说，政治问题不能讨论就是独裁政治、专制政治、法西斯政治。但我不能直截了当地说出来，要等待时机，寻找突破口。我在《谁之罪？》中说出"挂着'无产阶级专政'招牌的专制制度"，这句话在脑海中翻滚了十多年。如果我直截了当地说出来，很可能被打成"反革命"。终于趁评论张志新事件说出来了。我想打破政治问题不能讨论的禁区，挂在心上。

政治问题可以讨论，这在民主国家是常识和常规。在中国，即使在思想解放的年代，还引起严重的争论，鼓吹者则遭到政治迫害。

### 《中国社会科学》创刊座谈

中国社会科学院计划创办学术刊物《中国社会科学》，1979年8月8日，邀请了二十多人就如何办好《中国社会科学》进行座谈。座谈会开了一整天。

《中国社会科学》应是中国第一流的、代表性的学术刊物。办好这个刊物，首先要贯彻百家争鸣的方针。百家争鸣是中国学术界心仪的、但也是自1956年提出之后从来没有兑现的方针。为什么没有兑现？因为常常对学术问题进行政治讨伐。会上，大家几乎是愤怒地控诉混淆学术问题和政治问题的界限所造成的恶果。中国人民大学副校长张腾霄甚至说，混淆学术问题和政治问题的界限是康生的阴谋。这也是粉碎"四人帮"以后拨乱反正的普遍议论，认为"乱"在混淆了各种界限：政治与学术，政治与艺术，政治与技术，政治与文学，政治与科学，等等，拨乱反正根本没有"拨"到要害上。一上午都在讨论划清学术问题和政治问题的界限。我越听越不对劲。但又一想，战机已到，我可以发出炮弹了。

中午在社科院的食堂吃饭。那个时候，在外面开会都在单位的食堂吃大锅饭，自掏粮票、钞票。这一次，只要交粮票，免了钞票，而且开了三桌，是厨房专门做的。这被认为是社科院思想解放的表现。

下午开会前休息的时候，副院长邓力群领着院长胡乔木来与大家见面（他们在隔壁开会）。邓力群一一介绍，胡乔木一一握手。邓力群介绍到我时说："这是北京大学的郭罗基同志。"胡乔木重重地"喔"了一声，不知是什么意思。这是我与胡乔木的第一次也是唯一的一次见面。后来传说，胡乔木与郭罗基谈心，胡乔木当面批评郭罗基，等等，都是谣言和谎言。

下午第一个发言的是胡绳。他在1978年11月的中央工作会议上不点名地攻击周扬、李洪林和我，所以我很注意听，有没有按什么钉子？没有。他没有接着上午的茬谈划清学术问题和政治问题的界限，讲的问题云里雾里，没有什么印象。他的姿态却留下了很深的印象。胡绳的身材微胖，但两只手很短小，讲话做手势，好像挥动羊爪子。

我是第二个发言。我说，上午的发言都说贯彻百家争鸣的方针有赖于划清学术问题和政治问题的界限，学术问题和政治问题能否截然划清界限？客观上很难划清界限，不是什么人搞的阴谋。所以期待划清了界限再开展百家争鸣，永远办不到。为什么划不清？因为学术问题和政治问题本来就没有绝对分明的界限。如果划清了界限，更糟糕，那不就承认政治问题是不能讨论的禁区，百家争鸣只能到远离政治的地方去讨论吗？所以，我认为，问题的关键不在于花功夫去划清学术问题和政治问题的界限，而是确认政治问题和学术问题一样，都是可以讨论的。这样一来，即使混淆了界限也没有什么风险。吴冷西说政治问题不能讨论，没有任何论证。政治问题为什么不能讨论？任何人都没有论证，但在我们这里似乎是不证自明的公理。言论自由不能仅限于学术问题。政治上的发言权是言论自由的灵魂。如果在政治问题上被剥夺了言论自由，在其他问题上的言论自由就没有多大意义，而且也往往得不到保证。是民主政治，就不能禁止政治问题的讨论；政治问题不能讨论，是独裁政治、专制政治、法西斯政治。

政治问题不能讨论是共产党的"一言堂"堂规，也是对中国的传统——"莫谈国事"的一脉相承。我选择死老虎"凡是"派作为攻击目标，意在减少阻力。我又从一个肯定的前提出发，"百家争鸣"不是党的政策吗？好吧，那么从学术问题到政治问题都应当百家争鸣。朋友们都认为我是很讲究策略的，但无论如何讲究策略也不可能有万全之计，在政治上当反对派总是要冒风险的。虽然我自以为思虑颇为周密，后来还是出事了。

我讲完了，轰的一声，大家争相发言。有的说"眼前一亮"，有的说我的发言"开脑筋"。讨论转了风向，不再议论划界限，而是谈政治问题可以讨论。胡绳是吴冷西的同伙，我的发言有些话是刺激他的，他也不做回答。《人民日报》理论部主任何匡、副主任汪子嵩当场约稿，要我把发言内容写出来，交《人民日报》发表。《中国社会科学》编辑部有一个内部刊物《未定稿》，《未定稿》的编辑李凌说，让我们《未定稿》先发表，然后由你们《人民日报》发表。

## 结识"思考的一代"

8月11日，李凌来信催稿，他抓得很紧。那时我很忙，没有时间写文章。9月，《人民日报》向《未定稿》要稿子，《未定稿》又向我催稿。我拖了一个多月，汪子嵩来电话："希望你国庆以前交稿。"

我在写作的过程中，看到一篇文章，是何边写的《论言论自由》。邻居送我一本民间刊物《沃土》，上面有一篇何边写的《论言论自由》（下），（上）找不到了。《沃土》是用红色油墨印的，字迹模糊，看起来很吃力。但我一看何边的文章就放不下了。当时都说文化大革命中诞生了"思考的一代"。我想，何边就是"思考的一代"的代表。理论务虚会的成员对于西单民主墙和民间刊物大多是赞扬的，但不愿与他们沾边；愿与他们接触的只有三个人：王若水、严家祺和我。我到哪里去找何边？想出了一个办法，我把何边的一句特色语言写进了我的文章，他一看就知道，"嘤呼其鸣，求其友声。"这句话是这样的："文化大革命中，没头脑的人到处摇头晃脑，有头脑的人竟至于丧失了头脑。"文章发表后，海淀的一位中学教师给我写信，说这句话有语病，应是："没头脑的人到处摇头晃脑，有头脑的人竟至于丧失了头颅。"她说得有道理，但这样一改，俏皮劲没有了。不管怎样，写上这句话见效了。有一天，我们哲学系欧洲哲学史研究生胡平来访，他说："我就是何边。"我很高兴。从此，我们成了为争取言论自由而斗争的战友。

## 轰动北京城

直到9月的最后一天我才交稿，题目就是座谈会上提出的挑战性问题：《为什么政治问题不能讨论？》体裁是三人对话，老赵，大孙，小李，有人捉摸，是否影射什么人？完全没有这个意思，是按《百家姓》赵钱孙李排下来的，心想君子不言钱，所以把"钱"去掉了。老赵是保守的，小李是激进的，大孙比较平和公正。人们往往对号入座。哲学系的赵正义问我："你写的'老赵'是不是指我呀？"我说："没有这个意思。"他说："有点像我。"文革中，中学红代会的风云人物李冬民，粉碎"四人帮"以后因要求为天安门事件平反、呼吁邓小平出来工作，被吴德抓起来。放出来以后，名气更大了。他看了我的文章后来找我，说："我就是你写的小李，讨论问题火力虽猛，命中率不高。"

10月16日，《未定稿》第43期刊出。《山西日报》意欲公开发表，来信征求我同意，没等我答复，他们就在10月30日发表了，连印刷错误都没有改正。我很不满意。我打电话给汪子嵩，《山西日报》没经我同意抢先发表了，《人民日报》是不是不发表了？他说："不去管它，我们还要发，等待时机。"

11月14日，《人民日报》见报，题目改为《政治问题是可以讨论的》。《人民日报》有个规矩：如果文章的题目尖锐，内容不妨缓和一点；如果文章的内容尖锐，题目就要缓和一点。我的《来一个思想大解放》被认为题目尖锐，故内容被改得面目全非。《政治问题为什么不能讨论？》被认为内容尖锐，题目就要改得缓和一点。看起来《政治问题为什么不能讨论？》是咄咄逼人的问责口气，改成没有火气的《政治问题是可以讨论的》。这样一改，问题更大了。本意是为了和缓口气，因为原题有挑战性。谁知这样一来对当权者更具威慑性，因为它确立了一个命题，群众对领导、下级对上级动不动就拿这个命题去争言论自由：《人民日报》上登了,"政治问题是可以讨论的"!

1979年11月,我在无锡参加"科学社会主义讨论会"。《人民日报》发表的《政治问题是可以讨论的》,我是在街头的报栏中看到的。回到北京,朋友们对我说:"不好啦,开锅了!"《人民日报》一发表,非《山西日报》可比,影响就大了。北京城里沸沸扬扬,都说我的文章是为魏京生辩护;不同的是:民间欢呼,官方狂怒。10月16日,北京市中级人民法院判处魏京生有期徒刑十五年,剥夺政治权利三年。11月6日,北京市高级人民法院驳回魏京生的上诉,做出终审判决。我的文章恰好说不能以所谓的"反革命言论"为根据动手抓人。反对者回避"政治问题可以讨论"这个主题、转移视线。我不因有人欢呼而媚俗,也不因有人狂怒而胆怯。我说,我的文章是魏京生案开庭之前写的,当时不可能有为魏京生辩护的动机;要是说,我不仅为魏京生辩护,而且为一切言论犯、思想犯、政治犯辩护,倒并不冤枉。既然政治问题可以讨论,在讨论中就可以发表反对意见;发表反对政府、反对共产党的意见,即使错了,也不等于违法犯罪。

胡绩伟告诉我,当天下午,胡耀邦就给他打电话,问:"你们发表郭罗基的文章是不是为魏京生辩护呀?"

胡绩伟说:"这篇文章是9月份写的,那时魏京生还没有判刑,怎么谈得上为他辩护呀!"

问:您究竟有没有为魏京生辩护的成分?

我写文章时的主观意图没有想到为魏京生辩护。我写作的思想背景是:多年来怎样抓"反革命"的?

前提是政治问题不能讨论,在政治问题上发表不同意见就是反党反社会主义,就是"反革命言论";

发表"反革命言论"就是进行"反革命煽动";

进行"反革命煽动"就要抓人、判刑、杀头。

这是制造政治冤案的三大定律,也可以说包括魏京生案在内。

谈了几句,胡绩伟觉得耀邦的说法有点离谱,就问:"你看过这篇文章没有呀?"

耀邦很老实,答道:"啊呀,我还没有看过。"

"你没有看过怎么能提意见呢?"胡绩伟讲话是直来直去的。

"好,好,好,等我看过以后再说。"

就算为魏京生辩护,又能怎么样?《中华人民共和国刑事诉讼法》规定,任何公民可以充当被告辩护人,判决生效后任何公民可以代理提出申诉。不许辩护和申诉,不可能实现法律面前人人平等。即使辩护和申诉的内容错了,公民的辩护权利是无可指责的。法律的条文是有了,但国人缺乏相应的法的精神,好像为犯罪者辩护也是犯罪,至少是立场有问题。农民的儿子胡耀邦,在这一点上也缺乏现代意识,为某些庸人的偏见所左右。

看来,是耀邦周围的人施加了影响,以至他还没看文章就给胡绩伟打电话。后来他看了文章，倒没有"再说"什么。

我写作的当时不可能有为魏京生辩护的动机；发表时看起来像为魏京生辩护，只能说是撞在我的枪口上了。吴江曾经为我开脱，说："责任不在郭罗基，而在胡绩伟；他为什么要选择魏京生判刑以后的时机发表？"我没有问过胡绩伟，是否有意。说到我，虽非专为魏京生辩护，确是针对文化大革命中的流行病：发表反革命言论就是反革命分子，轻则隔离审查，重则判刑坐牢，杀头的也不在少数。而所谓"反革命言论"，大部分是对领导人的批评和对方针政策的议论，以至在大字报上写错了字、口误讲错了话，都可以被说成"反革命言论"。多少人祸从口出，因一时的言兴而万劫不复，遗恨终身！既然政治问题可以讨论，在讨论中发表赞成意见或发表反对意见，都是同样的利权。所以我极而言之："如果发表反革命的意见，也仅仅是一种意见，不等于反革命行为，只能说是思想上的论敌。""有人发表反革命言论怎么办？好办，你发表革命言论同他辩论，对他批判就是了。……但不要动手抓人。"我的这种说法，在当时被认为是奇谈怪论，即使思想解放派的朋友也并非都能认同。

## 胡乔木向邓小平告状

李洪林在他的《中国思想运动史》（天地图书有限公司，香港，1999年。）和《雪泥鸿爪忆耀邦》（载《天涯三忆》，天地图书有限公司，香港，2011年。）中均有"郭罗基事件"这一节。他写道：

> 给郭罗基招来最多明枪暗箭的文章是1979年11月14日在《人民日报》上发表的《政治问题是可以讨论的》。
> 
> 在"新中国"，学术问题可以讨论，政治问题不准讨论，这是党的禁区，谁闯进来都要触雷的。因此几十年来，知识分子只是恳求划清学术问题和政治问题的界限，不要把什么都当成政治问题，以便给自己的学术研究保留一块自由的天地。郭罗基是公然打破这个禁区的第一人。他写道：
> 
> "政治问题为什么不能讨论？""现在要打破这个禁区。是民主政治就应当允许讨论，不许讨论，就是独裁政治，专制政治，法西斯政治。"
> 
> 这篇文章特别谈到不能以言治罪，只能以行为治罪。这篇文章发表的时间，刚好在魏京生以"反革命宣传鼓动罪"被判刑十五年之后。于是胡乔木立即把郭罗基告到邓小平那里，说他主张"反革命也有言论自由"。
> 
> 邓小平果然怪罪下来，这就使胡耀邦很为难。（《天涯三忆》第162页）

我的《思想要解放，理论要彻底》发表后，人们的舆论认为胡耀邦是欣赏郭罗基的。

胡乔木是依附型的文人。胡耀邦说他"不可一日无君"。以前是依附毛君，后来是依附华君，现在是依附邓君。依附毛君的时候，在"批邓"中狠揭邓小平。粉碎"四人帮"以后，无脸见邓小平，让邓力群去为他说项。邓小平深知其人，可以为我所用，说："尚未介意，乔木还是要用的。"故胡乔木对邓小平感恩戴德，死心塌地。他知道邓小平对魏京生耿耿于怀，投其所恶，告郭罗基为魏京生辩护，不难得手。从此，邓小平留下了深刻印象，一说魏京生，就联想到郭罗基。

李洪林时任中宣部理论局副局长，为郭罗基的文章事与胡耀邦多次接触，故他了解胡的心情。他写道：

> 这一下让胡耀邦很为难。他是爱护郭罗基的，他并不认为郭的文章有多么大的问题，但又不得不让《人民日报》再发一篇文章，把这个问题说得更周全些，以免给人抓辫子。（《中国思想运动史》第275页）

胡乔木也要《人民日报》再发文章，批判郭罗基，胡绩伟同他进行了一番争辩。胡乔木指着文章中的一段话说，这是主张反革命言论也有自由。他认为，不能笼统地说言者无罪，发表反革命言论是有罪的。胡绩伟反驳道，宪法规定的言论自由是公民的一项基本权利，用不着在"言论自由"之后加一个注："反革命言论除外"。

胡绩伟在他的回忆文章中继续说：

> 他虽然理屈，仍然咬定我们全面肯定反革命言论无罪，指责我发表这样重要的文章为什么不送中央审查。我回答他：这样的文章，人民日报有权不经过审查就可以发表。

这是胡绩伟不屈的风格。他接着说：

> 以后，我同耀邦商量，专门约请了几位法学专家来讨论。他们都认为郭文没有大错，只是论述得不够全面……。（《胡耀邦与西单民主墙》，《争鸣》2004年5月号）

《人民日报》约请中国人民大学法律系刑法教研室主任高铭暄写了一篇《谈谈反革命罪中的言论和行为问题》。因为这件事是胡耀邦交待的，他们十分慎重，胡绩伟在他的书中写道：

> 我们把文章的清样送耀邦同志审阅。耀邦同志阅后作了指示："对于这个问题，要非常慎重，要考虑到各个方面。建议将高文送有关单位征求意见，然后修改发表。"耀邦同志这个指示是李洪林同志口头传达的。李洪林同志受耀邦同志委托，也看了这篇文章，提了修改意见。我们根据耀邦同志的指示，把高文送最高人民法院研究室、法学研究所、北京大学法律系征求意见，我们根据他们的意见，修改后才发表的，时间是：1980年2月29日。（《从华国锋下台到胡耀邦下台》第203页，明镜出版社，1996年。）

高铭暄的文章改来改去，磨了三个多月，最后只剩一千五百字。但谁也看不出来是针对郭罗基的。

高文说"言论自由是受法律保护的"，但"人民的言论自由也不是不受任何约束的"。言论自由受约束就是言论不自由，这两句话是矛盾的。他说："那末言论是不是就可以构成犯罪呢？这要具体分析。"一具体分析，就分析出言论可以构成犯罪来了。"散布某种特定的言论乃是犯罪行为。刑法上规定的诽谤罪、诬陷罪、教唆犯都是与一定的言论分不开的。在这里，特定的言论构成了犯罪行为的内容和方法，散布这种言论也就是犯罪的行为。"反革命言论也是构成犯罪的"特定言论"。刑法上规定的诽谤罪、诬陷罪、教唆犯惩罚的都是行为，不是言论。宪法上规定的"言论自由"是全称判断。如果说"特定的言论"是不自由的，那么也可以说只有"特定的言论"才是自由的。特定的反革命言论是不自由的，只有特定的革命言论是自由的；特定的"毒草"言论是不自由的，只有特定的"香花"言论是自由的；如此等等。这样一来，宪法上规定的"言论自由"的全称判断就不能成立。只要在言论的范围内划出一部分言论不自由，就是否定全部的言论自由。

高铭暄的文章，关于言论自由的论点，我以为是不正确的。但它是讨论式的，不是大批判，故胡乔木很不满意。

## 胡乔木亲自上阵

胡乔木除了向邓小平告状外，还亲自上阵。

1980年2月6日，他在北京新闻学会成立大会上的讲话，说："有一种意见说，让反革命言论自由发表，'你跟他辩论嘛！用革命的言论去反驳那个反革命言论好了！'这个话似乎'言之成理'。做个比喻，就等于允许人放火，然后我们派消防队再去把那个火给灭了。如果这样的话，有一百个人放火，我们该有多少消防队？要有多少人来参加这个工作？所以……我们就不能给反革命言论自由。"这是诡辩。胡乔木混淆了言论和行为的界限。发表言论，无论是革命言论或反革命言论，受听者可以接受也可以不接受。放火是行为，受害者无法避免。

1981年1月23日，胡乔木在中国社会科学院党委常委扩大会议上的讲话，说："有一个可以说是资产阶级学者与马克思主义学者不断在争论的问题，就是有没有绝对的言论自由，或者抽象的言论自由？这个问题，也在社会科学院出现。这个主张大概不是社会科学院的同志首先提出的，但是当有人提出说反革命的言论可以自由发表，只要他没有行动，就不必去管。那么这种观点在社会科学院是有相当一些人欣赏的。北京大学的竞选运动中当选的一个胡平，是当选的区人民代表，他就是宣传言论要绝对的自由。""最先发表这种主张的，是北京大学的郭罗基。"（据于光远的秘书胡冀燕的记录。公开出版的胡乔木著作中，这句话改为"最先发表这种主张的是原来北京大学的一个教员。"见《胡乔木与中国社会科学院》第235页，《胡乔木文集》第3卷第148页。1981年的时候，我还在北京大学，胡乔木讲话不会说"是原来北京大学的一个教员"。显然是事后的修改，而且改错了。）

胡乔木以马克思主义者自居，他提问："有没有绝对的言论自由"？他的意思是：没有。号称理论权威的胡乔木，对相对和绝对的辩证法一无所知？不会吧，那么就是为了某种政治需要而编造歪理。辩证法的相对和绝对的关系是相对之中有绝对。自由是相对的，即有条件的、有限制的，不是漫无边际、随心所欲。言论自由就是一种有条件的、有限制的自由，即不能越出言论的边界，但在言论的边界之内，这种自由是绝对的。这就是相对之中的绝对。主张没有绝对的言论自由，就是否定相对中的绝对。言论自由的绝对性就在于反对一切言论不自由，言论自由和言论不自由的对立是绝对的。言论自由的确立，必须反对言论不自由。

如果没有言论不自由，言论自由就没有价值了；如果不反对言论不自由，言论自由就没有力量了。所说的言论自由不是绝对的，即有限制的言论自由还要加以限制，就是说有些言论是自由的，有些言论不是自由的。只要在言论的范围内划出一个领域哪怕很小的领域，宣布没有自由，不是还有部分言论自由，而是根本上否定了言论自由。

胡乔木还说，《人民日报》后来发表的文章，"对这个观点批评得非常没有力量。"胡绩伟丝毫不让步，他要理论部写了一个材料，予以反驳。他还写了一封长信，对胡乔木的批评进行申辩，将理论部的材料作为附件。

胡绩伟在给胡乔木的信中反驳道："乔木同志这一批评的事实也有出入。""郭罗基同志的《政治问题是可以讨论的》这篇文章中说：'有人发表反革命言论怎么办？好办，你发表革命言论同他辩论，对他批判就是了。对反革命言论不能放纵姑息，但不要动手抓人。法律惩罚的对象是行为，不是思想。'这段话没有说对反革命言论'不必去管'，而是明确地说要'对他批判'、'不能放纵姑息'。事实不对，因而你据此所做的结论，自然就是不适当的。"（《从华国锋下台到胡耀邦下台》，第203页）对于胡绩伟的义正词严的申辩，胡乔木没有回应；也不可能有回应，他既不会认错，又无力批驳，如何回应？

胡乔木在同一个讲话中还说："我们有的同志老早就提出了学术、政治的界限究竟怎么分？要求最好画出一条边界线。我确实始终没有明确答复过。我说，界限是很清楚的。我们不是在'左'倾思想的统治之下，那个时候，什么叫政治，什么叫学术，搞不清楚。现在我认为不存在这些问题。学术是学术，政治是政治。当然，政治本身也是一种学术，这是另外一个问题了。"（《胡乔木与中国社会科学院》第237页）刚说过"学术是学术，政治是政治。"接着又说"政治本身也是一种学术"，简直是不知所云。

胡乔木对《人民日报》很不满意，他找法学研究所的负责人张友渔，组织人写批判文章。法学研究所的陈为典、周新铭写了一篇批判文章，用胡乔木的命题做题目《不能给反革命言论以言论自由》，登在《未定稿》（内部刊物）1980年第3期；经修改，题目改为《社会主义法律不给反革命言论以自由》，发表在《北京日报》1983年11月8日。胡乔木还是不满意，说"批评得非常没有力量"。宣传歪理、反对真理，怎么会有力量？

## 邓小平出来讲话了

教育部不是在批判我写的《教育研究》特约评论员文章吗？《政治问题是可以讨论的》刚一发表，他们以为这是党中央支持的，批判偃旗息鼓了。后来得知，党中央是否定的，他们又神气起来了。蒋南翔趁我不在校的时候，到北大干部会上讲话，针对《政治问题是可以讨论的》说："党的领导可以讨论吗？四项基本原则可以讨论吗？"意思是不可以讨论的。党委书记韩天石还一本正经地向我传达。我请他转达蒋部长，提出一个挑战："你们是否写一篇文章，题目叫做《政治问题是不可以讨论的》，也拿到《人民日报》去发表。行不行？"

问：有应战的文章吗？

等了几个月，没有见到应战的文章。邓小平出来讲话了。

1980年1月，我在昆明参加由社科院江春泽主持的南斯拉夫问题研讨会。当时，南斯拉夫问题是热门话题。

云南省委宣传部长到北京开会回来，传达邓小平1月16日在中央干部会上的报告《目前的形势和任务》，其中讲到："现在不是讲什么这样那样的问题可以讨论吗？可以讨论，但是，在什么范围讨论，用什么形式讨论，要合乎党的原则，遵守党的决定。"人们一听就

会议结束后，主办方招待游石林。图中从左至右：前排郭罗基、薛汉伟、潘国华，后排张德修、张显扬。

说这是针对郭罗基讲的，而且郭罗基人就在昆明。一连几天，有人到研讨会会场来看看"郭罗基什么样"。起初，把身高马大的张显扬当作郭罗基。有人指指点点地说："不是，旁边的那个小个子才是郭罗基。"由此引起一番议论：不是说"文如其人"吗？郭罗基的文章气势汹汹的，他本人却是弱不禁风的，文不如其人啊！

回到北京后，朋友们还告诉我，这个由胡乔木起草的报告，本来是点我的名批评《政治问题是可以讨论的》。讲稿放在邓小平的桌子上，他的家人问："你看了郭罗基的文章了吗？"

答曰："没有。"

她说："没有看人家的文章怎么能批评呢？"口气和胡绩伟对胡耀邦的讲法差不多，可见这是人之常理。所不同者，不是下级对上级。对方的反应也不同。

邓小平说："那你去看看，有什么问题。"胡耀邦是"等我看过以后再说"；邓小平是肯定有"问题"再去看，而且自己不看，叫别人去看。

邓家的人找了吴明瑜（国家科委副主任，理论务虚会成员）问："郭罗基的文章有没有问题？"吴说："文章发表的时候我正在国外访问，没有看过。"吴明瑜又去问他的朋友孙长江。孙长江是"郭罗基式的人物"，他当然说"没有问题"。反馈回去，邓小平这才把点名的地方删去，成了无主语的句子。

上面邓小平的那段针对我的话，强调要看"在什么范围讨论，用什么形式讨论"。可是我的文章中本来就有这样的意思："学术问题只能由专家、学者去讨论；而政治问题是关系到国家的命运和亿万人民的切身利益的大问题，必须由人民来讨论。当然，根据政治问题的性质不同，可以在不同范围内讨论。有的在党内讨论，有的在社会上讨论；有的在会议上讨论，有的在报刊上讨论。"邓小平只看了我的文章的题目，并未看文章的内容，否则就没有必要讲那段话了。显然他对这个题目也是很不满意的，不屑重复一下。我的文章明明说"政治问题

是可以讨论的"，他却说成"这样那样的问题可以讨论"。"这样那样的问题"讨论时还"要合乎党的原则，遵守党的决定"。那么"党的原则"、"党的决定"是否可以讨论？好像这就不可以讨论了。无论"在什么范围讨论"、"用什么形式讨论"，都要以"党的原则"、"党的决定"为前提。在讨论之前预先确立不可讨论的"党的原则"、"党的决定"由谁说了算？少数人发布不可讨论的原则、做出不可讨论的决定，叫多数人去实行，这是什么政治体制？政治问题老百姓不能讨论，这一点，只能做不能说。我揭穿了一个只能做不能说的秘密。"一言堂主"邓小平虽说这样那样的问题可以讨论，但"要合乎党的原则，遵守党的决定"，最终还是不可以讨论的。

同一时期，邓小平还有一项口头的批评："哪有什么信仰危机？那是郭罗基自己的头脑里发生了危机！"

问：你在《政治问题是可以讨论的》文章中没有讲到"信仰危机"呀。

这是针对我的另一篇文章，是对我在《文汇报》1980年1月13日所发表的《评所谓"信念危机"》而发的。听到这个批评，我想起了中世纪的经院哲学家这样教导学生："太阳的黑点只在你的眼睛里，而不在太阳上。"我怀疑，邓小平又是不看文章就进行批评。第一，我说的是"信念危机"，不是"信仰危机"；第二，我不是鼓吹、鼓动、鼓励"信念危机"，而是为"信念危机"解方程，希望消除"信念危机"。不看文章就进行批评，根据什么？

传达邓小平的批评的同时，还传达了胡耀邦的讲话："郭罗基不是一家。中央党校是一家。'信仰危机'的提法《理论动态》上早就有了，要它负责。"

在政治生活中，"小道消息"往往比"大道消息"传得快、走得远。我的一个学生在边远地区当县委宣传部长，他告诉我，传到他们那里变成"胡耀邦说，郭罗基和我们不是一家人"。在北京，人们都理解为"胡耀邦保了郭罗基"，他把邓小平批评的矛头转移到中央党校去了。

## 把我的意思歪曲为"反革命也有言论自由"

邓小平的报告还说："绝不允许宣传什么包括反革命分子在内的言论出版自由"。我的意思是不能根据言论定"反革命"，不能凭所谓的"反革命言论"抓人。把我的意思歪曲为"反革命也有言论自由"，于是大加挞伐。

李洪林的《中国思想解放运动史》中说：

> "反革命也有言论自由"成了刺在郭罗基脸上的"犯罪金印"。"权威"们和党内某些高层人士，只要想动手整肃"与党分道扬镳"的人们，差不多都要挂出这个靶子进行射击。（第276页）

的确如此。

问："权威"们把你当靶子进行射击的言论有哪些？

我看到的、听到的有这些：

1982年6月24日，王任重（中央书记处书记）在中国文联四届二次全委会上的讲话中说："在思想界还有人写文章公开主张可以给反革命以言论自由，允许在我们的报刊上发表反革命的言论。"（《文艺报》1982年第9期）"思想界还有人"被认为指的是郭罗基，但前一句话是歪曲，后一句话是捏造。

1983年11月8日，邓力群（中宣部长）在首都部分理论工作者座谈会上的讲话。他严厉地批评了王若水和阮铭，接着说："郭罗基写了一篇文章，题目叫做《政治问题是可以讨论的》。这个题目没有错，问题在于他的论述中混淆两类矛盾的界限，以至主张反革命言论也可以自由发表，只能以革命言论去反驳，不能对发表反革命言论的人定罪。这就完全错了。"（中宣部理论局《理论工作简报》）邓力群说《政治问题是可以讨论的》这个题目没有错，是虚伪的。《未定稿》因发表了郭罗基的《政治问题为什么不能讨论？》、高尔泰的《异化现象近观》和沙叶新的剧本《假如我是真的》三篇文章，主编林韦（李银河的父亲）被邓力群撤职。不是说内部刊物《未定稿》可以发表公开刊物不便发表的文章吗？说话不算数了。

最可笑的是中央政法委员会，发了一个公文，群众骂领导，赖我。这个公文的名称是《关于对恶毒攻击、诽谤中央领导同志是否构成犯罪问题的意见》（1981年10月9日），当时的政法委员会书记是彭真。公文中说："恶毒攻击、诽谤中央领导的反革命宣传煽动案件屡有发生，但有些政法公安机关对这类案件畏首畏尾，不敢过问，不敢处理，有的甚至麻木不仁，听之任之。产生这种状况的主要原因是第一……。第二……。第三是受北京大学郭某在1979年11月14日在人民日报上发表《政治问题是可以讨论的》文章的影响。文章提出：要'实行真正的言论自由'，'法律惩罚的对象是行为，不是思想'，'言论是属于思想范畴的，如果对它治罪，就是惩罚思想犯'。郭认为，发表言论是属于思想范畴，不是行为，由此推出明目张胆的反革命言论也不能治罪的错误观点，在干部和群众中产生了不好的影响，更加搅乱了思想。""言论是属于思想范畴的，如果对它治罪，就是惩罚思想犯"这个引号里的话，是我的原文中所没有的。可见公文的作者缺乏起码的严肃性。这句话，意思倒是没错，文字有毛病，应是"言论是属于思想范畴，如果对它治罪，就是制造思想犯"。可见，"郭某"的文章影响不小。在民主制度下，无论怎样骂总统、骂议长，都不会构成"恶毒攻击、诽谤领导"的罪名。这个公文正好证明我提出《政治问题是可以讨论的》必要性和正确性。

## 我要反驳

问：这么多的首长批评你，他们之中有没有人找你谈谈？

没有。邓力群说："郭罗基很猖狂。"他们都不敢和我这个猖狂的人交谈。首长们没有当面交锋的能力，但他们有权力，总是在我背后使劲。我要反驳，但没有讲话的场合。掌权者与无权者的发言权决不是平等的。

问：您要反驳什么？

我在文章中回答"对反革命言论是什么态度"时，写下这样一段话：

首先要搞清楚，是不是反革命言论。不能把不同的意见视为反革命言论。对真正是反革命的言论，我的态度是坚决反对。有人发表反革命言论怎么办？好办，你发表革命言论同他辩论，对他批判就是了。对反革命言论不能放纵姑息，但不要动手抓人。法律惩罚的对象是行为，不是思想。发表反革命言论的总是极少数，但对极少数人的问题处理不当，会使得多数人的言论自由得不到保障。事实证明，以思想言论作为惩罚对象，往往容易把与众不同的思想和言论都当作反革命思想和言论，甚至惩罚了独立思考、深谋远虑的人们。林彪、"四人帮"横行期间，没头脑的人到处摇头晃脑，有头脑的人，像张志新那样，竟至于丧失了头脑。这是我们民族的灾难和耻辱，决不能再让它重演了。

他们说我主张"反革命分子也有言论自由"，或者说"反革命言论可以自由发表"。这不是故意歪曲就是严重误解。第一，我的文章的基本立场是反对林彪、"四人帮"的，为了使林彪、"四人帮"造成的"民族的灾难和耻辱，决不能再让它重演"，不是为反革命分子发表言论争一席之地。第二，对反革命言论的态度明明是"坚决反对"、"不能放纵姑息"。从"不要动手抓人"推不出"反革命言论可以自由发表"。第三，反革命言论究竟是否可以自由发表？文章中讲得很清楚。"发表反革命言论的总是极少数"，把它同"多数人的言论自由"问题划清了界限；要求正确处理极少数人的问题，正是为了保障"多数人的言论自由"。第四，这里讨论的问题根本不是已经定为反革命分子的人有没有言论自由，而是能不能根据反革命言论来定反革命分子。显然，偷换了论题。第五，文章的中心思想是论证无论学术问题或政治问题，都是可以讨论的，人们应享有充分的言论自由的权利。林彪、"四人帮"惯于把不同意见搞成反革命言论，以反革命言论定反革命分子，从而侵犯了人民言论自由的权利。

我还要反驳胡乔木的命题："不能给反革命言论以言论自由。"言论自由是一项政治权利。享有政治权利或剥夺政治权利，它的主体是公民。如果这样说："不能给反革命分子（或反革命罪犯）以言论自由"，还说得过去。可是，这不是胡乔木所要论证的。他所要论证的是不能给某种言论以言论自由。这是反题。正题就是：给某种言论以言论自由。只能说，什么人享有言论自由，什么人不能享有言论自由。如果说，给什么言论以言论自由，不能给什么言论以言论自由，简直是语无伦次。从政治上来说，比语无伦次还要坏。似乎言论自由的权利都装在他的口袋里，享受言论自由的权利是他给的，这是一。二，言论自由的权利又不是给人，而是给"言论"。这就是说，按宪法享有政治权利的公民还不能给言论自由，必须看你发表的是什么言论。三，给什么言论以言论自由，不能给什么言论以言论自由，主语是谁？当然，就是说话的人。说到底，那就是只有他所同意的言论，才能给以自由。这是通过谈论言论自由来论证言论不自由。

我还要反驳"散布某种特定的言论乃犯罪行为"。在言论的范围内，发表什么，反对什么，都是自由的。如果说散布某种特定的言论是犯罪行为，那么言论自由就不能成立。在言论中排除了"某种特定言论"，不是还有部分言论自由，而是没有言论自由。他们为了论证"反革命言论"是犯罪，还列举了煽动、教唆、诬陷、诽谤等罪行。言论自由是思想自由的表达，没有言论自由就不能实现思想自由。但言论自由也仅仅是表达自由，煽动、教唆、诬陷、诽谤等等不是表达思想，而是发出行为的信息、作用于他人、造成一定的后果。所以用嘴讲话并非都是言论，用嘴讲话表达思想是言论，用嘴讲话指挥行动就不是言论。举个例子来说一说。大家从电影里大概常常看到，反动派的将军站在指挥所的电话机旁边大喊大叫，前线就打得炮火连天了。这些反动将军也只是动动嘴，并没有亲手打一发炮、杀一个人，你说这是言论问题还是行为问题？这当然不是言论，而是行为；而且动嘴的将军比起动手的士兵来，反革命行为还要严重。动嘴的将军不是表达思想、讲一些看法，而是发出行为的信息，开动反革命战争机器。将军的大喊大叫和前线的炮火连天是直接联系在一起的。所以，煽动、教唆、诬陷、诽谤等等，虽然也要用嘴来讲话，但不是言论，而是行为。反对我的人，用不是言论的"言论"来证明言论可以构成违法犯罪；又以言论可以构成违法犯罪来对付真正的言论，实行以言治罪。提出言论可以构成犯罪，不但是错误的，而且简直是可怕的，林彪、"四人帮"横行时期的一些荒唐做法就会重演。

在刑法上，教唆者和被教唆者是共同犯罪。有教唆者才有被教唆者；但只有被教唆者的犯罪行为，才能证明教唆者有罪。同样的道理，没有被煽动者就不成其为煽动；没有被煽动者的反革命行为就不能证明煽动者犯有反革命罪。煽而不动，至多是思想影响，也不算犯罪。但在中国的现实生活中，发表演说、撰写文章只要被断定为"反革命言论"，不管是否引起反革命行为，就以"反革命煽动"论罪。另一方面，只要是"煽动"，一定被断定为"反革命煽动"。1989年，天安门广场上的人们是"煽动"民主，却被判为"反革命煽动"。

我将现行宪法和刑法以及法学理论潜心研究了几个月，结果发现："反革命言论"是不科学的概念，非法律用语，引起混乱的原因就在于它的歧义。"反革命言论"究竟是言论还是行为？在这五个字中，我强调的是"言论"两个字。只要是言论，不管言论前面加什么形容词，革命言论还是反革命言论、正确言论还是错误言论都是言论；反对我的人，强调的是"反革命"三个字，只要是反革命，不管言论还是行为都是反革命。譬如，贪污、盗窃、强奸是行为，而且是犯罪行为；贪污言论、盗窃言论、强奸言论是什么？仅仅是言论不可能构成贪污、盗窃、强奸。贪污言论、盗窃言论、强奸言论，这些概念都是不通的，同样，反革命言论这个概念也是不通的。但这个不通的概念"反革命言论"流行了多少年、残害了多少人！

"反革命言论"这个概念应拆解为两个概念，一是"反革命行为"，一是"反动言论"；反革命行为应当依法治罪，反动言论，只是表达反动思想，不应当惩办，只能用批判、教育的办法来解决。

"反革命言论"这个概念混淆了思想和行为。中国政府和为它服务的官方法学家，认为"言论可以构成违法犯罪"，就是模糊了思想和行为的界限。所以，我又写了一篇文章，题目是《思想和行为的界限是必须划清的》，副标题为《续<政治问题是可以讨论的>》。还是对话体，增加了一个"老钱"，这样"赵钱孙李"就全了。我把"老钱"作为反对我的代言人，邓小平、胡乔木等人的论点都通过他的口讲了出来，一一加以驳斥。

文章写好了，北京的报刊都不愿发表。我给了辽宁省委的机关刊物《理论与实践》，主编丁建华（北大历史系毕业生）是支持我的。为了稳重起见，他向省委书记任仲夷请示："郭罗基的文章能不能发？"任仲夷连文章看都没看，就说："发！"于是发在1980年第11期。

这篇文章讨论的问题比《政治问题是可以讨论的》更为深入，可惜发在地方刊物上，影响不大。反对我的人，他们的论点虽然遭到驳斥，还是继续老调重弹。

## 取消"反革命罪"

世界各国的法律，就连社会主义阵营的始祖苏联在内，都没有"反革命"罪。刑法上规定"反革命"罪，完全是"中国特色"。从前国民党的刑法有"反革命"罪，打倒了国民党的共产党，制定的刑法依然有"反革命"罪。革命和反革命是政治概念，不是法律概念。革命只是发生在历史上的一定时期，革命过去了，也无所谓反革命。根据短暂的革命和反革命的对立制定长期有效的法律，是根本不科学的。而且，"反革命"这一概念又是不严密的，可以是反对革命的行为，也可以是反对革命的思想和言论。"反革命"概念的不确定性，为镇压思想犯、言论犯、政治犯大开方便之门。

"反革命"所反对的"革命"在哪里？为了坚持执行"反革命"罪，又要极力维护革命的神圣性。中国共产党自以为始终代表革命，中国共产党的革命性又集中在"伟大领袖"或"核心人物"身上。所以，从前毛泽东是革命的化身，"伟大领袖的亲密战友"林彪一度也是革命的化身，后来邓小平是革命的化身。谁反对他们就是"反革命"。文化大革命中，"议论无产阶级司令部"就是"反革命"，实际上往往是善意的批评和正当的监督，谈不上反对。

1996年修订的《中华人民共和国刑法》废除了"反革命"罪，新刑法确立了"危害国家安全"罪。但是，因被判"反革命"罪而入狱的一千多人，还是继续坐牢。修改刑法的结果，在司法实践中只是改了罪名、换顶帽子。

相应地，新刑法也取消了"反革命宣传煽动"罪。与"煽动"相关的罪名，在"危害国家安全"罪中是"煽动颠覆国家政权"罪、"煽动分裂国家"罪；在"危害公共安全"罪中还有"煽动群众暴力抗拒国家法律实施"罪。如果确实为危害国家安全的"煽动颠覆国家政权"等等，是有罪的。但现在又用这一条法律来判处某些呼吁政治改革、要求实行民主、批评中国政府和共产党的言论为有罪。改变了法律条文，没有改变法的精神。新刑法的执行，结果和以前判处"反革命宣传煽动"罪完全一样。所以我的文章《思想和行为的界限是必须划清的》，连同《政治问题是可以讨论的》，还有现实意义。

## "我言故我在"

讲了法学，还要讲一点哲学。

法国哲学家笛卡尔有一个著名的命题："我思故我在。"我的思想决定了我的存在，这是一个唯心主义的命题。只要改一个字，"我言故我在"，就是唯物主义命题。"我言"就是表达我的社会存在。"我思"是封闭在我的头脑中的，所以"我在"是孤立的存在，不是社会存在。"我思故我在"的人在一起，形成的人群，如马克思所说，只能是"无声的、把许多个人自然地联系起来"的"类"，类似一麻袋土豆。"我言"是发声的社会存在。"我言"，必须有人听，听者同时也是言者，所以"我言故我在"的人群是由社会关系联系起来的。马克思还说："人的本质是一切社会关系的总和。"（《马克思恩格斯选集》第1卷第135页）"一切社会关系"必须用言论交往。因此，言论自由是我的社会存在的确证，是我与他人交往的社会关系的保障；没有言论自由就不能表达我的社会存在，不能实现我与他人交往的社会关系。

## "尔领风骚只一年"

李洪林的《中国思想运动史》在论述理论务虚会之后的"新形势下的思想斗争"一章中，专门列有一节《郭罗基事件》，称郭罗基为"最有争议的理论家"。他写道：

> 北京大学哲学系的郭罗基，在思想解放运动中曾起过重大作用。特别是在理论工作务虚会结束之后，思想解放运动的高潮已经过去，"和党分道扬镳"的帽子已经扣过来的时候，郭罗基连续发表了几篇在全国产生重大影响的文章。这些文章提出的都是敏感的政治问题，并且以精辟的见解赢得众多读者，同时也激怒了以"党"自居的"权威"。因此，他成了这个时期最有争议的理论家。（第272页）

李洪林说"郭罗基连续发表了几篇在全国产生重大影响的文章"，主要是三篇：《思想要解放，理论要彻底》（《红旗》1979年第3期）、《谁之罪？》（《光明日报》1979年6月24日）、《政治问题是可以讨论的》（《人民日报》1979年11月14日）。李洪林的《中国思想运动史》中还说，《政治问题是可以讨论的》"这是当时影响最大的一篇公开呼唤言论自由、批判以言治罪的文章。"（第273页）这些都是被认为"有争议"的文章，而且一篇比一篇"争议"大，因此郭罗基成了"有争议的人物"。在中国，有各种各样的口号，也有各种各样的"帽子"。"有争议的人物"算什么"帽子"？谁也说不清，反正相当危险。发表文章的刊物，都受到追究。《未定稿》的主编林韦被邓力群指责为"偏离四项基本原则"而遭撤职。《人民日报》因发表了《政治问题是可以讨论的》而被勒令做检讨。

另一个"有争议"的人物是发表报告文学的作家刘宾雁。谁和谁争议？民间和官方的争议。对刘宾雁和我的作品，民间叫好，官方狂怒。刘宾雁用报告文学为受压、受冤、受苦的人们申诉，被民间称作"刘青天"；但被官方开除党籍。

1979这一年，我在应对官方打压的同时，深感民间的关爱和支持。《谁之罪？》和《政治问题是可以讨论的》发表后，报社和我本人都收到大量的读者来信，表示赞同。我接到一封从河南的监狱里辗转发出的信件，信纸都揉烂了。我没有记住他的名字。信上说，他就是因为讨论政治问题被当作"反革命言论"，判了刑。他希望我为他伸冤。我将信件转河南高级人民法院，请他们重审，还撂下一句带威胁性的话："如果你们不愿处理，请将信件退我，我自有办法。"他们不知道郭罗基是何许人，以为在《人民日报》上发表文章必有来头。河南高级人民法院还真的重审了。过了一些日子,那个人又给我来信,表示感谢,他出狱了。最后他希望我多写文章,解救像他那样受苦受难的人。

我到外地参加学术活动,人们介绍的时候,常说《谁之罪?》的作者某某某,或《政治问题是可以讨论的》作者某某某,《谁之罪?》和《政治问题是可以讨论的》成了郭罗基的标志。这两篇文章是载入史册的。

问:哇,载入史册的!什么史册?

当然是《中华人民共和国史》,但不是中国的官史,而是香港中文大学出版社出版的《中华人民共和国史》,第10卷《历史的转轨》,萧东连著,2008年,第233页、243页。著作入史,是班固写《汉书》的传统。《汉书》中录入了晁错的《论贵粟疏》、贾谊的《治安策》等重要文章,否则后人都看不到了。

孙长江对我说:"如果有人接续《古文观止》编一部《今文观止》,你的《谁之罪?》和《政治问题是可以讨论的》这两篇文章是必选的。"

这两篇文章,还有《思想要解放,理论要彻底》,被存入"互联网档案馆",存档日期是2007年10月26日。互联网时代的文章存入"互联网档案馆"不稀奇,互联网时代之前的文章存入"互联网档案馆"就稀奇了。

清朝人有诗云:"江山代有才人出,各领风骚数百年。"七十年代末,被人改为"各领风骚没几年"。张显扬对我说:"尔领风骚只一年"。

刘宾雁写了一篇文章,题目是《难忘的1979年》(《争鸣》2004年1月号)。他说:"一年可以等于甚至超过几十年、几百年。1979年就是这样的一年。……除了1949年,要寻找出这样的一年,即使不是不可能,也是不容易的。"我深有同感。1979年,我意气风发,思绪如潮涌。1979年以后,周围的朋友和报刊的编辑都来帮我"把关",免得再发"有争议"的文章,因此尽量把棱角磨平,把锐气消解。这些文章的文风与1979年的文章显然不同。我深深感到,在没有思想自由、言论自由的中国,是不可能出思想家的。

# 第五十三章　讨论社会主义

中共十一届三中全会实现了战略转移，废弃"以阶级斗争为纲"，实行"以经济建设为中心"，走向现代化。走向现代化，首先要搞清楚出发的地基，即当今的中国是什么性质的社会？处于社会发展的什么阶段？在紧接着十一届三中全会举行的理论务虚会上，对这个问题进行了热烈的讨论。苏绍智和冯兰瑞有一个联合发言，题目是《无产阶级取得政权后的社会发展阶段问题》。他们认为，现在中国"还处在向社会主义过渡的时期"。会后，在《经济研究》1979 年第 5 期上正式发表。不料，引起轩然大波。

胡乔木指示《经济研究》发表批判苏、冯的文章，而且不许反批判。

邓小平提出《坚持四项基本原则》之后，李洪林发表了一篇《我们坚持什么样的社会主义？》。"什么样的社会主义"？引起热烈的讨论。胡乔木禁止讨论。我在《政治问题是可以讨论的》一文中揭露，领导人说，社会主义是政治问题，不能讨论，就是指的他。当胡耀邦得知胡乔木批判苏、冯，并禁止讨论社会主义问题时，在一份材料上批道："探讨社会主义发展阶段问题，当然应当允许。我不相信乔木同志竟然不许。"胡耀邦揭去了封条，社会主义问题讨论得更起劲了。全国各地相继举办社会主义讨论会。1979 年 10-11 月间，我参加了一次南京大学哲学系主办的在无锡举行的"社会主义社会发展规律"讨论会。

## 社会主义好不好？

无锡讨论会邀请了一百多人参加，会上畅所欲言。传出去，被认为有很多出格的言论。邓力群要调讨论会的录音，南京大学哲学系回答，讨论会结束的第二天就销毁了。实际上非但没有销毁，根据录音，将几个重要的讲话整理出书面记录。他们把我的讲话的书面记录的复印件寄给了我。

我的这个讲话，表达了我对中国的社会主义的基本观点，而且显示出 1979 年我的演讲风格，但没有地方发表，我要保存在这里。

### 社会主义好不好？
#### 在"社会主义社会发展规律"讨论会上的讲话

郭罗基

社会主义社会发展规律，我没有研究。没有研究，为什么来开会？我们北京有一批同志，全国哪里开会到哪里去，吴江同志说，这是赶庙会。我就是赶庙会来了。特别是这次会议在无锡召开，无锡是我的家乡，已有十多年没回老家了，所以这次庙会非赶不可。

我们现在开会的地点，原先是江南大学，现在是太湖饭店。解放前的江南大学是学生运动的一个据点，当年搞地下工作时我曾经在这里活动。解放后的太湖饭店属于交际处管辖，我曾经是交际处的负责人，又在这里办公。触景生情，不免怀旧；抚今追昔，感慨良多。感慨集中到一点：眼前的现实是否符合当年的理想？换一种提法，就和会议讨论的主题有点关系了，眼前的现实究竟是什么样的社会主义？

来了之后，会议的组织者，南京大学哲学系的葛林同志、胡福明同志要我做一个大会发言，老朋友的命令不好违抗。按鲁迅的说法，有一种"遵命文学"，我这就是"遵命哲学"了。哲学是研究世界观、方法论的。我要讲的是研究社会主义的思想方法问题。

### "资本主义是祸害，社会主义是幸福"的抽象议论不正确

从五十年代开始，我们一直高唱"社会主义好"，文化大革命中还要追加"就是好，就是好"。

张春桥说："宁要社会主义的草，不要资本主义的苗"。贴上"社会主义"的标签，草也"就是好"；贴上"资本主义"的标签，苗也不能说"就是好"。最近北京的一位部长（教育部长蒋南翔）打了我两棍子，一棍子说我"偏离党的领导"，二棍子说我"偏离社会主义道路"。我这个人是死不悔改的。现在干脆提出一个问题：社会主义好不好？是不是无论在什么时间、地点、条件下搞的社会主义一定"就是好，就是好"？是不是无论搞成什么样的社会主义一定"就是好，就是好"？黑格尔有一个著名的命题：真理是具体的。他举了一个通俗易懂的例子，下雨好不好？那就要看在什么条件之下。干旱的时候，下雨"就是好，就是好"；受涝的时候，下雨就不能说"就是好，就是好"了。同样的道理，社会主义好不好？也要看在什么条件之下。

现在，我请出列宁来为我做点辩护。他在《论粮食税》这篇文章中有一段话，比我讲得更厉害，你听听："'我们'直到现在还常常这样议论：'资本主义是祸害，社会主义是幸福，'但这种议论是不正确的。"这里的"我们"是打上引号的，就是说，讲这种话的人，并不是真正的我们。为什么这种议论是不正确的？他讲出道理来了："和社会主义比较，资本主义是祸害。但和中世纪制度、和小生产、和官僚主义相比，资本主义则是幸福。"（当时是凭记忆，查原文，是"和社会主义比较，资本主义是祸害，但和中世纪制度、和小生产、和小生产者散漫性联系着的官僚主义比较，资本主义则是幸福。"（《列宁选集》第4卷第525页）他的意思是，无条件地讲"资本主义是祸害、社会主义是幸福"，这种抽象议论是不正确的。在一定的条件下，可以说资本主义是幸福；那么，在另外的一定条件下，也可以说社会主义是祸害。后面半句话，当时列宁没有说，现在我们却看到事实了。社会主义是祸害的铁证就在柬埔寨。柬埔寨本来是一个建立在小生产基础上的封建王国。波尔布特取得政权以后，取消商品货币，消灭城乡差别，一步登天进入社会主义。红色高棉把城市居民赶到乡村，稍有不从，立即镇压，以至东方佛国成了血腥的杀戮场。在柬埔寨，总不能说"社会主义就是好"了吧？所以，要是问：社会主义好不好？可以说"社会主义好"，也可以说社会主义不好。部长先生，放下你的棍子，我这里有列宁的经典作护身符。东西德，南北朝，一边是资本主义，一边是社会主义，对比鲜明，哪是幸福？哪是祸害？真值得好好研究。

那么，我们中国搞的社会主义究竟怎么样？真是一言难尽呀。如果说"社会主义就是好"，共产主义不是更加"就是好"吗？我们就是根据这种推论，在1958年搞了共产主义。结果是一场灾难。所以，不加任何条件，"社会主义就是好"是个抽象命题。而我们的许多同志，还被这个抽象命题所束缚，思想不能解放。昨天小组会上，有一位同志讲到，他们那里的领导人说："我们这个地方，要是搞包产到户，肯定能增产，但是方向有问题。"就是说，虽然能增产，但不符合那个抽象命题的方向。现在要落实两个农业文件（1978年12月，中共十一届三中全会通过的《关于加快农业发展若干问题的决定》和《农村人民公社工作条例（试行草案）》)，进行经济方面的改革，发生了争论。有人认为是前进；有人认为是倒退，是复辟，是搞资本主义。什么叫前进？什么叫倒退？你那个地方，增产了，是前进还是倒退？事实上是前进；但还是说"方向有问题"，因为不符合那个抽象命题的一些概念，只能算倒退。究

竟从事实出发还是从概念出发？我们几十年来的奋斗和争斗就是为了维护一个抽象命题的空洞概念。

## 社会主义理论和社会主义实践

本来应该是资本主义发展最充分的地方，社会主义革命的条件最成熟。社会主义是在社会化的大生产和生产资料的私人占有的矛盾中产生的。但是，二十世纪的现实是，在发达的资本主义国家没有发生社会主义革命，而在落后国家搞了社会主义。于是，发生了两方面的问题：一方面，在发达国家，能不能实现社会主义？也就是说，社会主义有没有必然性？另一方面，在落后国家，能不能搞社会主义？也就是说，社会主义有没有优越性？我的回答是：在发达国家是能够实现社会主义的，在落后国家也是可以搞社会主义的，但都需要一定的条件，一切决定于条件。

马克思的社会主义是一种理论上的抽象，理论必须采取纯粹的形态，如果把各种各样的具体情况都包括在里面，那就不是理论了，而是现象的罗列。理论上的抽象不可能直接地实现出来。我们搞社会科学的同志，在思想方法上往往不如搞自然科学的同志灵活。凡是规律性的东西，不可能在现实中找到它的直接表现。这在自然科学中是很明白的。根据牛顿的惯性定律：动者恒动，静者恒静。一个物体，给它一个力，在理论上这个物体是会永远动下去的。但这种事例在实际上是找不到的。这个定律是在各种各样的实验中抽象出来的。同样的道理，马克思对社会的研究之所以成为科学，他不是描绘事实、罗列现象，而是在实践中进行理论上的抽象；这种理论上的抽象，还要回到实践中去，与各种各样的具体条件相结合，才能造成事实。

历史上还有这种现象：一种社会形态的充分发展，对于新的社会形态的出现，具有抑制作用。在资本主义充分发展的地方，对于社会主义的出现，就有抑制作用。而社会主义的必然性，恰恰在落后国家容易得到体现。我在北大历史系学习的时候，就注意到这种历史现象，后来因为改行了，没有深入研究。现在只能做一点历史现象的描述。比较文学、比较史学在东西方对比的研究中更能抓住各自的特点。在古代东方，尤其是中国，原始社会的父系家长制比较发达，抑制了奴隶社会的发展。中国的奴隶社会是不典型的，按马克思的说法，这是一种家内奴隶制。西方的原始社会没有发达的父系家长制，而希腊、罗马的奴隶制发展得很充分。在世界历史上，奴隶制度为人类创造的文明，希腊、罗马是典型。古希腊有大规模使用奴隶的橄榄园、陶器工场，商品经济很活跃。奴隶社会发展得充分，又抑制了封建社会的产生。古罗马后期，社会腐朽，没有出路。最后是北方的日耳曼野蛮民族入侵，摧毁了罗马帝国，也摧毁了奴隶制度，使得封建的因素成长起来。中国奴隶社会的发展不充分，很早就进入封建社会，封建制度的发展十分充分。在世界历史上，封建制度为人类创造的文明，中国是典型。封建专制主义长达两千多年，又抑制了资本主义的发展。西方的封建主义是比较粗糙、比较简陋的。中国的封建皇帝连名字都不能叫，要避讳；而西方的封建国王，可以叫他的外号，什么"长腿罗塞尔"，什么"秃头查理"。在中国人看来，那种王权简直是儿戏。因而社会的新生力量冲破封建束缚比较容易。从十五世纪开始，西方掀起了启蒙运动，继之民主运动、革命运动，一个一个国家渐次进入资本主义社会。资本主义的充分发展，又为社会主义革命制造了困难。

人类历史的一定阶段到了社会主义时代。但社会主义革命的爆发不是首先在发达的资本主义国家，而是在相对落后的俄国，这是可以得到合理解释的。俄国爆发的社会主义革命，不过是社会主义时代的历史必然性在落后国家容易突破而已。社会主义革命的爆发和社会主义制度的建立不是一回事。列宁说过，俄国先于德国取得社会主义革命的胜利，但进入社会主义社会德国将先于俄国。后来的事实表明，人们没有清醒地认识到这二者的区别。

社会主义理论，在资本主义充分发展的发达国家产生；而社会主义的实践，从资本主义发展不充分的落后国家开始。这是一个时代的矛盾。俄国虽然落后，基本上还是属于资本主义世界，到了中国、越南、朝鲜以至柬埔寨，资本主义的成分越来越少，而进入社会主义的步伐却越来越快，因而社会主义的身价就越来越低。好像在任何时间、任何地点、任何条件下，只要想搞，就能搞社会主义；好像只要搞了社会主义，不管搞成什么样，一定"就是好，就是好"。一个困惑了几代人的大问题，连斯大林、毛泽东这样的大人物都没有想清楚的问题，说来也简单，就是在思想方法上把"社会主义好"当作一个抽象命题。

　　在落后国家，进行革命，选择社会主义的前途，是无可责备的。但必须弥补资本主义发展不足的缺陷。在一个小生产占优势的社会，是不可能直接过渡到社会主义的。历史上，小生产变为大生产是在资本主义制度下实现的。认识了社会发展的规律，可以避免资本主义原始积累剥夺农民给劳动人民带来的痛苦，无论如何，社会发展的自然历史过程是不能跳跃的，社会发展的阶段是不能超越的。刚才我说到的列宁那段话，下面还有。我什么书都没有带，脑子里有几段列宁语录。他接着说："既然我们还不能实现从小生产到社会主义的直接过渡，所以作为小生产和交换的自发产物的资本主义，在一定范围内是不可避免的，我们应该利用资本主义作为小生产和社会主义之间的中间环节，作为提高生产力的手段。"【原文是这样的："既然我们还不能实现从小生产到社会主义的直接过渡，所以作为小生产和交换的自发产物的资本主义，在一定范围内是不可避免的，所以我们应该利用资本主义（特别是要把它引导到国家资本主义的轨道上去）作为小生产和社会主义之间的中间环节，作为提高生产力的手段、途径、方法和方式。"见《列宁选集》第4卷第525页】不知道我记得准确不准确？周抗同志，你对列宁著作有研究，列宁是不是这样说的？（周抗：是这样说的。）列宁的基本思想是这样的：在落后国家，社会主义革命成功后，向社会主义过渡就是利用资本主义把小生产转变为社会化的大生产。（有人大声喊：对！对！）

　　列宁的这个基本思想是犯了错误、走了弯路、痛定思痛以后形成的。十月革命以后的国内战争时期，由于物资匮乏和外敌包围，实行战时共产主义。一时奏效，但很快就引起工人不满、农民反抗，甚至发生暴动。列宁这个人可爱的地方是犯了错误能回头，他沉痛地表示：我们犯了严重的错误，但愿这是最后一次。1921年就转变到新经济政策：以粮食税代替余粮收集制；活跃商业，进行工农业产品的交换；停止没收资本主义企业，改为租让制；鼓励外国资本到俄国来投资；等等。"新经济政策"这个名称，容易被理解成权宜之计，实际上，列宁提出了利用资本主义向社会主义过渡的基本决策。可惜，列宁1924年去世，1928年斯大林就废除了新经济政策，代之以第一个五年计划。1936年，斯大林匆忙宣布社会主义在苏联"建成"了。坚持列宁的新经济政策的布哈林，被打成"右倾"、"富农路线"而遭到镇压。苏联向社会主义过渡是失败的，而且在国际上起了恶劣的示范效应。

### 新民主主义理论的提出和抛弃

　　中国比俄国更落后，二十世纪还面临反封建的任务。中国革命早期的严重争论是：一种主张，先进行民主革命，发展资本主义，到一定时候再进行社会主义革命，叫做"二次革命"论；另一种主张，民主革命和社会主义革命同时完成，毕其功于一役。在实践中发生了右倾机会主义或左倾机会主义的偏向。中国共产党成立后，搞了二十多年革命，还没有搞清楚究竟是什么性质的革命。到了四十年代，毛泽东的新民主主义理论一出，结束了争论，纠正了偏向。民主革命和社会主义革命是衔接的，不能割裂；民主革命和社会主义革命又是有区别的，不能混淆。民主革命成功后，只能进入新民主主义社会。新民主主义是社会主义的准备；社会主义是新民主主义的前途。所谓新民主主义，就是在进入社会主义之前补资本主义的课，所以实际上是新式资本主义，新就新在：第一，它是避免资本原始积累疯狂掠夺的资本主义；第二，它是向着社会主义和平过渡的资本主义。新民主主义是一整个历史时代，因而不会被误解成权宜之计。新民主主义理论虽然是在中国革命的争论中产生的，也具有一般意义。

它是列宁的新经济政策的完善和发展，成为落后国家向社会主义过渡的理论。

毛泽东关于新民主主义的理论是对马克思主义的一个贡献，它所要解决的是，西方无产阶级的解放运动与东方被压迫民族的民族解放运动如何结合的问题，也就是如何引导落后国家走上社会主义道路的问题。夺取政权的时候，以新民主主义理论为指导，中国革命取得了辉煌的胜利。但这个理论显然并不局限于夺取政权。《新民主主义论》对于新民主主义社会的经济、政治、文化，都有详细的规定。《中国革命与中国共产党》这篇文章中说，民主革命是为资本主义扫清道路；革命胜利后，必然会出现一个阶段，资本主义还有相当程度的发展。但是，真的革命胜利了，一切都变了。五十年代初期，刘少奇提出"巩固新民主主义秩序"，被毛主席批判为"右倾"。据说，坚持新民主主义就是不要社会主义。道理上是说不通的。现在我们说坚持社会主义，那么，就是不要共产主义了？

毛主席他老人家抛弃了自己的正确理论，刘少奇宣扬他的新民主主义反而被认为犯了错误。1953年6月，在一次会议上，毛主席即席发言，脱口而出："党在过渡时期的总路线和总任务，是要在十年到十五年或者更多一些时间内，基本上完成国家工业化和对农业、手工业、资本主义工商业的社会主义改造。"他还说："走得太快，'左'了；不走，太右。要反'左'反右，逐步过渡，最后全部过渡完。"党的总路线的提出，没有经过集体讨论、做出决议，天大的问题一个人说了算。

过渡时期从什么时候开始？当然至多从毛主席讲话的时候开始，后来他却说，中华人民共和国成立，"过渡时期"就开始了。中华人民共和国成立之前，中国是半封建半殖民地社会，中华人民共和国成立，立即向社会主义过渡，新民主主义没有了。追溯既往，人们不知不觉从1949年就上了社会主义的"贼船"。这又违反了《共同纲领》。《共同纲领》总纲第一条宣布"中华人民共和国为新民主主义即人民民主主义国家"。《共同纲领》的文本根本没有"社会主义"的字样，更没有规定从什么时候开始过渡。

1953年的计划是用十年到十五年或者更多一些时间完成国家工业化和社会主义改造。用了什么数据做出这样的结论？没有数据，只有头脑中天才的猜测。轻而易举地把过渡时期提前到中华人民共和国的成立，又减去了四年。即便如此，至少还应当用六年到十一年或者更多一些时间，"逐步过渡"吧。实际上，不到三年的时间就"全部过渡完"了。

当时将这条向社会主义过渡的总路线简化为"一化三改"，还有一个比喻："一化"——国家工业化是鸟的主体，"三改"——对农业、手工业和资本主义工商业的社会主义改造是鸟的两翼。工业化还没有完成，三大改造却提前完成了。离开了鸟的主体，两翼腾空起飞了。按毛主席自己定的标准，也走得太快了，还不是"'左'了"！

而且，中国的社会主义来得不明不白。通过公私合营对资本主义工商业进行社会主义改造，叫做国家资本主义；全行业公私合营不过是全行业国家资本主义。1956年1月，北京天安门广场举行二十万人大会，北京市市长彭真同志在天安门城楼上宣布：北京市完成了全行业公私合营，我们伟大祖国的首都进入社会主义了！全场欢声雷动。这欢声中也有我的一声，当时真以为进入了社会主义天堂。俄国人提出"一国首先进入社会主义"，据说发展了马克思主义，斯大林把它叫做"列宁主义"，其实是违背列宁的思想的，只能说是斯大林主义。中国人又发展了"一国首先进入社会主义"的斯大林主义，实行了"一市首先进入社会主义"。

中国1956年宣布进入的社会主义，究竟是社会主义还是国家资本主义？不清楚。有一点是清楚的，当时的中国还是前工业化社会。

在理论务虚会上，王惠德同志有一个说法，为大家所赞赏。他说："中国的社会主义是早产儿。"什么叫"早产儿"？在不到该出生的时候就冒出来了。按我的说法，根本没有领到出生证。

什么事情都要从头说起。中国的社会主义从头说起，第一，是从抛弃新民主主义的正确理论，取消新民主主义的必经阶段开始的；第二，过渡时期总路线的提出违反党内程序、违反《共同纲领》，因而是不合法的；第三，社会主义建立在前工业化的自然经济的基础之上，又是不合格的。

提出"四项基本原则"之后，北京有一批同志到甘肃去做社会调查，有一位生在新社会、长在红旗下的青年说："我对社会主义没有意见，就是我从出生到现在，没有吃过一顿饱饭。"听起来令人心酸。理论务虚会上发过一篇参考资料，题目是《如果这就是社会主义，那么世界不会为之而奋斗》。这是西德《世界报》上的一篇文章，评论苏联的社会主义。对我们中国的社会主义是否适用？

## 中国社会是处在革命转变时期

昨天小组会上讨论，我们现在究竟是什么社会？你说不是社会主义，好像不能这样讲，很多现象难以解释；你说是社会主义，很多现象更难以解释。这叫左右为难。退回去干新民主主义行不行？也不行。这又叫进退两难。无论如何不能退，还是要进。怎样进？首先弄清楚脚踏实地的地基是什么？

这样的社会主义对全世界的劳动人民有多大的吸引力？那还不如老老实实地承认，现在不是社会主义，社会主义在将来，我们要为之奋斗。这样也许还能唤起人们对美好未来的想象。理论务虚会上，苏绍智同志和冯兰瑞同志有一个联合发言，他们认为：在我国，过渡时期远没有结束，还没有进入马克思和列宁所设想的共产主义社会初级阶段，即社会主义社会。这个看法，与"早产儿"的说法是呼应的，得到很多同志的赞同，至少没有反对意见。不久前，他们将这个发言公开发表，登在《经济研究》杂志上。胡乔木同志说，这篇文章还有人附和，引起了"中国不是社会主义"的议论，如果不加制止，就会导致否定中国是社会主义国家。老苏在座，请他详细谈谈。我说，中国是社会主义国家，但还不是社会主义社会，正在向社会主义社会前进。是社会主义国家、不是社会主义社会的问题，列宁早就说过了，不必大惊小怪。邓小平同志提出的"四项基本原则"，第一项就是"坚持社会主义道路"。意思是说，在社会主义道路上走下去，走向社会主义社会。走在社会主义道路上，可以叫做社会主义国家，但还不是社会主义社会。

根据马克思的论述，把过渡时期叫做"革命转变时期"更为恰当。马克思在《哥达纲领批判》中说："在资本主义社会和共产主义社会之间，有一个从前者变为后者的革命转变时期。与这个时期相适应的也有一个政治上的过渡时期，这个时期的国家只能是无产阶级的革命专政。"按照马克思的设想，社会发展的阶段是这样的：资本主义社会——革命转变时期——共产主义社会（初级阶段是社会主义社会）。革命转变时期是以革

参加无锡讨论会的来自北京的部分成员，左起：邢贲思、张显扬、齐翔燕、赵凤歧、郭罗基、严家祺、陈筠泉、于浩成。

命方式（不一定是暴力革命）进行社会的全面变革，政治上的过渡时期是革命转变时期的一个方面、一个侧面。过渡时期的国家是无产阶级专政。他在另一个地方又说，无产阶级专政是从阶级社会到无阶级社会的过渡。马克思还说，刚刚从资本主义社会中产生出来的社会，它在各方面，在经济、道德和精神方面都还具有它从中脱胎出来的旧社会的痕迹。革命转变时期就是全面消除旧社会的痕迹，转变

到新社会的时期。在实行革命转变的同时，完成从阶级社会到无阶级社会的政治上的过渡。

按照马克思对社会发展阶段的划分，中国在革命转变时期之前应当是新式资本主义社会，即新民主主义社会，但新民主主义社会没有出现，而是从半封建、半殖民地社会跳跃式地直接向社会主义社会过渡。社会发展的地层完全搞乱了。现在，回到新民主主义，不可能；自称社会主义，不合格。所以，只能是向社会主义前进的革命转变时期。

中国的革命转变时期，主要的还不是消除资本主义旧社会的痕迹，而是消除封建主义旧社会的痕迹。中国两千多年的封建主义形成顽固的传统和强大的惯性，这种旧社会的痕迹不是很容易消除的。缺了新民主主义阶段，至今没有完成反封建的任务。有人说，共产党破坏了传统。殊不知，破坏传统的手段也是来自传统。在文化大革命中，可以看到一种奇特的现象：正是在反传统的名义下复活传统，山呼万岁，臣当该死，株连九族，抄家籍没，发配流徙，私刑拷打，……等等，等等，哪一样不是古已有之？江青等人还要推行"法家路线"。毛泽东自称秦始皇，共产党成了法家。多少年来，"资本主义复辟"的稻草人起了吓唬作用。其实，中国不曾有过像样的资本主义，不可能复辟历史上没有的东西。在反对"资本主义复辟"的掩护下，实实在在地复辟封建专制主义。在中国的革命转变时期，不仅要利用资本主义发展生产，也要利用资本主义反封建。在历史上，封建主义就是被资本主义打败的，反封建必须借助资本主义，这叫一物降一物。最近，中国人民大学的学生为了房子问题上街游行，打的标语是：要民主，要科学，反特权，反军阀，也具有反封建的意义。

我就讲到这里，讲得不对的地方，请同志们批评。我反对打棍子，批评是欢迎的。（鼓掌）

（1979年10月31日·无锡太湖饭店，南京大学哲学系根据录音整理，有删节。小标题是后加的。）

## 社会主义从理论到实践

1980年4月22日，是列宁诞辰一百一十周年。4月21日，在政协礼堂举行"列宁诞辰一百一十周年纪念会"。于光远让我在会上做一个讲话，我讲话的题目是《社会主义从理论到实践》。由于这是公开的、大范围的讲话，我不能像不久前在无锡讨论会上讲得那样放肆，我用"我注六经，六经注我"的办法，引了许多列宁的语录来包装自己的观点。会后，《社会主义从理论到实践》发表在辽宁的学术刊物《社会科学辑刊》1980年第6期。任仲夷当省委书记的辽宁，很欢迎我去发表文章。但这篇文章还是难逃批判者的法眼，后来成为我搞"自由化"的一大罪状，屡遭批判。

我做了一个概括：十九世纪是社会主义从空想到科学的发展，二十世纪是社会主义从理论到实践的飞跃。这个概括并没有什么新思想，因为以前没有人讲过，还是很引人注意。后来，"社会主义从理论到实践"成为一个耀眼的科研项目，还有人以此为题写成书、得了奖，而我这个"发明者"却被打入十八层地狱。我的这个概括，是为了引出：解答当代的社会主义疑难，必须反复学习科学社会主义创始人马克思的理论，必须从头研究列宁所开辟的实践社会主义的道路。

我抓住了一个时代的难题：马克思的社会主义理论是以资本主义发达的西欧为依据的，而社会主义的实践却从资本主义不发达的俄国开始。这就发生两方面的责难。有人从一端提出责难：至今还没有一个发达的资本主义国家走上社会主义道路，马克思的科学社会主义有没有必然性？有人从另一端提出责难：落后国家所实现的社会主义究竟有没有优越性？

列宁认为，在先进国家，不是社会主义没有必然性，而是难以造成革命的突破；突破以后，社会主义将更容易实现。在落后国家，由于反动统治的腐朽，革命力量的强大，社会主义革命容易造成突破；突破以后，建设社会主义社会，就比较困难了。只有在新制度下，努力奋斗，赶上了先进国家，才能显示社会主义的优越性。问题的关键就在于革命胜利以后如何向社会主义过渡。列宁认为，这是"痛苦而艰难的过渡"。

从这一难题出发，我讲了四个问题：

一，落后国家进行社会主义革命之后的困境；

二，落后国家进入社会主义必须弥补资本主义发展不足的缺陷；

三，用国家的法令来解决过渡问题是错误的；

四，最大的危险是夸大革命性。

在这篇文章中，被抓住几点，作为"自由化"的言论。请大家来评评，究竟有什么错？

一点，我说，落后国家可以先于先进国家取得社会主义革命的胜利，但社会主义制度不能建立在小生产的基础之上。"在手工劳动的基础上是不能改造农业的。以行政的手段建立生产资料的公有制，把社会主义建立在小生产的排列组合的基础上，这是农业社会主义。这种老牛破车的'社会主义'，甚至还有刀耕火种的'社会主义'，是不可能发挥优越性的。"

再一点，夺取政权以后，列宁立即就把提高劳动生产率作为根本任务提出来了。我说："如果没有完成这一根本任务就宣布进入社会主义，那么不是社会主义没有优越性，而是实际上还没有取得社会主义的资格。"

三一点，列宁认为，应当利用资本主义作为小生产和社会主义的中间环节。我说："后来，俄国人没有完全按照列宁的遗训去做。在另外一些社会主义国家，也往往企图实现从小生产到社会主义的直接过渡，三步并作一步走，似乎来一次拼命的跳跃就可以一步登天。并不是在落后国家搞社会主义没有优越性，问题是在于没有找到或没有抓住、没有完善小生产和社会主义之间的中介环节，因而缺乏促进生产力提高的有力手段。"

四一点，列宁说，直接用无产阶级国家的法令，在一个小农国家里按共产主义原则来调整国家的生产和产品的分配，我们犯了错误。列宁痛心地指出："这在苏维埃俄国的历史上是第一次，我希望也是最后一次。"我接着说："不幸，这种'在一个小农国家里按共产主义原则来调整国家的生产和产品的分配'的错误，在社会主义的实践中决不是最后一次，至少在中国1958年刮'共产风'又重复了一次。不是按照社会发展的客观规律，而是'直接用无产阶级国家的法令'来解决过渡的问题，这是具有一定普遍性和重复性的错误，因而值得很好研究。"

五一点，列宁说，我们曾打算凭革命热情直接实现伟大的经济任务。这就是犯错误的主要原因。他严肃地指出："对于一个真正的革命家来说最大的危险，也许是唯一的危险就是夸大革命性，忘记适当地和有成效地运用革命方法的限度和条件。"我接着说："一个民族、一个国家也是这样，如果不顾一切限度和条件，夸大革命性，丧失理智，就会干干出蠢事来。

这种蠢事干得多了，一再浪费人民群众的革命热情，必然转向灰心和冷淡。所以，夸大革命性，仅凭主观热情干社会主义是有害的，一定会犯违背客观规律、超越发展阶段的错误；而且这种热情自身也是不能持久的。"

对于我的"自由化"的批判，没有讲出像样的道理来，只是说什么郭罗基诬蔑我国的社会主义是"老牛破车的社会主义"、"刀耕火种的社会主义"；郭罗基诬蔑我们"实际上还没有取得社会主义的资格"；等等。

### "愚溪"出师不利

我们一群人经常在张显扬家聚会，批评时政，臧否人物，俨然成了"裴多菲俱乐部"。

经常在显扬家聚会的有八个人。我提议："我们八个人用一个共同的笔名，人家发一篇，我们发八篇，造成论战的压倒性气势。"大家都赞成。于是就起个笔名。七嘴八舌之后，孙长江开腔了，他说笔名可以用"愚溪"。典出柳宗元的故事。柳宗元被贬为永州司马，择冉溪而居，改冉溪为愚溪。附近又有愚丘、愚泉、愚沟、愚池、愚堂、愚亭、愚岛，故赋"八愚诗"。我们也是"愚溪八愚"。以愚自况，意为悖时而行也。大家都说好。

张显扬以"愚溪"的笔名写了第一篇文章，题为《什么是坚持社会主义道路？》发表在一个内部刊物《马列著作研究会通讯》上，1980年11月。

在理论务虚会上，讨论的重大问题之一就是社会主义理论。五十年代，抛弃了新民主主义，在经济、政治、文化条件不成熟的情况下，匆忙搞社会主义。既然搞了，应当补课，补资本主义发展不足的课。这就是后来被称作自由化思潮的"补课论"。思想解放的光芒使邓小平产生了惊慌。他在理论务虚会后期，发表一个《坚持四项基本原则》的讲话，进行"刹车"。他的讲话没有思想，没有理论。"四项基本原则"成了四根棍子。第一项"基本原则"就是"坚持社会主义道路"。他把"社会主义道路"、"社会主义社会"、"社会主义制度"混为一谈。理论界议论纷纷。李洪林发表了一篇《我们坚持什么样的社会主义？》我们几个人在张显扬家议论，意欲进行澄清。张显扬根据大家的议论，指出，"社会主义道路"是以社会主义社会为目标、走向社会主义社会的道路。他特别强调："不能把社会主义道路和社会主义社会混为一谈。"在落后国家走向社会主义社会的道路是漫长的。没有经过漫长的过渡而匆忙宣布进入社会主义社会，实际上是以小农经济为基础的农业社会主义。

《马列著作研究会通讯》虽然是一份小报，颇受人重视。邓力群（时任书记处研究室主任）注意上了，随即打棍子，追查"愚溪"是什么人？说"愚溪"的文章是否定社会主义，差一点取缔《马列著作研究会通讯》这个刊物。张显扬只好说"愚溪"是他个人的笔名，与他人无关。"愚溪"出师不利，第一篇文章就成了最后一篇文章。

到了1987年，邓小平在与捷克斯洛伐克总理什特劳加尔谈话时说了："现在虽说我们也在搞社会主义，事实上不够格，只有到了下世纪中叶，达到中等发达国家的水平，才能说真的搞了社会主义"。(《邓小平文选》第3卷第225页)同样的道理,我们在七年以前说是绝对错误的,邓小平在七年以后说又是绝对正确的。

问:您对"中国特色社会主义"有何评论?

## "中国特色社会主义"是一滩烂泥

对于不够格的社会主义要有个说法。起初,把杂色社会主义归之于"社会主义初级阶段"。这种解释并不圆满。中国社会的问题,不是社会主义发展阶段的差异问题,而是社会主义和非社会主义的差异问题。"社会主义初级阶段"必须是社会主义,事实上中国社会中非社会主义的因素是大量的。什么是社会主义?难以说清楚;什么不是社会主义?却不难说清楚。邓小平想了几年,想出一个"中国特色"来,杂色社会主义就是"中国特色"。邓小平没有理论水平,只有随机应变。他以为,一切责难都能抵挡了。你说这样那样的不像社会主义,他就说这是"中国特色";在中国,社会主义必须这么搞。凡是不符合社会主义原则的,都归入"中国特色"。这样一来,社会主义的原则被"中国特色"颠覆了。

邓小平说:"把马克思主义的普遍真理同我国的具体实际结合起来,走自己的道路",说到这里,没有错;接着说:"建设有中国特色的社会主义",这就错了。各国的实际不同,因而走向社会主义的道路是不同的;但社会主义的目标模式是共同的。习近平访问越南、老挝时,又将"中国特色社会主义"推广为"本国特色社会主义",即"各国特色社会主义"。谚云:"条条大路通罗马。"罗马只有一个,没有中国特色的罗马、越南特色的罗马、老挝特色的罗马等等;中国特色的罗马、越南特色的罗马、老挝特色的罗马等等就不是罗马了。只能说,罗马只有一个,通向罗马的道路是多种多样、各具特色的;不能说有一条通向罗马的具有特色的道路,就有一个具有特色的罗马。同理,不能说有一条通向社会主义的具有本国特色的道路,就有一种具有本国特色的社会主义。

邓小平发明的"中国特色社会主义"是伪劣产品。

中共的指导思想尊马克思主义为始祖。殊不知"中国特色社会主义"是背离马克思主义的。从马克思主义一路下来,说到毛泽东思想、邓小平理论、"三个代表"重要思想、科学发展观、习近平新时代中国特色社会主义思想,统统是狗尾续貂。

《共产党宣言》中说:"在无产者不同的民族的斗争中,共产党人强调和坚持整个无产阶级共同的不分民族的利益"。共产党人不应强调和坚持民族利益、民族特色。民族特色的社会主义是一个矛盾概念:是社会主义就不是强调和坚持民族利益、民族特色的;强调和坚持民族利益、民族特色的就不是社会主义。

"中国特色社会主义"背离了马克思主义,倒是符合列宁主义的。列宁主义认为,社会主义可以首先在一国胜利,接着在一国又一国胜利。这样的社会主义,不就是各具国家特色的社会主义吗?所以,马克思主义和列宁主义不是一回事,把马克思主义和列宁主义焊接在一起，是斯大林的手艺。根本没有一种理论体系是"马克思列宁主义"（简称"马列主义"，再简为"马列"），只有马克思主义或列宁主义。中共的党章奉"马克思列宁主义"为圭臬，说明这个党既不理解什么是马克思主义，也不知道什么是列宁主义。在斯大林时代及以后的一个时期，跟着喊"马克思列宁主义"，也许是不假思索、未经深究。在苏联解体、斯大林遭到批判的时代，还要坚持"马克思列宁主义"，就是呼唤斯大林的亡灵、有意对抗批判思潮了。中共十一届三中全会以后的一个时期，只提马克思主义，或者把马克思主义和列宁主义拆开了。现在又把列宁主义和马克思主义捆绑在一起，表明中共倒退到了斯大林、毛泽东时代。

列宁主义是斯大林概括和推广的，其实就是斯大林主义。"社会主义一国胜利"论正是斯大林在列宁逝世后强加给他的。列宁本人认为，在革命形势到来时，工农群众能不能夺取政权，这是一个问题；而夺取政权以后，没有生产力的发展能不能实现社会主义，这是另一个问题。无产阶级革命时机成熟时放弃革命是错误的，革命胜利以后不经过适当的过渡匆忙地宣布进入社会主义也是错误的。他说："与各先进国家相比（注意，列宁的意思就是必须承认俄国为落后国家——引者），俄国人开始伟大的无产阶级革命是比较容易的，但是把它继续到获得最后胜利，即完全建成社会主义社会，就比较困难了。"（《列宁选集》第 3 卷第 812 页）列宁在有些问题上，特别是无产阶级专政问题，歪曲了马克思主义，但在俄国何时实行社会主义，他还是清醒的。列宁认为，从夺取政权到建成社会主义社会，需要很长的过渡时期。他甚至说，这个过渡时期到底有多长？现在我们还不知道。1923 年，夺取政权以后五年，列宁说："俄国生产力还没有发展到足以实现社会主义的水平"，这是一个"无可争辩的论点"。（《列宁选集》第 4 卷第 691 页）第二年，列宁逝世了。斯大林在没有经过相应的过渡时期就宣布社会主义建成了。他违背了列宁的意愿，却把"社会主义一国胜利"论说成"列宁主义"，还标榜"发展了马克思主义"。

从俄国开始的社会主义一国胜利，一国又一国的胜利，不是先进国家的联合，本来就是"本国特色社会主义"，不言自明，理所当然。邓小平对社会主义加上"中国特色"，习近平对社会主义加上"本国特色"，毫无创意，却被吹嘘为理论上的"重大创新成果"。一国又一国胜利的社会主义，虽然一时称之为"社会主义阵营"，由于"本国特色社会主义"坚持各自的国家利益，竟至兵戎相见。背离马克思主义的社会主义失败了，"社会主义阵营"瓦解了。在欧洲落后国家搞出来的社会主义，虽非同时生、却在同时死，从反面证明了马克思的预言。而正面意义的马克思的预言，正在欧洲先进国家变成现实。十九世纪，为了边界纠纷而连年打仗的欧洲国家，谁能相信不同的国家会实行联合？二十世纪，居然出现了先进国家联合的欧洲联盟，欧盟内部社会主义因素在增长，人民福利和社会公正远胜于现存的社会主义国家。虽然英国发生退欧风潮，终究不能搞垮欧盟。欧洲所出现的这一历史潮流是不可抗拒的。这是不同于"十月革命"道路的走向社会主义的另一条道路。一条是在落后国家发动暴力革命的道路；一条是先进国家联合起来在经济发展的基础上社会演进的道路，这就是被第三国际痛斥为"修正主义"的第二国际的"资本主义和平长入社会主义"的道路。

二十世纪，在落后国家进行的社会主义试验失败了。严格来说，不是社会主义的失败，而是在没有条件搞社会主义的时间、地点搞了社会主义，这种冒险试验失败了。所以，二十一世纪在先进国家进行的社会主义试验，又不可遏制地开始了。"社会主义阵营"残存的几个国家，打着"本国特色社会主义"的旗号，各奔前程自顾自；欧洲的先进国家，在欧盟中实行联合、配合、融合的共同发展。到底哪样符合社会主义的原则？

俄国人、中国人还有别国人，打着"马克思主义"的旗号，所干的事情是违反马克思主义的；欧盟人不打马克思主义的旗号，甚至还有口头上反对马克思主义的人，所干的事情倒是符合马克思主义的。奇怪吗？不奇怪。马克思主义本来产生于西欧，是以观照西欧的现实为基础的。马克思确实揭示了不以人的意志为转移的人类历史的规律。不因为有人打着"马克思主义"的旗号违反历史规律就可以逃避惩罚；也不因为有人不打马克思主义的旗号历史规律的作用就不会发生，正像不懂物理学的人也不可能摆脱物理规律一样。

中共十九大关于政治报告的决议中说："大会高举中国特色社会主义伟大旗帜，以马克思列宁主义、毛泽东思想、邓小平理论、'三个代表'重要思想、科学发展观、习近平新时代中国特色社会主义思想为指导……"摆出中共的指导思想，表明站在权力巅峰的习近平，又是道统在身。五个顿号中的马克思列宁主义、毛泽东思想、邓小平理论，撤去了人名，只剩主义、思想、理论，没有意思了。"三个代表"重要思想、科学发展观，加上人名也没有意思了。例如说"胡锦涛科学发展观"，"科学发展观"成了胡锦涛的独家秘方，也就不具有指导作用了。"新时代中国特色社会主义思想"与"三个代表"重要思想、科学发展观一样，已经是一个完整的概念，加上"习近平"三个字，至少是画蛇添足。

还有比画蛇添足更糟糕的。"中国特色社会主义"是习近平的思想吗？1982年9月1日，邓小平在中共十二大的开幕词中说："把马克思主义的普遍真理同我国的具体实际结合起来，走自己的道路，建设有中国特色的社会主义，这就是我们总结长期历史经验得出的基本结论。"这是"中国特色社会主义"的最早出处，它的发明权是属于邓小平的。"中国特色社会主义"冠以习近平的名字，侵犯了邓小平的知识产权。习近平强调，"中国特色社会主义"进入了"新时期"，而且又加"思想"二字，就归入习近平名下了。邓小平的"中国特色社会主义"是没有思想的吗？"中国特色社会主义"进入了"新时期"，那就应该叫"新时期中国特色社会主义"，或者"新时期邓小平中国特色社会主义思想"。用此一平（习近平）顶替那一平（邓小平），未免有偷梁换柱之嫌。

问：为社会主义加上的"中国特色"，究竟是什么货色？

中国原来所坚持的是计划经济的社会主义，即斯大林的社会主义，不是马克思的社会主义，甚至也不是列宁的社会主义。这种社会主义走入死胡同，邓小平在改革开放中引进了资本主义。经济搞活了，社会主义得救了。所以在"只有社会主义能够救中国"之后，下回分解却是"只有资本主义能够救社会主义"。越南跟着革新开放，引进资本主义，越南的社会主义也得救了。斯大林社会主义的故乡苏联，模式僵化，病入膏肓，没救了。当然，在中国、越南等国只是救了社会主义的招牌。"中国特色社会主义"的另一面，也可以说是"中国特色资本主义"。如果要确立"习近平新时代中国特色社会主义思想"，同时也要说说"习近平新时代中国特色资本主义思想"。总之，从现实到思想，都是非驴非马主义。

十九世纪德国工人哲学家狄慈根，把哲学上的唯物主义和唯心主义比喻为固体和液体，调和两者的哲学就是烂泥。不错的比喻。中国调和社会主义和资本主义，也是一滩烂泥。中国需要弥补资本主义发展不足的缺陷，不应反资，但姓社姓资还是要问的。社会主义就是社会主义，资本主义就是资本主义。邓小平来一个"不问姓社姓资"，既是中国特色社会主义，又是中国特色资本主义，就成了一滩烂泥。政治上压制民主，经济上开放市场；政治上搞社会主义，经济上搞资本主义；搞社会主义，缺乏公平，搞资本主义，又没有自由；如此等等。

为什么当代中国会陷入一滩烂泥？

1953年，斯大林逝世，毛泽东雄心勃发。他抛弃了自己的新民主主义理论，刘少奇坚持他的新民主主义，反而被指责为"右倾"。未经党的会议讨论，毛泽东擅自提出"向社会主义过渡的总路线"，要求在三个五年计划或更长的时间内，完成国家工业化和农业、手工业、资本主义工商业的社会主义改造（简称"一化三改"），过渡到社会主义。不到三年，1956年1月中国就宣布进入社会主义了。当时的中国还是一个前工业化社会，经济、政治、文化诸方面均无向社会主义过渡的条件。毛泽东的空想性的主观社会主义，与马克思以前的空想社会主义还有所不同。圣西门、傅立叶、欧文他们推行空想社会主义的手段是说服和示范，说服不了，示范失败，只好散伙。毛泽东运用政权的力量来推行空想性的主观社会主义，企图用鞭子将人民赶入天堂，不服就压，因而造成灾难，结果下了地狱。为了制造社会主义的吸引力，毛泽东又拿根本不存在的"资本主义复辟"来吓唬人。在资本主义发展不充分的地方"反资本主义复辟"，只能倒退到前资本主义，复辟封建主义。超越社会发展阶段的路线、方针、政策，引起激烈的社会矛盾。毛泽东又发动一场一场的运动，来对付矛盾，维护主观社会主义。从反右派、大跃进、反右倾机会主义直到"文化大革命"，几十年来中国人民所遭受的厄运，根源就在于1953年的"向社会主义过渡"。

毛泽东去世，"文化大革命"结束，中国社会的转机来到了。1979年初，胡耀邦主持的理论务虚会上，不少党内理论家提出，中国的社会主义是"早产儿"，必须"从头清理社会主义"，"补上资本主义发展不足这一课"。马克思说："一个社会，即使探索到了本身运动的自然规律，它还是既不能跳过也不能用法令取消自然发展的阶段。"（《资本论》第一版序言）邓小平在理论务虚会闭幕时的讲话，给予回答："坚持四项基本原则！"痛失清理的良机。尔后，"早产论"、"补课论"作为自由化言论受到批判。邓小平在反自由化的同时，又偷用了自由化的观点。在改革开放中，计划经济瓦解了，市场经济兴起了，外国资本进来了，本国资本复活了。这是自洋务运动以来中国资本主义大发展的时期。中国的崛起，成长为全球第二大经济体，就是中外资本主义做出的贡献。按照邓小平"坚持四项基本原则"的社会主义，此乃地地道道的"资本主义复辟"；但他还是把它叫做"社会主义"。到了1987年，邓小平才有所觉悟。他说："现在虽说我们也在搞社会主义，但事实上不够格。只有到了下世纪中叶，达到了中等发达国家的水平，才能说真的搞了社会主义，才能理直气壮地说社会主义优于资本主义。"（邓小平会见捷克斯洛伐克总理什特劳加尔时的谈话）按邓小平的标准，中国的社会主义也要六十、七十年以后才够格，而不够格的社会主义已经搞了三十多年；虽然不够格，还是要叫社会主义，继续搞。资本主义的实惠不能丢，社会主义的牌子又不能砸。

最初，刷"中国特色"是为了掩饰不够格的社会主义。后来发现，"中国特色"的妙用大了。它可以抵制普世价值，可以对抗西方文明，可以重释民主自由，可以化解一切对中国的挑战。"中国特色"本来是个抽象概念，越来越具体，形成"中国模式"，衍生"四个自信"，走向"伟大复兴"，还有七不搞、八不准，等等，等等。一具体就看清楚了，究竟什么是"中国特色"？那就是中国传统社会的特色，即自公元前221年以来秦始皇所建立的专制主义中央集权的特色。不脱"中国特色"，融入现代文明的大潮是没有希望的。

既要维护中国传统社会的特色，又要引进资本主义，"中国特色"成了在社会主义旗号下搞资本主义的保护色。因为不是正大光明地搞资本主义，偷偷摸摸地搞出一种最恶劣、最无耻、最凶残的资本主义。中国社会发展的地层完全搞乱了。

当今的中国社会究竟是什么性质的社会？中国社会未来的走向如何？一时说不清楚了，等待历史老人的教诲吧。

问：我还没有看到别人对"中国特色社会主义"有你这样精辟的评论，谢谢！

# 第五十四章　在人代会上为魏京生辩护

1979年10月16日，北京市中级人民法院判处魏京生有期徒刑十五年，剥夺政治权利三年。11月6日北京市高级人民法院驳回魏京生的上诉，做出终审判决。11月14日，《人民日报》发表我的《政治问题是可以讨论的》，论述言论自由，反对以言治罪，特别指出不能以所谓的"反革命言论"为根据随便抓人。北京城里沸沸扬扬，都说我的文章是为刚判刑的魏京生辩护；不同的是：民间欢呼，官方狂怒。

官方人士都说我的《政治问题是可以讨论的》是为魏京生辩护。就是辩护又有什么不可以？《刑事诉讼法》规定，任何公民可以充当被告辩护人，判决生效后，任何公民可以代理申诉。法律的条文是有了，但国人缺乏法制观念，好像为罪犯辩护也是犯罪，至少是立场有问题。我本来不是辩护，既然说了也不相信，我就真的辩护一下。

1979年12月6日至13日，举行北京市第七届人代会第四次会议。我想到人代会上就魏京生案发表意见。当时为魏京生辩护是严重问题。按法律规定，人民代表不受逮捕。我可以将人们不敢讲的话带到人代会上。

## 为魏京生辩护发了个声明

徐文立从丰台骑自行车，穿过北京城，到北大来找我。他说，有人提供魏京生庭审的录音，民主墙人士把它印了出来，在西单散发。公安局当场没收了印刷品，还抓了三个人。当晚，刘青跑到公安局，问为什么抓人？结果把他也抓了。徐文立说，这不符合法律手续，要我在北京市人代会上呼吁呼吁，释放刘青。我一口答应。

在人代会的小组会上，我发言说，抓魏京生，说是"反革命罪"；判魏京生，变成首要的是"出卖军事机密罪"。为什么？就是因为"反革命罪"的根据略嫌不足，但"出卖军事机密罪"的根据更成问题。

我批评了魏京生。我说，我想问他：你看过几本马克思的书？我料想，即使看了也未必能看得懂。不懂马克思而反对马克思，至少是轻率的。在这方面，可以说他是胡言乱语；他批评邓小平同志也是胡言乱语。但胡言乱语是言论问题，不是行为问题。对魏京生可以批判，不能根据言论定"反革命罪"。我也说到定魏京生"出卖军事机密罪"根据不足。所谓"军事机密"不过是有关中越战争的"小道消息"。战争已经开仗四天，魏京生只是说出了中国前线指挥官的名字，也算"出卖军事机密"？魏京生不过是动物园的电工，按他的职务并不掌握军事机密；首先必须有人向他提供军事机密，他才能出卖。如果他有罪，是以别人的犯罪为前提的，法庭放纵了首犯。而且魏京生谈话的对象不是敌人，是某外国记者。法庭说是"间接向敌人提供"，但法庭没有拿出事实证明外国记者的情报通向敌人，倒是通向了中国人，录音磁带被送上法庭成为"通敌"的证据。我讲的前一点，响应的人不多，我讲的后一点，则引起议论纷纷。

不少代表在小组讨论中提到西单抓人的问题，在讨论法院和检察院的报告时说："群众不理解，希望有关部门解释解释。"我根据徐文立提供的情况，要求依法办事，释放刘青。散发公开审判的记录，算是犯了什么法？有关部门既没有"解释解释"，也没有表示释放刘青。

我起草了一个声明，专门问责定魏京生出卖军事机密罪的问题，因为这个问题容易得到代表们的同情。声明表示，在通过"北京市人民法院工作报告和北京市人民检察院工作报告的决议"时，将投弃权票。在声明上签名的是北京大学代表郭罗基、费振刚、丁始琪，文化部代表李春光。

**简短的声明**
1979 年 12 月 8 日

在通过"北京市人民法院工作报告和北京市人民检察院工作报告的决议"之前，我们认为有必要发表一个简短的声明。

华国锋同志在五届人大二次会议上所做的《政府工作报告》中指出："为了巩固我国的社会主义国家制度，努力保证我国在政治制度上不再存在林彪、'四人帮'一类阴谋家可以利用来进行反革命复辟的严重漏洞，迫切要求我们加强社会主义民主和社会主义法制。"我们认为，北京市人民法院工作报告和北京市人民检察院工作报告，与加强社会主义民主和社会主义法制的迫切要求是不相适应的。这两个报告的内容不够充实，没有回答人们普遍关心的一些问题。我们分别在小组会上提出，北京市人民法院和人民检察院至少应当就以下几个问题向人民代表大会做出补充报告：

第一，关于魏京生案件和傅月华案件，现在北京市闹得满城风雨，全中国以至全世界也都议论纷纷。在迫切要求加强社会主义民主和社会主义法制的时候，出现这种不寻常的情况，究竟说明了什么？

魏京生是一个园林工人，在他的职务范围内不可能接触军事机密。如果说魏京生犯了出卖军事机密的叛国罪，那么必须有另外一些人的犯罪作为魏京生犯罪的前提。这就是说，首先有人按照他的职务掌握军事机密而又泄露或出卖军事机密构成犯罪，才有可能魏京生构成犯罪。现在，北京市人民法院和人民检察院不追究魏京生犯罪的前提，对于那些确实掌握军事机密而又让军事机密到达魏京生手中的人，采取姑息养奸的态度，仅仅对魏京生一个人进行重判，以此结案，这样的办案是不彻底的，这样的判决是不公正的，违反了"法律面前人人平等"的原则。北京市民对北京市人民法院和人民检察院提出责问是有道理的。

傅月华案件，许多市民认为起诉根据显然不足。公开审判休庭已经很久了，为什么至今还不宣判？

第二，11 月 11 日，有几个青年在西单出售公开审理魏京生案的部分录音记录的油印材料。有关部门出动警察，抢走材料，抓走三人。当晚，民间刊物《四五论坛》的负责人刘青到北京市公安局询问：为什么抓人？结果，把他也抓了起来。目睹在大街上随便抓人的市民，对此甚为不解。在迫切要求加强社会主义民主和社会主义法制的今天，抓人要不要经过法律程序？抓了人又按什么法律程序处置？

第三，去年 4 月 19 日，在几个高等院校，因文化大革命中的问题，同时抓了十二个人。至今已有一年零八个月，既不起诉又不释放，究竟是什么原因？像这样长期关押没有起诉的案件，在北京市究竟还有多少？《中华人民共和国逮捕拘留条例》在北京市的执行究竟有没有问题？

以上这些问题，是关系到维护社会主义民主和社会主义法制的重大原则问题。应选民的要求，我们把它带到人民代表大会上来了。据我们所知，不少代表也提了同样的或类似的问题。但是，提出这些问题以后，没有得到任何答复。北京市人民法院和北京市人民检察院，对于代表的质询采取漠然置之的态度，我们认为有必要提出批评；大会主席团没有督促北京市人民法院和人民检察院认真答复人民代表提出的问题，我们认为也有必要提出批评。现在，我们面临很为难的局面，那就是开完大会回去以后，在上述一些问题上无法向选民交待。所以，对于北京市人民法院工作报告和北京市人民检察院工作报告，我们认为不能投赞成票；当然，由于某些问题情况不明，我们认为也还没有充分理由投反对票。为了对推选我们当代表的选民负责，我们决定投弃权票。我们请求：把这个《简短的声明》印发给主席团全体成员，并向全体代表公布。

我们将《声明》递交给主席团，并在代表中散发。在通过北京市人民法院工作报告和北京市人民检察院工作报告时，轮到投弃权票，我们四个人高高地举起了右手，也带动了几十个人投弃权票。

人民代表发声，有谁理你！刘青被判了三年劳动教养。

## 选举中的违法

这一次人代会还有国际笑话一桩。

全国人民代表大会有常务委员会。从 1979 年开始，地方各级人民代表大会也将产生常务委员会。北京市人代会本次会议决定，以差额选举产生常务委员会委员。主席团提出的《选举办法》第四条规定："候选人由人民代表大会主席团提名，代表也可联合提名（两人以上）。如果所提候选人名额过多，可以进行预选，确定正式候选人名单。"这个规定符合《中华人民共和国地方各级人民代表大会和各级人民政府组织法》第十六条。北京市应产生常委委员 42 人，主席团提名的候选人是 47 人，西城区有 4 名代表提名李春光，海淀区有 70 多名代表提名郭罗基。共有候选人 49 人，不算多，无须进行预选。但大会秘书处通知，12 日下午，对于李春光、郭罗基是否列入候选人名单要各小组进行表决。不少代表指出，这样做违反了《选举办法》，西城区代表杜导正（新华社国内部主任）说："如果坚持这样做就造成一个违法事件。"有的小组拒绝表决。

更有意思的是，代表小组表决前，党小组开会，要求党员保证不投赞成票。我们这个党小组，都是海淀区大学的知识分子代表，组长本是北医的党委书记彭瑞聪，他是支持我的。这一次会议换成陈守一。陈是新"当选"的代表。他是老干部，前北大党委的历届常委。原来他的"当选"就是为了替换彭瑞聪。陈守一控制不了局面，党小组会吵得一塌糊涂。党员们说，李春光、郭罗基是按照《选举办法》产生的合法候选人，在正式投票前取消他们的候选人资格是违反选举法的；要求党员不投赞成票更是强迫党员违法。在世界议会史上，只有政党保证本党党员当选的事例，还没有政党保证本党党员不当选的事例。在中国发生的这一幕，岂非国际笑话？

当天晚上，主席团讨论小组表决的结果。北大校长周培源，西城区代表团团长、区委副书记封为民等表示反对，认为主席团违反了自己制定的《选举办法》。会议从七点半开到十一点，讨论并未取得一致意见。

12月13日，大会秘书长宣布，根据12日各小组表决的结果，大会主席团"一致决定"不把李春光、郭罗基列入候选人名单，理由呢？没有。主席团决定提交全体大会举手表决。很轻松，获得多数通过。这才按主席团提出的四十七名候选人名单进行投票。投票的结果，郭罗基获得七十多票，大体就是原先海淀区提名郭罗基为候选人的人数。其中，肯定有不少共产党员。这就是无记名投票的好处，共产党员可以不受党纪的束缚。

大会监票人报告选举结果时，只有赞成票和弃权票，没有反对票。有的代表说，明明我投了反对票，最后的结果怎么会没有反对票？原来监票人把反对票都计入弃权票了。代表们向主席团提出，选举结果的报告有问题。主席团不予理睬。这个监票人是清华大学的党委书记何东昌。他居然不懂，投票有三种选择：赞成，反对，弃权。后来何东昌被提拔为教育部长。在中国连民主常识都没有的人也可以当部长。

## 法院的辩解

在人代会上，法院和检察院对人民代表的质询，置之不理。1980年下半年，北大学生在区人民代表选举的竞选活动中，每个竞选者都被选民问到："对魏京生案怎么看？"对魏京生案的态度成为选民测试竞选者的重大问题。几十个竞选者，无一赞成对魏京生的判决，多数人认为是中共十一届三中全会后制造的新的冤案，最保守的看法也认为"判得太重了"。这一回声势浩大，魏京生问题成了全校议论的热点。北大的呼声又影响了北京市的舆论。西城区人民代表的选举中，也提出魏京生问题。北大一分校（在西城区）的学生走访了北京市高级人民法院。这一次他们不能置之不理了。事后，北京市高级人民法院在《半月谈》杂志上发表了一篇《对魏京生定罪判刑理由很充分》，作为迟到的答复。北大党委把这篇东西当作宝贝，翻印后，大量散发。

**对魏京生定罪判刑理由很充分**

北京市高级人民法院人员就魏京生案件发表谈话
帮助群众了解案情和懂得有关法律知识

《半月谈》杂志1980年第15期，发表了《北京市高级法院谈魏京生案件》一文，并加了"编者按"。文章和"编者按"全文如下：

《半月谈》杂志编者按：

最近，北京市西城区在选举人民代表大会代表的过程中，有人提出了魏京生案件的问题，说魏京生犯的是"政治思想错误"，对他"判刑过重"，有人甚至说这是"一起新冤案"。这些说法在选民中造成了一些思想混乱。

为了弄清是非，北京大学第一分校的部分选民于11月12日走访了北京市高级人民法院。这些选民听取了法院人员的介绍和解答后认为，法院对魏京生的定罪判刑是有根据的，理由很充分。他们说：有些人之所以对魏京生案件有不同看法，主要原因是不了解案情，不懂得法律。

鉴于此案影响较大，北京市高级人民法院同北京大学第一分校部分选民的谈话，有助于我们进一步了解案情和懂得一些有关的法律知识，故转载于下。

问：判处魏京生是不是惩罚"思想犯"？

答：不是。所谓"思想犯"，就是把人们思想上的犯罪念头当成实际犯罪行为来惩罚。这是封建主义或法西斯主义的搞法。我们是社会主义国家。我国法律不承认"思想犯"，魏京生也不是"思想犯"。我国法律惩罚的是行为，而不是思想。

区别思想和行为的界限，在于是否进行了扩散。魏京生把他写的反动文章和他主编的反动刊物，印了五千多份，在北京、天津广为张贴、出售和散发，藉以扩大反革命影响。这早已超出了思想认识和个人信仰的范围。这与书写日记、笔记等，没有向外扩散、宣传，没有产生危害社会的后果，在性质上是完全不同的。

问：魏京生是否犯了反革命宣传鼓动罪？

答：这一点是肯定的。魏京生从1978年12月至1979年3月，主编、出版反动刊物《探索》，亲自撰写并发表了十篇反动文章，在北京、天津向中国人和外国人散发恶毒攻击马列主义、毛泽东思想，诬蔑社会主义制度和无产阶级专政，煽动群众"不要相信独裁者的'安定团结'"，"把权力从这些老爷们手中夺过来"，煽动人们推翻我国无产阶级专政的政权和社会主义制度。魏京生不仅有反革命的思想，有明确的反革命目的，并且付诸了反革命的行动，造成了危害社会的后果，因而已构成了反革命宣传煽动罪。

问：宪法不是规定公民有言论自由吗？

答：是的，我国宪法规定了公民享有包括言论自由在内的广泛的民主权利。但是，第一，任何国家的言论自由都不能超出一定的限度。这个限度就是国家的根本利益、宪法和法律的规定。比如1948年12月10日联合国通过的《世界人权宣言》就有这样的规定："人人在行使他的权利和自由时，只受法规所确定的限制"。超过了制度，违犯法律，就要受到国家的法律制裁，这是世界各国公认的原则。第二，我们是社会主义国家，人民有充分的言论自由，但是决不允许利用社会主义民主进行反革命宣传鼓动的自由。第三，我国宪法规定，我国的公民享有充分的民主和自由的权利，但同时也规定公民有拥护共产党的领导，拥护社会主义制度，保卫祖国的义务。国家不允许有只享受权利而不尽义务的凌驾于法律之上的特殊公民。

问：魏京生供给外国人的是不是军事情报？

答：这是肯定的。认定的根据是：第一，魏京生供给外国人的是有关我国对越自卫还击战的指挥员姓名、出兵人数、伤亡人数、军委会议等情况，按照我国《保守国家机密暂行条例》第二条第一项、第二项的规定，这些均属于国家机密。第二，任何情报都有时间性。魏京生是在我国对越自卫还击战开始后的第四天，给外国人提供以上情报的。这些情报在当时属于绝对机密。第三，魏京生本人和那个外国人也都认为那些情报是机密。魏京生向外国人提供情报时说："一共有两条，你看看，看完了还给我，马上可以销毁。"外国人说："你说的情况超过了我们（应当知道）的范围。"魏京生说："我们反对报道这个军事机密。"外国人说："我把这些情况告诉XXX，我想这在军事上是有价值的。"第四，经我国权威军事部门鉴定，魏京生供给外国人的是"重要的军事机密"。以上四个方面充分说明，认定魏京生供给外国人军事情报，是无可置疑的。

问：我国《惩治反革命条例》规定，向敌人供给情报的才治罪，而魏京生供给情报的那个外国人不是敌人，为什么要治罪？

答：魏京生供给外国人情报，是以危害祖国，进行反革命活动为目的的。我国《惩治反革命条例》

第16条规定："以反革命为目的之其他罪犯未经本条例规定者，得比照本条例类似之罪处刑。"因此，供给情报的直接对象身份如何，不影响对供给者的定罪判刑。

问：对魏京生判刑是否太重？

答：依照我国《惩治反革命条例》第六条的规定，对"供给情报者"，"处死刑或无期徒刑；其情节较轻者处五年以上徒刑"；第十六条规定，对"进行反革命宣传鼓动、制造和散布谣言者"，"处三年以上徒刑；其情节重大者处死刑或无期徒刑"。魏京生犯了供给外国人情报罪和反革命宣传煽动罪，依照《惩治反革命条例》的有关规定，判处有期徒刑十五年，刑满后剥夺政治权利三年是在法定的量刑幅度之内，是适当的。试想，如此严重的向外国人提供军事机密情报的罪犯，如不依法惩处，国家的军事机密还能保守吗？

问：为什么不逮捕和惩办向魏京生提供情报的人呢？

答：不是不惩办，而是因为在审判中魏京生态度顽固，拒不供出向他提供情报的人。

问：处理魏京生案件，为什么不适用《刑法》，而适用《惩治反革命条例》呢？

答：这是因为，魏京生的犯罪行为发生在 1978 年底至 1979 年春。法院判处此案时，虽然《刑法》已经公布了，但还没有生效施行，所以适用《惩治反革命条例》。

（《学习参考材料》<内部文件>，北京大学党委宣传部，1981 年 3 月 20 日）

问：这个解释有道理吗？据说，提问题的学生都被说服了，是这样吗？

没有道理。据我了解，北大的学生并没有被说服。

这篇辩解说："区别思想和行为的界限，在于是否进行了扩散。"思想的扩散还是思想，言论的扩散还是言论，怎么会越过"界限"变成行为了呢？因为魏京生把他的文章和刊物印了五千多份，在北京、天津散发，就说"这与书写日记、笔记等，没有向外扩散、宣传"性质完全不同。这家法院理解的思想自由、言论自由，只限于"书写日记、笔记"，或者还有自言自语，或者还有在天坛的回音壁前自己同自己对话，一旦被人看到、听到，就成了"扩散"，越过了思想自由、言论自由的"界限"。这是运用思想自由、言论自由的概念论证思想不自由、言论不自由。按照这种解释应当取消新闻自由、出版自由，这不都是思想、言论的"扩散"吗？

这篇辩解又说魏京生"已构成了反革命宣传煽动罪"。

这家法院，根据他们定义的思想自由、言论自由，只能封闭在自己的头脑里，一旦文章、讲话被人看到、听到，就越过了"界限"，成了"煽动"，以反革命文章、反革命言论进行的"煽动"，就叫"反革命煽动"。这是从字面上解释"煽动"，而且是不正确的解释。

问：如果不是从字面上解释，应当怎样正确理解"煽动"？

煽动和被煽动类似教唆和被教唆，是一种人与人之间的法律关系。

犯罪是一种特定的行为，必须具有犯罪的动机和危害社会的后果。思想和言论不可能构成犯罪。思想和言论的"扩散"，别人可以接受也可以不接受，不成其为"煽动"。

煽动构成犯罪必须具备如下要件：

一，煽动者具有可以证明的犯罪动机。

二，煽动者不是表达自己的思想，而是向别人发出行为的信息，不是谈论一般的看法，而是明示或暗示具体的做法，推动别人采取行为。

三，煽动者必须面对具体的被煽动的对象，否则，煽动者的独白怎么能构成煽动？没有被煽动者，煽动者即使有犯罪意图，只能叫做犯意表示，煽动不成其为事实。文化大革命中常上演这种滑稽剧，有人在厕所里写了一句不满现实的牢骚，竟被当作"反革命标语"，倾城出动，停工停课，查找"反革命"；找到了，则坐实"反革命宣传煽动罪"。这就是没有被煽动者的"煽动"。

四，被煽动者的行为与煽动的意图具有直接联系。煽动者的言论不是证据，煽而不动，至多只能说明思想影响；或者，被煽动者拒绝合作，煽动也不成其为事实。被煽动者的行为才能证明煽动的后果。

五，被煽动者的行为构成犯罪才能证明煽动者为有罪。在选举中，竞选者号召选民"投我一票"，也可以说是一种煽动。但被煽动者进行投票是合法行为，因而这样的煽动者并不构成违法犯罪。

总之，煽动者和被煽动者是共同犯罪，没有被煽动者，不能确立煽动者。中国的司法机关常常判处没有被煽动者、没有危害社会后果的"煽动罪"，实际上是以言论定罪。

提问："为什么不逮捕和惩办向魏京生提供情报的人呢？"

这篇辩解回答："不是不惩办，而是因为在审判中魏京生态度顽固，拒不供出向他提供情报的人。"不是说"重证据，不轻信口供"吗？法院却依赖魏京生的口供；没有口供就不追究向魏京生提供情报的人。

这家法院的法学知识，水平之低，令人吃惊。可以想见，中国实行法治之艰难。

## 为什么一定要对魏京生判刑？

抓了魏京生，反对的声浪甚高。主事者充耳不闻，一判就是十五年。判了魏京生，本人不服，同情者纷纷议论。主事者顽固到底，驳回上诉。以后，凡是为魏京生讲话的，都没有好果子吃。在很长时期中，无论多少人为魏京生鸣不平，非但徒劳无功，反而自找麻烦。原因何在？过了几年，邓小平自己揭了谜底。他那里有一个司法原则，叫做"既然抓了就不放"。管他抓对抓错，既然抓了就不放，判了就不改。

问：邓小平在什么时候、什么地方公布过"既然抓了就不放"的原则？

邓小平在内部讲话时申明了这一原则，公开发表时就藏起来了。

中共中央1987年一号文件公布了邓小平1986年12月30日的"反对资产阶级自由化至少还要搞二十年"的谈话，就是这个谈话敕令开除方励之、刘宾雁、王若望的党籍，导致胡耀邦下台。邓小平也讲到我，说"郭罗基并没有放弃他的观点，……观点可以保留"云云。

这一次本来没有魏京生什么事,因为讲到我,大概又想起郭罗基为之辩护的魏京生。于是就说:"我们不是把魏京生抓起来了吗?难道中国的名誉就坏了吗?既然抓了就不放,中国的形象并没有因此而变坏,我们的名誉还是一天比一天好起来。"原来邓小平那里有一个秘而不宣的"既然抓了就不放"的原则!在这个原则的操纵下,抓了人,没有罪也要搞成有罪。邓小平的那个谈话公开发表时,上述一段话修改了,变成这样:"前几年,我们不是对那几个搞自由化并且触犯了刑律的人依法处理了吗?难道中国的名誉就坏了吗?中国的形象并没有因此而变坏,我们的名誉还是一天比一天好起来。"(《建设有中国特色的社会主义》(增订本)第 150 页;《邓小平文选》第 3 卷第 195 页。)主要之点"既然抓了就不放"没有了。一时不小心泄露了天机,赶紧收藏起来,相应地对郭罗基、魏京生也故隐其名。在印刷品中删掉七个字很容易。但那个如雷贯耳的谈话连当时的中学生都听到传达,要从人们的头脑中收回烙印很深的语言就不容易了。"既然抓了就不放"已经体现在魏京生的案件之中,要从事实上抹掉这一原则就更不容易了。欲盖弥彰,用后一段话替代前一段话,可见所谓"依法处理"就是"既然抓了就不放"。

邓小平说,对魏京生"既然抓了就不放"并没有使中国的名誉变坏。那是因为"聋子不怕响雷轰",国际舆论充耳不闻,自我感觉良好而已。公开审判的第二天,苏联的著名持不同政见者、诺贝尔奖得主萨哈罗夫就给华国锋写信,要求改变对魏京生的判决。当时华国锋正在西欧访问,一路遭遇抗议。法国国际政治研究所研究员程映湘在巴黎发起要求中国政府释放魏京生的签名运动,有二百多著名知识分子签了名。其实,魏京生问题正是邓小平的一块心病。1985 年 6 月 6 日,邓小平同"大陆与台湾"学术研讨会主席团全体成员谈话时,有人问:"你们为什么不放魏京生和王希哲?"一下子触犯了脖子下面的"逆鳞",邓小平正色道:"魏京生、王希哲这样的问题,你们不要管,你们这些学者在这种场合根本就不应该提这个问题。"不是人家不应该提这个问题,而是邓小平怕提这个问题。

问:为什么"既然抓了就不放"是成问题的?

既然抓了,必定有罪,所以就不放。这个原则在法学上叫做"有罪推定"。从推定、认定、肯定有罪,再在法庭上证明有罪,其实,这种证明已是多余的了。所以,有罪推定只能是专横、专权、专制的原则。有罪推定的方法论必然是逼、供、信。中国几千年的封建社会,始终实行有罪推定。不管什么人,押上公堂就有罪,老爷喝令:"从实招来!"如若招不出来,先打四十大板再说。"既然抓了就不放",很像戏曲舞台上一个古代糊涂官讲的话,居然出之于当今号称社会主义改革"总设计师"的邓小平之口,正像马克思所说"已故先辈的传统还像梦魇一样纠缠着活人的头脑"。

资产阶级革命的时代,针对专制主义的"有罪推定"提出"无罪推定":任何人在没有做出有罪判决之前,应当被看作无罪。无罪推定是保障人权的原则。1789 年,法国《人权宣言》确认无罪推定的原则。1791 年,法国宪法采用《人权宣言》为序言,从此无罪推定具有法律效力。

问:"有罪推定"和"无罪推定"需要解释。

人,生来是无罪的。任何罪犯都是从无罪的人变成了罪犯,没有天生的罪犯。法律证明应当从无罪开始。从无罪去证明有罪,证明失败,仍然无罪;从有罪推定出发,证明失败,仍然有罪。冤、假、错案的发生,无一不是有罪推定的产物。

中国的司法机关和官方法学家在表面上是反对有罪推定的,因为有罪推定的名声太坏;反对有罪推定就应当实行无罪推定吧,然而也不,他们更是拼命反对,认为无罪推定是"资产阶级的原则",实行起来"为罪犯开脱"、"替敌人说话"。在中国,实际上实行的是有罪推定。不是还有一个著名的司法原则,叫做"坦白从宽,抗拒从严"吗?抓了人,叫人家"坦白",就是首先推定有罪。无罪者被抓,自然要抗拒,为何从严?事实是因推定有罪而坦白变得更有罪。所以在牢里的人发出无可奈何的慨叹:"坦白从宽,牢底坐穿;抗拒从严,回家过年。"邓小平的"既然抓了就不放",又是"坦白从宽,抗拒从严"的前提,可称是有罪推定的经典公式。

虽然刑事判决都要说明根据《刑法》多少条,但法律条文屈从于"既然抓了就不放"的原则,法就不成其为法。

法律上的有罪推定推广到伦理上又成为有恶推定。凡是个人必有个人主义,个人主义是"万恶之源"。毛泽东的"要斗私批修",林彪的"灵魂深处爆发革命",就是有恶推定的修身原则。

有罪推定、有恶推定、有错推定、有X推定,……有各种各样的推定。人是什么?就看被推定成什么?被推定成什么,又看由谁来推定?怎样推定?生活在这样的国度,一些人推定别人,享有特权;一些人被人推定,丧失尊严。人权何在?首先必须取消法律上的有罪推定,才能取消其他方面的有X推定,保障人权。

### "民主之父"是谁封的?

我为魏京生辩护,是为法制辩护,也是为我的《政治问题是可以讨论的》辩护,不是为魏京生这个人辩护,尤其不是为魏京生的言论辩护,我对《第五个现代化——民主及其他》以及《要民主还是要新的独裁?》都是持批评态度的。我批评对魏京生判刑的根据不足,是针对司法机关的,但我从来没有说魏京生是无辜的。

魏京生在文革中是干了坏事的。除了参与"联动"的打砸抢之外,还有:"1967年,魏参加了'老兵合唱团'。在合唱团里,魏的一个朋友从专门存放抄家物资的仓库里盗窃了二十多万现金、存折和黄金,主犯被捕,从犯包括魏京生都漏网了。""1968年左右,魏京生和他的弟弟都沦为三里河地区的地痞恶霸。魏曾偷了北航附中王某的自行车,被抓住了还要无赖。"(均见范似栋《老虎》第一册,第291页,美国毒蜘出版社,2006年。)

在民主墙时期,魏京生的作用是负面的,他的过激行为毁坏了民主墙的生存。如果我们做一对比，就更清楚了。在魏京生贴出《要民主还是要新的独裁？》的同时，有人贴出一张小字报，题为《致邓副主席的公开信》，署名"丽萍"。我手头有这张小字报的抄件，它说："中央所做的毛主席的错误是微不足道的结论，违背了实事求是的原则。""毛主席的错误是微不足道的"，这是邓小平的原话；邓小平一向标榜"实事求是"，批评他说的话"违背了实事求是的原则"，这就大大地拆了他的台。"丽萍"还有更尖锐的说法："在毛主席的后十年里所推行的路线，跟四人帮的路线，是两条根本对立的路线吗？""在这十年里，从毛主席的政治路线看，中心内容：阶级斗争，无产阶级专政。这条路线把主要矛头对准了持不同政见者，把他们投入监狱。而更触目惊心的是导致了空前的各种类型的民族自相残杀。""从毛主席的组织路线看，没有毛主席的支持，四人帮能把刘邓陶打倒吗？大多数老干部能这样土崩瓦解吗？没有毛主席的独裁，社会能大倒退吗？"这张小字报完全是针对邓小平的。但他不说邓小平独裁，而说毛泽东独裁。如果毛泽东的独裁能够成立，那么"维护毛主席的旗帜"的邓小平是什么？不证自明。这就是批评毛泽东，遏制邓小平。说毛泽东独裁，不会抓人；说邓小平独裁，就要抓人。就像文化大革命中，反对马克思、反对列宁都没有关系，反对毛泽东就是"反革命"。这是现实政治。魏京生就不懂得现实政治。"丽萍"的小字报是高明的。魏京生却是在挑逗、引发邓小平搞独裁，这是愚蠢的。邓小平3月16日在部长以上干部会上的讲话说维护"毛主席的旗帜"是针对我们理论务虚会这些人的，事后就批判我在上面所说的"三株大毒草"，对民主墙毫无动静。魏京生是自己把脖子往邓小平的刀下伸。邓小平3月30日讲话的大倒退与魏京生的大字报大有关系。幸而有"丽萍"的一张小字报做对比，否则我的批评很多人不服，魏京生服不服可以不用管他。历史有时是不公正的。魏京生这样愚蠢的人被吹捧为英雄，还是什么"民主之父"；"丽萍"这样高明的人却默默无闻。我相信历史终究是无情的，最后必将各就各位。

1979年10月16日，北京市中级人民法院开庭审理魏京生案。经过挑选的四百多人参加旁听，民主墙的相关人士都被拒之门外。最后判有期徒刑十五年，剥夺政治权利三年。

中央电视台的工作人员曲磊磊，利用职务之便，偷录了审理的全过程，后将录音带交给刘青。曲磊磊现在人在英国，无法加害于他了，所以我公布了他的姓名。刘青等人将录音整理成文字稿，刊登《四五论坛》，并在西单散发。法官、检察官的颠顸无知广为人知。在法律上，对魏京生的判决根据不足，但不能掩盖魏京生在道德上的卑劣。1979年1月，魏京生认识了英国记者麦肯奇和美国记者韦德。庭审时法官、检察官故隐其名。魏京生的《探索》在西单出售是每份5角，对外国人却收取20元，而且要他们预付一年的定金。其他的民刊对中国人和外国人售价都是一样的。魏京生捞了一大笔钱。麦肯奇付了钱，就对魏京生说："今后，你有什么消息首先应该告诉我，咱们建立密切的联系。"接下来就发生2月20日的事。魏京生在民族饭店告诉麦肯奇有关越南战争的情况，涉及中国指挥官的姓名、出兵和增兵数目、战争进展和伤亡人数。当场录了音。在法庭上，魏京生不承认是犯罪，但也不得不承认"这是一种错误"。（范似栋《老虎》第一册，第297页。）

民运人士范似栋认为，邓小平把郭罗基当作魏京生的无条件辩护人，是误会。在他的书中写道："郭罗基因为魏案得罪了邓小平，从而代表中国异议运动最高层次的党内自由派异议人士和当局之间出现了深刻的裂痕，影响了中国八十年代的政治局势。"（《老虎》第一册，第304页。）

问：魏京生的"民主之父"的头衔是谁封的？

反正在中国没有人称呼他为"民主之父"，这是海外媒体哄抬出来的。魏京生本人没有什么表示，默默地消受了。

这个称呼荒谬绝伦。民主诞生于某个人吗？全世界的民主国家还没有一个"民主之父"。中国的民主事业是从魏京生开始的吗？这就否定了"五四"以来中国人民为民主而奋斗的历史。

魏京生除了空谈民主，对中国的民主运动并没有什么实质性的贡献。而且空谈也不见得比邓小平谈得好，在他提出"第五个现代化——民主"之前不久，《人民日报》就发表了一篇社论《发扬民主和实现四化》（1月3日），比他谈得更全面。魏京生的人品也有瑕疵。占了"民主之父"的茅坑，对真正的民运领袖的出现，起了抑制的作用。民运人士范似栋说："魏京生由于历史的原因被误会成民主斗士和英雄，全世界已经接受了这个神话。一旦这个神话破灭，全世界、包括各国政要都会难堪。"（《老虎》第一册，第457页。）

有一件事，我后悔不已。1995年，海外舆论提名魏京生为诺贝尔和平奖候选人，但中国的民运人士没有什么表示。在中国的民运人士中，只有我具有提名人的资格。诺贝尔和平奖候选人的提名资格是三种人：历届和平奖得主；各国议员；政治和法学方面的教授。我是哈佛大学法学院资深研究员，相当于教授。波士顿和纽约的民运人士怂恿我为魏京生提名。我说："不合适，我对魏京生发表过批评意见。"他们说，你可以将批评意见也写进提名报告嘛。我勉为其难，写了一篇《魏京生和中国民主运动》，由杨建利组织人译成英文，送交挪威诺贝尔和平奖委员会，作为提名魏京生为候选人的报告。既然提名魏京生为候选人，免不了美言一番，但我没有丧失原则，确实把对他的批评写进了报告。不料，引起魏京生本人和他的家人大为不满。魏京生来美国后，刘青建议他"拜访郭罗基"。他说："我们要同他划清界限。"提名他为诺贝尔和平奖候选人的人，都不能对他批评；批评了，就要"划清界限"。以"民主之父"自居，人莫予毒。

## 第五十五章　揭露毛著选编中的弄虚作假

文革中传说，陆定一在监狱里对批判他的人说："你们先把毛泽东全集出齐了，再来批判我的修正主义。"

问：陆定一的话是什么意思？

什么意思？等毛泽东全集出齐了，就没法批判他陆定一的修正主义了。有的话，最先是毛说的，别人跟着说了；后来他老人家变调了，跟着说的就成修正主义了。

粉碎"四人帮"以后，有人呼吁出《毛泽东全集》。毛著编办（全称是毛泽东著作编辑出版委员会办公室）副主任吴冷西（主任先是汪东兴，后是胡乔木）说："毛泽东著作不能出全集，只能出选集。出全集会影响高举。"

问：这就奇怪了，出选集是"高举"，出全集不是更加"高举"吗？

是啊，为什么只有经过选编的毛泽东著作才能"高举"？所以，我就很注意研究毛泽东著作的选编出版，其中究竟有什么奥妙？

### 《尊重原著，忠于历史》

我在1979年3月发表于《红旗》的《思想要解放，理论要彻底》一文中，为了批判唯心主义的"天才"论、破除现代迷信，说到："《毛泽东选集》的第一篇文章《中国社会各阶级的分析》，毛泽东同志就经过多次修改，这说明他的认识是不断提高的。1925年的《革命》半月刊发表了《中国社会各阶级的分析》。后来经过修改，又在1926年3月13日的《中国青年》发表。1951年收入《毛泽东选集》时做了很大的改动，增加了关于工人阶级领导的问题。"《红旗》编辑部转来一篇商榷文章，要我回应，题目是《关于〈中国社会各阶级的分析〉的一个问题》，作者是解放军政治学院中共党史教研室教员王年一。文末有一个作者附记："本文是作者受了所在单位解放军政治学院中共党史教研室集体讨论的启发写成的。"这就表明文章所论不仅是王年一个人的看法了。

王文指出："所谓'很大的改动'，当然不是文字上的修正，而是内容上的修改。所谓增加了什么，当然就是原来所无的意思。""'增加'之说已经造成了一些不好的影响，我们要实事求是地把问题分辨清楚。"作者"分辨清楚"了吗？我看是越说越糊涂。

为了真正"分辨清楚"，我需要到中央档案馆查阅最初发表《中国社会各阶级的分析》的期刊。他们回答我："进中央档案馆要经汪（东兴）副主席批准。"我想，我这个反对两个"凡是"的人物汪副主席是不会批准的，提都不要提。我到北大图书馆搜索，二十年代学术性的期刊很多，但政治性的期刊很少。正在失望之际，忽然想到，中国革命博物馆也许会有吧？那时中国革命博物馆和中国历史博物馆都在天安门广场东侧的大楼里，这两个博物馆有不少北大历史系的毕业生。我打电话过去，果然有。约定时间，我来到中国革命博物馆。他们打开库房，任我浏览。中午，他们请我在食堂吃饭。叫来十几个北大的校友相聚，虽然都在北京，也难得一见。我在那里待了一整天，翻阅和抄录二十年代的期刊。掌握了丰富的资料，我写了一篇《尊重原著，忠于历史》，趁机谈谈我对《毛泽东选集》的研究所得。文章给了《红旗》编辑部，希望把它连同王年一的文章公开发表。但《红旗》发在《内部文稿》第14期，1979年10月8日。这篇文章对于研究毛泽东思想是很有价值的，不能公开发表，甚为遗憾。

## 尊重原著 忠于历史

郭罗基

王年一同志的《关于〈中国社会各阶级的分析〉的一个问题》一文，对于陈铁健同志的《毛泽东同志是生活在人民中间的革命领袖》（《光明日报》1978年10月28日）以及拙作《思想要解放，理论要彻底》（《红旗》1979年第3期）这两篇文章中的一个具体问题提出了不同看法。这两篇文章为了批判唯心主义的"天才"论，破除现代迷信，提到毛泽东同志的《中国社会各阶级的分析》几次发表、几个版本的修改情况。王年一同志认为这种说法"已经造成了一些不好的影响，我们要实事求是地把问题分辨清楚。"有哪些"不好影响"？没有说。作者特地说明，他的文章是受了解放军政治学院中共党史教研室集体讨论的启发写成的，这就更加值得重视了。现在，我们就来"实事求是地把问题分辨清楚"。

### 《中国社会各阶级的分析》有四个版本

《中国社会各阶级的分析》首次发表在国民革命军第二军司令部出版的《革命》半月刊第4期（1925年12月1日），以下简称《革命》本。

第二次发表在中国国民党中央执行委员会农民部出版的《中国农民》第2期（1926年2月1日），以下简称《农民》本。

第三次发表在《中国青年》第116期和第117期（1926年3月13日同日出版），以下简称《青年》本。

第四次发表在《毛泽东选集》第1卷（1951年10月），以下简称《毛选》本。

《革命》本和《农民》本的发表相差两个月，内容基本相同。从《农民》本到《青年》本仅差一个多月，但内容有修改。《毛选》本与前三个版本都不同，出入较大。

### 前三个版本有严重错误

王年一同志对于陈铁健同志文章中所说"相当明显"的"变化"，以及我的文章中所说"做了很大的改动"表示异议，特别是针对我的文章提出："说'关于工人阶级领导的问题'，是1951年"增加"的，是'很大的改动'，这并不符合事实，至少没有把问题说清楚。"这个"并不符合事实"的指责，却是并不符合事实的。至于说"没有把问题说清楚"，倒是确实的：第一，《思想要解放，理论要彻底》那篇文章没有太大的必要讲很多；第二，只是说"增加"了什么还不够，应当说《毛选》本以前的三个版本都有严重的错误。

《革命》本与《农民》本均有这样的说法："中国各阶级对于民族革命的态度，与西洋资本主义国各阶级对于（《农民》本改为"与欧西资本主义国内各阶级于"）社会革命的态度，几乎完全一样。看来好似奇怪，实际并不奇怪。因为现代的革命本是一个，其目的与手段均相同，即同以打倒国际资本帝国主义为目的，同以被压迫民族被压迫阶级联合作战为手段，这是现代革命异乎历史上一切革命之最大的特点。"这里，把中国的民族革命与西方的社会革命混为一谈，如果坚持这种说法，就不必研究中国的国情，也不会找到民族民主革命的中国式道路，因而也就没有马克思主义与中国的具体实践相结合的毛泽东思想。1926年的《青年》本已经抛弃了这种说法，1951年以后出版的《毛泽东选集》，上述说法早就无影无踪了。难道这还不是"相当明显"的"变化"吗？难道这还不是"做了很大的改动"吗？

《革命》本与《农民》本还有这样的论述："无论那一个国内，天造地设，都有三等人：上等，中等，下等。详细点分析则有五等：大资产阶级，中资产阶级，小资（《农民》本无"资"字）产阶级，半无产阶级，无产阶级（《农民》本加"五等人"三字）。拿农村说：大地主是大资产阶级，小地主是中产阶级，自耕农是小资产阶级，半自耕农（《农民》本无"农"字）佃农是半无产阶级，雇农是无产阶级。拿都市说，……五种人各有不同的经济地位，各有不同的阶级性。因此，对于现代的革命乃发生反革命，半反革命，对革命守中立，参加革命和为革命主力军之种种不同的态度。"这一段话，错误甚多：

第一，"无论那一国内，……"这种说法对于当时的社会主义的苏联是不合适的。

第二，所谓"天造地设"，把阶级说成从来就有、永恒存在的了。

第三，从上、中、下三等人中分出五个阶级，等级与阶级混淆不清。

第四，地主阶级和资产阶级、雇农和无产阶级是不同的生产方式的产物，不加任何条件地说"大地主是大资产阶级"、"雇农是无产阶级"等等是不科学的。

第五，把无论哪一个国内的城市和农村的阶级划分简单地等同是不符合实际的。

第六，没有指明无产阶级是革命的领导阶级。

《青年》本删去了"天造地设"，改正了第二个错误。又删去"三等人：上等，中等，下等。详细点分析则五等"，这就改正了第三个错误。《毛选》将这一大段话全部删去，并增加了无产阶级领导的问题。这样，六个错误全部改正。难道这还不是"相当明显"的"变化"吗？难道这还不是"做了很大的改动"吗？

**无产阶级从"我们的朋友"变成"革命的领导力量"**

王年一同志写道："说'工人阶级领导的问题'是1951年'增加'的，是'很大的改动'，这并不符合事实，……"事实是什么？《革命》本、《农民》本、《青年》本在"第五无产阶级"这一段落中都是这样写的："故工业无产阶级人数虽不多，却做了民族革命运动的主力。"《毛选》本是这样写的："工业无产阶级人数虽不多，却是中国新的生产力的代表者，是近代中国最进步的阶级，做了革命运动的领导力量。"请看，这里有没有"增加"？是不是"很大的改动"？

前三个本子最后的结论是这样写的："谁是敌人谁是朋友？我们现在可以答复了。一切勾结帝国主义的军阀官僚买办阶级大地主反动派知识阶级即所谓中国大资产阶级，乃是我们的敌人，乃是我们真正的敌人（《青年》本删去"乃是我们真正的敌人"）；一切小资产阶级，半无产阶级，无产阶级乃是我们的朋友，乃是我们真正的朋友（《青年》本删去"乃是我们真正的朋友"）。那动摇不定的中产阶级，其右翼应该把他当作我们的敌人——即现时非敌人也去敌人不远；其左翼可以把他当作我们的朋友——但不是真正的朋友，我们要时时（《青年》本改作"时常"）提防他，不要让他乱了我们的阵线。我们真正的朋友有多少？有三万万九千五百万。我们的真正敌人有多少？有一百万。那可友可敌的中间派有多少？有四百万。让这四百万算作敌人，也不枉他们（《青年》本改为"他们也不过"）有一个五百万人的团体，依然抵不住三万万九千五百万人的一铺唾沫。三万万九千五百万人团结起来！"这里写得很清楚，无产阶级与一切小资产阶级、半无产阶级一起是"我们的朋友"。1951年的《毛选》就把工业无产阶级与一切半无产阶级、小资产阶级分开来了，写作："工业无产阶级是我们革命的领导力量。一切半无产阶级、小资产阶级，是我们最接近的朋友。"请看，这里有没有"增加"？是不是"很大的改动"？

### "主力军"等于"领导力量"吗？

王年一同志的文章中有一个辩护："诚然，从文字上看，1926年发表的这篇文章中没有'工人阶级领导'之类的字样；但是请注意，文中却包含着关于工人阶级领导的深刻内容。"无论怎样"注意"，还是很难发现没有工人阶级领导的提法却包含着关于工人阶级领导的"深刻内容"。

王年一同志又进一步点拨："在各阶级中，毛泽东同志按照事物的本来面目，给予无产阶级以最高的评价，一再指明它是'革命的主力军'，这就等于说，工人阶级是革命运动的领导力量。""革命的主力军"就等于"革命运动的领导力量"吗？最好不要任意解释，还是"注意"一下毛泽东同志本人的论述。在《中国革命和中国共产党》中对这两者的关系是讲得很清楚的："贫农是没有土地或土地不足的广大的农民群众，是农村中的半无产阶级，是中国革命的最广大的动力，是无产阶级的天然的和最可靠的同盟者，是中国革命队伍的主力军。贫农和中农都只有在无产阶级的领导之下，才能得到解放；……"（《毛泽东选集》第2卷第643页）这里所说的主力军不是无产阶级而是贫农，这是一。第二，主力军非但不是领导力量，而且正是要在无产阶级的领导之下，才能得到解放。这些思想是1926年的《青年》本所没有的。可见，正因为主力军不等于领导力量，1951年的《毛选》本才需要加以修改，删去了工业无产阶级是"革命的主力军"的提法，增加了"工业无产阶级是我们革命的领导力量"的提法。

### 什么也没有证明的"证明"

王年一同志的文章中还有一个辩护："……可以再从毛泽东同志在1926年3月以前就解决了工人阶级领导问题这方面来加以证明。只要我们这样证明了，'增加'之说显然就更站不住。尽管这样的证明可能是多余的，……"即使毛泽东同志在1926年3月以前就解决了工人阶级领导问题，怎么能证明1926年3月以前的某一篇文章必然包含着关于工人阶级领导的论述呢？这样的证明确实是多余的。不过从王年一同志的"证明"中，可以看出他并不理解什么是工人阶级的领导。反过来证明王年一同志的"证明"的失败却不是多余的。

"毛泽东同志当时已经信仰马列主义，立场如此坚定，态度如此鲜明，认识了工人阶级是领导力量自然是不成问题的。"这是一个缺乏事实依据的想当然的推理，什么也没有证明。当时陈独秀也是"信仰马列主义"的，而且名气比毛泽东还要大，凭这一点能证明陈独秀"认识了工人阶级是领导力量自然是不成问题的"吗？

王年一同志引了1926年1月21日毛泽东同志给蔡和森同志的信中的几句话："唯物史观为吾党的哲学根据"，"党一层陈仲甫先生（即陈独秀——引者）等已在进行组织。出版物一层上海出的《共产党》，你处谅可得到，颇不愧'旗帜鲜明'四字"。接着王年一同志说："无须详加论证，从此可以看出毛泽东同志早就深刻地认识了无产阶级。"这几句话怎么能"看出毛泽东同志早就深刻地认识了无产阶级"？正是需要论证的地方，王年一同志说"无须详加论证"，非但没有"详加论证"，连一点起码的论证都没有。如果这里"可以看出毛泽东同志早就深刻地认识了无产阶级"，那么，同样不也可以看出陈独秀比毛泽东同志更早、更深刻地认识了无产阶级吗？

王年一同志又引了1925年11月21日毛泽东同志填写的《少年中国学会改组委员会调查表》中

的一段话："本人信仰共产主义，主张无产阶级的社会革命。唯目前的内外压迫，非一阶级之力所能推翻，主张用无产阶级、小资产阶级及中产阶级左翼合作的国民革命，实行中国国民党之三民主义，以打倒帝国主义，打倒军阀，打倒买办地主阶级（即与帝国主义、军阀有密切关系之中国大资产阶级及中产阶级右翼），实现无产阶级、小资产阶级及中产阶级左翼的联合统治，即革命民众的统治。"然后说："从内容上看，它俨然是《中国社会各阶级的分析》一文的概要。毫无疑问，毛泽东同志此时对于工人阶级领导问题是具有真知灼见的。"毛泽东同志的那段话，只讲"联合统治"，根本没有提出工人阶级领导的问题，何来对于工人阶级领导问题具有"真知灼见"？

可以拿毛泽东同志后来确有真知灼见的论述来同它对照一下："新民主主义的革命，不是任何别的革命，它只能是和必须是无产阶级领导的，人民大众，反对帝国主义、封建主义和官僚资本主义的革命。这就是说，这个革命不能由任何别的阶级和任何别的政党充当领导者，只能和必须由无产阶级和中国共产党充当领导者。这就是说，由参加这个革命的人们所组成的统一战线是十分广大的，这里包括了工人、农民、独立劳动者、自由职业者、知识分子、民族资产阶级以及从地主阶级分裂出来的一部分开明绅士，这就是我们所说的人民大众。由这个人民大众所建立的国家和政府，就是中华人民共和国和无产阶级领导的各民主阶级联盟的民主联合政府。"（《毛泽东选集》第4卷第1311页）这里，不仅提出了参加革命的"统一战线"以及革命胜利后所建立的"各民主阶级联盟的民主联合政府"，更重要的是强调了无产阶级的领导，明确指出："只能和必须由无产阶级和中国共产党充当领导者"。从前后两相对照中可以看得很清楚：王年一同志用以证明"毛泽东同志在1926年3月以前就解决了工人阶级领导问题"的那一段话，恰恰证明还没有提出无产阶级领导的问题。至于毛泽东同志究竟什么时候"解决了工人阶级领导的问题"，不在本文论述范围之内。

### 搞不清国民党和共产党

王年一同志的"证明"是漏洞百出的。尽管如此，还要一个劲地吹，越吹越离奇。居然说《中国社会各阶级的分析》"是解决党的四大所没有完全解决的问题——无产阶级在民主革命中如何实现领导权"，还说这篇文章是"集中这一时期党内研究的积极成果的"。这些说法完全是虚构的。《革命》本和《农民》本中都有这样一段话："要有'不领错了路'和'一定成功'的把握，不可不致谨于一个重要的策略。要决定这个策略，就要首先分清楚谁是敌人，谁是朋友。国民党第一次全国代表大会宣言，就是宣告这个策略的决定和敌友的分辨。"可见，《中国社会各阶级的分析》是为了说明当时作为革命统一战线的国民党的策略，而不是解决共产党的"四大所没有完全解决的问题"。

在林彪、"四人帮"横行时期，党史研究和毛泽东思想研究是制造现代迷信的手段，从历史到现实缺乏实事求是的说明，更谈不上有什么科学研究。粉碎"四人帮"以后，这种状况再也不能继续下去了。但事实上现代迷信的流毒依然存在，远未清除。有人总是把毛泽东同志说得天生就比别人高明，认识是不依赖于实践的；毛泽东同志对中国革命的认识，一开始就解决了，从前是怎样，后来还是怎样，是没有发展过程的。

### 《毛泽东选集》的编辑和出版制造了混乱

现在，中共党史研究和毛泽东思想研究中存在的问题，也涉及《毛泽东选集》的编辑和出版所产生的混乱。《毛泽东选集》的第一篇同原著相较，就有原则性的修改，应该说它已经不是二十年代的思想，但仍然标明"1925年12月1日"。这就使得一些人进行曲意辩护有了某种理由。如果不查阅原著，只是根据《毛泽东选集》中所提供的《中国社会各阶级的分析》来进行研究，就不可能如实地说明毛泽东同志思想发展的过程。不仅如此，有些事后几十年的修改还扰乱了马克思主义发展史的研究。如《关于纠正党内的错误思想》一文中说："……就是在社会主义时期，物质的分配也要按照'各尽所能按劳取酬'的原则和工作的需要，决无所谓绝对的平均。"(《毛泽东选集》第1卷第93页)"各尽所能，按劳取酬"作为一个公式是斯大林在《和德国作家艾米尔·路德维希的谈话》中提出来的："'各尽所能，按劳取酬'，——这就是马克思主义的社会主义的公式。"(《斯大林全集》第13卷第104页)斯大林1931年才第一次提出来的公式，居然把它添加到1929年的毛泽东著作中去了。1944年晋察冀日报社出版的《毛泽东选集》和1948年东北书店出版的《毛泽东选集》所收的《中国共产党红军第四军第九次代表大会决议案》均无此提法，相应的段落都是这样写的："……就是社会主义经济时期，物质的分配亦当按照各人及各工作的需要，决然无所谓绝对平均。"(晋察冀日报社出版的《毛泽东选集》第3卷第145页；东北书店出版的《毛泽东选集》第552页。)按照王年一同志的论证方法，不知是否也可以这样说，原著中虽然没有"各尽所能，按劳取酬"之类的"字样"，却包含着关于"各尽所能，按劳取酬"的"深刻内容"？

1951年以后编订的《毛泽东选集》，不仅与原著相较有增损出入，在不同的时期再版时，又不加说明地修改。例如，1953年出版的《毛泽东选集》第3卷，其中《整顿党的作风》一文有这样的话："我到陕北已经五六年了，可是对于陕北的情况的了解，对于和陕北人民的联系，和高岗同志他们比较起来就差得多。"(第845页)1954年批判高岗饶漱石联盟。1955年以后出版的毛泽东著作，这句话被改成："……和一些陕北同志比较起来就差得多。"同一篇文章中还有这样的话："刘少奇同志曾经说过，有一种人的手特别长，很会替自己个人打算，至于别人的利益和全党的利益，那是不大关心的。'我的就是我的，你的还是我的'。(大笑)"(第844页)文化大革命中和以后出版的毛泽东著作，这些话都删去了。

### 任意改动原著为马克思、恩格斯所不取

1848年出版的《共产党宣言》，1872年再版时，马克思、恩格斯写了一个序言，说明"《宣言》中所发挥的一般基本原理整个来说直到现在还是完全正确的"，同时也说明"个别地方本来可以做某些修改"，哪些地方应该有不同的写法，哪些地方已经过时了。然而，马克思、恩格斯并没有修改，因为"《宣言》是一个历史文件，我们已经没有权利来加以修改。"(《马克思恩格斯选集》第1卷228—229页)特别是马克思逝世以后，恩格斯说："在他逝世以后，根本谈不上对《宣言》做什么修改或补充了。"(同上，第232页)马克思、恩格斯为《宣言》在不同时期的出版写了7个序言，实际上是对《宣言》的修改或补充。《宣言》第一章第一句话就是不确切的："到目前为止的一切社会历史都是阶级斗争的历史。"恩格斯只是在1888年的英文版上加了一个注："确切地说，这是指有文字记载的历史。……"(同上，第250、251页)如果马克思、恩格斯也经常悄悄加以修改，那么《宣言》早就面目全非，我们见到的就不是1848年的《共产党宣言》了。

我们应当学习马克思、恩格斯的科学态度，对于毛泽东著作的出版和研究，必须提出这样的要求：尊重原著，忠于历史。

《红旗》的《内部文稿》刊出我的《尊重原著，忠于历史》以后，王年一和解放军政治学院中共党史教研室没有任何表示。

## 《忠实的文献，朴素的真理》

《周恩来选集》的出版，改革了理论工作、出版工作中的一大弊端。过去，编辑出版党

和国家领导人、著名活动家的著作，总是进行某种加工，以现在的思想修改当时的观点，任意增删内容。重要的著作是历史的写照，事后若干年的增删，抹去了历史的痕迹，就会使思想失真、文献贬值。我写了一篇《忠实的文献，朴素的真理——赞<周恩来选集>的出版》，借题发挥，批评毛著选编中的问题。文章发表在《文汇报》1981年3月2日。我一开头就说：

> 丙辰清明节，悲愤的天安门广场上，有一篇敬献给周恩来总理的祭文，写道："他没有遗产，他没有嗣息，他没有坟墓，他也没有留下骨灰。他似乎什么也没有给我们留下，但是他永远活在我们心里。"他所以永远活着，因为在他的著作里，我们仍然可以看到一颗炽热的心脏在跳动，仍然可以听到一种激越的声音在飞扬。
>
> 现在，《周恩来选集》出版了。他的著作，一如他的为人，没有矫揉造作，没有虚拟粉饰，没有盛气凌人，只有朴素的真理。尊重原著，忠于历史，这样的编辑方针，完全符合周恩来的风格。惟其为忠实的文献，才能显示出朴素的真理。
>
> 收入《周恩来选集》上卷的第一篇文章《现时政治斗争中之我们》，也是写于1926年。文中的"我们"很明显是讲"我们共产党"，但多处提到"国民党的领导地位"。编者就没有加以删节修改，因为这是历史事实。读了这一篇，再读《关于党的"六大"的研究》等文章，联系起来思索，就会对问题的了解更深刻。在当时的历史条件下，不能不承认国民党的领导地位，同时共产党又要去争取领导权。
>
> 《中国社会各阶级的分析》原作中有这样的话："要有'不领错了路'和'一定成功'的把握，不可不致谨于一个重要的策略。要决定这个策略，就要首先分清谁是敌人，谁是朋友。国民党第一次全国代表大会宣言，就是宣告这个策略的决定和敌友的分辨。"（国民革命军第二军司令部出版的《革命》半月刊第4期，1925年12月1日；中国国民党中央执行委员会农民部出版的《中国农民》第2期，1926年2月1日）可见，《中国社会各阶级的分析》是为了说明当时国共合作的国民党的策略和敌友的分辨，其中的"我们"就是国民党的代名词。《毛泽东选集》的编辑者不仅修改了内容，而且曲解了主题，在题解中说："毛泽东同志此文是为反对当时党内存在着的两种倾向而写的。……"那末，文中的"我们"应是共产党的代名词或者是共产党内反对两种倾向的人们的代名词。以此解释文中15个"我们"，根本不通；在国民党的刊物上反对共产党内的"两种倾向"，不是太不相称了吗？这种修改完全破坏了文献中历史的、逻辑的联系。
>
> 《周恩来选集》中的文章似乎前后不一致，这说明周恩来的思想有一个发展过程。
>
> 探索革命真理是艰难的。中国共产党人找到农村包围城市的革命道路是付出了代价、经历了曲折的。农村武装斗争的重要性，开始，以毛泽东为代表的少数人认识到了，而1928年召开的党的"六大"还没有认识到。中国共产党认识到了，共产国际的一些人还不以为然。毛泽东的认识也经历了从城市中心到重视乡村、再到乡村中心的发展过程，并不是像有些人鼓吹的那样，是天生的先知。周恩来《关于党的"六大"的研究》、《学习毛泽东》等著作中一再提到这一点。"大革命前，有一次恽代英同志看到陶行知他们在搞乡村工作，写信给毛泽东同志。毛泽东同志回信说：我们现在做城市工作还忙不过来，那有空去做乡村工作。1925年，他回家养病，在湖南做了一些农村调查，才开始注意农民问题。在'六大'那时候，关于要重视乡村工作、在农村里搞武装割据的重要与可能等问题，毛泽东同志是认识到了的，而'六大'则没有认识。但是，关于把工作中心放在乡村，共产党代表无产阶级来领导农民游击战争，我认为当时毛泽东同志也还没有这些思想，他也还是认为要以城市工作为中心的。开始他还主张在闽浙赣边创造苏区来影响城市工作，配合城市工作，到给林彪的信中才明确提出要创造红色区域，实行武装割据，认为这是促进全国革命高潮的最重要因素，也就是要以乡村为中心。所以，毛泽

东同志的思想是发展的。"（第179页）这一思想发展过程，在《毛泽东选集》中却看不到了。《周恩来选集》不仅反映了周恩来的思想发展过程，而且也让人看到毛泽东和全党的认识历程。这就为研究工作提供了忠实可靠的依据，对于后代也具有更大的教育作用。

《周恩来选集》中也有一些不确切、不正确的提法。如在第一次国内革命战争时期，讲到国民革命的目的是"打倒国外帝国主义和国内半封建势力"。（第8页）现在看来，这个"半封建势力"比较费解。要去掉一个"半"字很容易，但编者并没有这样做。全书的第一个注释就是为这个不确切的"半封建势力"作注。第二次国内革命战争时期有"消灭黄色工会"的提法。在停止立三路线的执行的六届三中全会以前，有"目前右倾还是党内主要的危险"的提法，虽然当时周恩来的正确思想是主导的，但编者没有删去这些不正确的提法，只是为它加了注。这样做，有助于人们提高鉴别力，避免思想僵化。

书中也没有因形势的变化而任意删节。原文中出现的"林彪同志"（第258页）就没有删，而且在注释中提到平型关战役总前委和国共和平谈判的中国共产党代表团时，均没有故隐林彪其名，因为这些都是历史上的事实。同林彪有关的历史事件，也没有任意褒贬。对于平型关战役的评价，林彪在台上时曾加以无比夸大，林彪垮台以后又有人认为是"冒险主义的产物"。《周恩来选集》的编者在注释中恰当地指出："这是抗战开始后中国军队所取得的第一个大胜利。"（第417页）这些都是忠于历史的客观态度。如果《周恩来选集》的编辑出版也像过去那样，把不一致的地方磨平，将思想发展过程割断，讲错了的掩盖起来，犯忌讳的剔除出去，这样一来，选集必将大为逊色，好像磨光了的金币，反而失去其价值。

我在文章中批评了邓力群曲意逢迎的言论。他在《真理的声音是窒息不了的》（《人民日报》1980年6月25日）中说：《毛泽东选集》对旧作的修改、补充，充分表现了"作为伟大的马克思主义者的严格的科学态度"。据说，理由是：因为"很仔细地倾听了实践和经验的呼声"，所以事后的修改增删是必要的。这种说法是完全站不住脚的。如果尊重实践的检验，就应该像马克思、恩格斯那样，在序言和注释中说明哪些不正确、哪些过时了。把已经发现的错误认识一笔勾销，又以后来的实践所产生的认识掺和进去，恰恰是不尊重实践的检验。当时邓力群是个权势人物，冒犯不得的。我没有注明引文的出处，只是写作"有人说"。这样做，首先是为了能在报纸编辑的眼皮底下蒙混过关。

## 《重新选编毛泽东著作》

《尊重原著，忠于历史》一文，《红旗》没有公开发表；借《周恩来选集》的出版批评毛泽东著作的选编，未能畅所欲言。心有不甘，故我又写了一篇《重新选编毛泽东著作》。这篇文章，投了几家报刊，均婉言拒绝。从那时到现在，四十多年过去了，还没有见到类似的文章。这是我研究毛泽东著作的选编、出版的最后成果，值得保存。

### 重新选编毛泽东著作

郭罗基

最近，陆定一同志对毛泽东著作的选编、出版提出意见，他认为已经出版的《毛泽东选集》要加以修订，"从第1卷到第5卷，有些应该放进去的文章没有放进去，有些不应该放进去的文章应该拿出来。"（《谈谈理论学习问题》，《读书》1980年第12期）我认为，更为重要的是，有些添加的东西应该拿出来，有些删掉的原文应该放进去。所有事后的修改增删应予以复原，恢复历史文献的本来面目。

（一）

《毛泽东选集》的选编、出版，由于任意修改增删原著，为党史研究和对毛泽东本人的思想研究制造了障碍。

以《毛泽东选集》的第一篇文章《中国社会各阶级的分析》为例。

《中国社会各阶级的分析》先后有4个版本：

第一次发表在国民革命军第二军司令部出版的《革命》半月刊第4期（1925年12月1日），以下简称《革命》本；

第二次发表在中国国民党中央执行委员会农民部出版的《中国农民》第2期（1926年2月1日），以下简称《农民》本；

第三次发表在《中国青年》第116、117期（1926年3月13日同日出版），以下简称《青年》本；

第四次发表在《毛泽东选集》第1卷（1951年10月），以下简称《毛选》本。

《革命》本和《农民》本，内容基本相同。从《农民》本到《青年》本，做了重要修改。《青年》本曾在广州和汕头出过单行本。《毛选》本注明的日期是1925年12月1日，这是最初在《革命》半月刊发表的日期，表明对前三个版本的认可。但文字上删去将近一半，内容上与前三个版本都不同，出入很大。如果不查阅原作，只是根据《毛泽东选集》中所提供的《中国社会各阶级的分析》来进行研究，就不能如实地说明毛泽东的思想发展过程。

《毛泽东选集》第1卷出版时，新华社发表长文，进行介绍。对于《中国社会各阶级的分析》做了如是评价："这篇文章已形成了关于无产阶级领导的人民大众的新民主主义革命的根本思想。"

事情真是这样吗？

《革命》本和《农民》本均有这样的论述："中国各阶级对于民族革命的态度，与西洋资本主义国各阶级对于（《农民》本写作"与欧西资本主义国内各阶级与"）社会革命的态度，几乎完全一样。看来似乎奇怪，实际并不奇怪。因为现代的革命本是一个，其目的与手段均相同，即同以打倒国际资本帝国主义为目的，同以被压迫民族被压迫阶级联合作战为手段，这是现代革命异乎历史上一切革命之最大特点。"这里，把中国的民族革命与西方的社会革命完全混为一谈了。按照这种说法，就不必研究中国的国情，也不必寻找民族民主革命的中国式道路。这是主张从目的到手段照搬西方资本主义国家的社会革命，怎么能说已形成了关于"新民主主义革命的根本思想"？

（二）

《中国社会各阶级的分析》的原作中也没有"无产阶级领导"的思想。《革命》本与《农民》本论述各阶级对革命的态度，是这样写的："无论哪一个国内，天造地设，都有三等人：上等，中等，下等。详细点分析则有五等：大资产阶级，中产阶级，小资（《农民》本无资字）产阶级，半无产阶级，无产阶级（《农民》本加"五等人"三字）。拿农村说：大地主是大资产阶级，小地主是中产阶级，自耕农是小资产阶级，半自耕农（《农民》本无"农"字）佃农是半无产阶级，雇农是无产阶级。拿都市说，……。五种人各有不同的经济地位，各有不同的阶级性。因此，对于现代的革命乃发生反革命，半反革命，对革命守中立，参加革命和为革命主力军之种种不同态度。"这一段话，错误甚多。这里，并没有指明无产阶级是革命的领导阶级，而只是说"为革命主力军"。除此以外，还有如下几点，也不是马克思主义的分析：

第一，所谓"天造地设"，把社会上的等级和阶级说成从来就有、永恒存在的了。而断定"无论哪一个国内"如何如何，又无视十月革命以后在俄国发生的变化。

第二，从上、中、下三等人中分出五个阶级，等级与阶级混淆不清。

第三，地主阶级与资产阶级、雇农与无产阶级是不同的生产方式的产物，不加任何条件地说"大地主是大资产阶级"、"雇农是无产阶级"，等等，是不科学的。

第四，把无论哪一个国内的城市和农村的阶级划分简单地等同，是不符合实际的。

第五，在中国的历史条件下，特别是当时在大革命的形势下，把中产阶级（即民族资产阶级）说成"半反革命"、小资产阶级"对革命守中立"等等，是不正确的。

《青年》本删去"天造地设"，又删去"三等人：上等，中等，下等。详细点分析则有五等"。《毛选》本之所以被说成"已形成了关于无产阶级领导的人民大众的新民主主义革命的根本思想"，是因为那些相抵触的东西都删去了，并增加了工业无产阶级领导的问题。

确实，这种修改增删的出入太大了。所以，说关于工业无产阶级领导的问题是1951年增加的，人们反而怀疑了，是否符合事实？那末，就要看一看，事实究竟如何？

《革命》本、《农民》本、《青年》本在"第五无产阶级"这一段落中都是这样写的："故工业无产阶级人数虽不多，却做了民族革命运动的主力。"《毛选》本中是这样写的："工业无产阶级人数虽不多，却是中国新的生产力的代表者，是近代中国最进步的阶级，做了革命运动的领导力量。"请看，难道不是很明显地增加了新的论点吗？至于毛泽东究竟什么时候解决了无产阶级领导问题，不在本文论列范围之内。可以肯定，《中国社会各阶级的分析》的原作（包括前三个版本）都没有提到无产阶级领导问题，这是不容置疑的事实。

有人说，不能拘泥于词句，要看精神实质。毛泽东一再指明无产阶级是"革命主力军"、"做了民族革命运动的主力"，这等于说无产阶级是"革命的领导力量"。

"革命主力军"是否等于"革命的领导力量"？这个问题可以从两方面来回答：从《中国社会各阶级的分析》来看，分析各阶级的相互关系时，究竟把无产阶级放在什么地位？从毛泽东后来的著作来看，"革命主力军"究竟是什么意思？

1951年前，《中国社会各阶级的分析》的三个版本的最后结论，都是这样写的："谁是敌人谁是朋友？我们现在可以答复了。一切勾结帝国主义的军阀官僚买办阶级大地主反动派知识阶级即所谓中国大资产阶级，乃是我们的敌人，乃是我们真正的敌人（《青年》本删去"乃是我们真正的敌人"）；一切小资产阶级，半无产阶级，无产阶级乃是我们的朋友，乃是我们真正的朋友（《青年》本删去"乃是我们真正的朋友"）。那动摇不定的中产阶级，其右翼应该把他当作我们的敌人——即现时非敌人也去敌人不远；其左翼可以把他当作我们的朋友——但不是真正的朋友，我们要时时（《青年》本作"时常"）提防他，不要让他乱了我们的阵线。我们真正的朋友有多少？有三万万九千五百万。我们的真正敌人有多少？有一百万。那可友可敌的中间派有多少？有四百万。让这四百万人算作敌人，也不枉他们（《青年》本改为"他们也不过"）有一个五百万人的团体，依然抵不住三万万九千五百万人的一铺唾沫。三万万九千五百万人团结起来！"这里写得很清楚，无产阶级与一切小资产阶级、半无产阶级一起，都是"我们的朋友"。可见，"革命主力军"也只是"我们的朋友"。1951年的《毛选》本才把工业无产阶级与一切半无产阶级、小资产阶级分开来，无产阶级从"我们的朋友"改作"我们革命的领导力量"。

毛泽东后来的著作中，明确提到无产阶级的领导问题时，主力军是另有所指的。在《中国革命和中国共产党》一文中写道："贫农是没有土地或土地不足的广大的农民群众，是农村中的半无产阶级，是中国革命的最广大的动力，是无产阶级的天然的和最可靠的同盟者，是中国革命队伍的主力军。贫农和中农都只有在无产阶级的领导之下，才能得到解放；……"（《毛泽东选集》第3卷第641页）这里所说的主力军,不是无产阶级,而是贫农,这是一。第二,主力军非但不是领导力量,而且正是要在无产阶级领导之下,才能得到解放。这些思想是1925年、1926年的版本所没有的。正因为主力军不等于领导力量,1951年的《毛选》本才需要加以修改,删去了无产阶级是"革命主力军"的提法,增加了"工业无产阶级是我们革命的领导力量"的提法。

《中国社会各阶级的分析》开宗明义就是这样提出问题的:"谁是我们的朋友?谁是我们的敌人?"原作的最后结论回答了哪些阶级是敌人,哪些阶级是朋友,还有可友可敌的中间派,而且做了数量统计,并没有回答哪个阶级领导的问题。这是合乎逻辑的。这里所说的"我们",指的是谁?《革命》本和《农民》本中都有这样一段话:"要有'不领错了路'和'一定成功'的把握,不可不致谨于一个重要的策略。要决定这个策略,就要首先分清楚谁是敌人,谁是朋友。国民党第一次全国代表大会宣言,就是宣告这个策略的决定和敌友的分辨。"可见,《中国社会各阶级的分析》是为了说明当时国共合作的国民党的策略,其中的"我们"就是国民党的代名词。毛本人当时是中国国民党中央候补执行委员会、宣传部代理部长。1951年修改以后的《中国社会各阶级的分析》,反而不合乎逻辑,其中的"我们"也变得面目不清,难以辨认了。毛泽东选集出版委员会不仅修改了文章的内容,而且重新解释了文章的主题,说:"毛泽东同志此文是为反对当时党内存在着的两种倾向而写的。……"那末,文中的"我们"应是共产党的代名词,或者是共产党内反对"两种倾向"的人们的代名词。以此解释文中的15个"我们",却难以贯通。而且,最初是发表在国民党的刊物上的文章,把它说成是反对共产党内的"两种倾向",太不相称了。

《毛泽东选集》中的《中国社会各阶级的分析》,同原作相较,有原则性的修改,但仍然标明"1925年12月1日",实际上已经用五十年代的思想对二十年代的思想做了矫正。以修改增删过的著作作为根据,进行研究工作,这就不能不至曲毛泽东的思想发展过程。

(三)

《毛泽东选集》中有些事后几十年的修改,还扰乱了思想史的研究。如,《关于纠正党内的错误思想》一文中说:"……就是在社会主义时期,物质的分配也要按照'各尽所能按劳取酬'的原则和工作的需要,决无所谓绝对的平均。"(《毛泽东选集》第1卷第93页)"各尽所能,按劳取酬"作为一个公式,首见于斯大林的《和德国作家艾米尔·路德维希的谈话》:"'各尽所能,按劳取酬'——这就是马克思主义的社会主义公式,也就是共产主义的第一阶段即共产主义社会的第一阶段的公式。"(《斯大林全集》第13卷第104页)这是斯大林第一次提出来的。1944年晋察冀日报社出版的《毛泽东选集》和1948年东北书店出版的《毛泽东选集》所收的《中国共产党红军第四军第九次代表大会决议案》均无此提法,相应的段落都是这样写的:"就是社会主义经济时期,物质的分配亦当按照各人及各工作的需要,绝无所谓绝对平均。"(晋察冀日报出版社出版的《毛泽东选集》第3卷第145页;东北书店出版的《毛泽东选集》第525页)1951年的时候,把斯大林1931年才提出来的公式,添加到1929年的毛泽东著作中去了。这种修改,除了制造混乱以外,还能证明什么呢?

(四)

任意改动原著的做法,为马克思、恩格斯所不取。马克思、恩格斯思想成熟以后,对于他们的早期著作,常常进行自我评判,但他们从来没有用后来的观点去掩盖和粉饰从前的思想。1845年马克思、恩格斯出版了《神圣家族》。1867年,马克思看了新版的《神圣家族》后,在给恩格斯的信中说:"虽然对费尔巴哈的迷信现在给人造成一种非常滑稽的印象",二十多年前的旧作与读者见面还是"问心无愧"的。(《马克思恩格斯全集》第31卷第293页)1845年出版的恩格斯的《英国工人阶级的状况》,

1892年出德文第二版时，恩格斯写了一个长序，说："几乎用不着指出，本书在哲学和政治方面的总的理论观点，和我现在的观点绝不是完全一致的。"接着，他又说：书中到处可以发现现代社会主义起源于德国古典哲学的痕迹，对工业大危机的周期算得不准确，还有由于青年人的热情而大胆做出的一个即将发生社会革命的预言，等等。但是，他说："本书中的这种青年时期的痕迹，我一点也不打算抹去。我现在原封不动地把它重新献给读者。"之所以这样，他说："我绝不想把我的著作和我本人描写得比当时高明些。"（《马克思恩格斯选集》第4卷第271、276-277页）这就是历史唯物主义者恩格斯的坦荡态度。

《马克思恩格斯全集》出了五十多卷，加起来有两公尺高。世界各地的人研究了一百多年，可以发现理论上有合乎逻辑的发展，也可以指出有不可避免的时代的局限，但找不到自相矛盾、前后打架。仅就这一点说，它也显示出真理体系的完美品格。这才是真正值得"高举"的。

（五）

1951年以后编定的《毛泽东选集》，不仅与原作相较有增损出入，在不同时期再版时，又不加说明地删改。提到高岗的地方，1955年以后再版时就删去了。提到刘少奇的地方，文化大革命中再版时就删去了。只要一个人出了问题，或被认为有问题，就从毛泽东著作中抹去名字、修改评语。而形势变化以后，原作中没有的东西，又根据后来的需要任意添加。《毛泽东选集》第5卷中的《对刘少奇、杨尚昆破坏纪律擅自以中央名义发出文件的批评》（第80页）文内既没有提到刘少奇，也没有提到杨尚昆。编者拟的这个标题，实际上是加进了新的内容。

列宁的做法与此不同。普列汉诺夫和考茨基这两个人还是马克思主义者的时候，列宁对他们讲过赞扬的话，引用过他们的言论。后来列宁重新出版自己的著作时，并没有因为他们成了机会主义者而故隐其名。因一时需要而修改旧作，这就违反了历史的真实。

有人认为，对毛泽东著作的这种修改是"必要的"，是"倾听实践和经验的呼声"；还认为这种对旧作的处理充分表现了"作为伟大的马克思主义者的严格的科学态度"。（见邓力群的《真理的声音是窒息不了的》，《人民日报》1980年6月25日。当时没有注明出处。）根据实践的检验修改旧作当然是可以的，但必须在保持旧作的本来面目的条件下，对需要修改的地方做出说明。马克思、恩格斯就是这样做的。1848年出版的《共产党宣言》1872年再版时，马克思、恩格斯认为"《宣言》中发挥的一般基本原理，整个说来直到现在还是完全正确的"。但有了巴黎公社打碎旧的国家机器的经验，本来可以做某些修改，然而马克思、恩格斯并没有对原作进行修改，因为"《宣言》是一个历史文件，我们已没有权利来加以修改"。他们只是在序言中指出，哪些地方应该有不同的写法，哪些地方已经过时了。特别是马克思逝世以后，恩格斯说："在他逝世以后，根本谈不上对《宣言》做什么修改和补充了。"（《马克思恩格斯选集》第1卷第228-229、232页）马克思、恩格斯在不同的时期，为《宣言》的出版写了7个序言、加了若干注释，实际上是对《宣言》的修改和补充。如果用新的思想、新的语言去改造旧作，恰恰是不尊重实践的检验。再者，即使根据实践的检验进行修改，只能检验旧作中原有的东西，把原来没有、只是后来才产生的东西掺和进去，怎么能说接受实践的检验呢？如果随便改动原作的做法叫做"伟大的马克思主义者的严格的科学态度"，那末，马克思、恩格斯的做法应当叫做什么呢？马克思有知，他一定会宣布："那我就不是马克思主义者了！"

（六）

任意修改增删毛泽东的原著，究竟是为了什么？第一，把毛泽东打扮得天生就比别人高明，而且又一贯正确。这是为制造现代迷信服务的。第二，把毛泽东著作当作信仰的对象，而不是研究的对象，企图为芸芸众生提供一部超越时空的教义汇编。

对于毛泽东著作的选编和出版，必须提出这样起码的要求：尊重原著，忠于历史。《关于党内政治生活的若干准则》中指出："不许歪曲历史和捏造事实来宣扬领导人的功绩。"同样的道理，以涂抹历史和修改原著来宣扬领导人的一贯正确，也是不能允许的。

1981年3月

## 作伪大师胡乔木

毛泽东著作的选编、出版，主其事者为胡乔木。胡绩伟在文革后期参与了《毛泽东选集》第5卷的选编，经近距离观察，他称胡乔木为"刀削斧砍的篡改者"。胡绩伟认为"编辑《毛泽东选集》，起码的原则应该是忠于原文，保留作者当时的思想面貌。""使我惊讶的是，乔木在删改毛的著作方面那样大动刀斧"。毛对胡乔木也有过批评，是胡自己说出来的。在"批邓、反击右倾翻案风"运动中，胡乔木狠揭邓小平十四条。在第三条中，胡乔木说："在毛主席批准我参加毛选整理工作以后，他（指邓）通知了我。但是毛主席同时对我过去在这一工作中所表现的主观主义、狂妄自大、往往擅自改动主席的著作，以自己的思想篡改主席思想的严重错误做了严厉批评。邓却没有正式通知我，要我防老病复发，只是轻描淡写地说……。"胡绩伟说："事实证明，乔木同志在《毛选》五卷的整理工作中还是老毛病复发了，仍然'狂妄自大，往往擅自改动主席的著作'，还是'主观主义，以自己的思想篡改主席的思想'。""乔木同志在修改毛主席文革以前的著作时，不仅尽量突出主席的左倾思想，把它更往左拉，反而把主席比较全面的正确的论点一再删掉"。

胡绩伟举例，对《关于正确处理人民内部矛盾的问题》进行了原则性的重要改动。这是1957年2月27日毛在最高国务会议第十次（扩大）会议上的讲话，经胡乔木整理成文。胡绩伟看到"讲话记录稿"，两相对照，"面目大非"。"这篇文章中那段画龙点睛的关键话：'现在的情况是：革命时期的大规模的急风暴雨式的群众阶级斗争基本结束了，但是阶级斗争还没有完全结束。'主席在讲话中没有说，记录稿中也没有，是新增加的。这一加，主要是在'但是'以后。""胡乔木在毛主席《在中国共产党全国宣传工作会议上的讲话》这篇文章中也加上了原来没有的这段话：'我们国内革命时期的大规模的急风暴雨式的群众阶级斗争已经结束，但是还有阶级斗争，主要是政治路线和思想路线上的阶级斗争，而且还很尖锐。'"加了这一段，与此不一致的统统砍了。例如，毛在3月17日的天津讲话，记录稿中有："对于社会上的各种不同意见，因为阶级斗争基本结束而暴露出来的各种东西，各种不满意，说我们不行，本来不行应该承认不行。我们采取什么方针？我们应该采取'百花齐放、百家争鸣'的方针。在讨论中、在辩论中去解决。而现在我们党内有一种情绪，就是继续过去那种方法，或者叫军法从事。你不听话呀，那么就正军法了，拉出去简单的砍了。现在呢，不是对付敌人，而是对付人民内部的问题，这个简单的办法不行了。两个方法，一个叫压服，一个叫说服。如果我们用压服的方法，我们就没理，就站不住脚，我们就输了。"后来，处理人民内部矛盾正是"军法从事"。（以上引文见胡绩伟《从华国锋下台到胡耀邦下台》第158-188页，明镜出版社，1997年）

《毛泽东选集》的前四卷，是毛本人定稿的，主要的责任在他。但胡乔木是操作者，难辞其咎。第五卷的选编，毛已病重，不能理事，出版更是毛去世以后的事。毛选五卷的增损篡改，完全是胡乔木的胆大妄为。

www.ingramcontent.com/pod-product-compliance
Lightning Source LLC
Chambersburg PA
CBHW080530300426
44111CB00017B/2666